操作 関数
文書 マクロ

ビジネスExcel完全版

［増補新版］

日経PC21総力編集

日経BP

【ご注意】

●本書の解説画面はWindows 11上で動作するエクセル（マイクロソフト365で提供されている2023年7月時点の最新版）を使用しています。OSやエクセルのバージョンにより、画面や動作が異なることがあります。また、パソコンの画面サイズや、エクセルのウインドウサイズによりリボン表示などが変わることがあります。

●本書は日経PC21 2016年11月号～2017年9月号、日経PC21 2019年5月号特別付録、および2016年6月発行「仕事に効く!エクセル」、2021年9月発行「Excelの本当に正しい使い方」、2022年4月発行「逆引き!Excel実務ワザ大全」の記事を素材として、再構成したものです。

はじめに

エクセル（Excel）はビジネスを進めるためになくてはならないソフトです。強力な機能を数多く備え、あらゆる作業をこなします。応用できる分野が広いだけに、ほんの少しでも効果的な操作方法をマスターすれば、作業全体の効率を大幅に改善できます。

普段からエクセルを使いこなしていても、自己流でマスターしたという方は意外に多いようです。簡単に作業できる方法を見逃している場合もあります。本書は要所要所で根本の仕組みも合わせて解説しています。これは決して遠回りではなく、真の実力を身に付けるための王道です。

本書は「エクセルの基本」「操作」「関数」「文書・作図」「プログラミング（マクロ）」の5パート構成で、それぞれビジネスに直結した題材を用意しました。そのため、実務に役立つエクセルのスキルを効率的に学べます。

本書では1000点を超えるエクセルの画面などの図版を用いています。急ぐ方はそれらをささっと目で追うだけで作業の要点を理解できるように努めました。画面の注目すべき部分は特に明示して、解説を加えています。細かな作業部分はマル付き数字で手順に迷わないように配慮しています。さらに本文を読むと、より深いノウハウや関連した情報を得られます。

サンプルファイルも充実させました。解説で使用した表やデータを含むエクセルファイルと、画像ファイルやワードファイルなどを日経PC21のホームページからダウンロードできます（下記URL参照）。サンプルファイルを開いて実際に操作すれば、付け焼刃ではない本物のエクセルのスキルを身に付けることができます。

本のとじ方にも工夫を凝らしました。机の上に置くとページが180度開きます。本書を見ながらパソコンを操作するときに、とても便利です。

ぜひ本書をお手元に置いていただき、エクセルのスキルを上げて、ビジネスの効率化を目指してください。

日経PC21

サンプルファイルのダウンロード

本書で解説しているエクセルのサンプルファイルはすべてダウンロードできます。

https://nkbp.jp/4827j1p

Contents

Contents

Contents

Contents

▼サンプルファイルのダウンロード

本書で解説しているエクセルのサンプルファイルはすべてダウンロードできます。

https://nkbp.jp/4827j1p

Excel

Part1

エクセルの基本

エクセルはビジネスに欠かせないソフトです。
毎日の仕事を手早く正確にこなすには、
エクセルを最大限に活用する必要があります。
このパートでは基礎となる知識と、
無駄を減らして効率良く作業するための
環境づくりについて学びます。

文／田村 規雄、内藤 由美

基礎編 01 エクセルを素早く起動するワザいろいろ

エクセルの起動方法がわからないという人はあまりいないだろう。Windows 10なら、「スタート」ボタンをクリックして一覧から「Excel」を選べば起動できる（**図1**）。Windows 11の場合、標準では「すべてのアプリ」を選ばないと「Excel」が現れてこないので、少し面倒かもしれない（**図2**）。

そこで素早く起動するワザも押さえておきたい。1つはキー操作を使うワザ。「Windows」キーを押すとスタートメニューが開いてアプリの検索が可能になるので、続けて「E」キーを押せば、Excelを検索できる。Excelが選ばれたら、そのまま「Enter」キーを押せばよい。たった3回キーを押すだけで起動できる（**図3**）。

さらにエクセルを起動したら、タスクバーに「ピン留め」しよう（**図4**）。タスクバーにアイコンを固定しておけば、ワンクリックで起動でき便利だ。

基本はスタートメニューから起動

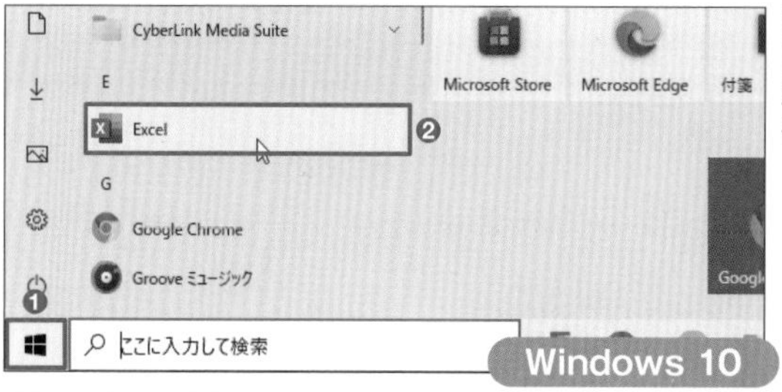

図1 Windows 10では、画面左下隅の「スタート」ボタンをクリックし（❶）、一覧から「Excel」を選択すれば起動できる（❷）

図2 Windows 11では、「スタート」ボタンをクリックしてスタートメニューを開いた後（❶）、「すべてのアプリ」を選択（❷）。開いた一覧で「Excel」を選ぶ（❸）

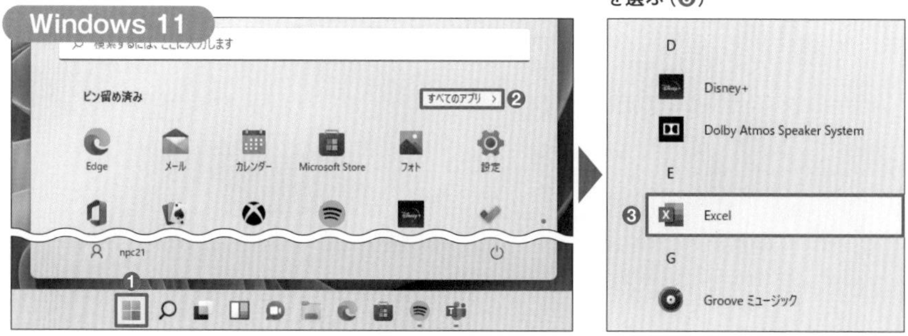

「Windows」キーを押して「E」→「Enter」で素早く起動

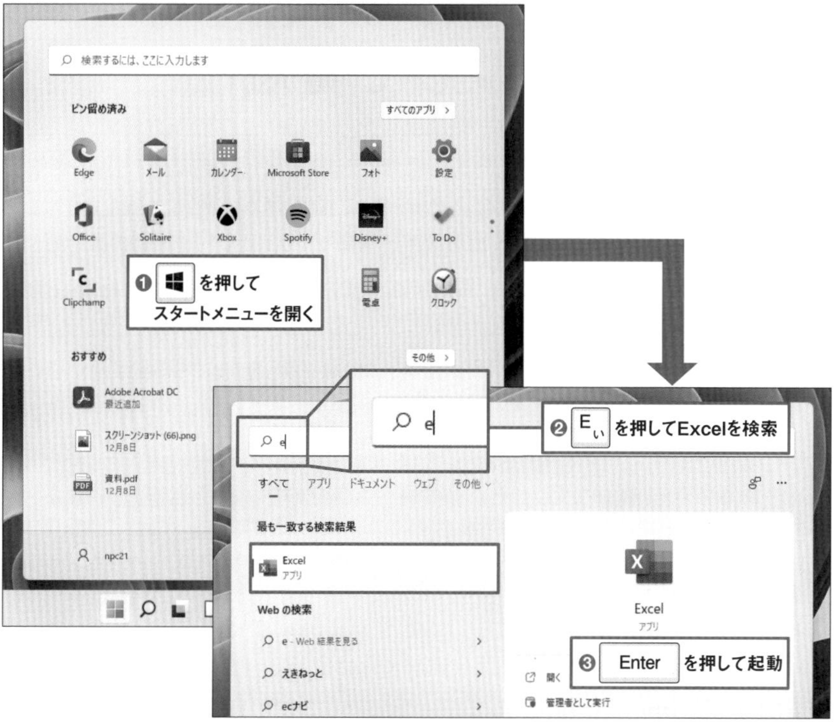

図3 キー操作だけで素早く起動することも可能。「Windows」キーを押すとスタートメニューが開くと同時に、検索ボックスにカーソルが表示される（❶）。そのまま続けて「E」キーを押せば、「e」と入力されて「e」から始まるアプリが検索される（❷）。多くの場合、「Excel」がトップの候補として表示され、選択された状態になるので、続けて「Enter」キーを押せば起動できる（❸）。「e」だけでトップに表示されない場合は、「ex」まで入力すれば確実だ

タスクバーに「ピン留め」してワンクリックで起動可能に

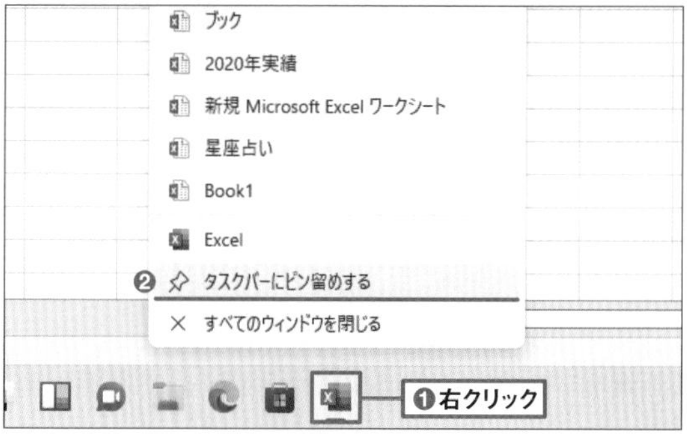

図4 エクセルを起動したら、タスクバーのアイコンを右クリックして（❶）、「タスクバーにピン留めする」を選ぼう（❷）。すると、タスクバーにエクセルのアイコンを常に表示させておける。タスクバーのアイコンは起動ボタンとして使えるので、マウスでもワンクリックで起動できるようになる

基礎編 02 面倒なスタート画面はスキップして時短

エクセルを起動すると、標準では「スタート画面」と呼ばれる画面が開く（**図1**）。一部のテンプレート（ひな型）や直近に使用したブック（ファイル）が一覧表示され、必要なものを選べる仕掛けになっている。ここで「空白のブック」を選べば、白紙の新規ブックを開くことができる。

ただ、エクセルを直接起動するのは、一般に白紙の新規ブックを開きたいときだろう。既存のブックを開くのであれば、エクスプローラーでそのブックが保存してあるフォルダーを開き、それをダブルクリックするはずだ。だとすれば、エクセル起動時に表示されるスタート画面では、ほとんどの場合「空白のブック」を選ぶことになる。そ

エクセル起動時に表示される「スタート画面」

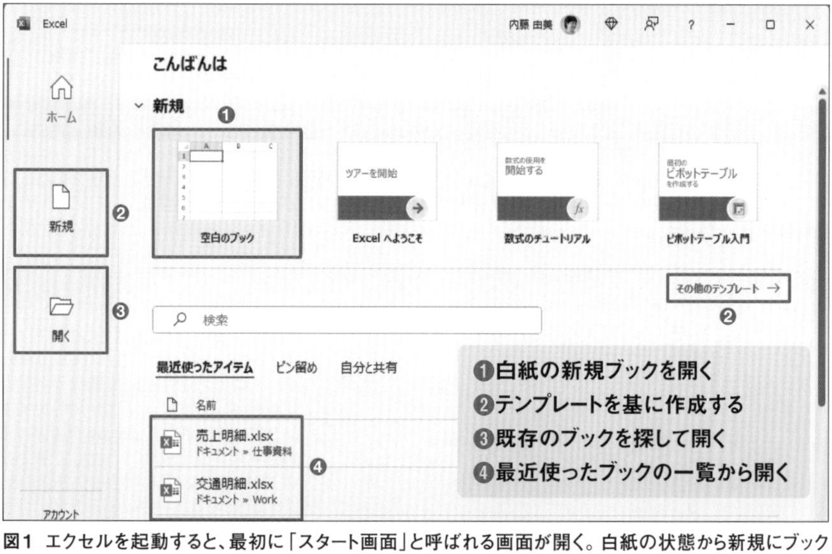

図1 エクセルを起動すると、最初に「スタート画面」と呼ばれる画面が開く。白紙の状態から新規にブック（ファイル）を作成するには「空白のブック」を選ぶ（❶）。画面左にある「新規」や、右端の「その他のテンプレート」を選ぶと、各種テンプレート（ひな型）を基にブックを新規作成することも可能（❷）。「開く」を選ぶと、保存済みの既存ブックを選択して開ける（❸）。直近に使ったブックは、「最近使ったアイテム」に一覧表示され、そこから選択して開くこともできる（❹）

のひと手間が煩わしいと感じるかもしれない。

このスタート画面が不要なら、設定を変えることでスキップすることも可能だ。「Excelのオプション」画面を開き、「… 起動時にスタート画面を表示する」の項目をオフにすればよい（**図2、図3**）。すると、エクセルを起動したとき、すぐさま白紙の新規ブックが開き、表の作成などを開始できる。

スタート画面を開かずに、直接「空白のブック」を開く設定も可能

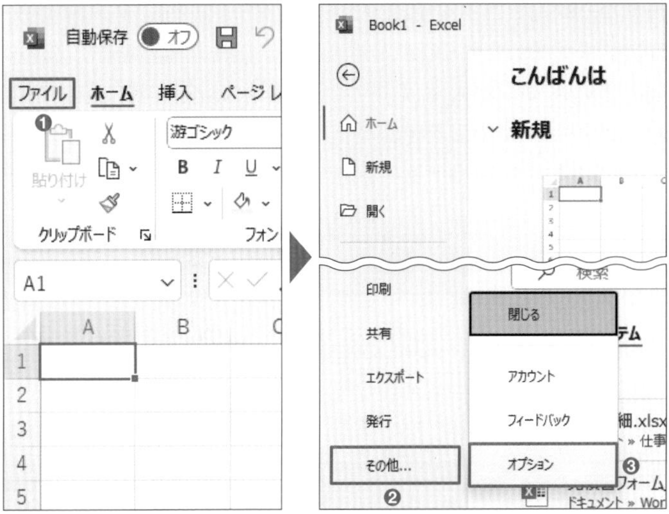

図2 起動時のスタート画面を省略するには、「ファイル」タブを選択してメニューを開き（❶）、「オプション」または「その他」→「オプション」を選ぶ（❷❸）。なお、ウインドウのサイズが小さいと、表示しきれないメニューが「その他」に集約される仕掛けになっている

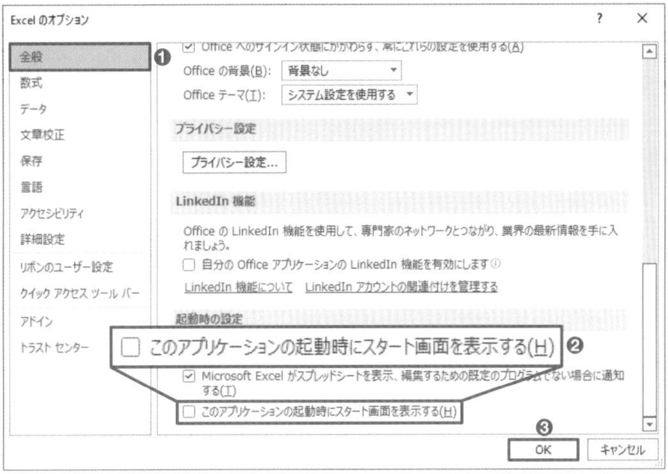

図3 「Excelのオプション」画面が開くので、左側で「全般」を選択（❶）。右側を下にスクロールすると、「このアプリケーションの起動時にスタート画面を表示する」という項目があるので、そのチェックを外す（❷）。「OK」を押して閉じると（❸）、次回の起動時からスタート画面は表示されなくなる

基礎編 03 エクセルの画面構成とリボンの使い方

ここで、エクセルの画面構成についておさらいしておこう（**図1**）。エクセルは、縦横の枠線で区切られた「セル」を基本単位とした「ワークシート」（単に「シート」ともいう）に文字や数値、数式を入力して使うのが基本だ。セルの縦方向の並びを「列」、横方向の並びを「行」といい、列にはA、B、C…というアルファベットが振られ、行には1、2、3…という数字が振られている。「C列の3行目」なら「C3」セルというわけだ。

画面上部にある「タブ」でボタンやメニューを切り替えて操作するのは、ほかのオ

エクセルの画面構成

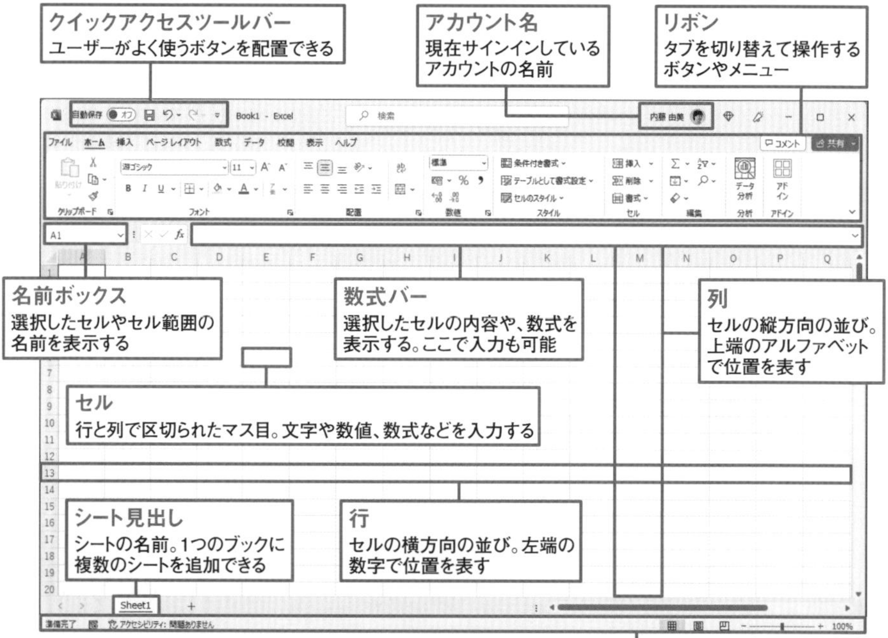
クイックアクセスツールバー
ユーザーがよく使うボタンを配置できる
アカウント名
現在サインインしている
アカウントの名前
リボン
タブを切り替えて操作する
ボタンやメニュー
名前ボックス
選択したセルやセル範囲の
名前を表示する
数式バー
選択したセルの内容や、数式を
表示する。ここで入力も可能
列
セルの縦方向の並び。
上端のアルファベット
で位置を表す
セル
行と列で区切られたマス目。文字や数値、数式などを入力する
シート見出し
シートの名前。1つのブックに
複数のシートを追加できる
行
セルの横方向の並び。左端の
数字で位置を表す
ステータスバー
各種情報を表示するバー。右端にあるボタンやスライダーで、
シートの表示方法や拡大率を変更できる

図1 エクセルの画面を構成する主な要素。上部にあるボタンやメニューが配置されたタブを「リボン」と呼ぶ。縦横に並んだ「セル」が入力の基本単位となる

フィスアプリと同じ。このボタンやメニューの並びを「リボン」と呼ぶ。リボンは「挿入」「ページレイアウト」「数式」といった大まかな目的ごとにタブが分かれていて、その中のボタンの配置も、「フォント」「配置」「数値」「スタイル」などの機能ごとに「グループ」に分けられている。

注意したいのは、ウインドウの横幅によって、リボンの表示が変わる点だ。横幅が狭くなると、ボタンの名前が消えてアイコンだけになったり、「配置」「数値」といったグループが折り畳まれ、グループ名だけのボタンに変わることがある（**図2**）。その場合は、グループ名のボタンをクリックすると、個々のボタンがメニュー表示される。

リボンには多数のボタンやメニューが並んでいるので、画面上部を広く占有し、邪魔に感じることがあるかもしれない。そんなときは、リボンを非表示にして、タブのみにすることも可能だ（次ページ**図3**、**図4**）。タブをクリックしたときだけリボンが表示されるので、シートをより広く画面に表示できる（**図5**）。リボンの表示／非表示は、メニュー

ウインドウの横幅に応じて、リボンの表示は変わる

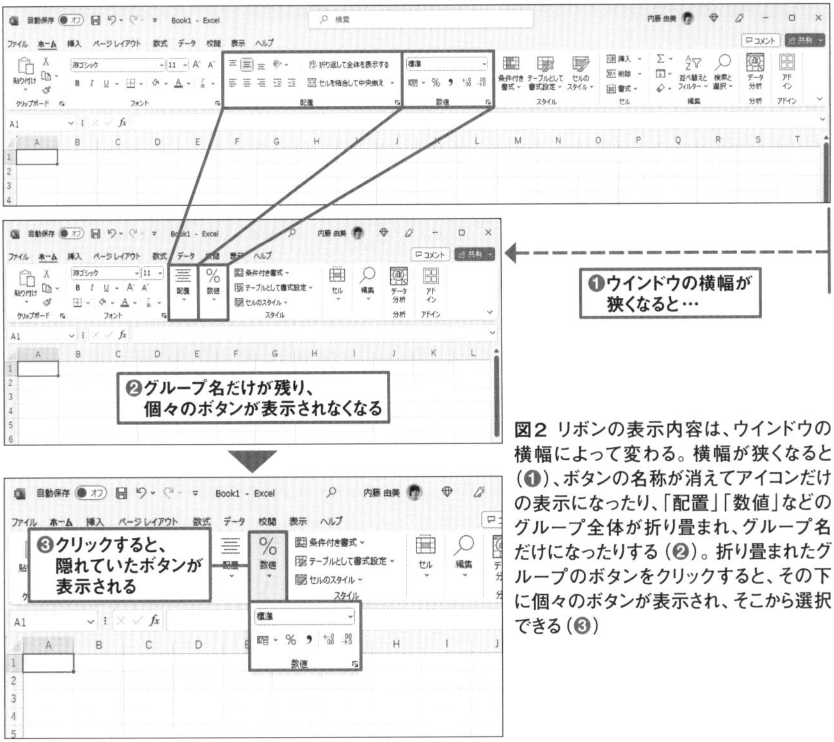
❶ウインドウの横幅が狭くなると…
❷グループ名だけが残り、個々のボタンが表示されなくなる
❸クリックすると、隠れていたボタンが表示される

図2 リボンの表示内容は、ウインドウの横幅によって変わる。横幅が狭くなると（❶）、ボタンの名称が消えてアイコンだけの表示になったり、「配置」「数値」などのグループ全体が折り畳まれ、グループ名だけになったりする（❷）。折り畳まれたグループのボタンをクリックすると、その下に個々のボタンが表示され、そこから選択できる（❸）

で切り替えることもできるが、タブをダブルクリックすることでも切り替えが可能だ。

なお、リボンのデザインは、Windows 11が登場した後、11のデザインに合わせて新しくなっている。オフィス2021やマイクロソフト365のエクセルであれば、最新版にアップデートすることで新デザインになる。旧バージョンのエクセルは、見た目だけでなく、ボタンの配置も一部異なり、リボンの表示を切り替えるボタンが、画面右上隅の「最小化」ボタンの左隣にある（**図6**）。とはいえ、基本的には同様に操作できる。

従来のエクセルはウインドウの上端が緑色だったが、最新のエクセルでも同様の色合いに戻すことは可能だ。それには「ファイル」タブのメニューで「アカウント」を選択。開く画面で「Officeテーマ」を「カラフル」に変更すればよい（**図7**）。

普段はリボンを非表示にして、シートを広く表示する

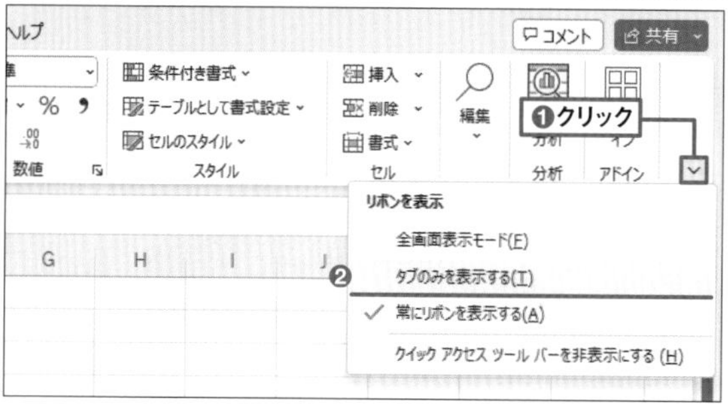

図3 リボンを非表示にすると、その分、シートを表示するスペースが増える。それには、リボンの右下隅にある「∨」をクリックし（❶）、「タブのみを表示する」を選ぶ（❷）

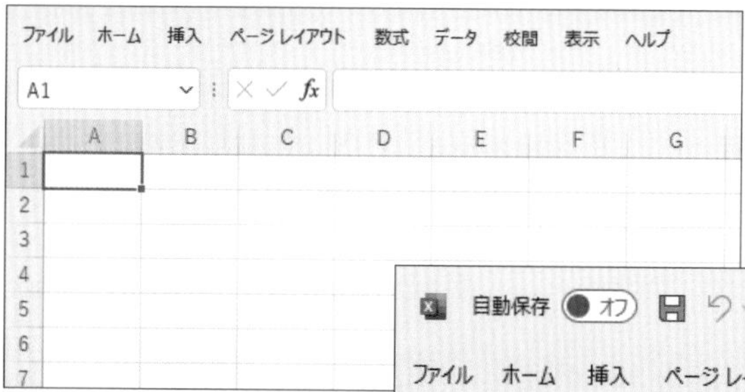

図4 リボンが非表示になり、タブの名前だけが並んでいる状態になる

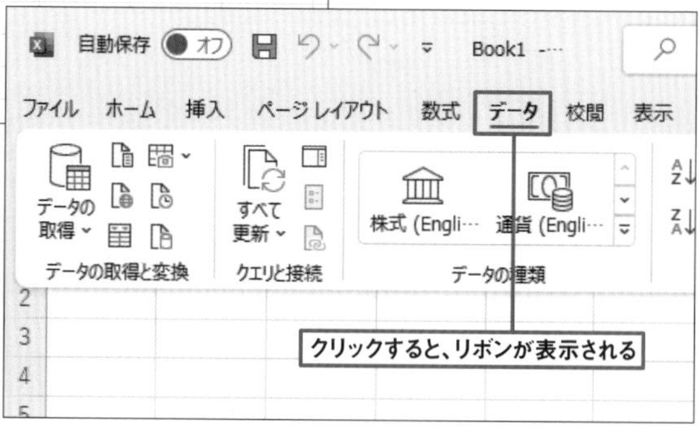

図5 タブをクリックすると、リボンが一時的に表示され、ボタンやメニューを選択できる。なお、タブをダブルクリックすると、そのままリボンを常に表示した状態に戻せる。図3で「常にリボンを表示する」を選んでも同じだ

従来版のエクセルのリボン

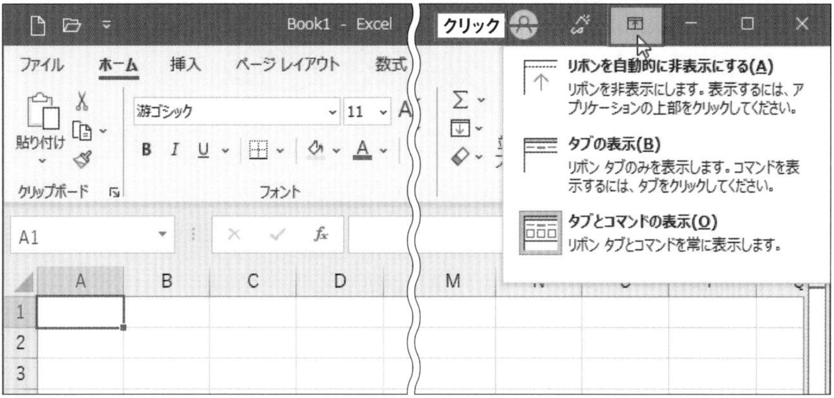

図6 エクセル2019以前など、最新のエクセル以外では、リボンやウインドウのデザインが少し異なる。旧バージョンでは、画面の右上隅にある「最小化」ボタンの左に、リボンの表示切り替えボタンがある。「タブの表示」を選ぶと、タブのみの表示になる

「Officeテーマ」でウインドウの色合いを変える

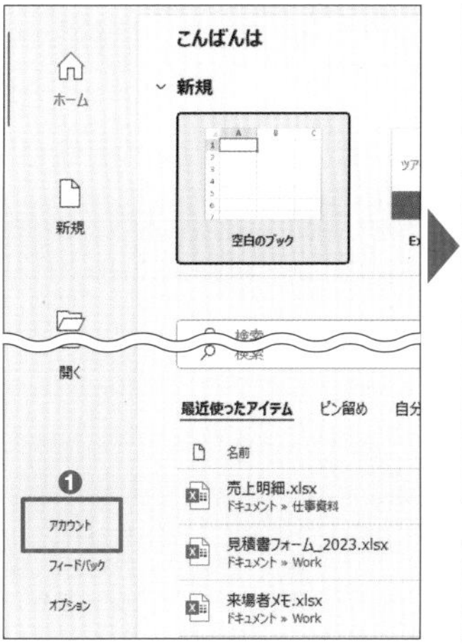

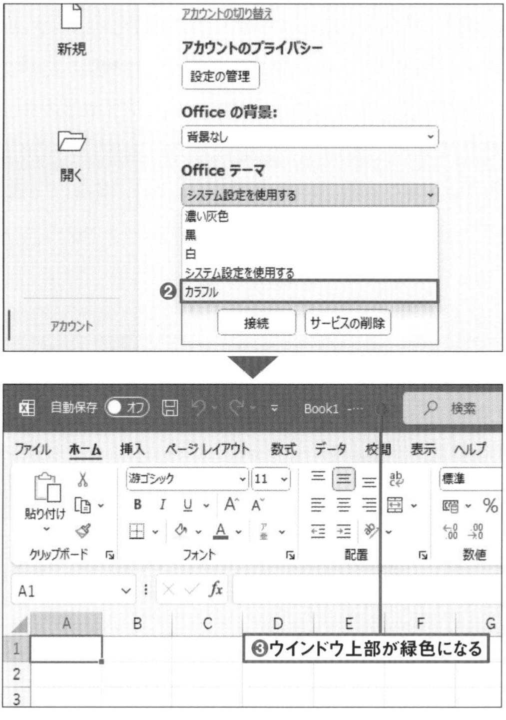

図7 最新バージョンでも、旧バージョンのような色合いに変えることは可能。それには「ファイル」タブのメニューで「アカウント」または「その他」→「アカウント」を選択(❶)。「Officeテーマ」のドロップダウンリストから「カラフル」を選ぶ(❷❸)

基礎編 04 クイックアクセスツールバーに機能を登録

エクセルが備える機能のほとんどは、リボンに配置されているボタンやメニューで実行できる。だがその中には、タブを切り替えたうえで、さらにメニューを開いて選択しなければならない機能もあり、マウス操作が面倒な場合もある。

そこで、頻繁に使う機能は「クイックアクセスツールバー」に登録して、ワンクリックで実行できるようにするとよい。従来のエクセルでは、標準でクイックアクセスツールバーが表示されていたが、最新のエクセルでは非表示になっている場合がある。そこで、リボン右下隅にある「∨」ボタンから表示させよう（**図1**）。クイックアクセスツールバーの右端にある「∨」ボタンをクリックすると、「新規作成」「開く」などのよく使う機能がメニュー表示され、選択してチェックマークを付けることで追加できる（**図2**）。クイックアクセスツールバーがリボンの下に表示される場合は、同じメニューにある「リボンの上に表示」を選ぶと、ウインドウ上端に表示できる。

図2のメニューにない機能をクイックアクセスツールバーに追加することも可能だ。それには、追加したい機能のボタンやメニューをリボン上で右クリックし、「クイックアクセスツールバーに追加」を選べばよい（**図3**）。メニューを開くなど複数回クリックしなければ選択できなかった機能も、クイックアクセスツールバーに追加しておけば、ワンクリックで実行でき便利だ。

クイックアクセスツールバーを表示する

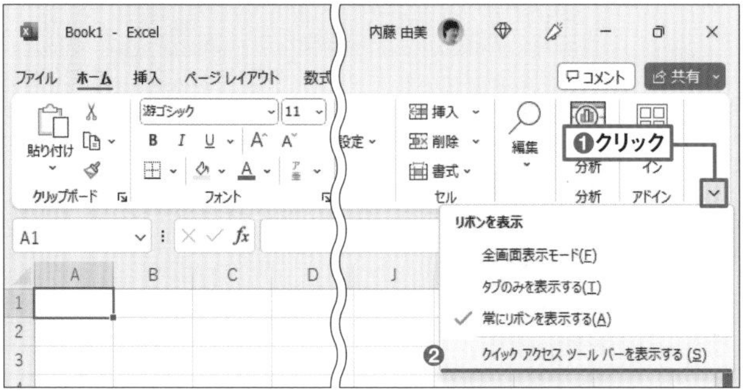

図1 最新のエクセルは、標準では「クイックアクセスツールバー」が表示されていないことがある。その場合は、リボンの右下隅にある「∨」ボタンをクリックして（❶）、開くメニューから「クイックアクセスツールバーを表示する」を選ぶ（❷）

よく使うボタンをクイックアクセスツールバーに追加する

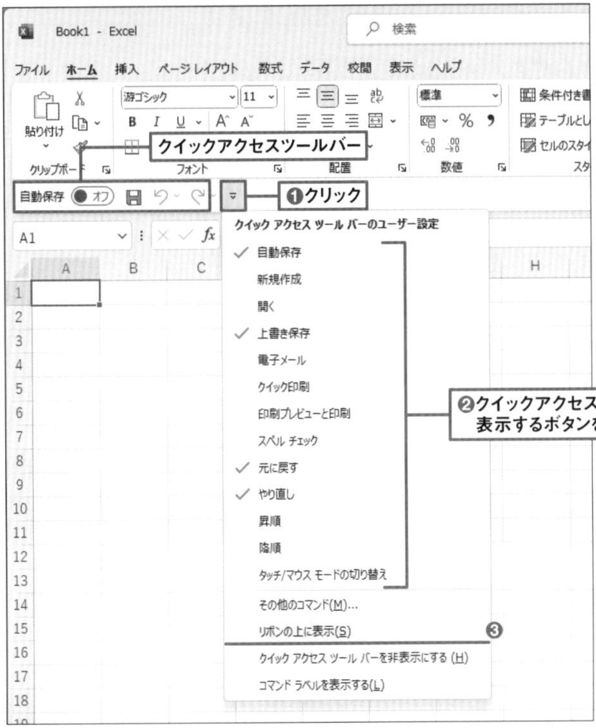

図2 エクセルのバージョンによっては、リボンの下にクイックアクセスツールバーが表示されていることもある。右端の「∨」ボタンをクリックすると(❶)、よく使う機能がメニューに表示され、選択することで、クイックアクセスツールバーに追加できる(❷)。同じメニューにある「リボンの上に表示」を選ぶと(❸)、画面の上端にクイックアクセスツールバーを表示できる

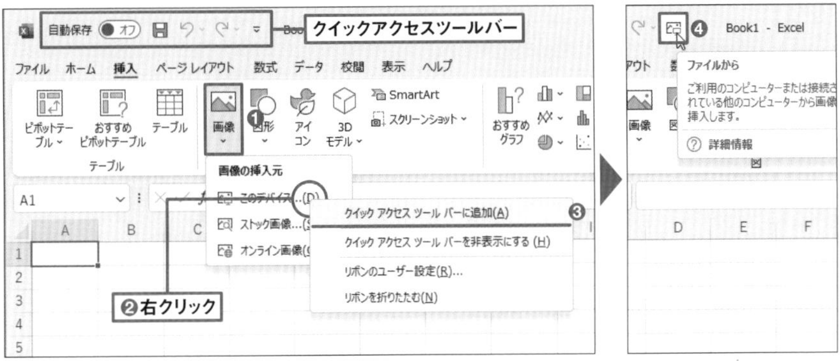

図3 リボンの上にクイックアクセスツールバーを表示した状態。図2のメニューにない機能をクイックアクセスツールバーに追加するには、リボン上でそのボタンやメニューを右クリックし(❶❷)、「クイックアクセスツールバーに追加」を選ぶ(❸❹)。リボンにない機能(例えば「カメラ」機能など)を追加するには、図2のメニューから「その他のコマンド」を選び、「リボンにないコマンド」を選んで、その中から追加する機能を選ぶ。なお、クイックアクセスツールバーからボタンを削除するには、そのボタンを右クリックして「クイックアクセスツールバーから削除」を選べばよい

基礎編 05 保存場所を選択してブックを保存する

新たに作成したブック（ファイル）を保存するには、画面上端にある「上書き保存」ボタンをクリックすればよい。すると「このファイルを保存」というダイアログが開き、名前を付けて保存できる（**図1**）。画面上端に「上書き保存」ボタンがない旧バージョンの場合は、クイックアクセスツールバーのメニューから「上書き保存」ボタンを追加するとよい（前ページ図2参照）。

図1右の「このファイルを保存」画面では、「場所を選択」という欄で保存場所を指定するが、そのメニューに目的のフォルダーが表示されないこともある。その場合はメニューの下端にある「その他の場所」を選ぶか、図1右の画面にある「その他のオプション」を選ぼう。すると**図2**の画面が開くので、「参照」を選択。これで「名前を付けて保存」ダイアログが開き、任意の場所にファイルを保存できる（**図3**）。

なお、保存場所に「ワンドライブ」（マイクロソフトのクラウドストレージ）を選ぶと、ファイルを数秒置きに自動で上書き保存する「自動保存」機能が有効になる（**図4**）。逆に、「自動保存」を利用するには、保存場所にワンドライブを選ぶ必要がある。

「上書き保存」ボタンをクリックしてファイルを保存する

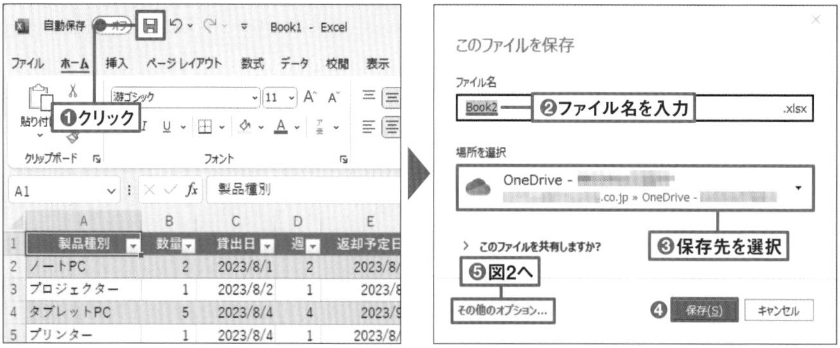

図1 新規に作成したブック（ファイル）を保存するには、画面上端にある「上書き保存」ボタンを押す（❶）。すると右図のようなダイアログが開くので、ファイル名を入力し（❷）、保存する場所を選択（❸）。「保存」ボタンを押せばよい（❹）。場所を選択する❸のメニューに目的のフォルダーがない場合は、「その他のオプション」をクリックする（❺）

任意のフォルダーを選択して保存する

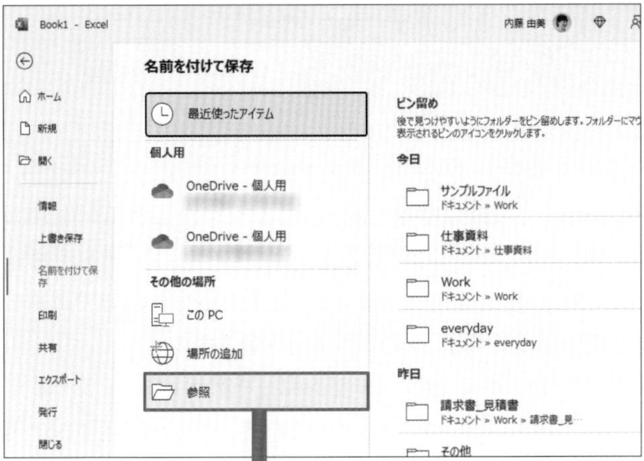

図2 図1右で「その他のオプション」を選ぶか、「ファイル」タブのメニューで「名前を付けて保存」を選ぶと、この画面が開く。最近利用したフォルダーなどが表示されるので、そこから保存場所を選択できる。それ以外の任意の場所を選ぶには、「参照」をクリックする

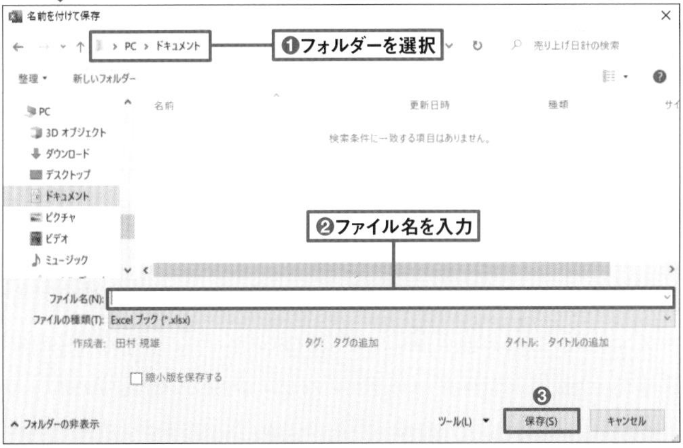

図3 「名前を付けて保存」ダイアログが開く。エクスプローラーを操作する要領でフォルダーを選択し(❶)、ファイル名を入力して(❷)、「保存」をクリックすればよい(❸)

ワンドライブに保存したファイルは「自動保存」が有効になる

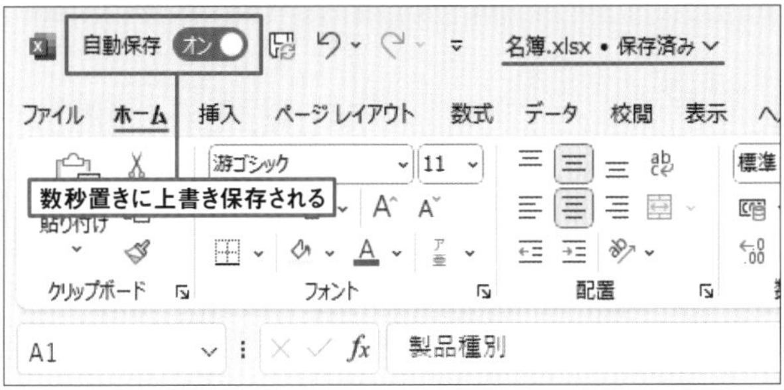

図4 ファイルをワンドライブに保存すると、標準では画面上端にある「自動保存」が「オン」になる。すると、数秒置きにファイルが上書き保存されるようになり、「うっかり保存し忘れた!」などということがなくなる。万一の場合も、ワンドライブ上にバックアップが残るので安心だ

基礎編 06

「名前を付けて保存」画面を表示する

前項で見たように、標準の設定では、ブック（ファイル）を任意の場所に保存する操作が意外と煩雑だ。かつてのエクセルは、保存ボタンを押すとすぐに「名前を付けて保存」ダイアログが開き、任意のフォルダーや新規のフォルダーをその場で選択して保存できた。そのような使い勝手を取り戻したければ、設定を変えよう。

具体的には、「ファイル」タブのメニューから「オプション」を選択（**図1**）。開く設定画面の左側で「保存」を選び、「キーボードショートカットを使ってファイルを開いたり保存したりするときにBackstageを表示しない」という項目にチェックを付けて「OK」を押せばよい（**図2**）。「Backstage」というのは、「ファイル」タブをクリックして開く画面のことで、前ページ図2の「名前を付けて保存」画面を含む。これを「表示しない」という設定に変えることで、「上書き保存」ボタンをクリックしたとき、即座に「名前を付けて保存」ダイアログが開くようになる（**図3**）。「Ctrl」キーを押しながら「S」キーを押すという、保存のためのショートカットキーでも、一発で「名前を付けて保存」ダイアログを開ける。

ちなみに、「名前を付けて保存」ダイアログで開く標準の保存場所を、任意のフォルダーに変えることも可能だ。図2の画面にある「既定のローカルファイルの保存場所」という欄に、フォルダーのアドレスをコピペして指定すればよい。

「ファイル」タブのメニューから「オプション」画面を開く

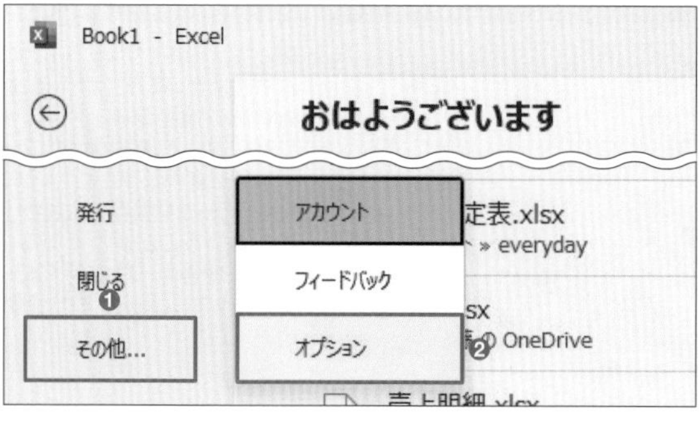

図1 「上書き保存」ボタンを押したときに、最初から「名前を付けて保存」ダイアログを開くように設定を変えることもできる。それには、「ファイル」タブを選択してメニューを開き、「オプション」または「その他」→「オプション」を選ぶ（❶❷）

「Backstage」を表示しない設定に変える

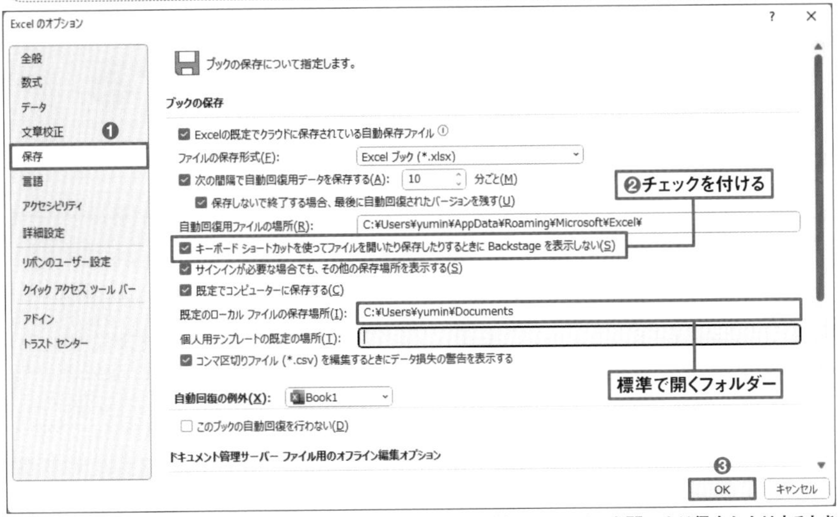

図2 画面の左側で「保存」を選び、「キーボードショートカットを使ってファイルを開いたり保存したりするときにBackstageを表示しない」という項目にチェックを付けて、「OK」ボタンを押す（❶〜❸）

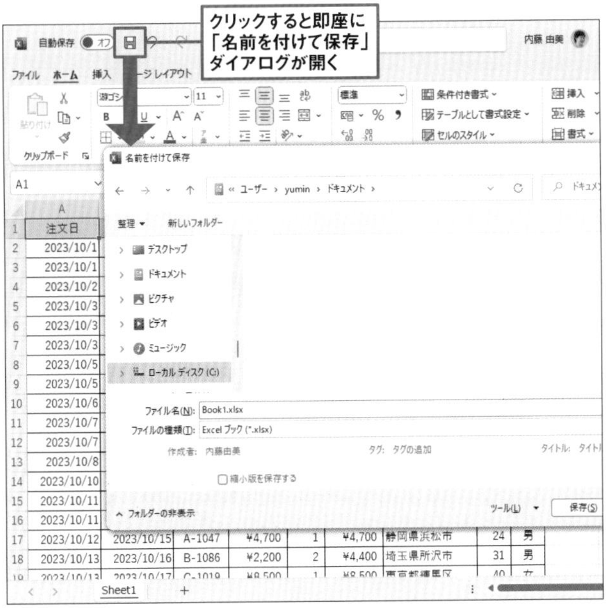

図3 図2の設定後、まだ保存していないファイルで「上書き保存」ボタンを押すと、即座に「名前を付けて保存」ダイアログが開く。標準では、図2の「既定のローカルファイルの保存場所」に指定されているフォルダーが開く。ちなみに、図2の設定をしていなくても、「F12」キーを押す方法なら、「名前を付けて保存」ダイアログを一発で開くことができる

基礎編 07

個人用と職場用のアカウントを使い分ける

近年のオフィスソフトは、セットアップ時にMicrosoft(MS)アカウントが必要で、そのライセンスは、MSアカウントにひも付けられる。そのため、基本的にはそのMSアカウントでサインインした状態で使っている人が多いだろう。これにより、そのMSアカウントが持つワンドライブのストレージに直接ファイルを保存することなども可能になっている(**図1**)。

一方、在宅ワークが広がり、自宅にある個人のパソコンでも仕事をするケースが増えている。そのような場合、職場のアカウントで自宅のオフィスにサインインしたり、職場で契約しているオフィスのライセンスを個人のパソコンに適用したりすることも可能だ。職場のワンドライブにアクセスしたり、職場のオフィスにしかない企業向け機能

「アカウント」画面で利用中のアカウントを確認

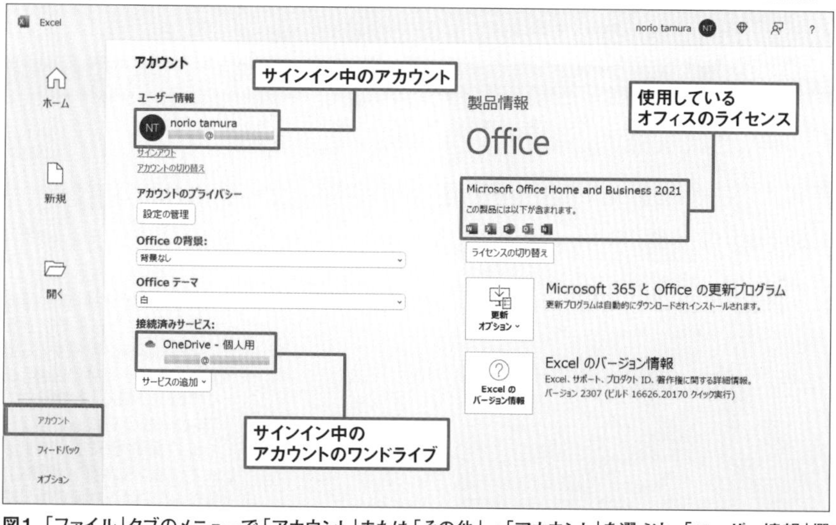

図1 「ファイル」タブのメニューで「アカウント」または「その他」→「アカウント」を選ぶと、「ユーザー情報」欄で、サインイン中のアカウントを確認できる。サインインしていない場合は、ここからサインインも可能。サインイン中は、「接続済みサービス」欄に表示されるワンドライブも、そのアカウントで利用しているものになる。右側の「製品情報」欄で、使用中のオフィスの種類(ライセンス)がわかる

を利用したりする場合は、アカウントやライセンスを切り替えて使うのも手だ。

職場のアカウントを追加するには、画面上端にあるアカウント名をクリックし、「別のアカウントでサインイン」を選ぶ（**図2**）。初めてサインインするときは、**図3**の画面が開くので、「いいえ、このアプリのみにサインインします」を選ぶこと。さもないと、個人のパソコンなのに、Windowsやそのほかのマイクロソフト製アプリも、職場アカウントに切り

個人のパソコンで、職場のアカウントを追加することも可能

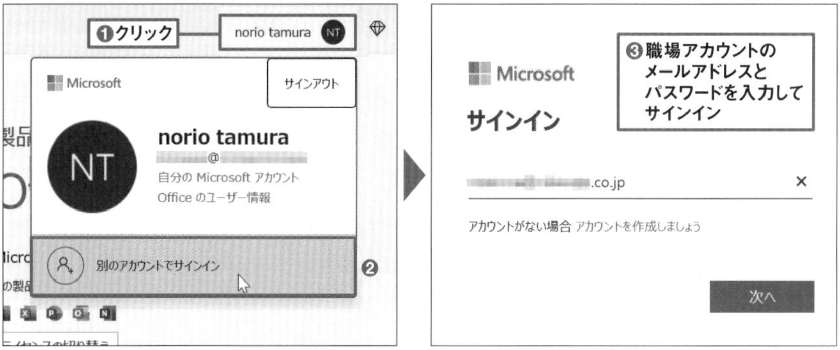
❶クリック
norio tamura
NT
Microsoft
サインアウト
norio tamura
自分の Microsoft アカウント
Office のユーザー情報
別のアカウントでサインイン
❷
Microsoft
サインイン
❸職場アカウントのメールアドレスとパスワードを入力してサインイン
.co.jp
アカウントがない場合 アカウントを作成しましょう
次へ

図2 職場がオフィス（マイクロソフト365）のライセンスを持っていて、個人のパソコンでの利用を許可している場合は、そのアカウントを追加することも可能だ。画面上端にあるアカウント名をクリックし、「別のアカウントでサインイン」を選択（❶❷）。開く画面で職場のアカウントやパスワードを入力してサインインする（❸）

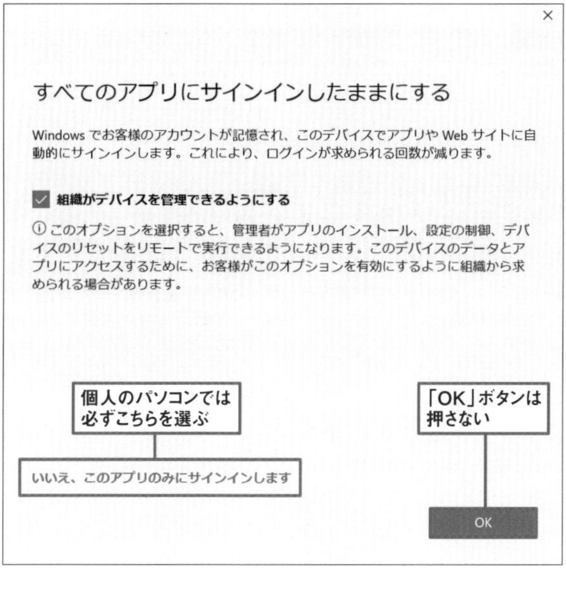
すべてのアプリにサインインしたままにする
Windows でお客様のアカウントが記憶され、このデバイスでアプリや Web サイトに自動的にサインインします。これにより、ログインが求められる回数が減ります。
組織がデバイスを管理できるようにする
ⓘ このオプションを選択すると、管理者がアプリのインストール、設定の制御、デバイスのリセットをリモートで実行できるようになります。このデバイスのデータとアプリにアクセスするために、お客様がこのオプションを有効にするように組織から求められる場合があります。
個人のパソコンでは必ずこちらを選ぶ
「OK」ボタンは押さない
いいえ、このアプリのみにサインインします
OK

図3 個人のパソコンに職場のアカウントでサインインする場合、注意すべき点がある。それは、この画面が表示されたとき、「OK」ボタンを押さないことだ。うっかり「OK」を押すと、Windowsをはじめほかのマイクロソフト製ソフトもすべて、職場のアカウントでサインインした状態に変更され、個人のパソコンが職場のパソコンのようになってしまう。「いいえ、このアプリのみにサインインします」をクリックして進めば、オフィスだけに職場のアカウントを適用できる

替わってしまうからだ。設定後、エクセルを再起動すれば、職場アカウントに切り替わる(**図4**)。用途に応じて個人と職場のアカウントを切り替えて使うことが可能だ(**図5**)。

なお、オフィスのライセンスは、アカウントを切り替えただけでは変更されない。個人のオフィスを職場のオフィスに切り替えるには、「製品情報」欄にある「ライセンスの切り替え」ボタンを押して、職場のライセンスを選択すればよい(**図6〜図9**)。

個人と職場のアカウントを使い分ける

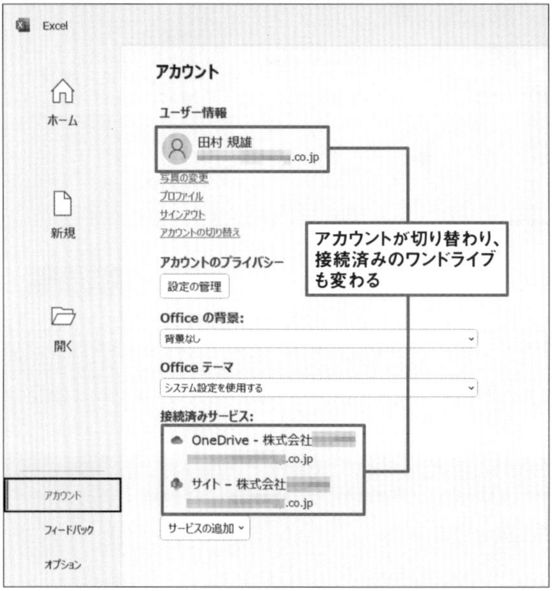

図4 前ページの手順で職場のアカウントでサインインすると、「アカウント」の画面に職場のアカウント名が表示されてくる。また、「接続済みサービス」に表示されるワンドライブも、職場で利用しているワンドライブとなる。ファイルを保存する際などに、職場のワンドライブに直接保存できるようになる

図5 利用するアカウントは、状況に応じて切り替えることも可能だ。画面上端のアカウント名をクリックすると、別のアカウントがメニュー表示されるので、選択して切り替えればよい(❶❷)。いずれかのアカウントが不要になったら、このメニュー上端にある「サインアウト」を選ぶと、アカウントを削除できる

個人パソコンのオフィスを、職場のライセンスに切り替える

図6 より高機能なオフィスを職場で利用している場合、個人のパソコンに職場のライセンスを適用することで、同じ機能を備えたオフィスに変更することもできる。それには、「アカウント」画面にある「ライセンスの切り替え」ボタンを押す

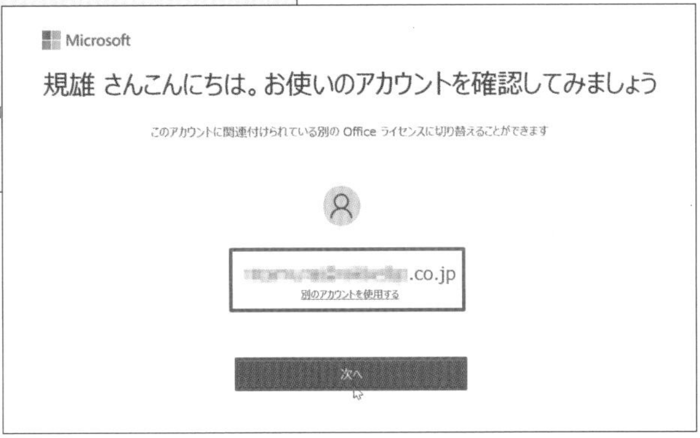

図7 職場のアカウントが選ばれていることを確認して、「次へ」を押す

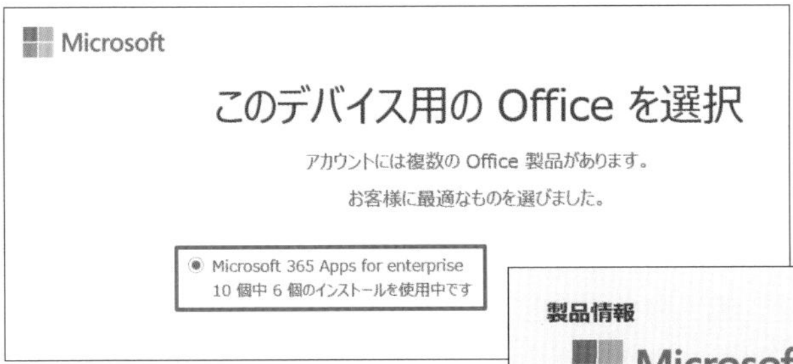

図8 職場のアカウントで利用できるオフィスのライセンスが表示される。確認して「次へ」を押し、完了したらエクセルを再起動する

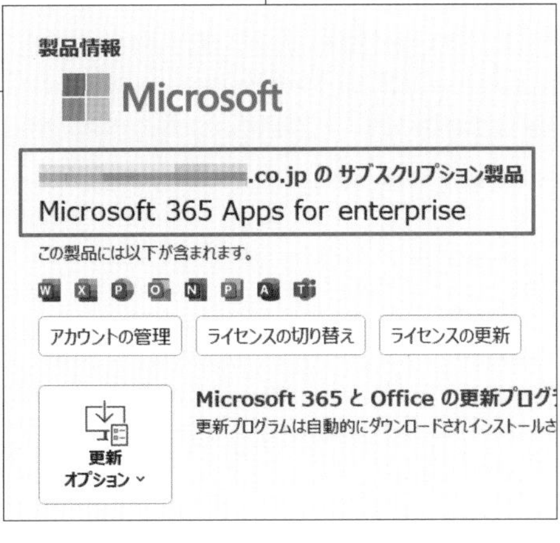

図9 再起動後に「アカウント」画面を見ると、「製品情報」欄の表示が変わり、ライセンスが切り替わったことがわかる。個人のオフィスのライセンスに戻したい場合は、同様に「ライセンスの切り替え」ボタンから切り替えられる。その際は、図5の画面で職場のアカウントを一度「サインアウト」してから実行すると確実だ

Part2

操作

**こんなに簡単な操作方法があるのなら、
もっと早く教えてほしかった！
エクセルには後から知ると悔しいほどの
時短ワザが随所に隠れています。
このパートではさまざまな操作を
効率化する方法を学びます。**

文／五十嵐 俊輔、石坂 勇三、仙石 誠、土屋 和人、服部 雅幸

総論 職場では教えてくれない時短のノウハウ

エクセルほどベテランと入門者で“時短力”に差が出るソフトはないだろう。あなたの職場にも、同じ作業を「5分でささっとこなす人」と「20分も30分もかかっちゃう人」がいないだろうか。

両者の違いは、ちょっとした作業を素早くこなすノウハウの積み重ねだ。表を思い通りにささっと並べ替える、見やすい罫線を手早く引く、日付を目的の形式で正確に表示する、といった小ワザの積み重ねが、日常業務の時短に貢献する（**図1～図4**）。高度な関数やプログラミング（VBA）などを覚えるよりも、基本的な操作を見直すほうが、時短への近道だったりする。

だが困ったことに、基本的な操作の多くは“自己流”で覚えるケースが多い。例えば、会社の研修ではコピーと貼り付けくらいは教えてくれるが、図1の「ドラッグ操作による入れ替え（移動・挿入）」といった実務に役立つ小ワザまでは手が回らない。自己流で学ぶか、親切なエクセル上手の先輩（いれば幸運）に教えてもらうしかない。

そこで、本パートでは、編集、入力、書式、加工といったエクセルの基本操作を効率良くこなすためのテクニックを紹介しよう。

大ワザ、小ワザ、基礎知識も満載

●ドラッグで素早くデータを入れ替え

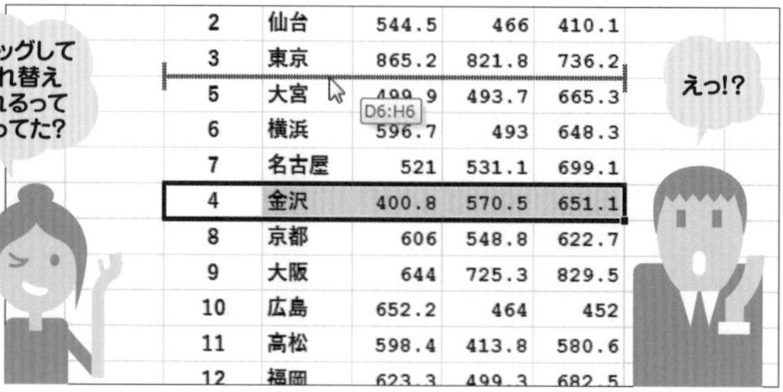

P36

図1 本パートで紹介するエクセルのテクニックや基礎知識の一例。例えば、「Shift」キーを押しながらドラッグすると、データを入れ替えることができる

●均等割り付けとセル結合の裏ワザ

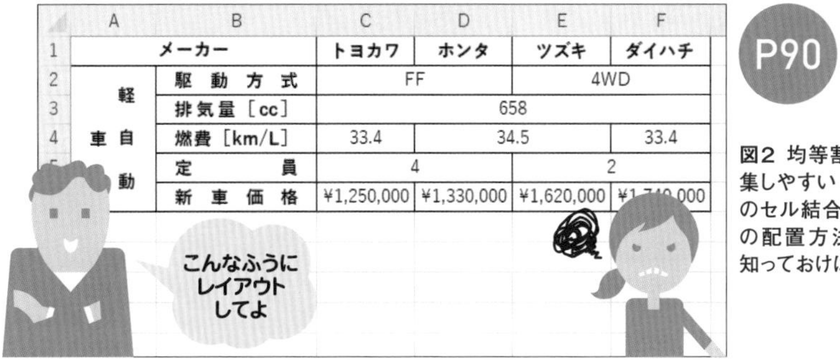
P90
こんなふうに
レイアウト
してよ

	A	B	C	D	E	F
1	メーカー		トヨカワ	ホンタ	ツズキ	ダイハチ
2	軽自動車	駆動方式	FF		4WD	
3		排気量［cc］	658			
4		燃費［km/L］	33.4	34.5		33.4
5		定員	4		2	
6		新車価格	¥1,250,000	¥1,330,000	¥1,620,000	¥1,[illegible]

図2 均等割り付けや編集しやすい「見た目だけのセル結合」など、文字の配置方法も、コツを知っておけば時短できる

●日付データはさまざまな形式で表現できる

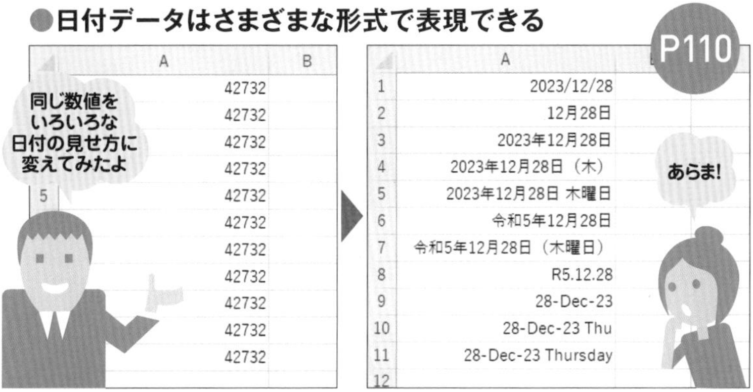
P110
同じ数値を
いろいろな
日付の見せ方に
変えてみたよ
あらま!

	A
1	42732
2	42732
3	42732
4	42732
5	42732
6	42732
7	42732
8	42732
9	42732
10	42732
11	42732

	A
1	2023/12/28
2	12月28日
3	2023年12月28日
4	2023年12月28日（木）
5	2023年12月28日 木曜日
6	令和5年12月28日
7	令和5年12月28日（木曜日）
8	R5.12.28
9	28-Dec-23
10	28-Dec-23 Thu
11	28-Dec-23 Thursday
12	

図3 エクセルでは日付データの扱いで戸惑いがちだ。日付データはさまざまな形式で表示できるので、仕組みを理解すればすぐに好みの形式に変えられる

●標準的な表を使いやすい形式に組み替え

P126
100件
あるけど
右のように
組み替えて

	A	B	C	D
1	氏名	フリガナ	Email	TEL
2	富田 和明	トミタ カズアキ	kazu@example.com	090-0123-4567
3	大森 かなえ	オオモリ カナエ	kanae@example.com	090-0234-5678
4	大河内 純	オオコウチ ジュン	jun@example.com	090-0345-6789
5	鈴木 翔太	スズキ ショウタ	shuota@example.com	090-0567-8901
6	矢部 隼人	ヤベ ハヤト	yabe@example.com	090-0678-9012
7		ツボイ トシハル	tsubo@example.com	090-0789-0123
8		ノジマ ナオト	nojima@example.com	090-0890-1234
9		タカギ ミチオ	otakagi@example.com	090-0901-2345
10		アカバネ フウカ	fuuka@example.com	090-0012-3456
11		キヨタ モミジ	ksmomiji@example.com	080-0123-4567
12	宇都宮	ウツノミヤ ラン	wiraian@example.com	080-0234-5678
13	湊	ミナト カリン	karin@example.com	080-0345-6789
14	日	ノ ツネトシ	tsune@example.com	080-0567-8901
15	堀	リウチ ヨウジ	Horiuchi@example.com	080-0678-9012
16	森	モリシマ ヨシト	yoshito@example.com	080-0789-0123
17	坂本	サカモト シゲミ	shigemi@example.com	080-0890-1234
18	真栄	エダ ケン	maken@example.com	080-0801-2345
19	河村	カ ムラ ケイセイ	keisei@example.com	080-0012-3456

	A	B
1	住所録（リフィル印刷用）	
2	富田 和明	kazu@example.com
3	トミタ カズアキ	TEL 090-0123-4567
4	大森 かなえ	kanae@example.com
5	オオモリ カナエ	TEL 090-0234-5678
6	大河内 純	jun@example.com
7	オオコウチ ジュン	TEL 090-0345-6789
8	鈴木 翔太	shuota@example.com
9	スズキ ショウタ	TEL 090-0567-8901
10	矢部 隼人	yabe@example.com
11	ヤベ ハヤト	TEL 090-0678-9012
12	坪井 俊治	tsubo@example.com
13	ツボイ トシハル	TEL 080-6981-9671
14	野島 直人	nojima@example.com
15	ノジマ ナオト	TEL 090-9600-16
16	高木 通夫	otakagi@example
17	タカギ ミチオ	TEL 090-8364-13
18	赤羽 風花	fuuka@example.c

図4 単純な表形式の住所録を、簡単な操作で使いやすい形式に組み替えることもできる。何百件あっても心配無用だ

編集編 ドラッグで素早く データを入れ替える

「こっちの項目が上になるように並べよう」「いや、やっぱりこの行のほうが先だな」――。表を作成するときには、必ずといっていいほど、このように試行錯誤を伴うデータの並べ替えが発生するものだ。

どう操作すると一番効率が良いだろうか。地区別にまとめた支店ごとの売り上げデータの順番を入れ替えるケースで考えてみよう（**図1**）。

これを知らないと大幅に手間がかかる!

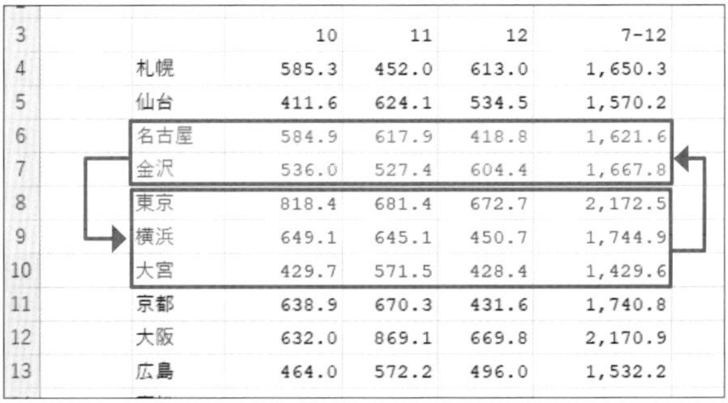

3		10	11	12	7-12
4	札幌	585.3	452.0	613.0	1,650.3
5	仙台	411.6	624.1	534.5	1,570.2
6	名古屋	584.9	617.9	418.8	1,621.6
7	金沢	536.0	527.4	604.4	1,667.8
8	東京	818.4	681.4	672.7	2,172.5
9	横浜	649.1	645.1	450.7	1,744.9
10	大宮	429.7	571.5	428.4	1,429.6
11	京都	638.9	670.3	431.6	1,740.8
12	大阪	632.0	869.1	669.8	2,170.9
13	広島	464.0	572.2	496.0	1,532.2

図1 表内の赤と青の部分を入れ替えたい。表作成で必ずといっていいほど発生する作業だ。これを素早く実行するにはドラッグ操作が一番。コピペでも入れ替えは可能だが、必要な手順が大幅に増えてしまう。エクセルの時短はまずはここから手を着けよう

時短がまったく身に付いていない初級者だと、まず思い付くのはコピペだろう。図1ならまず、名古屋と金沢のブロックを「切り取り」して、どこか別の場所に「貼り付け」して退避。その後、東京から大宮のブロックを「切り取り」→「貼り付け」で上に移動し、退避しておいた名古屋と金沢のブロックをその下に移動する。これで取りあえず目的は達せられるが、時短という観点で本書が採点すると100点満点で50点だ。

えっ、「切り取り」を「Ctrl」+「X」、貼り付けを「Ctrl」+「V」のショートカットキーでやれば時間はかからない？ 仮にそうでも60点しか付けられない。それ以上を望むなら、ドラッグ操作によるセル範囲の移動・挿入をぜひマスターしてほしい。

「Shift」で現れる「H」形が「ここに移動・挿入」のサイン

まずは、単体のセルを入れ替えるシンプルな例から見ていこう（**図2**）。

動かしたいセルをクリックして選択。そうしたら、その外枠にマウスポインターを合わせる。すると四方向矢印の絵柄が現れるので、その状態でドラッグする。上下左右に動かすと、それに応じて四角い枠が移動する。

重要なのはここから。挿入したい位置までドラッグしたら、「Shift」キーを押す。すると、それまで四角形だった枠が、平べったい「H」形に変わる。これは、「マウスボタンを離すと、この場所に移動・挿入されますよ」という目印だ。

「Shift」キーを押しながらマウスを動かして、「H」形を目的の位置に合わせたら、マウスボタンを離す。その際、先に「Shift」キーを離してしまうと、うまくいかないので注意する。思惑通りにセルが移動・挿入されたのを確認してから「Shift」キーを離そう。

このような操作を「Shift」+ドラッグなどと呼ぶが、「Shift」キーをずっと押し続けておく必要はない。位置合わせをするときと、マウスボタンを離すときに押していればよい。

「Shift」キーを押しながらドラッグしてセルを移動・挿入

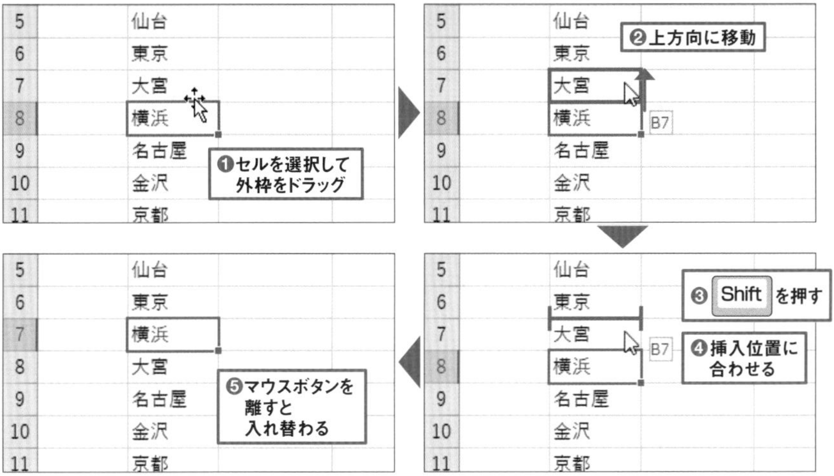

❶セルを選択して外枠をドラッグ
❷上方向に移動
❸ Shift を押す
❹挿入位置に合わせる
❺マウスボタンを離すと入れ替わる
仙台
東京
大宮
横浜
名古屋
金沢
京都
B7

図2 「横浜」を「東京」と「大宮」の間に移動したい。ポイントは「Shift」キーだ。まずは移動したいセルを選択し、その外枠をドラッグする（❶❷）。ドラッグ中に「Shift」キーを押すと、挿入先を示す「H」形が表示される（❸）。挿入位置をうまく調整してマウスボタンを離せば（❹❺）、入れ替えが完了だ

キー操作が面倒なら右ボタンでドラッグ

表中の特定の行を入れ替えるときや、数行にわたるブロックを入れ替えるときも基本的な手順は同じだ（**図3〜図5**）。入れ替えは「Shift」+ドラッグと覚えておこう。

行単位で入れ替えてみる

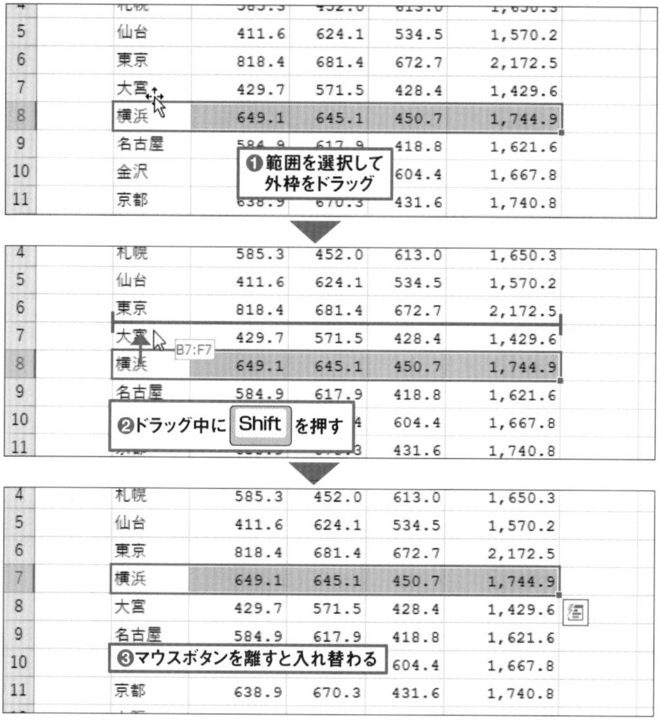
❶範囲を選択して外枠をドラッグ
B7:F7
❷ドラッグ中に Shift を押す
❸マウスボタンを離すと入れ替わる

図3 「Shift」キーを使った移動・挿入は、行単位でもOK。セル範囲を「Shift」+ドラッグすると、その横幅に応じた「H」形が現れるので、目的の位置でマウスボタンを離す（❶〜❸）

複数行の入れ替えも同じ要領

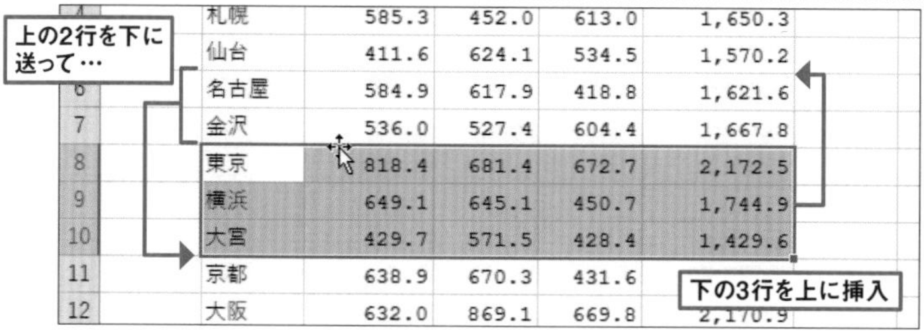
上の2行を下に送って…
下の3行を上に挿入

図4 複数行をまとめて入れ替えることも可能。東京から大宮までのブロックを、仙台と名古屋の間に移動してみよう。このようなケースは実際の表作成でしばしば遭遇する

「Shift」キーの操作が面倒だという人には、右ボタンによるドラッグをお勧めする（**図6**）。セルやセル範囲を選択し、その外枠を右ボタンでドラッグ。目的の場所でマウスボタンを離すとメニューが開くので、処理方法を選べばよい。図3のように移動・挿入するときは「下へシフトして移動」だ。後述する「Ctrl」+ドラッグ（42ページ図11）に相当するのは「ここにコピー」で、「Ctrl」+「Shift」+ドラッグに相当する「下へシフトしてコピー」なども選べる。

なお、ドラッグ操作による移動・挿入では、書式を除外することはできない。罫線なども一緒に移動するので注意しよう。書式を無視したセルの入れ替え（並べ替え）は次項で解説する。

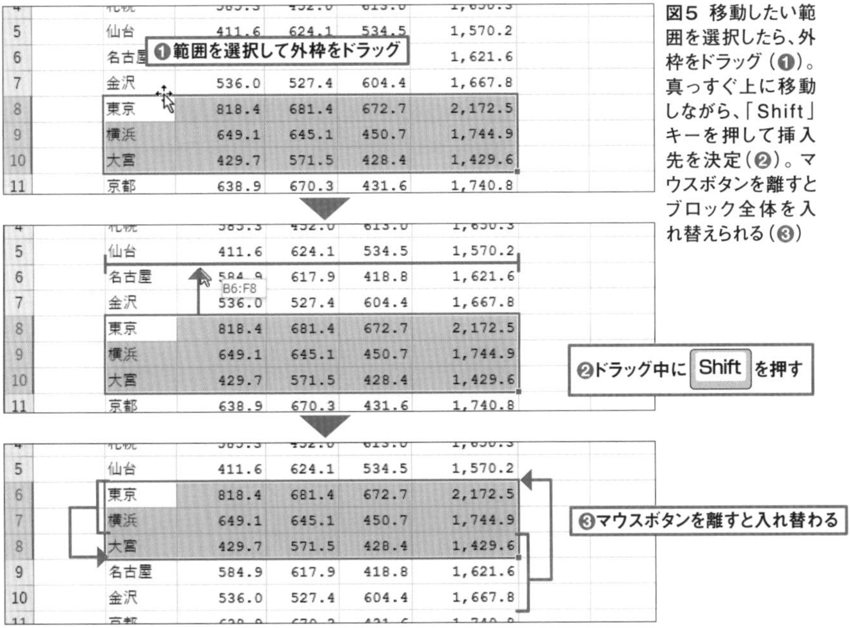

図5 移動したい範囲を選択したら、外枠をドラッグ（❶）。真っすぐ上に移動しながら、「Shift」キーを押して挿入先を決定（❷）。マウスボタンを離すとブロック全体を入れ替えられる（❸）

図6 右ボタンでドラッグすると、ボタンを離した際に処理方法を選べる（❶❷）。図3のようにするときは「下へシフトして移動」を選ぶ（❸）

列方向の入れ替えもOK、ただしNGな場所に注意

ドラッグ操作によるセル範囲の入れ替えは、行方向だけでなく、列方向でも可能だ。選択範囲の外枠を真横にドラッグして「Shift」キーを押すと、「H」形を横にしたような「I」形が現れる（**図7**）。これが列方向に移動・挿入する位置を表している。基本的な操作は行方向での移動・挿入と同じだ。

入れ替えではなく任意の位置に移動・挿入することも可能だ。例えば**図8**のような場合、移動先のセル範囲が下へシフト（移動）し、選択範囲があった列でシフトは起こらない。

任意の位置に移動・挿入する際は、ドラッグ先に注意しよう。場所によっては、「H」形や「I」形が現れないことがあるからだ（**図9**）。

基本的に真上や真下もしくは真横にドラッグした場合なら問題はない。しかし、元の選択範囲と一部の行や列が重なる位置では「H」形や「I」形が現れない。その位置に移動・挿入すると、シフトによる行や列の整合性が取れなくなるためだ。移動・挿入する場合は、真上や真下もしくは真横に動かすか、元の選択範囲にまったく影響しない場所に持っていくようにしよう。

横に動かせば列方向の入れ替えも可能

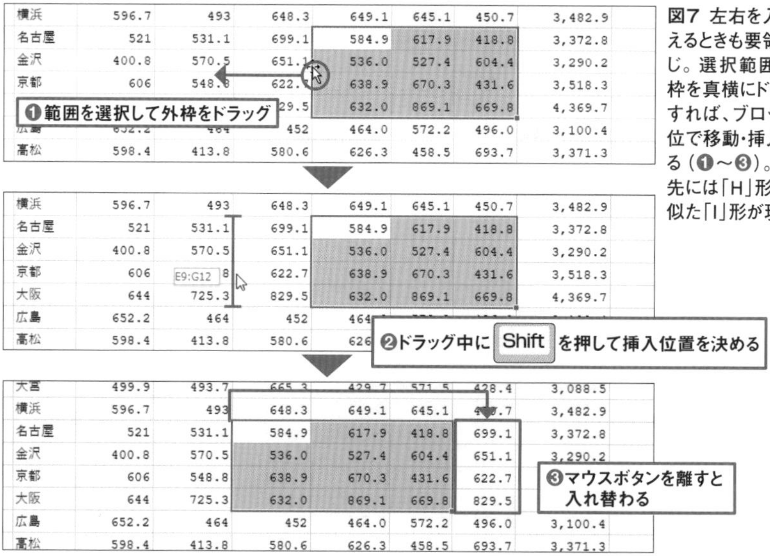
❶範囲を選択して外枠をドラッグ
E9:G12
❷ドラッグ中に Shift を押して挿入位置を決める
❸マウスボタンを離すと入れ替わる

図7 左右を入れ替えるときも要領は同じ。選択範囲の外枠を真横にドラッグすれば、ブロック単位で移動・挿入できる（❶〜❸）。挿入先には「H」形とよく似た「I」形が現れる

「Shift」+ドラッグは知らなかったが、選択セル範囲の外枠をドラッグして移動できるのは知っていた、という中級者は多いかもしれない。この点を復習しておこう。

任意の位置に移動・挿入する

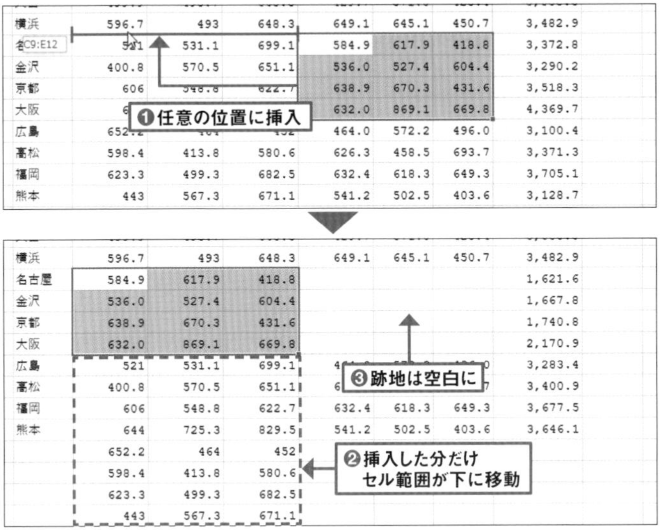
C9:E12
❶任意の位置に挿入
❸跡地は空白に
❷挿入した分だけ
セル範囲が下に移動

図8 基本は「挿入して移動」する動作なので、同じ行や列の中での入れ替えだけでなく、任意の位置に挿入することもできる（❶❷）。その際、元のセル範囲は空白になる（❸）

挿入できない位置に注意

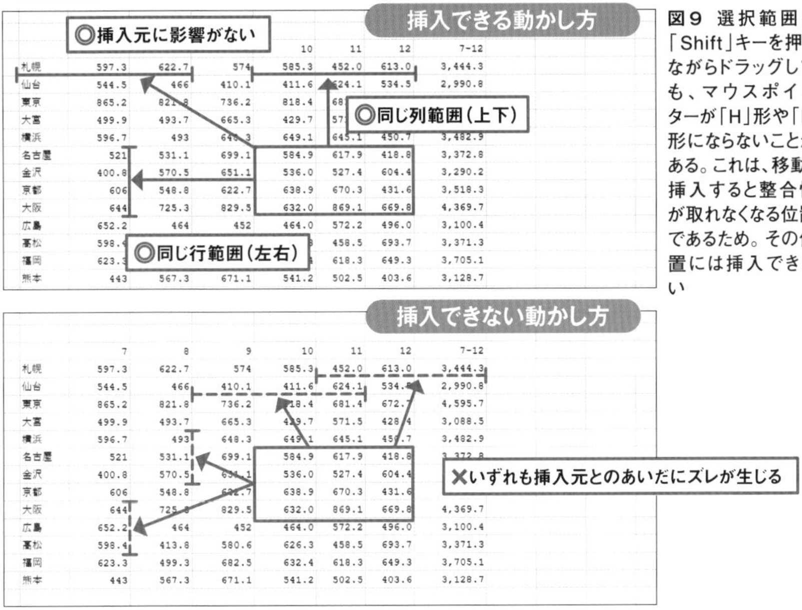
挿入できる動かし方
◎挿入元に影響がない
◎同じ列範囲（上下）
◎同じ行範囲（左右）
挿入できない動かし方
✕いずれも挿入元とのあいだにズレが生じる

図9 選択範囲を「Shift」キーを押しながらドラッグしても、マウスポインターが「H」形や「I」形にならないことがある。これは、移動・挿入すると整合性が取れなくなる位置であるため。その位置には挿入できない

「Ctrl」でコピー、「Alt」でシート切り替え

普通に選択範囲の外枠をドラッグすると移動になる（**図10**）。また、「Ctrl」キーを押しながらドラッグすると、コピーされる（**図11**）。「Shift」キーとの併用も可能で、「Ctrl」+「Shift」+ドラッグなら、選択範囲がコピーされたうえで挿入される。「Ctrl」キーも「Shift」キーと同様、マウスボタンを離すときに押していればよい。ドラッグ中にそれらのキーを押したり離したりすることで、処理方法を随時切り替えられる。

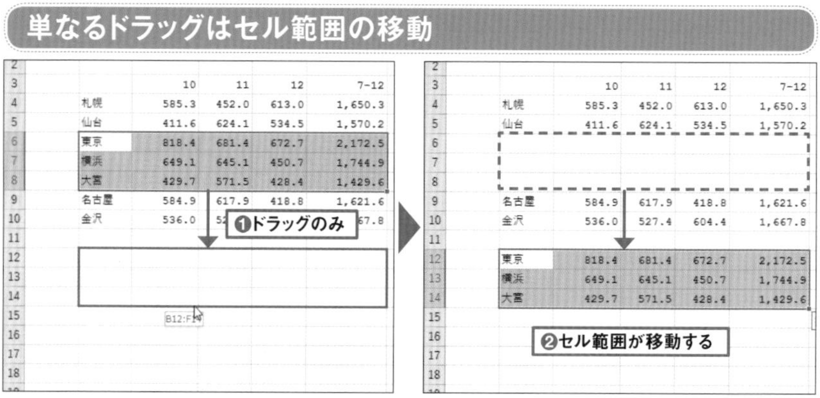
単なるドラッグはセル範囲の移動
❶ドラッグのみ
B12:F14
❷セル範囲が移動する

図10 「Shift」キーを押さずに選択範囲の外枠をドラッグした場合は、データが移動する（❶❷）。元のセル範囲は空白となり、移動先にデータがある場合は上書きされる

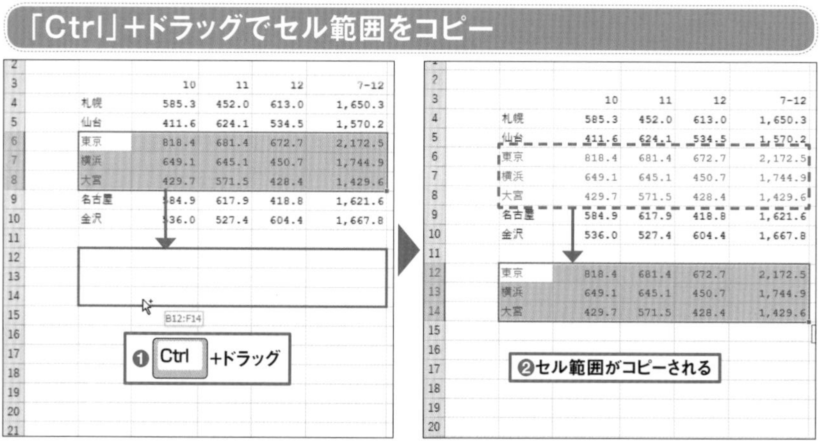
「Ctrl」+ドラッグでセル範囲をコピー
❶ Ctrl +ドラッグ
B12:F14
❷セル範囲がコピーされる

図11 「Ctrl」キーを押しながら選択範囲の外枠をドラッグすると、データのコピーになる（❶❷）。元のセル範囲のデータはそのまま残る。コピー先にデータがある場合は、上書きされる

「Alt」キーを使うと、シートの切り替えも可能だ。選択範囲の外枠をドラッグ中に「Alt」キーを押すと、シートタブの上に重ねることでシートを切り替えられる（**図12**）。なお、「Alt」キーなしでシートタブの上にドラッグしようとしても、画面が果てしなくスクロールするだけなので注意しよう。

シートが切り替わったら、「Alt」キーを離す。その後は、そのシート上でドラッグ操作を続行できるので、「Ctrl」キーや「Shift」キーなどを組み合わせて移動・挿入・コピーを行えばよい。

「Alt」キーで別のシートに切り替える

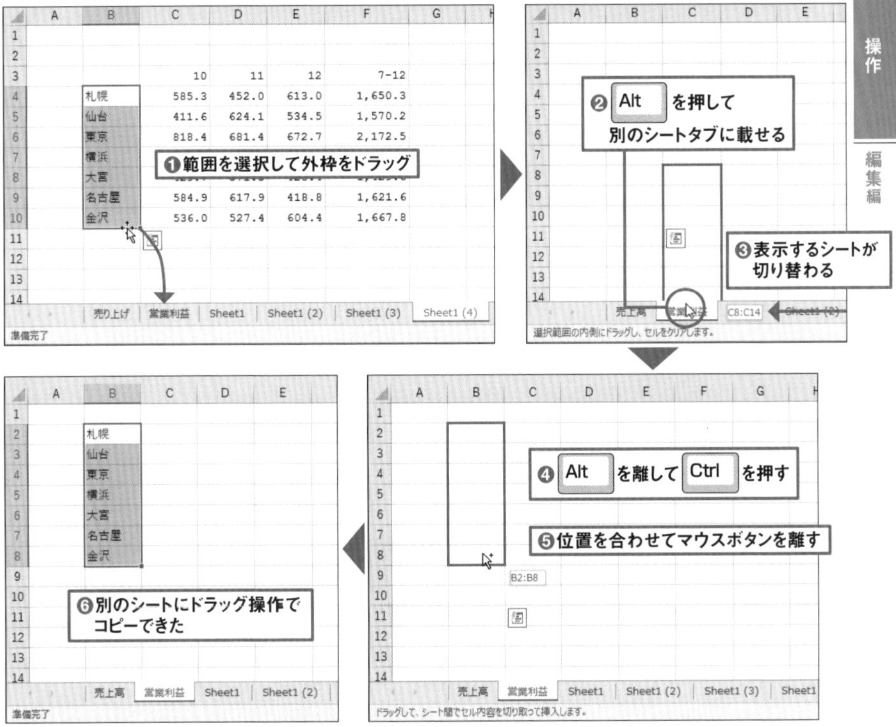
❶範囲を選択して外枠をドラッグ
❷ Alt を押して 別のシートタブに載せる
❸表示するシートが切り替わる
❹ Alt を離して Ctrl を押す
❺位置を合わせてマウスボタンを離す
❻別のシートにドラッグ操作でコピーできた

図12 ついでに、「Alt」キーの使い方も押さえておこう。選択範囲の外枠をドラッグ中に「Alt」キーを押すと、シートタブの上へドラッグしてシートを切り替えられる（❶～❻）。ドラッグ操作の最中にシートを切り替えてセルの移動やコピーが可能だ

編集編 アッと驚く並べ替えの妙技 上級編

前項で紹介した「Shift」+ドラッグは表の入れ替えで抜群の“時短力”を発揮するが、ときには都合の悪いこともある。**図1**のように罫線をきっちりと整えている場合だ。「Shift」+ドラッグで表の一部を入れ替えると、罫線も一緒に移動してしまう（**図2**）。

「Shift」+ドラッグは無敵じゃなかった

本来、罫線は、「Shift」+ドラッグなどで表の中身を完成させてから、最終的な仕上げとして引くのが望ましい。だが、人からもらった表などで、罫線はそのままにデータだけを入れ替えたいケースはしばしばある。本項では、それに対応できる並べ替

罫線を崩さずに入れ替えたい

	A	B	C	D	E	F	G	H
1								
2		地区	支店名	2023			Q4計	
3				10	11	12		
4		埼玉	大宮本店	479	860	884	2,223	
5			浦和	821	329	449	1,599	
6		神奈川	川崎	472	657	301	1,430	
7			関内	593	584	758	1,935	
8		東京	銀座	723	641	564	1,928	
9			新宿	585	976	624	2,185	
10			渋谷	195	173	447	815	
11								

東京を一番上、埼玉を一番下にしたい

	A	B	C	D	E	F	G	H
1								
2		地区	支店名	2023			Q4計	
3				10	11	12		
4		東京	銀座	723	641	564	1,928	
5			新宿	585	976	624	2,185	
6			渋谷	195	173	447	815	
7		神奈川	川崎	472	657	301	1,430	
8			関内	593	584	758	1,935	
9		埼玉	大宮本店	479	860	884	2,223	
10			浦和	821	329	449	1,599	
11								
12								

でも罫線はそのままに

図1 東京のブロックを一番上、埼玉のブロックを一番下に持っていきたい。前項で述べた「Shift」+ドラッグのワザを使えば簡単じゃないかと思った人は要注意。このように罫線をきっちりと整えてある表では、データの入れ替えは意外と難しいのだ

えの上級テクニックを紹介しよう。

罫線はそのままにデータを入れ替えたいときは、エクセルの並べ替え機能を使うのが王道だ。住所録や帳簿などの並べ替えで利用したことのある人は多いだろう。「データ」タブを開くと、「並べ替えとフィルター」欄に「昇順」「降順」「並べ替え」といったボタンがある(「ホーム」タブの「並べ替えとフィルター」ボタンにもある)。エクセルではこれらを使って表を自由自在に並べ替えられる。並べ替えの前後で罫線は一切影響を受けない。

とはいえ、図1のようなケースでは、ひと工夫しないと思い通りには並べ替えられない。

罫線が崩れない「並べ替え」だが、ひと工夫が必要

例えば「昇順」ボタンは、選択セルもしくはアクティブセル(選択範囲内で白く反転したセル)の列を基準にして、その値が小さい順に表を行単位で並べ替える。だが、図1では基準にすべき適切なセルがない。「地区」欄の「埼玉」などは先頭の行にしか入っていないので、これを基準にはできない。そもそも、地区の日本語を昇順

ドラッグ操作では罫線が崩れてしまう

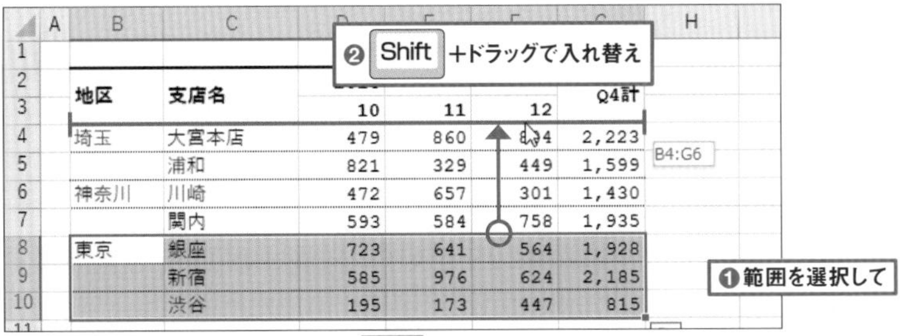

❷ Shift +ドラッグで入れ替え
B4:G6
❶範囲を選択して

地区	支店名	10	11	12	Q4計
埼玉	大宮本店	479	860	884	2,223
	浦和	821	329	449	1,599
神奈川	川崎	472	657	301	1,430
	関内	593	584	758	1,935
東京	銀座	723	641	564	1,928
	新宿	585	976	624	2,185
	渋谷	195	173	447	815

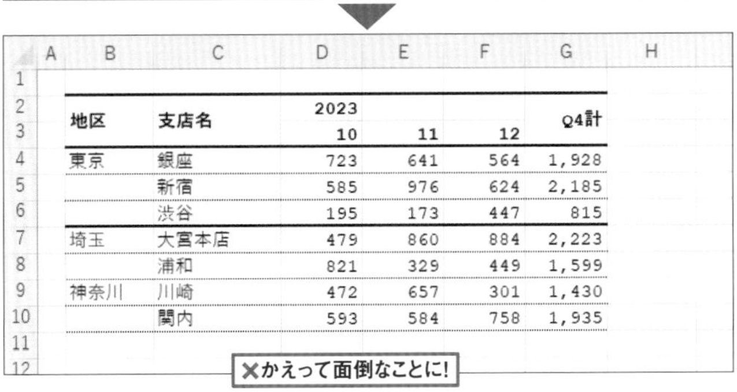

✕かえって面倒なことに!

地区	支店名	2023 10	11	12	Q4計
東京	銀座	723	641	564	1,928
	新宿	585	976	624	2,185
	渋谷	195	173	447	815
埼玉	大宮本店	479	860	884	2,223
	浦和	821	329	449	1,599
神奈川	川崎	472	657	301	1,430
	関内	593	584	758	1,935

図2 東京のブロックを選択し、その外枠を「Shift」+ドラッグで移動・挿入したら(❶❷)、一番下の太罫線まで移動してしまった。さらに埼玉のブロックを一番下へ移動して、罫線を引き直す必要があり、このやり方はあまり賢くない

1、2、3…と番号を振って並べ替え

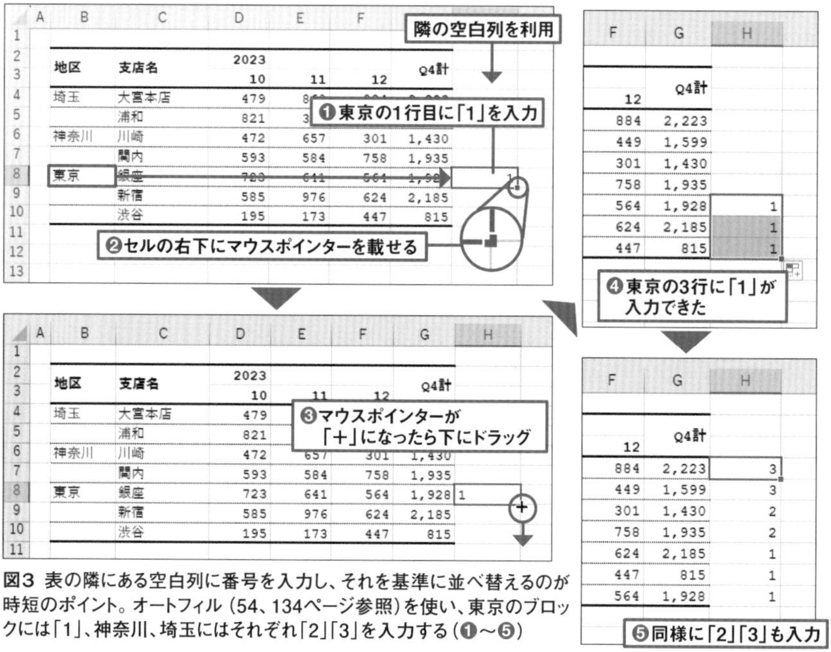
隣の空白列を利用
❶東京の1行目に「1」を入力
❷セルの右下にマウスポインターを載せる
❸マウスポインターが「＋」になったら下にドラッグ
❹東京の3行に「1」が入力できた
❺同様に「2」「3」も入力

図3 表の隣にある空白列に番号を入力し、それを基準に並べ替えるのが時短のポイント。オートフィル（54、134ページ参照）を使い、東京のブロックには「1」、神奈川、埼玉にはそれぞれ「2」「3」を入力する（❶～❺）

で並べ替えても、振り仮名（セルに記録された漢字変換時の読み）の五十音順になるので、「神奈川」「埼玉」「東京」と並んでしまい、図1の目的は達せられない。

こういうときは発想の転換が必要だ。並べ替え基準に適したデータが表内にないなら、別途用意すればいい。

具体的には**図3**～次々ページ**図5**のような手順だ。隣接する空白セルに番号を振り、それを基準に並べ替える。この方法ならスマートに図1の問題を解決できる。

今回は並べ替え用の番号として、東京、神奈川、埼玉にそれぞれ「1」「2」「3」を入力した。例えば東京の場合、どの支店もすべて「1」となるが、同じ番号は並べ替えても元の順番が維持されるので、支店ごとに異なる番号を振る必要はない。

オートフィルで番号を入力し、それを基準に並べ替える

同じ番号を複数のセルに入力するときは、図3のようなオートフィル（54、134ページ参照）が重宝する。あるいは、63ページで紹介する「Ctrl」+「Enter」キーでもよい。例えば、東京の番号欄すべてを範囲選択して「1」を入力し、「Ctrl」キーを押し

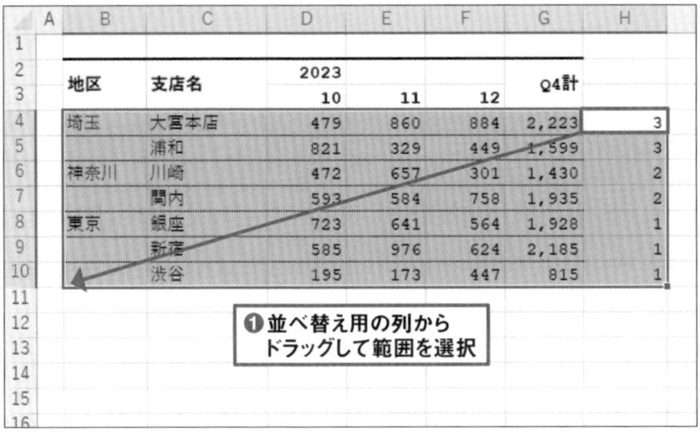

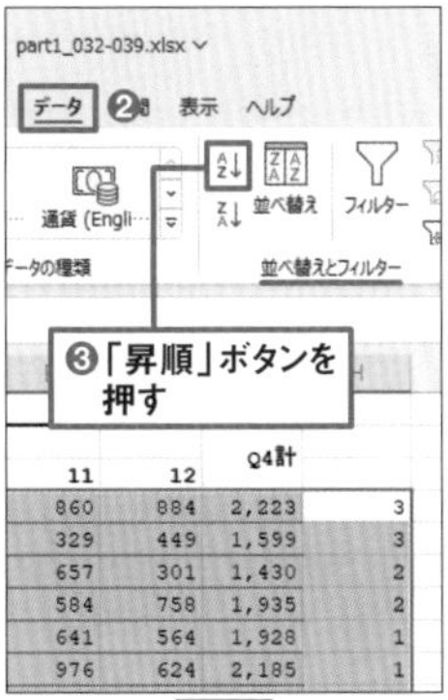

図4 番号の列からドラッグして並べ替えたいセル範囲を選択（❶）［注］。「データ」タブの「昇順」ボタンを押すと、意図通りの順番に並び替わる（❷～❹）。アクティブセル（選択範囲内で白く反転したセル）を基準に並べられるので、範囲選択時は必ず番号の列からドラッグする。あるいは、普通に選択した後で、「Tab」キーを押してアクティブセルを移動してもよい

ながら「Enter」キーを押すと、選択範囲すべてに「1」が入る。

データを並べ替えるときは、対象範囲を選択して、並べ替え基準の列にアクティブセルを置くのがポイントだ。単独セルを選択した状態で並べ替えると、データ全体が並べ替え対象と判断されてしまうので注意しよう。また、並べ替え用の番号をアクティブセルにしたいときは、図4上のようにドラッグ方向を工夫するか、範囲選択後に「Tab」キーを何度か押してアクティブセルを移動させる。

部分的な並べ替えでも“番号作戦”は“時短力”抜群

図3では全体を並べ替えたが、この“番号作戦”は表の一部分だけを並べ替えたいときにも使える。**図6**のように必要なところにだけ番号を振り、目的のセル範囲を選択して並べ替えればよい。図6では地区の列を除いて、東京の支店名から右側だけを並べ替え対象にした。どの範囲を並べ替え対象にすると思い通りになるか、事前によく考えよう。

以上のように“時短力”抜群の“番号作戦”だが、ときにはうまくいかないこともあ

［注］ドラッグの代わりにキー操作（「Shift」＋矢印キー）でも同様にセル範囲を選択できる

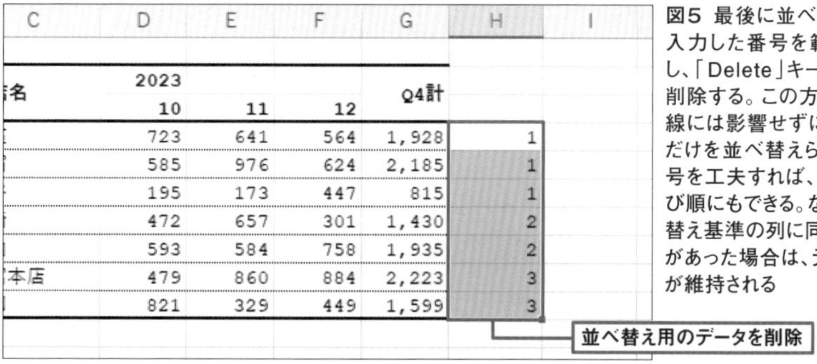

図5 最後に並べ替え用に入力した番号を範囲選択し、「Delete」キーを押して削除する。この方法なら罫線には影響せずに、データだけを並べ替えられる。番号を工夫すれば、どんな並び順にもできる。なお、並べ替え基準の列に同じデータがあった場合は、元の順番が維持される

表の一部だけを並べ替えるのも簡単

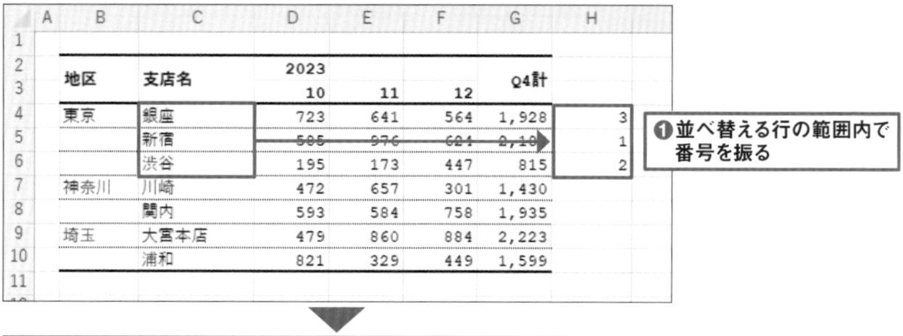

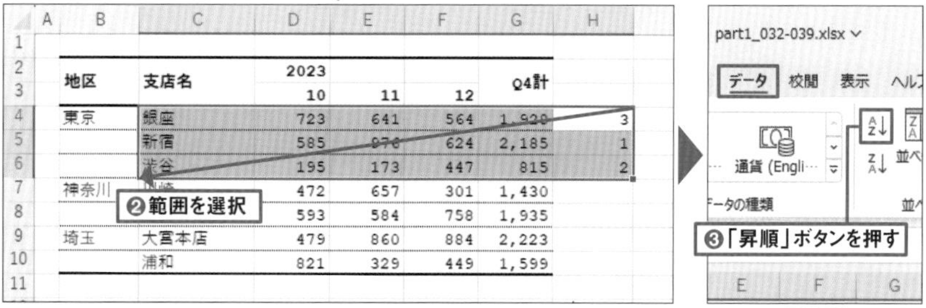

図6 表全体を並べ替えるのではなく、部分的に並べ替えたいときも、“番号作戦”は有効だ。並べ替える範囲のみに番号を振る(❶)。あとの手順は同じ(❷〜❹)。必要な部分だけを並べ替えられる

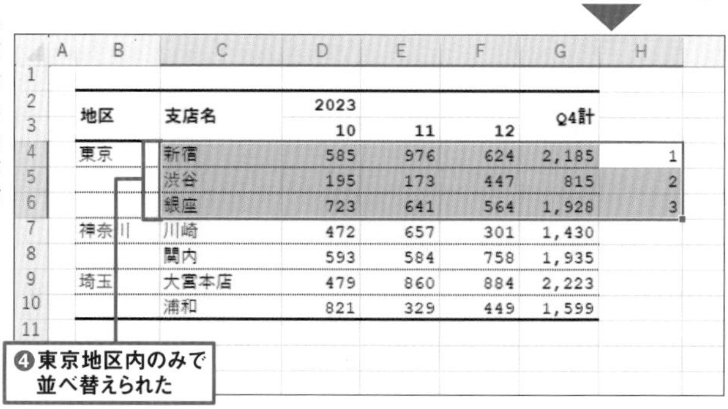

る。**図7**のように、並べ替え対象の1行目がテコでも動かないケースがあるのだ。このトラブルは、エクセルが選択範囲の1行目を見出し行だと認識した場合に起こる。見出し行は常に先頭となるので、並べ替え対象とならない。この場合は「並べ替え」画面を開いて、1行目を見出し行としないように設定を変えると、うまく並べ替えられる（**図8**）。

図6の“部分並べ替え”テクニックでは、表内の値を並べ替え基準にしてもよい。例えば次ページ**図9**のように、表内の四半期合計金額を基準に神奈川のブロックだけを並べ替えることが可能だ。この場合も、並べ替え基準としたい列にアクティブ

うまく順番が入れ替わらないときは…

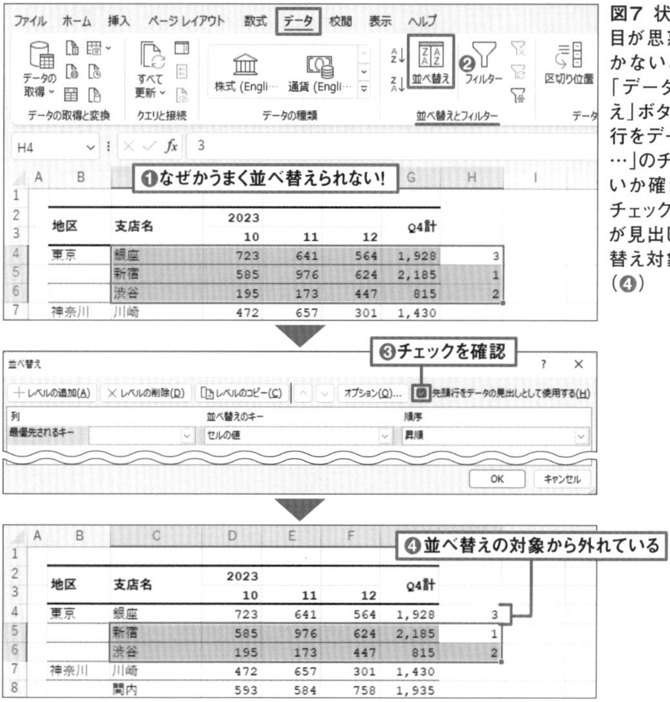

図7 状況によっては、1行目が思惑通りの位置に動かないこともある（❶）。「データ」タブの「並べ替え」ボタンを押して、「先頭行をデータの見出しとして…」のチェックが入っていないか確かめよう（❷❸）。チェックがオンだと、1行目が見出しと見なされて並べ替え対象から外れてしまう（❹）

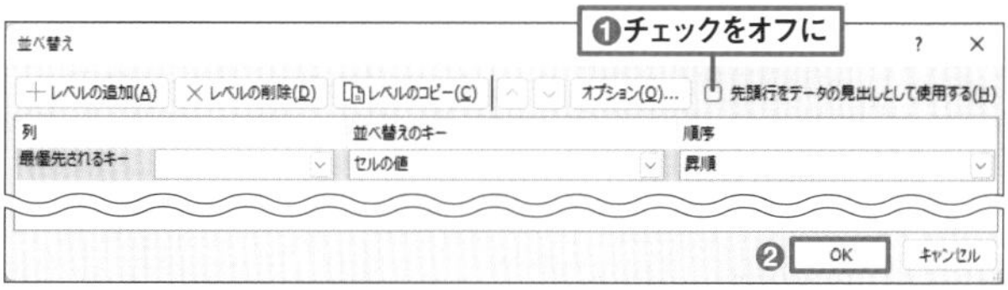

図8 チェックをオフにして、「OK」ボタンで「並べ替え」画面を閉じると（❶❷）、正しく並べ替えられるようになる

金額などでも並べ替えられる

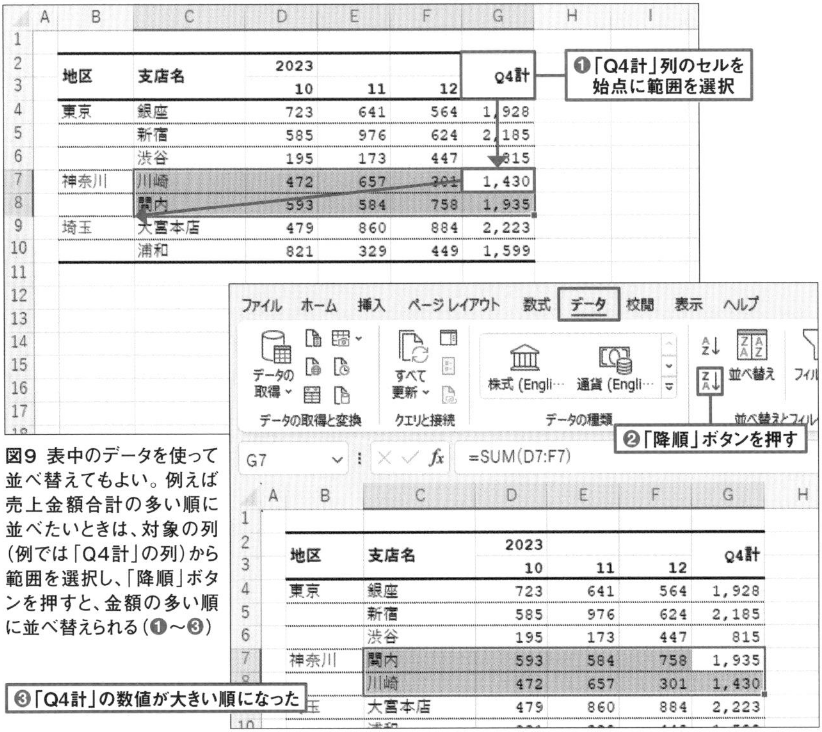

図9　表中のデータを使って並べ替えてもよい。例えば売上金額合計の多い順に並べたいときは、対象の列（例では「Q4計」の列）から範囲を選択し、「降順」ボタンを押すと、金額の多い順に並べ替えられる（❶～❸）

セルを置くのがポイント。状況によっては「Shift」+ドラッグよりずっと時短になるので、しっかりとマスターしよう。

列方向の並べ替えは「並べ替え」画面を使う

最後に、列方向の並べ替えも紹介しておこう。2020年、2021年…などと古い年順に並んだ列を、新しい年順に並べ替えるようなケースだ（**図10**）。データが多いときはやはり、「Shift」+ドラッグよりも、この方法で並べ替えるほうが結局は速い。

列方向の並べ替えでは「並べ替え」画面を使う（**図11**）。「オプション」を押して「並べ替えオプション」を開き、「方向」を「列単位」に変更。「並べ替え」画面に戻ったら、並べ替えの基準となる行と並び順（昇順・降順）を指定する。前者は「2020年」などが並ぶ2行目なので、メニューから「行2」を選ぶ。並べ替えを実行すると、2020年、2021年…だった並び順が、2023年、2022年…と降順になる（**図12**）。

列方向の並べ替えもできる

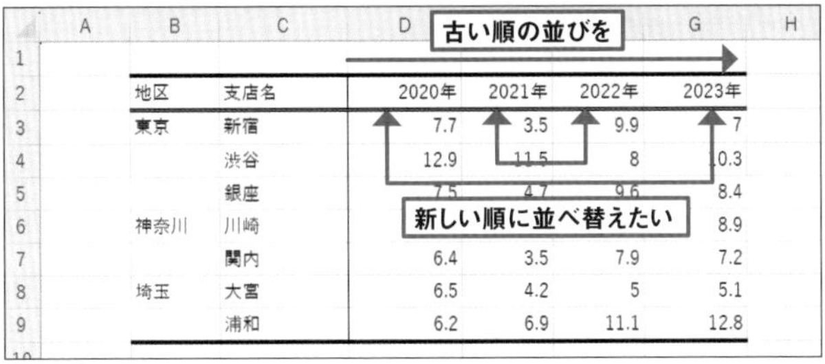

図10 2020年、2021年…と並んでいる表を2023年から新しい順に並べたい。このようなときは、列の並べ替えを行おう。ただし、行の並べ替えと違ってボタン一発ではできない

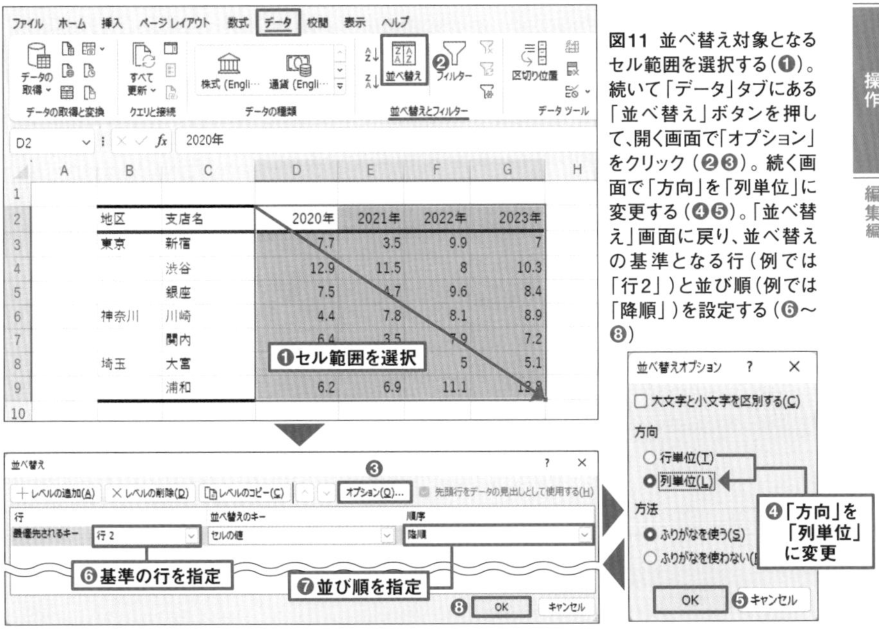

図11 並べ替え対象となるセル範囲を選択する(❶)。続いて「データ」タブにある「並べ替え」ボタンを押して、開く画面で「オプション」をクリック(❷❸)。続く画面で「方向」を「列単位」に変更する(❹❺)。「並べ替え」画面に戻り、並べ替えの基準となる行(例では「行2」)と並び順(例では「降順」)を設定する(❻～❽)

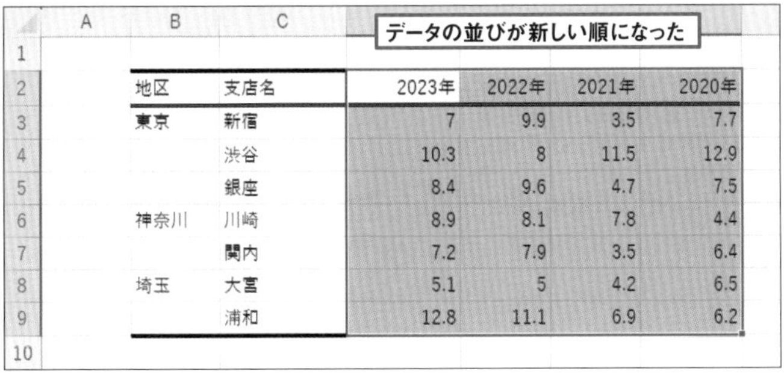

図12 2023年、2022年…と新しい年の順に並び替わった。図11の❹の設定はその後も有効だが、「データ」タブの「昇順」「降順」ボタンには影響しない(それらは常に行方向で並べ替える)

編集編 知ってました? 編集のこんな小ワザ

シート編集の時短ワザとして、エクセル入門者が最初に覚えるのが「オートフィル」だろう。これはドラッグ操作でデータを簡単にコピーできる機能。

セルやセル範囲を選択すると、その右下隅に「フィルハンドル」という四角いつまみが現れる。通常はこれをドラッグするのだが、実はダブルクリックでもオートフィルできるのをご存じだろうか（**図1**）。表が大きいときはドラッグよりずっと楽。罫線などが崩れたときは、スマートタグで修正しよう。

ただし、ダブルクリックの場合、表が途切れているとそこでストップしてしまう（**図2**）。そのときはドラッグ操作で普通にオートフィルしよう。

ダブルクリックでオートフィル

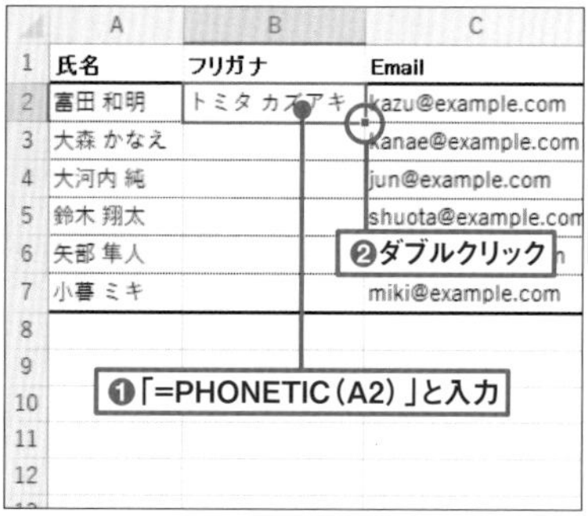

図1 A2セルの氏名の振り仮名を表示する関数式をB2セルに入力した（❶）。それを下にコピーしたいときは、ダブルクリックがお手軽だ。同セルを選択して右下にマウスポインターを合わせ、細十字になったらダブルクリックすればよい（❷）。罫線が乱れたときは、コピー範囲の右下に現れるスマートタグをクリックして「書式なしコピー」を選ぶ（❸❹）

オートフィルはコピー対象のデータの種類によって結果が変化する。例えば、文字列は普通にコピーされるが、「文字列+数字」形式の文字列は連番になる(次ページ**図3**)。意図しない結果になったときは、スマートタグで修正しよう。

オートフィルの対象が日付のときは、スマートタグでいろいろなコピー方法を選べる(**図4**)。通常は連続した日付になるが、普通のコピーや週単位、月単位の連続日付などにも変更できる。

数値をオートフィルするとコピーになるが、「Ctrl」キーを押しながらだと連番になる(**図5**)。実は「Ctrl」キーにはコピーと連番を切り替える機能があり、日付や図3の「文字列+数字」を「Ctrl」+オートフィルするとコピーになる。数値や日付の場合、2つのデータを入力・選択して飛び飛びの連続データにすることもできる(**図6**)。また、横方向や、値が減少するような連番のオートフィルも可能だ(**図7**)。

ダブルクリック関連で、「書式のコピー/貼り付け」のワザも紹介しよう。このボタンも入門者に人気だが、ダブルクリックすると何度も連続して書式の貼り付けを適用できる(**図8、図9**)。

●表が途切れているときはドラッグで

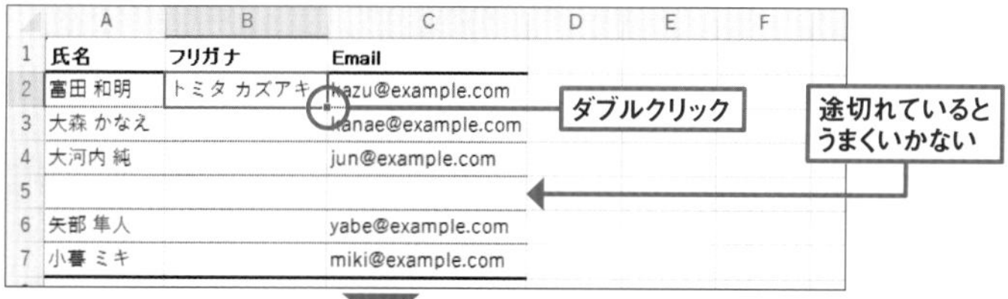

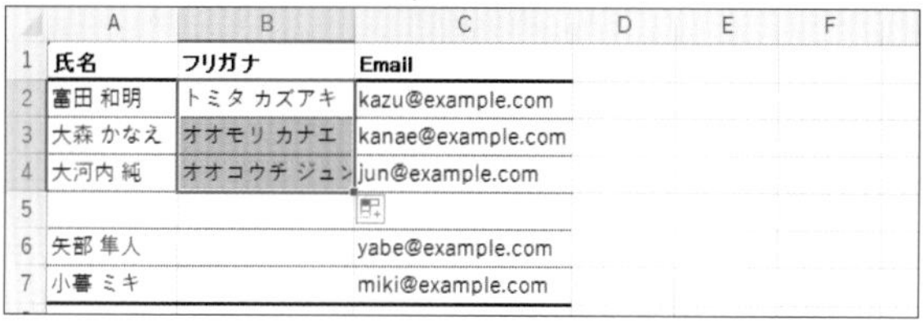

図2 表が途切れていると、ダブルクリックでは最後までオートフィルできない(左)。罫線が整っていても、文字や数値がないと表の下端だと見なされるからだ。このときはダブルクリックではなく、ドラッグして普通にオートフィルしよう(下)

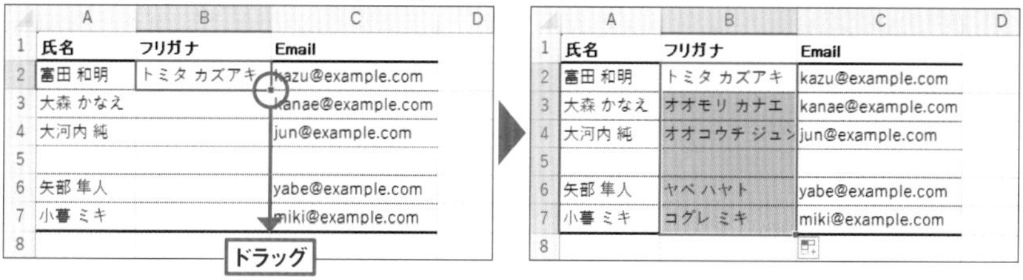

オートフィルはスマートタグとセットで覚えよう

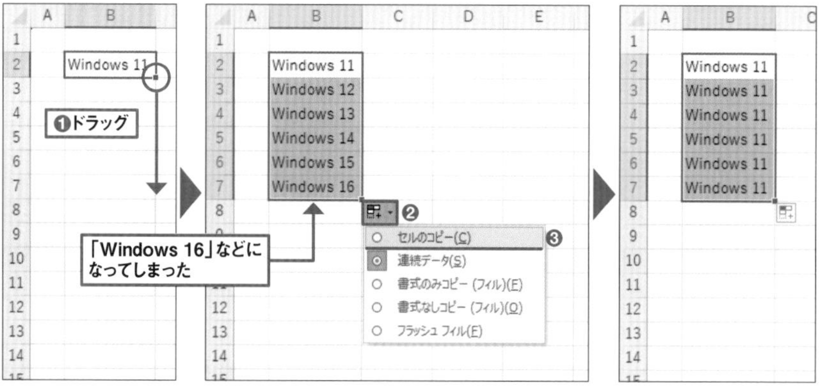

図3 「Windows 11」と入力したセルをオートフィルすると(❶)、「11」の部分が連番になってしまう。その際はスマートタグから「セルのコピー」を選ぼう(❷❸)

●日付のスマートタグはバリエーションが豊富

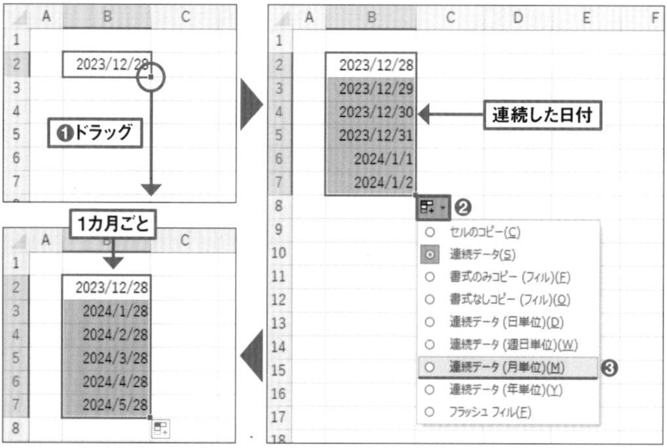

図4 日付の入っているセルをオートフィルすると(❶)、1日ごとの連続した日付になる。スマートタグから例えば「連続データ(月単位)」を選ぶと(❷❸)、1カ月ごとの日付に変更できる

●連番は「Ctrl」+ドラッグのほうが速い

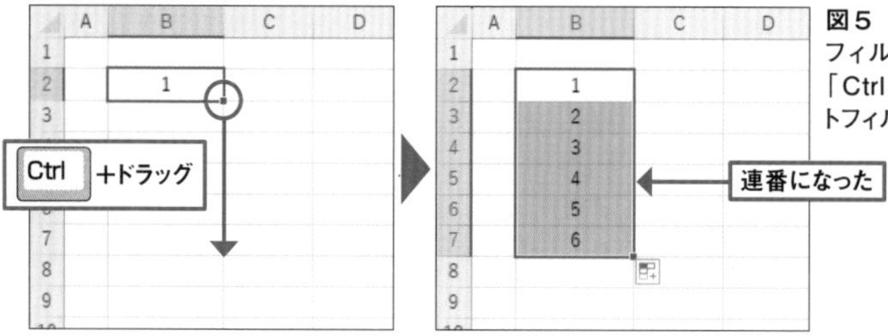

図5 数値は通常のオートフィルだとコピーされるが、「Ctrl」キーを押しながらオートフィルすると連番になる

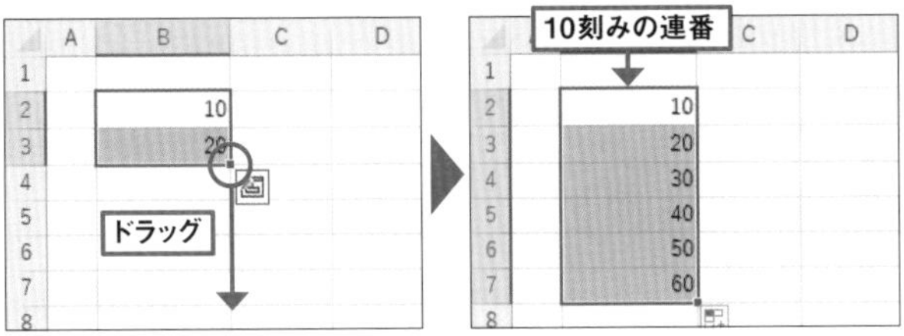

図6 飛び飛びの連番にしたいときは、最初の2つの数値を入力し、2つとも選択してオートフィルする

●横方向にマイナス1刻みの連番を入力

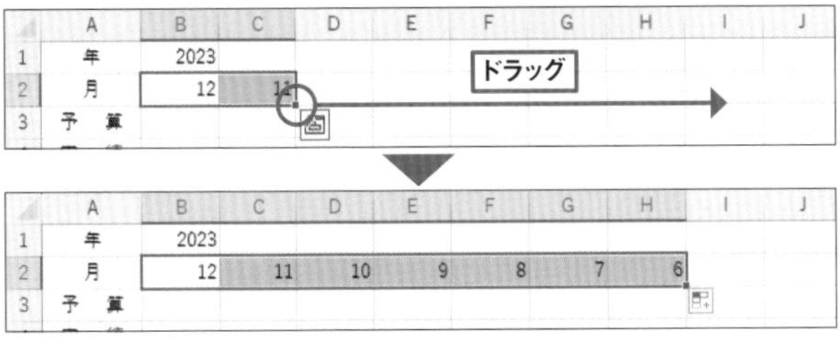

図7 「12」「11」と左から順に入力してそれら2つのセルを選択。右方向にオートフィルするとマイナス1刻みの連番を入力できる

ダブルクリックで連続書式コピー

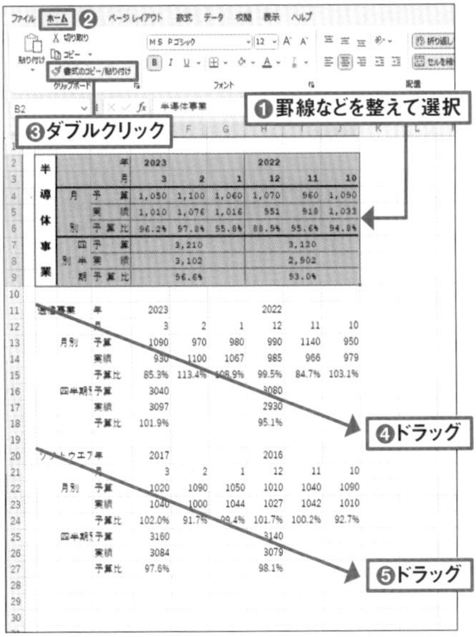

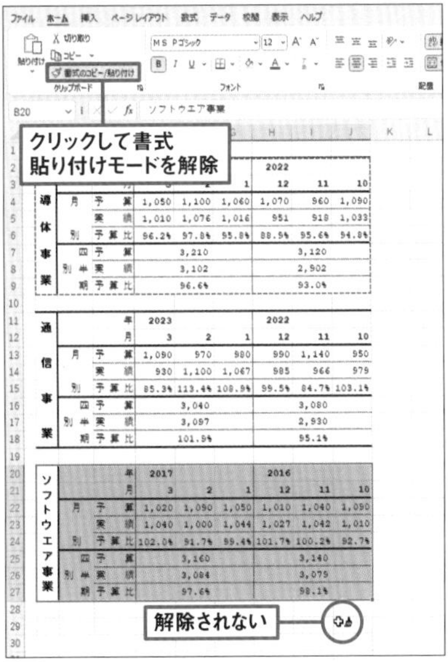

図8 罫線やフォント、文字配置などの書式を整えた表を選択し（❶）、「ホーム」タブにある「書式のコピー／貼り付け」ボタンをダブルクリックする（❷❸）。マウスポインターがはけの絵柄に変わったら、同じ書式を適用したいセル範囲を順にドラッグしていく（❹❺）

図9 「書式のコピー／貼り付け」ボタンを普通にクリックした場合は、最初のドラッグ操作で書式貼り付けモードが解除されるが、ダブルクリックした場合は解除されない。解除したいときは、「Esc」キーを押すか、再度「書式のコピー／貼り付け」ボタンを押す

編集編

巨大な表をサクサク扱うための鉄則

画面を分割して個別にスクロール

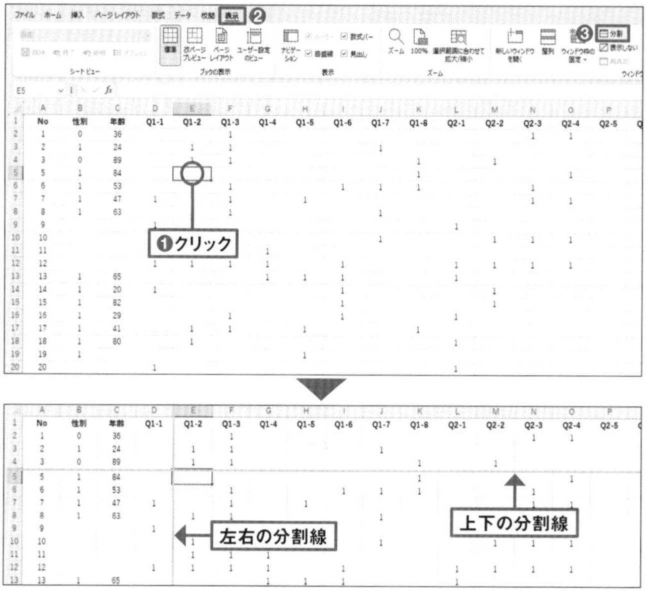

図1 縦横に膨大なデータが並んでいるアンケート結果の表。画面を分割したい位置のセルを選択して、「表示」タブの「分割」をクリックする（❶～❸）。選択セルの左上で画面が上下左右に分割され、グレーの分割線が現れる

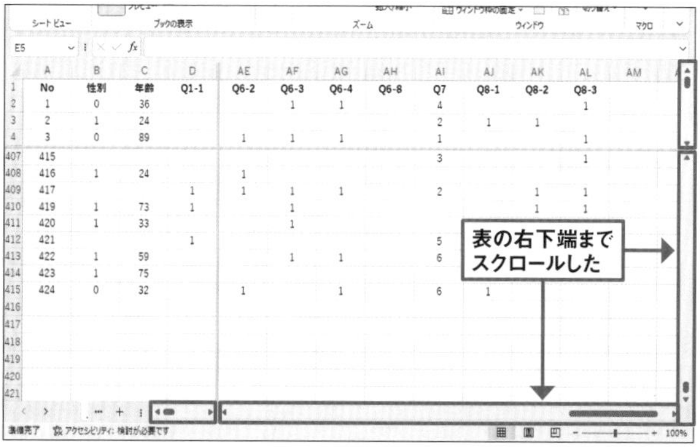

図2 縦横のスクロールバーもそれぞれ分割され、個別にスクロールできる。右側の横スクロールバーで表の右端、下側の縦スクロールバーで表の下端を表示した。なお、スクロールバーの三角ボタンを押すと、表の端の外側までスクロールできる

エクセルで巨大な表を扱うときは、画面分割を使うのが鉄則だ(**図1**)。これはシートを上下左右にそれぞれ2分割する機能。縦横のスクロールバーもそれぞれ分割され、個別にスクロールできるので、表の離れた場所を同時に見渡せる(**図2**)。分割位置はドラッグ操作で自由に変更できる(**図3**)。

画面分割で覚えておきたいのが、巨大なセル範囲の選択方法。普通にドラッグすると画面がずるずるとスクロールして大変なことになる。そんなときはクリック、「Shift」+クリックのワザを使おう(**図4**)。これは通常のシートでも使えるが、画面分

●分割線をマウス操作で移動、消去

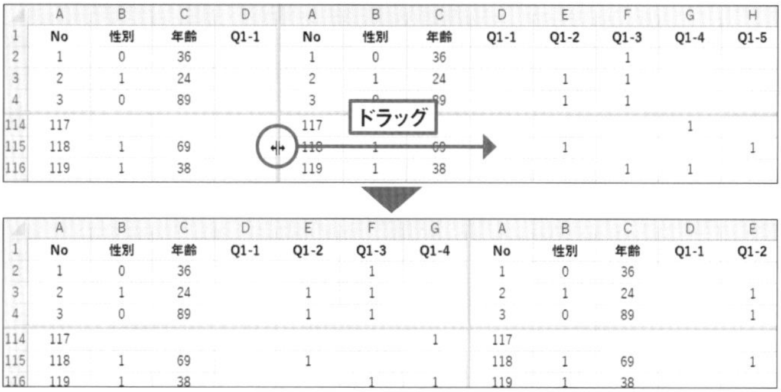

図3 分割線をドラッグして分割位置を変更できる。また、ダブルクリックすると分割線が消える(分割が解除される)。縦横ともに解除したいときは再度、図1上の「分割」ボタンを押すほうが速い

範囲選択は「Shift」+クリックで

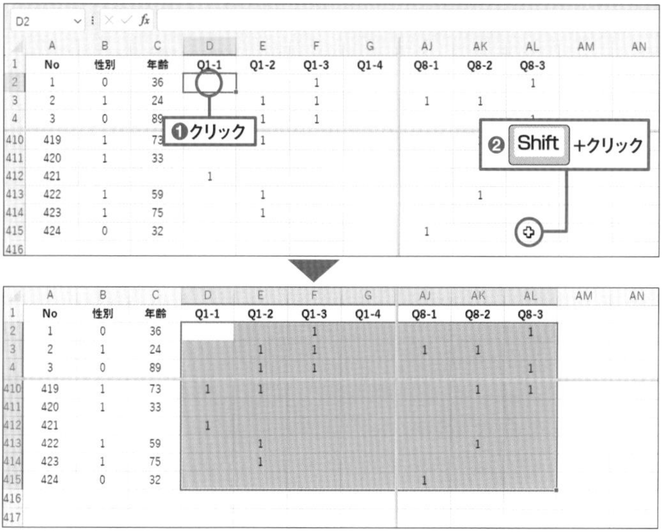

図4 「Q1-1」以降の回答欄をすべて選択したい。当該セル範囲の左上端と右下端が見えるように分割画面をスクロールしたら、左上の分割画面で当該範囲の左上セルを選択(❶)。さらに右下端の分割画面で、「Shift」キーを押しながら当該範囲の右下端セルをクリックする(❷)

●関数の引数入力も「Shift」＋クリックが便利

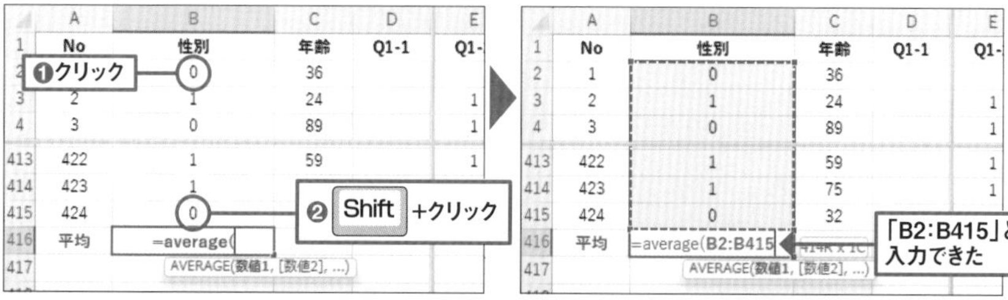

図5 平均を求めるAVERAGE関数の引数としてB2～B415セルを指定したい。B416セルに「＝average(」と入力したら、左上の分割画面でB2セルをクリック（❶）。次に左下の分割画面で、「Shift」キーを押しながらB415セルをクリックする（❷）

右方向コピーは「Ctrl」＋「R」で

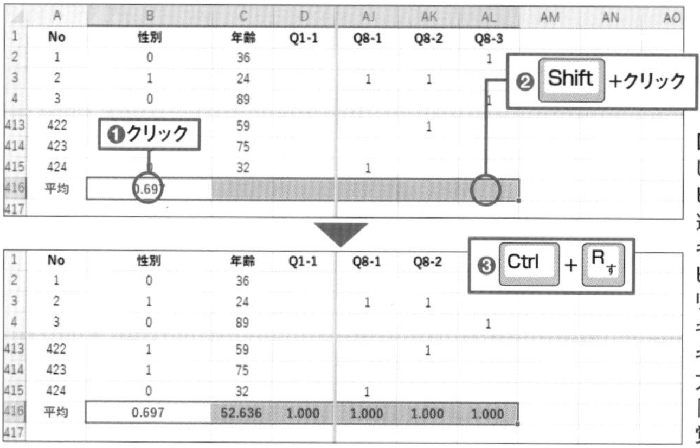

図6 B416セルに入力した数式を右方向にコピーしたい。同セルを選択したら、「Shift」キーを押しながらコピー先の右端セルをクリック（❶❷）。「Ctrl」キーを押しながら「R」キーを押すと（❸）、右方向にコピーできる。「Right(右)」の「R」と覚えておこう

割中は特に重宝する。関数の引数を入力するときにも便利だ（**図5**）。

「Shift」+クリックは本来、「先に選択した場所から今回クリックする場所までを選択する」というパソコンの基本操作。実はワードやウェブブラウザーの文字列選択、エクスプローラーのファイル選択などでも使えるので、機会があったら試してみてほしい。

「Shift」+クリックを覚えたら、「Ctrl」+「R」や「Ctrl」+「D」のキー操作もぜひ使いこなしたい（**図6、図7**）。これらは選択範囲の左端や上端にあるセルをそれぞれ右方向、下方向にコピーする。オートフィルがしづらいときに活用しよう。

表内の離れた場所を同時に見渡す手段としては「新しいウィンドウを開く」もある（**図8～図10**）。同じエクセルファイルを複数のウインドウで表示する機能だ。

●下方向コピーの「Ctrl」＋「D」も覚えておこう

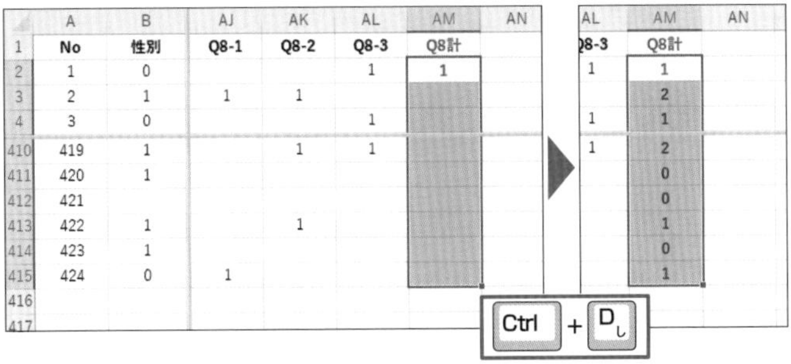

図7 下方向へコピーしたいときは、図6と同じ要領で範囲選択して、「Ctrl」キーを押しながら「D」キーを押す。ダブルクリックでうまくオートフィルできなかったときに便利だ。「Down（下）」の「D」と覚えよう

同じブックを2つのウインドウで表示

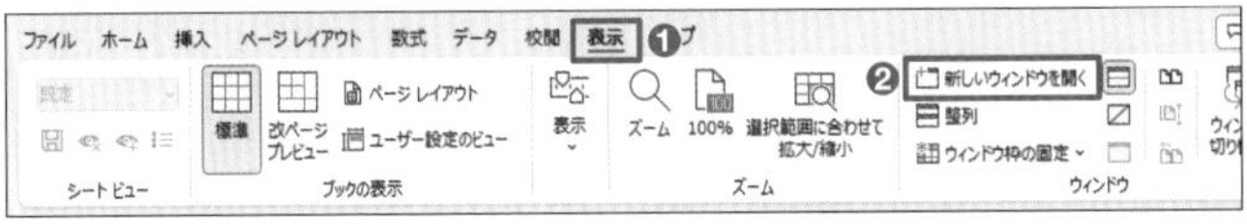

図8 「表示」タブの「新しいウィンドウを開く」をクリックする（❶❷）

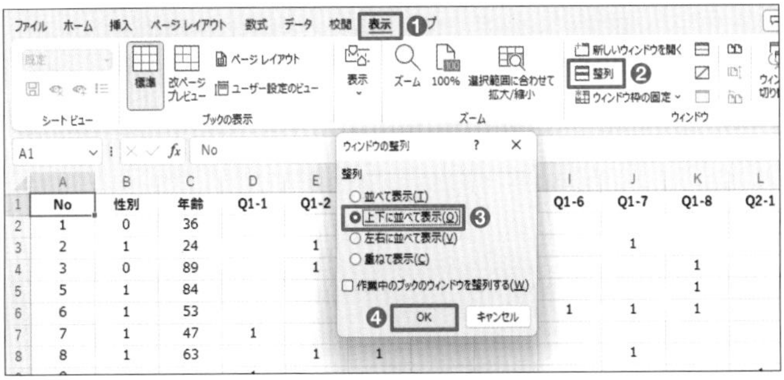

図9 新しいウインドウが開いて同じブックが表示される。2つのウインドウを並べて表示するために、「表示」タブの「整列」をクリック（❶❷）。「上下に並べて表示」など好みの並べ方を選んで「OK」を押す（❸❹）

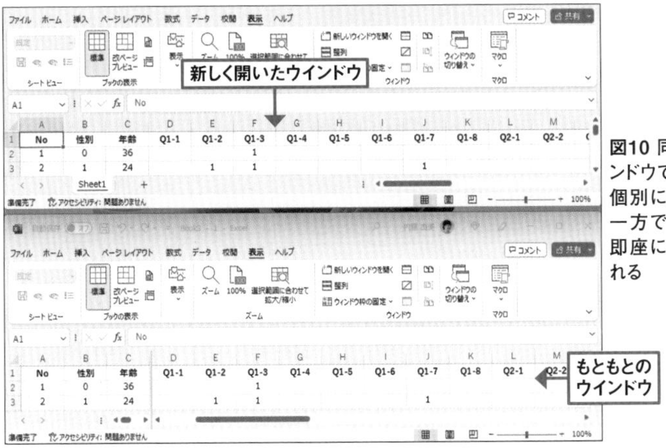

図10 同じブックを2つのウインドウで同時に表示できた。個別にスクロールが可能。一方でデータを編集すると即座にもう一方にも反映される

入力編 できるだけ楽にてきぱきと入力したい

セルに文字列や数値を入力するといった単純な作業にも、時短を図れる余地がある。データ入力は最も基本的な作業だけに、工夫次第では大幅な効率アップにつながる。**図1**の作例を見ながらポイントを紹介しよう。

真っ先に目を向けたいのが選択セル（アクティブセル）の移動。エクセルでは左から右へと選択セルを移動しながらデータを入力する場面が多い。「Tab」キーでセル編集を確定すると1つ右のセルに移動するが、「Tab」キーは日本語入力ソフト（IME）の予測変換でも使うので結構紛らわしい。

そこで覚えてほしいのが、あらかじめセル範囲を選択してから入力するワザ。「Enter」キーでセル編集を確定すると、すぐ右のセルに移動できる（**図2**）。また、

楽するコツを身に付けよう

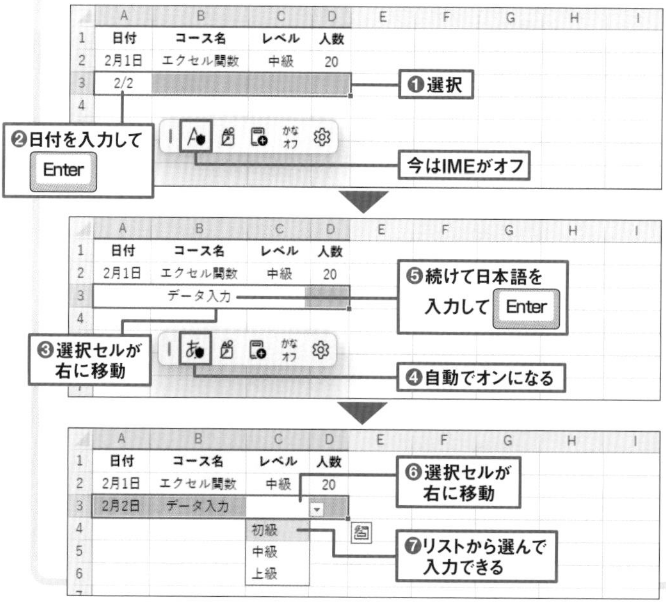

図1 思い通りに入力できるように工夫するのが時短のコツ。例えば右方向に入力していきたいなら、事前にセル範囲を選択しておこう。「Tab」キーを使わなくても「Enter」キーでアクティブセル（選択範囲内で白く反転したセル）を右に移動できる（❶～❸）。自動でIME（日本語入力ソフト）をオンにしたり（❹❺）、よく使う文字列をリストから選んで入力することも可能だ（❻❼）

範囲選択しておくと「Enter」キーで右に移動する

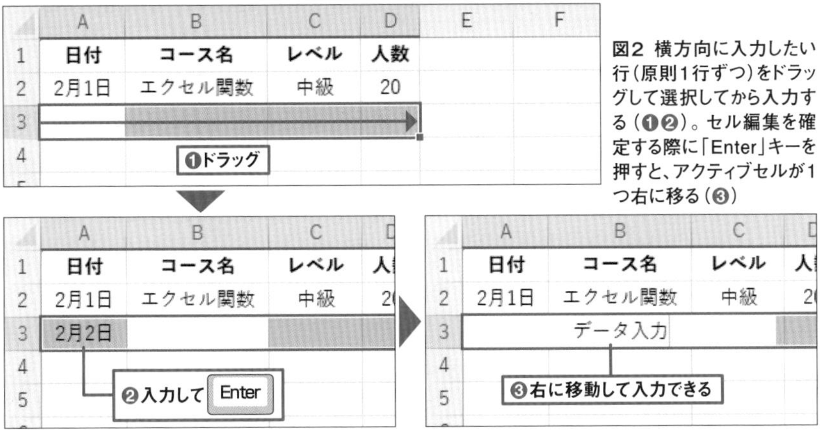

図2 横方向に入力したい行(原則1行ずつ)をドラッグして選択してから入力する(❶❷)。セル編集を確定する際に「Enter」キーを押すと、アクティブセルが1つ右に移る(❸)

IMEを自動でオンにする

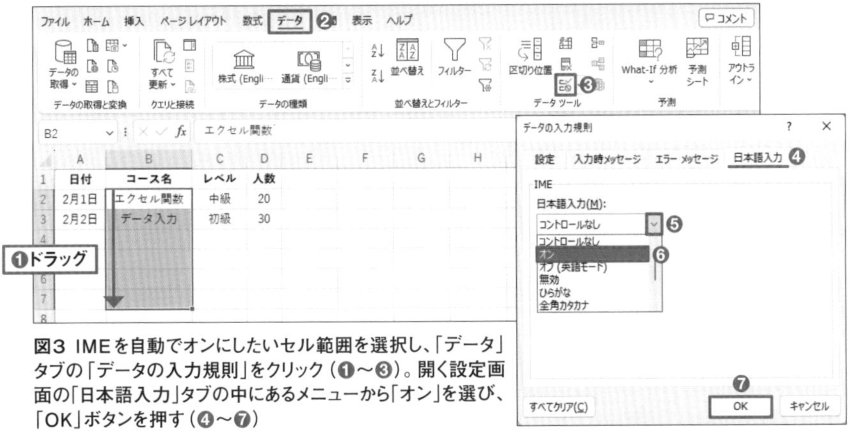

図3 IMEを自動でオンにしたいセル範囲を選択し、「データ」タブの「データの入力規則」をクリック(❶〜❸)。開く設定画面の「日本語入力」タブの中にあるメニューから「オン」を選び、「OK」ボタンを押す(❹〜❼)

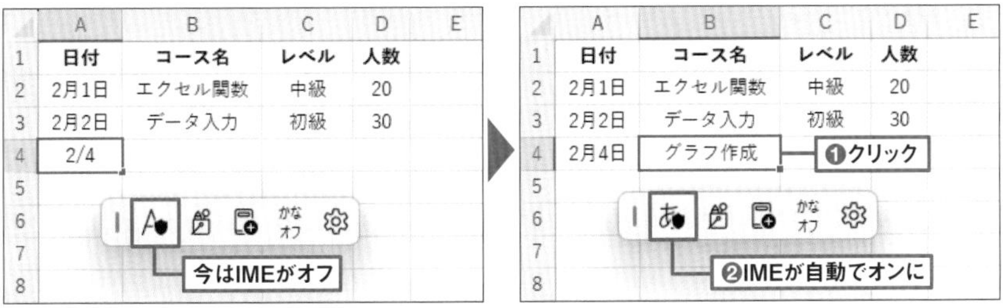

図4 設定を行ったセルを選ぶとIMEが自動でオンに切り替わり、すぐに日本語を入力できる(❶❷)

選択範囲の右端で確定した場合は再び左端に戻る。キーボードで操作している限り、選択範囲内から絶対外へは出ないので、誤って無関係なセルに入力してしまうミスも防げる。

セルを選択するだけでIMEが自動でオンオフ

IMEの自動切り替えは、住所録などをまとめて入力するときに役立つ。全角もしくは半角で入力する列が決まっているなら、「入力規則」を設定しておこう。全角で入力するセル範囲では日本語入力を「オン」にしておく（前ページ**図3**）。一方、半角英数字を入力するセル範囲では「オフ（英語モード）」を選べばよい。当該セル

登録したリストから選んで入力

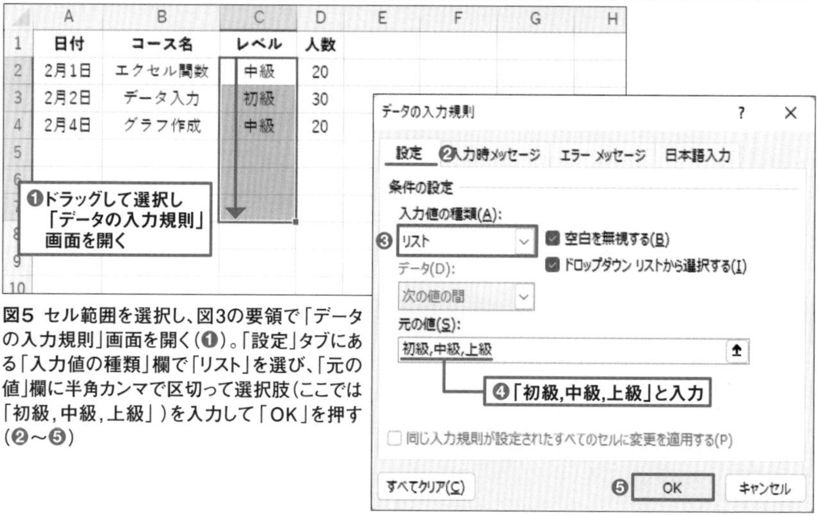

図5 セル範囲を選択し、図3の要領で「データの入力規則」画面を開く（❶）。「設定」タブにある「入力値の種類」欄で「リスト」を選び、「元の値」欄に半角カンマで区切って選択肢（ここでは「初級，中級，上級」）を入力して「OK」を押す（❷～❺）

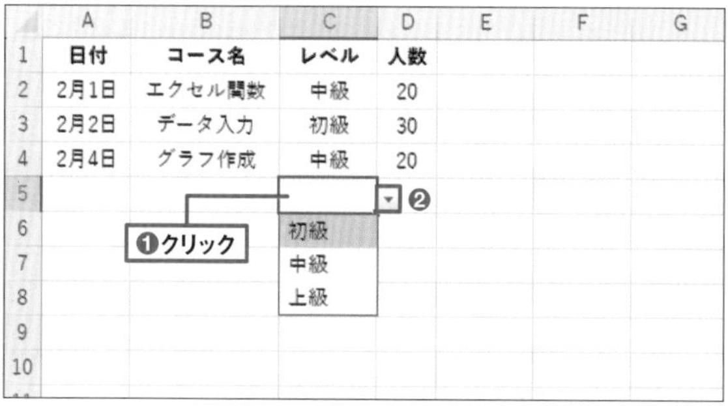

図6 設定を行ったセルを選ぶと、右側に「▼」ボタンが表示されるようになる（❶）。このボタンをクリックしてメニューを開き、リストから選んで入力できる（❷）

を選択すると、IMEが自動で切り替わる（**図4**）。

「初級」「中級」「上級」など、あらかじめ入力するデータが決まっているなら入力規則のリスト機能を活用しよう（**図5**）。登録した文字列をメニューから選んで入力できて便利だ（**図6**）。

空白セルに同じデータを一気に入力するワザも覚えておこう。空欄のセルに半角ハイフンなどを入力したいときなどに時短になる。利用するのは「条件を選択してジャンプ」という機能（**図7**）。これで指定範囲内の空白セルをまとめて選択できる。その後、データを入力して「Ctrl」+「Enter」キーを押すと、選択されたすべての空白セルに同じデータが入る（**図8**）。

複数の空白セルに同じ値を一発入力

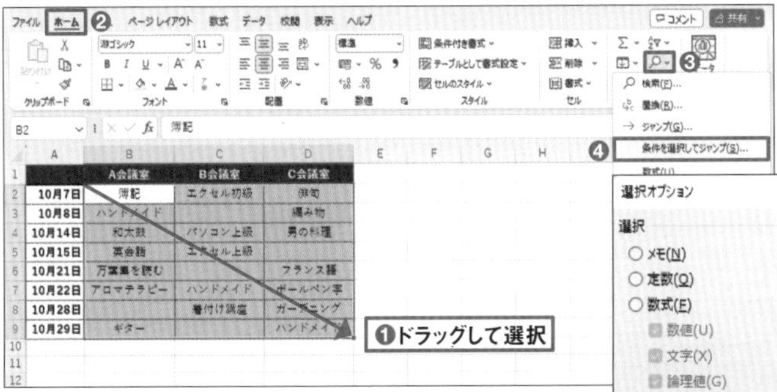

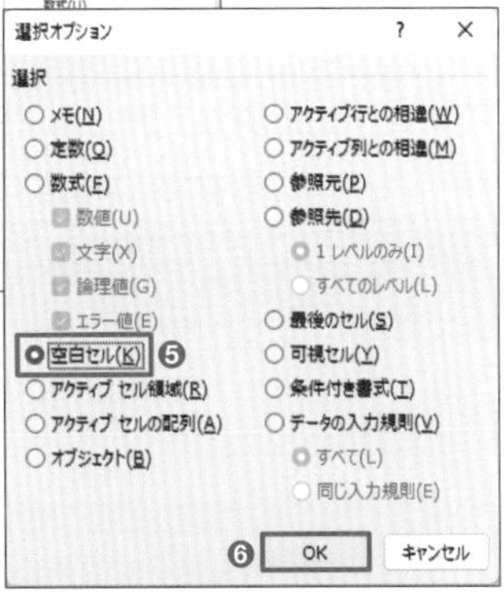

図7 表内のすべての空欄に「-」（半角ハイフン）を入力したい。空欄を埋めたいセル範囲を選択し、「ホーム」タブの「検索と選択」メニューにある「条件を選択してジャンプ」をクリック（❶〜❹）。続く画面で「空白セル」を選んで「OK」を押す（❺❻）

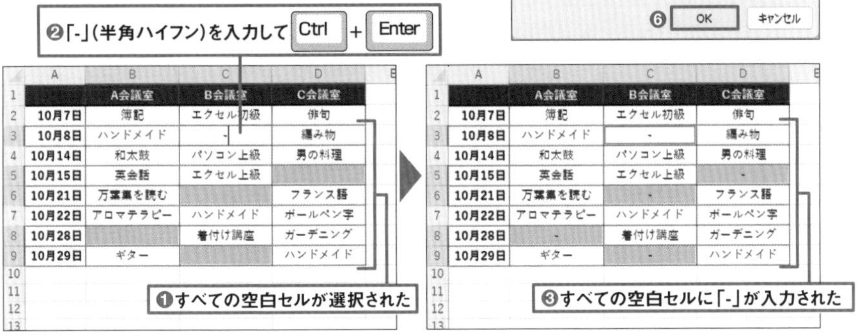

図8 選択範囲内の空白セルがすべて選択されたら、そのまま「-」を入力し、「Ctrl」キーを押しながら「Enter」キーを押して確定する（❶❷）。これですべての空欄に「-」が入力される（❸）

テーブル編

テーブルに変換すると何かと便利

エクセルでは1行目に項目名が並び、1件1行の形式でデータが続く表を作ることが多い。このようなデータベース型の表は、「テーブル」に変換して入力やメンテナンスを行うことをお勧めする（**図1**）。見た目は普通に作った表（図1上）と大差ないようだが、重宝するのはその拡張性。書式や数式を引き継いだ形で柔軟に表を拡張できるので、帳簿や顧客名簿などの管理がぐっと楽になる。

表をテーブルとして管理するには、最初にテーブルに変換する必要がある。その

見た目は同じようでも機能は大違い

	A	B	C	D	E	F	G	H
1	受注日	商品名	納品先	住所	単価	数量	合計	
2	2023/10/10	**チョコ三昧**	石坂商店	東京都港区白金	¥120	20	¥2,400	
3	2023/10/11	**お芋チップス**	白木マート	埼玉県川口市飯塚	¥90	40	¥3,600	
4	2023/10/10	**アラカルトチョコ**	スーパー高山	東京都中野区野方	¥260	40	¥10,400	
5	2023/10/10	**彩りクッキー**	ショップ上田	東京都立川市栄町	¥160	80	¥12,800	
6	2023/10/11	**お米チップス**	安心プラザ	東京都北区赤羽	¥100	40	¥4,000	
7	2023/10/4	**強力のど飴**	石坂商店	東京都港区白金	¥70	60	¥4,200	
8								
9								

よくある表（テーブル不使用）

	A	B	C	D	E	F	G	H
1	受注日	商品名	納品先	住所	単価	数量	合計	
2	2023/10/10	**チョコ三昧**	石坂商店	東京都港区白金	¥120	20	¥2,400	
3	2023/10/11	**お芋チップス**	白木マート	埼玉県川口市飯塚	¥90	40	¥3,600	
4	2023/10/10	**アラカルトチョコ**	スーパー高山	東京都中野区野方	¥260	40	¥10,400	
5	2023/10/10	**彩りクッキー**	ショップ上田	東京都立川市栄町	¥160	80	¥12,800	
6	2023/10/11	**お米チップス**	安心プラザ	東京都北区赤羽	¥100	40	¥4,000	
7	2023/10/4	**強力のど飴**	石坂商店	東京都港区白金	¥70	60	¥4,200	
8								
9								

テーブルにした表

図1 上の2つの表は、一方がテーブル機能を使っていない表で、もう一方がテーブルに変換した表だ。見た目こそ違いがわかりにくいが、テーブルに変換したほうが圧倒的に便利。ここでは、テーブルの具体的な使い方を見ていこう

際はまず、項目名のほかに数件のデータを入力して、必要な書式や数式を整えておく(**図2**)。数件のデータだけで、取りあえず完成した表を作っておくわけだ。ただし、罫線やセルの色などは付けないで、テーブルの自動デザインにまかせたほうがよい。

書式や数式を整えたら表内のセルを選択し、「テーブルとして書式設定」から好みのデザインを選ぼう(**図3**)。表がテーブルに変換され、この例では1行置きの色付きになる(**図4**)。どのデザインを選んでも、使える機能(次項参照)は同じだ。

書式や数式を設定してから変換する

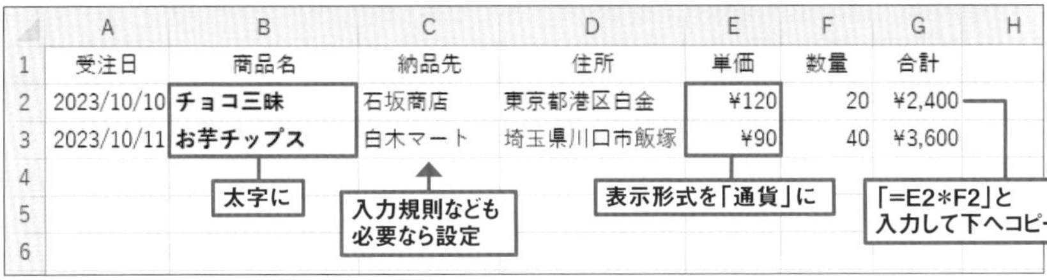

図2 1行目に項目名を入力。2件ほどデータを入力したら、書式や数式などを設定する。必要なら、IMEの自動オンオフやリストなどの入力規則(前項参照)も設定しよう。この段階で必要な書式と数式をすべて整えておくのがポイントだ

図3 表内のセルを選択し、「ホーム」タブにある「テーブルとして書式設定」から好みのデザインを選ぶ(❶〜❹)。ここでは、「テーブルスタイル(中間)3」を選んだ。続く画面で「先頭行を…」にチェックを付け、「OK」を押す(❺❻)

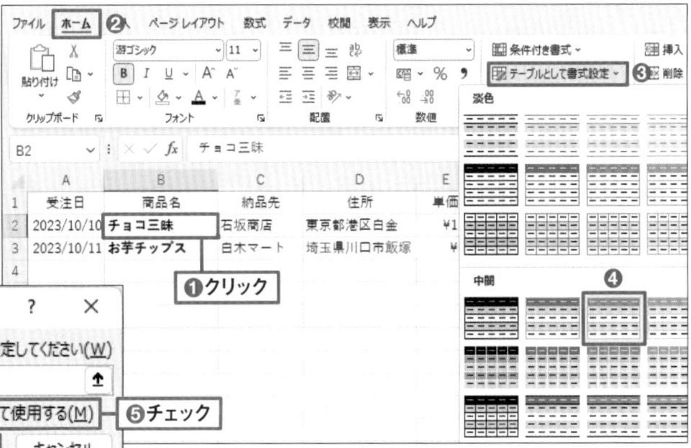

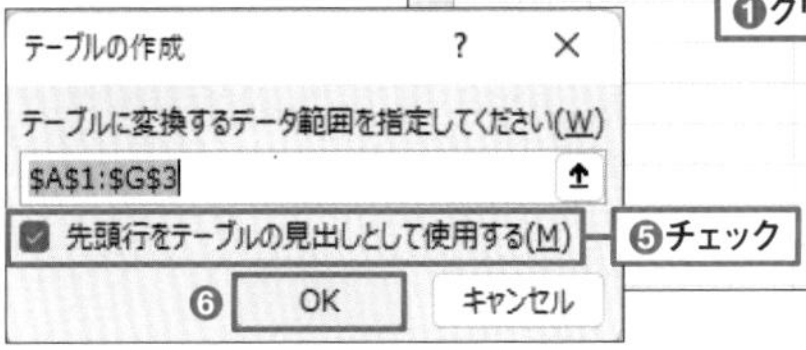

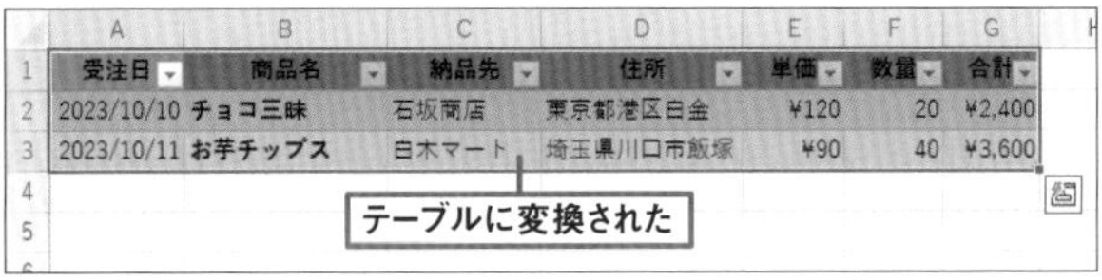

図4 表がテーブルに変換される。セルはテーブルの色(ここでは1行置きのオレンジ)で塗りつぶされ、項目名の右側には「オートフィルター矢印」と呼ばれる「▼」ボタンが付く

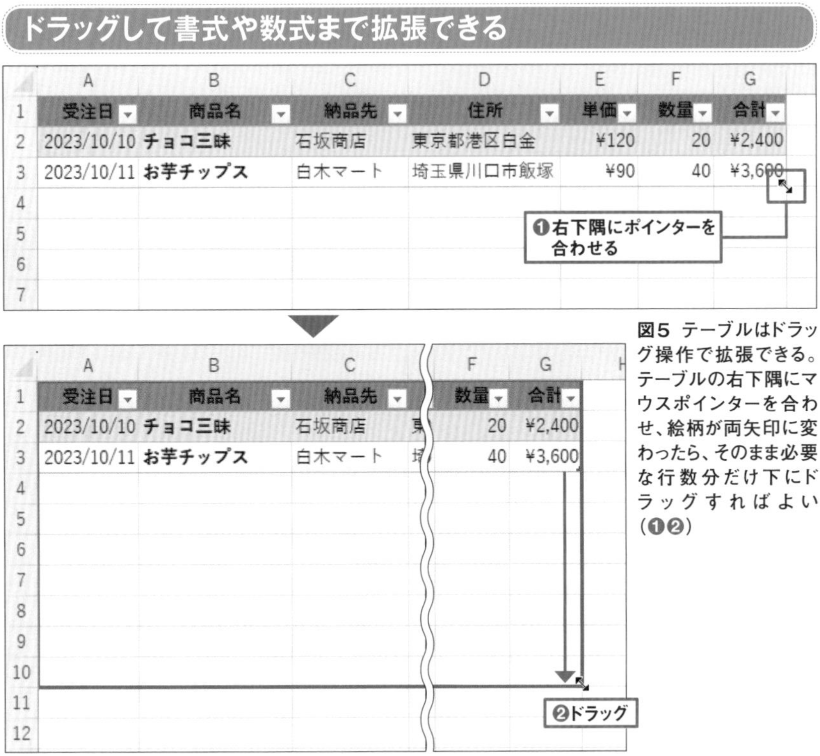

図5 テーブルはドラッグ操作で拡張できる。テーブルの右下隅にマウスポインターを合わせ、絵柄が両矢印に変わったら、そのまま必要な行数分だけ下にドラッグすればよい（❶❷）

ドラッグして拡張すると書式や数式を自動でコピー

テーブルに変換したら表を拡張してみよう。テーブルの右下隅を下にドラッグするだけで、必要な分だけ行を追加できる（**図5**）。既存の行に設定していた書式や数式のほか、1行置きの色付きも自動で引き継がれる（**図6**）。

このほか、テーブルの右下隅にあるセルで「Tab」キーを押すと、自動的にテーブルが1行分拡張される。これは、「Tab」キーで右方向にデータを入力していくときに便利だ。また、テーブルのすぐ下にある空白セルに何らかのデータを入力すると、その行を含むようにテーブルが拡張される。

テーブル内の数式を修正すると、自動的にコピーされる（**図7**）。同じ列には同じ数式を入れるはずだろうと、エクセルが自動で判断してコピーしてくれる仕組みだ。こういった点もテーブルのメリット。次項では、テーブルをさらに活用する方法を見ていこう。

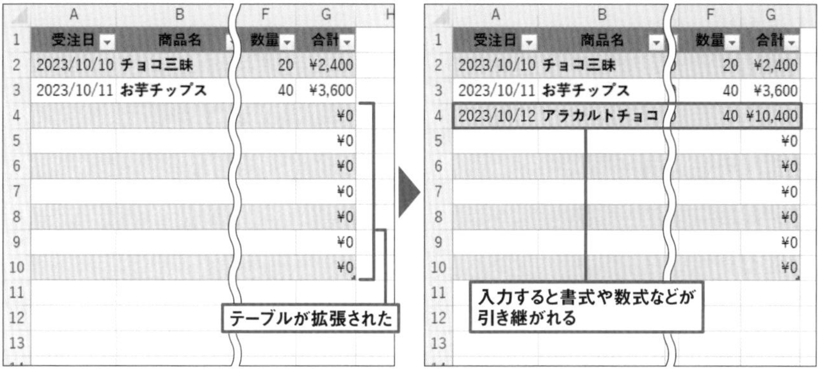

図6 拡張した行には、書式や数式がすべて引き継がれる。手作業で書式や数式をコピーする手間がいらない。1行置きの色付きも自動でやってくれるので、ただの表（図1上）よりずっと便利だ

数式を修正すると自動でコピーされる

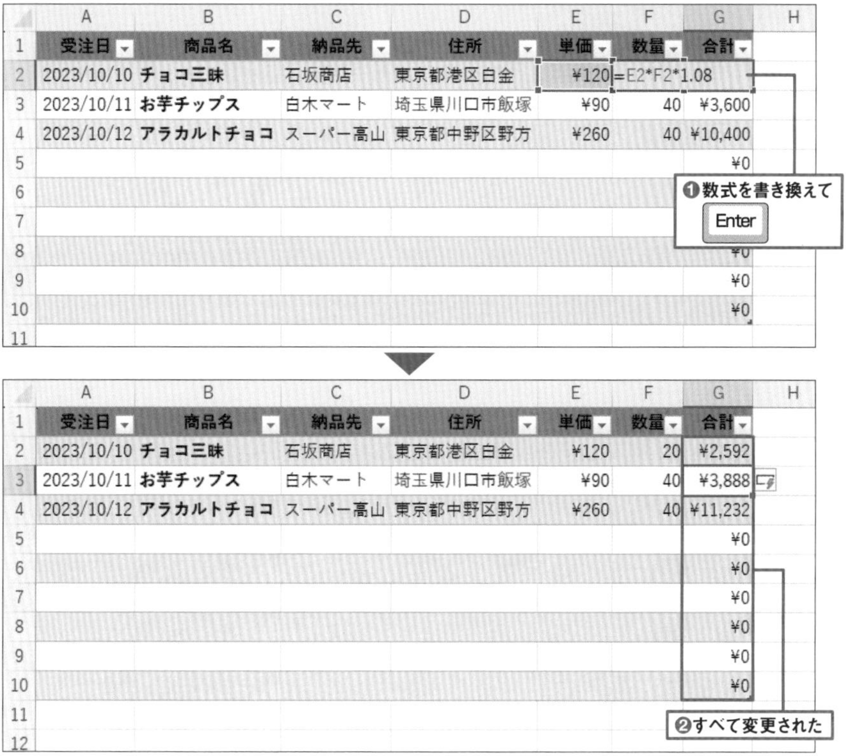

図7 テーブルなら数式を後から変更するのも楽だ。例えば、「合計」欄のどれかのセルを選択して数式を書き換えると、同じ列のすべてのデータセルにコピーされる（❶❷）

テーブル編 知ったら病みつき! テーブルの極楽ワザ

並べ替えや抽出はテーブルにおまかせ

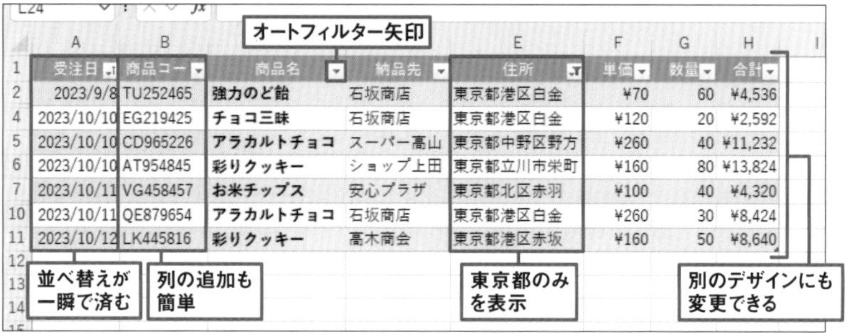

	受注日	商品コー	商品名	納品先	住所	単価	数量	合計
2	2023/9/8	TU252465	強力のど飴	石坂商店	東京都港区白金	¥70	60	¥4,536
4	2023/10/10	EG219425	チョコ三昧	石坂商店	東京都港区白金	¥120	20	¥2,592
5	2023/10/10	CD965226	アラカルトチョコ	スーパー高山	東京都中野区野方	¥260	40	¥11,232
6	2023/10/10	AT954845	彩りクッキー	ショップ上田	東京都立川市栄町	¥160	80	¥13,824
7	2023/10/11	VG458457	お米チップス	安心プラザ	東京都北区赤羽	¥100	40	¥4,320
10	2023/10/11	QE879654	アラカルトチョコ	石坂商店	東京都港区白金	¥260	30	¥8,424
11	2023/10/12	LK445816	彩りクッキー	高木商会	東京都港区赤坂	¥160	50	¥8,640

図1 項目名の横にある「オートフィルター矢印」で、データの並べ替えや抽出（絞り込み）が簡単にできるのもテーブルのメリット。リストから選んで絞り込んだり、キーワードを入力したりして必要なデータを探せる。テーブルのデザインを後から自由に変更できるのもうれしい

日付が古い順に表を並べ替える

	受注日	商品名	納品先	住所	単価	数量	合計
2	2023/10/10	チョコ三昧	石坂商店	東京都港区白金	¥120	20	¥2,592
3	2023/10/11	お芋チップス	白木マート	埼玉県川口市飯塚	¥90	40	¥3,888
4	2023/10/10	アラカルトチョコ	スーパー高山	東京都中野区野方	¥260	40	¥11,232
5	2023/10/10	彩りクッキー	ショップ上田	東京都立川市栄町	¥160	80	¥13,824
6	2023/10/11	お米チップス	安心プラザ	東京都北区赤羽	¥100	40	¥4,320
7	2023/10/11	アラカルトチョコ	石坂商店	東京都港区白金	¥260	30	¥8,424
8	2023/10/11	チョコ三昧	スーパー本郷	千葉県市川市北方	¥120	30	¥3,888
9	2023/10/12	チョコバーL	ショップ高橋	埼玉県所沢市久米	¥50	100	¥5,400
10	2023/10/12	彩りクッキー	高木商会	東京都港区赤坂	¥160	50	¥8,640
11	2023/9/8	強力のど飴	石坂商店	東京都港区白金	¥70	60	¥4,536

図2 受注した日付が古い順に並べ替えてみよう。「受注日」欄のオートフィルター矢印を押し、メニューから「昇順」を選べばよい（❶〜❸）

	受注日	商品名	納品先	住所	単価	数量
2	2023/9/8	強力のど飴	石坂商店	東京都港区白金	¥70	60
3	2023/10/10	チョコ三昧	石坂商店	東京都港区白金	¥120	20
4	2023/10/10	アラカルトチョコ	スーパー高山	東京都中野区野方	¥260	40
5	2023/10/10	彩りクッキー	ショップ上田	東京都立川市栄町	¥160	80
6	2023/10/11	お芋チップス	白木マート	埼玉県川口市飯塚	¥90	40
7	2023/10/11	お米チップス	安心プラザ	東京都北区赤羽	¥100	40
8	2023/10/11	アラカルトチョコ	石坂商店	東京都港区白金	¥260	30
9	2023/10/11	チョコ三昧	スーパー本郷	千葉県市川市北方	¥120	30
10	2023/10/12	チョコバーL	ショップ高橋	埼玉県所沢市久米	¥50	100
11	2023/10/12	彩りクッキー	高木商会	東京都港区赤坂	¥160	50

表をテーブルに変換するメリットは、前項で述べた拡張性だけではない。表の並べ替えや抽出（絞り込み）でもテーブルは威力を発揮する（**図1**）。受注日の順に並べ替えたり、住所が東京都のデータだけを表示するといった作業が驚くほど簡単にできる。

オートフィルター矢印なら並べ替え&抽出が自在

テーブルを並べ替えるときは、項目名の右側にある「▼」ボタン（オートフィルター矢印）を使おう。開いたメニューで「昇順」や「降順」を選ぶと、その列を基準に表

●「Shift」キーなしでも移動・挿入になる

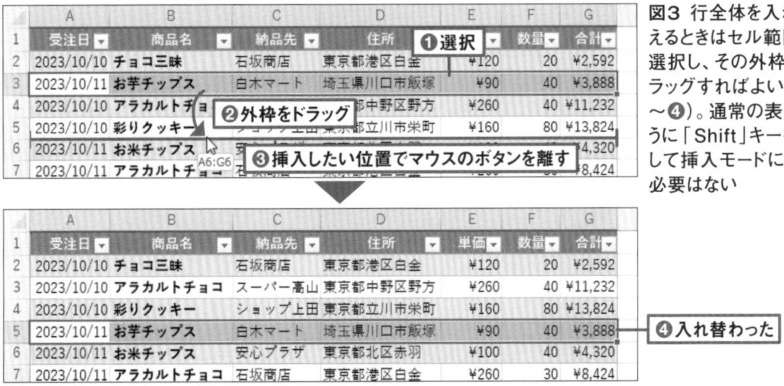

図3 行全体を入れ替えるときはセル範囲を選択し、その外枠をドラッグすればよい（❶～❹）。通常の表のように「Shift」キーを押して挿入モードにする必要はない

特定の店舗だけに絞り込んで表示

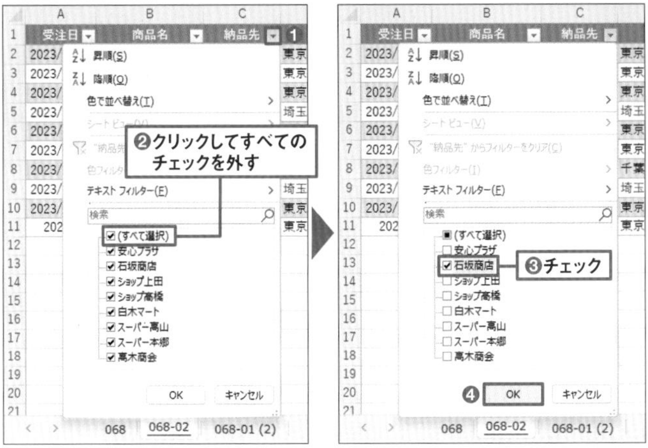

図4 オートフィルター矢印で、「納品先」を「石坂商店」のデータのみに絞り込んでみよう。「納品先」欄のメニューを開くと、最初はすべてにチェックが付いているので、「（すべて選択）」をクリックして全チェックを外す（❶❷）。その後、改めて「石坂商店」をチェックして「OK」を押す（❸❹）

が並び替わる。例えば日付が入力された「受注日」を「昇順」で並べ替えると、日付が古い順に並ぶ（前々ページ**図2**）。また、「商品名」や「納品先」なら、読み（振り仮名）の五十音順で並び替わる。

ドラッグ操作による入れ替えも、通常の表とは作法が違う。特定行のセル範囲を選択し、その外枠をドラッグすると、「Shift」キーを押さなくても挿入モードになる（**図3**）。

オートフィルター矢印を使うと、データの抽出も手際良く進められる。例えば「納品先」のメニューで特定の店舗だけにチェックを付ければ、該当店舗の行だけが表示され、ほかの行がすべて非表示になる（**図4、図5**）。

2つ以上の条件で抽出することも可能だ。例えば、「納品先」で「石坂商店」だけを抽出した状態で、さらに「受注日」のメニューで「9月」のチェックを外せば、石坂商店の2023年10月のデータだけが表示される（**図6**）。

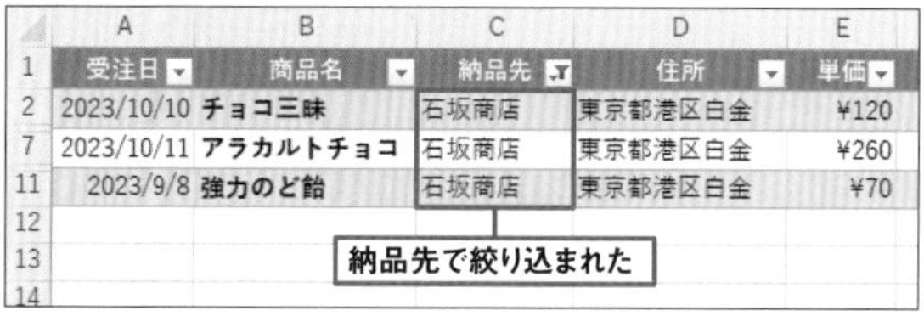

図5 納品先が石坂商店のデータだけが表示され、ほかの行はすべて非表示になる。行番号が2、7、11と飛んでいることから、非表示データがあることがわかる。絞り込みを実行したオートフィルター矢印は絵柄が変わる

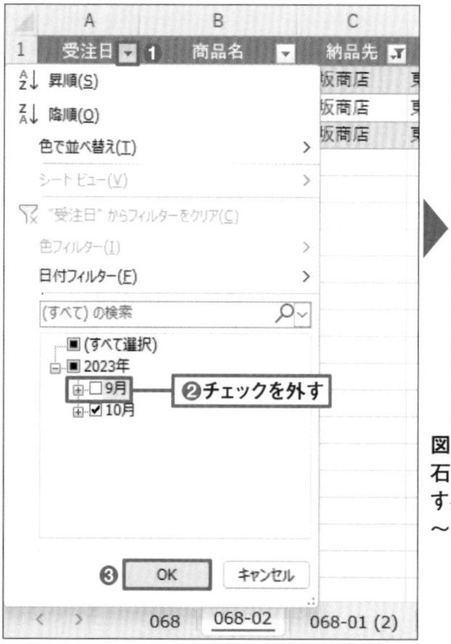

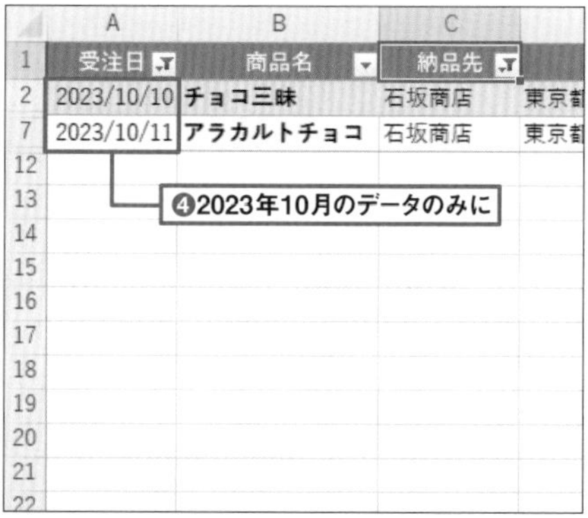

図6 複数の絞り込みを同時に行うことも可能だ。今度は石坂商店のデータの中で、2023年10月のものだけ表示する。「受注日」欄のメニューで「9月」のチェックを外す（❶～❸）。これで2023年9月のデータが非表示になる（❹）

絞り込んでコピペすると、見えている行だけが対象に

データを絞り込んだ状態でテーブル全体をコピペすると（**図7**）、非表示の行を省ける（次ページ**図8**）。その場合、貼り付け先はテーブルにはならず、数式は結果の文字列や数値に置き換えられる。セルの色などの書式は引き継がれるが、不要ならスマートタグで解除できる。「値と数値の書式」を選べば、通貨形式などの数値書式を除いて、書式をすべてクリアされる。

なお、テーブルの一部をコピペすると、数式が結果の文字列や数値に置き換わらずにエラーになることがある。その場合はスマートタグで「値」「値と数値の書式」「値と元の書式」のいずれかを選ぼう。

データを絞り込んだテーブルを元の状態に戻すときは、フィルターを解除する。抽出条件を指定したオートフィルター矢印から「“○○”からフィルターをクリア」を選べばよい（**図9**）。また、複数の絞り込みをまとめて解除したいときは、「データ」タブの「クリア」ボタンを押すのが速い。

特定のキーワードで始まるデータを抽出することも可能だ。例えば、千葉県もしくは埼玉県のデータのみを表示したいなら、「テキストフィルター」機能で「千葉」「で始まる」「OR」「埼玉」「で始まる」という条件を指定する（**図10、図11**）。「で始まる」のほかに「を含む」「に等しい」なども指定可能だ。なお、数値が入っている列では

●絞り込んだ状態でコピペできる

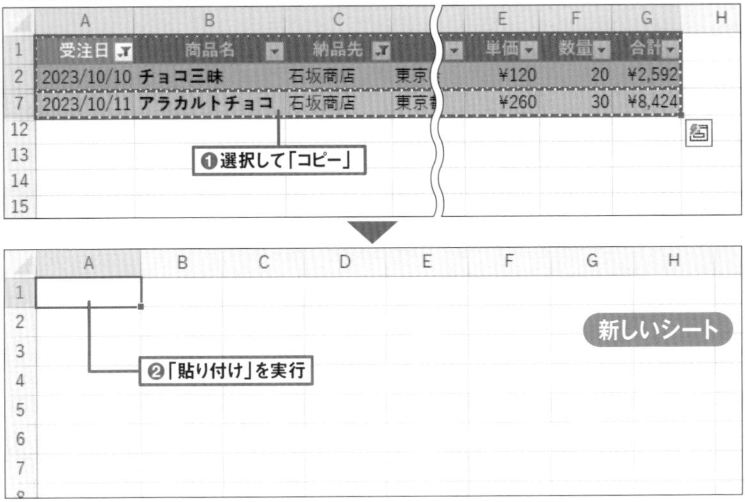

図7 絞り込んだテーブルの全体もしくは一部を選択（❶）。「ホーム」タブの「コピー」と「貼り付け」で、表示中のデータだけを複製できる（❷）

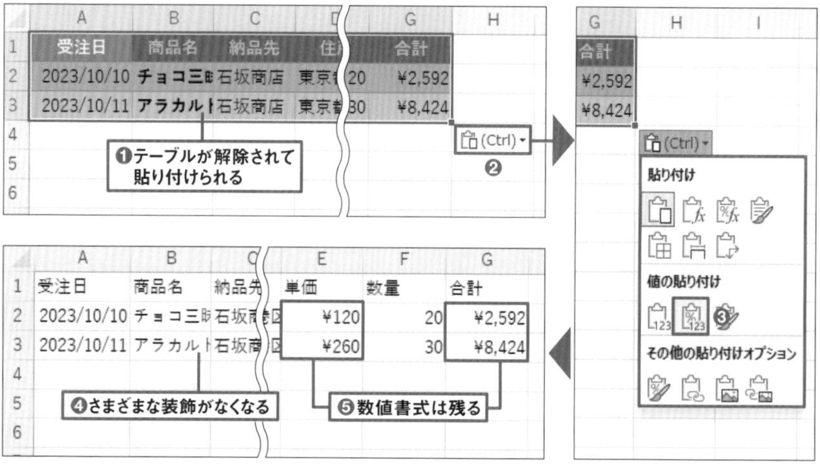

図8 貼り付け先はテーブルにはならない（❶）。太字や色などの書式は引き継がれ、数式は結果の文字列や数値に置き換わる。数値書式以外の書式をクリアしたい場合は、貼り付け直後に現れるスマートタグから「値と数値の書式」を選ぶ（❷〜❺）

絞り込みを解除する

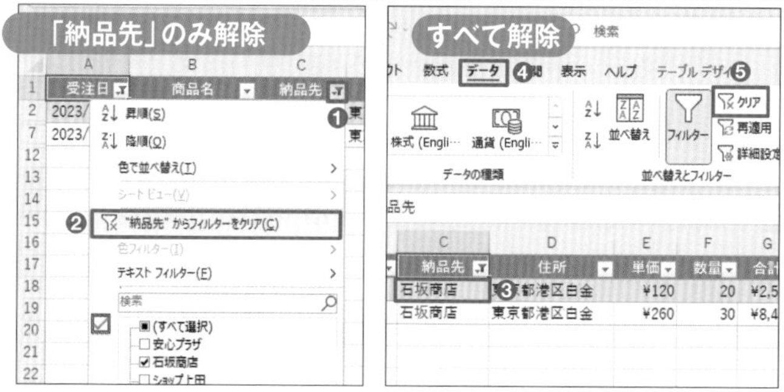

図9 テーブルの絞り込みを解除するときは、絞り込みを行った項目のオートフィルター矢印をクリックして「"○○"からフィルターをクリア」を選ぶ（❶❷）。複数の条件で絞り込んでいるなら、表内をクリックして「データ」タブにある「クリア」を押せば、すべて解除される（❸〜❺）

当該機能の名称が「数値フィルター」になり、「指定の値以上」などの条件で抽出できる。

「集計行」を追加して合計や平均を一発表示

テーブルの魅力はまだある。集計機能がその1つだ。「テーブルデザイン」タブの「集計行」をチェックするだけで、合計や平均、データの個数などを計算する集計行を追加できる（**図12**）。集計方法をリストから選んで指定できるので簡単だ（**図13**）。なお、オートフィルター矢印で絞り込むと、抽出したデータのみで集計される。

「千葉」もしくは「埼玉」のみを抽出

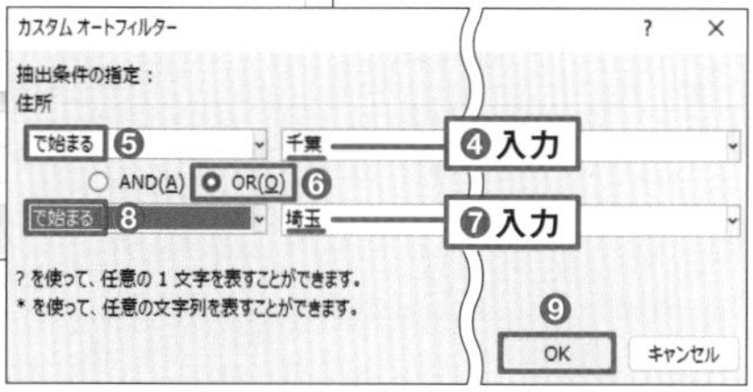

図10 千葉県と埼玉県のデータのみを表示する。「住所」欄のメニューで「テキストフィルター」→「指定の値で始まる」を選択（❶～❸）。現れた画面の右上に「千葉」と入力し、左側で「で始まる」を選ぶ（❹❺）。千葉県と埼玉県のいずれかを含む住所を探すので「OR」を選び（❻）、右下に「埼玉」と入力して「で始まる」を選択（❼❽）。「OK」を押す（❾）

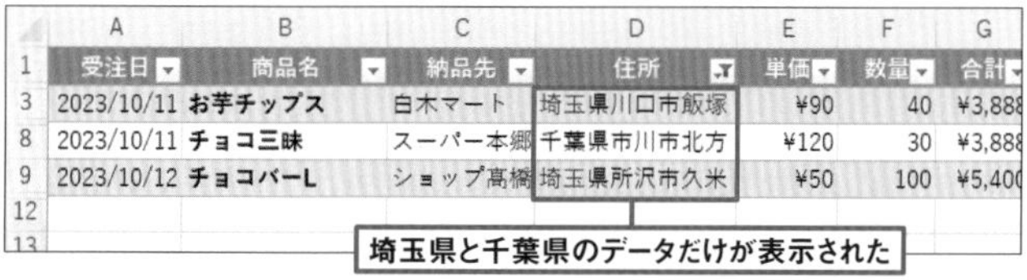

図11 住所が「埼玉」または「千葉」で始まる店舗だけに絞り込まれた。絞り込みを解除するには、図9と同様の操作を行えばよい

末尾に「集計行」を追加する

図12 テーブル内を選択し、「テーブルデザイン」タブの「集計行」をチェック（❶～❸）。テーブルの最下部に集計行が追加され（❹）、合計値が表示される。この状態で行を追加しても（前項参照）、集計行は常に最下部に表示される

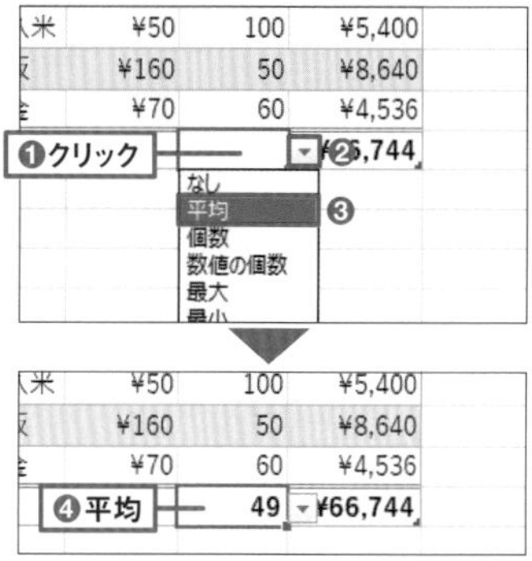

図13 集計行では合計だけでなく、平均や最大値、データの個数などさまざまな値を表示できる（❶～❹）。ここでは「数量」列に平均を表示した

テーブル専用の右クリックメニュー

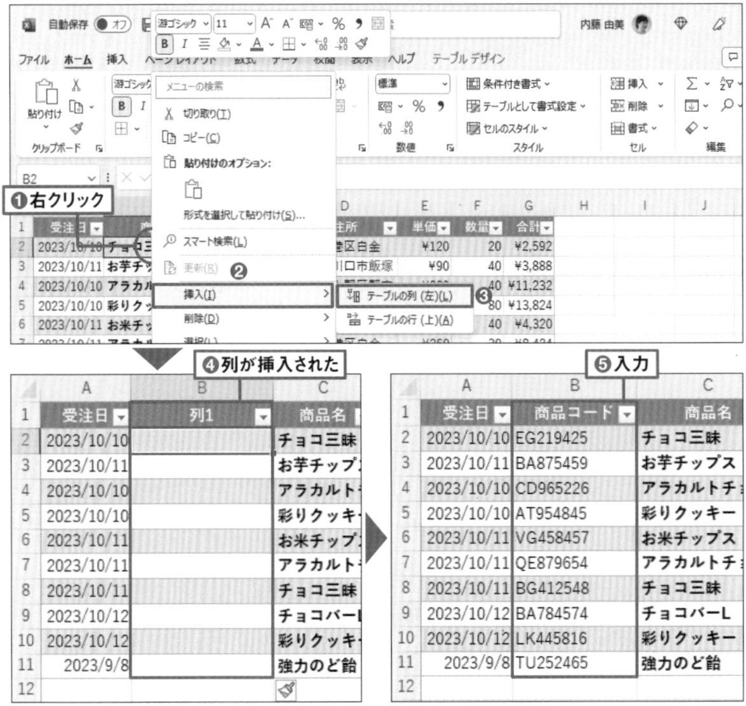

図14 行や列を挿入するときは、テーブル内のセルを右クリックして、「挿入」から「テーブルの列（左）」や「テーブルの行（上）」を選ぶのが簡単だ。ここでは、「商品名」の左側に列を挿入して商品コードを入力した（❶～❺）

テーブルのデザインを変更する

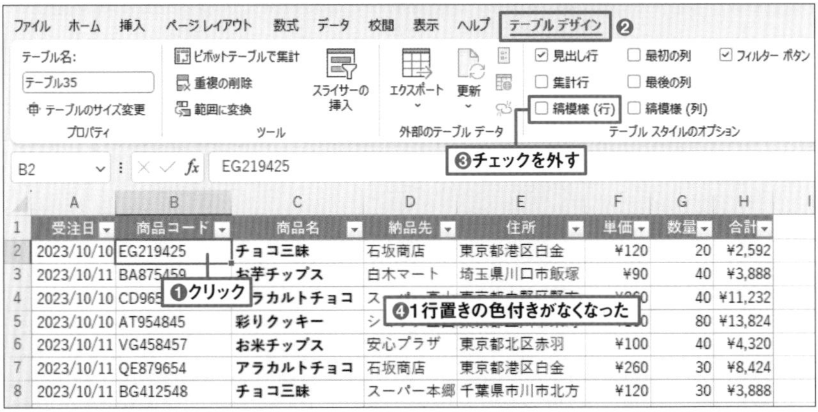

図15 1行置きの色付きが嫌なら、テーブル内を選択し、「テーブルデザイン」タブを開いて「縞模様（行）」のチェックを外そう（❶～❸）。これで、色付きの設定が無効になり、1行置きの色がなくなる（❹）

列の挿入もテーブルは簡単だ。テーブル内で右クリックすると、「挿入」→「テーブルの列（左）」といったテーブル特有の機能を呼び出せる（**図14**）。

テーブルのデザインは後から自由に変更できる。「縞模様（行）」のチェックを外すと、1行置きの色付きが解除される（**図15**）。また、テーブル全体のデザイン変更も可能。「クイックスタイル」のメニューで好みのデザインにマウスポインターを合わせると、変更後のイメージを実際に確認できる（**図16**）。

テーブルを解除して通常の表に戻すことも可能だ。テーブル内のセルを選択して「範囲に変換」を押せばよい（**図17**）。

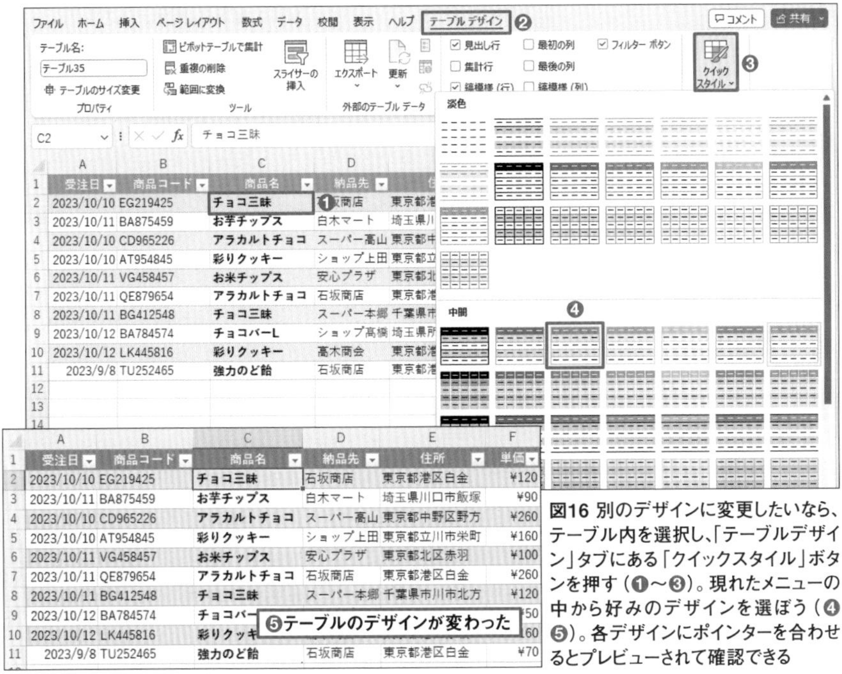

図16 別のデザインに変更したいなら、テーブル内を選択し、「テーブルデザイン」タブにある「クイックスタイル」ボタンを押す（❶〜❸）。現れたメニューの中から好みのデザインを選ぼう（❹❺）。各デザインにポインターを合わせるとプレビューされて確認できる

テーブルを解除する

図17 テーブル内を選択して「テーブルデザイン」タブにある「範囲に変換」を押す（❶〜❸）。続く確認画面で「はい」を押すと、テーブルが解除される

ピボットテーブル編

「ピボットテーブル」で項目別の集計表を作成

販売データを基に「取引先」と「担当」でクロス集計

日付	取引先	担当	金額
1月5日	NBP工業	近藤	19000
1月5日	PCCコム	近藤	29500
1月7日	神谷ネット	三田	54050
1月9日	PCCコム	近藤	9550
1月10日	NBP工業	近藤	2600
1月10日	PCCコム	三田	11900
2月13			
2月16			

取引先別に、担当者ごとの金額を集計

合計 / 金額	列ラベル					
行ラベル	近藤	後藤	三田	新井	増沢	総計
NBP工業	135400	535700	953880	21280	150500	1796760
PCCコム	324720	620720	217200	48400	38200	1249240
神谷ネット	43640		108100	433700	1905990	2491430
日経商事	2018030	243320		270400	756600	3288350
総計	**2521790**	**1399740**	**1279180**	**773780**	**2851290**	**8825780**

図1 「日付」「取引先」「担当」「金額」という4項目を持つ販売データがある。これを基に、取引先別の集計や担当者別の集計をしたい。取引先別に、担当者ごとの金額を集計するようなクロス集計も、「ピボットテーブル」を使えばあっという間だ

「日付」「取引先」「担当」「金額」の4項目を1行に1件ずつ入力した「データベース形式」の販売データがある。これを基に、取引先別の金額や担当者別の金額、さらにはそれらを掛け合わせたクロス集計表を作りたい（**図1**）。こんな複雑な集計を、数式や関数を使わず、マウス操作だけであっという間に実現できるのが「ピボットテーブル」。使い方を知っていれば、10秒もかからずに集計表を作成できるスグレモノだ。使わない手はない。

ピボットテーブルを作成するには、元データ内のいずれかのセルを選択し、「挿入」タブにある「ピボットテーブル」ボタンをクリックする（**図2**）。するとデータ範囲と作成場所を指定する画面が開くので、範囲を確認して「新規ワークシート」を選ぼう。「OK」ボタンを押すと、新規シートにピボットテーブルの場所が用意されると同時

に、右側に「ピボットテーブルのフィールド」ウインドウが開く（**図3**）。このウインドウには、元データの項目名（フィールド）が取り込まれていて、この項目名を右下のボックスにドラッグすることで、集計表の行見出しや列見出し、集計対象を指定する。

実際にやってみよう。まず、「取引先」の項目をドラッグして「行」のボックスに配置（次ページ**図4**）。するとピボットテーブルの行見出しに取引先が並ぶので、続けて

「ピボットテーブル」を作成する

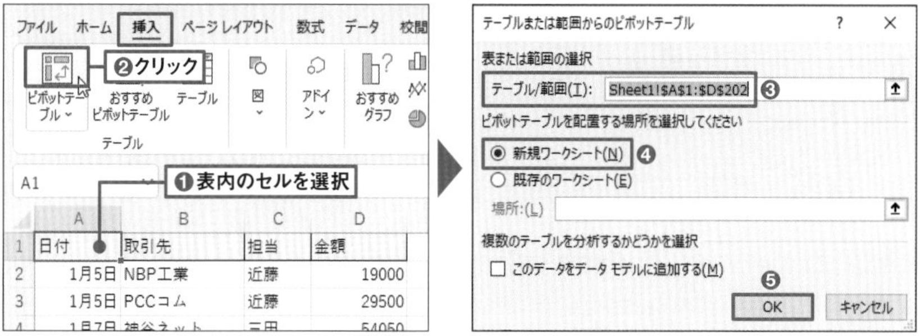

図2 集計するデータ内のセルを1つ選択し（❶）、「挿入」タブの「テーブル」グループにある「ピボットテーブル」ボタンの上部を押す（❷）。開く画面でデータ範囲が正しく選択されていることを確認し（❸）、「新規ワークシート」を選んで（❹）、「OK」ボタンを押す（❺）

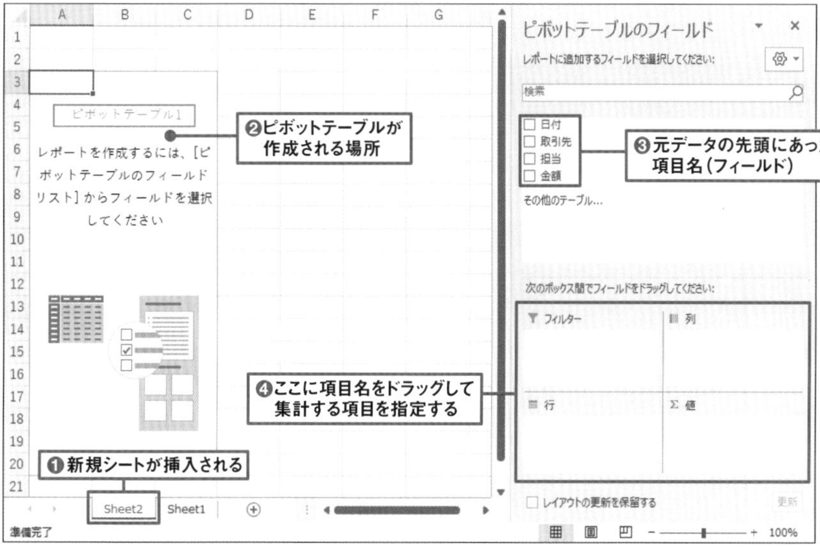

図3 新規シートが挿入され（❶）、ピボットテーブルの作成場所が用意される（❷）。右側に、「ピボットテーブルのフィールド」ウインドウが表示され、元データの先頭にあった項目名（フィールド）が一覧表示される（❸）。これを、右下のボックスにドラッグすることで、ピボットテーブルの集計項目を指定する（❹）

「金額」の項目をドラッグして「値」のボックスに入れよう。すると「金額」が集計対象となり、標準では「合計」が求められる。

こうして取引先別の集計表ができたら、さらに「担当」の項目をドラッグして「列」のボックスに配置（**図5**）。すると列見出しに担当者名が並び、「取引先×担当」のクロス集計表が出来上がる。

ピボットテーブルは、集計する項目や対象を簡単に変更できるのも利点。項目を削除したければ、各ボックスから項目をドラッグしてシート側に放り出せばよい（**図**

項目をドラッグして集計する対象を指定

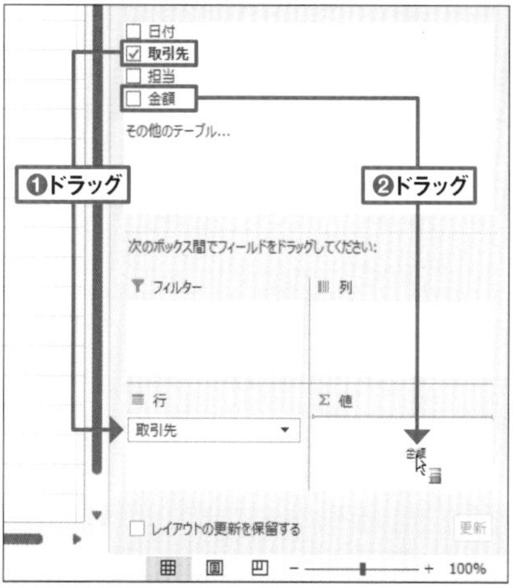

図4 「取引先」の項目を「行」のボックスへドラッグすると（❶）、ピボットテーブルの行見出しに取引先の名前が並ぶ。続けて「金額」の項目を「値」のボックスへドラッグすれば（❷）、取引先別に金額が合計される（❸）。これだけで取引先別の集計表は完成だ

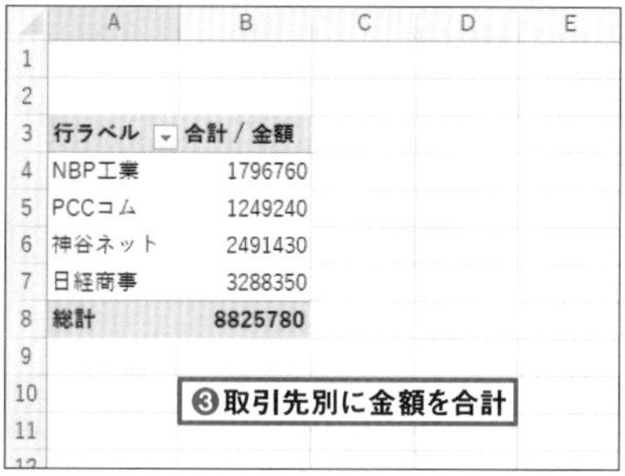

	A	B	C	D	E
1					
2					
3	行ラベル	合計 / 金額			
4	NBP工業	1796760			
5	PCCコム	1249240			
6	神谷ネット	2491430			
7	日経商事	3288350			
8	総計	8825780			
9					
10					
11					

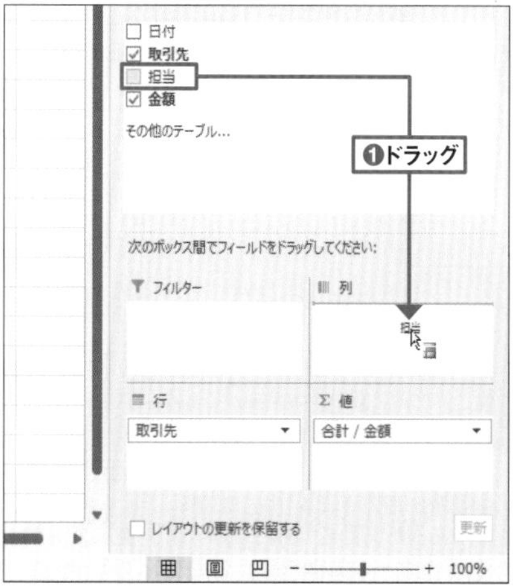

図5 さらに、「担当」の項目を「列」のボックスにドラッグすると（❶）、ピボットテーブルの列見出しに担当の名前が並び、取引先と担当とのクロス集計表が出来上がる（❷）

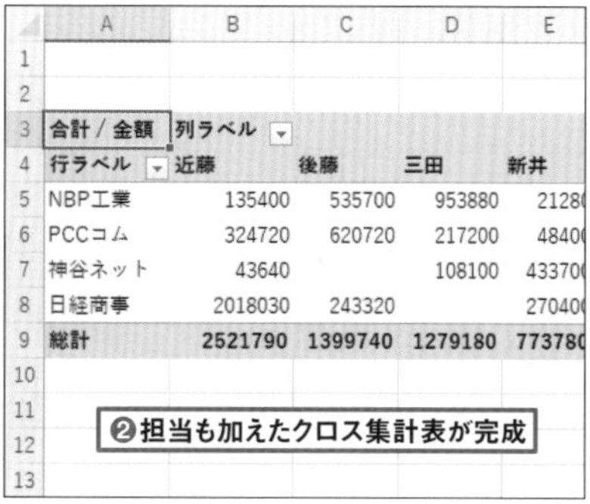

	A	B	C	D	E
1					
2					
3	合計 / 金額	列ラベル			
4	行ラベル	近藤	後藤	三田	新井
5	NBP工業	135400	535700	953880	2128
6	PCCコム	324720	620720	217200	4840
7	神谷ネット	43640		108100	43370
8	日経商事	2018030	243320		27040
9	総計	2521790	1399740	1279180	77378
10					
11					
12					
13					

6）。ボックス間で項目を移動することも、ドラッグ操作で可能だ。数カ月にわたる販売データがあるなら、「日付」の項目をドラッグして配置することで、月別の集計表もワンタッチで作成できる［注］。

ピボットテーブルの「ピボット（pivot）」は、英語で「軸」を意味する。マウス操作で簡単に集計の軸を切り替え、多角的な分析ができる表（テーブル）ということだ。ピボットテーブルは上級者向けの機能だと思っている人もいるようだが、これだけ簡単に使える実用的な機能なのだから、計算に不慣れな初心者こそ活用したい。

集計する項目は何度でも簡単に変更できる

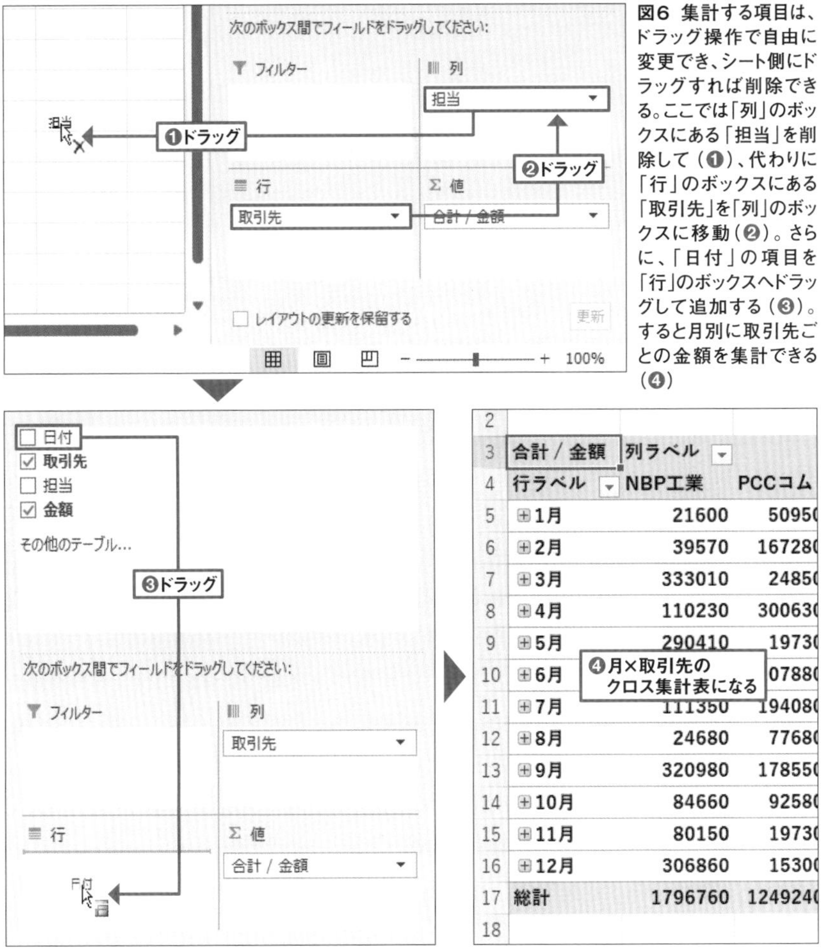

図6 集計する項目は、ドラッグ操作で自由に変更でき、シート側にドラッグすれば削除できる。ここでは「列」のボックスにある「担当」を削除して（❶）、代わりに「行」のボックスにある「取引先」を「列」のボックスに移動（❷）。さらに、「日付」の項目を「行」のボックスへドラッグして追加する（❸）。すると月別に取引先ごとの金額を集計できる（❹）

［注］自動で月別にならないときは、次項で解説する「グループ化」の操作で「月」を選択する

ピボットテーブル編

月別の集計を四半期ごとの合計に変更

月別の集計を四半期ごとの集計に変更する

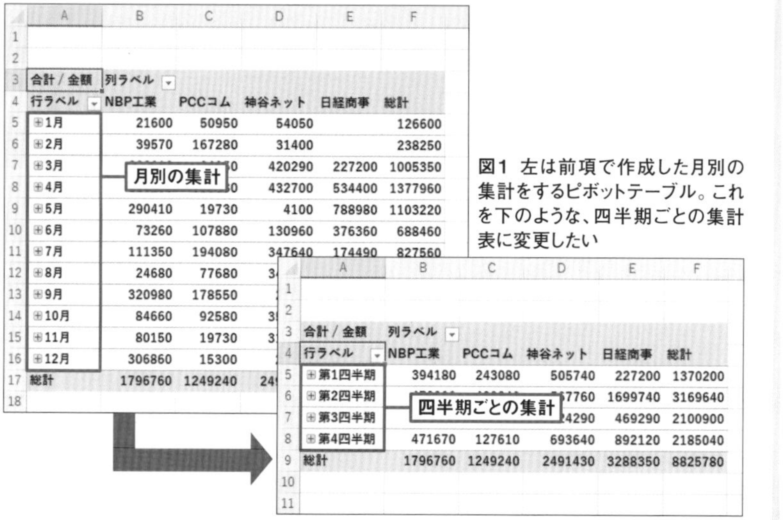

図1 左は前項で作成した月別の集計をするピボットテーブル。これを下のような、四半期ごとの集計表に変更したい

前項で解説した「ピボットテーブル」では、数カ月にわたる日付が並ぶ「日付」の項目を配置すると、標準で「月別」の集計が行われる。これを、「四半期ごと」にまとめた集計表に変えることも可能だ（**図1**）。

日付の項目を集計表でどうまとめるかは、「グループ化」の設定で決まる。設定を変えるには、ピボットテーブル上で日付の見出し部分を右クリックし、「グループ化」を選ぶ（**図2**）。開く設定画面の「単位」欄で「四半期」を選べば、日付を四半期ごとにまとめて集計できる。このとき、「四半期」と「月」の両方が選ばれた状態で「OK」を押すと、「四半期」と「月」の2階層を持つ集計表になる（**図3**）。

各四半期の見出しの左側に「−」ボタンがあり、これをクリックすると、「月」の階層を折り畳んで「四半期」の集計だけを表示できる。折り畳みを解除して「月」の階層も表示させせるには、見出しの左側の「＋」ボタンをクリックすればよい。リボンの「ピボットテーブル分析」タブにある「フィールドの展開」ボタンや「フィールドの折りたたみ」ボタンをクリックすれば、「月」の階層の表示／非表示を一括して切り替えられる。

日付の「グループ化」を設定する

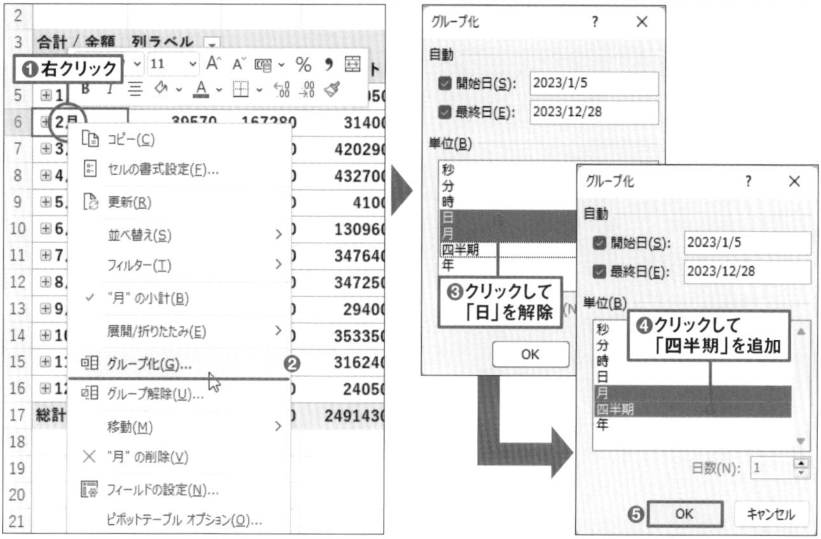

図2 月別の集計を四半期ごとの集計に変えるには、日付の「グループ化」の設定を変える。月の項目が並んでいる行見出し部分を右クリックし、「グループ化」を選択（❶❷）。開く画面の「単位」欄で、「日」を解除して「四半期」を選択する（❸❹）。ここでは「月」も選択された状態のまま、「OK」ボタンを押す（❺）

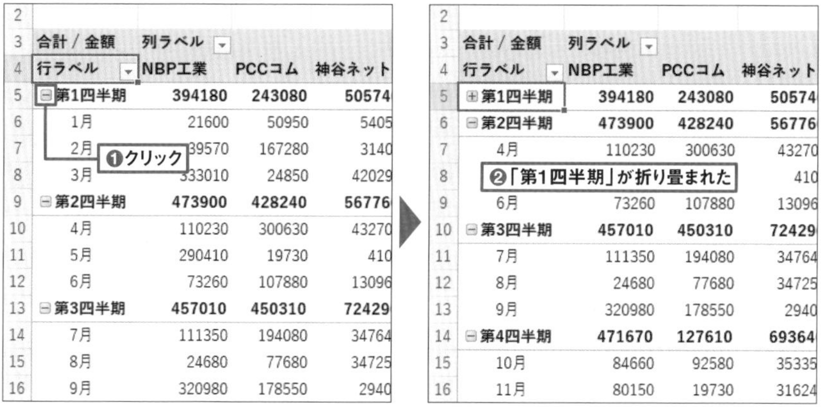

図3 行見出しが「四半期」と「月」の2階層に変わる。「第1四半期」などの左側にある「－」のボタンをクリックすると、「月」の行見出しが折り畳まれる（❶❷）。すべて折り畳めば、図1右下のような四半期ごとの集計表になる。「＋」をクリックすれば再び「月」の行見出しを展開して表示できる

ピボットテーブル編

項目に合致するデータの個数を調べる

金額の合計を取引件数の集計に変更する

2						
3	合計 / 金額	列ラベル				
4	行ラベル	NBP工業	PCCコム	神谷ネット	日経商事	総計
5	⊞第1四半期	394180	243080	505740	227200	1370200
6	⊞第2四半期	473900	428240	567760	1699740	3169640
7	⊞第3四半期	457010	450310	724290	469290	2100900
8	⊞第4四半期	471670	127610	693640	892120	2185040
9	総計	179				
10						

2						
3	個数 / 金額	列ラベル				
4	行ラベル	NBP工業	PCCコム	神谷ネット	日経商事	総計
5	⊞第1四半期	16	8	8	4	36
6	⊞第2四半期	24	16	12	14	66
7	⊞第3四半期	20	12	10	9	51
8	⊞第4四半期	19	7	10	12	48
9	総計	79	43	40	39	201
10						

図1 前項で作成したピボットテーブル（左）の集計方法を変えると、取引先ごとの取引件数を求めた集計表にもできる（下）

「ピボットテーブル」でできることは、数値の合計だけではない。項目に合致する数値の平均値や最大値、最小値のほか、データの個数を求めることも可能だ。しかも、項目を自由に入れ替えられるのと同様、集計方法も簡単に切り替えられる。

前項で作成した、四半期ごとの金額を取引先別に集計したピボットテーブルで、集計方法を取引件数に変更してみよう（**図1**）。それには、集計結果が表示されている「値」の部分を選択し、「ピボットテーブル分析」タブにある「フィールドの設定」ボタンをクリック（**図2**）。開く画面の「集計方法」タブにある一覧から、「個数」を選択する。これだけで、ピボットテーブルが瞬時に取引件数を集計した表に切り替わる。同様に、「平均」「最大」「最小」などを選択すれば、それぞれの集計がワンタッチでできる仕組みだ。

この「個数」の計算が威力を発揮するのが、セミナーの参加者名簿などで「参加」「不参加」の人数を数えたり、「男」「女」の人数を数えたりする場合だ。元データの項目（フィールド）が数値の場合は、ピボットテーブルにすると既定で「合計」が求められるが、項目が文字列の場合は、既定で「個数」が求められる（**図3**）。参加人数などの集計は、関数や数式ではなくピボットテーブルを使えば、ものの数秒で完了だ。

「集計方法」を変更して「個数」を調べる

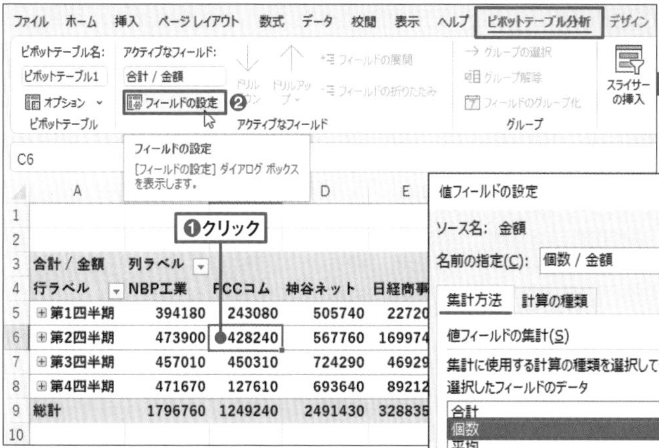

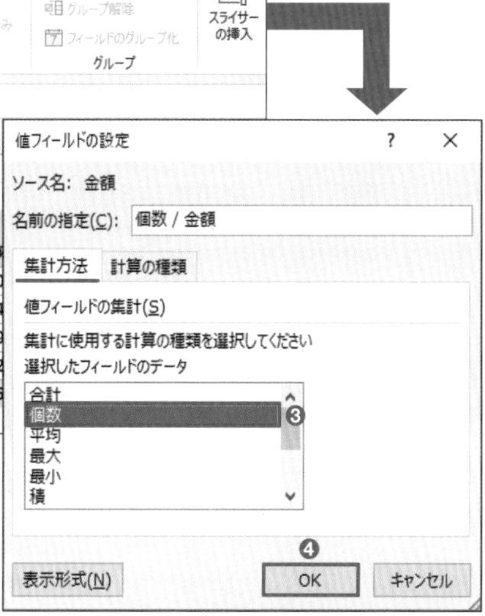

図2 集計結果が表示されている部分を選択し（❶）、「ピボットテーブル分析」タブの「アクティブなフィールド」グループにある「フィールドの設定」ボタンを押す（❷）。開く画面の「集計方法」タブで、「選択したフィールドのデータ」欄を「個数」に変えれば（❸❹）、図1右下のような取引件数の集計表になる

文字列の項目は、最初から個数の集計になる

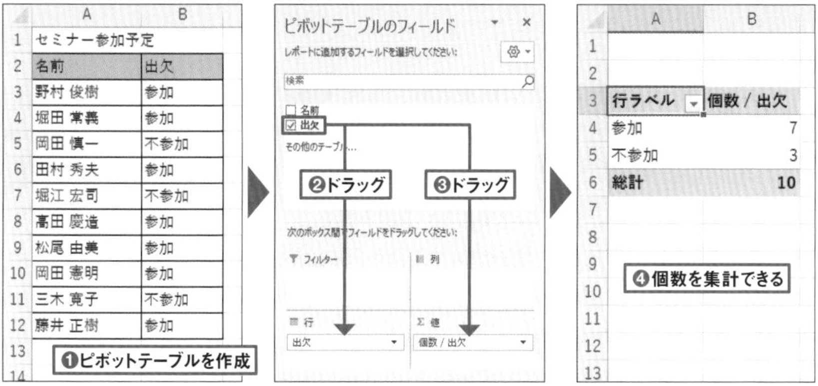

図3 左のようなセミナーの出欠表を基にピボットテーブルを作成（❶）。範囲が正しく選択されていない場合は、手動で正しい範囲（ここではA2～B12）を選択する。「参加」または「不参加」の文字列が入力された「出欠」の項目を、「行」のボックスと「値」のボックスの両方にドラッグする（❷❸）。すると「参加」「不参加」の数をそれぞれ求めた集計表が出来上がる（❹）

ピボットテーブル編

普通の表のような シンプルな見た目にする

ピボットテーブルをシンプルな見た目に

標準のピボットテーブル

2						
3	合計 / 金額	列ラベル ▼				
4	行ラベル ▼	NBP工業	PCCコム	神谷ネット	日経商事	総計
5	⊞第1四半期	394180	243080	505740	227200	1370200
6	⊞第2四半期	473900	428240	567760	1699740	3169640
7	⊞第3四半期	457010	450310	724290	469290	2100900
8	⊞第4四半期	471670	127610	693640	892120	2185040
9	総計	1796760	1249240	2491430	3288350	8825780
10						

もっとシンプルな見た目にしたい

2						
3	合計 / 金額					
4		NBP工業	神谷ネット	日経商事	PCCコム	総計
5	第1四半期	394180	505740	227200	243080	1370200
6	第2四半期	473900	567760	1699740	428240	3169640
7	第3四半期	457010	724290	469290	450310	2100900
8	第4四半期	471670	693640	892120	127610	2185040
9	総計	1796760	2491430	3288350	1249240	8825780
10						

図1 標準のピボットテーブルには、「行ラベル」「列ラベル」などの余計な文字や、「▼」や「＋」など各種機能を操作するボタンが表示されている（上）。これらが邪魔なら、消して「普通の表」のように見せることも可能だ（下）

「ピボットテーブル」は便利な機能だが、操作するためのボタンが表示されていたり、見た目が派手だったりするため、配布資料などに印刷して使いにくいと感じる人もいるだろう。そこで、ボタンを消したり、見た目をシンプルにしたりと、「普通の表」のように見せる方法も押さえておきたい（**図1**）。

複数の階層を持つピボットテーブルで表示される「＋」（展開）や「－」（折り畳み）のボタン、行見出しや列見出しの上にある「行ラベル」「列ラベル」の文字と「▼」ボタンは、「ピボットテーブル分析」タブの「表示」グループで表示／非表示を切り替えられる（**図2**）。派手な見た目は、「デザイン」タブにある「ピボットテーブルスタイル」欄で、好みのものに変更しよう（**図3**）。もちろん、手動で好きな書式を設定してもよい。項目の順番も、ドラッグ操作で入れ替え可能だ。

余計な装飾やボタン類を消して普通の表のように見せても、ピボットテーブルの機能は変わらず利用できる。表を選択すると「ピボットテーブル分析」タブが現れるので、そこから機能を選択すればよい（**図4**）。

余計なボタンを非表示にして、思い通りの表にする

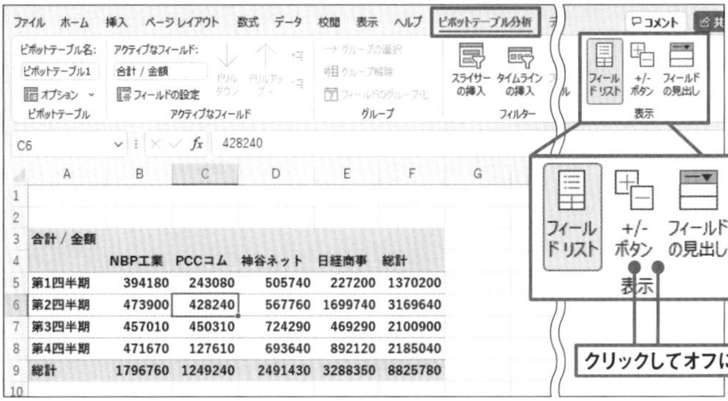

図2 ピボットテーブル内に表示されたボタン類は、「ピボットテーブル分析」タブの右端にある「表示」グループで非表示にできる。「＋/－ボタン」をオフにすると「＋」「－」ボタンが消え、「フィールドの見出し」をオフにすると「行ラベル」「列ラベル」の表示と「▼」ボタンが消える

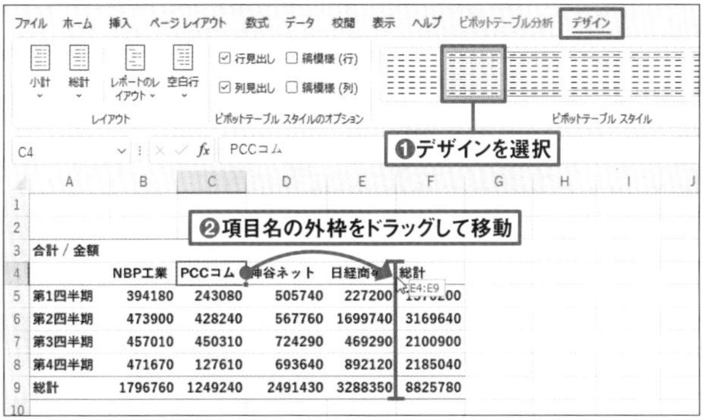

図3 「デザイン」タブの「ピボットテーブルスタイル」欄で、シンプルな外観を選ぶと（❶）、より普通の表に見える。なお、行や列の順番は、標準では文字コード順に並ぶが、項目名のセルを選択して太枠をドラッグすれば、場所を移動して入れ替えることが可能だ（❷）

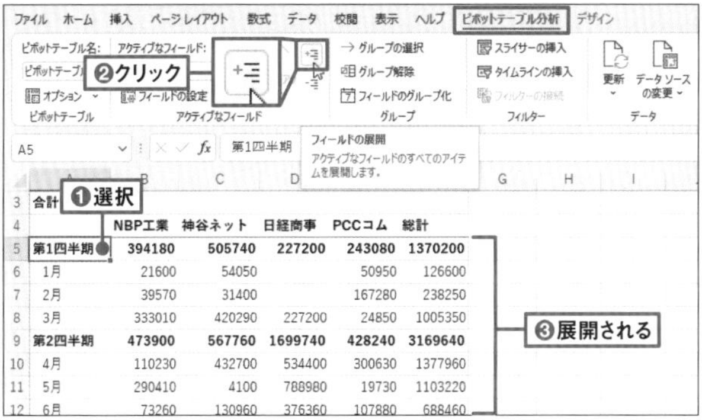

図4 ボタン類を非表示にしても、ピボットテーブルの機能はそのまま利用できる。四半期ごとの集計の下に月別の階層が含まれている場合は、その見出し部分を選択して（❶）、「ピボットテーブル分析」タブの「アクティブなフィールド」グループにある「フィールドの展開」ボタンを押すことで（❷）、展開して表示できる（❸）

書式編

知っておきたい配置と改行の基本

セルに文字を表示しきれない——。作表には付きものの悩みだが、対処法はあふれた文字量によって変わってくる（**図1**）。主な手段は「縮小表示」「折り返し」「セル内改行」の3つだ。適材適所で使い分けよう。

セル内に文字を美しく配置する

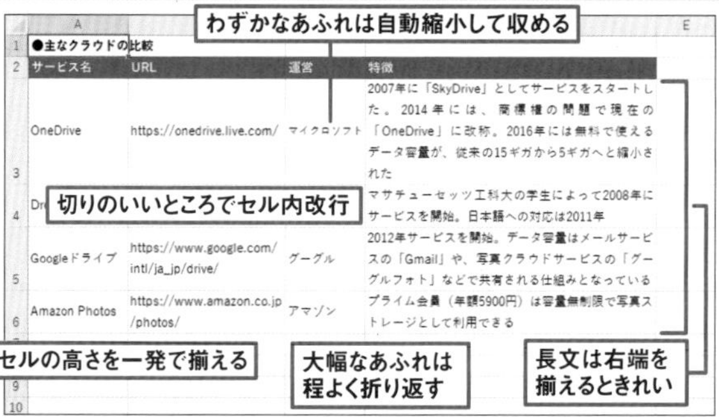

図1 社名やURL、文章などが入った表を上手に仕上げるコツを覚えよう。「横幅がちょっとだけ収まらない社名」「1行に収まらないURL」「長い文章」などの処理がポイントだ。文章が2行の4行目と6行目のセルの高さをぴったり同じにするテクニックなども紹介する

ちょっとだけはみ出た文字列を自動縮小する

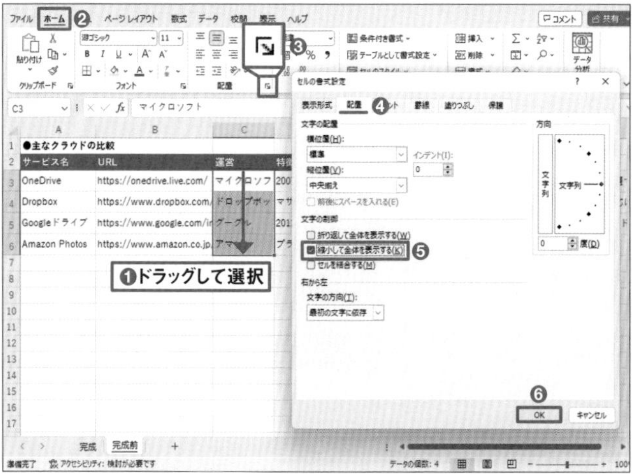

図2 文字が少しあふれたセル範囲を選択し、「ホーム」タブの「配置」欄右下のボタン（ダイアログボックス起動ツール）を押して、「セルの書式設定」画面を開く（❶〜❸）。セル範囲選択後に、「Ctrl」キーを押しながら「1」キーを押してもよい。「配置」タブで「縮小して全体を表示する」をチェックして「OK」を押す（❹〜❻）

図3 セルの横幅ぴったりに収まるように、自動的に文字が縮小される。ただし、大幅にあふれている場合は文字が小さくなりすぎるので、図5、図6の方法で解決するとよい

●セル幅に合わせて自動調整される

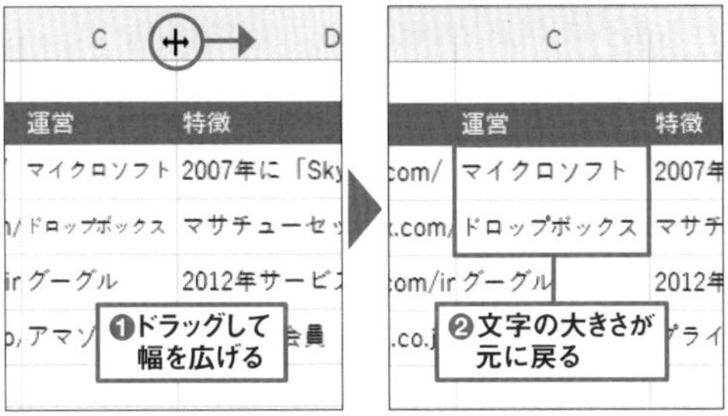

図4 列見出しの境界線をドラッグしてセル幅を十分に広げると、文字の大きさが自動的に元に戻る(❶❷)

大幅なあふれは折り返して収める

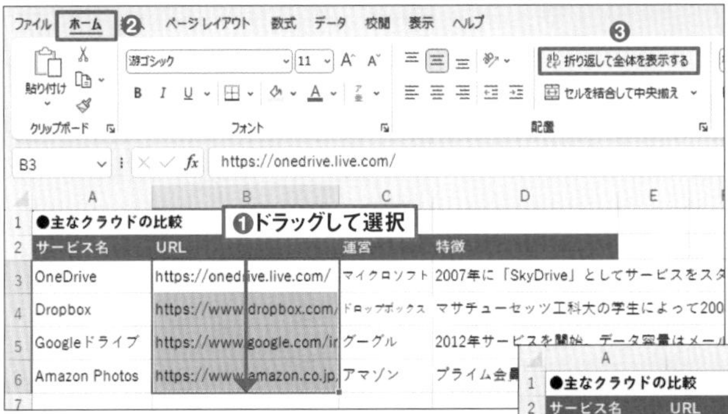

図5 URLのような長い文字列は自動縮小すると小さくなりすぎて読めないので、折り返して収めるほうが得策だ。対象セル範囲を選択して、「ホーム」タブの「折り返して全体を表示する」を押す(❶~❸)。図2の「セルの書式設定」画面で、「折り返して全体を表示する」をチェックしてもよい

図6 セルの幅に合わせて長いURLが自動的に折り返され、文字のあふれが解消された。なお、URLはハイパーリンクになると編集しにくいため、エクセルのオプションから、「インターネットとネットワークのアドレスをハイパーリンクに変更する」を無効にしている[注]

数文字はみ出ている程度なら、縮小表示で収めるのが手っ取り早い。「セルの書式設定」画面の「配置」タブで、「縮小して全体を表示する」をオンにしよう(**図2～図4**)。この画面は選択範囲を右クリックして「セルの書式設定」を選んでも開けるが、図2のダイアログボックス起動ツールか「Ctrl」+「1」キーで開くのが近道だ。時短派には後者をお勧めしたい。

文字が大幅にあふれているケースでは、縮小表示だと文字が小さくなりすぎるので現実的ではない。そんな状況には「折り返して全体を表示する」が向いている(**図5、図6**)。

[注]「ファイル」タブの「オプション」から、「文章校正」の「オートコレクトのオプション」を押す。「入力オートフォーマット」タブの「インターネットとネットワークのアドレスをハイパーリンクに変更する」のチェックを外す

しかし、折り返す位置はエクセルまかせになるため、中途半端な位置で折り返されるケースがよくある。そんなときは自分でセル内改行しよう。カーソル位置を調整し、「Alt」キーを押しながら「Enter」キーを押せばよい（**図7**）。ちなみに、セル内改行すると自動で「折り返して全体を表示する」がオンになる（**図8**）。

複数行にわたる長文を折り返すと、右端が揃わず不格好になる。横位置を「両端揃え」にすると、見栄えが断然アップする（**図9、図10**）。

文章の行数が同じセルは、高さを揃えると表全体が美しく仕上がる。複数行を同時選択して行の高さを調整すると、同じ高さに揃えられる（**図11**）。

「Alt」+「Enter」でセル内改行できる

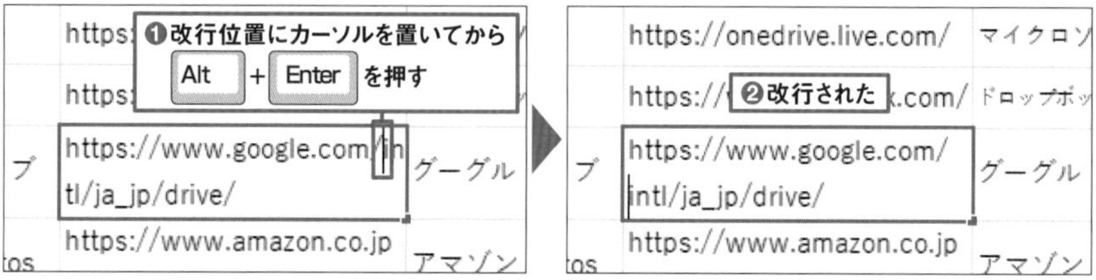

図7 中途半端な位置で折り返された場合は自分でセル内改行しよう。改行したい場所にカーソルを置き、「Alt」キーを押しながら「Enter」キーを押す（❶❷）。さらに「Enter」キーを押して編集を確定する

●自動で「折り返し」の設定になる

図8 折り返したいセルが少ないなら、初めから手動でセル内改行したほうが手っ取り早い。改行したい場所で「Alt」+「Enter」キーを押す（❶）。すると、自動的に「折り返して全体を表示する」がオンになる（❷❸）

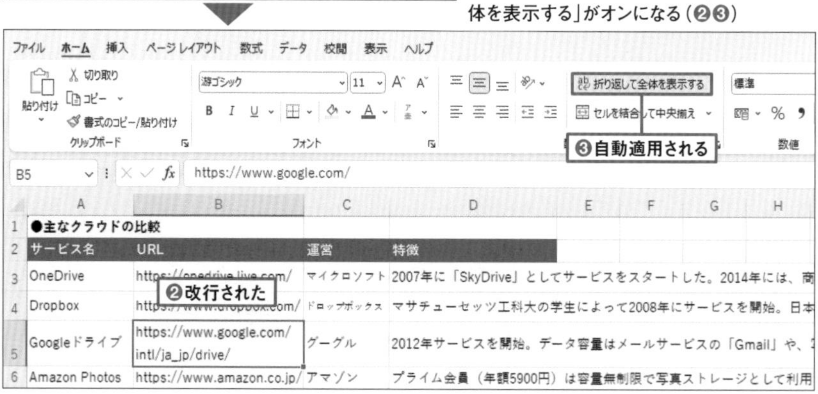

長文は両端を揃えると見栄えが良い

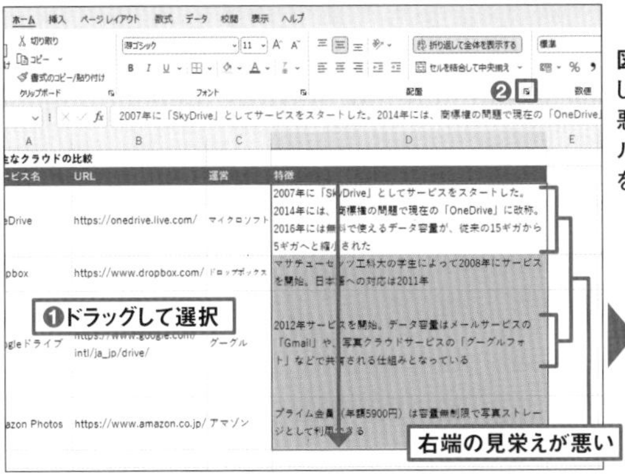

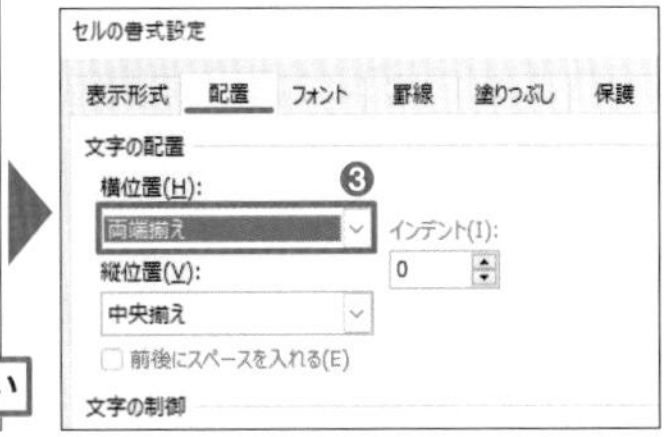

図9 「特徴」欄の文章も折り返して表示したが、セル内の右端が揃わず見た目が悪い。そこで当該セル範囲を選択し、「セルの書式設定」の「配置」タブで「横位置」を「両端揃え」に変える（❶〜❸）

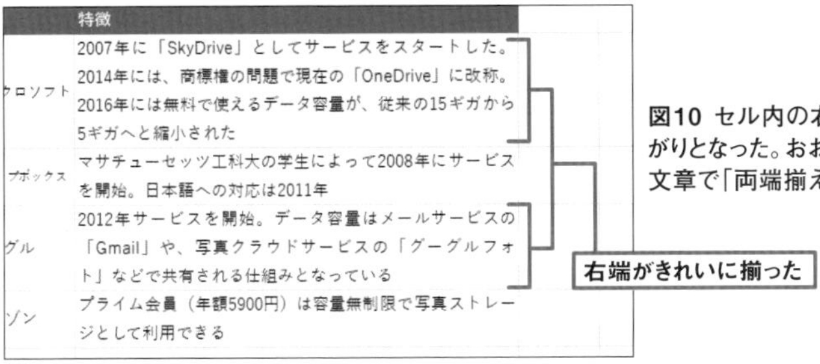

図10 セル内の右端が揃って美しい仕上がりとなった。おおむね3行以上あるような文章で「両端揃え」は効果的だ

セルの高さを揃えて仕上げる

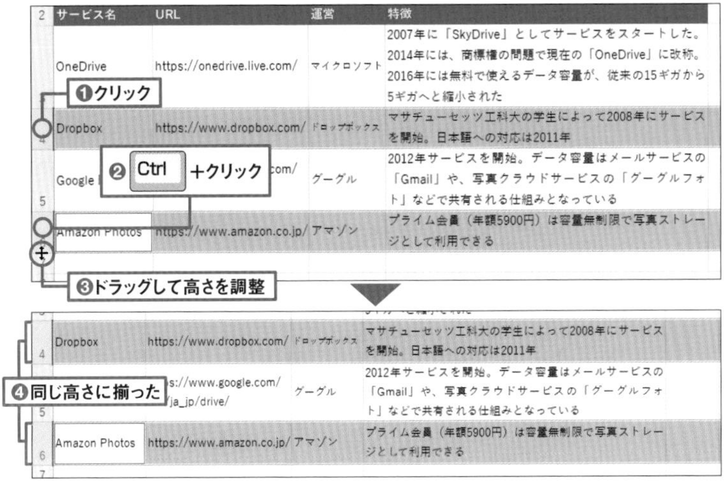

図11 文章の行数が同じ行は、すべて同じ高さにしたほうが美しい。最初の行見出しをクリックし、残りの行見出しを順に「Ctrl」＋クリックして複数行を同時選択してから、行見出しの境界線をドラッグする（❶〜❸）。複数行の高さをまとめて調整できる（❹）

書式編 セル結合の裏ワザと均等割り付けを極める

商品のスペック比較表などやや凝ったビジネス文書を作る際に重宝する、セル結合と文字の配置に関する時短テクニックを紹介しよう（**図1**）。

まずはセル結合から。エクセルをある程度使っている人なら、複数のセルを結合する「セルを結合して中央揃え」、いわゆる“セル結合”はおなじみの機能だろう。スペック表で同じデータが並んだ部分を結合するのは、スッキリ見せるためのセオリーだ。

“見た目だけ”結合で編集ラクラク

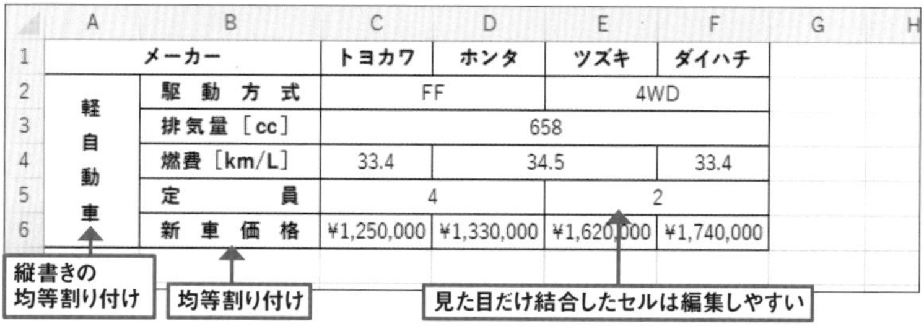

	A	B	C	D	E	F	G	H
1	メーカー		トヨカワ	ホンタ	ツズキ	ダイハチ		
2	軽自動車	駆動方式	FF		4WD			
3		排気量［cc］	658					
4		燃費［km/L］	33.4	34.5		33.4		
5		定員	4		2			
6		新車価格	¥1,250,000	¥1,330,000	¥1,620,000	¥1,740,000		

図1 製品やサービスの比較表を作ると、共通するデータが横方向に並ぶことがある。セルを結合すると共通項を読み取りやすいが、後で修正が面倒になる。ここでは楽に修正できる方法を紹介しよう。均等割り付けや縦書きなどの文字の配置方法も解説する

「選択範囲内で中央」で見た目だけ結合する

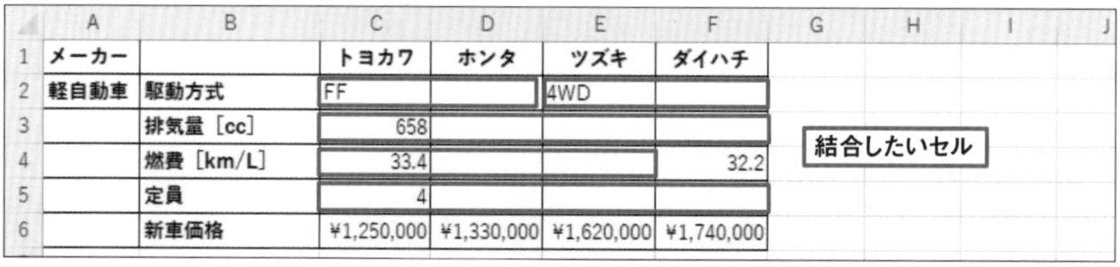

	A	B	C	D	E	F	G	H	I	J
1	メーカー		トヨカワ	ホンタ	ツズキ	ダイハチ				
2	軽自動車	駆動方式	FF		4WD					
3		排気量［cc］	658							
4		燃費［km/L］	33.4			32.2				
5		定員	4							
6		新車価格	¥1,250,000	¥1,330,000	¥1,620,000	¥1,740,000				

図2 罫線を引いた表にデータを入力したところ。結合したいセル範囲を赤枠で示した。それぞれの左端のセルにデータを入力し、同じ内容を表示したい右側のセルは空欄にしておく。例えば駆動方式では、C2セルとD2セルを「FF」で統一するため、C2セルだけに入力した

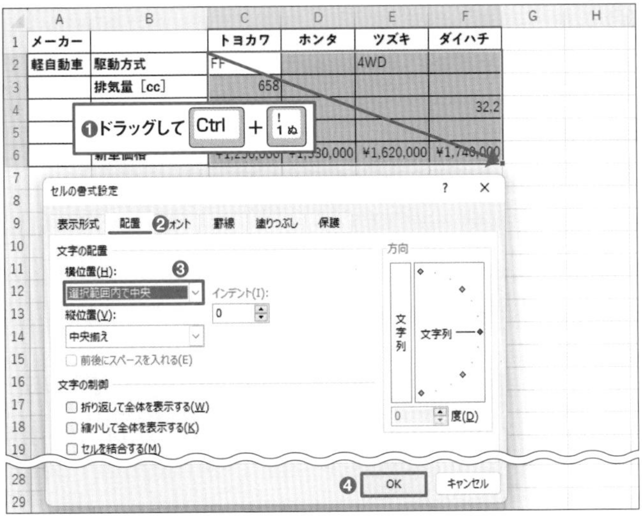

図3 結合したいセル範囲を含んだデータ全体を選択し、「Ctrl」+「1」キーを押して「セルの書式設定」画面を開く（❶）。「配置」タブの「横位置」欄で「選択範囲内で中央」を選ぶ（❷〜❹）

	A	B	C	D	E	F
1	メーカー		トヨカワ	ホンタ	ツズキ	ダイハチ
2	軽自動車	駆動方式	FF		4WD	
3		排気量［cc］	658			
4		燃費［km/L］	33.4			32.2
5		定員	4			
6		新車価格	¥1,250,000	¥1,330,000	¥1,620,000	¥1,740,000

図4 右側の空欄セルを結合する形で文字が中央揃えになり、結合境界にあった罫線も見かけ上消える。通常のセル結合（94ページ図13参照）と同じに見えるが、仕組みはまったく異なる

「選択範囲内で中央」で空欄セルを見かけ上結合

だが、表の内容によってはセル結合は得策とはいえない。後からデータの変更が出てくるような表では、修正時に結合の解除や再結合といった操作が必要になり、かえって効率が悪くなるからだ。後で修正する可能性がある表は、「選択範囲内で中央」というセル書式を使うのが正解。結合と解除を繰り返さなくても、データの修正が手早くできる。

「選択範囲内で中央」は入力方法に癖があるので、事前にコツを覚えておこう（**図2**）。この書式を適用したセル範囲では、右側に続く空欄のセルをすべて結合する形でデータが中央に表示される（**図3**、**図4**）。見た目はセル結合そのものだが、実際にセル同士は結合されていない（次ページ**図5**）。各セルは単独で選択でき、右側の空欄セルにはデータが入っていない。つまり、見かけ上結合したいセル範囲の左端にだけデータを入力するのがポイントになる。

●見せかけの結合だから編集しやすい

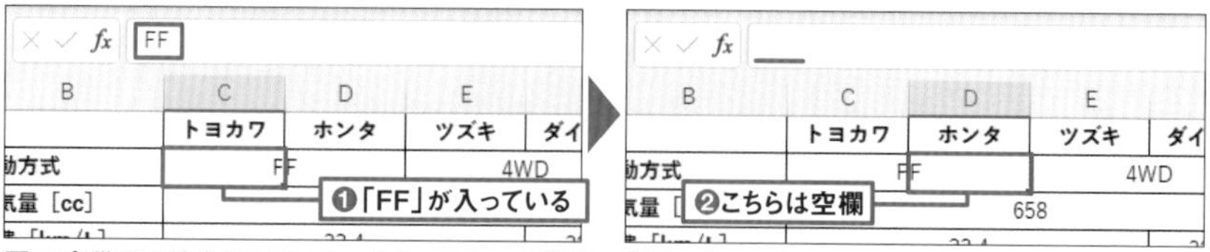

図5 実際には結合されていないため、各セルを単独で選択できる。データは左端のセルに入っており、試しに右側のセルを選択すると、データが入っていないことがわかる(❶❷)

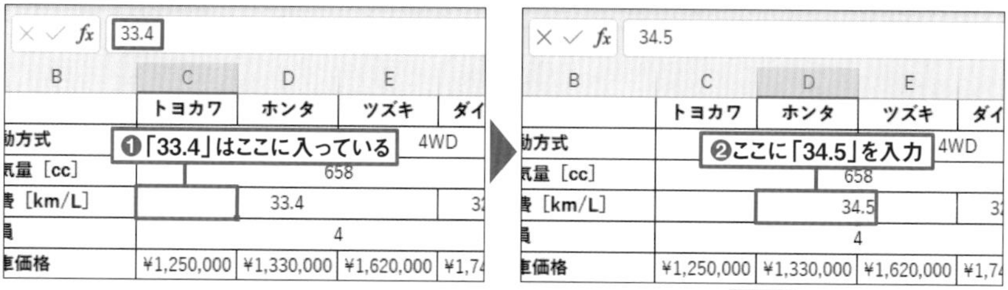

図6 4行目を見ると、データはC4セルに入力されており、右側のD4、E4セルは空欄(❶)。C4セルのデータを残して、D4、E4セルに新しく共通データを表示したい場合は、D4セルに入力する(❷)。空欄のE4セルと見かけ上結合され、C4セルとの結合は解除される(❸)。同様にE5、F5セルを「4」から「2」に変更したいときは、左側のE5セルに入力する(❹)

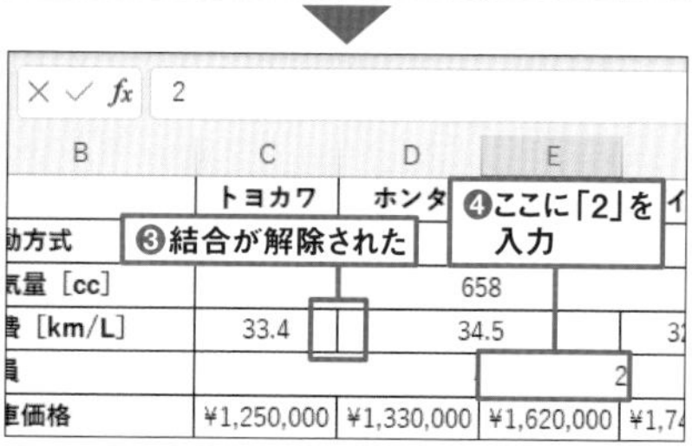

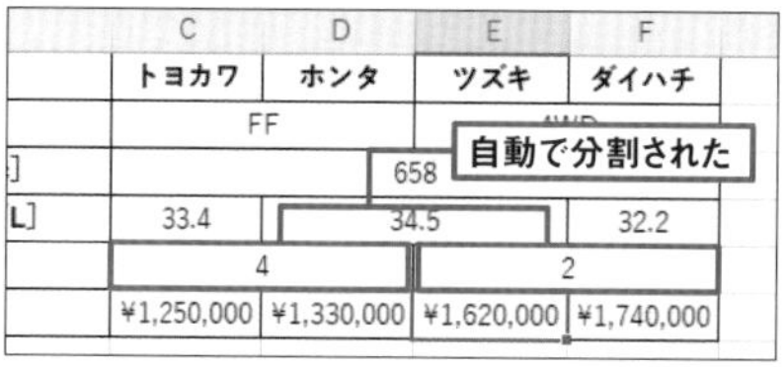

図7 見かけ上の結合が解除され、「4」「2」と表示された。通常のセル結合と違って、個々のセルを楽に編集できるのがメリットだ

特に注目したいのは、空欄セルに何かデータを入力すると、見かけ上の結合が自動的に解除される点だ(**図6、図7**)。逆に、右側に空欄セルができると自動的に結合する。一度この書式を設定すれば、以後は見かけ上の結合・解除を自動でやってくれるというわけだ。

ただし、前述のように癖があるので、慣れないうちは、最初にすべてのデータを入力してから「選択範囲内で中央」を適用し、その後で結合したいセル範囲の右側を消すという方法をお勧めする(**図8～図10**)。

逆に慣れてくると、データのコピー・貼り付けが普通にできる点に感動するはずだ(次々ページ**図11、図12**)。通常のセル結合では結合をいったん解除する必要があるが、見かけ上の結合だから、その手間がいらない。

●全部入力してから消去する方法もある

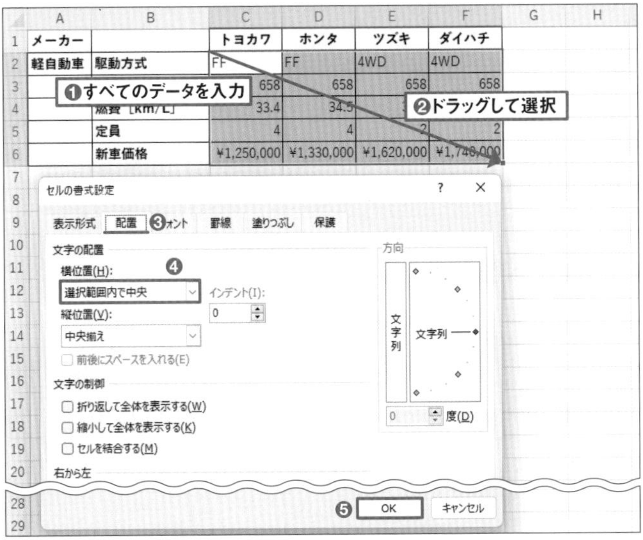

図8「選択範囲内で中央」は入力時にややコツが必要。慣れないうちは、個々のセルにすべてのデータを入力しておくとよい(❶)。そうしたら、図3と同様に全体に「選択範囲内で中央」を設定する(❷～❺)

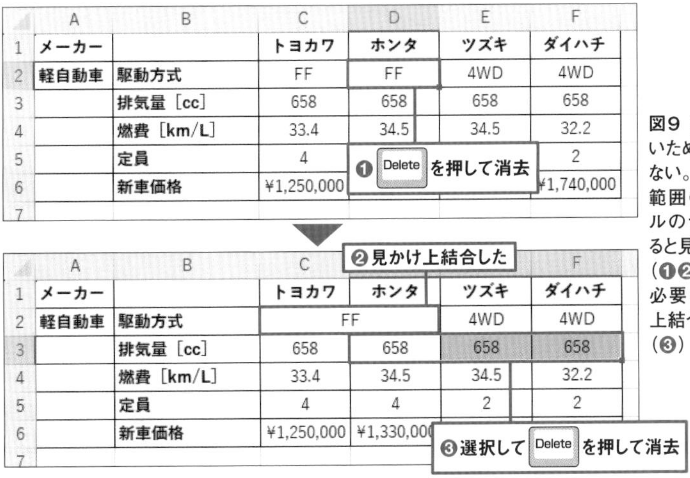

図9 空欄のセルがないためまだ結合していない。結合したいセル範囲の右側にあるセルのデータを消去すると見かけ上結合する(❶❷)。同様にして、必要な部分を見かけ上結合していけばよい(❸)

図10 データが消去されて空欄になったセルは、見かけ上結合し、一番左のセルに入っているデータが中央に表示される

縦書きは通常のセル結合＋均等割り付けで見栄えアップ

表の見出しなど修正の予定がないセル範囲は、普通に「セルを結合して中央揃え」でセル結合すればよい（**図13**）。また、文字を縦書きにしたい場合も通常のセル結合を使う（**図14**）。「選択範囲内で中央」も万能ではなく、縦方向に結合できなかったり、斜め罫線で問題があったりと、いくつか制限がある。

●見かけ上の結合はコピペも楽々

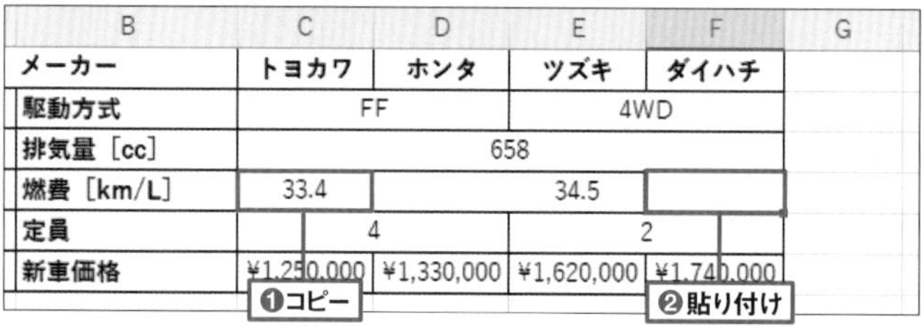

図11 見かけ上の結合だからデータのコピペも通常通り。C列の「33.4」をF列に貼り付けてみよう（❶❷）

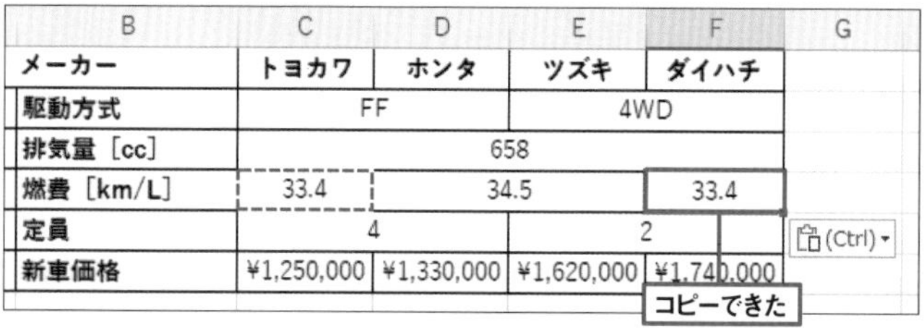

図12 コピーしたデータがそのまま入力され、結合範囲が自動的に変わる。通常のセル結合（図13参照）では、いったん結合を解除しないと、思い通りにコピペできないことが多い

編集しない予定なら通常のセル結合で

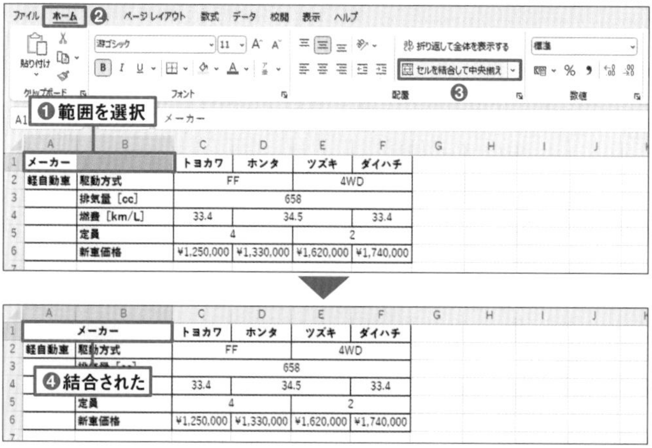

図13 見出しや項目名など、変更の予定がないセルは普通に結合すればよい。結合したいセル範囲を選択し、「セルを結合して中央揃え」ボタンを押すと結合される（❶～❹）

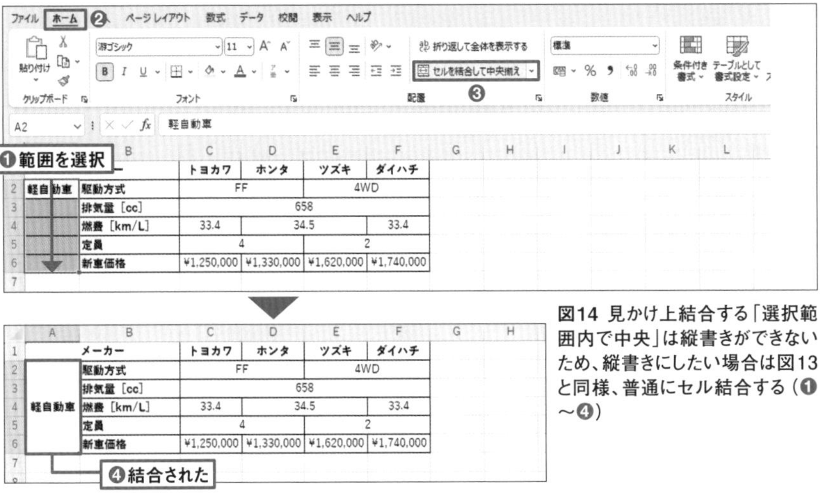

図14 見かけ上結合する「選択範囲内で中央」は縦書きができないため、縦書きにしたい場合は図13と同様、普通にセル結合する（❶～❹）

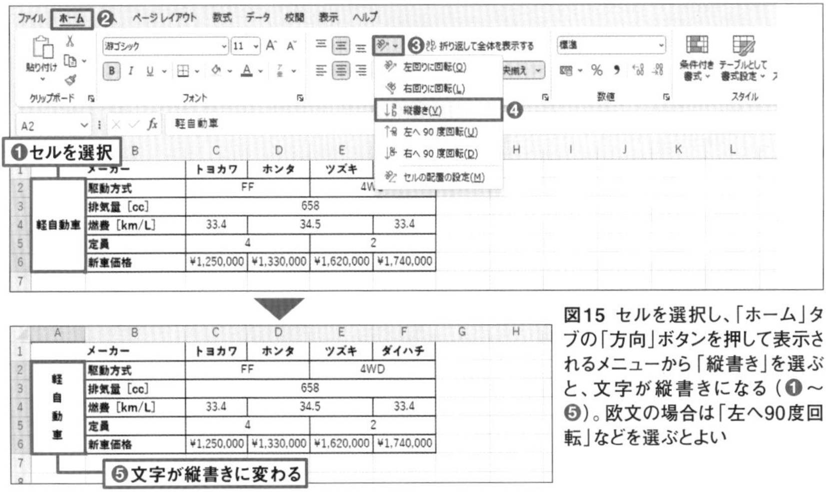

図15 セルを選択し、「ホーム」タブの「方向」ボタンを押して表示されるメニューから「縦書き」を選ぶと、文字が縦書きになる（❶～❺）。欧文の場合は「左へ90度回転」などを選ぶとよい

文字を縦書きにするには、「ホーム」タブの「方向」ボタンが最短ルートだ（**図15**）。日本語では「縦書き」、欧文では「左へ90度回転」などを選択するのが定石となる。ここではさらに、配置を「均等割り付け（インデント）」にして、文字間を開けた（次ページ**図16～図18**）。

文字数が異なる項目名なども、「均等割り付け（インデント）」で全体の長さを統一したほうが見栄えが良くなる（**図19～図21**）。インデントの数値は、一番きれいに見えるように試行錯誤して決めよう。

「均等割り付け」で見栄え良く

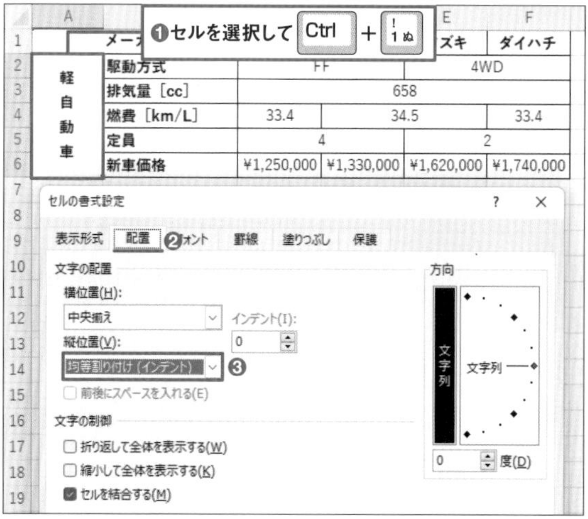

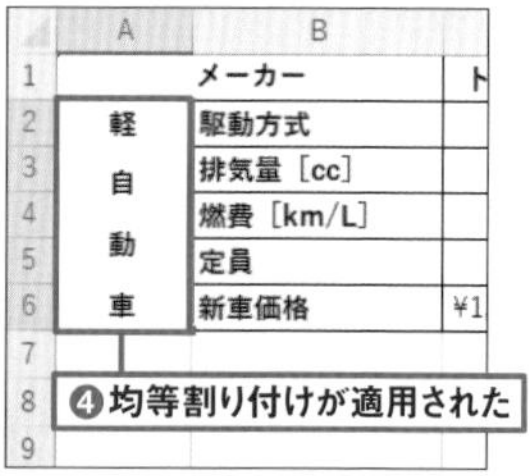

図16 セルを結合すると標準で中央揃えになるため、あまり見栄えが良くない場合もある。「セルの書式設定」画面の「配置」タブを開き、「縦位置」欄で「均等割り付け（インデント）」を選ぶと、セルの高さいっぱいに文字が等間隔で配置される（❶～❹）

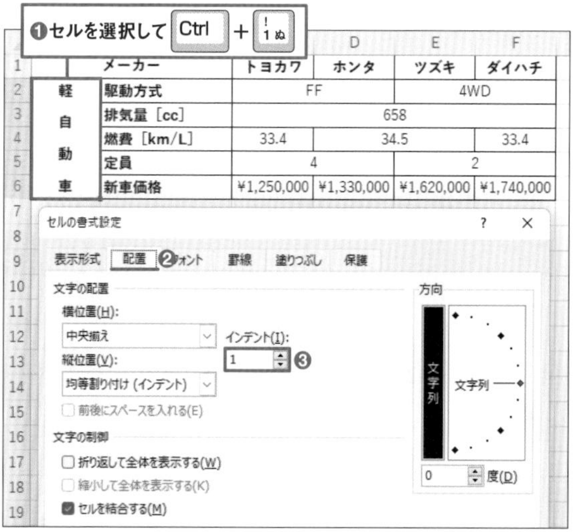

図17 「軽自動車」の文字列が枠いっぱいに広がったままだと見栄えが悪い。図16と同様に、「セルの書式設定」の「配置」タブを開き、「インデント」の数値を変更しよう（❶～❸）。数値は枠線から何文字分空けるかを示す。ここでは「1」と入力し、上下に1文字分ずつのスペースを作った

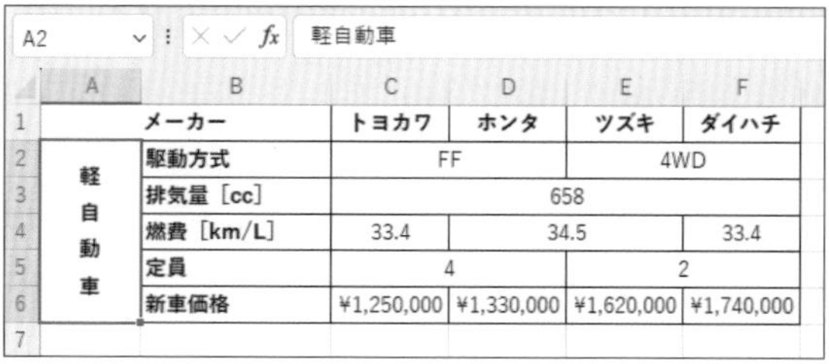

	メーカー	トヨカワ	ホンタ	ツヅキ	ダイハチ
軽自動車	駆動方式	FF		4WD	
	排気量［cc］	658			
	燃費［km/L］	33.4	34.5		33.4
	定員	4		2	
	新車価格	¥1,250,000	¥1,330,000	¥1,620,000	¥1,740,000

図18 「軽自動車」の上下に1文字分の空白が作られ、残りのスペースに均等に文字が割り付けられた。なお、セルの高さがある程度ないと、図17がうまくいかないので、適宜高さを調整すること。ここでは2～6行の行の高さを「18」から「19」に広げた

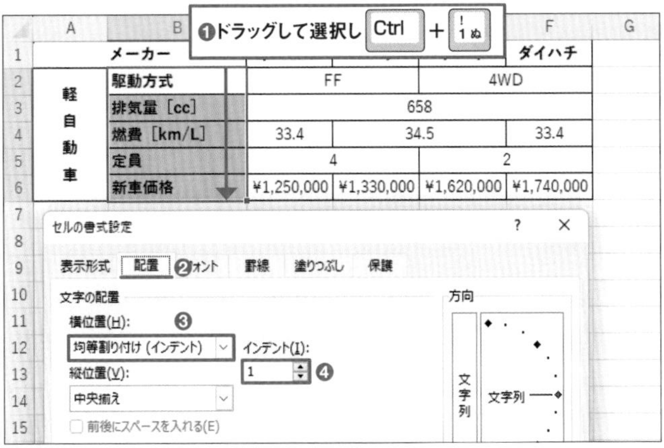

図19　続いて、スペックの項目名も均等割り付けで整えよう。セル範囲を選択し、「セルの書式設定」の「配置」タブで均等割り付けとインデントを設定する（❶～❹）。インデントの数値は、セルの大きさに合わせて見栄えが良くなるように調整しよう

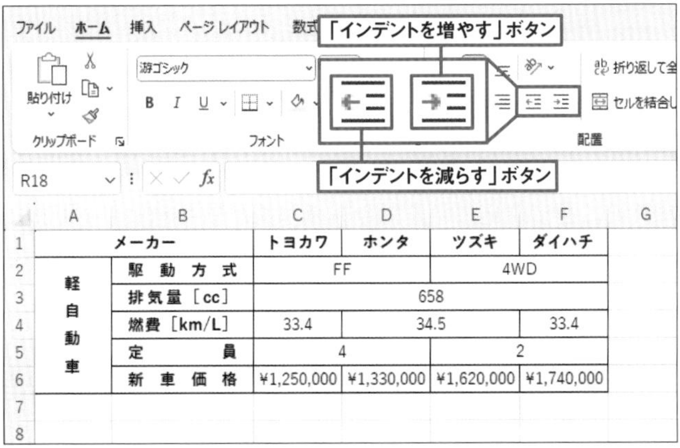

図20　均等割り付けできれいに仕上がった。なお、インデントの数値を試行錯誤したいなら、「ホーム」タブの「インデントを増やす」ボタンと「インデントを減らす」ボタンを使うとよい

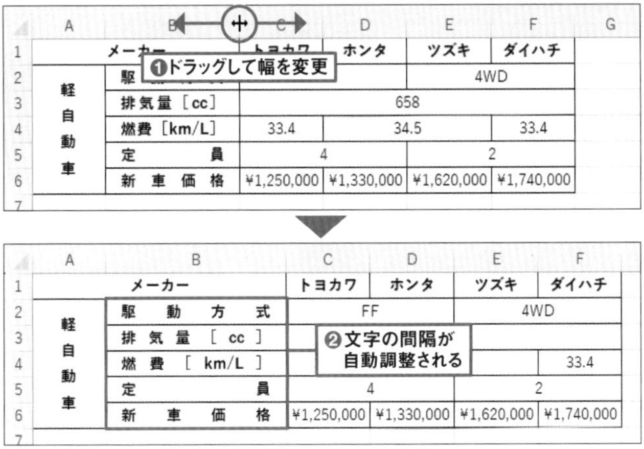

図21　セルの幅を変更すると、均等割り付けの文字間隔が自動調整される（❶❷）。インデントで設定した値は維持される。縦書きの場合も同様だ

書式編

美しい罫線を最短コースで引きたい

取引先などに見せる資料は、罫線を引いて見栄え良く仕上げたい（**図1**）。とはいえ、罫線を多用しすぎると素人っぽい出来になる。罫線の目的は、“初めて見た人でも戸惑わないように”表の内容を見やすくすることだ。必要最低限の罫線を適宜考えて、効率良く引くのが“罫線素人”卒業への第一歩。そのためのテクニックをマスターして罫線の達人を目指そう。

罫線の引き方に決まりはない。「罫線があったほうが見やすい」と感じたところに引こう。

例えば図1のような表では、最低でも項目名と数値の間には区切り線が必要だ。図1では数値と数値の間に横の極細線も引いたが、うるさく感じるなら引かなくてもかまわない［注］。線の種類は必要に応じて太線や極細線などを使うが、2、3種類に抑えたほうが洗練された印象になる。

時間をかけずに見栄え良く

	A	B	C	D	E	F	G	H	I	J
1										
2		**東日本エリア売上データ**								
3				第1四半期			第2四半期			
4		エリア	都道府県	1月	2月	3月	4月	5月	6月	
5		北海道	北海道	51,394	54,364	55,970	53,250	57,889	57,094	
6		東北	岩手県	55,563	50,221	50,335	55,544	52,053	52,149	
7			宮城県	50,355	52,978	55,488	54,883	53,922	56,860	
8			福島県	52,075	53,504	58,215	57,984	51,570	48,018	
9		関東	茨城県	50,219	57,062	50,460	50,210	53,501	55,635	
10			埼玉県	57,620	52,601	58,445	59,559	57,728	59,231	
11			千葉県	55,733	54,314	55,765	54,841	59,841	60,122	
12			東京都	67,070	59,519	62,598	61,159	65,461	65,419	
13			神奈川県	61,347	59,118	60,449	58,904	63,394	65,129	
14										

図1 上司や取引先などに見せる表は、罫線を入れて見やすく仕上げたい。罫線の引き方にはいくつかの方法があるが、1本ずつ引いていては効率が悪すぎる。クリックなどの操作を最小限に済ませるのが時短のコツだ

［注］極細線は画面上では点線となるが、印刷すると一番細い実線になる。太さはプリンターに依存する

罫線をパターンで引き、「Ctrl」＋「Y」で繰り返し

では具体的にどう引くかという話だが、図1のような罫線はパターンに分解して考えるのが定石だ。この表は北海道、東北、関東の3ブロックに分かれており、各ブロックは上下に太線、内部に横の極細線というパターンになっている。1行だけの北海道も同じパターンと見なしてよい。

こういうときは「セルの書式設定」画面の「罫線」タブを使い、まずどこかのブロックに目的のパターンの罫線を引く。その後、それをコピー（正確には繰り返し）すると大幅な時短になる。

実際にやってみよう。ベースとなるブロックを選択し、「セルの書式設定」画面の「罫線」タブを開く（**図2**）。ここでは上下に太線、内部に横の極細線というパターンを指定する。

パターンに分解して引くのがポイント

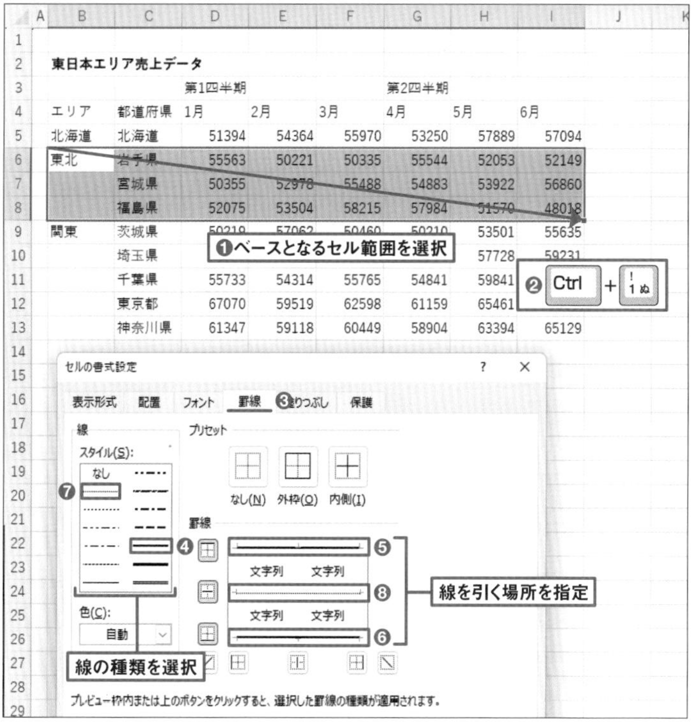

図2 図1ではエリアごとに同じパターンの罫線を引いている。まずは東北のブロックでベースとなる罫線を引こう。当該セル範囲をドラッグして選択（❶）。「Ctrl」＋「1」キーで「セルの書式設定」画面を開き、「罫線」タブを選ぶ（❷❸）。線の種類を選択してから、プレビュー欄をクリックして引く場所を指定する（❹～❽）。最後に右下の「OK」ボタンで設定画面を閉じる

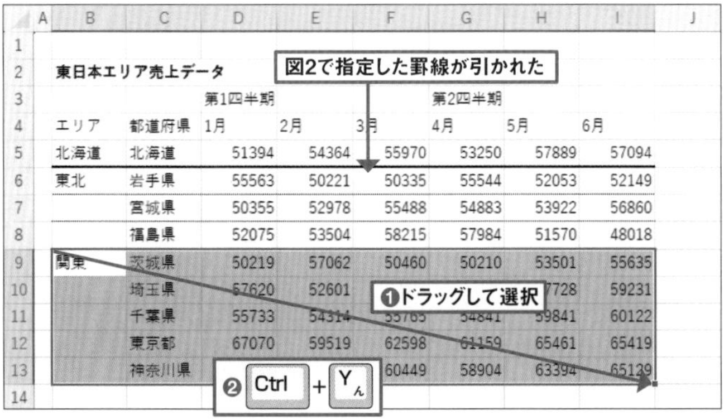

図3 東北のブロックに指定パターンの罫線が引かれた。そうしたら関東のセル範囲を選択して「Ctrl」+「Y」キーを押す（❶❷）。直前の操作を繰り返すショートカットキーだ

図4 関東のブロックに同じパターンの罫線が引かれた。北海道のセル範囲にも、「Ctrl」+「Y」キーで同じパターンの罫線を引く（❶❷）

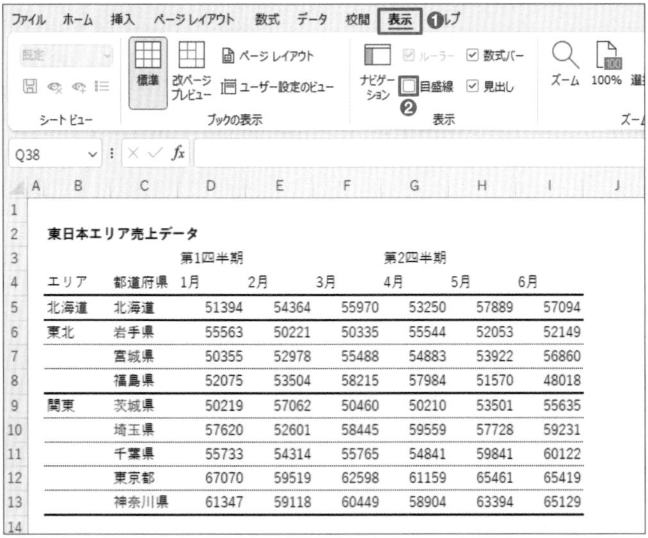

図5 北海道のブロックは1行だけなので、内部の極細線は引かれない。「表示」タブにある「枠線」のチェックを外すと、セルの境界線が消えて罫線の仕上がり具合を確認しやすくなる（❶❷）

ダイアログと罫線メニューを使い分けよう

●パターンで引くならダイアログ

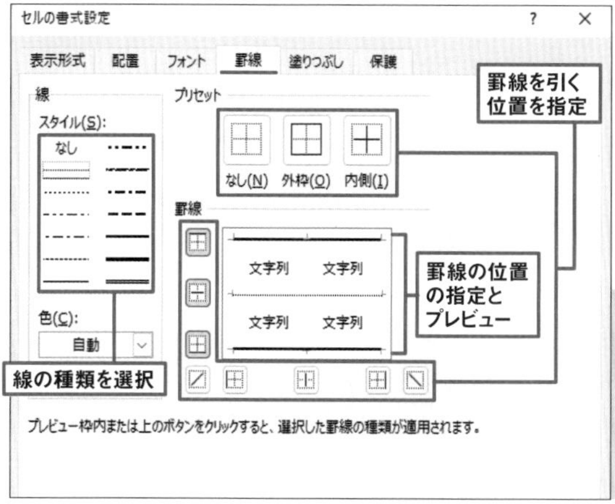

図6「セルの書式設定」のダイアログボックス（設定画面）は、「Ctrl」+「1」キーや、選択範囲の右クリックメニューの「セルの書式設定」から呼び出せる。「罫線」タブで設定を行う。「スタイル」欄で線の種類を選び、右側のプレビュー欄をクリックして罫線を引く位置を指定する。上下に太線、内部に横の極細線といったようにパターンで引くときに重宝する

- ○ 仕上がりのイメージが湧く
- ○ 自由に線種を選んでパターンを作れる
- ○ 試行錯誤がしやすい
- × 単純な罫線は少し手間がかかる

●「罫線」メニューは単純な罫線に向く

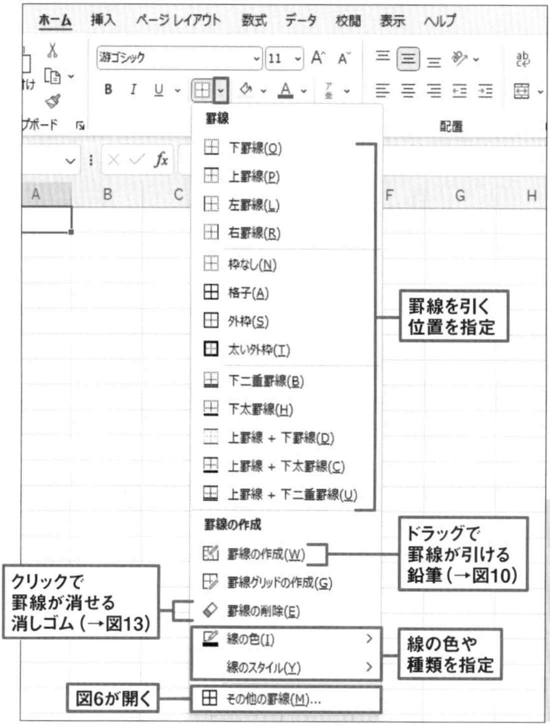

図7 「ホーム」タブにある「罫線」ボタン右の「▼」でメニューが開く。選択範囲の上下左右、「格子」「外枠」といった出来合いのパターンを一発で引けるのがメリット。ただし、線種を変更したい場合は「線のスタイル」から指定する必要があるため、ひと手間かかる

- ○ 最短1クリックで罫線が引ける
- ○ 「鉛筆」と「消しゴム」ツールが便利
- × 線種を変更するのがやや面倒
- × 複雑な罫線には不向き

「OK」ボタンを押すと実際に罫線が引かれるが、ポイントはその後の操作だ。同じパターンで引きたい関東のブロックを選択して、「Ctrl」+「Y」キーもしくは「F4」キーを押す（前々ページ**図3**）。これは直前の操作を繰り返すショートカットキーなので、選択範囲に同じパターンの罫線を引ける。

北海道のブロックも同様だ（**図4**）。要は、「セルの書式設定」画面で複雑なパターンを一度引き、そのパターンを繰り返して引くということ。これが罫線作成における時短の秘訣だ。

セルの境界線が表示されたままだと、罫線の仕上がりを確認しにくい。「表示」タブにある「枠線」のチェックを外そう（**図5**）。

先ほどは「セルの書式設定」のダイアログボックス（設定画面）を使ったが、罫線は「ホーム」タブの「罫線」ボタンでも引ける（**図6、図7**）。どちらも一長一短だが、複雑なパターンで引くならダイアログに一日の長がある。「罫線」ボタンのメニューは一発で罫線が引けるほか、後述する鉛筆や消しゴムが使えるため、簡単な罫線を引いたり、微修正したりするのに向いている。

単純な線は「罫線」ボタンで引くのが楽

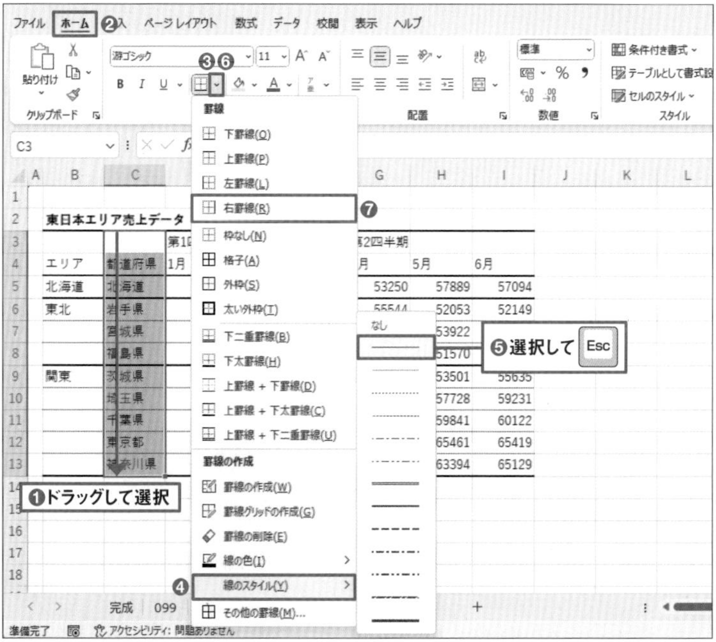

図8 今度は都道府県の右側に縦の区切り線を入れる。セル範囲を選択して線の種類を選び、マウスポインターが鉛筆になったら「Esc」キーを押して解除する（❶〜❺）。その後で「右罫線」を選ぶ（❻❼）。線の種類を変更しない場合は❻❼の操作だけでよい

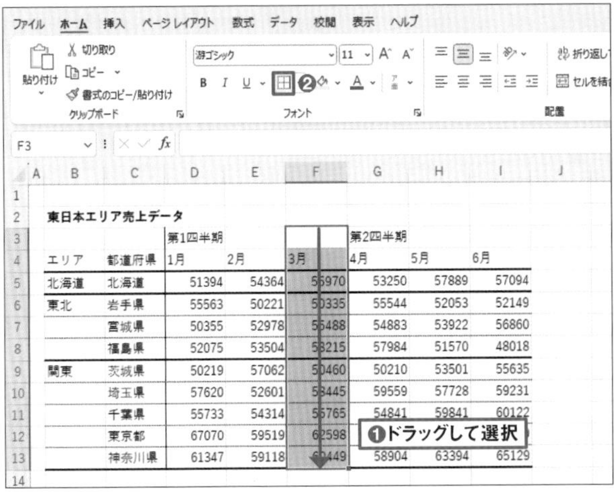

図9 都道府県の右側に区切り線が入った。四半期の区切りにも同じ線を引きたい。範囲選択して、先ほど選んだ「右罫線」の絵柄に変わった「罫線」ボタンを押せばよい（❶❷）

加筆程度なら「鉛筆」ツールで

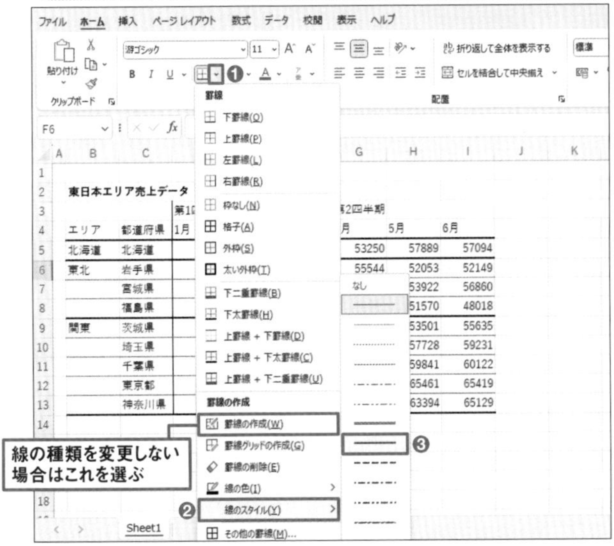

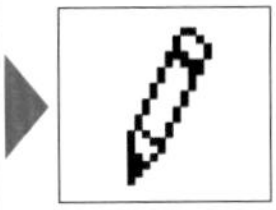

図10 メニューで線の種類を選択する（❶～❸）。マウスポインターが鉛筆の絵柄に変わり、シート上をクリックやドラッグして罫線を引くモードになる。なお、線の種類を変更しない場合は、「罫線の作成」を選べばよい

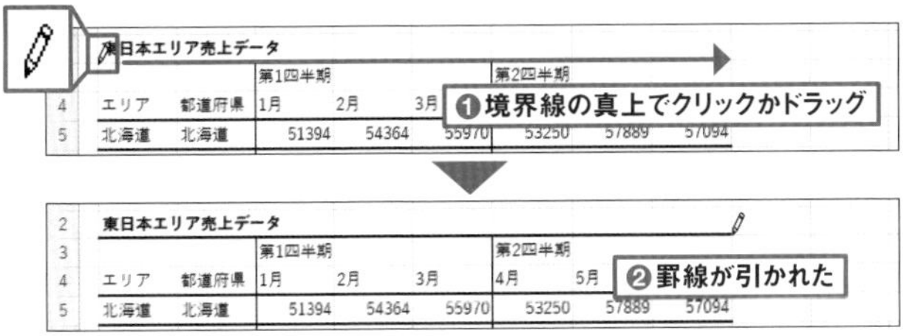

図11 セルの境界線の真上でクリックもしくはドラッグすると罫線が引ける（❶❷）。ちなみに、セル範囲をドラッグすると外枠に罫線を引ける。引き終わったら、「Esc」キーを押して罫線鉛筆を解除する

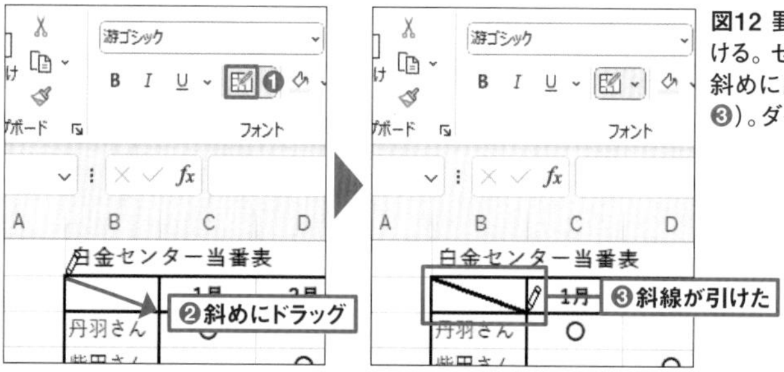

図12 罫線鉛筆では斜め罫線も引ける。セルの左上隅や右上隅から斜めにドラッグすればよい（❶～❸）。ダイアログより簡単だ

●不要な線は消しゴムで消す

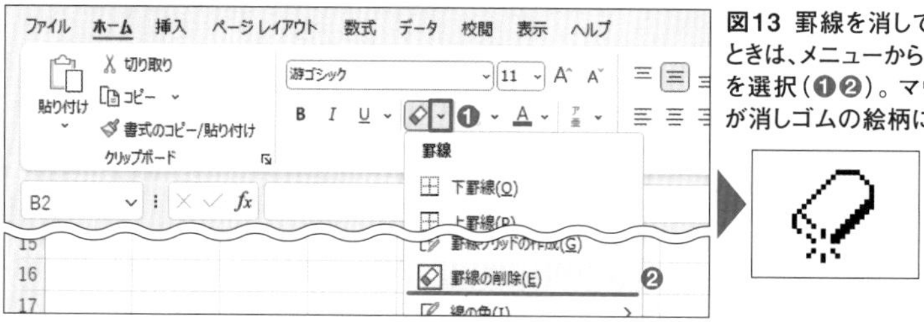

図13 罫線を消して微修正したいときは、メニューから「罫線の削除」を選択（❶❷）。マウスポインターが消しゴムの絵柄に変わる

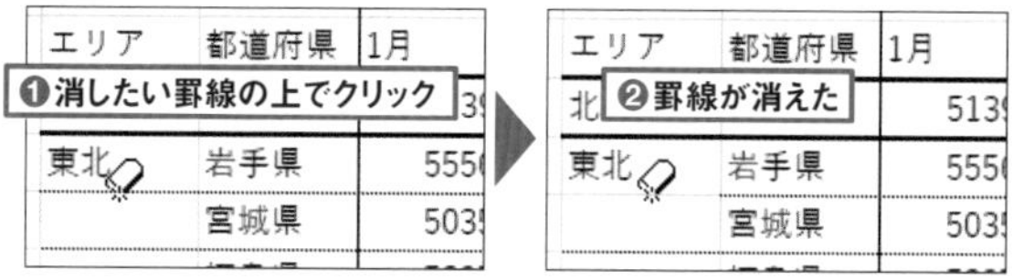

図14 消しゴムの真下の角を罫線に合わせてクリックすると、そのセルの罫線が消去される（❶❷）。隣り合っているセルならドラッグしても消せる。「Esc」キーを押すと罫線消しゴムを解除できる

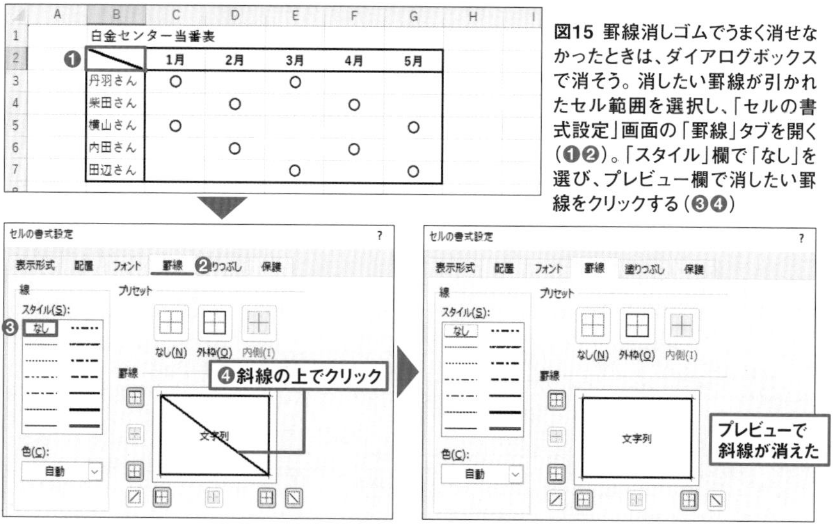

図15 罫線消しゴムでうまく消せなかったときは、ダイアログボックスで消そう。消したい罫線が引かれたセル範囲を選択し、「セルの書式設定」画面の「罫線」タブを開く（❶❷）。「スタイル」欄で「なし」を選び、プレビュー欄で消したい罫線をクリックする（❸❹）

単純な線は「罫線」ボタンで。鉛筆や消しゴムも使える

単純な罫線は、罫線ボタンで引くとよい（102ページ**図8、図9**）。また、仕上げの段階に入ると、罫線のちょっとした加筆や修正に迫られるはずだ。ささいな手直しなら「罫線の作成」と「罫線の削除」がお勧めだ（**図10〜図14**）。マウスポインターがそれぞれ鉛筆と消しゴムの絵柄に変わり、クリックやドラッグで罫線を引いたり消したりできる。消しゴムが使いづらいときは「セルの書式設定」画面で消そう（**図15**）。

罫線で表の見やすさをアップしたら、フォントや文字配置にも気を配ろう。数値は3桁区切りにし、フォントを英文タイプライター風の「Courier New」にすると見やすい（**図16、図17**）。「1月」などの項目名は右揃えにしよう（**図18**）。今回のように数値と数値の間に縦罫線を引かなかったときは、項目名の配置も数値に揃えるとよい。

フォントと文字配置を整えて仕上げる

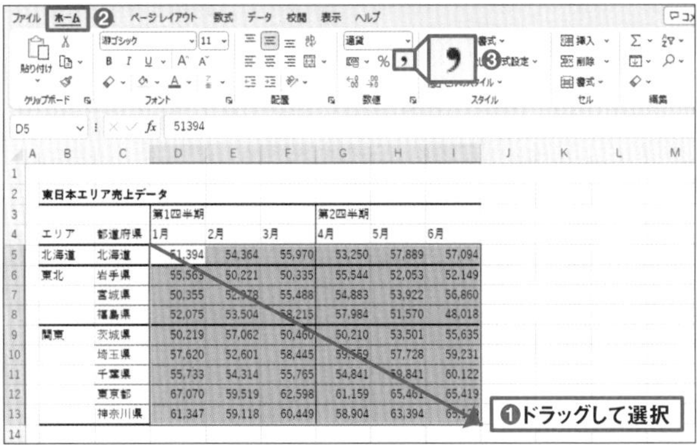

図16 桁数の多い数値は見にくいので、3桁ごとにカンマを入れよう。セル範囲を選択し、「ホーム」タブの「桁区切りスタイル」を押す（❶〜❸）

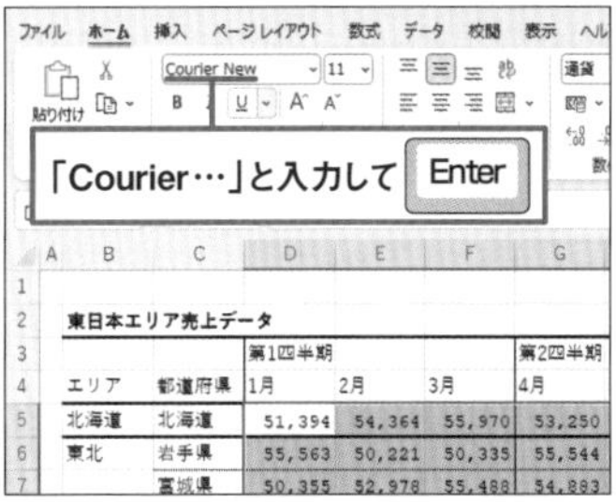

図17 数値が3桁区切りで表示された。標準のフォントだと数字が映えないので、フォントも変更しよう。図16のセル範囲が選択された状態のまま、「フォント」欄で「Courier New」を選択。フォントが多い場合は、直接「Courier…」と入力して「Enter」キーを押したほうが速い

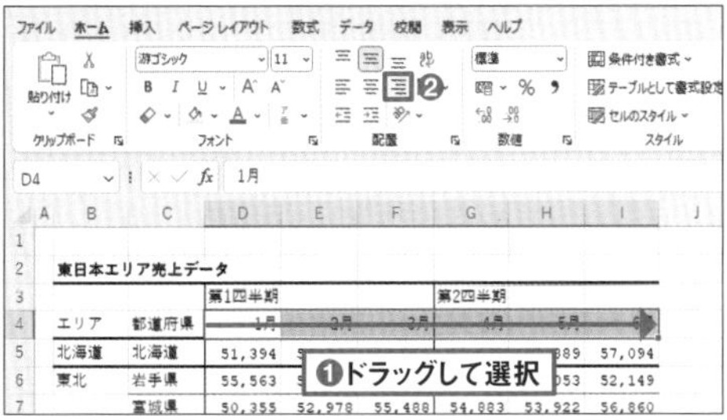

図18 今回のように最低限の縦罫線しか引かない場合は、「1月」などの項目名も数値と同じ右揃えにしよう（❶❷）

書式編

「○○円」の数値書式を徹底攻略!

金額を「340円」「400円」…と入力してSUM関数で合計したら「0」と表示された(**図1**)。これは、数値に「円」を付けて入力すると、文字列と見なされて計算ができないからだ。こういった場合は数値をそのまま入力して、見た目だけを変える。ポイントは「表示形式」だ。

「円」付きで計算するとエラーに

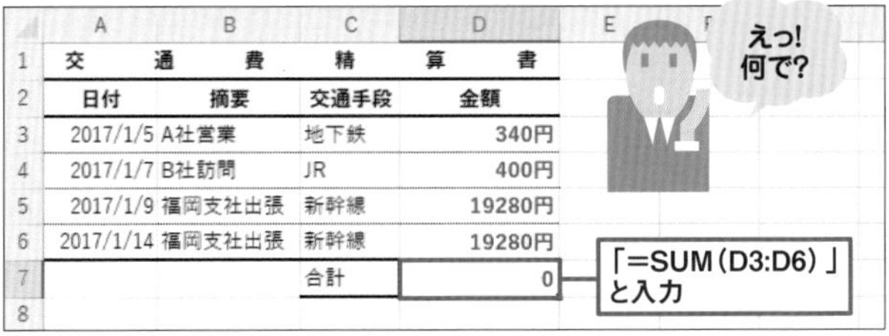

図1 「円」付きで金額を表示して合計を計算したい。だが、金額を「円」付きで入力すると、SUM関数の結果が0になってしまう。これはなぜ? 解決策はある?

「ユーザー定義」を作れば解決!

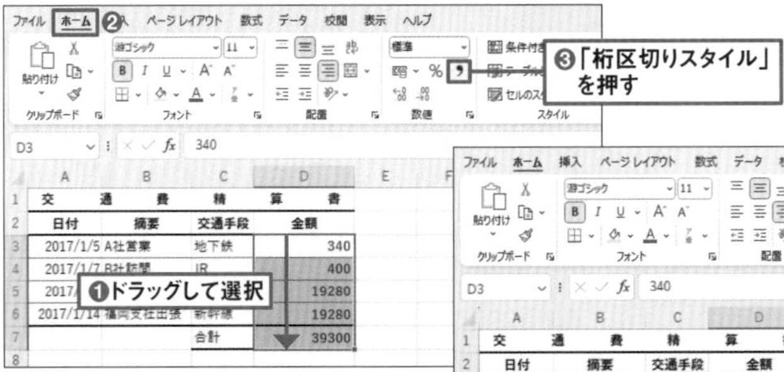

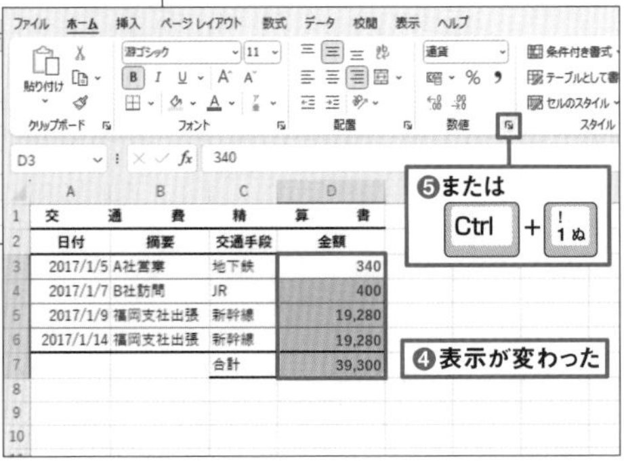

図2 セル範囲を選択して「ホーム」タブにある「桁区切りスタイル」ボタンを押し、数値を桁区切り表示に変える(❶〜❹)。同セル範囲を選択したまま、「数値」欄右下のボタンを押すか、「Ctrl」+「1」キーで「セルの書式設定」画面を開く(❺)

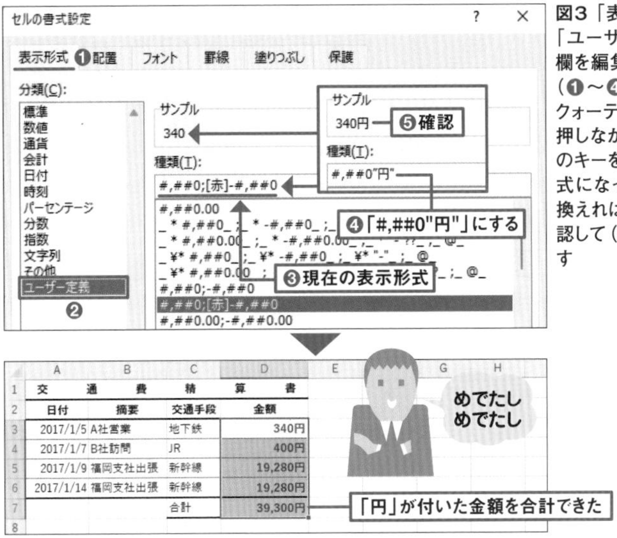

図3 「表示形式」タブの「分類」で「ユーザー定義」を選び、「種類」欄を編集して「#,##0"円"」にする（❶～❹）。「"」は半角のダブルクォーテーション（「Shift」キーを押しながらキーボード上段の「2」のキーを押す）。似たような表示形式になっているので、それを書き換えればよい。「サンプル」欄を確認して（❺）、画面下の「OK」を押す

具体的には「ユーザー定義」で「#,##0"円"」という表示形式を指定する（**図2**、**図3**）。これでセルの値が「1000」でも見た目上は「1,000円」と表示される。データは数値のままなので合計などの計算が可能だ。指定した「#,##0」は数値をカンマ区切りで表示する書式文字列。一方、「"円"」など半角のダブルクォーテーションでくくった文字列はそのまま表示される。

●「万」付きでも計算できる

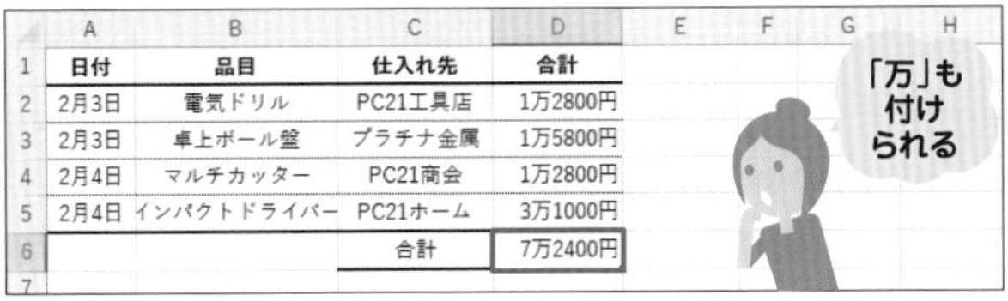

図4 「1万5000円」のように「万」付きの数値を合計する場合も要領は同じだ。表示形式を変更することで実現できる

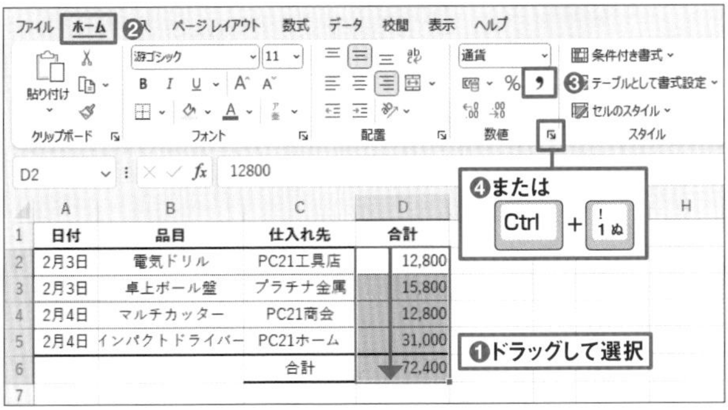

図5 セル範囲を選択し、まずは「桁区切りスタイル」の表示に切り替える（❶～❸）。そうしたら「Ctrl」＋「1」キーなどで「セルの書式設定」画面を開く（❹）

カンマ区切りにしておいて、面倒な書式文字列を流用する

こうした書式文字列を入力するときは、あらかじめセルの表示形式を似たようなものに変更してから修正するとよい。今回は事前に「桁区切りスタイル」にしておいたので、「#,##0」の部分を流用できた。通常のセルは「G／標準」という書式文字列なので、丸ごと書き換える羽目になってしまう。

ユーザー定義を使いこなせば、数値の見た目を自由自在に変えられる。例えば、「#"万"###0"円"」と指定すれば「12800」を「1万2800円」と表示できる（前ページ**図4〜図6**）。ただし、「9800」が「万9800円」となったりするので注意（**図7**）。なお、書式文字列中の「###0」はカンマなしの下4桁という意味だ。工夫次第では「定価29,800円（税込み）」といった表示もできる（**図8、図9**）。

帳簿などでマイナスの数値を赤字で表示したいときは、「ホーム」タブの「桁区切りスタイル」を適用すれば一発だ（**図10**）。さらにマイナス記号の代わりに「▲」を表示したいときは、ユーザー定義でマイナス記号の部分を「"▲"」に置き換えればよい（**図11**）。

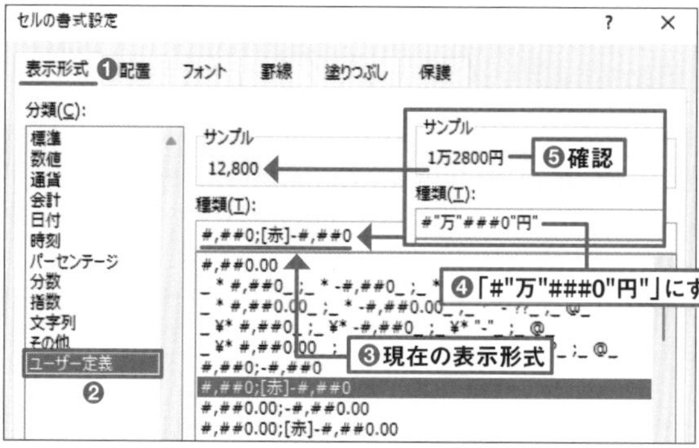

図6 「表示形式」タブの「分類」で「ユーザー定義」を選び、「種類」欄を編集して「#"万"###0"円"」にする（❶〜❹）。「サンプル」欄が「万」付きになったのを確認したら（❺）、設定画面を閉じる

●「1万0000円」になってしまうので注意

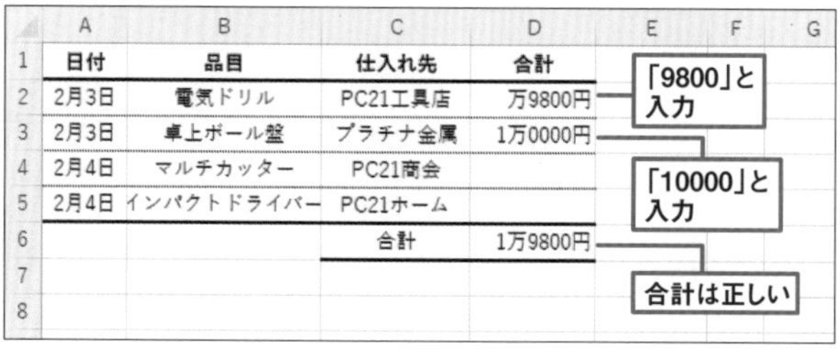

	A	B	C	D
1	日付	品目	仕入れ先	合計
2	2月3日	電気ドリル	PC21工具店	万9800円
3	2月3日	卓上ボール盤	プラチナ金属	1万0000円
4	2月4日	マルチカッター	PC21商会	
5	2月4日	インパクトドライバー	PC21ホーム	
6			合計	1万9800円
7				
8				

図7 設定した表示形式にはいろいろと制約があるので、それらを理解したうえで利用しよう。1万未満の値、例えば「9800」は「万9800円」になってしまう。また、「10000」のように千以下が0の場合は、「1万円」ではなく「1万0000円」と表示されてしまう

●複雑な表示形式も指定できる

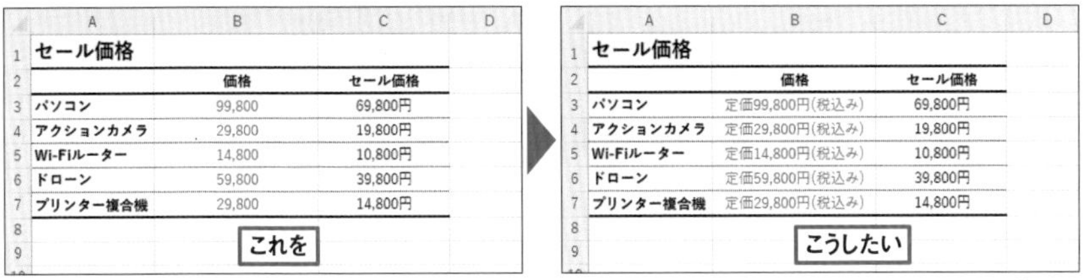

図8 表示形式は、工夫すれば複雑な設定も可能だ。例えば、図のように「99,800」と入力して「定価99,800円（税込み）」などと表示することもできる

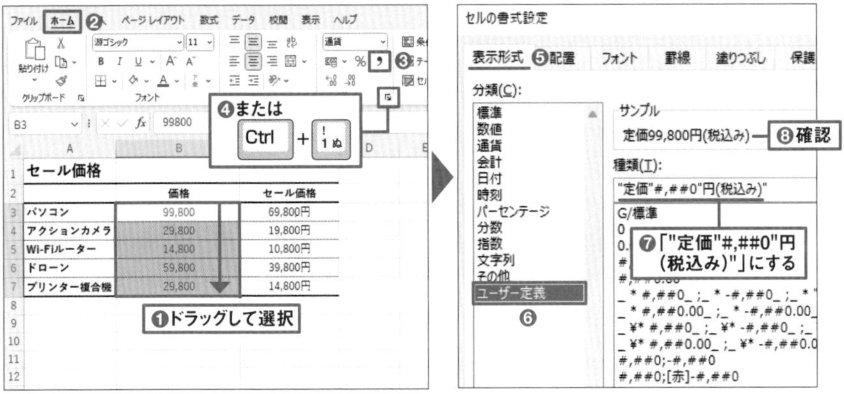

図9 セル範囲を選択して「桁区切りスタイル」の表示に切り替え（❶～❸）、「セルの書式設定」画面を開く（❹）。「ユーザー定義」を選んで「種類」欄を「"定価"#,##0"円（税込み）"」と書き換え（❺～❼）、「サンプル」欄を確認して（❽）、「OK」ボタンで設定画面を閉じる

マイナスの数値を赤や「▲」付きで

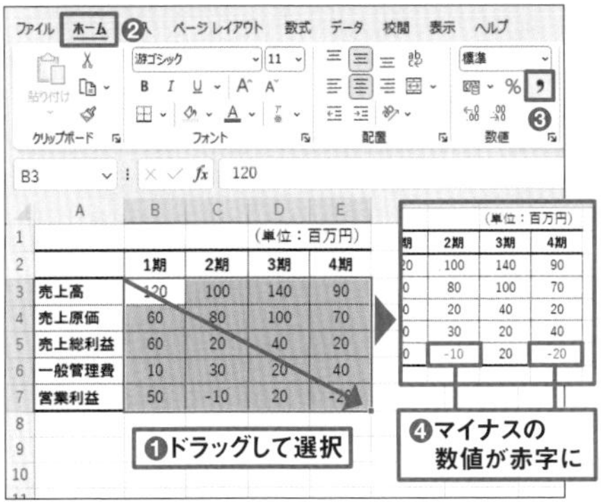

図10 セル範囲を選択し、「ホーム」タブにある「桁区切りスタイル」を押すと、マイナスの数値が赤字になる（❶～❹）

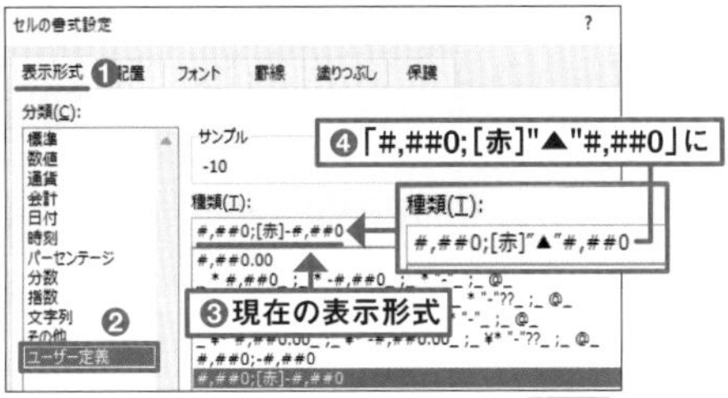

図11 マイナス記号の代わりに「▲」を表示してみよう。セル範囲を選択して「セルの書式設定」を開き、「ユーザー定義」の「種類」欄にある「[赤]-#,##0」の部分を「[赤]"▲"#,##0」に書き換える（❶～❹）。これでマイナスの数値が「▲」付きで表示される（❺）

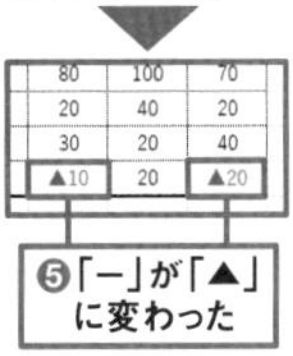

書式編 エクセルの日付を基本から学ぼう

エクセルでは日付データの扱いで戸惑うことがしばしばある。まずは**図1**を見てほしい。「2023/10/19」「10月19日」「令和5年10月19日」などさまざまな形式の日付を表示しているが、実はそれらのセルにはすべて同じ値が入っている。同じ値の見た目(表示形式)を変えているだけなのだ。

数値を多彩な形式の日付として表示

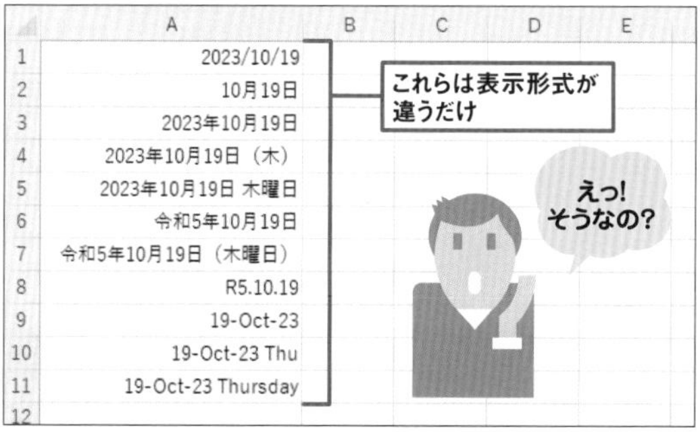

図1 エクセルの日付データは、いろいろな形式で表示できる。自分でオリジナルの表示形式を定義することも可能だ。日付データの仕組みを理解しておくと、さまざまな応用も利く

図2 日付データの実体は1900年1月1日からの経過日数で、「シリアル値」と呼ばれる。日付の入っているセルの表示形式を「標準」に変えると、シリアル値がわかる(❶〜❺)。2023年10月19日は45218。1900年1月1日から4万5218日目という意味だ

日付の足し算、引き算も可能

	A	B	C
1	2023年12月28日（木）	-5	2023年12月23日（土）
2		-4	2023年12月24日（日）
3		-3	2023年12月25日（月）
4		-2	2023年12月26日（火）
5		-1	2023年12月27日（水）
6		0	2023年12月28日（木）
7		1	2023年12月29日（金）
8		2	2023年12月30日（土）
9		3	2023年12月31日（日）
10		4	2024年1月1日（月）
11		5	2024年1月2日（火）

図3 シリアル値の仕組みを利用することで、日付の足し算や引き算も簡単にできる。例えば、2023年12月28日（シリアル値は45288）から5を引くとシリアル値は45283となり、日付は2023年12月23日になる。逆に5を足せば45293になり、日付は2023年1月2日になる

この仕組みを理解するのが日付攻略の早道。試しに、日付が入っているセルの表示形式を「標準」に変えてみよう。すると、日付データの実体である整数が表示される（**図2**）。これは1900年1月1日から数えた日数で、「シリアル値」と呼ばれる。例えば「45218」は4万5218日目という意味で、1日ごとに1ずつ加算される。

このシリアル値の仕組みを利用すると日付の計算ができる。例えば2023年12月28日のシリアル値にマイナス5から5までの数値をそれぞれ足すと、5日前から5日後までの日付が得られる（**図3**）。年をまたいでも問題なく計算できるのがわかる。

年始では「年/月/日」形式で入力しよう

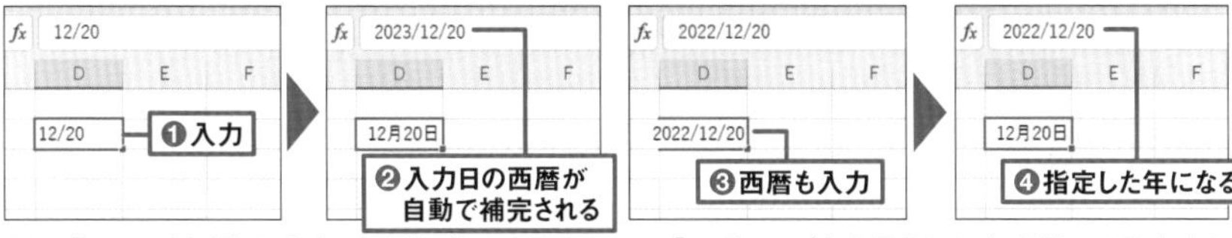

図4 「12/20」などと入力すると日付データと見なされる。「12月20日」と表示されるが、実際には入力時の年が自動補完されている（❶❷）。家計簿などで前年の日付を入力したいときは、年も含めて入力するように心がけよう（❸❹）

別の表示形式に切り替える

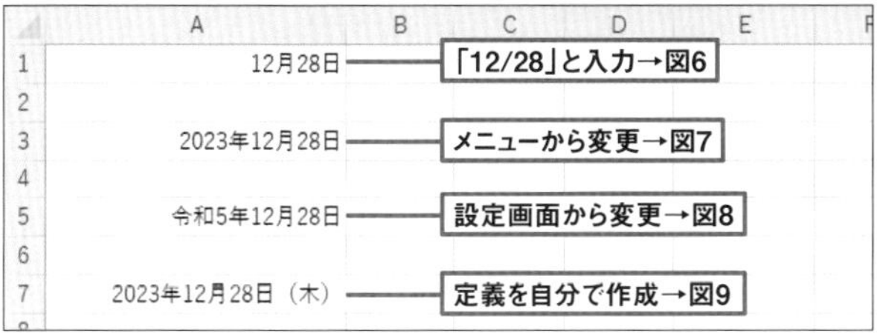

図5 まずはセルに「12/28」や「2023/12/28」などと入力して、エクセルに日付データだと認識させる。そこから目当ての表示形式に切り替えるのが簡単だ。次ページ図6～図10の方法をマスターしよう

●日付データだと認識させる入力方法

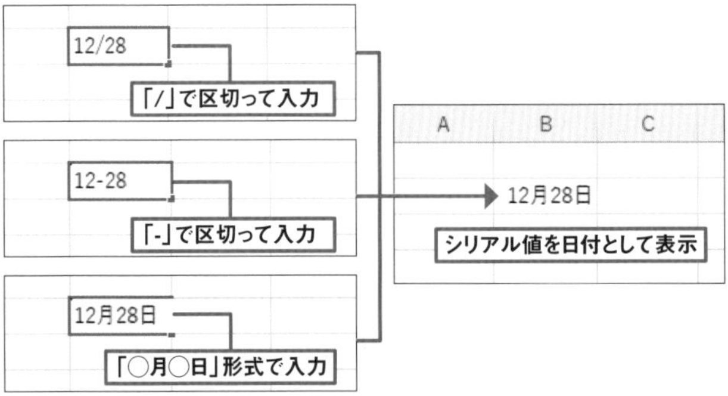

図6 半角の「/」（スラッシュ）や「-」（ハイフン）で区切って月日や年月日を入力すると、日付データだと認識され、その日付に該当するシリアル値がセルに入る。「12月28日」「2023年12月28日」などと日本語で日付を入力してもよい

●表示形式のメニューで見た目を切り替える

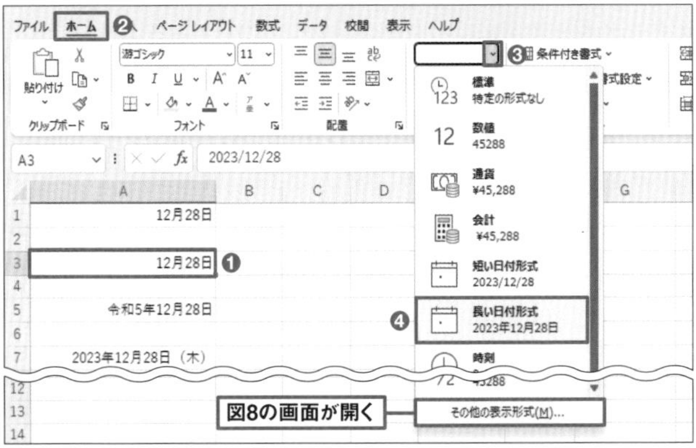

図7 年月日をすべて表示したいときは、「ホーム」タブにある「数値の書式」の「▼」メニューを活用する。「12月28日」を選択してメニューから「長い日付形式」を選ぶと（❶～❹）、「2023年12月28日」などと表示される。「2023/12/28」などと表示したい場合は「短い日付形式」を選べばよい

●いろいろな表示形式が「セルの書式設定」にある

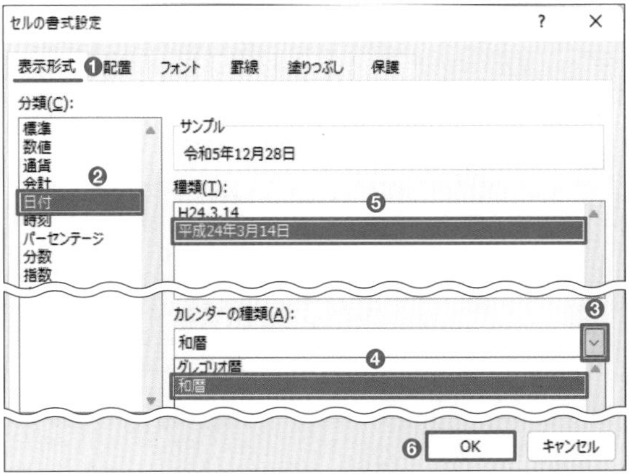

図8 図7のメニューで「その他の表示形式」を選ぶと、「セルの書式設定」画面の「表示形式」タブが開く。「分類」で「日付」を選ぶと、さまざまな表示形式を選択できる（❶❷）。ここでは和暦の表示形式にしてみた（❸～❻）

今年が2023年なら「12/28」は2023年12月28日

セルに「12/28」などと入力すると日付データだと見なされ、セルにはシリアル値が入り、見た目（表示形式）が日付になる（前々ページ**図4**）。年を省いた場合は入力時の年が自動補完されるが、正確を期すなら年も含めて入力しよう。例えば家計簿で、前年のデータを翌年に入力するようなときは注意が必要だ。

図1で見たように、日付は見た目をさまざまな形に変えられる。セルに日付データを入力したうえで、その表示形式を変えればよい（**図5**）。「12/28」以外に「12-28」「12月28日」といった形式で入力しても日付データと見なされる（**図6**）。

「2023年12月28日」などと年も一緒に表示したいなら、「数値の書式」ボタンのメニューがお手軽だ（**図7**）。メニューにない表示形式は、「セルの書式設定」画面の「表示形式」タブにある「日付」で選択する。例えば「和暦」を選び、「令和5年12月28日」などと表示することが可能だ（**図8**）。

目的の表示形式が図8の一覧にない場合は自分で定義する。「2023年12月28日（木）」といった曜日入り表記がその典型だ。図8の設定画面の「分類」で「ユーザー定義」を選び、エクセルのルールに従って作った書式文字列を入力する（**図9**、**図10**）。1文字の曜日は半角の「aaa」で表す。「年」などの文字列を追加したいときは半角のダブルクォーテーションでくくる。

●曜日は「ユーザー定義」で追加する

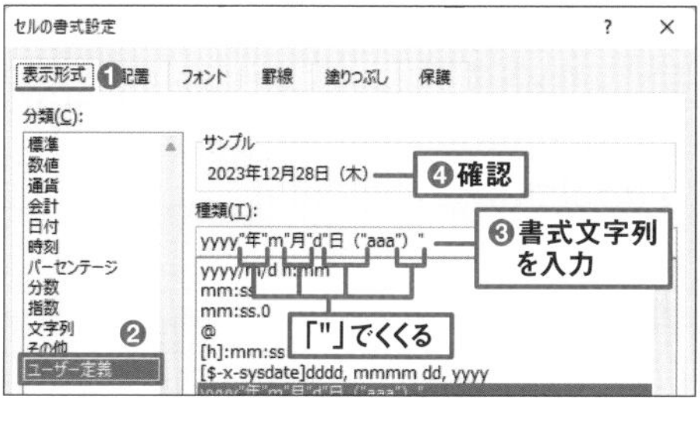

図9 図8の設定画面にない表示形式は自分で作る。「分類」で「ユーザー定義」を選び、「種類」欄に書式文字列を入力（❶〜❸）。例えば、「2023年12月28日（木）」などとする場合は「yyyy"年"m"月"d"日（"aaa"）"」とする。「サンプル」欄で結果を確認し（❹）、右下の「OK」ボタンを押す

●年、月、日、曜日を表す書式文字列

年	表示例
yy	23
yyyy	2023
ge	R5
ggge	令和5

月	表示例
m	3
mm	03
mmm	Mar
mmmm	March

日	表示例
d	9
dd	09

曜日	表示例
aaa	木
aaaa	木曜日
ddd	Thu
dddd	Thursday

図10 年、月、日、曜日を表す書式文字列（すべて半角）。これらを図9の書式文字列中に含めると、表示時に実際の年、月、日、曜日に置き換わる。「年」や「）」など特定の文字列を追加したいときは半角ダブルクォーテーションでくくる

「8/2」と入力したいのに勝手に日付になっちゃうときは

次に、日付のトラブル解決や小ワザに触れよう。「8/2」や「5-3」とそのまま表示したいのに、勝手に日付になって戸惑った経験はないだろうか（**図11**）。こんなときは、日付データではなく文字列だと認識させればよい。

方法は2つ。最も簡単なのは、半角のアポストロフィーを付けて入力する方法だ（**図12**）。アポストロフィーはセル編集時以外は非表示になる。もう1つは、あらかじめセルの表示形式を「文字列」にしておく方法（**図13**）。複数セルに入力するときは、このほうが効率的だ。

日付と認識してほしくない場合は

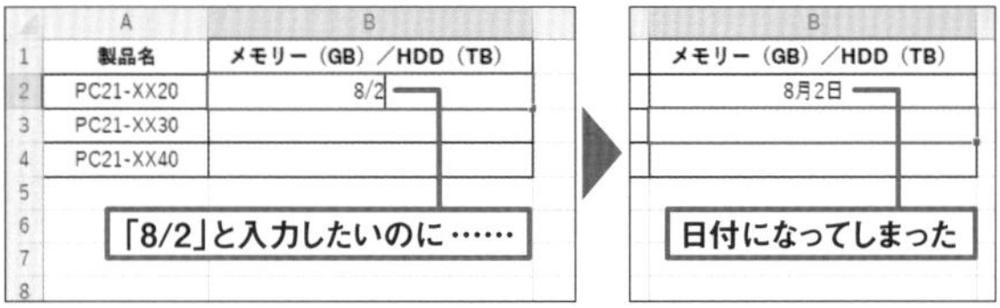

図11 「8/2」とそのまま表示したいのに、入力を確定したら「8月2日」になってしまった。スペック表などを作っているときによくあるトラブルだ。「第3章5節」のつもりで「3-5」などと入力したときも、この問題にハマる

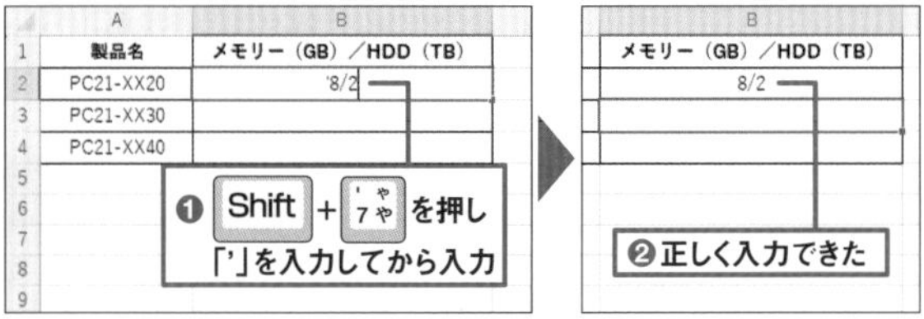

図12 まずはセルに半角の「'」（アポストロフィー）を入力（❶）。これは文字列を示す記号。それに続けて「8/2」などと入力すれば日付にはならない（❷）。その都度問題を解決するときに向くやり方だ

●たくさん入力するなら「文字列」形式にする

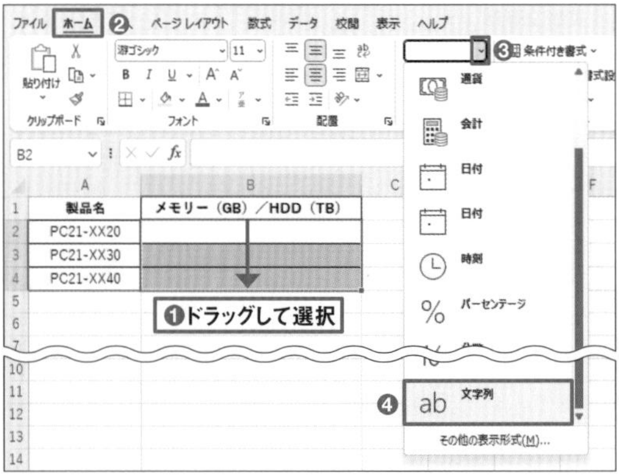

図13 入力箇所がたくさんある場合は、表示形式を変更したほうが楽。入力前にセル範囲を選択し、「数値の書式」の「▼」メニューから「文字列」を選ぶ（❶〜❹）。その後に入力した文字列は勝手に日付に変わらない（❺）

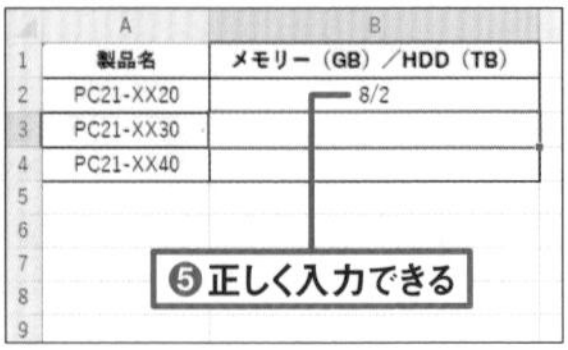

キー操作で今日の日付を一発入力

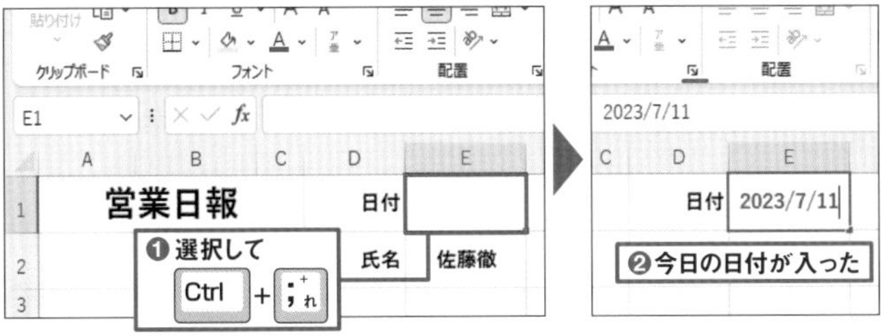

図14 「Ctrl」+「;」のショートカットキーを使うと、今日の日付をワンタッチで入力できるので楽だ(❶❷)

●営業日報などではTODAY関数はNG

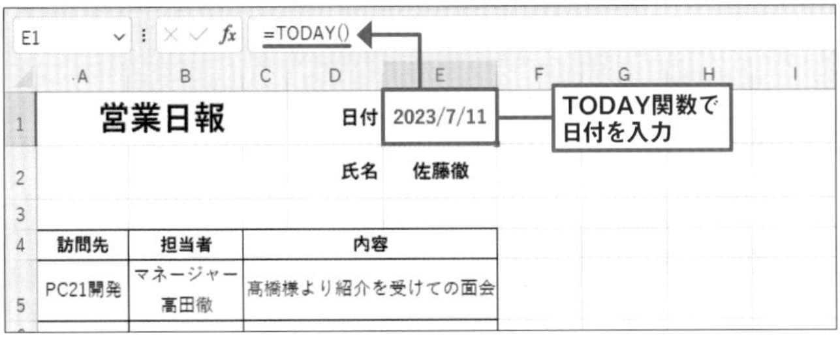

図15 TODAY関数を使っても今日の日付を表示できるが、ファイルを翌日に開くと、翌日の日付が表示されてしまう。営業日報や見積書などで作成日を記録したい場合、TODAY関数は不都合だ

●TODAY関数の出番は年齢計算など

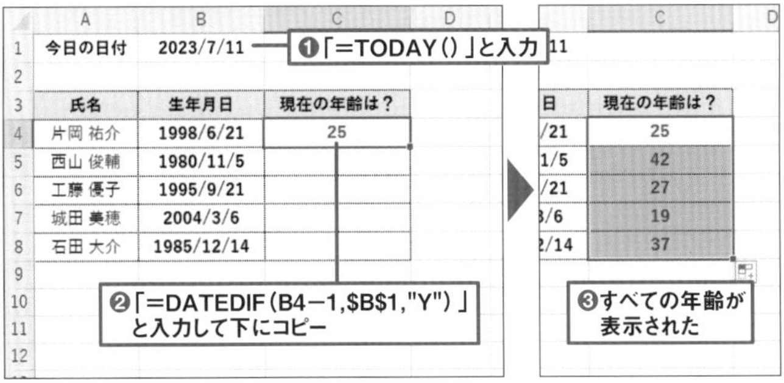

図16 DATEDIF関数を使い、TODAY関数で求めた今日の日付と生年月日から年齢を計算した(❶〜❸)。TODAY関数は文書を開くたびに再計算されるため、いつ開いてもその時点の正確な年齢が表示される

今日の日付を素早く入力したいときは、「Ctrl」+「;」のショートカットキーが便利(**図14**)。今日が何日かわからなくても、パソコン内蔵時計を基に正確な日付を入力してくれる。

TODAY関数でも今日の日付を自動表示できるが、翌日以降にファイルを開くと表示内容が変わってしまうので、営業日報や見積書などには向かない(**図15**)。TODAY関数は年齢計算などで使う。TODAY関数と生年月日から現時点の年齢を計算でき、いつファイルを開いてもその時点の年齢が表示される(**図16**)。

日付の仕組みを理解できたら、カレンダーを作ってみよう（**図17**）。シリアル値や表示形式の理解を深められる。ここでは年と月の数値から、当該年月の日付と曜日を自動表示する。

カレンダーの極意は「1を足すと翌日」と心得よ

まずは、年、月、日の数値からシリアル値を生成するDATE関数を使い、当該年月の初日を表示（**図18**）。その下にはシリアル値の足し算で翌日以降の日付を表示する。

それらの右には同じ日付を表示し、表示形式を「aaa」として曜日だけに変更（**図19**）。左側の日付は、日だけの表示形式「d」に変える（**図20、図21**）。このように曜日や日だけの表示にもできるのだ。完成したら、年や月の数値を変えて動作を検証しよう（**図22**）。

カレンダーで日付の表示形式を復習

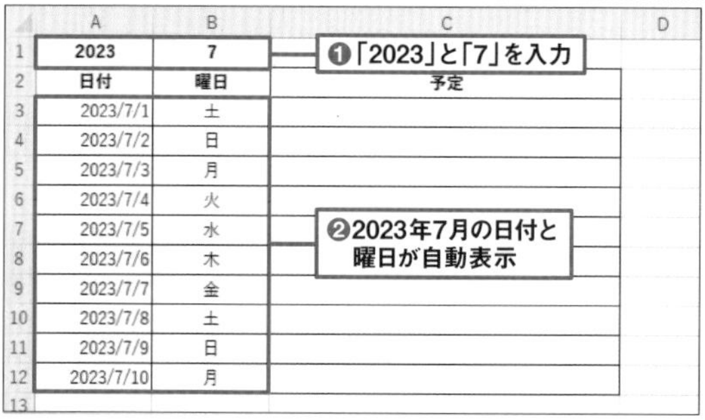

図17 日付の表示形式を活用してカレンダーを作ってみる。1行目に年と月の数値を入力すると、当該年月の日付と曜日が自動表示される仕組みだ（❶❷）

●シリアル値の足し算で翌日を計算

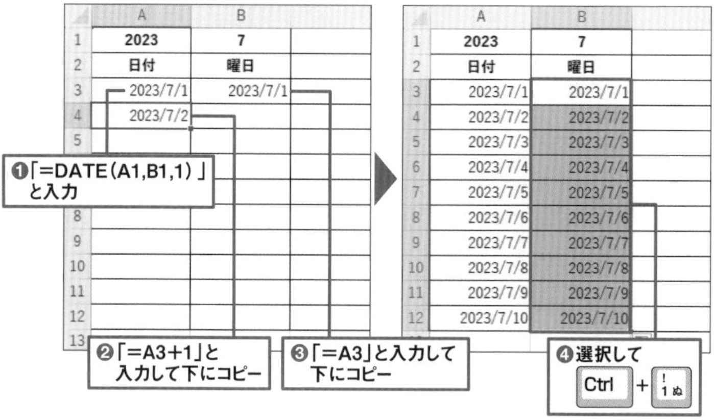

図18 A3セルに図のDATE関数式を入力し（❶）、当該年月の初日を表示する。A4セルには「＝A3＋1」と入力して翌日を表示し、下へコピー（❷）。B3セルには「＝A3」と入力して左と同じ日付を表示し、下へコピーする（❸）。B列の日付欄をすべて選択して「セルの書式設定」を開く（❹）

図19 「表示形式」タブの「分類」で「ユーザー定義」を選び「種類」欄に「aaa」と入力する（❶～❸）。「サンプル」欄に1文字の曜日のみが表示されたのを確認したら（❹）、右下の「OK」ボタンを押して設定画面を閉じる

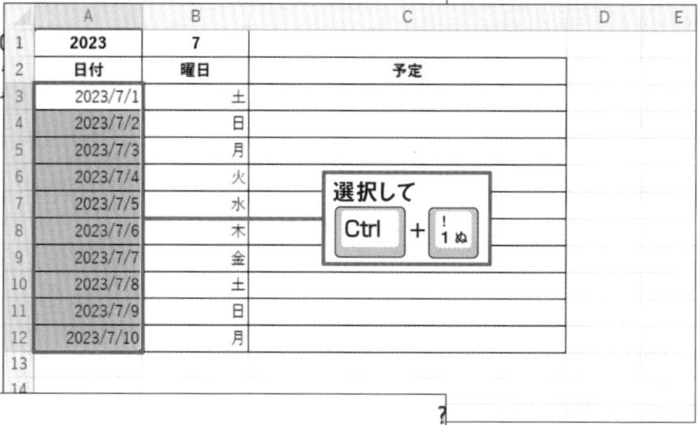

図20 B列が1文字の曜日だけの表示になった。続いて、A列の日付欄をすべて選択して「セルの書式設定」画面を開く

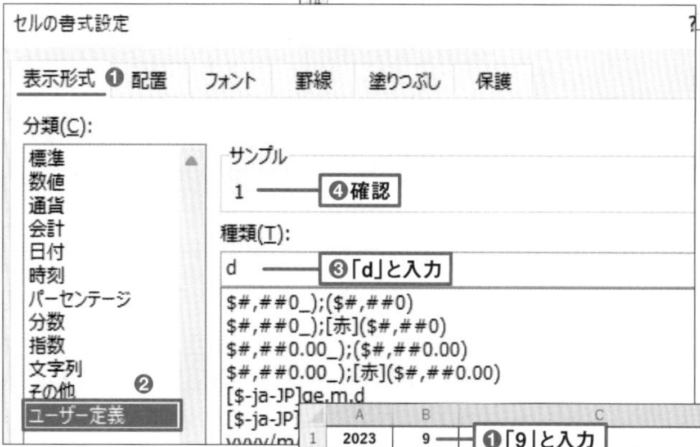

図21 「表示形式」タブの「分類」で「ユーザー定義」を選び「種類」欄に「d」と入力する（❶～❸）。「サンプル」欄を確認し（❹）、右下の「OK」を押すとカレンダーが完成する。文字配置は「ホーム」タブの「中央揃え」ボタンで変更する

図22 A1、B1セルの年、月を変更して、曜日が正しく表示されるかを確認しよう。ここでは2023年9月を表示してみた（❶❷）。カレンダーを拡張したいときは、末尾行のセル範囲を選択してオートフィルすればよい（❸）。数式や表示形式、罫線などがコピーされる

加工編

文字列を手早くつなぐ!分割する!

「北海道」「札幌中央南高」「2年ぶり2回目」などと別々のセルに分けられたデータが、大量に並ぶ表があったとしよう。3つの項目をつなげて、「札幌中央南高(北海道)/2年ぶり2回目」といった文字列にしたい(**図1**)。

逆に、つなげて入力された文字列を3つのセルに分割したい。

どちらの加工であれ、こうしたニーズはウェブからコピペしたデータなどで結構ありそうだ。そんなとき、「大変そうだが、手作業でがんばる!」などと夢にも思ってはダ

文字列を手早く連結&分割

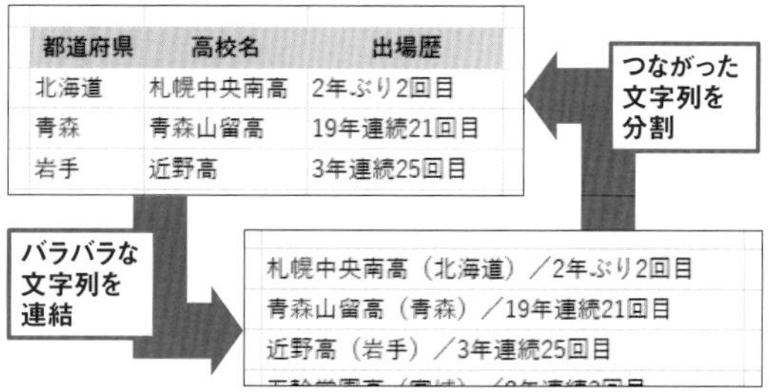

図1 バラバラのセルに入っている文字列をつなげたり、1つのセルに入力された文字列を分割したりしたいケースはよくある。手作業で切り貼りしないで済む方法を覚えよう

「『&』で連結!」と覚えよう

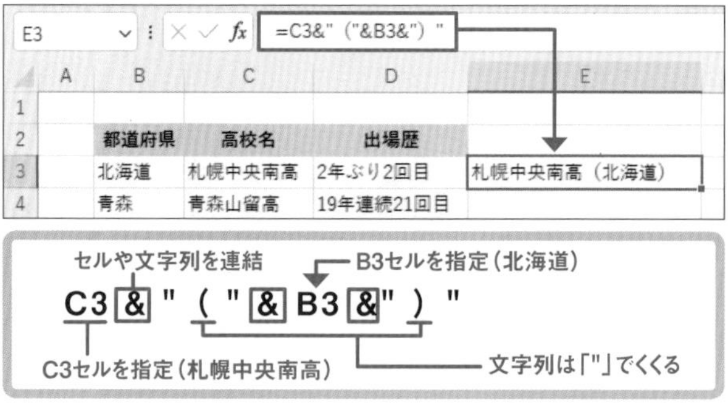

図2 別々のセルに入っている文字列は半角の「&」で連結できる。セルや文字列同士をつなぐ演算子だ。「(」など任意の文字列を連結するときは「"("」などと半角のダブルクォーテーションでくくる

メ。なぜなら本項で、こうした文字列の連結と分割を手早く片付けるテクニックを紹介するからだ。データが何百件あっても、あっという間に文字列を思い通りに加工できる。

連結はとにかく「&」でつなぐべし

別々のセルに分かれたデータを連結するのは簡単だ。セルとセルを半角の「&」でつなげばいい（**図2**）。また、半角のダブルクォーテーションでくくれば、任意の文字列も連結できる。

組み合わせは自由自在だ（**図3**）。かっこやスラッシュなどを挟んで、見やすいように連結すればよい。セルとセル、セルと文字列をつなげるときも、とにかく「&」。連結の肝は「&」だ。

CHAR関数を使えば、セル内改行も埋め込める（**図4**）。「CHAR(10)」がセル内改行文字を表すので、それを「&」でつなげばよい。ただし、それだけだと見かけ上はまだ改行していないので、「セルの書式設定」の「配置」タブで、折り返して表示するように設定する必要がある（次ページ**図5**）。

連結する文字列は自由に選べる

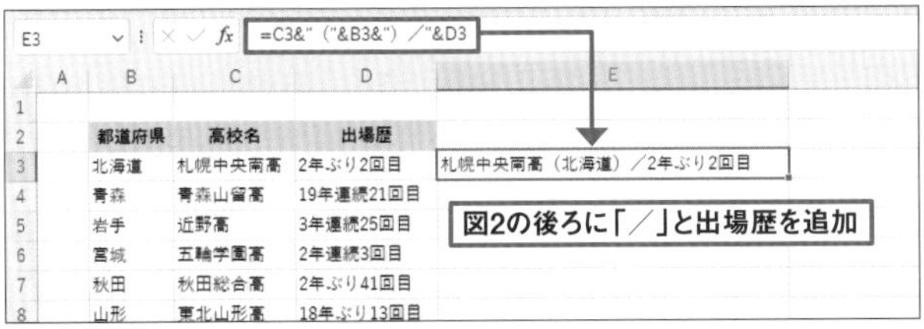

図3 連結するセルや文字列は自由に組み合わせられる。図2の後ろに「／」と出場歴を加えてみた。図2の最後の連結対象を「）」から「）／」に変更し、その後ろにD3セルを連結した

セル内改行も埋め込み可能

CHAR《キャラクター》—文字コードで指定した文字を表示

=CHAR(数値)

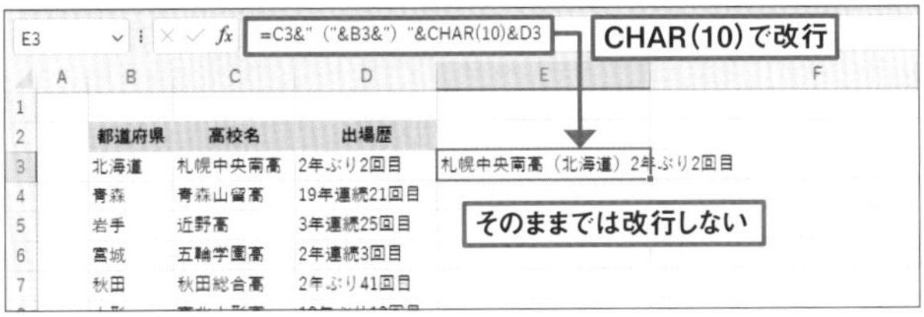

図4 セル内改行するように連結することも可能。CHAR関数を使い、セル内改行を「CHAR(10)」で表す。これを好みの位置に連結すればいい。ただし、そのままでは改行表示にならない

●セルの書式を折り返し表示に変更する

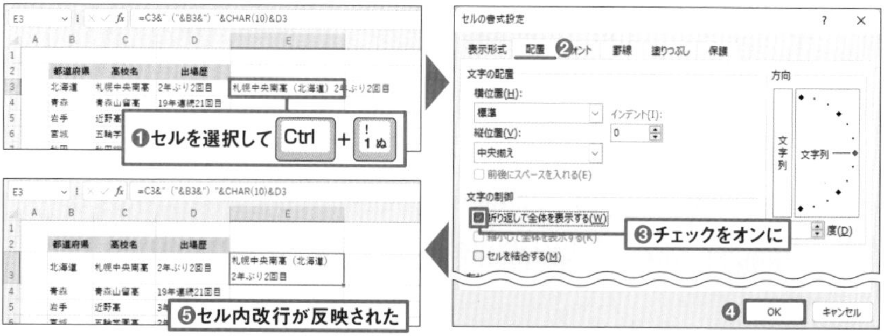

図5 「Ctrl」＋「1」キーなどで「セルの書式設定」画面を開き、「配置」タブにある「折り返して全体を表示する」をチェックすると、セル内改行が反映される（❶～❺）

分割は区切り文字がカギ! 関数のメリットは再計算

分割は連結のようにシンプルではない。まず、データ全体を見渡して、項目の区切りとなっている文字を見つける必要がある（**図6**）。全体に共通する区切り文字を発見したら、分割作業はゴールが見えたも同然だ。

文字列を分割する方法は、関数、「区切り位置」、ワードの3つがある（**図7**）。それぞれ一長一短があるので、まずは関数から見ていこう。

関数の場合は、FIND関数で、区切り文字の位置を取得するのがポイント（**図8**）。これを基に、最初の項目をLEFT関数で左から抜き出す（**図9**）。

3つの方法で文字列を分割する

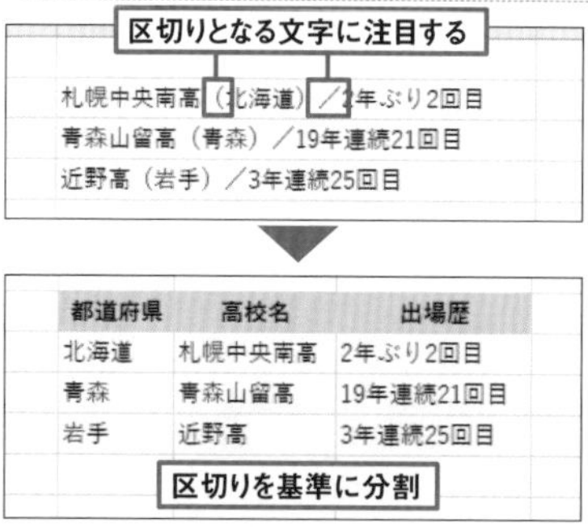

図6 まとまった文字列を分割したいときは、区切りとなる文字を見つけるのがポイント。全データに共通の区切り文字を見つけられれば、できたも同然だ。分割作業を時短化できる

❶関数で分割
区切り文字の位置を基に、必要な文字列を数式で抜き出す

❷「区切り位置」で分割
「データ」タブの「区切り位置」で区切り文字を基準に分割

❸ワードで分割
エクセルからワードにデータをコピーし、区切り文字をタブに置換して分割

図7 文字列を分割する方法は大きく3つある。関数は少々複雑だが、元データを入れ替えても再計算で自動分割できるのがメリット。1回こっきりの作業なら「区切り位置」が簡単だ。複雑な分割はワードにまかせよう

区切り文字は何文字目？

FIND《ファインド》ー指定した文字が何文字目かを調べる

=FIND(検索文字列,対象,開始位置)

図8 まずは関数でやってみる。重要なのは区切りとなる文字が何文字目かだ。これはFIND関数で取得しよう。引数の「検索文字列」が「対象」の文字列中で最初に出てくる位置を返す。なお、本例の「(」などは全角

札幌中央南高(北海道)／2年ぶり2回目

❶「(」が何文字目かを調べる

=FIND("(",B2)

「(」がB2セルの中で何文字目に出てくるか

❷「／」が何文字目かを調べる

=FIND("／",B2)

「／」がB2セルの中で何文字目に出てくるか

●LEFT関数で先頭から文字列を取り出す

LEFT《レフト》ー「左から○文字」を取り出す

=LEFT(文字列,文字数)

図9 LEFT関数で高校名を取り出す。その範囲は最初の区切り文字の1文字手前までなので、引数「文字数」では図8❶の結果から1を引く。最初のうちはC列、D列のように計算用セルで検証しながら進めるとよい

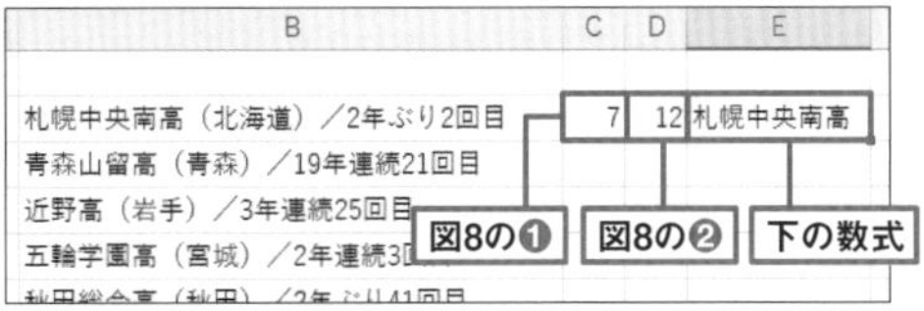

=LEFT(B2,FIND("(",B2)−1)

文字列：札幌中央南高(北海道……

取り出す文字数：「(」の左隣までなのでマイナス1

●2番目の切り出しはMID関数で

MID《ミッド》ー指定した位置から文字を取り出す

=MID(文字列,開始位置,文字数)

=MID(B2,FIND("(",B2)+1,FIND("／",B2)−2−FIND("(",B2))

文字列：B2

何文字目から取り出すか：FIND("(",B2)+1　「(」の右隣の文字からなのでプラス1

何文字取り出すか：FIND("／",B2)−2−FIND("(",B2)　「／」の2文字左から「(」の位置を引いて算出

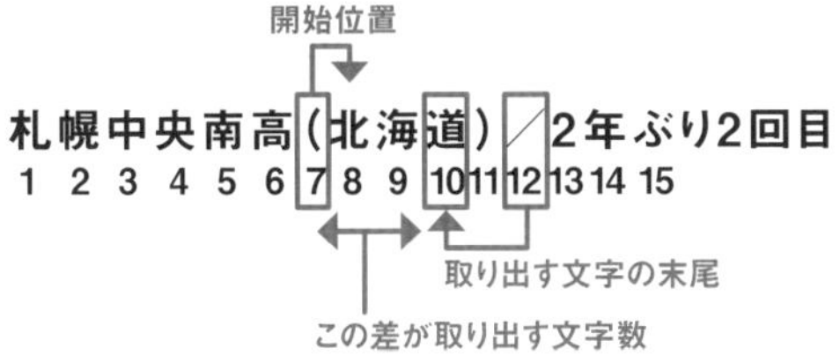

図10 2番目の文字列では「○文字目から○文字」を取り出すMID関数を使う。引数「開始位置」は「最初の区切り文字の位置+1」、「文字数」は「2番目の区切り文字の位置−2−最初の区切り文字の位置」だ

2番目の項目を取り出す数式はちょっと複雑だ。2つの区切り文字の間にある文字列をMID関数で取り出す（前ページ**図10**）。3番目の項目は、RIGHT関数およびLEN関数と組み合わせて、文字列の右側から抜き出そう（**図11**）。これら3つの関数式をそれぞれ所定のセルに入力したら（**図12**）、ほかの行へオートフィルすればよい。

関数のメリットは再計算にある。分割したい文字列データを書き換えると、それを分割した結果が即座に表示される。また、分割したい文字列を表に追加した場合も、関数式をオートフィルすれば即座に対応できる。

1回こっきりの作業なら「区切り位置」がお勧め

分割が1回こっきりの作業なら、「データ」タブの「区切り位置」がお勧めだ（**図13**）。こちらは画面の指示に従って作業を進めるウィザード形式の機能。「（」を「区

●最後の文字列は右側からRIGHT関数で

RIGHT《ライト》－「右から○文字」を取り出す

=RIGHT（文字列,文字数）

LEN《レン》－文字数を数える

=LEN（文字列）

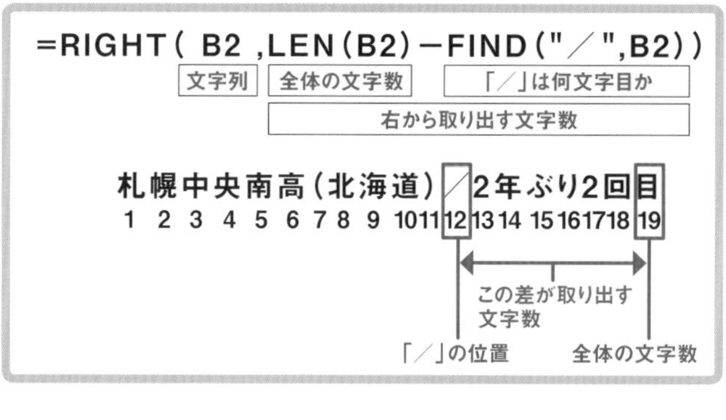

図11 出場歴は、元の文字列の末尾から「／」の次までを取り出せばよい。それには、右側から取り出すRIGHT関数を使う。取り出す文字数は、全体の文字数から「／」の位置を引くことで算出できる

B	C	D	E
札幌中央南高（北海道）／2年ぶり2回目	札幌中央南高	北海道	2年ぶり2回目
青森山田高（青森）／19年連続21回目			
近野高（岩手）／3年連続25回目			
五輪学園高（宮城）／2年連続3回目			
秋田総合高（秋田）／2年ぶり41回目			

図12 図9～図11の関数式で、元の「札幌中央南高（北海道）／2年ぶり2回目」を3つに分割できた。あとはこの数式をほかの行へオートフィルすればよい

切り文字」として指定すると、学校名を分離できる。

再びウィザードを起動して、都道府県と出場歴を分割する（**図14**）。両者は「）／」という文字列で区切られているが、ウィザードの「区切り文字」は1文字しか指定できないので、「）」か「／」のいずれかを入力する。結果、もう片方の文字が分割後の文字列に残ってしまうので、置換機能でまとめて削除しよう（次ページ**図15**）。

「区切り位置」でカンタン分割

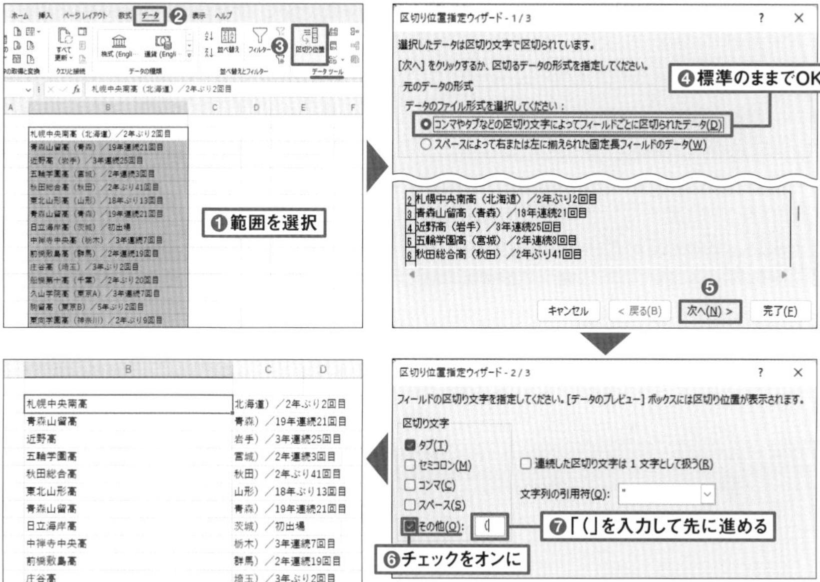

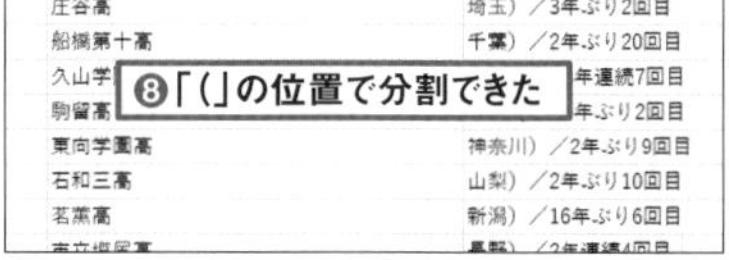

図13 「データ」タブの「データツール」欄にある「区切り位置」を利用する。分割したいセル範囲を選択して「区切り位置指定ウィザード」を起動（❶～❸）。区切り文字として「（」を指定すると（❹～❼）、学校名と区切り文字より後ろの文字列との2列に分割できる（❽）

●余計な文字が残ったら置換で消去

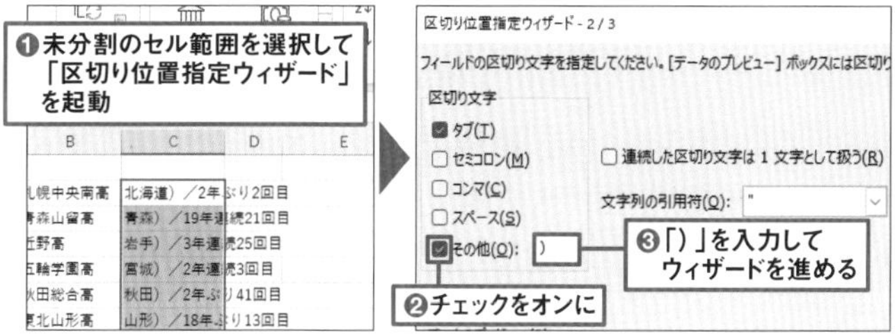

図14 続いて未分割部分を範囲指定して、都道府県と出場歴に分割しよう。図13と同様の手順で「）」か「／」のいずれかを区切り文字として指定する（❶～❸）。ここでは「）」にした。残った「／」は図15で削除する

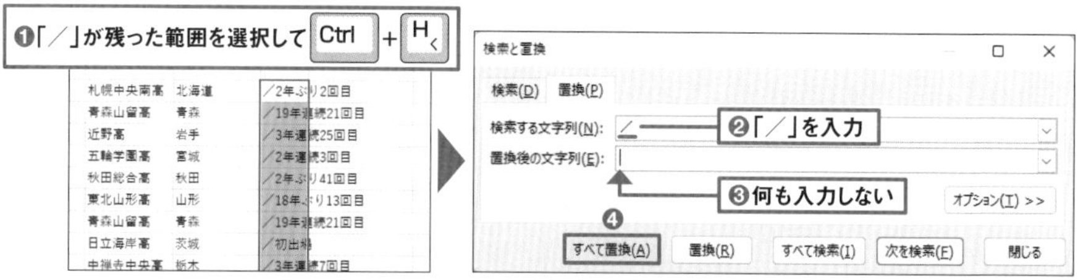

図15 「／」以降の文字列のセル範囲を選択して置換を行う（❶）。ポイントは「／」を検索して、「置換後の文字列」欄に何も入力しないこと（❷～❹）。これで「／」をまとめて削除できる

複雑な区切り文字もワードなら楽々

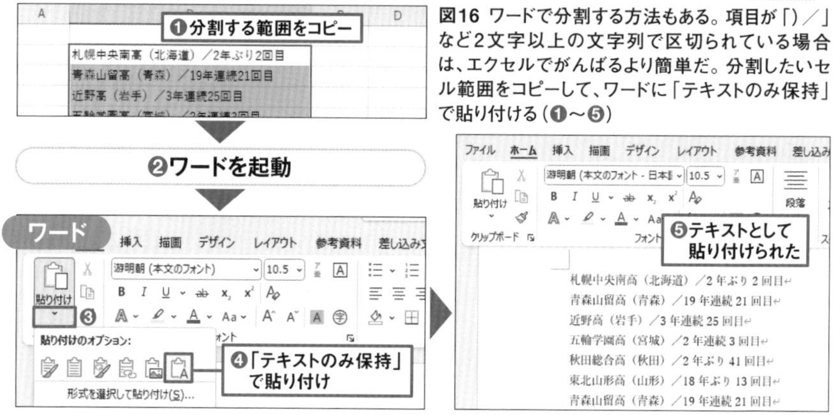

図16 ワードで分割する方法もある。項目が「）／」など2文字以上の文字列で区切られている場合は、エクセルでがんばるより簡単だ。分割したいセル範囲をコピーして、ワードに「テキストのみ保持」で貼り付ける（❶～❺）

区切りが2文字以上なら、いっそワードに持ち出そう

「）／」のように2文字以上の文字列で区切られている場合は、ワードで処理するほうが時短になるケースも多い。分割したいセル範囲をコピーしてワードに貼り付け、ワードの置換機能で区切り文字をタブ文字に変換する。結果を再びエクセルにコピペすると、タブ文字が列の区切りとなるので、項目を分割できるというシナリオだ。

エクセルのデータは、書式なしでワードに貼り付ける（**図16**）。その後、テキスト全体を選択して置換の画面を開き、最初の区切り文字である「（」をタブ文字に置換する（**図17**）。タブ文字は半角の「＾t」だが、「特殊文字」のメニューから選んで入力すれば初心者でも戸惑わない。

置換の画面は開いたままなので、さらに2番目の区切り文字「）／」をタブ文字に置換すればよい（**図18、図19**）。

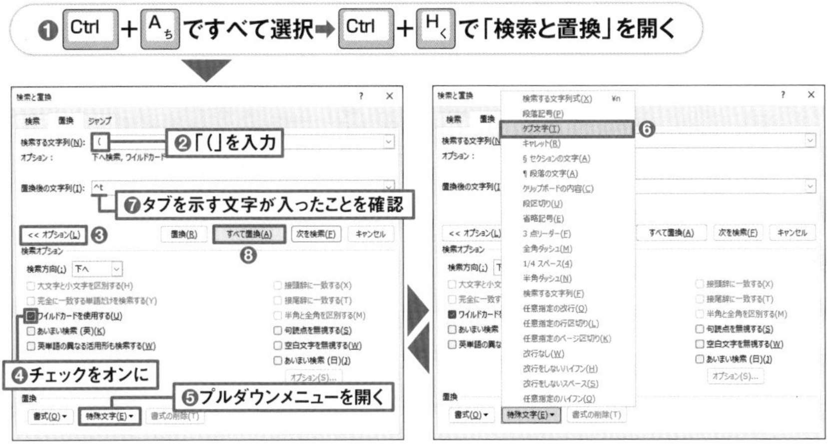

図17 貼り付けたテキストをすべて選択したら、「Ctrl」+「H」キーで置換の画面を開く(❶)。最初の区切り文字である「(」を検索し(❷)、タブ文字に置換するように設定して「すべて置換」を押す(❸〜❽)。タブ文字は「特殊文字」のメニューから選ぶのが楽だが、半角で「^t」と手入力してもよい

図18 置換後も図17の画面は開いたままなので、2番目の区切り位置を置換する。検索対象を「)／」に書き換えれば、すぐにタブ文字に置換できる(❶❷)

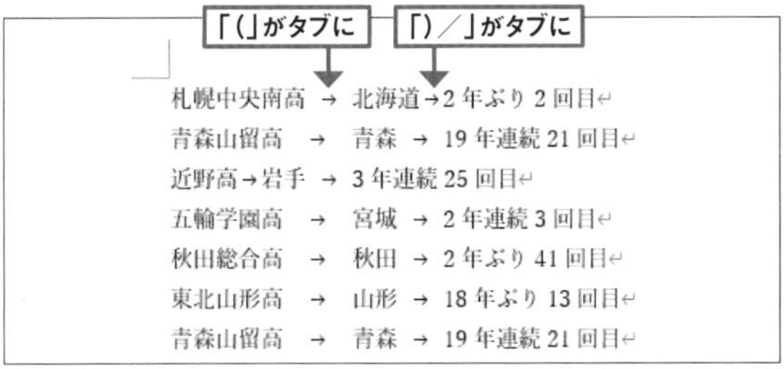

札幌中央南高 → 北海道→2年ぶり2回目↵
青森山留高 → 青森 → 19年連続21回目↵
近野高→岩手 → 3年連続25回目↵
五輪学園高 → 宮城 → 2年連続3回目↵
秋田総合高 → 秋田 → 2年ぶり41回目↵
東北山形高 → 山形 → 18年ぶり13回目↵
青森山留高 → 青森 → 19年連続21回目↵

図19 それぞれの項目がタブ文字で区切られた。これをすべてコピーして、エクセルに書式なしで貼り付ける(130ページ図11参照)。タブ文字はエクセル上では列の区切りになるので、各項目が別々の列に入る

加工編 究極の時短! 表の組み替えマジック

まずは**図1、図2**をご覧いただきたい。縦1列に並んだ項目を「4項目で1件1行」の形式に組み替えたい。横長の住所録のレイアウトを組み替えてリフィル用紙に印刷したい。こういったニーズは確かにありそうだが、データが何百件もあると、普通は諦めてしまうのではないだろうか。

アッという間に処理するワザがある

	A	B	C	D
1	激速ドライブ			
2	HDD-GS40TU			
3	4TB			
4	¥28,300			
5	激速ドライブ			
6	HDD-GS20TU			
7	2TB			
8	¥15,800			
9	安心ドライブ			
10	HDD-A20USB			
11	2TB			
12	¥13,800			
13	安心ドライブ			
14	HDD-A10USB			
15	1TB			
16	¥11,200			

図1 ウェブやメールなどからコピペしたデータの中には、項目がずらっと縦に並んでいるものがある。4項目ずつ1行にまとめてみよう。数式を使うやり方と、ワードのワイルドカード置換で処理する方法の2つを紹介する

	A	B	C	D
1	激速ドライブ	HDD-GS40TU	4TB	¥28,300
2	激速ドライブ	HDD-GS20TU	2TB	¥15,800
3	安心ドライブ	HDD-A20USB	2TB	¥13,800
4	安心ドライブ	HDD-A10USB	1TB	¥11,200
5				

	A	B	C	D	E
1	氏名	フリガナ	Email	TEL	
2	富田 和明	トミタ カズアキ	kazu@example.com	090-0123-4567	
3	大森 かなえ	オオモリ カナエ	kanae@example.com	090-0234-5678	
4	大河内 純	オオコウチ ジュン	jun@example.com	090-0345-6789	
5	鈴木 翔太	スズキ シ[illegible]ウタ	shuota@example.com	090-0567-8901	

	A	B	C
1	住所録（リフィル印刷用）		
2	富田 和明	kazu@example.com	
3	トミタ カズアキ	TEL 090-0123-4567	
4	大森 かなえ	kanae@example.com	
5	オオモリ カナエ	TEL 090-0234-5678	
6	大河内 純	jun@example.com	
7	オオコウチ ジュン	TEL 090-0345-6789	
8	鈴木 翔太	shuota@example.com	
9	スズキ ショウタ	TEL 090-0567-8901	

図2 横長の住所録をリフィル用紙（システム手帳用紙）などに印刷するときは、項目を2段、3段と積み上げてレイアウトしたい。手作業で組み直すと大変だが、数式やワードのワイルドカード置換を使えば、何百件あってもアッという間に処理できる

だが、ベテランは諦めない。諦めるどころか、この手の表の組み替えをものの数分で処理してしまう。本項ではそのような究極の時短ワザを紹介していこう。スペースの都合で数件のデータを例にするが、何百件あっても要領(および処理に要する時間)は同じだ。エクセルだけでやる方法と、ワードのワイルドカード置換を使う方法の2種類を紹介するので、各人の好みで使い分けてほしい。

まずは小手調べとして、図1左のように縦1列に項目が並んだ表を「4項目で1件1行」の表に変換してみよう。

図1の組み替えを数式と並べ替えで処理する

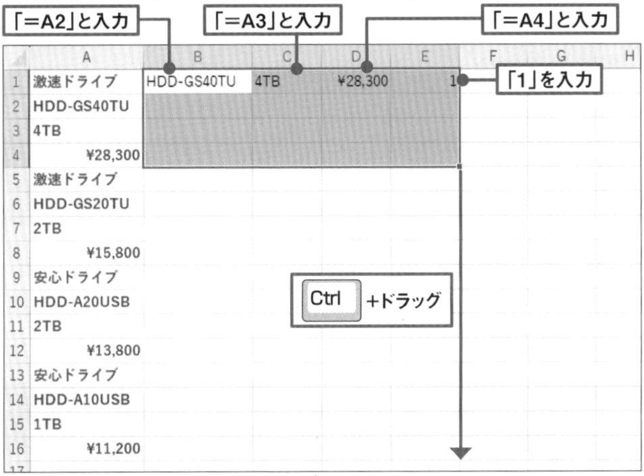

図3 B1～D1セルにそれぞれ図の数式を入力して、1件目の2～4番目の項目を表示。E1セルには「1」を入力する。B1～E4セルを選択し、「Ctrl」キーを押しながらE16セルまでオートフィルする

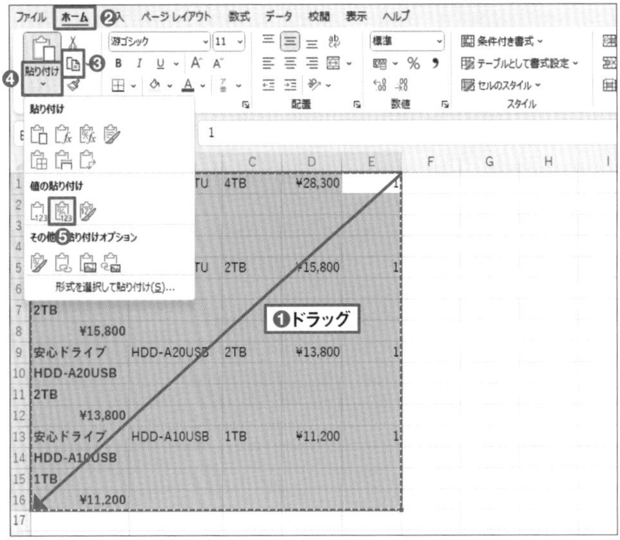

図4 数式がコピーされたら、E1セルを起点にA16セルまでドラッグして範囲選択する(❶)。後でE列を基準に並べ替えるので、選択時の起点は必ずE1セルにする。「ホーム」タブの「コピー」をクリックし(❷❸)、さらに「貼り付け」の「▼」から「値と数値の書式」を選ぶ(❹❺)。これで数式が結果の文字・数値(書式付き数値)に変換される

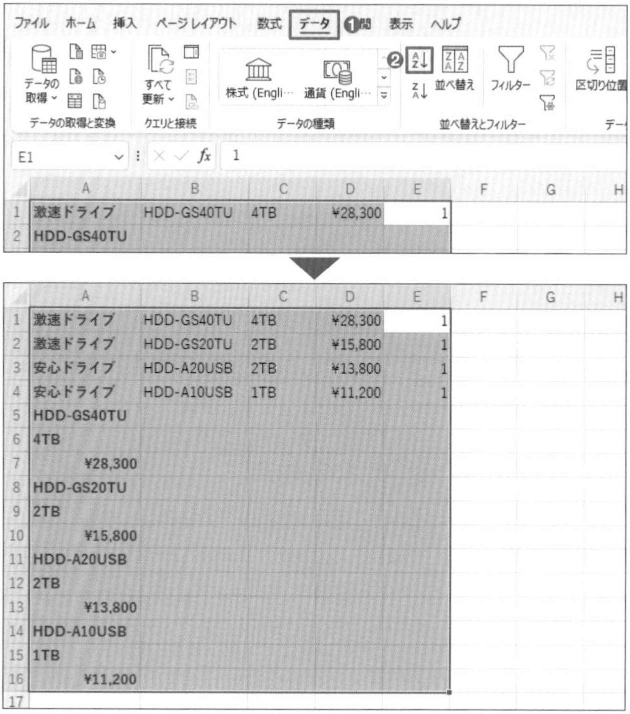

図5 続けて「データ」タブの「昇順」ボタンをクリックして並べ替える（❶❷）。アクティブセル（選択範囲内で白く反転したセル）の列を基準に並べ替えられるので、「1」のある行がひとまとまりになる。あとは不要な列や行を削除すればよい

ワードのワイルドカード置換でやってみる

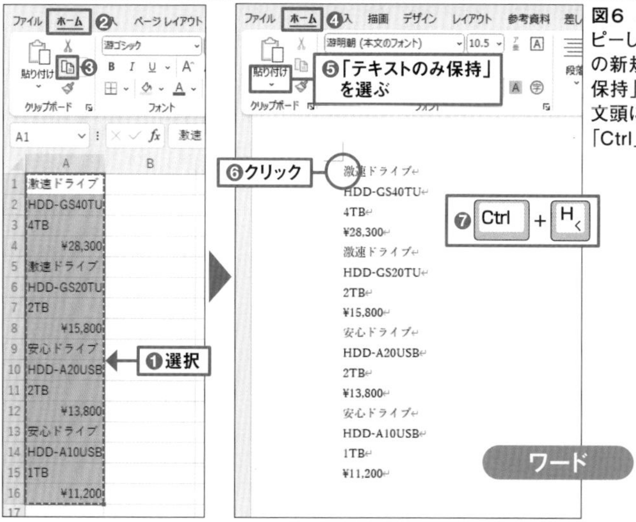

図6 エクセルで表全体をコピーしたら（❶～❸）、ワードの新規文書に「テキストのみ保持」で貼り付ける（❹❺）。文頭にカーソルを置き（❻）、「Ctrl」＋「H」キーを押す（❼）

数式と並べ替えの工夫で「4項目で1件1行」形式に

エクセルでやるときは、前々ページ**図3**のように数式を活用する。最初の1件分に相当する項目を横に並べて表示し、さらに並べ替え用の番号として右端に「1」を入力。それら追加した列の4行分をデータ1件分と見なして下へコピーする。これで一応形になるので（**図4**）、数式を結果の文字・数値（書式付き数値）に変換してから、「1」がある右端列を基準に表を並べ替える（**図5**）。必要な行がひとまとまりになるので、あとは不要な列や行を削除すればよい。

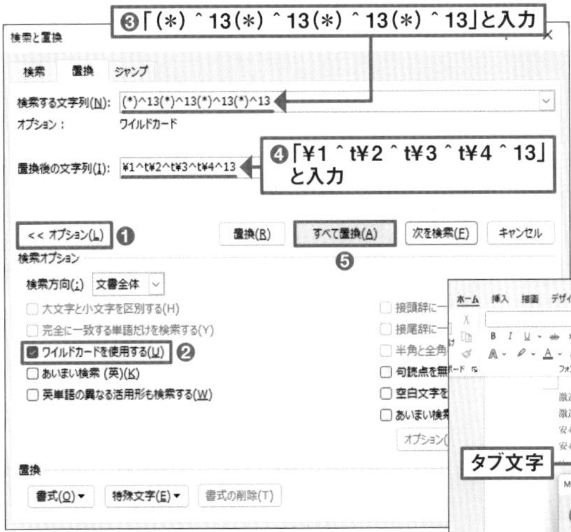

図7 「オプション」を押して設定画面を広げ、「ワイルドカードを使用する」をチェック（❶❷）。「検索する文字列」欄と「置換後の文字列」欄にそれぞれ図の文字列（詳細は図9参照）をすべて半角で入力し、「すべて置換」をクリックする（❸〜❺）。「 ^ 」はキーボードの右上にある平仮名の「へ」のキーで入力できる

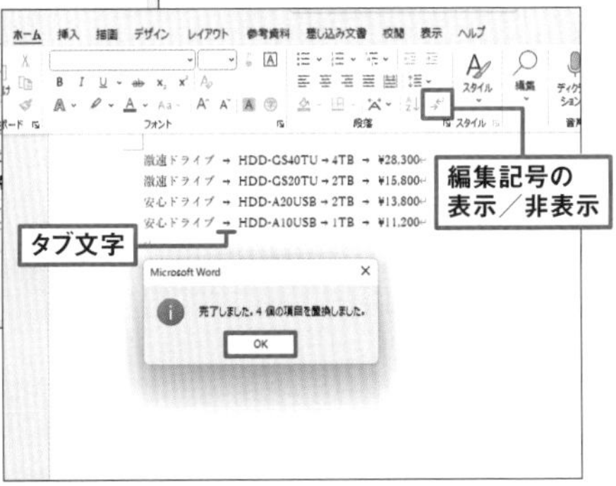

図8 項目をタブで区切った1件1行形式のテキストに変換された。「ホーム」タブの「編集記号の表示／非表示」をオンにするとタブ文字を確認できる

●「(*)」が項目、「 ^ 13」が改行、「 ^ t」がタブ

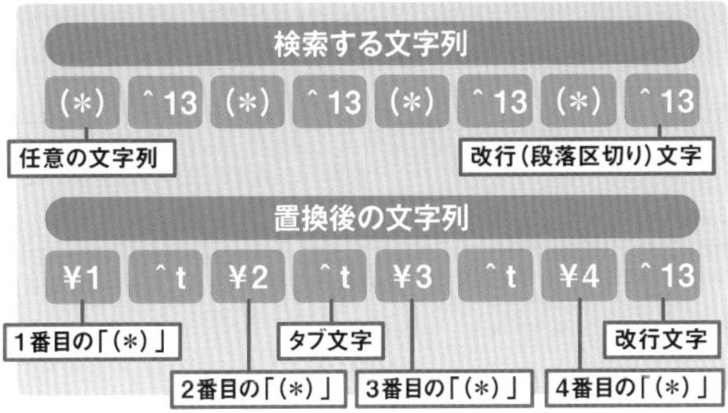

図9 図7で指定した文字列の意味。特殊文字を表す記号があらかじめ決まっており、半角の「 ^ 13」は改行文字、「 ^ t」はタブ文字を表す。半角の「(*)」は任意の文字列を表し、置換時にはそれらを順番に「¥1」「¥2」などと指定できる。この例では「文字列、改行、文字列、改行、文字列、改行、文字列、改行」というパターンを「文字列、タブ、文字列、タブ、文字列、タブ、文字列、改行」という形に置き換えている

「手順が面倒そうだなあ」と感じた人向けに、ワードを使う方法も紹介しよう。エクセルの表を書式なしでワードにコピーし、ワードの置換機能で処理する（前々ページ**図6、図7**）。ワイルドカードという特殊文字で「検索する文字列」と「置換後の文字列」を**図8**のように指定するとあら不思議、望み通りのレイアウトに変換できてしまう。

気になるのは図7で指定した文字列の意味だろう。一見難しそうだが、実は意外とシンプルだ。**図9**に示したように、ここでは「文字列、改行、文字列、改行、文字列、改行、文字列、改行」というパターンを「文字列、タブ、文字列、タブ、文字列、タブ、文字列、改行」の形に置き換えているだけ。任意の文字列を表す「(*)」と「¥数字」、改行文字の「＾13」、タブ文字の「＾t」さえ理解すれば、全体の意味がわかるはずだ。

●結果を新規シートに書式なしで貼り付ける

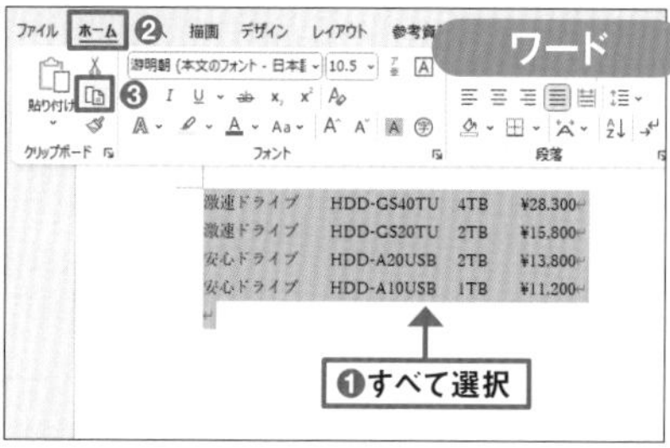

図10 ワードで図8の結果をすべて選択してコピーする（❶〜❸）。「Ctrl」＋「A」、続けて「Ctrl」＋「C」のキー操作が素早い

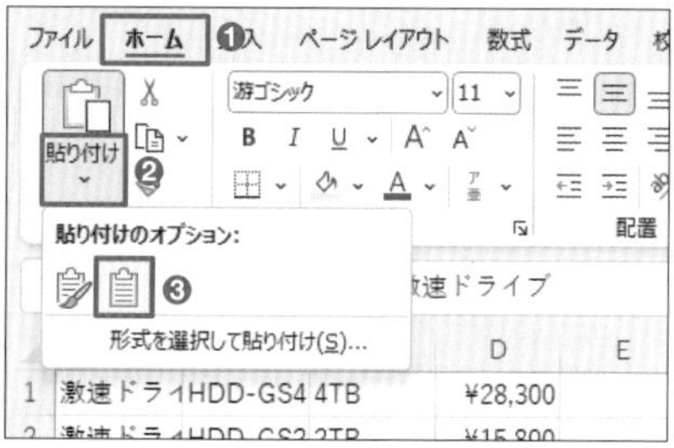

図11 図6左とは別のシートに、書式を伴わない「貼り付け先の書式に合わせる」で貼り付ける（❶〜❸）。タブ文字は列の区切りと認識される

図2の組み替えを先にワードでやってみる

図12 上は図2上のエクセル住所録。図6と同様の手順で項目名以外をワードに書式なしで貼り付ける。列の区切りがタブ文字になることがわかる。文頭にカーソルを置いて、図7の置換画面を開く

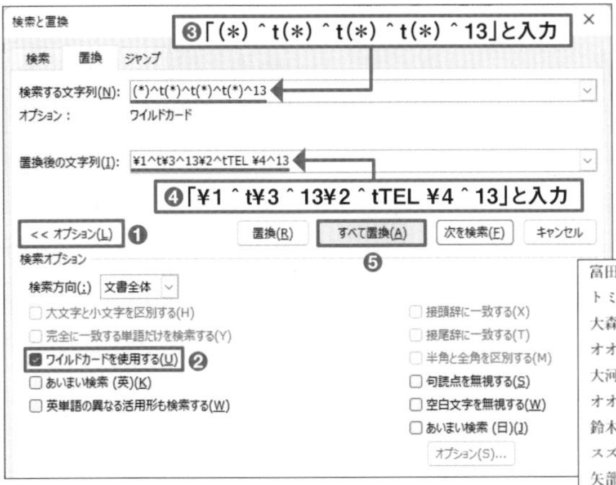

図13 「ワイルドカードを使用する」をチェックして（❶❷）、「検索する文字列」欄と「置換後の文字列」欄にそれぞれ図の文字列を入力して「すべて置換」を押す（❸～❺）。1件ずつ「氏名、タブ、メールアドレス、改行、振り仮名、タブ、『TEL 』付き電話番号、改行」という形式に変換される

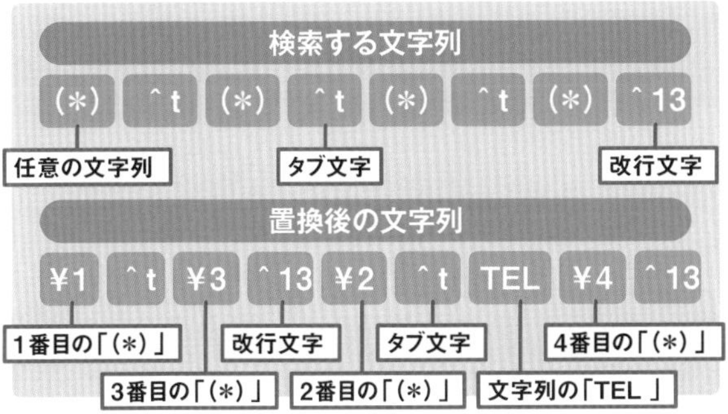

図14 図13で指定した文字列は一見、難しそうだが実は簡単だ。「氏名、タブ、振り仮名、タブ、メルアド、タブ、電話番号、改行」というパターンを「氏名、タブ、メルアド、改行、振り仮名、タブ、『TEL 』付き電話番号、改行」の形に置換するだけ。メルアド(¥3)を1行目の2列目に置き、振り仮名(¥2)を2行目の先頭に置いた。「TEL 」などの文字列は自由に追加できる

エクセルとワード間のコピペでは、列の区切りがタブ文字になる。従って、図9のように3つの改行をタブ文字に置き換えれば目的の形が得られる。結果をエクセルの別シートに書式なしでコピペしよう（**図10、図11**）。せっかくワイルドカードを覚えたので、続けて図2の組み替えもワードでやってみる（**図12～図14**）。

エクセルで組み替えるなら行挿入がポイント

こちらも「(*) 」などの登場人物（使う特殊文字）は先ほどとほぼ同じ。「氏名、タブ、振り仮名、タブ、メルアド、タブ、電話番号、改行」というパターンを「氏名、タブ、メルアド、改行、振り仮名、タブ、電話番号、改行」の形に置換するだけだ。応用例として、電話番号の前に「TEL 」という文字列を付けた。「TEL」の後ろには半角スペースを入れ、電話番号をわかりやすくしている。

同様の組み替えはエクセルでもできる。その場合、表を図2下のような1件2行の形式にするため、まずは元表(図2上)に1行ずつ空白行を挿入する必要がある。データ件数が多いときは、連番と並べ替えのワザを使おう。元表の横に連番を入力し、その連番ブロックを挿入したい行数(今回は1)の分だけ下にコピーする(**図15**)。その後、連番で並べ替えると、1行ずつ空白行を挿入したのと同じ形になる(**図16**)。なお、図15でコピーした連番ブロックが2つなら2行ずつ、3つなら3行ずつ空白行が入る。

そうしたら数式で目的のレイアウトを表示し、そのブロック全体を下へコピーする。結果を書式なしで別シートに貼り付け、手際良く書式を整えればよい(**図17〜図19**)。

図2の組み替えをエクセルで処理する

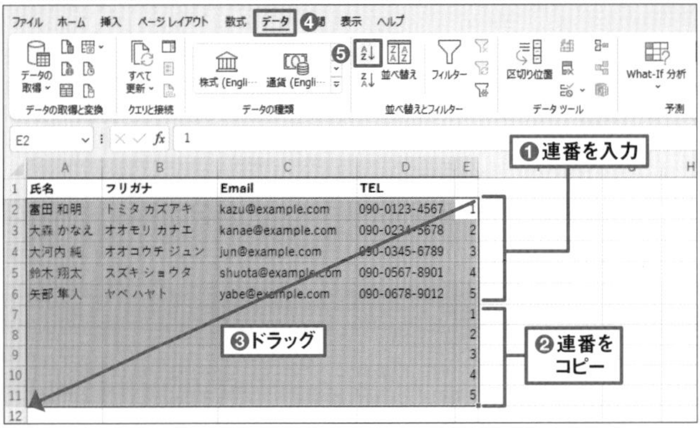

図15 図2上の表で、データの横に連番を入力する(❶)。54ページ図5の要領でオートフィルすればよい。その連番全体を末尾にコピーする(❷)。E2セルを起点にしてA11セルまでドラッグで選択し(❸)、「データ」タブの「昇順」をクリックする(❹❺)

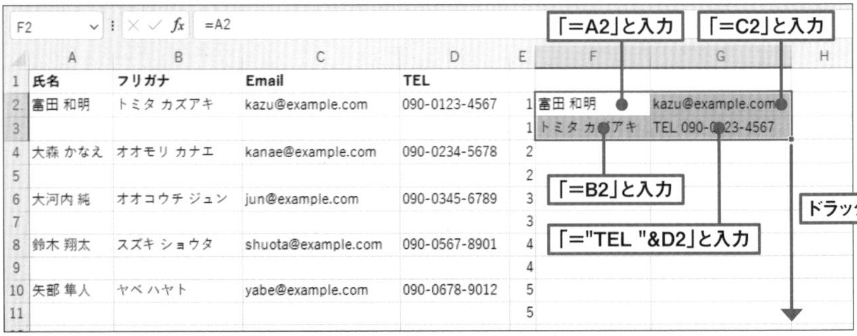

図16 1行置きに空白行が挿入された形になるので、F2、G2、F3、G3セルにそれぞれ図の数式を入力して、氏名、メルアド、振り仮名、「TEL 」付き電話番号を表示する。F2〜G3セルを選択してG11セルまでオートフィルする

図17 数式がコピーされて、目的の表が表示される。選択された状態のままコピーしよう（❶❷）

●書式なしで貼り付けて効率良く書式を整える

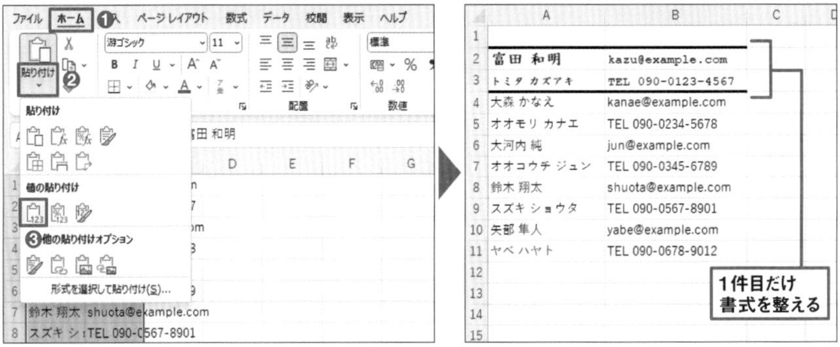

図18 別のシートに「値」もしくは「値と数値の書式」で貼り付ける（❶〜❸）。そうしたら、1件目だけきれいに書式を整える（右）。ここではフォントとサイズを変え、上下に罫線を引いた

図19 行見出しの2〜3をドラッグして2〜3行全体を選択（❶）。行見出しの右下隅にマウスポインターを合わせ、細十字になったらマウスの右ボタンで11行目までドラッグする（❷）。マウスボタンを離したときに開くメニューから「書式のみコピー」を選ぶと（❸）、1件目の書式がすべてのデータにコピーされる

オートフィル編

規則性のあるデータを指定範囲に自動入力

同じデータや連続データをセル範囲に埋め込む

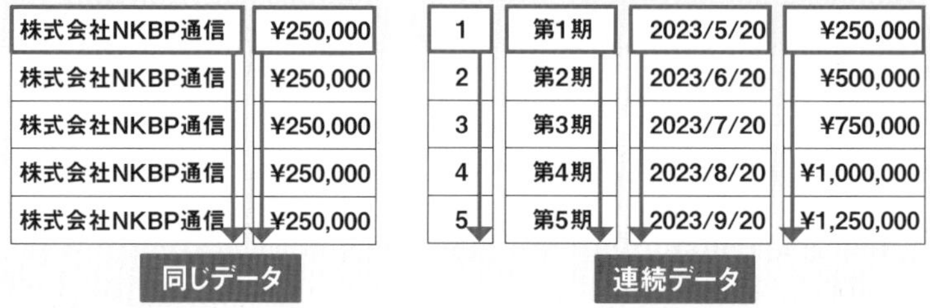

図1 基準のセルと同じデータや、規則的に変化する連続データを、そのセルに隣接するセル範囲に自動的に入力する方法を紹介する。使用するのは、「オートフィル」など「フィル」と付いている機能が中心だ

セルに入力したデータを、隣接するセル範囲にコピーしたり、その値から規則的に増えていく連続データを入力したりしたいケースはよくある。エクセルには、こうした一連のデータを、ドラッグなどの簡単な操作で自動入力できる機能が用意されている（**図1**）。

ドラッグ操作で簡単に自動入力する

	A	B	C	D	E
1	分割支払予定一覧				
2					
3	期	支払先	日付	支払額	支払額累計
4	1	株式会社NKBP通信	2023/5/20	¥250,000	¥250,000
5	2	株式会社NKBP通信	2023/6/20	¥250,000	¥500,000
6	3	株式会社NKBP通信	2023/7/20	¥250,000	¥750,000
7	4	株式会社NKBP通信	2023/8/20	¥250,000	¥1,000,000
8	5	株式会社NKBP通信	2023/9/20	¥250,000	¥1,250,000
9					
10					
11					

図2 オートフィルの機能を使えば、最初に入力したデータを基準として、それと同じデータや連続データを、その下のセル範囲に簡単に入力できる。ここではオートフィルを活用して、「分割支払予定一覧」の表に入力してみよう

先頭セルのデータをコピー、または連続データにする

ここでは、分割支払予定一覧表を例として、このような機能の活用方法を紹介していこう（**図2**）。

まず、先頭のセルに支払先の会社名を入力し、改めてそのセルを選択。フィルハンドル（セルの右下隅に表示される■）を下方向へドラッグすると、その範囲の各セルに、先頭セルの文字列が書式も含めてコピーされる（**図3**）。この操作を「オートフィル」といい、数値のデータも同じ方法でコピーできる（**図4**）。

数値の場合は、規則的に増減する連続データを自動入力することもできる。1ずつ増えていく数値を自動入力したい場合は、「Ctrl」キーを押しながらフィルハンドルをドラッグすればよい（次ページ**図5**）。なお、1ずつ増えていくのは、下方向または右方向へオートフィルした場合だ。上方向または左方向へオートフィルした場合は、1ずつ減っていく連続データになる。

●基準セルのデータをコピーする

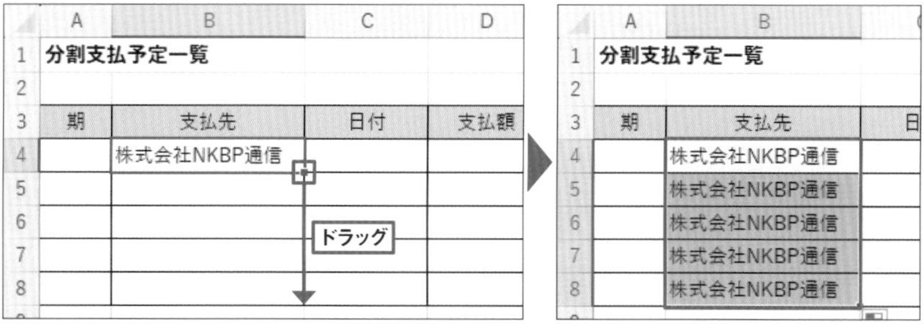

図3 文字列が入力されたセルをオートフィルすると、そのセルのデータをコピーできる。支払先が入力されたB4セルを選択し、そのフィルハンドル（右下隅に表示される■）をB8セルまでドラッグ。すると、B4セルの文字列が書式も含めてB5～B8セルにコピーされる

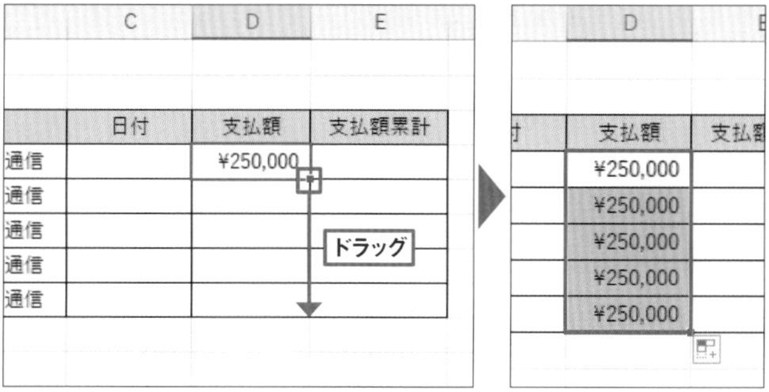

図4 数値が入力されたセルも、オートフィルの操作で、隣接したセル範囲にコピーできる。支払額が入力されたD4セルを選択し、フィルハンドルをD8セルまでドラッグ。これで、D4セルの数値がD5～D8セルにコピーされる

●数値の連続データを入力する

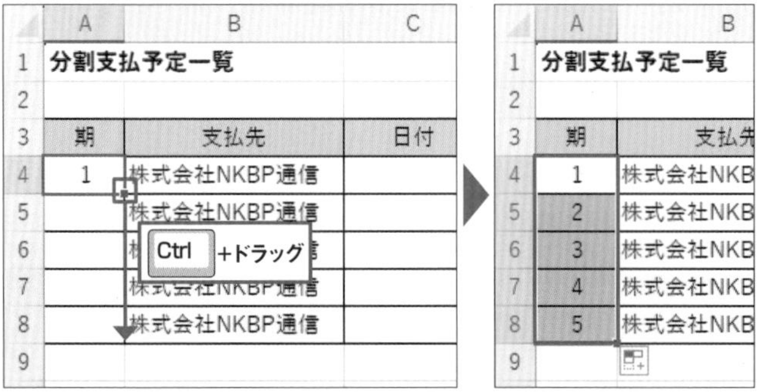

図5 「期」の列には、1から始まる連続番号を入力したい。しかし、「1」と入力された基準のセルをオートフィルしても、単なるコピーになる。「Ctrl」キーを押しながらオートフィルすることで、基準の数値から1ずつ増えていく連続データを自動入力できる

図6 参考例として、「第1期」のように文字列の中に数字が含まれているケースも紹介しておこう。この場合、通常のオートフィルでは、数字部分だけが1ずつ増えていく連続データになる。逆に、こうしたデータをコピーしたいときは、「Ctrl」キーを押しながらオートフィルすればよい

また、文字列の中に数字が含まれているデータをオートフィルすると、その数字部分だけが1ずつ増えていく（**図6**）。こうしたデータを単にコピーしたい場合は、やはり「Ctrl」キーを押しながらフィルハンドルをドラッグする。つまり、通常のオートフィルとは逆の結果を得たい場合に、「Ctrl」キー+オートフィルを行う。

日付のデータの場合、通常のオートフィルでは1日ずつ増えていく連続データになる（**図7**）。月単位や年単位などで増加させたい場合は、フィルハンドルをマウスの右ボタンでドラッグして、表示されるメニューから選ぶことが可能だ（**図8**）。

1ずつではなく、指定した間隔で増加する連続データを自動入力することもできる。最初のセルと2番目のセルにそれぞれ数値を入力し、この2つのセルを選択。この選択範囲の右下隅のフィルハンドルをドラッグすると、最初のセルと2番目のセルの差の分だけ増加していく連続データが、3番目以降のセルに自動入力される（**図9**）。なお、2番目のセルの値が最初のセルよりも小さい場合は、その差の分だけ減少していく連続データになる。

●日付の連続データを入力する

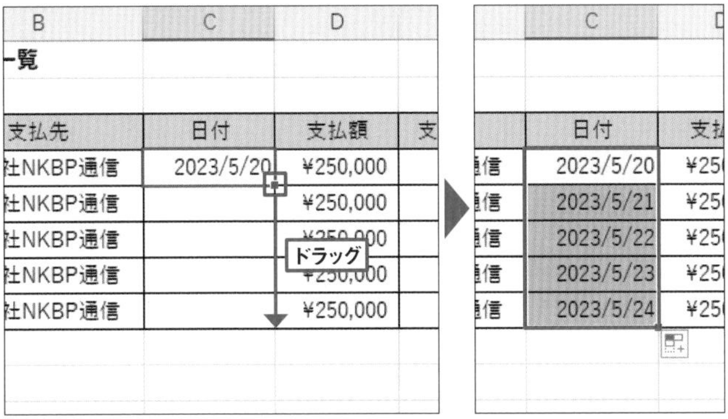

図7 日付のデータを普通にオートフィルすると、自動的に1日ずつ増えていく連続データになる。なお、同じ日付をコピーしたい場合は、「Ctrl」キーを押しながらオートフィルを行う

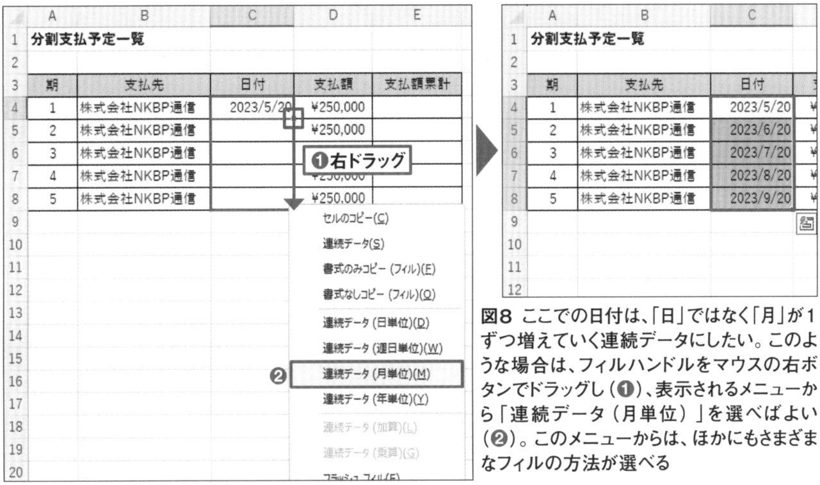

図8 ここでの日付は、「日」ではなく「月」が1ずつ増えていく連続データにしたい。このような場合は、フィルハンドルをマウスの右ボタンでドラッグし（❶）、表示されるメニューから「連続データ（月単位）」を選べばよい（❷）。このメニューからは、ほかにもさまざまなフィルの方法が選べる

●増加量を指定して連続データを入力する

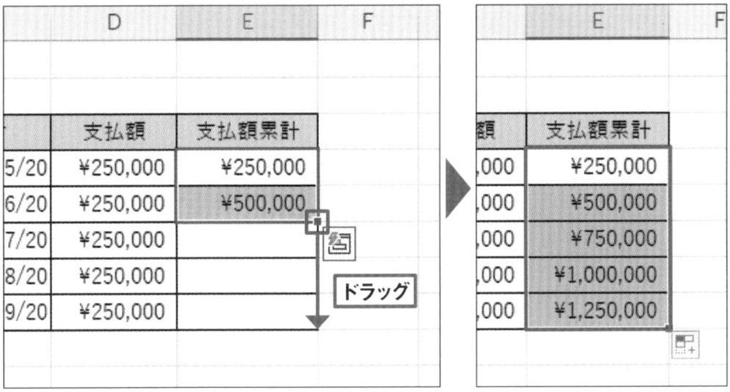

図9 増加する量を指定して連続データを入力したい場合は、先頭のセルと2番目のセルにそれぞれ数値を入力し、この2つのセルを選択してオートフィルを行う。すると、その差の分だけ増加する連続データが、以降のセルに自動入力される

詳細なオプションを設定して日付の連続データを入力する

次に、作業予定表の作成を通して、より詳細な設定で連続データを自動入力する方法を紹介しよう（**図10**）。

2つ以上のセルに文字列データを入力してオートフィルを行うと、以降のセルにそれらの文字列が繰り返し自動入力される（**図11**）。

設定画面でより詳細なオプションを指定して、連続データを入力することもできる。ここでは、土日を除いた平日だけで、3日ずつ経過していく日付を自動入力してみよう。最初のセルに基準の日付を入力し、入力対象のセル範囲を選択して、「ホーム」タブの「フィル」から「連続データの作成」を選ぶ（**図12**）。表示される画面の「増加単位」で「週日」を選択し、「増分値」欄に「3」と入力して「OK」をクリックすればよい（**図13、図14**）。

変化内容を設定して連続データを入力する

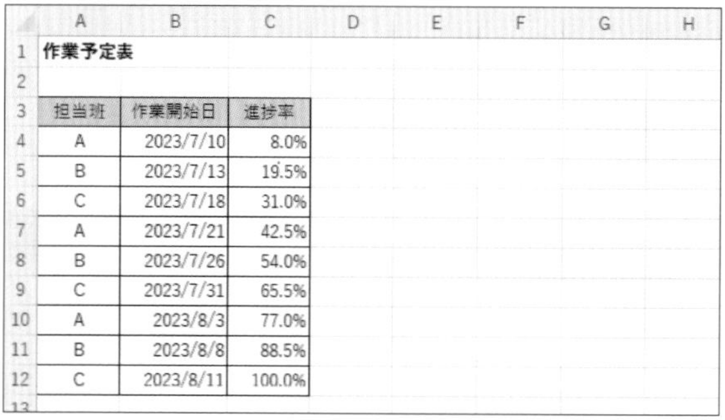

	A	B	C
1	作業予定表		
2			
3	担当班	作業開始日	進捗率
4	A	2023/7/10	8.0%
5	B	2023/7/13	19.5%
6	C	2023/7/18	31.0%
7	A	2023/7/21	42.5%
8	B	2023/7/26	54.0%
9	C	2023/7/31	65.5%
10	A	2023/8/3	77.0%
11	B	2023/8/8	88.5%
12	C	2023/8/11	100.0%

図10 単純な増減ではなく、より複雑な設定で一連のデータを自動入力したい場合は、「連続データ」の設定画面を使用する。ここでは、A～Cの各班が、平日に3日ずつ交代で行う「作業予定表」を、この機能を活用して作成しよう

●同じ複数のデータを繰り返し入力する

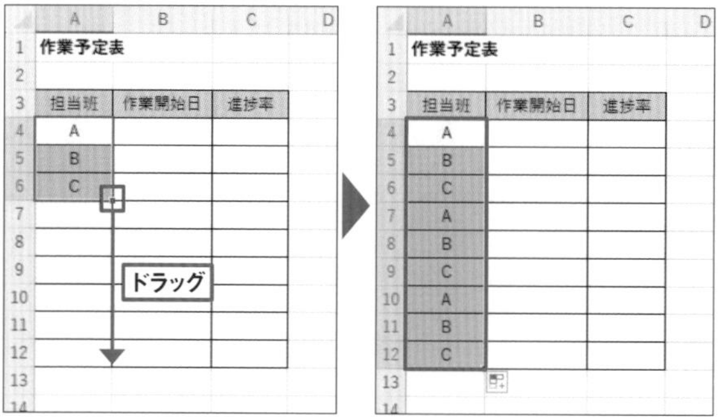

図11 数値を含まない文字列データの場合、2つ以上のセルを基準としてオートフィルの操作を行うと、それらのセルのデータを繰り返し入力できる。ここでは3つの班が交代で作業を行うため、A、B、Cの文字を繰り返し入力した

●指定の間隔で平日の日付を入力する

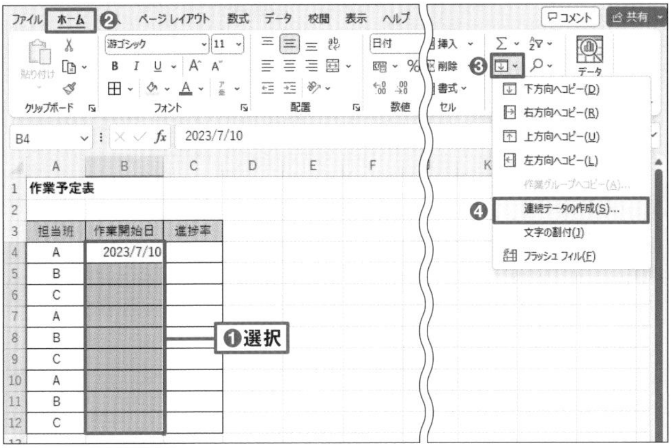

図12 「作業開始日」には、3日ずつ交代で行う作業の最初の日付を入力する。ただし、土日は作業を行わないものとする。先頭のB4セルに「2023/7/10」と入力し、B4～B12セルを選択して（❶）、「ホーム」タブの「フィル」をクリックし（❷❸）、「連続データの作成」を選ぶ（❹）

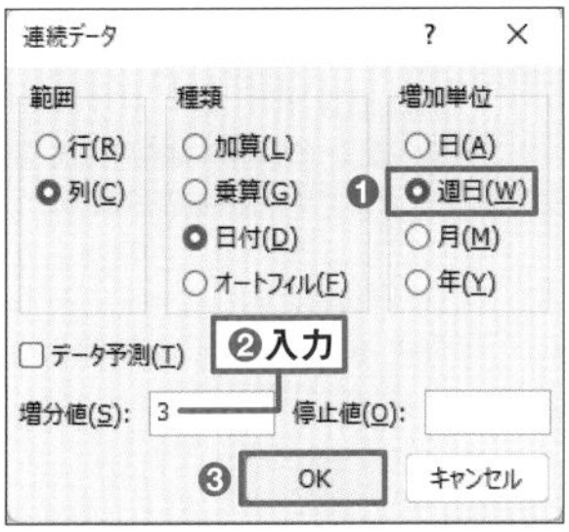

図13 表示される「連続データ」画面では、選択範囲のデータに合わせて、最初から「範囲」で「列」、「種類」で「日付」が選択されている。「増加単位」で「週日」を選択し（❶）、「増分値」欄に「3」と入力して（❷）、「OK」をクリックする（❸）

	A	B	C
1	作業予定表		
2			
3	担当班	作業開始日	進捗率
4	A	2023/7/10	
5	B	2023/7/13	
6	C	2023/7/18	
7	A	2023/7/21	
8	B	2023/7/26	
9	C	2023/7/31	
10	A	2023/8/3	
11	B	2023/8/8	
12	C	2023/8/11	
13			

図14 先頭セルの日付である「2023/7/10」から、土日を除いて3日ずつ増えていく日付データが、B5～B12セルに自動的に入力される

●2つのセルの間を等間隔で埋める数値を自動入力する

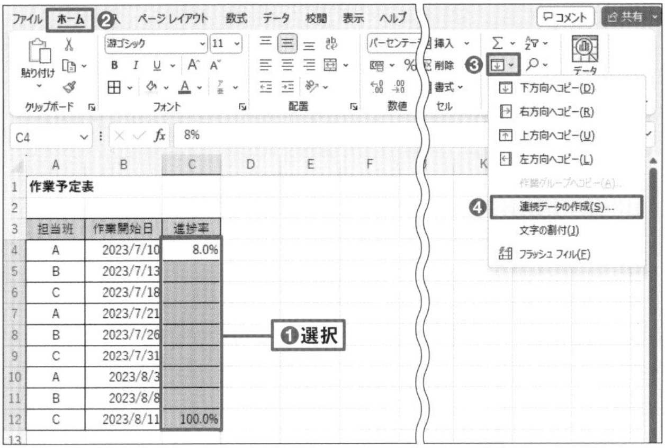

図15 最初に行ったA班の作業の進捗率は8%だった。ここから残りの作業を8等分して、最後に100%になるようにしたい。先頭のC4セルと末尾のC12セルだけに数値を入力した状態でC4～C12セルを選択し（❶）、「ホーム」タブの「フィル」から「連続データの作成」を選ぶ（❷～❹）

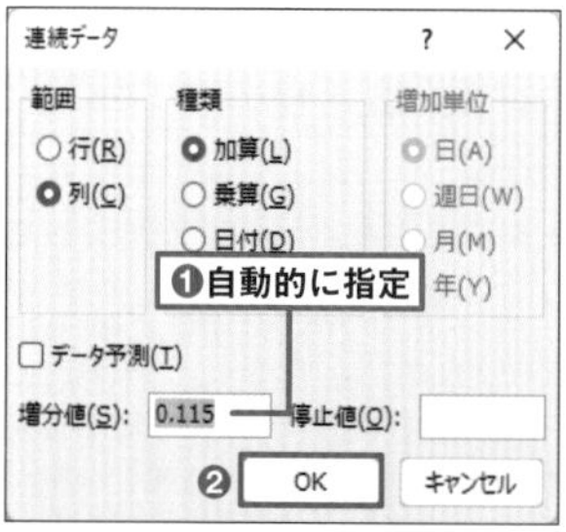

図16 表示される「連続データ」画面の「増分値」欄には、先頭と末尾のセルの値から計算された数値が自動的に入力されている（❶）。そのまま「OK」をクリックする（❷）

	A	B	C
1	作業予定表		
2			
3	担当班	作業開始日	進捗率
4	A	2023/7/10	8.0%
5	B	2023/7/13	19.5%
6	C	2023/7/18	31.0%
7	A	2023/7/21	42.5%
8	B	2023/7/26	54.0%
9	C	2023/7/31	65.5%
10	A	2023/8/3	77.0%
11	B	2023/8/8	88.5%
12	C	2023/8/11	100.0%
13			
14			
15			

図17 選択範囲の先頭と末尾のセルの値の間を等間隔で埋める進捗率の値が、自動的に入力される。なお、選択範囲の先頭と途中のセルだけに値を入力して同様に操作すると、先頭からそのセルまで等間隔の値が自動入力され、さらにその先も同じ間隔で増減していく

規則をエクセルが判定して自動入力する

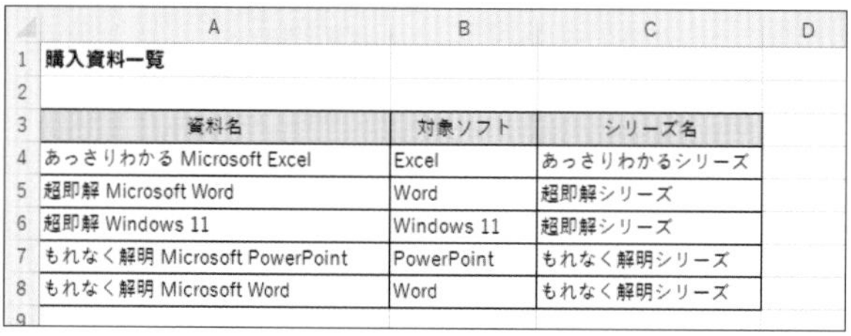

	A	B	C	D
1	購入資料一覧			
2				
3	資料名	対象ソフト	シリーズ名	
4	あっさりわかる Microsoft Excel	Excel	あっさりわかるシリーズ	
5	超即解 Microsoft Word	Word	超即解シリーズ	
6	超即解 Windows 11	Windows 11	超即解シリーズ	
7	もれなく解明 Microsoft PowerPoint	PowerPoint	もれなく解明シリーズ	
8	もれなく解明 Microsoft Word	Word	もれなく解明シリーズ	

図18 入力済みのセルの値から自動入力のルールを判定し、該当するセル範囲に自動入力してくれる機能もある。ここでは、「資料名」列の書名から、「対象ソフト」に当たる英単語を取り出し、さらに先頭の日本語部分に「シリーズ」と付けて自動入力させてみよう

●自動的に候補を表示・入力する

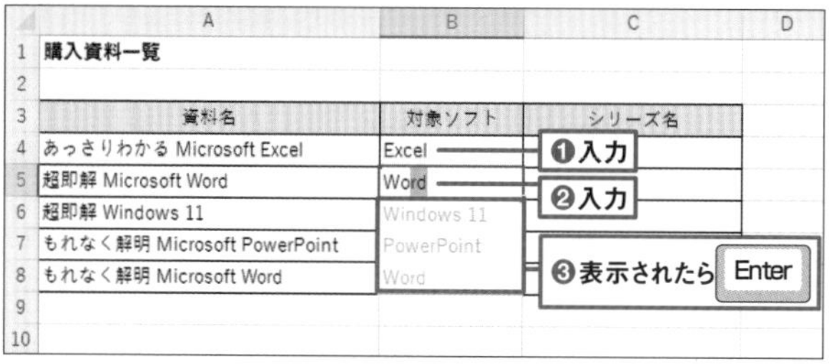

	A	B	C	D
1	購入資料一覧			
2				
3	資料名	対象ソフト	シリーズ名	
4	あっさりわかる Microsoft Excel	Excel		
5	超即解 Microsoft Word	Word		
6	超即解 Windows 11	Windows 11		
7	もれなく解明 Microsoft PowerPoint	PowerPoint		
8	もれなく解明 Microsoft Word	Word		
9				
10				

図19 「資料名」列の書名の中の英単語を、「対象ソフト」列に取り出したい。B4セルに「Excel」と入力し（❶）、続けてB5セルに「Word」と入力しようとすると（❷）、その途中で残りの文字が表示され、さらにその下の各セルにも候補が表示される。「Enter」キーを押す（❸）

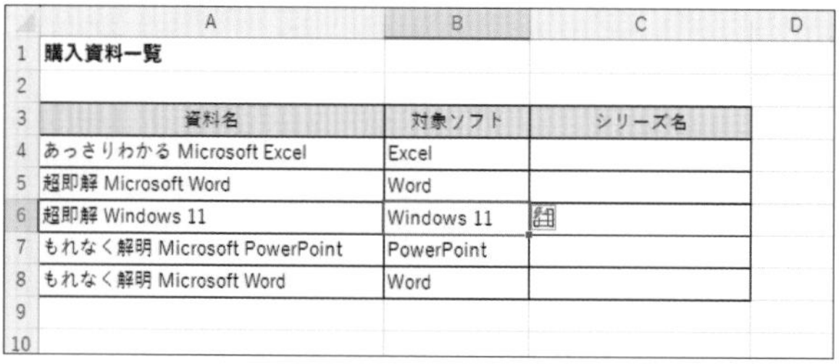

	A	B	C	D
1	購入資料一覧			
2				
3	資料名	対象ソフト	シリーズ名	
4	あっさりわかる Microsoft Excel	Excel		
5	超即解 Microsoft Word	Word		
6	超即解 Windows 11	Windows 11		
7	もれなく解明 Microsoft PowerPoint	PowerPoint		
8	もれなく解明 Microsoft Word	Word		
9				
10				

図20 B6～B8の各セルにも、自動的に同じ行の「資料名」から英単語が取り出される。この機能を「フラッシュフィル」と呼ぶ。入力時はMicrosoft IMEを利用し、日本語入力オフの状態で入力する［注］

［注］それでもうまくいかない場合は、「ファイル」の「オプション」をクリックし、左側のメニュー「詳細設定」で「フラッシュフィルを自動的に行う」のチェックがオンになっているかどうか確認する。オンになっていてもうまくいかない場合は図21、図22の要領で実行する

また、選択範囲の先頭と末尾のセルだけに数値を入力して「連続データの作成」を実行すると、「増分値」欄に数値が自動的に指定されている。そのまま「OK」をクリックすれば、この2つのセルの間を均等な間隔の数値で埋めることができる（前々ページ**図15～図17**）。

最後に、「フラッシュフィル」の機能を紹介しよう（**図18**）。「資料名」列の文字列の中に登場する英単語を、同じ行の「対象ソフト」列に入力していくと、2番目のセルの途中で残りの文字列が自動判定されて薄く示される（**図19**）。この状態で「Enter」キーを押すと、提示された文字列がそのまま自動入力される（**図20**）。うまくいかない場合は、オプション設定を確認しよう。

フラッシュフィルが自動的に働くのを待つのではなく、意図的にこの機能を働かせることも可能だ。対象のセルを選択し、「ホーム」タブの「フィル」から「フラッシュフィル」を選べばよい（**図21**）。この例の場合、同じ行の「資料名」のセルの冒頭の日本語部分の後に「シリーズ」を付けた文字列が、自動入力される（**図22**）。

●1つのセルを基準にフラッシュフィルを実行する

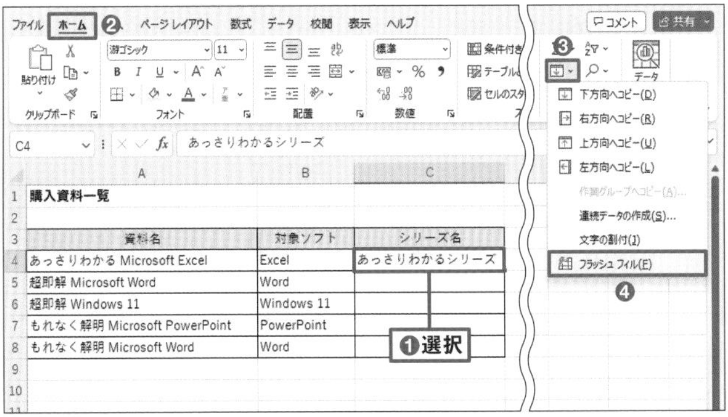

図21 フラッシュフィルが自動的に機能するのは、セルに連続してデータを入力し、エクセルがパターンを判定できた場合だ。ここでは、C4セルだけに「あっさりわかるシリーズ」と入力後、改めてC4セルを選択し（❶）、「ホーム」タブの「フィル」をクリックして（❷❸）、「フラッシュフィル」を選ぶ（❹）

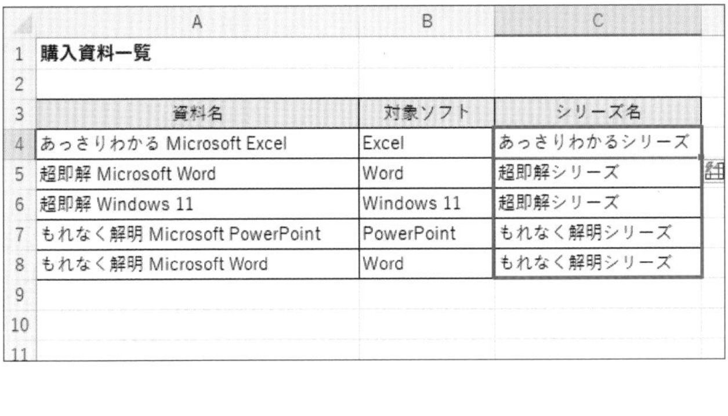

	A	B	C
1	購入資料一覧		
2			
3	資料名	対象ソフト	シリーズ名
4	あっさりわかる Microsoft Excel	Excel	あっさりわかるシリーズ
5	超即解 Microsoft Word	Word	超即解シリーズ
6	超即解 Windows 11	Windows 11	超即解シリーズ
7	もれなく解明 Microsoft PowerPoint	PowerPoint	もれなく解明シリーズ
8	もれなく解明 Microsoft Word	Word	もれなく解明シリーズ
9			
10			
11			

図22 C5～C8の各セルに、同じ行の「資料名」の冒頭の日本語部分に「シリーズ」を付けた文字列が自動入力される。なお、このような自動入力の規則はエクセルによって判断されるが、必ずしも意図した通りの規則で入力されるとは限らないため、注意が必要だ

上級テク ▶ オートフィルで自動入力する内容を ユーザーが独自に定義する

「オートフィル」の操作で連続データとして自動入力できるのは、基本的には、日付や時刻なども含めた「数字」のデータだ。数字部分のない文字列データの場合、オートフィルの操作は単なるコピーになる。

独自のデータの組み合わせをオートフィル可能にする

ただし、エクセルには、一定の順序で並べて入力することが多い文字列の組み合わせが、あらかじめ「ユーザー設定リスト」として登録されている。また、「ユーザー設定」という名の通り、ユーザーが独自の組み合わせをリストとして追加登録することもできる。ここでは、この機能を利用して、あるスーパーの1週間の日替わり特売商品の一覧表を作成していこう（**図23**）。

曜日を表す「月」「火」「水」…、あるいは「月曜日」「火曜日」「水曜日」…といった文字列は、エクセルでは最初からユーザー設定リストとして登録されている。ここでは「月」から始まる1週間分の曜日名を、オートフィルで自動入力させた（**図24**）。「月」以外の曜日を先頭セルとして、以降の曜日を自動入力することも可能だ。

次に、特売対象商品の名称を連続データとして自動入力できるように、ユーザー

独自の連続データを登録して利用する

	A	B	C
1	今週の日替わり特売一覧		
2			
3	曜日	特売対象商品	
4	月	精肉	
5	火	鮮魚	
6	水	青果	
7	木	惣菜	
8	金	冷凍食品	
9	土	精肉	
10	日	鮮魚	

図23 曜日やえとなどを表す一連の文字列は、オートフィルで連続データとして入力することができる。さらに、このような連続性のある文字列のセットは、ユーザーが独自に登録することも可能だ。ここでは、この機能を使って上のような表を作成していこう

●曜日を表す連続データを自動入力する

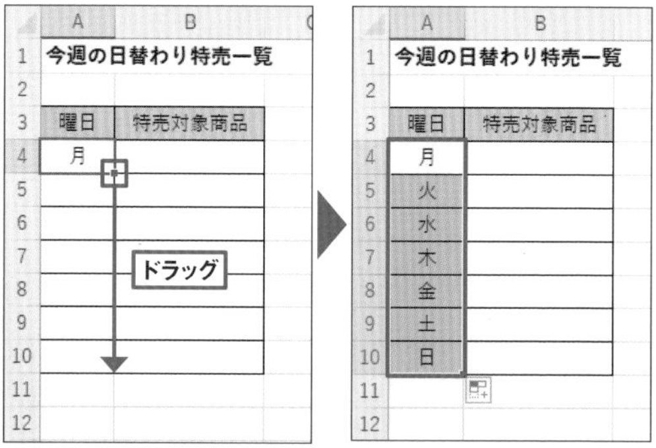

図24 A4セルに「月」と入力し、オートフィルの操作を行うと、「火」「水」…と連続する曜日が自動入力されていく。「月」以外の曜日が先頭でも同様だ。「月曜日」や「Mon」のような表記の曜日名、月名やえとなどを表す文字列も連続データをオートフィルできる

設定リストに登録しよう。まず、「ファイル」タブをクリックして、「オプション」をクリック（**図25**）。表示される「Excelのオプション」画面で「詳細設定」をクリックし、「ユーザー設定リストの編集」をクリックする（**図26**）。

「ユーザー設定リスト」画面の左側には、あらかじめ登録されているユーザー設定リストが一覧表示されている。日本語の曜日名のほかにも、月名やえと、曜日や月の英語名などが登録されていることがわかる。

リストを新たに登録するには、この画面の左側で「新しいリスト」を選び、右側の「リストの項目」欄に、改行で区切って入力していく。「OK」をクリックすると、ここに

●独自のユーザー設定リストを追加する

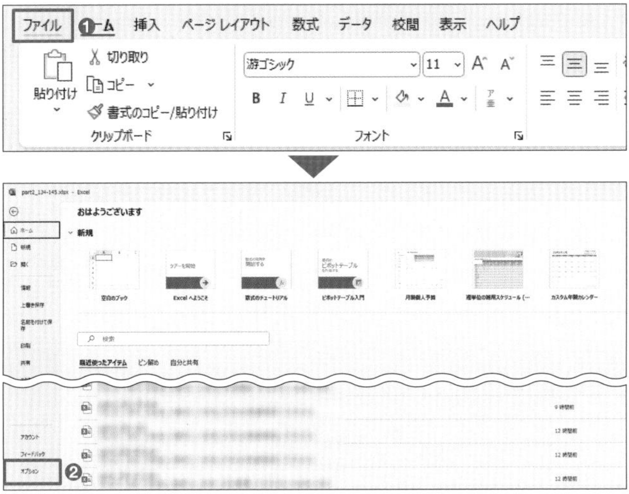

図25 曜日や月名などの連続データは、「ユーザー設定リスト」に最初から登録されている文字列のセットだ。ユーザーが独自のリストを追加したい場合は、まず「ファイル」タブをクリックし（❶）、「オプション」をクリックする（❷）

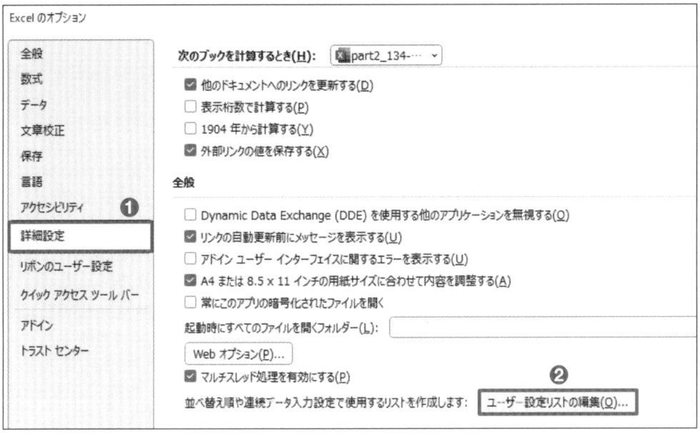

図26 開く「Excelのオプション」画面で「詳細設定」をクリックし（❶）、下のほうにある「ユーザー設定リストの編集」をクリックする（❷）。これで、「ユーザー設定リスト」画面が表示される

入力した項目がユーザー設定リストに登録され、この画面が閉じる（**図27**）。「Excelのオプション」画面に戻ったら、もう一度「OK」をクリックする。

複数のユーザー設定リストを続けて登録したい場合は、図27の画面で「OK」ではなく「追加」をクリックし、その後、別のリストの項目を入力していけばよい。

また、「リストの取り込み元範囲」欄にセル範囲の参照を指定して「インポート」をクリックすると、そのセル範囲に入力されているデータが、「リストの項目」欄に取り込まれる。先にセル範囲を選択してからこの「ユーザー設定リスト」画面を表示させると、選択範囲の参照が、最初から「リストの取り込み元範囲」欄に入力されている。

先頭2つのセルの並べ方で自動入力の順序を調整する

ユーザー設定リストに登録した項目の中の1つをセルに入力し、このセルを選択してオートフィルの操作を行うと、登録した順番の通りに、文字列が以降のセルに自

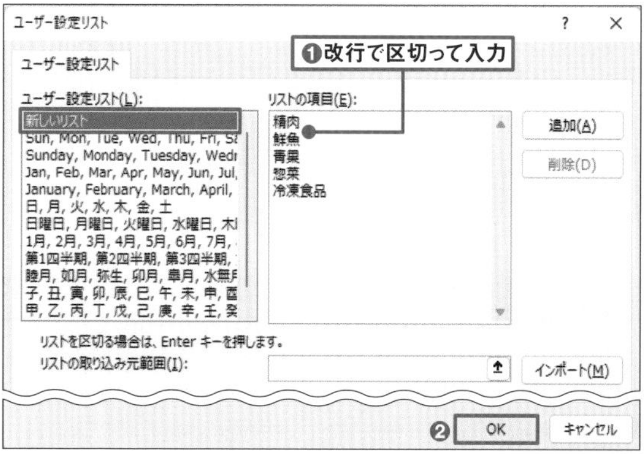

図27 「リストの項目」欄に、リストとして登録したい項目を改行で区切って入力する（❶）。1つのリストだけを登録する場合は、「OK」をクリックすれば（❷）、登録されると同時にこの画面が閉じる。「追加」をクリックし、複数のリストの連続登録も可能だ

●ユーザー設定リストに登録した内容を自動入力する

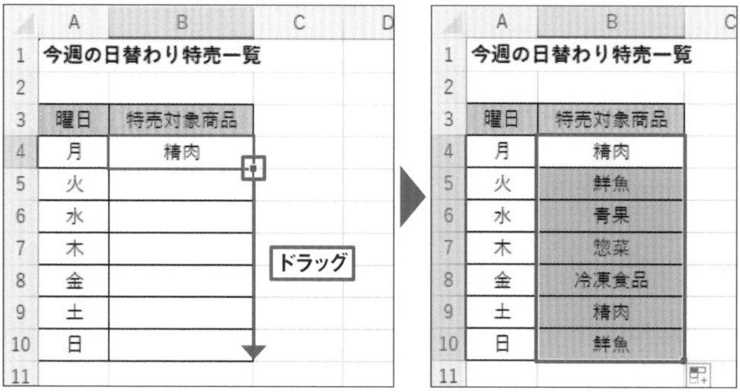

図28 ユーザー設定リストに登録した内容は、オートフィルの操作で連続データとして自動的に入力できる。ここではB4セルに「精肉」と入力し、B5～B10セルにオートフィルした。これで、「鮮魚」「青果」…と続く一連の文字列が自動入力される

●1つ飛ばしや逆順で自動入力する

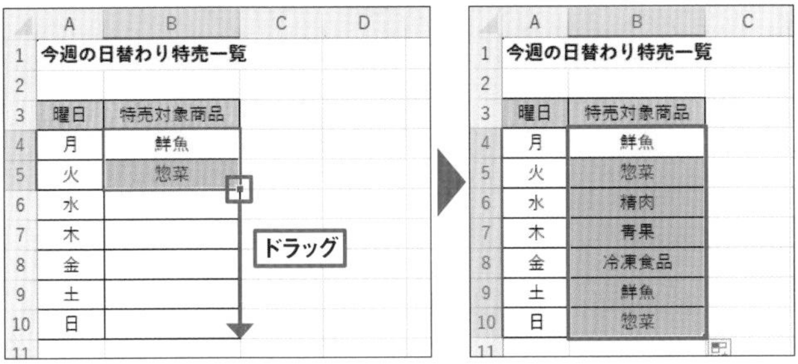

図29 ユーザー設定リストに登録された項目は、先頭の2つのセルの並べ方によって、本来とは異なる順番で入力することもできる。例えば、「鮮魚」「惣菜」と入力してオートフィルすると、以降のセルに、登録した項目が1つずつ順番を飛ばして自動入力される

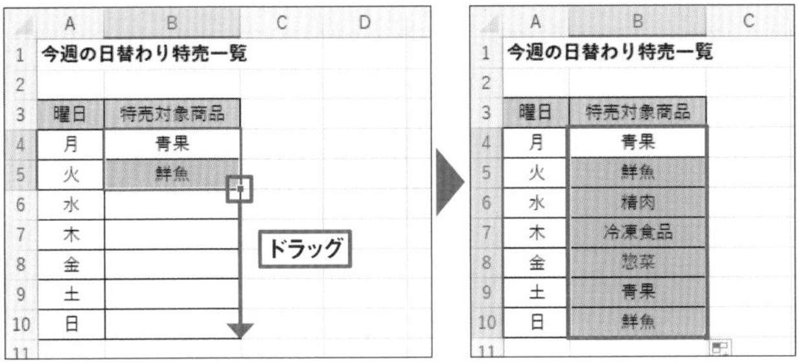

図30 同様に、先頭の2つのセルに「青果」「鮮魚」と入力してオートフィルを行うと、以降のセルに、登録したときとは逆の順番で各項目が自動入力される

動入力されていく(**図28**)。ここでは、リストの登録時に先頭に入力した「精肉」からオートフィルを行っているが、それ以外の項目を開始セルにすることもできる。

また、ユーザー設定リストは、必ずしも登録した通りの順序でしか自動入力できないわけではない。先頭の2つのセルにそれぞれリストの項目に含まれるデータを入力し、これらのセルを選択してオートフィルを行うことで、自動入力される順序を調整することも可能だ。

例えばこの例の場合、先頭のセルに「鮮魚」、2番目のセルに「惣菜」と入力してオートフィルを行うと、登録したリストの項目を1つずつ飛ばして自動入力できる(**図29**)。同様に、2つ飛ばしなども可能だ。

さらに、先頭のセルに「青果」、2番目のセルに「鮮魚」と入力してオートフィルを行うと、登録順とは逆の順序で、以降のセルに自動入力することができる(**図30**)。

なお、追加したユーザー設定リストの登録を削除したい場合は、やはり「ユーザー設定リスト」画面を表示し、左側で対象のリストを選択して、「削除」をクリックすればよい。ただし、削除が可能なのは、ユーザーが後から追加したリストのみだ。最初から組み込まれている曜日名やえとなどのユーザー設定リストを削除することはできない。

キー操作編

特定のセルに素早くアクセスするキー操作

セルやセル範囲を簡単に選択する

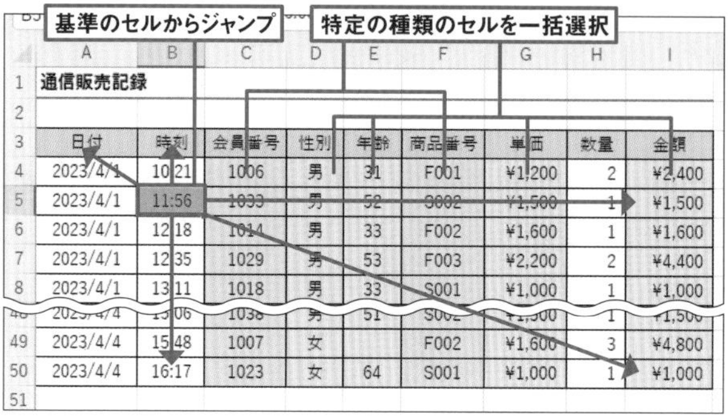

通信販売記録

	A	B	C	D	E	F	G	H	I
3	日付	時刻	会員番号	性別	年齢	商品番号	単価	数量	金額
4	2023/4/1	10:21	1006	男	31	F001	¥1,200	2	¥2,400
5	2023/4/1	11:56	1033	男	52	S002	¥1,500	1	¥1,500
6	2023/4/1	12:18	1014	男	33	F002	¥1,600	1	¥1,600
7	2023/4/1	12:35	1029	男	53	F003	¥2,200	2	¥4,400
8	2023/4/1	13:11	1018	男	33	S001	¥1,000	1	¥1,000
48	2023/4/4	15:06	1038	男	51	S002	¥1,500	1	¥1,500
49	2023/4/4	15:48	1007	女		F002	¥1,600	3	¥4,800
50	2023/4/4	16:17	1023	女	64	S001	¥1,000	1	¥1,000

図1 エクセルでは多くの場合、まず対象となるセルやセル範囲を選択して、操作を行う。ここでは、データが広い範囲に入力されていたり、あちこちに分散していたりする場合でも、簡単に目的のセルやセル範囲を選択するテクニックを紹介しよう

エクセルでは、基本的に、まずセルやセル範囲を選択し、それに対して入力や書式設定などの操作を行う。特定のセル（範囲）をより素早く選択することで、作業効率は確実に向上する。ここでは、こうしたセル選択のテクニックを紹介していく（**図1**）。黄色のセルにはデータの入力規則が、水色のセルには数式が設定されている。

基準のセルからキー操作でジャンプ

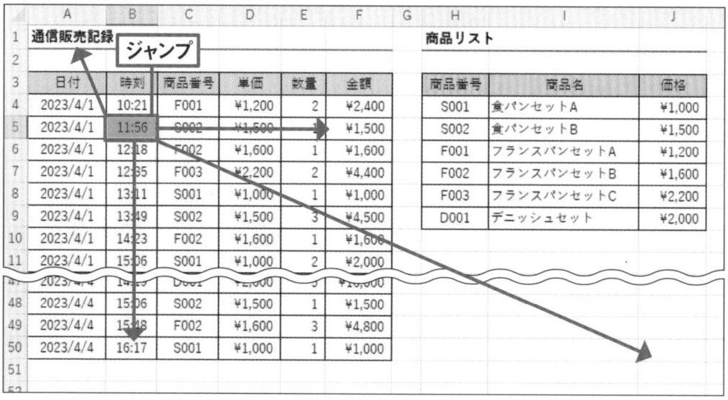

通信販売記録

	A	B	C	D	E	F
3	日付	時刻	商品番号	単価	数量	金額
4	2023/4/1	10:21	F001	¥1,200	2	¥2,400
5	2023/4/1	11:56	S002	¥1,500	1	¥1,500
6	2023/4/1	12:18	F002	¥1,600	1	¥1,600
7	2023/4/1	12:35	F003	¥2,200	2	¥4,400
8	2023/4/1	13:11	S001	¥1,000	1	¥1,000
9	2023/4/1	13:49	S002	¥1,500	3	¥4,500
10	2023/4/1	14:23	F002	¥1,600	1	¥1,600
11	2023/4/1	15:06	S001	¥1,000	2	¥2,000
48	2023/4/4	15:06	S002	¥1,500	1	¥1,500
49	2023/4/4	15:48	F002	¥1,600	3	¥4,800
50	2023/4/4	16:17	S001	¥1,000	1	¥1,000

商品リスト

商品番号	商品名	価格
S001	食パンセットA	¥1,000
S002	食パンセットB	¥1,500
F001	フランスパンセットA	¥1,200
F002	フランスパンセットB	¥1,600
F003	フランスパンセットC	¥2,200
D001	デニッシュセット	¥2,000

図2 アクティブセルを上下左右の各方向の終端セルや、ワークシートの先頭または末尾のセルなどに移動するのは、ショートカットキーで簡単にできる。なお、「終端セル」とは、その方向に連続してデータが入力されているとき、空白セルの手前にある最後のセルのことだ

まず、アクティブセルを、キー操作で特定の位置に移動させてみよう（**図2**）。ちなみに「アクティブセル」とは、選択され、入力の対象になっているセルのことで、周りが太い線で囲まれている。単独セルではなくセル範囲を選択している場合は、その中で1つだけ白く反転したセルがアクティブセルだ。

キー操作でA1から終端セルまで素早くジャンプ

アクティブセルを移動するためのショートカットキーには、**図3**のような種類がある。ここでいう「終端セル」とは、特定の方向に連続してデータが入力されている場合は、空白セルの手前のセル、またはワークシートの端のセルのこと。一方、空白セルが続いている場合は、最初に見つかった入力済みのセルのことだ。

例えば、**図4**のような表でB5セルをアクティブにして、「Ctrl」キーと「↓」キーを同時に押すと、B列の最下行のセル、すなわちB50セルがアクティブになる。この操作の代わりに、「End」キーを押してから「↓」キーを押しても同じ結果になる。

また、「Ctrl」+「End」キーなどでジャンプできる「最後のセル」とは、ワークシート上で何らかの編集が行われたセルすべてを含む長方形の領域（作業済みのセル範囲）の、右下端のセルのことだ。この例の場合、通信販売記録の表の右下端のF50セルではなく、商品リストの表の範囲まで含めたJ50セルになる。

●アクティブセルを移動するショートカットキー

キー操作	機能
Ctrl +矢印キー／End →矢印キー	その方向の終端セル
Home	アクティブな行のA列のセル
Ctrl + Home	A1セル
Ctrl + End ／ End → Home	最後（右下端）のセル
End → Enter	アクティブな行の最後の列のセル

図3 アクティブセルを移動するショートカットキーには、表のような種類がある。なお、「Shift」キーを押しながらこれらのキーを押すと、現在のアクティブセルとジャンプ先のセルを始点と終点とする四角形のセル範囲が選択される

※「+」は2つのキーを同時に押す操作、「→」は2つのキーを順番に押す操作を表す

●終端セルにジャンプする

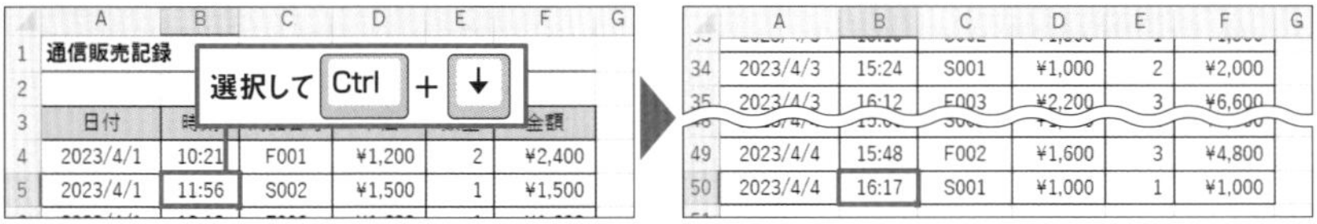

図4 ここでは、B5セルをアクティブにした状態で、下方向の終端セルに移動する例を紹介しよう。この位置で「Ctrl」キーを押しながら「↓」キーを押すと、この表のB列の最下行のセルが選択される。「End」キーを押してから「↓」キーを押しても同じ結果になる

基準のセルを含む範囲を自動選択

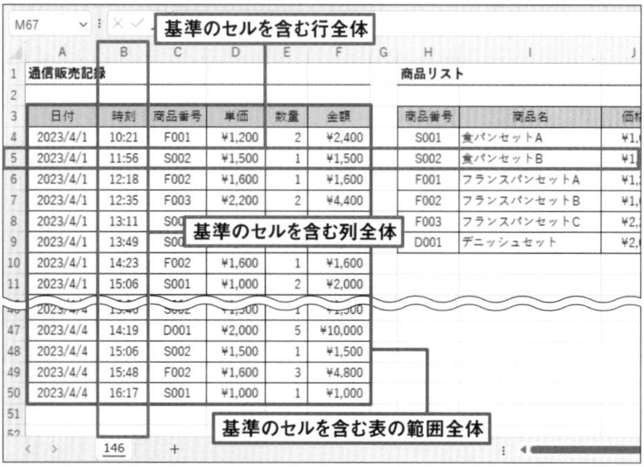

図5　基準のセルを含む行全体または列全体、あるいは基準のセルを含み、連続してデータが入力されている四角形のセル範囲（アクティブセル領域）などは、ショートカットキーで簡単に選択することが可能だ

●特定の範囲を選択するショートカットキー

キー操作	機能
Ctrl ＋ Shift ＋ ：け	アクティブセル領域
Ctrl ＋ A ち ／ Ctrl ＋ Shift ＋ スペース	アクティブセル領域／シート全体
Ctrl ＋ スペース	アクティブ列全体
Shift ＋ スペース （半角英数モード）	アクティブ行全体

図6　基準のセルを含む特定のセル範囲を選択できるショートカットキーには、表のような種類がある。なお、アクティブセルを含む行全体を選択する「Shift」＋スペースキーは、日本語入力モードでは機能しないので、必ず半角英数モードに切り替えて行う必要がある

●行全体・列全体を選択する

図7　B5セルを選択し、「Ctrl」キーを押しながらスペースキーを押してみよう。すると、B5セルを含む列全体、つまりB列全体が選択される。同様に、B5セルを含む行全体（5行目全体）を選択するには、半角英数モードにして「Shift」＋スペースキーを押す

●表の範囲全体を選択する

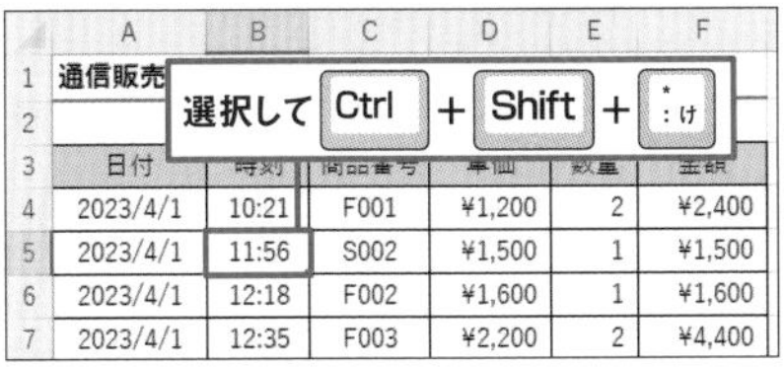

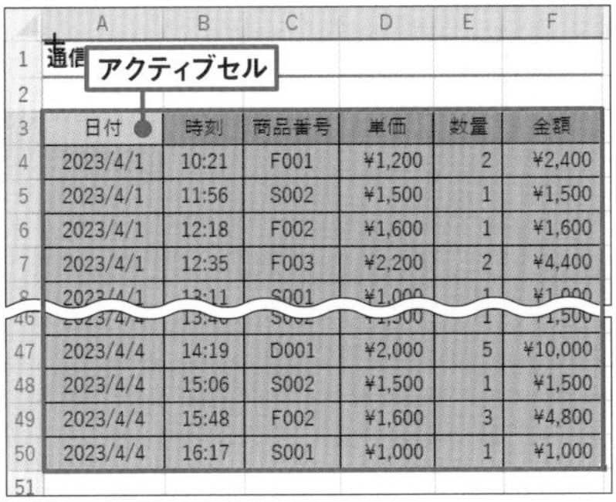

図8 アクティブセルを含み、データが連続している四角形のセル範囲のことを「アクティブセル領域」と呼ぶ。「Ctrl」キーと「Shift」キーを押しながら「＊」キーを押すと、アクティブセル領域が選択できる。なお、選択範囲内のアクティブセルは左上端のセルになる

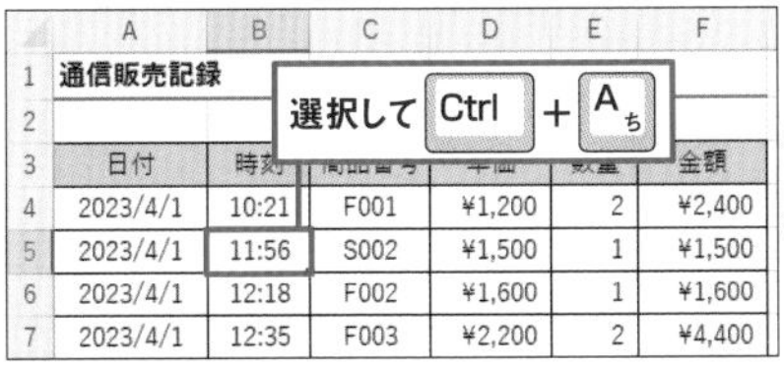

図9 「Ctrl」キーを押しながら「A」キーを押しても、アクティブセル領域を選択することができる。ただし、この方法の場合、「Ctrl」＋「Shift」＋「＊」キーとは違って、直前にアクティブだったセルが、そのまま選択範囲内のアクティブセルになる

「Ctrl」と「Shift」を活用してセル選択範囲の拡張も自在に

次に、アクティブセルを基準として、選択範囲を拡張するショートカットキーを紹介しよう（**図5、図6**）。

「Ctrl」キーを押しながらスペースキーを押すと、アクティブセルを含む列全体が選択される（**図7**）。また、「Shift」キーを押しながらスペースキーを押すと、アクティブセルを含む行全体が選択される。ただし、日本語入力モードでは使用できないため、先に半角英数モードにする必要がある。

一方、図6でいう「アクティブセル領域」とは、アクティブセルを含み、連続してデータが入力されている長方形のセル範囲のことだ。アクティブセル領域は、「Ctrl」＋「Shift」＋「＊」キーのショートカットキーで選択できる（**図8**）。テンキーにある「＊」キーを使う場合は「Ctrl」＋「＊」キーを押せばよい。

また、アクティブセル領域は「Ctrl」＋「A」キー（または「Ctrl」＋「Shift」＋スペー

特定の種類のセルを一括選択する

図10 数式や定数（非数式）のセル、データの入力規則や条件付き書式が設定されているセルなどを、簡単に一括選択することができる。さらに、設定画面を使用すれば、数値や文字列といった特定の種類のデータを表示している数式セルなども、自動的に選択が可能だ

スキー）で選択することも可能だ（前ページ**図9**）。どれも同じ結果のようだが、範囲選択後のアクティブセルの位置が異なる。また、すでにアクティブセル領域が選択されている状態や、周りに何も入力されていないセルで「Ctrl」+「A」キーを押すと、ワークシート全体が選択される。

特定の属性を持つセルをまとめて自動的に選択

ここからは、ショートカットキーではなく、リボンのメニューや設定画面で選択操作を行っていこう。まず、位置ではなく「数式」や「文字列」といった属性に基づいて、特定のセル（範囲）を選択する操作だ（**図10**）。

●すべての数式セルを一括選択する

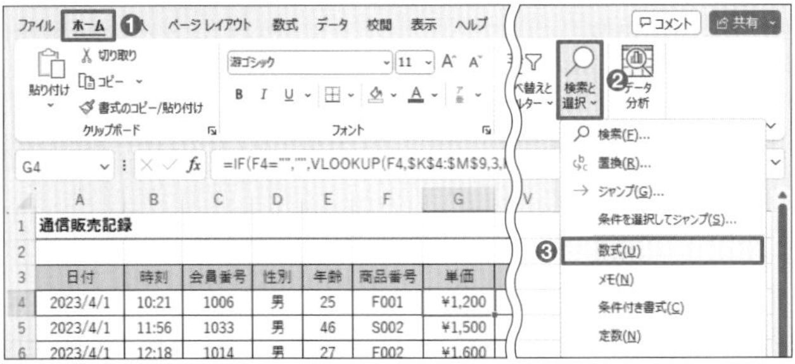

図11 作業中のワークシート内にあるすべての数式セルを、まとめて選択しよう。1つのセルだけを選択している状態で、「ホーム」タブの「検索と選択」をクリックし、「数式」を選ぶ（❶～❸）

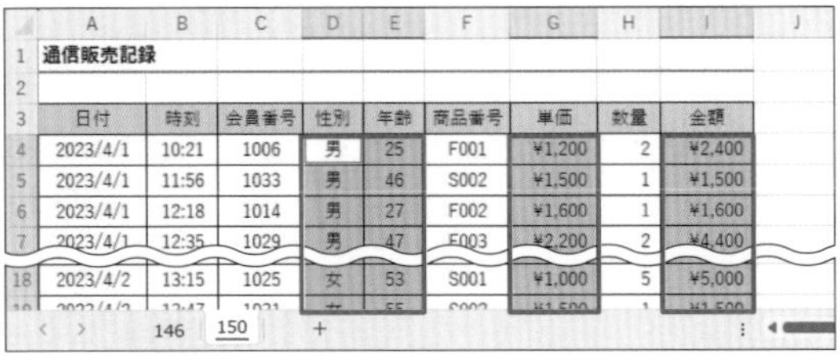

図12 ワークシート内で、数式が入力されているすべてのセルが選択された状態になる。この「検索と選択」からは、同様に、定数のセルや、メモ、条件付き書式、データの入力規則が設定されたセルを、一括で自動的に選択することができる

●文字列を返す数式のセルだけを選択する

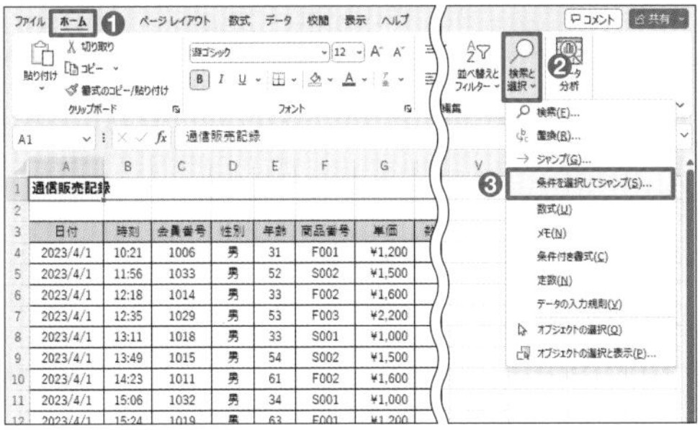

図13 すべての数式セルではなく、特定の種類のデータを表示している数式のセルだけをまとめて選択することも可能だ。「ホーム」タブの「検索と選択」をクリックし、「条件を選択してジャンプ」を選ぶ（❶〜❸）

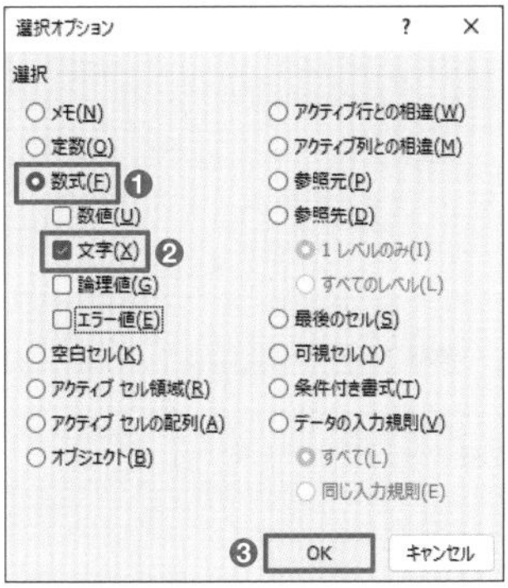

図14 「選択オプション」画面が表示される。ここではまず「数式」を選び、「数値」と「論理値」「エラー値」のチェックを外して「文字」だけにチェックが付いた状態にする（❶❷）。「OK」をクリックする（❸）

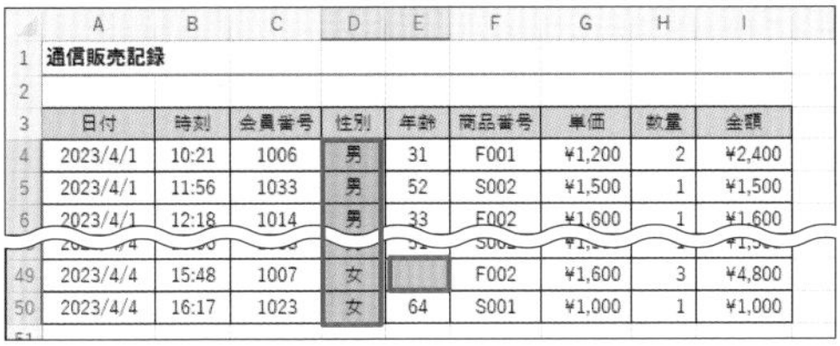

図15 数式の結果として文字列を返しているセルがまとめて選択される。空白文字列（""）も対象となっている。なお、「選択オプション」画面からは、同様に「定数」についても、データの種類を指定して一括選択することが可能だ

例えば、数式のセルの目印として、あらかじめ塗りつぶしの色などを設定しておきたいこともあるだろう。このような場合は、「ホーム」タブの「検索と選択」をクリックし、「数式」を選ぶ（**図11**）。すると、作業中のワークシート内で、数式が入力されているすべてのセルが選択される（**図12**）。この状態で、選択範囲に適当な書式を設定すればよい。また、「検索と選択」からは、同様に、「メモ」や「条件付き書式」、「定数」（数式でないセル）、「データの入力規則」などに該当するセルを一括選択することも可能だ。

すべての数式セルではなく、計算の結果として、特定の種類のデータが表示されているセルだけを選択することもできる。具体的には、「ホーム」タブの「検索と選択」から「条件を選択してジャンプ」を選ぶ（**図13**）。表示される「選択オプション」画面で、まず「数式」を選び、「数値」「論理値」「エラー値」のチェックを外して「文字」だけにチェックが付いた状態にして、「OK」をクリックする（**図14**）。これで、数式の結果として文字列を表示しているセルだけが、自動的に選択される（**図15**）。なお、図14の画面で「定数」を選んだ場合も、同様にデータの種類を指定することが可能だ。

●同じ種類の入力規則のセルを一括選択する

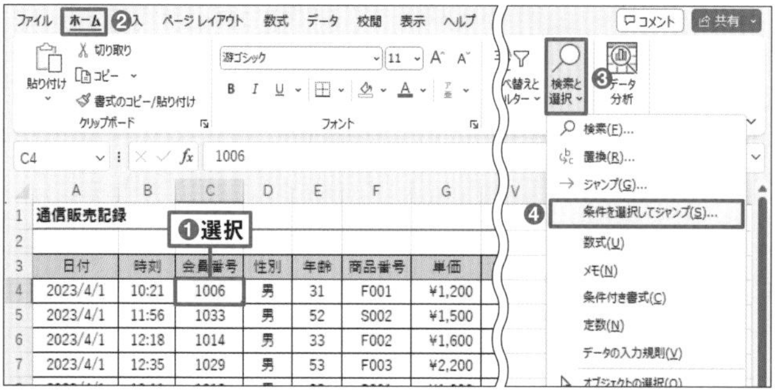

図16 「データの入力規則」と「条件付き書式」は、それらが設定されたすべてのセルではなく、同じ設定内容のセルだけを選択することもできる。目的の設定のセルを選択し、「ホーム」タブの「検索と選択」から「条件を選択してジャンプ」を選ぶ（❶～❹）

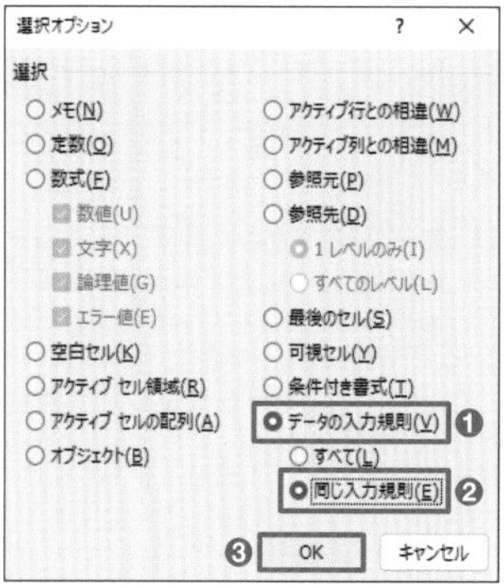

図17 開く「選択オプション」画面で、「データの入力規則」を選択し、さらに「同じ入力規則」を選択する（❶❷）。「OK」をクリックする（❸）

図18 アクティブセルと同じ入力規則のセルがすべて選択される。なお、「選択オプション」画面では、「条件付き書式」についても、同様に「すべて」または「同じ入力規則」のいずれかを選んで、該当するセルを一括選択することが可能だ

「条件付き書式」と「データの入力規則」に関しては、ワークシート内でそれらが設定されたすべてのセル、または特定のセルと同じ内容が設定されたセルのいずれかを、自動的に選択することができる。ここでは、アクティブセルと同じ入力規則が設定されたセルを自動選択してみよう。

対象のセルを選択し、「選択オプション」画面を表示（**図16**）。「データの入力規則」を選び、さらに「同じ入力規則」を選択して、「OK」をクリックする（**図17、図18**）。なお、「条件付き書式」を選んだ場合も、同様に「すべて」または「同じ入力規則」のいずれかを選択できる。

ここまで紹介した操作は、基本的に1つのセルだけを選択した状態で実行し、ワークシート全体を対象に、条件に該当するセルをすべて選択するものだった。特定のセル範囲の中で、該当するセルを選択したい場合は、あらかじめ対象の範囲を選択すればよい。

例えば、「選択オプション」画面で「空白セル」を選んだ場合、通常は、作業済みのセル範囲の中で未入力のセルがすべて選択される。図19のワークシートの場合は、B1～C1セルやA2～E2セルも選択されてしまう。ここでは、「Ctrl」+「Shift」+「＊」キーでアクティブセル領域を選択してから同様の操作を行うことで、表の範囲内の空白セルだけを選択している（**図19～図21**）。

●空白のセルを一括選択する

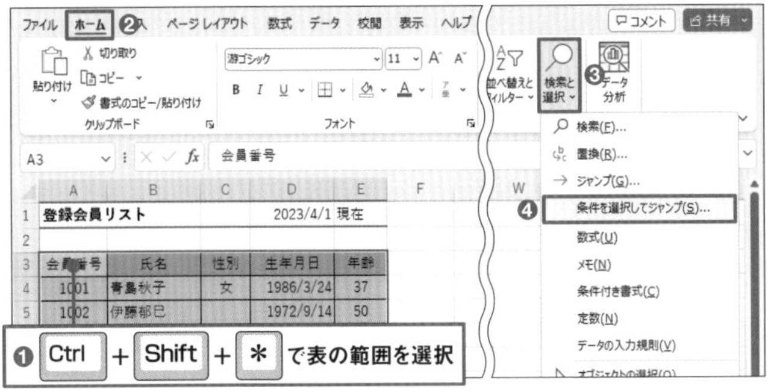

図19 次に、表の範囲内で空白のセルだけを一括選択する。1～2行目の空白セルを除外するために、まず表の中のセルを選択し、「Ctrl」+「Shift」+「＊」キーでアクティブセル領域を選択（❶）。「ホーム」タブの「検索と選択」から「条件を選択してジャンプ」を選ぶ（❷～❹）

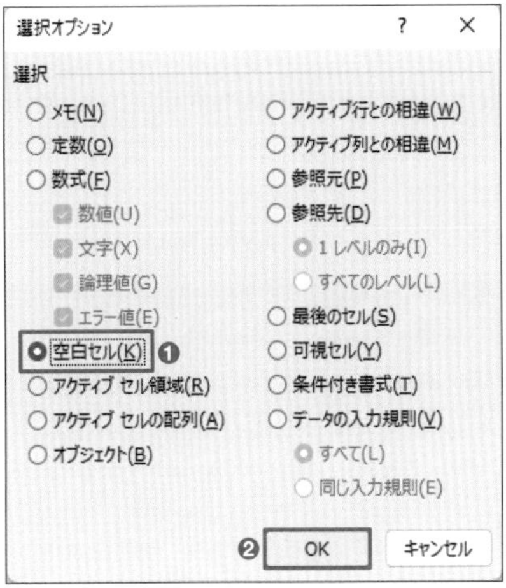

図20 表示される「選択オプション」画面で「空白セル」を選択（❶）。「OK」をクリックする（❷）

図21 表の範囲内で、何も入力されていないセルだけが一括で選択される。なお、E10セルやE15セルのように、数式の結果として空白文字列（""）が表示されているセルは、選択対象にはならない

Excel

Part3

関数

エクセルには数百にも及ぶ関数があり、
高度な機能を実現しています。
しかし、全部を覚える必要はなく、
優先度の高いものを厳選して学ぶのが肝要です。
このパートでは重要な関数の習得法と
利用方法を学びます。

文／土屋 和人、中野 明

総論 2割の関数を覚えれば8割の仕事をこなせる

関数を一番効率良く習得するツボは、覚えるべき関数を「パレートの法則」で絞り込むことだ。この法則は「売れ筋商品の上位2割が売り上げ全体の8割を占める」といった経験則。この考え方をエクセルの関数に適用すると、「よく使う関数の上位2割で仕事の8割をこなせる」となる（**図1**）。

そもそもエクセルの関数には、知っていないと始まらない“キラー関数”がある一方で、その筋の専門家しか使わない“マニアック関数”もある（**図2**）。専門家しか使わない関数を覚えても、一般的な仕事で重宝することはあまりない。それならば、日常業務でよく使う上位2割程度の関数を押さえるのが先決だ。それだけでたいていの仕事をこなせるだろう。

エクセル関数でも「パレートの法則」が成り立つ

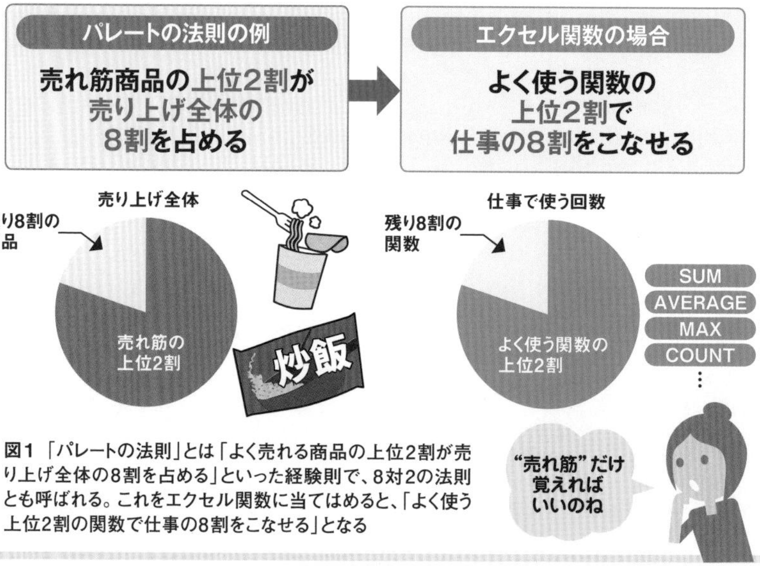

図1 「パレートの法則」とは「よく売れる商品の上位2割が売り上げ全体の8割を占める」といった経験則で、8対2の法則とも呼ばれる。これをエクセル関数に当てはめると、「よく使う上位2割の関数で仕事の8割をこなせる」となる

●具体的な関数でいうと…

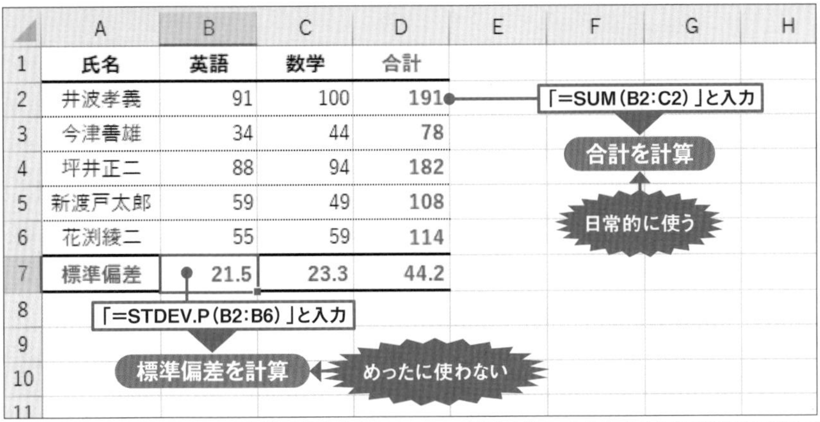

	A	B	C	D
1	氏名	英語	数学	合計
2	井波孝義	91	100	191
3	今津善雄	34	44	78
4	坪井正二	88	94	182
5	新渡戸太郎	59	49	108
6	花渕綾二	55	59	114
7	標準偏差	21.5	23.3	44.2

図2 例えば、たいていの人は、標準偏差を求めるSTDEV.P関数よりも、合計を求めるSUM関数のほうが利用頻度が高いはず。STDEV.Pなどはまだいいほうで、関数の中にはPOISSON.DIST、IMSQRT、CUBESET、DEC2HEXなど、何に使うのか想像もできないようなものもたくさんある

現在エクセルには約480個の関数があり、その2割だと96個になる。だが、ひと昔前のエクセルは300個余りで、こちらの2割だと60個だ。ここでは昔から使われてきた関数の2割、60個を攻略目標にしよう（**図3**）。

480個や300個は無理でも60個なら何とかなりそうだ。160～163ページに示したので、とにかくこの60個を徹底的にマスターしてほしい。それらのうち本パートで使用したものと、セットで覚えたい仲間の関数は、159ページのSUM関数のように重要関数コラムとして詳細や使用例を示した。

●だからこの考え方でいこう

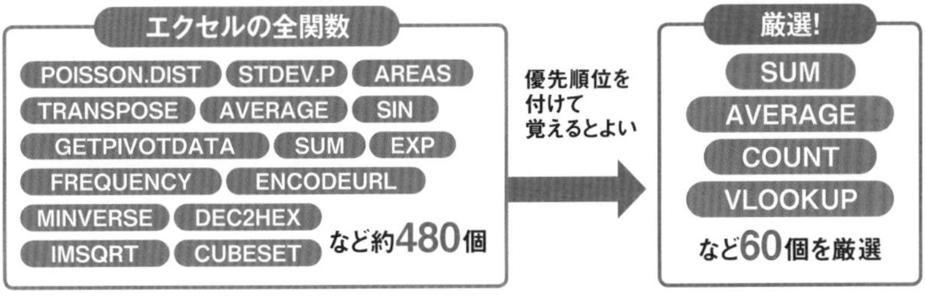

図3 エクセル関数は全部で約480個もある。これをすべて覚えるのは至難のワザ。そこで一般ユーザーがよく使うであろう関数を60個、厳選した（160～163ページ参照）。本パートでは、そのうちいくつかの具体例を紹介しながら、エクセル関数を上手に使いこなすためのツボを解説する

「引数（ひきすう）」って何? まずは基本の書式を押さえる

ところで、エクセルの関数はおおよそ12の分類（グループ）に集約できる（**図4**）。この中には、科学技術向けのエンジニアリング関数や外部データベースに接続するキューブ関数など、一般ユーザーにはあまり縁のないグループがある。今回、これらは取りあえず頭から除外して、残りのグループから60個の関数を厳選している。

厳選関数60個を攻略するに当たり、まずは、あらゆる関数で共通の基本書式を頭にたたき込んでおこう（**図5**）。エクセルの数式は「=」（イコール）で始まり、関数を使うときは関数名を記述して、その後ろにかっこでくくって引数（ひきすう）を指定する。引数とは関数に渡すデータのことで、数値や文字列、セルやセル範囲などを指定する。複数の引数を使う関数では、引数の間を半角のカンマで区切る。

図4 分類名はマイクロソフト365のエクセルに準じた。ほかに旧版との互換性を考慮した「互換性関数」もある。複素数演算など科学技術向けのエンジニアリング関数や外部データベースに接続するキューブ関数など、一般ユーザーには縁のないグループもある。60種類の関数は比較的よく使うグループから選んだ

引数は関数によってまちまちだ。その点については重要関数コラムの中で**図6**のような「関数構造図」として示した。関数名や読み、関数の分類、重要度（星の数）、書式のほか、関数の働きや個々の引数について解説している。関数学習の良き伴侶にしてほしい。

書式の基本を押さえておこう

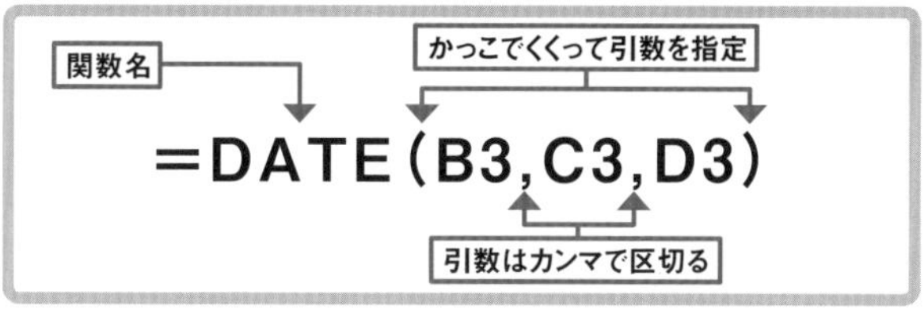

図5 エクセルの数式は「=」で始まり、関数を使うときは関数名の後ろにかっこでくくって引数を列挙する（英数字、記号はすべて半角で入力する）。これはすべての関数に共通の基本ルールだ

本書特製「関数構造図」の見方

関数構造図の凡例

関数名《読み》

関数の分類
重要度★★★★★

書式　=関数名（引数1,引数2,…）
機能　関数の機能
引数　引数の説明。引数がない関数や複数使う関数もある

図6 本書ではこのような関数構造図を使い、主要な関数を個別に紹介していく。重要度を星の数（5個が最重要）で示した

重要関数 1 合計を求める基本中のキホン

SUM《サム》

数学／三角関数
★★★★★

書式　=SUM（値1,値2,…）
機能　指定した引数の合計を計算する
引数　値1：合計する値やセル範囲を指定する
　　　値2：合計する値やセル範囲を指定。省略可能。
　　　引数は最大で255個まで指定できる

	A	B
1	店名	販売額
2	大阪本店	¥1,210,000
3	東京店	¥580,000
4	横浜店	¥450,000
5	神戸店	¥950,000
6	京都店	¥820,000
7	合計	¥4,010,000
8		

「=SUM（B2:B6）」と入力して合計を計算

図A B7セルにSUM関数式を入力して販売額の合計を算出した。「=B2+B3+B4+B5+B6」といった四則演算の数式でも計算はできるが、SUM関数のほうがシンプルで入力の手間がなく、わかりやすい

これらを合計

	A	B
1	店名	販売額
2	大阪本店	¥1,210,000
3	東京店	¥580,000
4	横浜店	¥450,000
5	神戸店	¥950,000
6	京都店	¥820,000
7	関西の合計	¥2,980,000
8		
9		
10		
11		

「=SUM（B2,B5:B6）」と入力して関西の合計を計算

図B 離れたセル範囲も合計できる。カンマで区切って引数のセル範囲を複数指定すればよい。ここではB2セルとB5～B6セルを指定して関西の合計を算出した

重要関数一覧 約480ある関数から60個を厳選!

●日付と時刻

DATE《デイト》
➡P166

年月日の数値(例:20237、7、12)を日付(例:2023/7/12)に変換

★★★★☆

WORKDAY《ワークデイ》

土日祝日を除いてある日付から○日前・後の日付を返す

★★★☆☆

TODAY《トゥデイ》

現在の日付を日付データ(シリアル値と呼ばれる数値)として返す

★★★★☆

TIME《タイム》
➡P179

時分秒の数値(例:16、3、41)を時刻(例:16:03:41)に変換する

★★★★☆

YEAR《イヤー》
➡P179

日付(例:2023/7/12)から年の数値(例:2023)を取り出す

★★★★☆

NOW《ナウ》

現在の日時を時刻も含めた日付データ(シリアル値)として返す

★★★☆☆

MONTH《マンス》
➡P179

日付(例:2023/7/12)から月の数値(例:7)を取り出す

★★★★☆

TIMEVALUE《タイムバリュー》

時刻を表す文字列(例:"16時3分41秒")を時刻(シリアル値)に変換する

★★★☆☆

DAY《デイ》
➡P179-

日付(例:2023/7/12)から日の数値(例:12)を取り出す

★★★★☆

HOUR《アワー》

時刻(例:16:03:41)から時の数値(例:16)を取り出す

★★★☆☆

WEEKDAY《ウィークデイ》

日付の曜日を1〜7(日〜土に相当)の数値として返す

★★★★☆

MINUTE《ミニット》

時刻(例:16:03:41)から分の数値(例:3)を取り出す

★★★☆☆

DATEVALUE《デイトバリュー》

日付を表す文字列(例:"2023年7月12日")を日付(シリアル値)に変換する

★★★★☆

SECOND《セコンド》

時刻(例:16:03:41)から秒の数値(例:41)を取り出す

★★★☆☆

パレートの法則を念頭に、優先的に覚えたい60個のエクセル関数を厳選した。専門職の人は、この60個に加えて統計や財務、エンジニアリングなど自分の専門に合った関数を覚えていくとよいだろう。重要度の目安を星の数で表した

●文字列

PHONETIC《フォネティック》

➡P166

セルに記録された振り仮名（漢字変換時の文字列）を取り出す ★★★★★

LEFT《レフト》

➡P174

文字列の先頭から○文字を取り出す。例：「Excel」から2文字だと「Ex」 ★★★★☆

RIGHT《ライト》

➡P174

文字列の末尾から○文字を取り出す。例：「Excel」から2文字だと「el」 ★★★★☆

MID《ミッド》

➡P175

文字列の○文字目から○文字を取り出す。LEFT、RIGHTの仲間 ★★★★☆

LEN《レン》

➡P175

文字列の長さ（何文字か）を返す。例：「Excel」なら5文字 ★★★★☆

FIND《ファインド》

➡P174

対象の文字列が何文字目にあるか調べる。例：「Excel」の中で「e」は4番目 ★★★★☆

SUBSTITUTE《サブスティテュート》

文字列を置き換える。例：「株式会社内田」を「（株）内田」に変える ★★★★☆

TEXT《テキスト》

数値を特定書式の文字列に変換。例：3278を"¥3,278"に変換 ★★★★☆

REPT《リピート》

文字列を指定回数だけ繰り返す。"*******"といった文字グラフが作れる ★★★☆☆

CHAR《キャラクター》

文字コード（例：13377）を文字（例："漢"）に変換する ★★★☆☆

CODE《コード》

文字列の一番先頭にある文字（例："漢"）の文字コード（例：13377）を返す ★★★☆☆

VALUE《バリュー》

数値ふうの文字列を数値に変換する。例："¥3,278"を3278に変換する ★★★☆☆

EXACT《エグザクト》

大文字と小文字を区別して2つの文字列が一致するか調べる ★★★☆☆

●数学／三角

SUM《サム》
➡P159

合計を求める。エクセル関数の基本中のキホン

★★★★★

SUMIF《サムイフ》
➡P183

指定条件に合致した値だけを合計する。SUMとIFが合体したような関数

★★★★☆

ROUND《ラウンド》
➡P195

数値を四捨五入して指定の桁数にする。例:68.562を68.6に変換

★★★★☆

ROUNDDOWN《ラウンドダウン》
➡P195

数値を切り捨てて指定の桁数にする。例:68.562を68に変換する

★★★★☆

ROUNDUP《ラウンドアップ》
➡P195

数値を切り上げて指定の桁数にする。例:68.562を68.57に変換する

★★★★☆

MOD《モッド》

割り算したときの余りを返す。例:15を4で割ると余りは3

★★★★☆

INT《イント》

小数部を切り捨てる。例えば4.5は4。ただし-4.5は-5になる

★★★★☆

CEILING《シーリング》

数値を指定の数の倍数に切り上げる。例:45を12の倍数にすると48

★★★☆☆

SUBTOTAL《サブトータル》

小計機能で小計を計算すると自動入力される関数

★★★★☆

RAND《ランド》

0.31918808といった0以上1未満の乱数を返す

★★★☆☆

●統計

AVERAGE《アベレージ》
➡P171

平均値を求める。SUMと並ぶ基本関数の筆頭

★★★★★

COUNT《カウント》
➡P169

あるセル範囲に含まれる数値の個数を返す。空白セルや文字列は除外する

★★★★★

COUNTIF《カウントイフ》

指定条件に合致した値の個数を求める。COUNTとIFが合体したような関数

★★★★☆

MAX《マックス》
➡P170

最大値を求める。統計処理の基本関数の1つ

★★★★★

MIN《ミン》
➡P170

最小値を求める。統計処理の基本関数の1つ

★★★★★

RANK.EQ《ランク・イコール》

あるセル範囲で特定のセルが大きい・小さい順で何番目かを調べる

★★★★☆

LARGE《ラージ》
➡P193

あるセル範囲で○番目に大きい値を返す。順位表を作るときに重宝

★★★★☆

SMALL《スモール》
➡P193

あるセル範囲で○番目に小さい値を返す。順位表を作るときに重宝

★★★★☆

●検索／行列

VLOOKUP《ブイルックアップ》
➡P196

ある値を基にほかの表からデータを抜き出す、いわゆる「表引き」を行う関数 ★★★★★

INDIRECT《インダイレクト》

文字列をセル参照に変換する。例："C12"をC12セルへの参照に変換する ★★★☆☆

MATCH《マッチ》
➡P198

ある値が指定セル範囲の何番目にあるかを調べる ★★★★☆

COLUMN《コラム》

指定セルが何列目かを返す。引数を省略すると入力したセルが対象になる ★★★★☆

INDEX《インデックス》
➡P199

指定した行と列が交差するセルの値を返す。MATCHとの併用で表引きもできる ★★★★☆

ROW《ロウ》

指定セルが何行目かを返す。引数を省略すると入力したセルが対象になる ★★★★☆

OFFSET《オフセット》

指定セル範囲を○行○列だけ移動したセル範囲を返す ★★★☆☆

CHOOSE《チューズ》

複数指定した引数のうち○番目の値を返す ★★★☆☆

●論理

IF《イフ》
➡P181

「もし～なら～、そうでないなら～」と指定条件で場合分けする関数 ★★★★★

OR《オア》
➡P189

条件がどれか合致するか（「AまたはBまたはC…」が成立するか）を調べる ★★★★☆

AND《アンド》
➡P189

条件が全部合致するか（「AかつBかつC…」が成立するか）を調べる ★★★★☆

NOT《ノット》
➡P191

条件判定の結果をひっくり返す。「… でない」に相当 ★★★★☆

●財務

FV《エフブイ》

ローンや積み立てで残高が将来いくらになるかを計算する ★★★☆☆

PMT《ピーエムティー》

ローンや積み立てで毎月の支払額や積立額を計算する ★★★☆☆

●情報

ISBLANK《イズブランク》

セルが空（何もデータが入っていない）かどうかを判定する ★★★☆☆

入力のコツ

ヘルプが充実! 書式は覚えなくても大丈夫

「関数を覚える」ということは、それぞれの関数固有の書式を丸暗記することでは決してない。もちろん、書式は覚えているに越したことはないが、無理に覚える必要はないのだ。エクセルはヘルプ(解説)や関数入力支援機能が充実しており、引数の詳細などを手軽に参照できる(**図1**)。はっきり言って、書式など知らなくてもかまわない。それよりも「どんな関数があって、どういうときにどれを使うべきか」をしっかり把握しておくことが“関数エキスパート”への早道だ。

まず、ベテランでも頻繁に利用する“アンチョコ”から紹介しよう(**図2**)。セルに「=」に続けて関数名の先頭数文字を入力すると、その文字で始まる関数が一覧になる。また、一覧の中の関数名をクリックすると、右側に簡単な説明が出るようになっている。

ヒントが随所にある

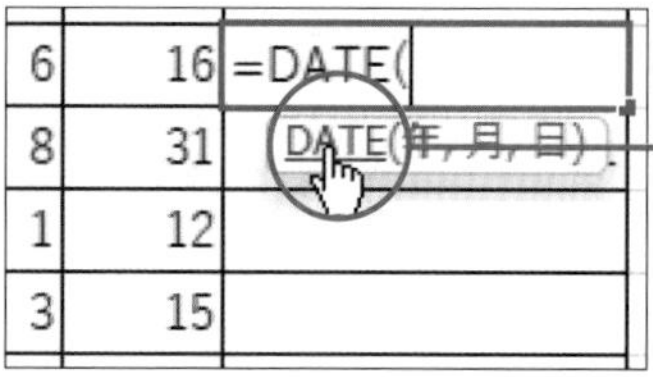

図1 関数の書式や引数の意味は覚えなくてよい。エクセルは関数に関するヘルプ(機能説明)や入力支援機能が充実しているからだ。それよりもどんな関数で何ができるかを把握することが肝心

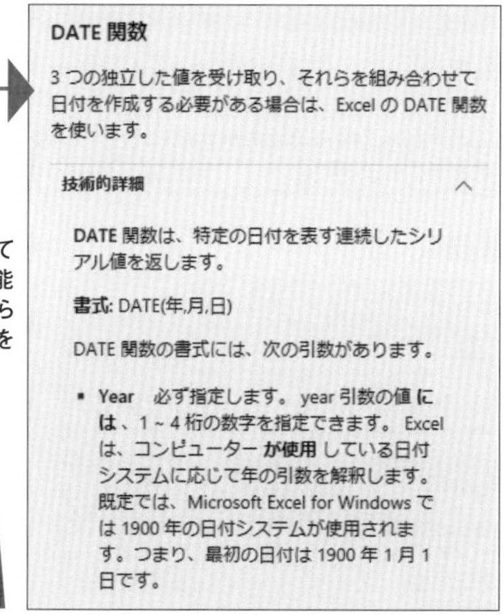

DATE 関数

3 つの独立した値を受け取り、それらを組み合わせて日付を作成する必要がある場合は、Excel の DATE 関数を使います。

技術的詳細

DATE 関数は、特定の日付を表す連続したシリアル値を返します。

書式: DATE(年,月,日)

DATE 関数の書式には、次の引数があります。

- **Year**　必ず指定します。 year 引数の値 **には**、1 ~ 4 桁の数字を指定できます。 Excel は、コンピューター **が使用** している日付システムに応じて年の引数を解釈します。既定では、Microsoft Excel for Windows では 1900 年の日付システムが使用されます。つまり、最初の日付は 1900 年 1 月 1 日です。

手早く入力するコツを覚えよう

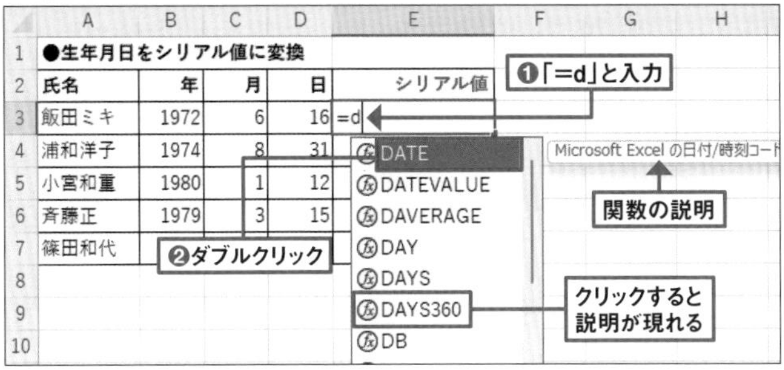

図2 例えばE3セルをクリックして半角で「=d」と入力すると（❶）、「D」で始まる関数一覧が現れる。「=da」なら「DA」で始まる関数に絞り込める。関数名をクリックすると選択され、右側に解説が現れる。「DATE」をダブルクリックするか（❷）、選択して「Tab」キーを押してみよう

図3 E3セルに「=DATE(」と自動入力される。さらにセルの下にはDATE関数の書式が「DATE（年,月,日）」と表示される

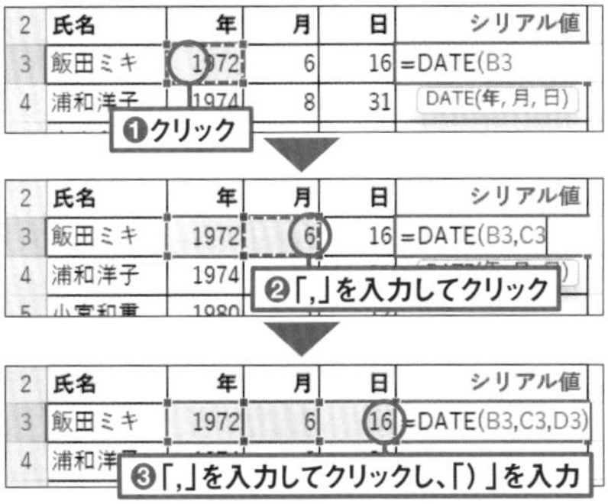

図4 ここでB3セルをクリックすると「=DATE（B3」となる（❶）。半角の「,」を入力し、続けてC3セルをクリックする（❷）。さらに「,」を入力してD3セルをクリックし、「）」を入力（❸）。最後に「Enter」キーを押す

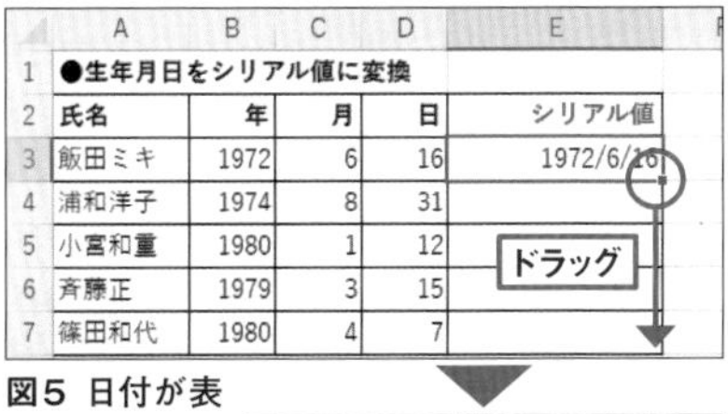

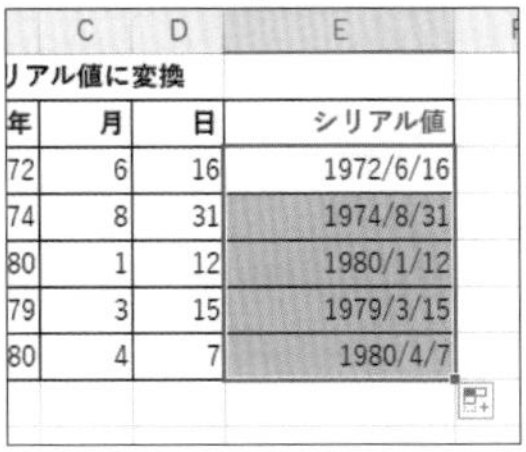

図5 日付が表示された。E3セルを選択してその右下隅をE7セルまでドラッグする。数式と一緒に日付書式もコピーされる

書式のアンチョコはベテランでも重宝している

ダブルクリックすると、その関数が開きかっことともに入力される（**図3**）。注目は、関数を入力したセルの下に表示されている書式だ。このアンチョコを見ながら、順に引数を入力していけばよい（**図4**）。セル参照は、実際にそのセルをクリックして入力するのが速い。引数の間は半角のカンマで区切り、最後に閉じかっこを入力して（しなくても自動補完される）、「Enter」キーで確定する。

重要関数 2 年月日の数値から日付を生成

DATE《デイト》

日付と時刻の関数 ★★★★

書式　=DATE(年,月,日)
機能　指定された年月日に対応する日付のシリアル値を返す
引数　年:年の数値
　　　月:月の数値(12を超えると翌年以降の日付になる)
　　　日:日の数値(月末を超えると翌月以降の日付になる)

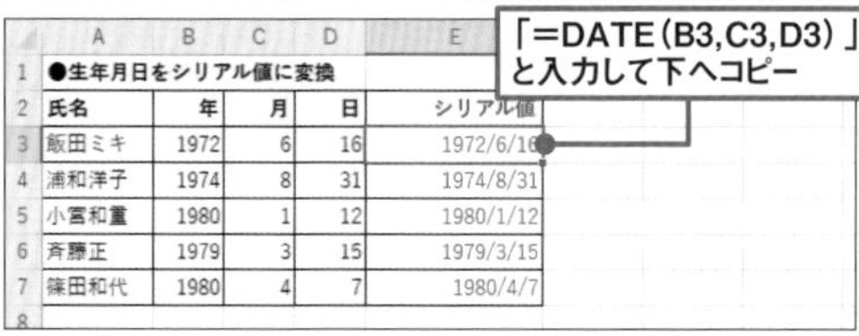

図C DATE関数を使い、年、月、日の3つの数値を基に日付データのシリアル値を生成した。日付データの実体はシリアル値と呼ばれる数値で、1900年1月1日を1として1日ごとに1ずつ増える。例えば1972年6月16日は26466だ。自動的にセル書式は日付になる

●シリアル値を使って曜日も表示できる

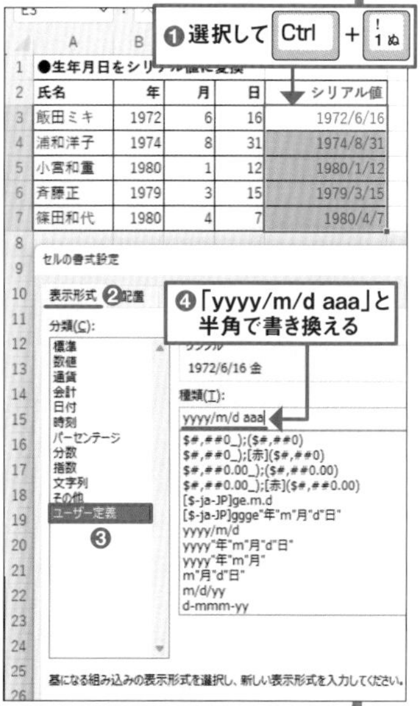

図D 年月日の数値をシリアル値に変換すると、表示形式を変更して曜日なども表示できる。日付の入ったセル範囲を選択して「Ctrl」キーを押しながら「1」キーを押す(❶)。「表示形式」タブで「ユーザー定義」を選び、「種類」欄を図のように書き換える(❷~❹)

重要関数 3 振り仮名を表示したいならコレ!

PHONETIC《フォネティック》

文字列関数 ★★★★★

書式　=PHONETIC(セル参照)
機能　セルに記録された振り仮名(漢字変換に使用した文字列)を抽出する
引数　セル参照:振り仮名を取り出したいセル

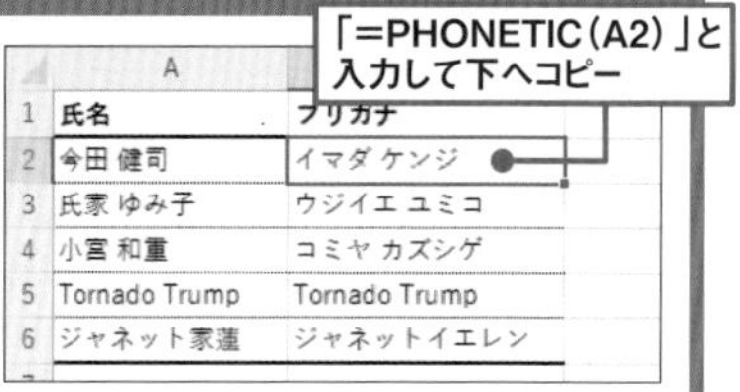

図E PHONETIC関数は、氏名とは別のセルにその振り仮名を表示させたいときなどに使う。英数記号はそのまま表示される。ほかのアプリから貼り付けたデータには振り仮名が付かないので注意

前ページ**図5上**はDATE(デイト)関数を入力し終えたところだ。このような表ではセルの右下隅を下へドラッグして数式をコピーするのが定石になる。このコピー操作をオートフィルと呼ぶ。

図3のアンチョコではなく、もっと詳しい解説を読みたいときは、ヘルプを参照しよ

関数名のリンクからネットのヘルプを開く

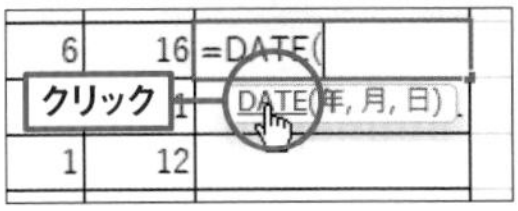

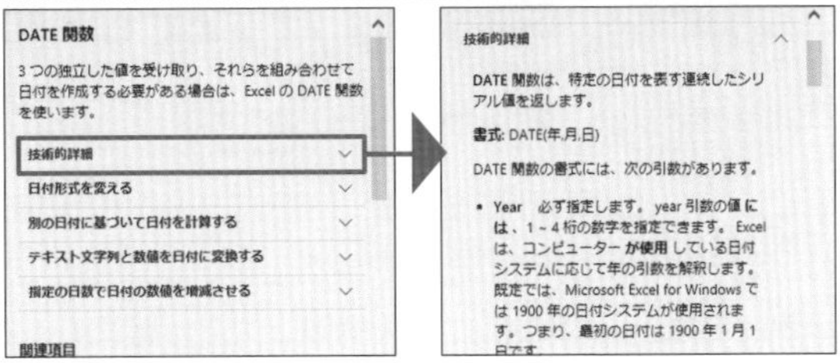

図6 図3の書式の関数名はリンクになっている。クリックすると画面右側に当該関数のヘルプが表示される。関数の書式や引数の説明は「技術的詳細」欄に記述されている

●「F1」キーでヘルプのパネルを開く

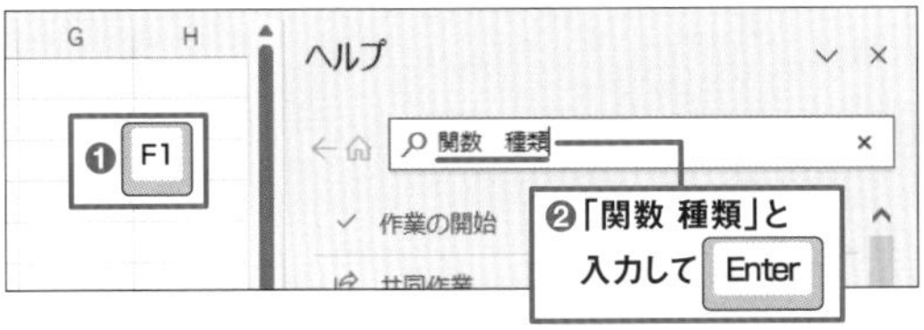

図7 「F1」キー（「Fn」キーと一緒に押す機種もある）を押すと（❶）、右側にヘルプのパネルが開く。検索窓に「関数 種類」と入力して「Enter」キーを押す（❷）

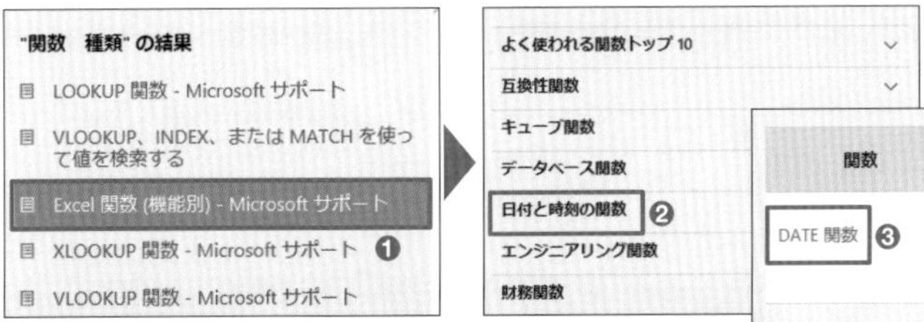

図8 検索結果から「Excel関数（機能別）」を押すと（❶）、関数の分類名が表示される。分類名をクリックし、さらに目的の関数をクリックすると（❷❸）、解説が表示される

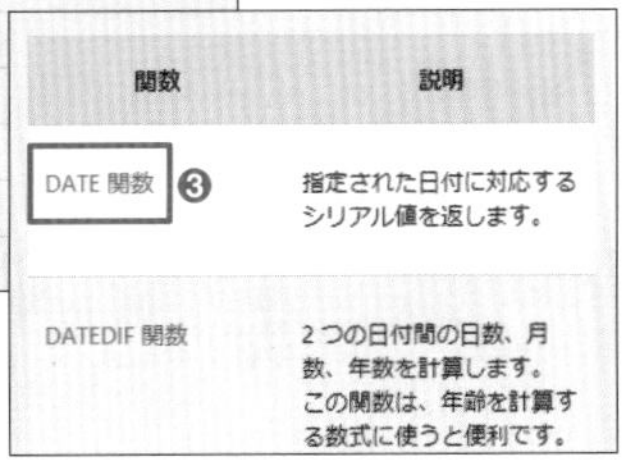

う。ヘルプへのアクセス方法は大きく2通りある。

1つめは図3のアンチョコだ。関数名の下に表示された書式の説明の関数名はリンクになっており、クリックすると画面右側にヘルプパネルが開き、関数の解説が表示される（**図6**）。

関数に限らずすべてのヘルプを見たいときは、「F1」キーを押す（**図7**）。するとこの場合も右側にヘルプのパネルが開く。関数の種類について調べたいときは検索窓に「関数 種類」と入力して検索する。関連項目が一覧になるので、例えば機能別の解説を見たければ、「Excel関数（機能別）」をクリックする（**図8**）。そこから分類名、関数名とたどっていけばよい。なお、関数名がわかっているときは検索窓に直接、関数名を入力したほうが手っ取り早い。

統計関数

手入力しない簡単・最短ルートを見つけるべし

初心者にとって関数式の入力はかなりの難関だ。そのためエクセルには、「楽に関数を入力するための支援機能」が用意されている。いわば山頂（関数入力）への最短ルートだ（**図1**）。代表的なルートは3つある。

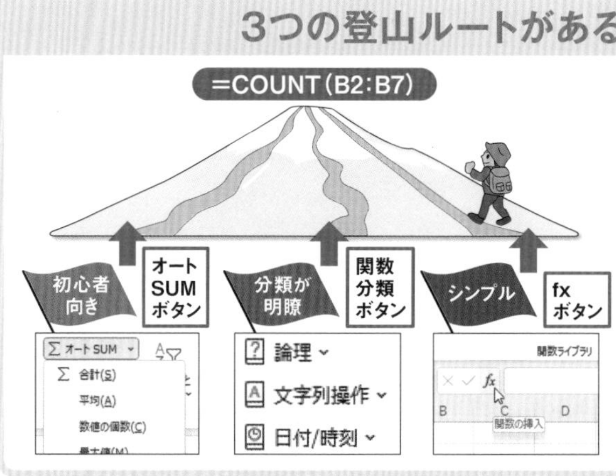

図1 関数の手入力を省ける機能がいろいろある。関数の入力を登山に例えると、「オートSUM」ボタンと関数分類ボタン、「fx（関数の挿入）」ボタンの3つが最短の登山ルートだ

初心者に親切な「Σ」ボタン

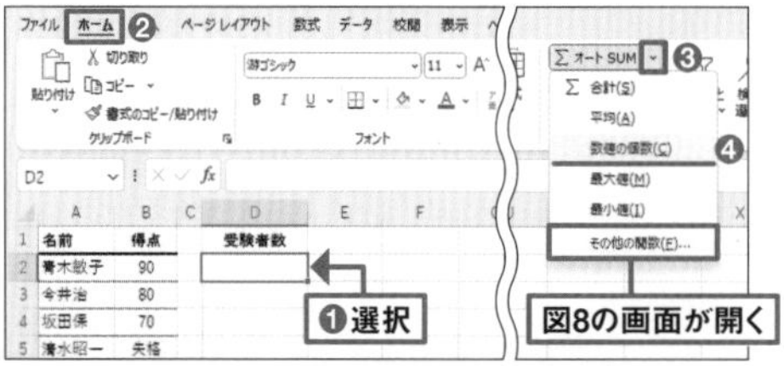

図2 セルを選択して「ホーム」タブにある「Σ（オートSUM）」ボタンの「▼」メニューを開く（❶～❸）。「合計（SUM関数）」「平均（AVERAGE関数）」「数値の個数（COUNT関数）」「最大値（MAX関数）」「最小値（MIN関数）」の関数式を入力できる。ここでは「数値の個数」を選択（❹）

図3 自動的にCOUNT関数式が入力された。引数が間違っているときは、青枠の頂点をドラッグして正しいセル範囲を囲むようにする（❶❷）。最後に「Enter」キーで数式を確定する

重要関数 4 数値の個数をカウントする

COUNT《カウント》 統計関数 ★★★★★

書式 =COUNT(値1,値2,…)

機能 引数に含まれる数値の個数を返す。
0はカウントするが、空白セルや文字列はカウントしない

引数 値1:セル範囲や具体的な値
値2:セル範囲や具体的な値。省略可能。
引数は最大で255個まで指定できる

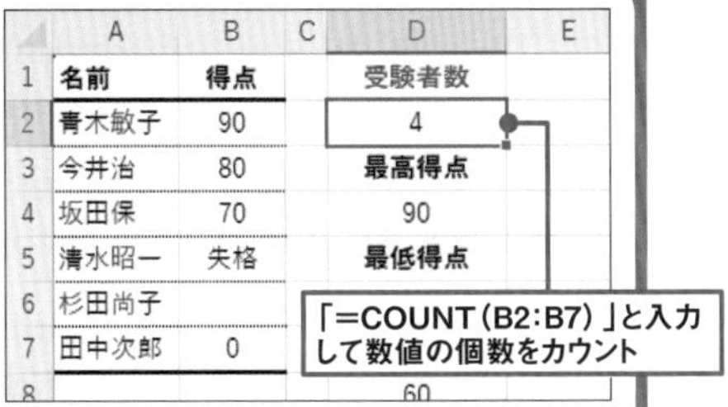

図F COUNT関数でB2～B7セルにある数値の個数をカウントした。0もカウントされるが、空白セルや文字列は除外するので結果は4となる。0点は受験者だが、空白や失格は受験していないと見なす際に便利

分類ごとに関数メニューが開く

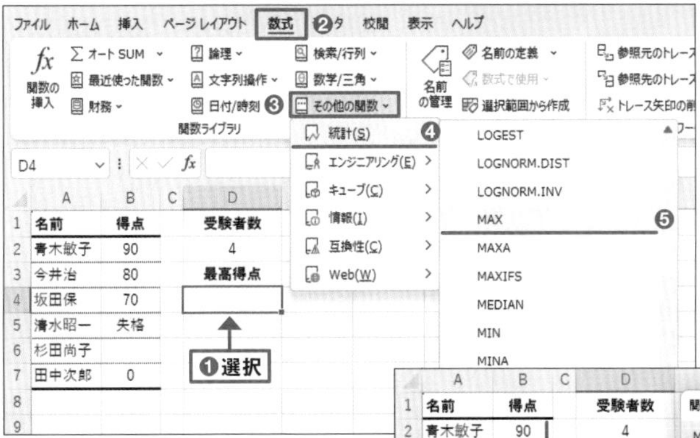

図4「数式」タブの「関数ライブラリ」には関数分類のボタンがずらりと並ぶ(❶❷)。「その他の関数」の「統計」から「MAX」を選んでみよう(❸～❺)。なお、メニューを開いて関数名にマウスポインターを合わせると説明がポップアップする

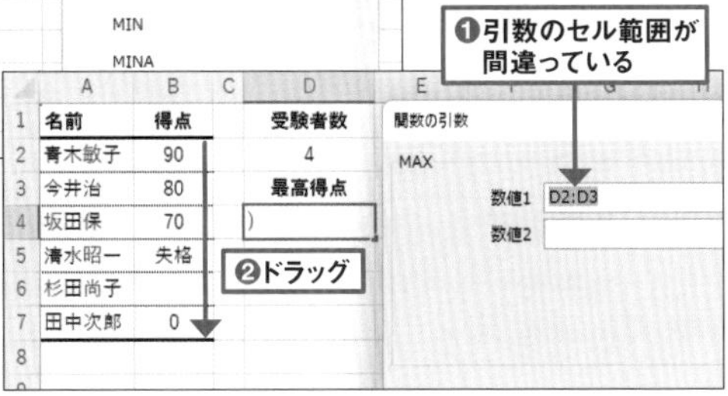

図5「選択セルに「=MAX()」と入力され、「関数の引数」画面が開いて「数値1」欄が選択状態になる。これはMAX関数の第1引数だ。間違っているので、正しい範囲のB2～B7セルをドラッグする(❶❷)

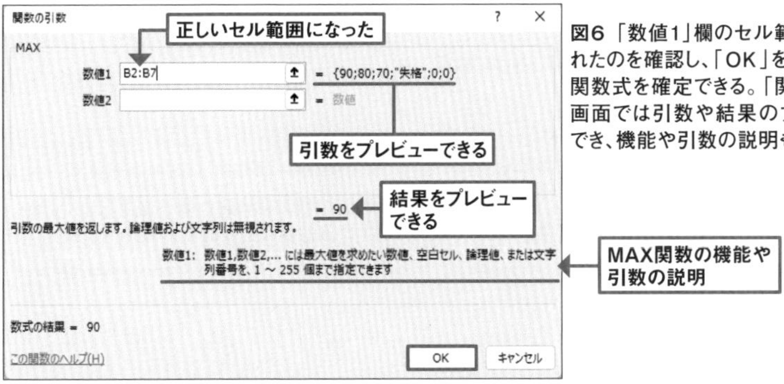

図6「数値1」欄のセル範囲が修正されたのを確認し、「OK」を押すとMAX関数式を確定できる。「関数の引数」画面では引数や結果のプレビューもでき、機能や引数の説明も表示される

初心者に最も優しいルートは、「Σ(オートSUM)」ボタンだろう(前々ページ**図2**)。その「▼」メニューにある「合計」「平均」「数値の個数」など5つの項目は、それぞれ特定の関数に対応している。例えば「数値の個数」を選ぶとCOUNT関数を入力できる(**図3**)。

第2のルートは、「数式」タブの「関数ライブラリ」欄にあるボタンだ(**図4**)。関数の分類名のボタンがずらりと並び、クリックするとその分類に属する関数が一覧になる。

そこから目的の関数を選ぶと、引数の入力を支援する「関数の引数」画面が開く(**図5、図6**)。引数ごとに入力欄が設けられており、関数の機能や引数の役割も記載されているので、初心者にもわかりやすい。

最後のルート3は、「fx(関数の挿入)」ボタン(**図7**)。これを押すと「関数の挿入」画面が開くので、「関数の分類」を指定して目的の関数を選ぶ(**図8**)。すると「関数の引数」画面が開くので、引数を入力していけばよい(**図9**)。

重要関数 5 最大値、最小値を求める

MAX《マックス》 統計関数 ★★★★★

書式 =MAX(値1,値2,…)
機能 引数に含まれる数値の最大値を返す。空白セルや文字列は無視する
引数 COUNT関数と同じ

MIN《ミン》 統計関数 ★★★★★

書式 =MIN(値1,値2,…)
機能 引数に含まれる数値の最小値を返す。空白セルや文字列は無視する
引数 COUNT関数と同じ

	A	B	C	D	E	F	G
1	名前	得点		受験者数			
2	青木敏子	90		4			
3	今井治	80		最高得点			
4	坂田保	70		90			
5	清水昭一	失格		最低得点			
6	杉田尚子			0			
7	田中次郎	0		平均得点			
8				60			
9							

「=MAX(B2:B7)」と入力

「=MIN(B2:B7)」と入力

図G MAX関数とMIN関数を使って、B2～B7セルにある数値の最大値および最小値を求めた。両者はセットで覚えたい。空白セルや文字列は無視するが、0は計算対象なので最低得点は0となった

クリック一発でシンプルな「fx」ボタン

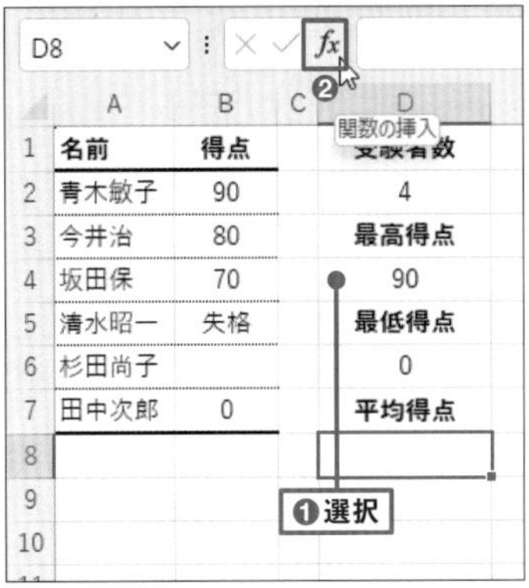

図7 セルを選択して、数式バーの左にある「fx（関数の挿入）」ボタンをクリックする（❶❷）。168ページ図2の「Σ」ボタンのメニューから「その他の関数」を選んでもよい

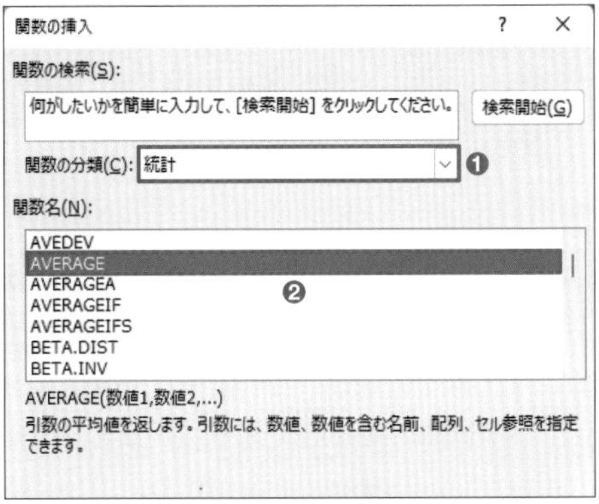

図8「関数の挿入」画面が開く。「関数の分類」を指定すると（❶）、下に該当する関数が一覧表示されるので、目的のものを選択（❷）。画面下部の「OK」を押すとその関数式が入力され、前々ページ図5と同じ画面が開く

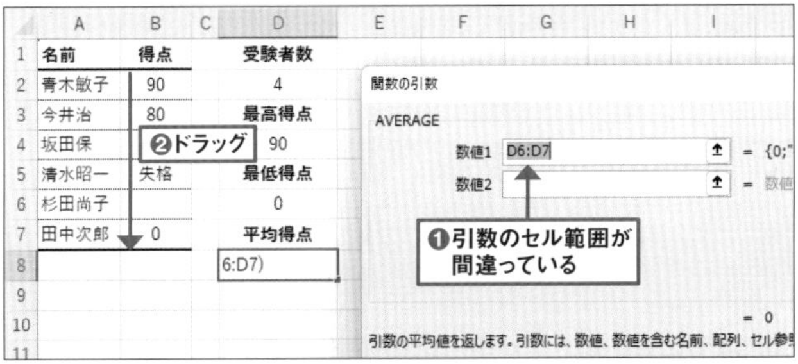

図9 引数が間違っているので（❶）、正しいセル範囲を指定する（❷）

重要関数 6 文字列などを無視して平均を計算

AVERAGE《アベレージ》 統計関数 ★★★★★

書式 =AVERAGE(値1,値2,…)
機能 引数に含まれる数値の平均を返す。0は計算対象となるが、空白セルや文字列は無視する
引数 COUNT関数と同じ

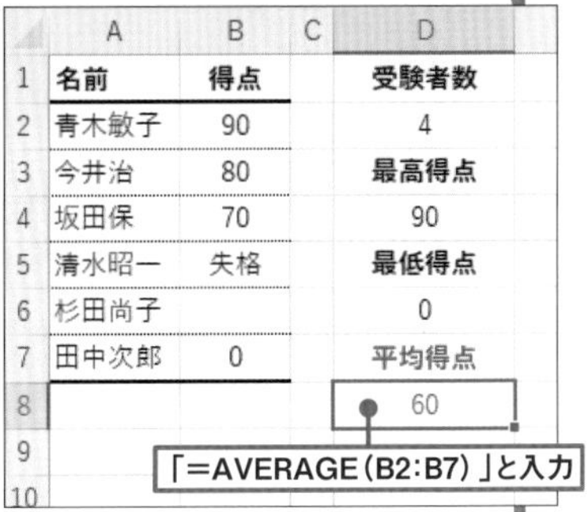

図H AVERAGE関数を使ってB2～B7にある数値の平均値を求めた。空白セルや文字列は無視するが0は計算対象なので、結果は80（=240÷3）ではなく60（=240÷4）となる

文字列関数 似た機能の関数はまとめて覚えるとラク

関数には“ツボを外した覚え方”というものがある。その代表がABC順に覚えるというものだ。そもそも英単語だって、ABC順で覚える人はいないだろう。それよりも、乗り物に関する単語とか、動作に関する単語といったように、似たようなものをまとめて覚えたほうが理解しやすいし忘れにくい。関数も理屈は同じだ。

仲間をまとめて覚えよう

文字列処理の仲間
LEFT　RIGHT
FIND　LEN　MID

日付処理の仲間
DATE　DATEVALUE
YEAR　MONTH　DAY

最大・最小のペア
MAX　MIN

条件処理の仲間
IF　AND　OR　NOT

図1 関数を覚える際、ABC順に勉強するのはお勧めしない。前項のMAX関数とMIN関数のように、似たもの同士を一緒に覚えたほうが断然、効率的。特に文字列処理は、仲間の関数を組み合わせて使わないと思い通りの結果を得られないことが多い。具体例を紹介しよう

FINDとLEFTで「社名」を取り出す

	A	B	C	D	E	F	G
1	社名／本社	「／」の位置	社名				
2	エクセル商事／東京	7	エクセル商事				
3	VBAテクニカル／愛知	9	VBAテクニカル				
4	ピボット社／神奈川	6	ピボット社				
5	BING工業／北海道	7	BING工業				
6							
7							

「=LEFT(A2,B2−1)」と入力して下へコピー

「=FIND("／",A2)」と入力して下へコピー

「／」は7文字目

エクセル商事／東京

7−1=6文字を先頭から取り出す

図2 A列にある「社名／本社」形式の文字列から社名を取り出す例。FIND関数を使って「／」の位置を取得。次にLEFT関数を使い、「／」の位置から1を引いた文字数を先頭から取り出す。2つの文字列関数を一緒に覚えていないと、この処理はできない

FIND、LEN、RIGHTで「本社」を取り出す

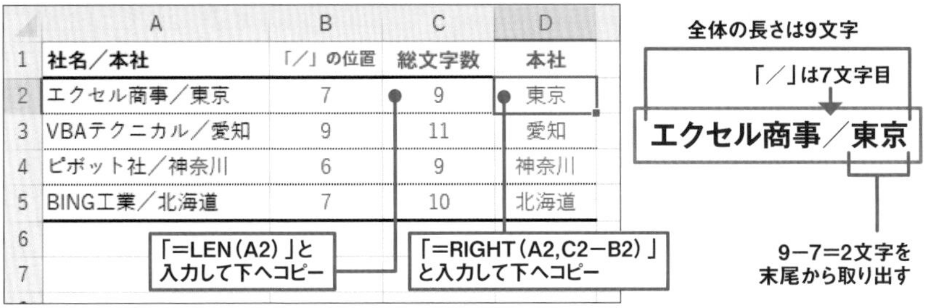

図3 今度は本社を取り出してみよう。B列の数式は図2と同じ。LEN関数で全体の長さを取得。RIGHT関数を使い、全体の長さから「／」の位置を引いた文字数を末尾から取り出す。この処理でも複数の文字列関数を覚えておく必要がある

例えば、前項で紹介したMAX(マックス)関数とMIN(ミン)関数。それぞれ最大値と最小値を返すが、これらはセットで覚えたほうが断然効率が良い(**図1**)。166ページのDATE関数や179ページのYEAR(イヤー)関数など日付にまつわる関数も、一網打尽で覚えることでレパートリーが一気に増える。

文字列加工は組み合わせが命! 必ず"仲間一式"を覚える

特に文字列の加工は、文字列関数の仲間を組み合わせて使うことで初めて思い通りの処理ができるケースが多い。この場合、仲間一式をまとめて覚えることはベターではなくマストだ。

例えば、「社名／本社」といった書式の文字列から社名を取り出す例を考えてみよう(**図2**)。この場合、FIND(ファインド)関数で「／」の位置を調べ、その値から「1」を差し引いた数だけ、LEFT(レフト)関数で文字列を切り出すことになる。ある文字が何文字目かを調べるFIND関数と、左端から○文字を切り出すLEFT関数の両方を知らないと、この処理はできない。

「社名／本社」から本社を取り出す場合も同様(**図3**)。FIND関数で「／」の位置を特定した後、LEN(レン)関数で総文字数を取得。そして総文字数から「／」の位置を引き算した分だけ、RIGHT(ライト)関数で右から文字列を切り出す。こちらは3つの関数の連携ワザだ。

実はエクセルの文字列関数は約40種類もある。そこから選んでセットで覚える例として、本項がお役に立てれば本望だ。"一網打尽"学習こそ関数エキスパートへの早道と心得よう。

重要関数 7 文字列が何文字目にあるか調べる

FIND《ファインド》

文字列関数 ★★★★☆

書式　=FIND(検索文字列,対象,開始位置)
機能　検索文字列が対象文字列の何文字目にあるかを調べる
引数　検索文字列:検索する文字列
　　　対象:検索対象の文字列
　　　開始位置:検索を開始する位置。省略可能

図I FIND関数を使って、書籍名に含まれる「Excel」の位置を調べた。「Excel」などの文字列は半角のダブルクォーテーションでくくって指定する。B列では第3引数を省略し、C列では2とした。結果、C列では2文字目以降で「Excel」を探すため、先頭にある場合はエラーになる。全部大文字の「EXCEL」や全角の「Ｅｘｃｅｌ」、片仮名の「エクセル」は該当しないと見なされてエラーになる

	A	B	C	D	E	F	G
1	書籍名	「Excel」の位置	2文字目以降の「Excel」の位置				
2	Excel関数大辞典	1	#VALUE!				
3	Excelの達人になる	1	#VALUE!				
4	らくらくExcel上達術	5	5				
5	よくわかるExcel関数	6	6				
6	わかる！EXCEL関数	#VALUE!	#VALUE!				
7	Ｅｘｃｅｌ徹底攻略	#VALUE!	#VALUE!				
8	エクセル虎の巻	#VALUE!	#VALUE!				
9							

「=FIND("Excel",A2,2)」と入力して下へコピー

「=FIND("Excel",A2)」と入力して下へコピー

重要関数 8 左もしくは右から○文字を取り出す

LEFT《レフト》

文字列関数 ★★★★☆

書式　=LEFT(文字列,文字数)
機能　文字列の先頭(左端)から指定した数の文字を取り出す
引数　文字列:対象の文字列
　　　文字数:取り出す文字数。省略すると1文字だけ取り出す

RIGHT《ライト》

文字列関数 ★★★★☆

書式　=RIGHT(文字列,文字数)
機能　文字列の末尾(右端)から指定した数の文字を取り出す
引数　文字列:対象の文字列
　　　文字数:取り出す文字数。省略すると1文字だけ取り出す

	A	B	C	D	E
1	名	姓	イニシャル		
2	Michael	Mayer	MM		
3	Aki	Takahashi	AT		
4	Kenji	Suzuki	KS		
5					
6					

「=LEFT(A2)&LEFT(B2)」と入力して下へコピー

図J LEFT関数を使って姓と名からイニシャルを作成した。最初のLEFT関数で名の先頭文字、次のLEFT関数で姓の先頭文字を取り出し、「&」演算子で連結した

重要関数 9

文字列の長さを調べる

LEN《レン》

文字列関数 ★★★★

書式 =LEN(文字列)
機能 文字列の文字数を返す
引数 文字列:文字数を調べる文字列

	A	B
1	氏名	文字数
2	今田 健司	5
3	氏家 ゆみ子	6
4	Tornado Trump	13
5	Ｂａｒａｃｋ 小浜	9
6		
7		
8		
9		

「=LEN(A2)」と入力して下へコピー

図K LEN関数を使って氏名の文字数を調べた。姓と名の間にある半角スペースも含めた数になる。3件目を見ると、全角でも半角でも区別なく1文字とカウントされることがわかる。半角を1バイト、全角を2バイトとしてバイト数を調べるときはLENB関数を使う

重要関数 10

途中から○文字を取り出す

MID《ミッド》

文字列関数 ★★★★

書式 =MID(文字列,開始位置,文字数)
機能 文字列の開始位置から指定した文字数の文字を取り出す
引数 文字列:取り出す対象となる文字列
開始位置:取り出す位置
文字数:取り出す文字数

	A	B	C	D	E
1	社名(本社)	「(」の位置	総文字数	本社	
2	エクセル商事(東京)	7	10	東京	
3	VBAテクニカル(愛知)	9	12	愛知	
4	ピボット社(神奈川)	6	10	神奈川	
5	BING工業(北海道)	7	11	北海道	
6					
7					
8					
9					
10					

「=FIND("(",A2)」と入力して下へコピー

「=LEN(A2)」と入力して下へコピー

「=MID(A2,B2+1,C2−B2−1)」と入力して下へコピー

全体の長さは10文字
「(」は7文字目
エクセル商事(東京)
7+1=8文字目から
10−7−1=2文字を取り出す

図L 「社名(本社)」形式の文字列から本社を抜き出すときは、MID関数が必要になる。FIND関数で「(」の位置を調べ、LEN関数で全体の文字数を求める。MID関数を使い、「(」の位置に1を加えた箇所を開始位置にして、全体の文字数から「(」の位置と1を引いた数の文字を取り出す

日付と時刻の関数

コピーに失敗したら相対参照を疑うべし

計算結果が明らかにおかしい!

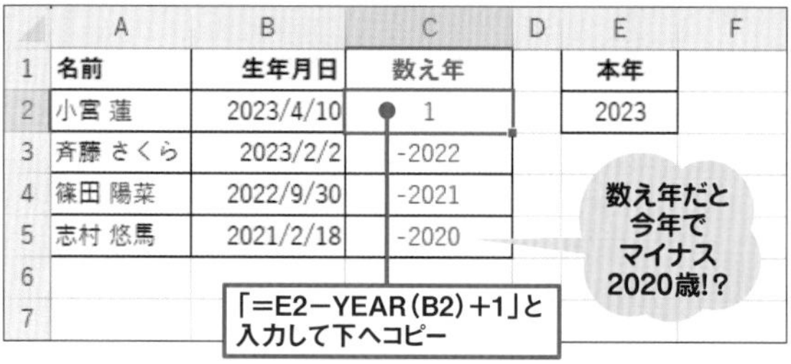

図1 本年の数値(E2セル)から生年月日の年を引いて1を足し、数え年(生まれた年が1歳で以後元日に1歳ずつ加齢)を計算した。その数式をC3セル以下にコピーすると、年齢がマイナスに。なぜこんなことになるのか?

数式をコピーするとセル参照がずれる

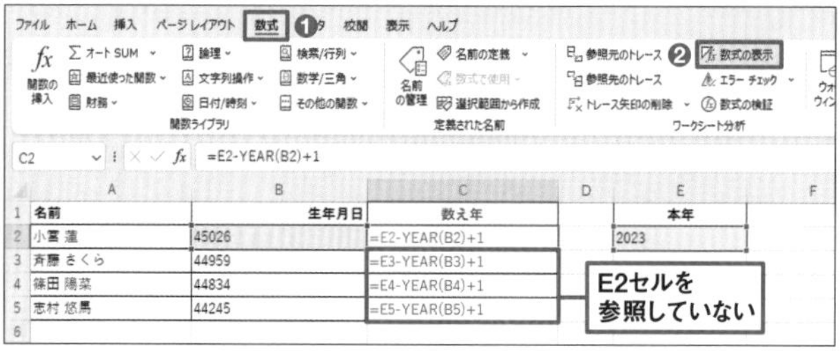

図2 「数式」タブにある「数式の表示」をオンにして(❶❷)、数式を確認してみた。C3セル以降で「B2」の部分が「B3」「B4」…と都合良くずれてくれるのはいいが、「E2」もずれてしまっている

関数を入力したらオートフィルでコピーすべしと166ページで述べた。だが、コピー先が思い通りの計算結果にならないことがある。例えば**図1**。生年月日から現在の数え年を計算する数式をC2セルに入力してオートフィルしたのだが、計算結果がおかしい。

C2セルの数式自体は間違っていない。YEAR関数で生年月日から年の数値を取り出し、それをE2セルの「2023」から引いて1を足す。結果は1だ。数え年は誕生年が1歳で年が明けるごとに加齢するので、2023年生まれは1歳で間違ってはいない。ところが、数式を下にコピーすると、「マイナス2020」歳といった、とんでもない年齢になってしまう。

このようなとき、真っ先に疑うべきはセルの参照方法だ。数式をコピーすると通常は、セル参照が都合良くずれてくれる（**図2**）。例えば「B2」の部分は「B3」「B4」…とずれ、常に同じ行のB列を参照する。このように、数式が入っているセルからの相対的な位置をコピー先でも保つような参照方法を「相対参照」と呼ぶ。

今回のトラブルは、「E2」までずれたのが原因だ。ずれてほしくないときはセルを「絶対参照」にする。

セル参照がずれたのが原因。「$」記号で固定しよう

やり方は簡単だ（**図3**）。「=E2」と入力したら「F4」キーを押す。すると「E2」が「$E$2」となる。この「$」記号が絶対参照の印で、その後ろにある列記号や行番号はコピーしてもずれない。なお、今回のケースでは行番号だけ絶対参照の「E$2」でもよい。そうした参照方法を「複合参照」と呼ぶ。

日付が関わる数式の結果は日付形式になるので、表示形式を修正してからコピーしよう（次ページ**図4**、**図5**）。数式を見てみると、コピー先でも「$E$2」はずれていないことがわかる（**図6**）。

絶対参照は累計の計算でも重宝する（**図7**、**図8**）。「B$2:B2」などと、セル範囲の片側を固定すればよい。

ずれてほしくないセルは絶対参照にする

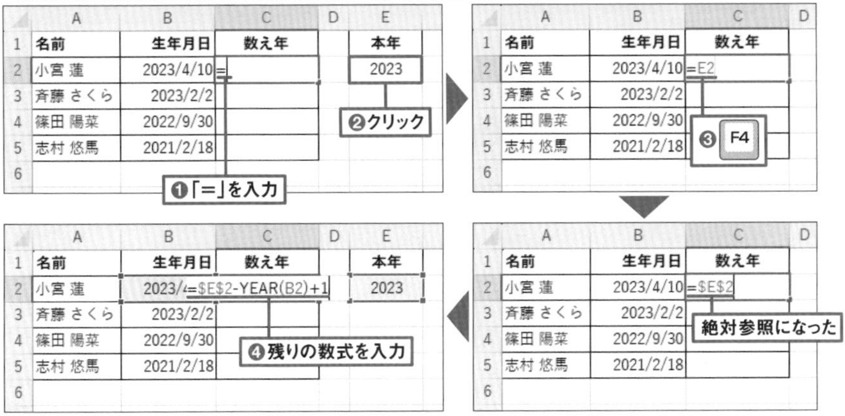

図3 C2セルに「=」を入力してからE2セルをクリック（❶❷）。「=E2」と入力されたら、「F4」キー（「Fn」キーと一緒に押す機種もある）を1回押す（❸）。「$E$2」と絶対参照に変化したら、残りの数式を入力し（❹）、最後に「Enter」キーを押して数式を確定する。「$E$2」の部分は「E$2」と行番号だけ絶対参照にしてもよい。「F4」キーを押すたびに「E2」→「$E$2」→「E$2」→「$E2」→「E2」と順に変化する

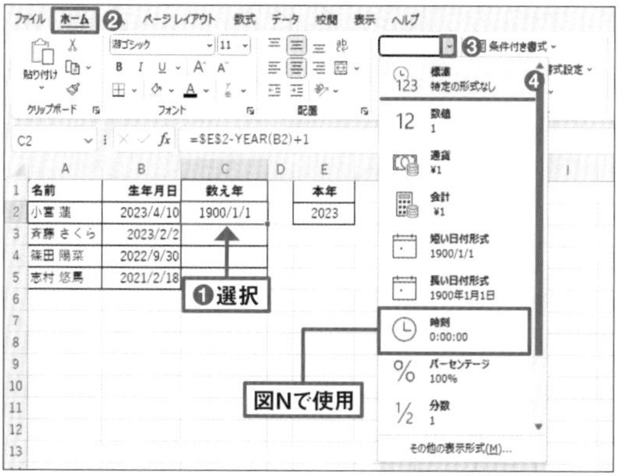

図4 表示形式が日付になってしまうので、「ホーム」タブの「数値」欄にある「数値の書式」ボタンで「標準」に直す(❶〜❹)

図5 正しい数え年が表示された。このC2セルをオートフィルすれば、ほかの子どもたちの数え年もきちんと表示できる

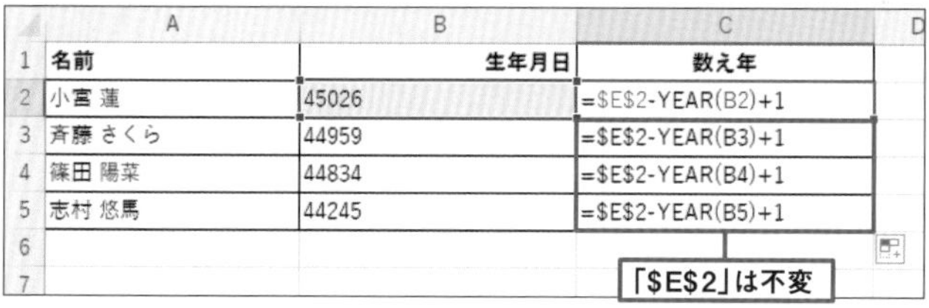

図6 図2と同様に数式を表示してみた。C3セル以降にコピーされた数式では「$E$2」の部分が変化していない

絶対参照で「累計」を計算する

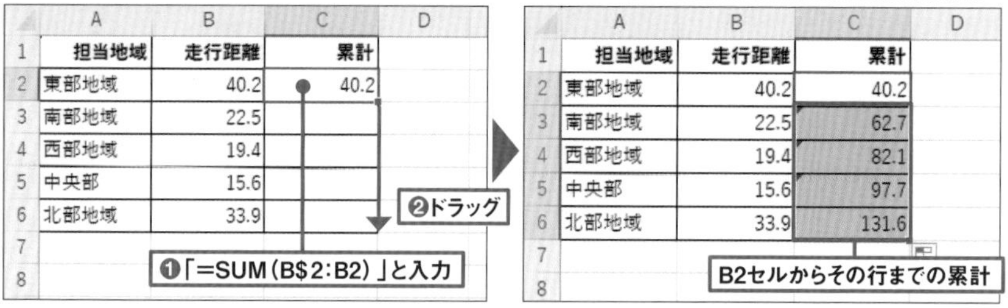

図7 C列で走行距離(B列)の累計を算出したい。図のSUM関数式を入力して下へコピーすればあっという間だ(❶❷)。合計対象を「B$2:B2」とするのがポイントだ

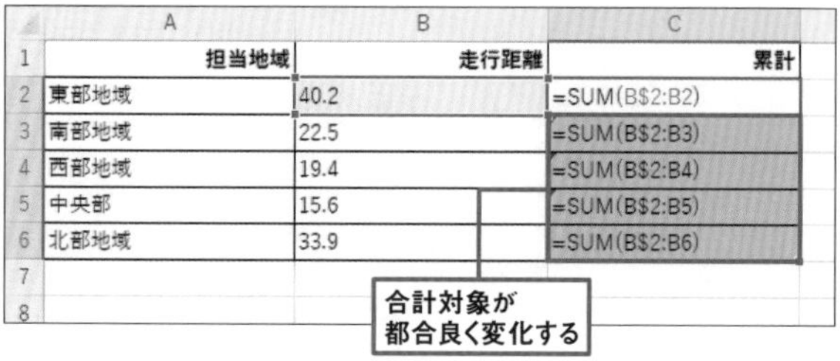

図8 図2と同様に数式を表示してみた。SUM関数の合計対象が「B列の2行目からその行まで」となるように、セル参照が都合良くずれてくれた。$記号を付けた「B$2」の部分は縦にコピーしても変化しない。横にコピーすると「B$2」が「C$2」「D$2」…とずれるが、今回は無関係

重要関数 11 日付から年月日の数値を取り出す

YEAR《イヤー》 日付と時刻の関数 ★★★★

書式 =YEAR(日付)
機能 日付(シリアル値)の年に相当する数値を取り出す
引数 日付:日付データ(シリアル値)

MONTH《マンス》 日付と時刻の関数 ★★★★

書式 =MONTH(日付)
機能 日付(シリアル値)の月に相当する数値を取り出す
引数 日付:日付データ(シリアル値)

DAY《デイ》 日付と時刻の関数 ★★★★

書式 =DAY(日付)
機能 日付(シリアル値)の日に相当する数値を取り出す
引数 日付:日付データ(シリアル値)

	A	B	C	D	E
1	名前	生年月日	年	月	日
2	小宮 蓮	2023/4/10	2023	4	10
3	斉藤 さくら	2023/2/2	2023	2	2
4	篠田 陽菜	2022/9/30	2022	9	30
5	志村 悠馬	2021/2/18	2021	2	18

「=YEAR(B2)」と入力して下へコピー
こちらは「=MONTH(B2)」
こちらは「=DAY(B2)」

図M YEAR関数、MONTH関数、DAY関数は日付データ(シリアル値)からそれぞれ年、月、日に相当する数値を取り出す。例えばMONTH関数を使えば、生年月日から「何月生まれ」かを判定できる。また、重要関数2(166ページ)のDATE関数を使うと、年月日の数値をシリアル値に戻せる。これらYEAR、MONTH、DAY、DATEの4つの関数はセットで覚えるのが得策だ(172ページ参照)

重要関数 12 時分秒の数値を時刻データに変換

TIME《タイム》 日付と時刻の関数 ★★★★

書式 =TIME(時,分,秒)
機能 指定された時分秒に対応する時刻(シリアル値)を返す
引数 時:時の数値
分:分の数値
秒:秒の数値

図N TIME関数は時分秒の数値を時刻データ(シリアル値)に変換する。時刻は24時間を1としたシリアル値の小数版で、例えば12時は0.5、12時30分は約0.520833(48分の25)となる。時刻データに変換すると、単純な引き算で勤務時間の計算ができる(H列)。図4のメニューで表示形式を「時刻」に変えた

	A	B	C	D	E	F	G	H
1	スタッフ	出勤時刻			退勤時刻			勤務時間
2		時	分	時刻	時	分	時刻	
3	飯田ミキ	8	30	8:30 AM	17	30	5:30 PM	9:00:00
4	浦和洋子	9	0	9:00 AM	17	0	5:00 PM	8:00:00
5	小宮和重	14	15	2:15 PM	20	45	8:45 PM	6:30:00
6	斉藤正	17	0	5:00 PM	23	0	11:00 PM	6:00:00

「=TIME(B3,C3,0)」と入力して下へコピー
こちらは「=TIME(E3,F3,0)」
こちらは「=G3−D3」

IF関数

“つまずき”最大の原因、IF関数は必修科目

「もし」で世界が広がる

もし割引対象なら ──→ 10%引き
そうでないなら ──→ 定価で販売

もし400点以上なら ─→ 合格
そうでないなら ──→ 不合格

図1 知らないせいでパフォーマンスが極端に制限されてしまう関数がある。制約理論でいうところのボトルネックで、エクセルではIF関数がそれに該当する。図のように「もし～なら～、そうでないなら～」といった場合分けをするもので、マスターすると関数の応用範囲がぐっと広がる

比較演算子がポイント

	A	B	C	D	E
1	氏名	得点	合否		
2	今田健二	188	不合格		
3	氏家清子	410	合格		
4	小宮和重	476	合格		
5	近藤進	420	合格		
6	進藤由香	379	不合格		
7					
8					
9					

「=IF(B2>=400,"合格","不合格")」と入力して下へコピー

比較演算子	使用例	意味
=	A=B	AはBと等しい
<>	A<>B	AはBと等しくない
<	A<B	AはBより小さい
>	A>B	AはBより大きい
<=	A<=B	AはB以下
>=	A>=B	AはB以上

図2 IF関数の引数「論理式」で比較演算子を活用すると用途がぐんと広がる。B列の得点が400以上なら「合格」、そうでないなら「不合格」と表示した（左）。比較演算子には「等しくない」「より大きい」などさまざまな種類がある（右）

業務に使うシートでは「もし～なら～、そうでないなら～」といった場合分けが必要になることが多い（**図1**）。これができるかできないかで、せっかく覚えた数々の関数のパフォーマンスは大きく低下してしまう。制約理論でいうところのボトルネックがエクセル関数にもあるのだ。ある程度の関数を覚えたら、さらに数を増やすよりも、さらなる活用のボトルネックとなる関数を次の攻略目標にしたい。

それがIF（イフ）関数だ。「もし400点以上なら『合格』、そうでないなら『不合格』と表示する」といった処理はこの関数で実現できる（**図2**）。

重要関数 13 条件に応じて異なる値を返す

IF《イフ》 論理関数 ★★★★★

書式　=IF(論理式,真の場合,偽の場合)
機能　論理式が真(TRUE)なら真の場合、偽(FALSE)なら偽の場合の値を返す
引数　論理式:結果が真または偽になる数式
真の場合:論理式が真の場合に返す値
偽の場合:論理式が偽の場合に返す値

	A	B	C	D
1	商品名	定価	10%OFF	販売価格
2	コピー機	¥120,000	対象	¥108,000
3	プリンター	¥34,000		¥34,000
4	タブレットA	¥24,000		¥24,000
5	タブレットB	¥34,000	対象	¥30,600
6				
7				
8				
9				

「=IF(C2="対象",B2*0.9,B2)」と入力して下へコピー

図O D列ではIF関数を用いて、「10%OFF」欄に「対象」とある商品は10%引きの価格、そうでないものは定価を表示した。「対象」といった文字列は半角のダブルクォーテーションで囲む。D2セルに図の関数式を入力して下へコピーすれば、全商品の販売価格を正しく表示できる

入れ子にして3つの場合分け

	A	B	C
1	氏名	得点	合否
2	今田健二	188	不合格
3	氏家清子	410	合格
4	小宮和重	476	合格
5	近藤進	420	合格
6	進藤由香	379	再試験
7			
8			

「=IF(B2>=400,"合格",IF(B2<200,"不合格","再試験"))」と入力して下へコピー

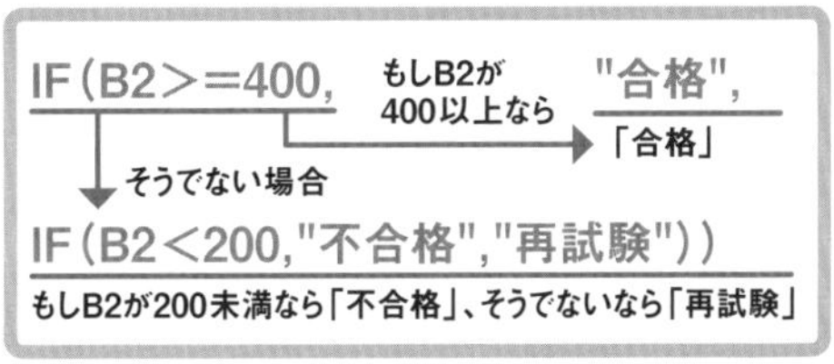

図3 IF関数を入れ子にして、B列の得点が400以上なら「合格」、200未満なら「不合格」、そうでないなら「再試験」と表示した。関数は64個まで入れ子にできる

IF関数を活用する場合、比較演算子も一緒にマスターしよう。IF関数では「もし〜なら」という表現を論理式で表す。論理式とは正しければ真(TRUE)、間違っていれば偽(FALSE)となる数式を指す。その中で2つの数値(文字列でもよい)を比較するのが比較演算子だ。「=」「<=」など多くは数学で使うものと似ているが、「等しくない」は「<>」なので注意しよう。

IFの入れ子をマスターすれば、複雑な条件も記述できる

IF関数を入れ子(ネスト)にすると、「400点以上は『合格』、200点未満は『不合格』、そうでないなら『再試験』」といった複雑な条件も指定できる(**図3**)。とはいえ数式が長くなるので、楽に入力するツボを伝授しよう。入れ子のIF関数を「関数の引数」画面(169ページ参照)で入力する裏ワザだ。

まずは「関数の引数」画面を開いて、関数でない通常の引数を入力する（**図4～図6**）。ポイントは入れ子にしたいIF関数の入力方法だ。こちらは引数の中身を省いて「IF() 」と入力する（**図7**）。そうしたら、数式バーにある2つめの「IF」をクリック。すると「関数の引数」画面が2番目のIF関数のものに切り替わる（**図8**）。ここで2番目のIF関数の引数を入力すればよい。

●入れ子のIF関数を簡単に入力するコツ

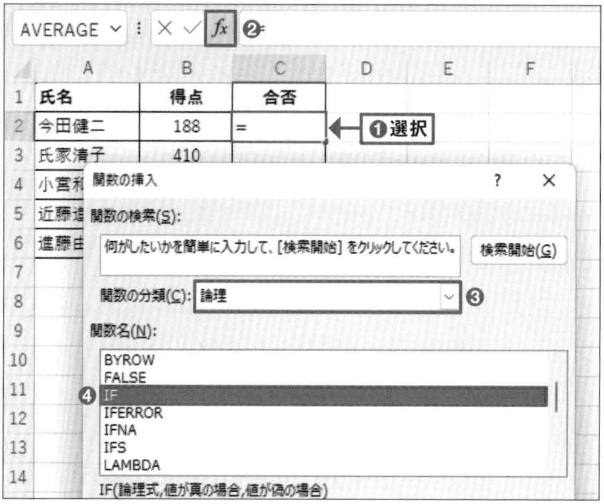

図4 C2セルを選択して「fx（関数の挿入）」ボタンをクリック（❶❷）。「関数の挿入」画面が開いたら、「関数の分類」欄で「論理」を選び、「関数名」欄で「IF」を選択（❸❹）。画面下にある「OK」ボタンをクリックする

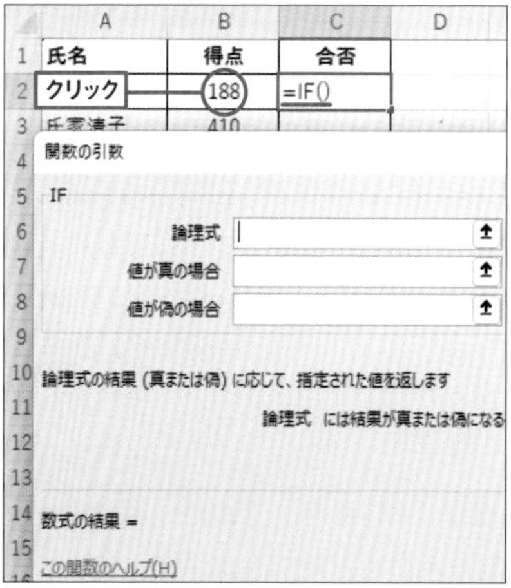

図5 C2セルに「=IF()」と入力され、同時に「関数の引数」画面が開いて「論理式」欄にカーソルが置かれる。その状態でB2セルをクリックする

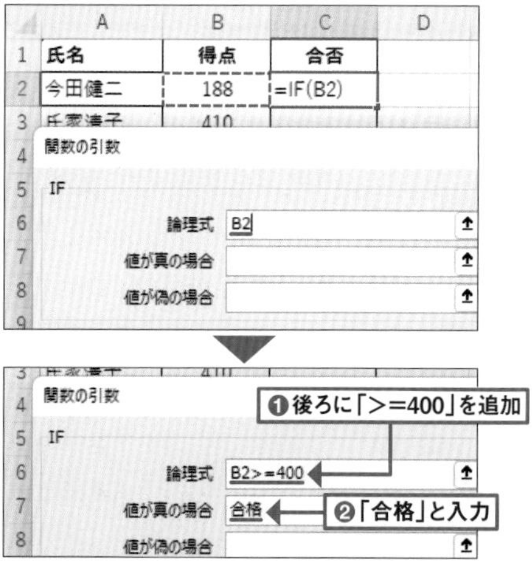

図6 「論理式」欄に「B2」と入力された。その後ろに「>=400」と入力（❶）。「値が真の場合」欄をクリックして「合格」と入力する（❷）

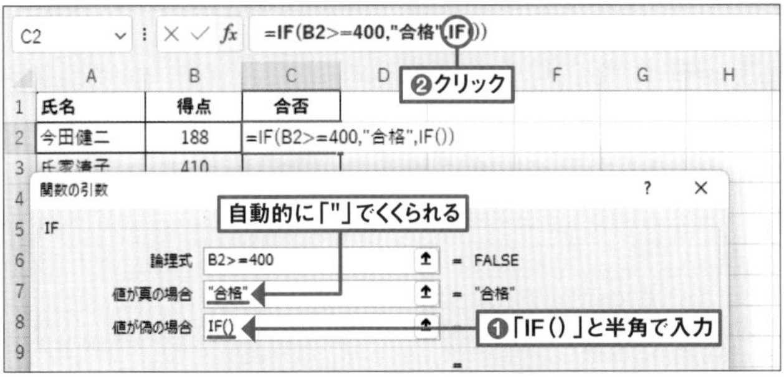

図7 「値が偽の場合」欄をクリックして半角で「IF()」と入力する（❶）。「真の場合」欄の「合格」は文字列なので自動的に半角ダブルクォーテーションでくくられる。数式バーにある2つめの「IF」をクリックする（❷）

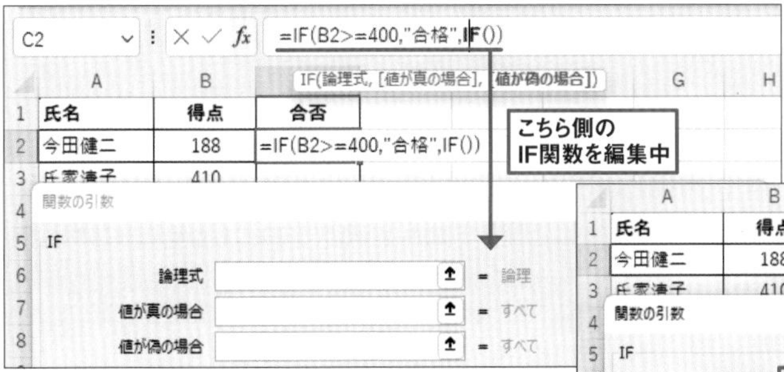

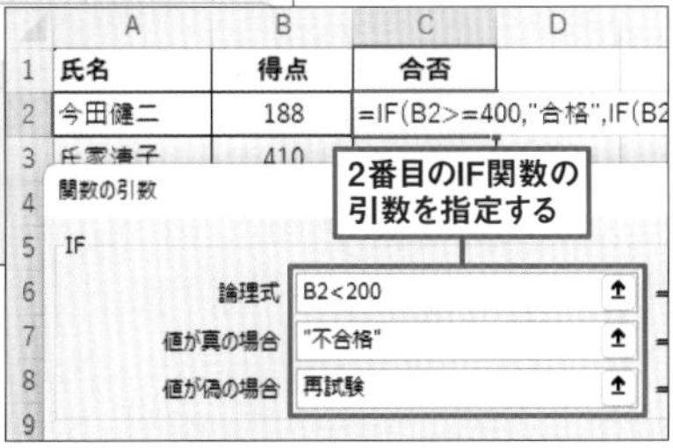

図8 「関数の引数」画面が2番目のIF関数のものに切り替わる。図5、図6と同様の手順で「論理式」「真の場合」「偽の場合」の引数を入力。画面下の「OK」を押すと入れ子のIF関数式の出来上がりだ

重要関数 14 条件に合致した値だけを合計する

SUMIF《サムイフ》

数学／三角関数 ★★★★☆

書式 **=SUMIF(セル範囲,検索条件,合計範囲)**
機能 **条件に合致したセルの値だけを合計する**
引数 **セル範囲:検索対象となるセル範囲**
検索条件:検索条件を指定する
合計範囲:合計したいセル範囲。
省略すると第1引数のセル範囲が合計範囲となる

	A	B	C	D	E	F
1	日付	担当者	販売額		担当者	計
2	2023/5/1	山本	¥120,000		飯田	¥23,000
3	2023/5/1	加瀬	¥80,000		加瀬	¥253,000
4	2023/5/2	加瀬	¥150,000		飛田	¥140,000
5	2023/5/2	飯田	¥23,000		山本	¥209,000
6	2023/5/2	飛田	¥140,000			
7	2023/5/3	山本	¥89,000			
8	2023/5/3	加瀬	¥23,000			
9						

「=SUMIF($B$2:$B$8,E2,$C$2:$C$8)」と入力して下へコピー

図P 担当者ごとに販売額を合計するようなときはSUMIF関数を使うのが定石だ。数式を下へコピーするときは、第1引数と第3引数のセル範囲がずれないよう絶対参照にする（177ページ参照）

IFS関数 得点に応じて複数のランクに分ける

IFS《イフエス》 ー複数の条件に応じて場合分けする

=IFS(論理式1,真の場合1,論理式2,真の場合2,…)

「論理式1」に指定した条件を調べ、それが満たされるときは「真の場合1」に指定した内容を選び、満たされないときは「論理式2」に指定した条件が満たされるかどうかを調べる…というように複数の条件を順に調べ、条件に合った内容を選ぶ

入れ子なしで複数条件を指定できる

	A	B	C	D	E	F
1	社内英語検定結果					
2	氏名	筆記	会話	合計	ランク	
3	大川淳二	70	80	150	B	
4	金田洋子	70	20	90	C	
5	近藤智代	40	40	80	C	
6	桜井忠	70	50	120	B	
7	杉田佳代	85	85	170	A	
8	鈴木美雪	30	50			
9	林啓太	65	35			
10	本田澄夫	80	70			
11	巻浩二郎	25	25			
12	松浦雄介	90	90			
13	水沼幸子	95	35			
14	悠木博	35	25			
15						

=IFS(D3>=170 , "A" , D3>=120 , "B" ,

論理式1 真の場合1 論理式2 真の場合2

170点以上は「A」

左の条件が満たされない場合で120点以上は「B」

D3>=70 , "C" , TRUE , "D")

論理式3 真の場合3 論理式4 真の場合4

上2つの条件が満たされない場合で70点以上は「C」

上2つと左のどれも満たされない場合は「D」

図1 IF関数なら1つしか場合分けできず、複数の場合分けをしたい場合は複数のIF関数を使う必要がある。その点、IFS関数ならこれ1つで127個まで条件を指定することができる

図1のような成績表で、得点に応じて4段階の評価を付ける場合、181ページでは、IF関数を複数重ねて(入れ子にして)場合分けを行った。

しかし、IF関数をいくつも重ねると、かっこの数が足りなかったり多かったりするだけでもエラーになり、式の記述も煩雑だ。2016以降のエクセルでは、IFS(イフエス)関数という新しい関数が追加された。IF関数の複数条件版ともいえるものだ。

条件を並列に複数指定して、前から順に条件に合っているかどうかを判定し、

●IFS関数を利用したときの考え方

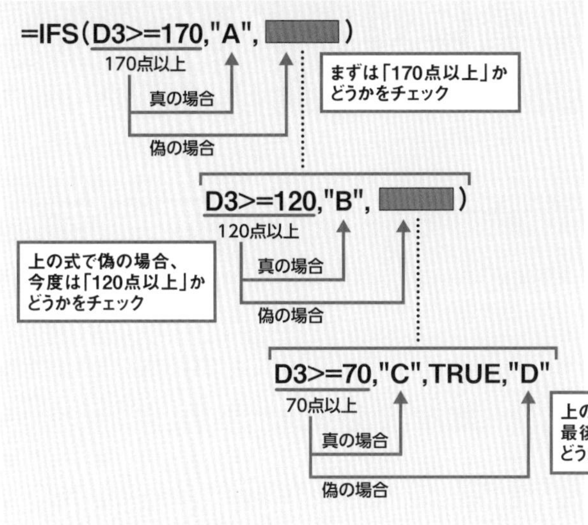

図2 「A」〜「D」の4通りのランクに分けるため、引数を4セット指定する。最初の条件が満たされる場合は「A」とする。満たされない場合は次に進み、次の条件が満たされれば「B」…というように順番に条件に合うかどうかをチェックしていく。最後は「それまでに指定したどの条件も満たさない場合」に返す値を記述する

合っていない場合は次に進む。最大127個まで条件を指定できる。

具体的な使い方を、表の1行目「大川」さんのランク分けで見ていこう（**図2**）。

まず、「論理式1」に「D＞=170」と指定し、「合計点が170以上」かどうかを判定する。「真の場合」は「A」を表示する。大川さんの場合、170点以上ではないので、次に進む。

次は「論理式2」の「D3＞=120」で判定する。大川さんは最初の「D3＞=170」が成り立たず、「D3＞=120」が成り立つ。「合計点が120以上」に該当するので、大川さんのランクは「B」となる。

残るランクは「C」と「D」だ。これまでと同様に「D3＞=70」を指定し、成り立つかどうかを判定する。この条件が成り立てば「C」となる。最後の「TRUE,"D"」は、「それまでに指定したどの条件も満たさない場合」に「D」と判定する。

これですべての点数に対して「A」〜「D」のランクを表示できるようになる。あとは数式を下方向へコピーすれば、全員分のランクを一気に表示できる。

IF関数を入れ子にしていくのは複雑だが、IFS関数は条件とそれに合致する場合に表示する値をひたすら並べていくだけなので断然わかりやすい。最後に「すべての条件を満たさない場合」という意味の「TRUE」を指定する部分がIF関数と異なる。IF関数で「偽の場合」に入れる値を「TRUE」の後に記述する。

SWITCH関数 部署名に対応する部署コードを調べる

SWITCH《スイッチ》 ―複数の値から一致した値を求める

=SWITCH(検索値,値1,結果1,値2,結果2,…,既定の結果)

「検索値」に一致する値を探し、一致した「値」の直後の「結果」を返す。「値」の中に一致するものがない場合は「既定の結果」を返す

1対1で一致する値を表示する

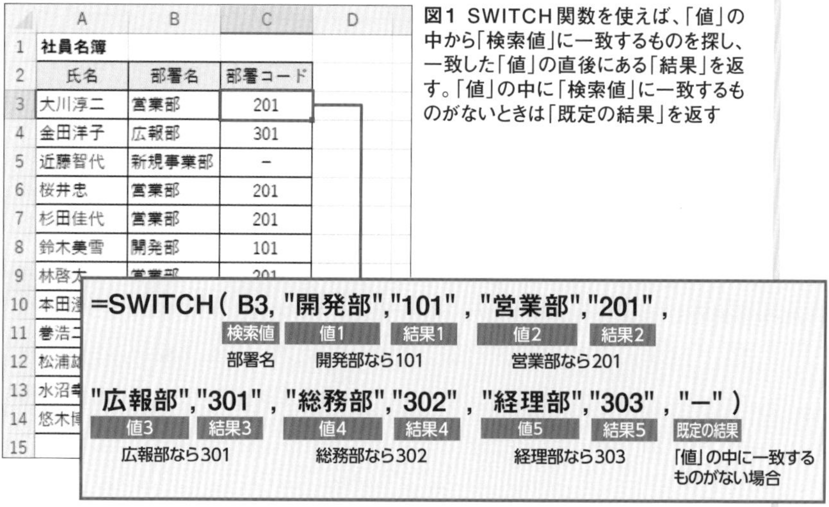

図1 SWITCH関数を使えば、「値」の中から「検索値」に一致するものを探し、一致した「値」の直後にある「結果」を返す。「値」の中に「検索値」に一致するものがないときは「既定の結果」を返す

社員名簿で、部署名に応じた部署コードを入力したい(**図1**)。「データの入力規則」機能を使い、リストから選択する方法もあるが、その都度選択するのは面倒だし、間違いも起こりやすい(**図2、図3**)。

そんなときに便利に利用できるのがSWITCH(スイッチ)関数だ。データが増えれば増えるほど、リストから選択するより簡単で時短になる。

「値」の中から「検索値」に設定した値と一致するものを探し、一致した「値」の

●入力規則を使った場合はリストから選択

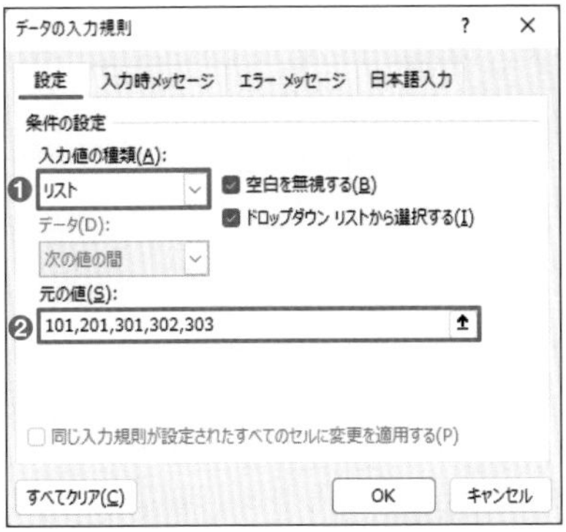

図2 部署コードを入力したいセル範囲を選択し、「データ」タブの「データの入力規則」を選ぶ。「設定」タブの「入力値の種類」で「リスト」を選択し（❶）、「元の値」にリスト化したい文字列を並べる（❷）

図3 すると、リストから選べるようになるが、データ量が増えると毎回毎回選ぶだけでも時間がかかるうえ、間違いを起こしやすい

	A	B	C	D
1	社員名簿			
2	氏名	部署名	部署コード	
3	大川淳二	営業部		▾
4	金田洋子	広報部	101	
5	近藤智代	総務部	201	
6	桜井忠	営業部	301	
7	杉田佳代	営業部	302	
8	鈴木美雪	開発部	303	
9	林啓太	営業部		

●値は「完全一致」で指定する

	A	B	C	D	E
1	社内英語検定結果				
2	氏名	筆記	会話	合計	ランク
3	大川淳二	70	80	150	D
4	金田洋子	70	20	90	D
5	近藤智代	40	40	80	D
6	桜井忠	70	50	120	D
7	杉田佳代	85	85	170	D
8	鈴木美雪	30	50	80	

=SWITCH(D3,">=170","A",">=120","B",">=70","C","D")

図4 184ページではIFS関数で合計点数の範囲によってランク分けした。しかし、SWITCH関数ではそれはできない。「値」は完全一致でないと「一致するものがない」と見なされ、「既定の結果」（一致するものがない場合の結果）となってしまう

直後にある「結果」を返す。「値」の中に「検索値」に一致するものがないときは「既定の結果」を返す。すべてカンマ（,）で区切って並列に並べていけばいいだけだ。

図1を例に使い方を詳しく見ていこう。まず、「検索値」に「部署名」が記載された「B3」を指定する。そして「値1」に「開発部」、「結果1」に開発部の部署コードである「101」を指定する。その後も「営業部は201」「広報部は301」…というように、「部署名」と「部署コード」の2つをセットにしてカンマで区切って記述していく。最後だけは「"−"」と指定。これは、「検索値」が左の「値」のどれとも一致しなかった場合に記述される値だ。いわゆる「その他」である。

ここでは、「新規事業部」にはまだ部署コードが割り振られていないため、「−」となる。なお、「値」と「結果」のセットは126まで指定可能。この数式を下方向にコピーすれば、すべての部署コードを一気に表示できる。

IFS関数と使い方が似ているが、SWITCH関数は「値」に範囲は指定できない（**図4**）。1対1で一致するものに対してのみ利用できる。

論理関数

「かつ」「または」で条件指定が柔軟に

複数の条件を組み合わせる

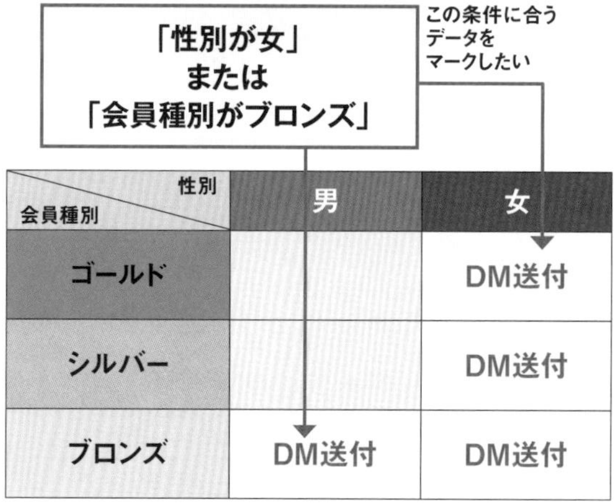

図1 性別が女、もしくは会員種別がブロンズの人にDM(ダイレクトメール)を送付したい。性別と会員種別の組み合わせを図式化するとこのようになる。このうちの特定の組み合わせを指定したいときに使うのがAND関数とOR関数だ。AND関数は「AかつB」、OR関数は「AまたはB」という条件を指定する。これらをIF関数と組み合わせると、条件指定のバリエーションが一挙に増える

IF関数を使っていると、「『性別が女』または『会員種別がブロンズ』」といった組み合わせ条件を指定したいことがある(**図1**)。こうしたときに使うのがAND(アンド)関数とOR(オア)関数だ。それぞれ「かつ」「または」を表す。これらをIF関数の引数「論理式」の中で使うと、IF関数の威力はさらに高まる。172ページの“一網打尽”学習でも触れたように、ANDとOR、および後述するNOT(ノット)は、ぜひIF関数とセットで覚えたい論理関数の筆頭だ。

AND関数もOR関数も引数として論理式を取り、前者はすべての引数が真の場合に真、後者はいずれかの引数が真の場合に真を返す。これをIF関数の引数「論理式」に使うことで、「『性別が女』または『会員種別がブロンズ』なら『DM送付』、そうでないなら空文字(何も表示しない)を表示する」といった処理ができる(**図2**)。なお、空文字は半角ダブルクォーテーションを2つ続けて指定する。よく使うので覚えておこう。

重要関数 15 「かつ」や「または」を表す関数

AND《アンド》

論理関数 ★★★★

書式　=AND(論理式1,論理式2,…)
機能　すべての引数が真の場合に真を返す
引数　論理式1:結果が真または偽になる数式
論理式2:結果が真または偽になる数式。
省略可能。引数は最大で255個まで指定できる

OR《オア》

論理関数 ★★★★

書式　=OR(論理式1,論理式2,…)
機能　いずれかの引数が真の場合に真を返す
引数　AND関数と同じ

	A	B	C	D	E
1	氏名	性別	会員種別	女性かつブロンズ	女性もしくはブロンズ
2	佐伯雄三	男	ゴールド	FALSE	FALSE
3	只野健次郎	男	シルバー	FALSE	FALSE
4	西島慎吾	男	ブロンズ	FALSE	TRUE
5	吉田まや	女	ゴールド	FALSE	TRUE
6	喜田雅代	女	シルバー	FALSE	TRUE
7	山下美智子	女	ブロンズ	TRUE	TRUE

「=AND(B2="女",C2="ブロンズ")」と入力して下へコピー

「=OR(B2="女",C2="ブロンズ")」と入力して下へコピー

図Q 各会員が「性別が女かつ会員種別がブロンズ」「性別が女または会員種別がブロンズ」に合致するかどうかをそれぞれAND関数とOR関数で判定した。結果は合致するとTRUE(真)、合致しないとFALSE(偽)になる。実際にはIF関数と組み合わせて使うことが多い

IF関数と組み合わせて使う

	A	B	C	D
1	氏名	性別	会員種別	女性またはブロンズならDMを送付
2	佐伯雄三	男	ゴールド	
3	只野健次郎	男	シルバー	
4	西島慎吾	男	ブロンズ	DM送付
5	吉田まや	女	ゴールド	DM送付
6	喜田雅代	女	シルバー	DM送付
7	山下美智子	女	ブロンズ	DM送付

「=IF(OR(B2="女",C2="ブロンズ"),"DM送付","")」と入力して下へコピー

=IF(OR(B2="女", C2="ブロンズ"),
もしB2が「女」もしくはC2が「ブロンズ」なら
"DM送付",　「DM送付」を返す
そうでないなら
"")　空文字を返す

図2 OR関数とIF関数を組み合わせて、「性別が女もしくは会員種別がブロンズ」の場合に「DM送付」と表示した。図Qのように TRUE、FALSEのままよりも、具体的な文字列を表示したほうがわかりやすい。文字列は半角のダブルクォーテーションでくくり、半角ダブルクォーテーションを2つ続けると空文字(何も表示しない)になる

AND関数とOR関数を組み合わせれば、「『性別が女』かつ『会員種別がブロンズまたはシルバー』」といった複雑な条件も指定できる(次ページ**図3**)。AND関数の引数としてOR関数を入れ子にすればよい。

ANDとORを組み合わせれば複雑な条件も

	A	B	C	D	E
1	氏名	性別	会員種別	女性かつ「ブロンズまたはシルバー」ならDMを送付	
2	佐伯雄三	男	ゴールド		
3	只野健次郎	男	シルバー		
4	西島慎吾	男	ブロンズ		
5	吉田まや	女	ゴールド		
6	喜田雅代	女	シルバー	DM送付	
7	山下美智子	女	ブロンズ	DM送付	
8					
11					
12					

「=IF(AND(B2="女",OR(C2="ブロンズ",C2="シルバー")),"DM送付","")」と入力して下へコピー

図3 こちらは女性でブロンズまたはシルバーの人にDMを送りたいケース。この場合はAND関数とOR関数を組み合わせ、「『性別が女』かつ『［会員種別がブロンズ］または［会員種別がシルバー］』」という意味の論理式を組み立てる。「Aかつ『BまたはC』」というパターンだ

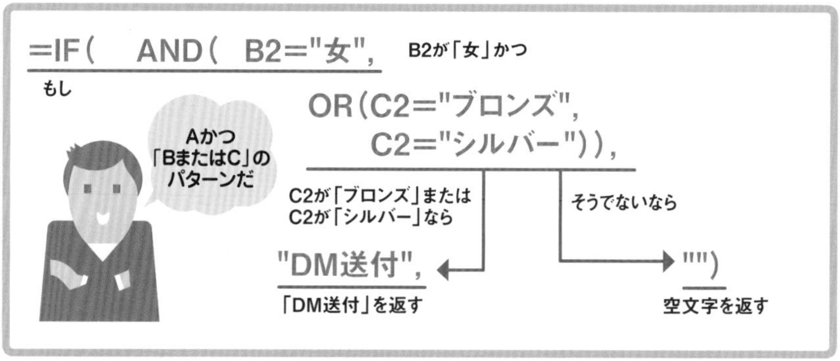

“へそ曲がり”のNOT関数「○でない」が便利なことも

最後にNOT関数も紹介しよう。こちらは引数が真の場合に偽を返し、偽の場合に真を返す。何とも“へそ曲がり”な関数だが、意外と役に立つ。

図3の「女性かつブロンズまたはシルバーの人」は「『男性またはゴールド』でない人」でもある。従ってOR関数で「男性またはゴールド」と記述して、それをNOT関数でひっくり返せば、「女性かつブロンズまたはシルバーの人」と同じ結果を得られる（**図4**）。一見、ひねくれた指定方法に思えるが、条件によっては「AかつBかつCまたは…」とやるよりも、「X以外」としたほうがわかりやすいケースも多い。

NOTを使えば別の表現もできる

女性でブロンズまたはシルバーの人

‖ 両者は同じ

「男性またはゴールド」でない人

	A	B	C	D	E
1	氏名	性別	会員種別	「男性またはゴールド」でない ならDMを送付	
2	佐伯雄三	男	ゴールド		
3	只野健次郎	男	シルバー		
4	西島慎吾	男	ブロンズ		
5	吉田まや	女	ゴールド		
6	喜田雅代	女	シルバー	DM送付	
7	山下美智子	女	ブロンズ	DM送付	
8					
9					
10					

「=IF(NOT(OR(B2="男",C2="ゴールド")),"DM送付","")」と入力して下へコピー

図4 図3の「女性でブロンズまたはシルバーの人」は「『男性またはゴールド』でない人」と置き換えられる。NOT関数を使うと、論理式でこれを表現できる。OR関数で「男性またはゴールド」という論理式を作り、その真偽をNOT関数でひっくり返す

=IF(もし

NOT(OR(B2="男", C2="ゴールド")),

「『B2が男またはC2がゴールド』でない」なら → "DM送付", 「DM送付」を返す

「『B2が男またはC2がゴールド』でない」でないなら → "") 空文字を返す

重要関数16 「でない」を表す関数

NOT《ノット》 論理関数 ★★★★

書式　=NOT(論理式)

機能　引数が真の場合に偽、偽の場合に真を返す

引数　論理式:結果が真または偽になる数式

	A	B	C	D	E	F
1	氏名	性別	会員種別	「男性またはゴールド」でない		
2	佐伯雄三	男	ゴールド	FALSE		
3	只野健次郎	男	シルバー	FALSE		
4	西島慎吾	男	ブロンズ	FALSE		
5	吉田まや	女	ゴールド	FALSE		
6	喜田雅代	女	シルバー	TRUE		
7	山下美智子	女	ブロンズ	TRUE		
8						

「=NOT(OR(B2="男",C2="ゴールド"))」と入力して下へコピー

図R NOT関数を使い、「『男性またはゴールド』でない」という論理式を立てた。NOT関数はAND関数やOR関数を組み合わせた結果の真偽をひっくり返したいときに重宝する。単純な論理式をひっくり返すこともでき、例えば「B2="男"」(B2は「男」と等しい)と「NOT(B2<>"男")」(「B2は『男』と等しくない」ではない)は同義だ

組み合わせ

関数は組み合わせが上級への登竜門と心得よ

コンボ技で威力倍増!

LARGE関数 × IF関数 ▶評価付け
LARGE関数 × 条件付き書式 ▶色分け
SUMIF関数 × 入力規則 ▶使い勝手UP

図1 関数は組み合わせて使うことで威力が激増する。関数同士の組み合わせはもちろん、条件付き書式などの機能と組み合わせるワザもマスターしよう

関数のコンボで評価付け

	A	B	C	D	E
1	顧客	購入回数	顧客評価		
2	大石明美	48	S		
3	佐々木美子	10			
4	鈴木和子	32	S		
5	藤本亨	6			
6	古野裕則	8			
7	松浦保	28			
8	湯本康二	41	S		
9	吉田勇吉	29			
10					

「=IF(B2>=LARGE($B$2:$B$9,3),"S","")」と入力して下へコピー

図2 購入回数の多い上位3人を「S」顧客と評価したい。LARGE関数は○番目に大きい値を返す。IF関数を使い、3番目以上の購入回数のときに「S」と表示した

関数は単独よりも組み合わせて使ったほうがより威力を発揮する(**図1**)。前項の論理関数しかり、172ページの文字列関数しかり…。IF関数(180ページ参照)にしても、特殊な条件を指定するためには、まったく別の関数を組み合わせる必要がある。

例えば、顧客リストから購入回数が多い上位3人を抜き出して「S」顧客と評価したいケース。このような場合、LARGE関数を使って「3番目に大きい値」を取得し、IF関数の引数「論理式」で「購入回数が3番目に大きい値以上」という条件を指定する(**図2**)。

重要関数 17 ○番目に大きい・小さい値を取得

LARGE《ラージ》
統計関数 ★★★★☆

書式　=LARGE(セル範囲,順位)
機能　セル範囲内で○番目に大きい値を返す
引数　セル範囲:値を探すセル範囲を指定する
　　　順位:何番目に大きい値を探すかを指定する

SMALL《スモール》
統計関数 ★★★★☆

書式　=SMALL(セル範囲,順位)
機能　セル範囲内で○番目に小さい値を返す
引数　セル範囲:値を探すセル範囲を指定する
　　　順位:何番目に小さい値を探すかを指定する

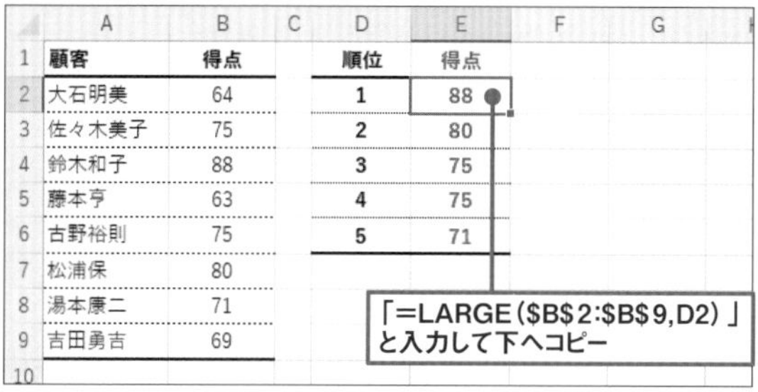

図S LARGE関数を使い、得点の上位5つをピックアップした。数式を下にコピーするときは第1引数のセル範囲を絶対参照にする

条件付き書式とのコンボは威力抜群!

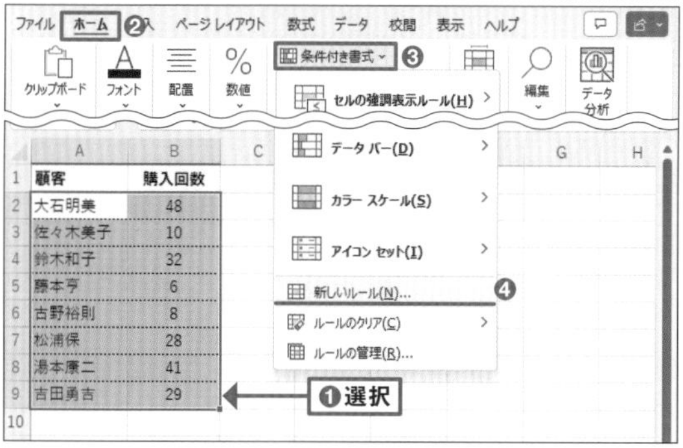

図3 購入回数の上位3名に色を付けてみよう。A2～B9セルを選択して、「ホーム」タブの「条件付き書式」から「新しいルール」を選ぶ(❶～❹)

このコンボ作戦は関数同士に限った話ではない。エクセルには、関数と組み合わせることで応用範囲がぐっと広がる機能がある。なかでも「条件付き書式」とのコンボは威力抜群だ(**図3**)。

条件付き書式とのコンボ作戦! 関数を駆使して条件を指定

条件付き書式は特定の条件に合致した場合に指定書式を適用する機能だが、条件として数式(論理式)を指定できる。次ページ**図4**、**図5**では「購入回数が3番目に大きい値以上」の行を塗りつぶした。

数式は前々ページ図2とほぼ同じだが、B2セルは「$B2」と列を絶対参照（177ページ参照）にする。条件付き書式も数式と同様、ほかのセルではセル参照がずれる。このケースではすべての列でB列の購入回数を参照させる必要がある。

関数を使ったシートの使い勝手を高めるコンボ技もある（**図6～図8**）。その典型が「入力規則」だ。例えばSUMIF関数（183ページ参照）で、ある担当者の販売額合計を算出したとしよう。担当者名を書き換えると、販売額合計が瞬時に再計算されるが、担当者名を手入力するのは面倒だ。そんなときは入力規則を使い、担当者名をリストから選べるようにするとよい。

図4 上側で「数式を使用して…」を選択（❶）。図の数式を半角で入力して「書式」を押す（❷❸）。「$B2」は列のみ絶対参照にするという意味。「塗りつぶし」タブで好みの色を選んで画面下の「OK」をクリック（❹❺）。元の画面に戻ったら「OK」を押す（❻）

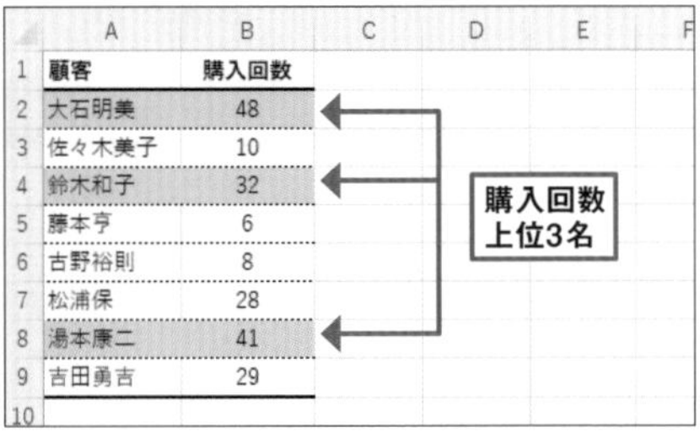

図5 購入回数上位3名の行全体が薄緑色で塗りつぶされた。同じことは前ページ図3のメニューで「上位／下位ルール」→「上位10項目」を選んでもできるが、数式のほうが柔軟性が高い。189ページのAND関数を組み合わせれば、「上位5名かつ購入回数が40以上」といった条件指定も可能だ

入力規則とのコンボで使い勝手UP!

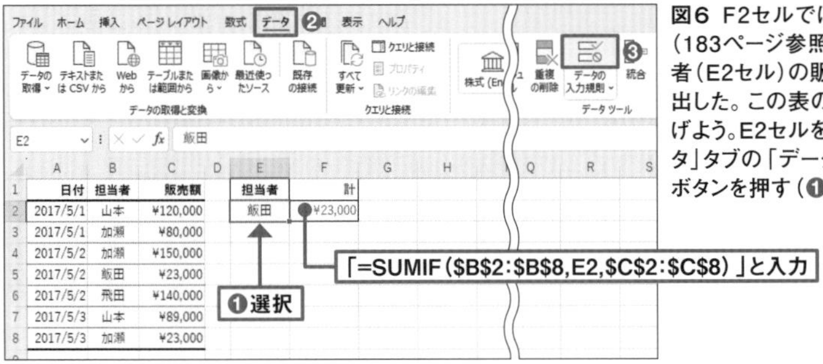

図6 F2セルではSUMIF関数（183ページ参照）を使い、担当者（E2セル）の販売額合計を算出した。この表の使い勝手を上げよう。E2セルを選択して「データ」タブの「データの入力規則」ボタンを押す（❶～❸）

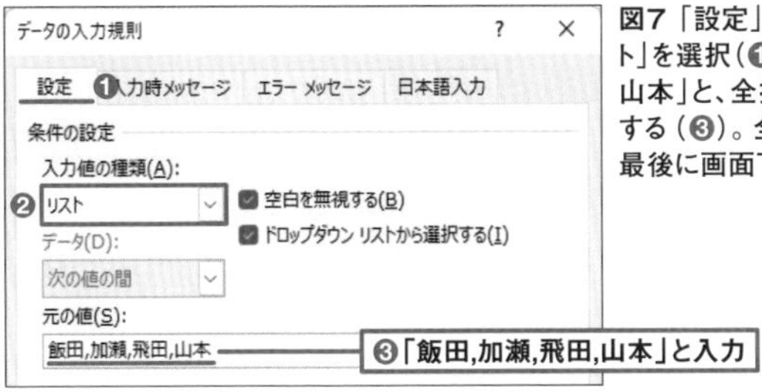

図7 「設定」タブを開き、「入力値の種類」欄で「リスト」を選択(❶❷)。「元の値」欄に「飯田,加瀬,飛田,山本」と、全担当者名を半角カンマで区切って入力する(❸)。全角の読点だとエラーになるので注意。最後に画面下の「OK」を押す

	A	B	C	D	E	F
1	日付	担当者	販売額		担当者	❶ 計
2	2017/5/1	山本	¥120,000		飯田 ▼	¥23,000
3	2017/5/1	加瀬	¥80,000		飯田	
4	2017/5/2	加瀬	¥150,000		加瀬 ❷	
5	2017/5/2	飯田	¥23,000		飛田	
6	2017/5/2	飛田	¥140,000		山本	
7	2017/5/3	山本	¥89,000			
8	2017/5/3	加瀬	¥23,000			
9						

加瀬さんの販売額合計に

	A	B	C	D	E	F
1	日付	担当者	販売額		担当者	計
2	2017/5/1	山本	¥120,000		加瀬 ▼	¥253,000
3	2017/5/1	加瀬	¥80,000			

図8 以後、E2セルを選択すると、横に「▼」ボタンが現れ、クリックすると担当者のメニューが開く(❶)。例えば「加瀬」を選ぶと(❷)、SUMIF関数の計算結果が、加瀬さんの販売額合計に変化する。関数の習得だけでなく、関数を利用したシートの使い勝手を上げる工夫も大切だ

重要関数 18 数値を四捨五入・切り上げ・切り捨て

ROUND《ラウンド》 数学/三角関数 ★★★★

書式 =ROUND(数値,桁数)
機能 指定した桁数で数値を四捨五入する
引数 数値:四捨五入する数値を指定する
桁数:四捨五入する小数点以下の桁数。0だと小数点以下第1位を四捨五入して整数にする。負の値だと一、十、百…の位を四捨五入する

ROUNDUP《ラウンドアップ》 数学/三角関数 ★★★★

書式 =ROUNDUP(数値,桁数)
機能 指定した桁数で数値を切り上げる
引数 ROUND関数と同じ

ROUNDDOWN《ラウンドダウン》 数学/三角関数 ★★★★

書式 =ROUNDDOWN(数値,桁数)
機能 指定した桁数で数値を切り捨てる
引数 ROUND関数と同じ

	A	B	C	D	E	F
1	元の数値		桁数	四捨五入	切り上げ	切り捨て
2	2562.7289		-2	2600	2600	2500
3			-1	2560	2570	2560
4			0	2563	2563	2562
5			1	2562.7	2562.8	2562.7
6			2	2562.73	2562.73	2562.72
7						
8						

「=ROUND($A$2,C2)」と入力して下へコピー

こちらは「=ROUNDUP($A$2,C2)」

こちらは「=ROUNDDOWN($A$2,C2)」

図T A2セルの数値をC列の桁数で四捨五入・切り上げ・切り捨てした。小数点以下第1位を処理して整数にするときは桁数を0にする。桁数がマイナス1だと一の位、マイナス2だと十の位が処理されるので、金額を100円単位にするようなときにも役立つ

表引き 表計算の神髄は値を抜き出す“表引き”

表から値を検索

図1 “表引き”とは特定の値をキー（検索値）にして、別の表からデータを抜き出すこと。マスターすると見積書作成などさまざまな場面で重宝する

重要関数 19 指定した表からデータを抜き出す

VLOOKUP《ブイルックアップ》

検索／行列関数 ★★★★★

書式 =VLOOKUP(検索値,範囲,列番号,検索の型)

機能 引数「セル範囲」の左端列で「検索値」を探し、見つかった行の左から「列番号」目にあるセルの値を返す

引数 検索値:セル範囲の左端列で探す値
セル範囲:検索する値と取り出したい値をまとめた表。検索する値は必ず左端列に配置する
列番号:左から何列目のデータを取り出すかを指定
検索の型:FALSEを指定すると、検索値と完全に一致する値だけを探す。TRUEを指定するか省略すると、検索値以下の最大値を探す（左端列の昇順で並べ替えておく必要がある）

図U VLOOKUP関数を使った一番シンプルな例。左側の価格表から商品（D2セル）の価格を表引きした

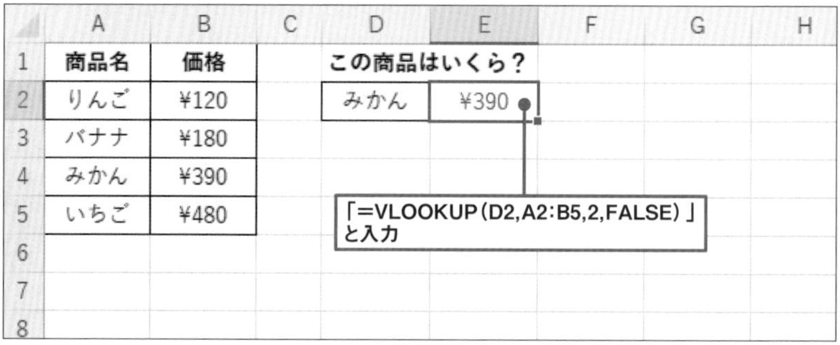

エクセルを使った業務では、ほかの表からデータを抜き出したいことがしばしばある（**図1**）。例えば見積書で商品名（商品コード）を入力したら、別表の商品一覧にある商品の価格が自動表示されるようにしたい。このように、ある値をキーにしてほかの表を検索し、データを抜き出す処理を「表引き」と呼ぶ。この表引きで欠かせないのがVLOOKUP（ブイルックアップ）関数だ。

これを使うと、「ある受験者の得点をテスト結果一覧から抜き出す」といった処理が簡単にできる（**図2**）。VLOOKUP関数は、引数「検索値」で指定した値を、引数「セル範囲」で指定した範囲の左端列で検索する。合致した行が見つかったら、「セル範囲」の左から引数「列番号」目のセルの値を抜き出す。図2のF2セルではテスト結果（見出しを除く）の左端列で「小宮和重」を探し、合致した同じ行の「2」列目の得点を表示している（**図3**）。

VLOOKUPの仕組みは意外とシンプル

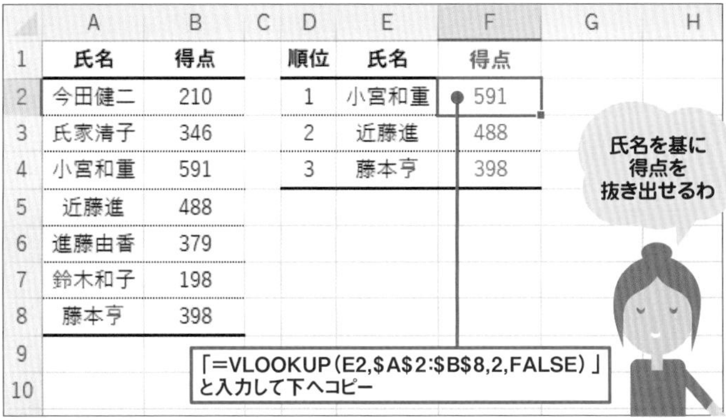

図2 D～E列に得点上位3名の氏名を入力した。各人の得点を表示したいときはVLOOKUP関数の出番だ。E列の氏名を検索値にしてA～B列の得点表から表引きする。数式をコピーするときは、第2引数の「セル範囲」を絶対参照にする

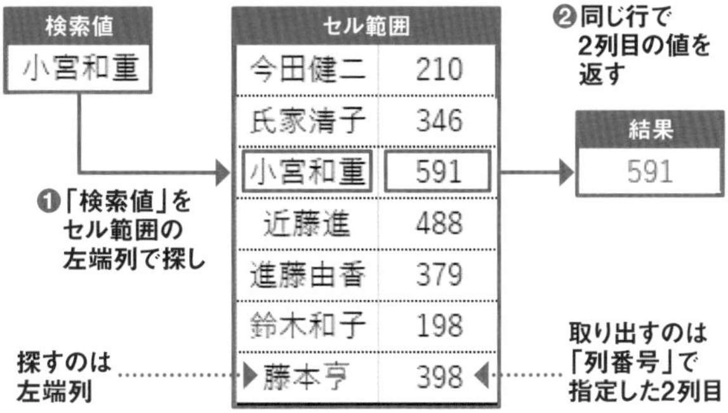

図3 図2のVLOOKUP関数式の仕組みを図解した。まず、「検索値」の「小宮和重」をセル範囲（A2～B8セル）の左端列で探す（❶）。「検索の型」を「FALSE」にしたので完全に一致するものだけが対象だ。結果、上から3番目で見つかった。「列番号」は「2」にしたので、同じ行の2列目にある「591」が結果として返る（❷）

VLOOKUP関数でランク付けする

	A	B	C	D	E	F	G	H
1	氏名	得点	ランク		●ランク付け基準表			
2	今田健二	210	D		得点	ランク	摘要	
3	氏家清子	346	C		0	E	200未満	
4	小宮和重	591	A		200	D	200以上300未満	
5	近藤進	488	B		300	C	300以上400未満	
6	進藤由香	379	C		400	B	400以上500未満	
7	鈴木和子	198	E		500	A	500以上	
8	藤本亨	398	C					
9								

「=VLOOKUP(B2,$E$3:$F$7,2,TRUE)」と入力して下へコピー

図4 「300点以上400点未満はランクC」といった得点によるランク付けもVLOOKUP関数でできる。第2引数のセル範囲を左端列の昇順で並べ替えておき、第4引数をTRUEにするのがポイントだ

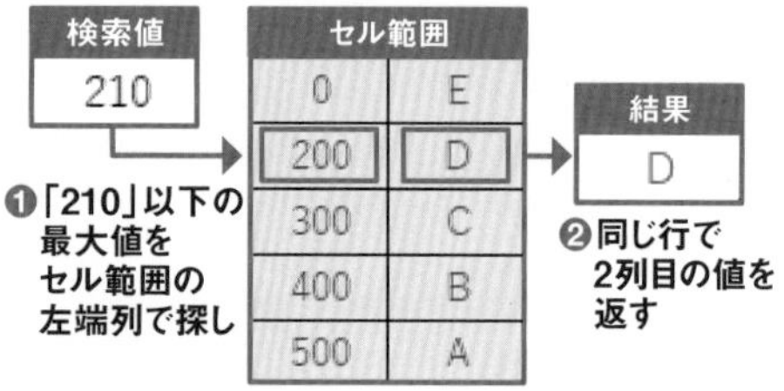

図5 第4引数が「TRUE」だと、VLOOKUP関数は検索値以下の最大値をセル範囲の左端列で探す。例えば「210」なら、「210以下の最大値」である「200」がヒットし、その結果、2列目の「D」が返る（❶❷）。セル範囲の左端列に並べる数値がポイントだ。「A以上B未満ならX」という場合は左端列に「A」、その下に「B」、「A」の右隣に「X」を入力する。「C以上はすべてY」なら「C」とその右隣に「Y」だけ入力すればよい

重要関数 20 セル範囲の何番目にあるか調べる

MATCH《マッチ》

検索／行列関数 ★★★★

書式　=MATCH(検索値,検査範囲,照合の型)
機能　検索値がセル範囲の何番目にあるかを返す
引数　検索値：検索する値
セル範囲：検索対象のセル範囲
照合の型：1を指定すると、検索値以下の最大値を探す（セル範囲を昇順で並べ替えておく必要がある）。0だと検索値と完全に一致するものだけを探す。−1だと検索値以上の最小値を探す（セル範囲を降順で並べ替えておく必要がある）

	A	B	C	D	E	F
1	氏名	得点		この得点は先頭から何番目？		
2	今田健二	210		591	3	
3	氏家清子	346				
4	小宮和重	591				
5	近藤進	488				
6	進藤由香	379				
7	鈴木和子	198				
8	藤本亨	398				
9						

「=MATCH(D2,B2:B8,0)」と入力

図V MATCH関数を使い、D2セルの得点がB列にある得点欄の上から何番目にあるかを調べた。591点は上から3番目だ

「検索値」と完全に一致する値を探すときは、引数「検索の型」を「FALSE」か「0」にする。一方、「検索の型」を「TRUE」か「1」、もしくは省略すると、「検索値」以下の最大値を返す。

「○キロ〜○キロは○円」など、応用範囲が広いランク付け

この特徴を利用すると、**図4**のようにランク付けができる。ここでは「0点以上200

点未満はE」などと得点区分でランク付けした。例えば210点は、200点以上300点未満なのでランクはDとなる(**図5**)。同じ要領で「○キロ以上○キロ未満は○円」といった料金表からの表引きも可能だ。

便利なVLOOKUP関数だが、表の形式によっては対応できないケースもある。得点表の左端列以外を検索したいような場合だ(**図6**)。こういうときはMATCH(マッチ)関数とINDEX(インデックス)関数を組み合わせて表引きする。数式が長めになるが、VLOOKUP関数より柔軟性が高いので覚えておこう。

以上、パレートの法則をベースにした関数攻略法を解説してきた。重要関数コラムで取り上げた関数は厳選60個中29個だが、残りも同じ要領で攻略して、ぜひとも関数エキスパートを目指してほしい。

重要関数 21 セル範囲の○行○列目のセルを取得

INDEX《インデックス》

検索/行列関数 ★★★★

書式 =INDEX(範囲,行番号,列番号)
機能 セル範囲の○行○列目のセルを返す
引数 セル範囲:取り出したいデータが並んだセル範囲
行番号:取り出したい行の位置を指定する。セル範囲が1行の場合は省略できる
列番号:取り出したい列の位置を指定する。セル範囲が1列の場合は省略できる

	A	B	C	D	E	F
1	氏名	得点		上から○番目の人を取り出す		
2	今田健二	210		3	小宮和重	
3	氏家清子	346				
4	小宮和重	591				
5	近藤進	488				
6	進藤由香	379				
7	鈴木和子	198				
8	藤本亨	398				
9						
10						
11						

「=INDEX(A2:A8,D2)」と入力

図W INDEX関数を使い、A列にある氏名の上から○番目(D2セルで指定)の人を抜き出した

MATCHとINDEXで表引きする

	A	B	C	D	E	F	G
1	氏名	得点		順位	得点	氏名	
2	今田健二	210		1	591	小宮和重	
3	氏家清子	346		2	488	近藤進	
4	小宮和重	591		3	398	藤本亨	
5	近藤進	488					
6	進藤由香	379					
7	鈴木和子	198					
8	藤本亨	398					
9							
10							

「=LARGE($B$2:$B$8,D2)」と入力して下へコピー

「=INDEX($A$2:$A$8,MATCH(E2,$B$2:$B$8,0))」と入力して下へコピー

図6 LARGE関数(193ページ参照)を使ってE列に上位3つの得点を表示した。その横に氏名を表示しよう。MATCH関数でE列の得点が上から何番目かを調べ、同じ行にある氏名をINDEX関数で抜き出した。A～B列の表は得点が左端列にないので、VLOOKUP関数だとうまくいかない

VLOOKUP 基礎編 “表引き”機能の原理原則を学ぶ

エクセルにはたくさんの関数があるが、ビジネス現場でぜひマスターしたいのがVLOOKUP関数。これを使うと、売上台帳から商品台帳を参照するなど、いわゆる“表引き”の処理をスマートにこなせる。基本からさらに踏み込んだ高度な応用まで、徹底的に解説しよう。

VLOOKUP関数で表からデータを取り出す方法は、大きく分けて2種類ある（**図1**）。この違いは引数「検索の型」によるものだ。完全に一致するセルを検索するか、該当する範囲を検索するかの違いだ。まずは、VLOOKUP関数を使った表引きの基本と、2種類の方法を使い分けるポイントを解説しよう。

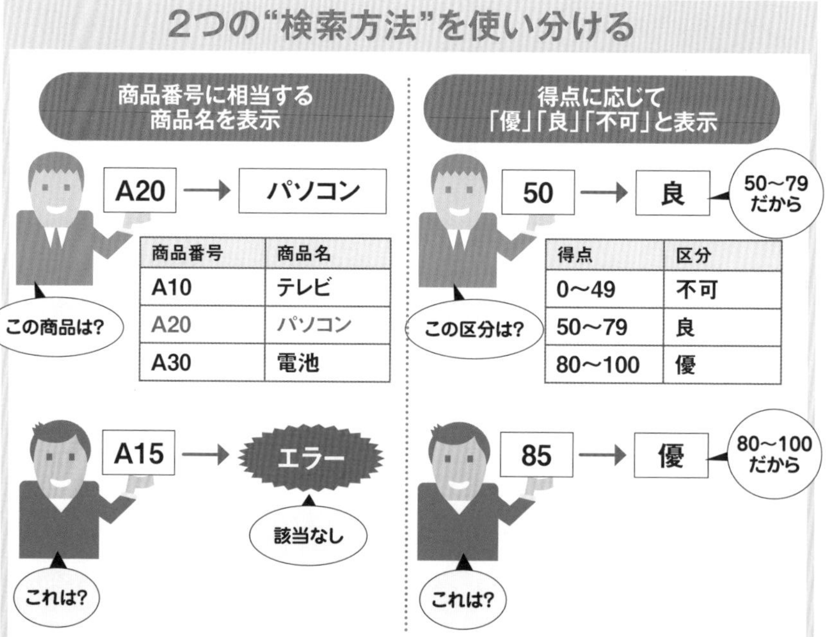

図1 VLOOKUP関数では大きく分けて2種類の表引きができる。目的に応じて使い分けよう

完全に一致する値を検索し、対応するデータを取り出す

VLOOKUP関数の用途として一般的なのが、商品番号や商品名で表を検索し、該当する商品の価格などを取り出す処理だ（**図2**）。

この関数では、「範囲」に指定したセル範囲の左端列で「検索値」を探し、発見されたセルと同じ行で、左から数えて「列番号」の位置の列にあるセルの値を返す。また、「検索の型」に論理値「FALSE」を指定した場合、検索対象の列で、「検索値」に完全に一致するセルだけが検索される（**図3**）。

検索値に対応するデータを取り出す

VLOOKUP《ブイルックアップ》 —表を縦方向に検索して値を取り出す

=VLOOKUP(検索値,範囲,列番号,検索の型)

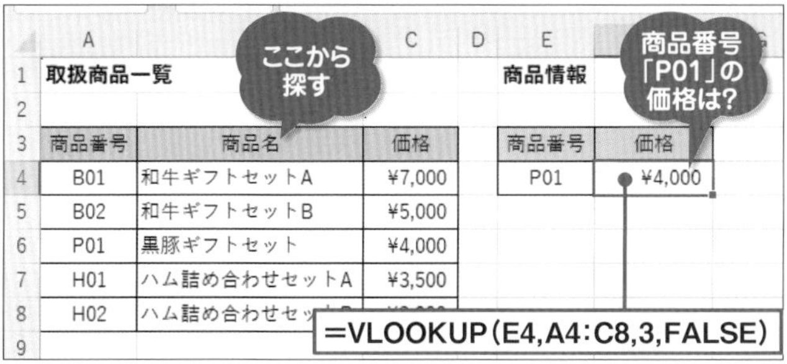

図2 商品の一覧が入力された表を基に、商品番号から商品の価格などを取り出すのは、VLOOKUP関数の一般的な活用法の1つだ。E4セルに入力された商品番号を変更すると、右側に表示される価格も自動的に変化する

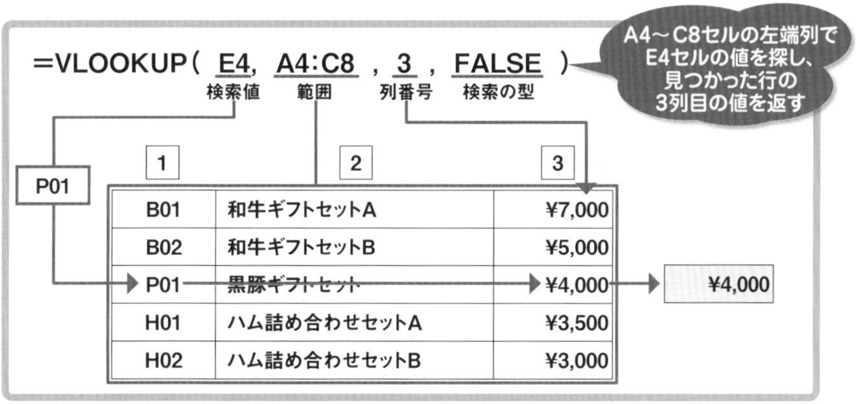

図3 VLOOKUP関数では「範囲」の左端列で「検索値」を検索し、見つかったセルと同じ行で、「列番号」番目の列にあるセルの値を返す。「検索の型」に「FALSE」を指定すると、「検索値」と完全に一致するデータだけが検索の対象となる

値が含まれる区間を検索する

図4　点数とクラスの対応表を基に、E4セルに入力された点数が該当するクラスを表示する。図2の例とは異なり、ここではVLOOKUP関数の引数「検索の型」に「TRUE」を指定している

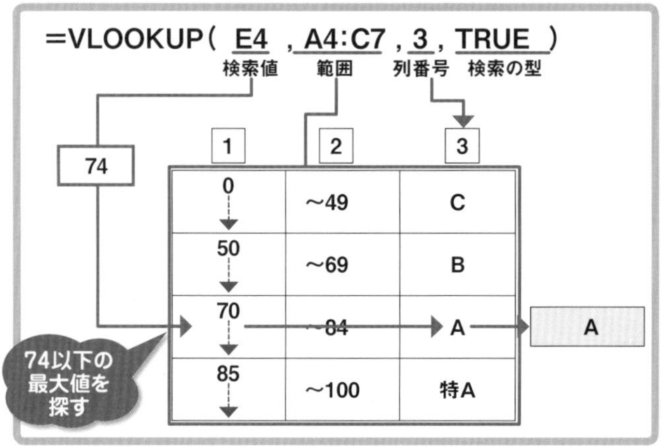

図5　「検索の型」にTRUEを指定するか省略した場合、「範囲」の左端列で「検索値」以下の最大値が検索される。言い方を換えると、「範囲」の左端列の各セルは、その下のセルまでの区間を表している。この使い方をするときは、表を左端列の昇順で並べておく必要がある

このとき、検索対象となる左端列は、どのような順番で並んでいても問題ない。ただし、列の中に同じ値が複数存在している場合には、その中で一番上にあるセルしか発見できない。また、「検索値」が見つからない場合は、「#N/A」というエラー値が表示される。

一方、「検索の型」に論理値「TRUE」を指定するかこの引数を省略した場合は、必ずしも「検索値」と完全に一致する値が検索対象の左端列に存在しなくてもよい。

該当する区間を検索し、対応するデータを取り出す

「検索の型」にTRUEを指定する用法の例としては、距離や重さに対応した料金や、実力試験の成績に応じたクラスを求めるケースなどがある(**図4**)。この方法を使う場合、検索対象となる「範囲」の左端列は、昇順(小→大の順)で並べておく必要がある。

この列を対象として、「検索値」以下の最大値が検索される。言い方を換えると、左端列の各セルは、それぞれの値以上、その下のセルの値未満の区間を表している。つまり、「検索値」が該当する区間を検索するわけだ（**図5**）。

この例の場合、表の2列目にある「～49」などは、単にこの区間をわかりやすく示すための補足説明だ。また、試験の点数なので「～49」としたが、実際には小数も含めて50未満の値がこの行に該当する。また、最後の行の2列目は「～100」としているが、実際には85以上の数値はすべてこの行に当てはまる。なお、試験の点数としてはあり得ないが、負の数を「検索値」に指定した場合は、どの行にも該当しないため、「#N/A」が返される。

数値だけでなく、文字列を対象として、該当する“区間”を検索することもできる。文字列の区間は、エクセルの機能で並べ替えたときと同じ基準で判定される。ここでは、「ア」「カ」「サ」… などのカタカナ1文字を並べた列で名前の読みを検索し、「あ行」「か行」「さ行」… などを表示している（**図6**）。エクセルの並べ替えでは「タ」→「ドイイチロウ」→「ナ」の順になるので、「タ」に対応する「た行」が求められるわけだ。

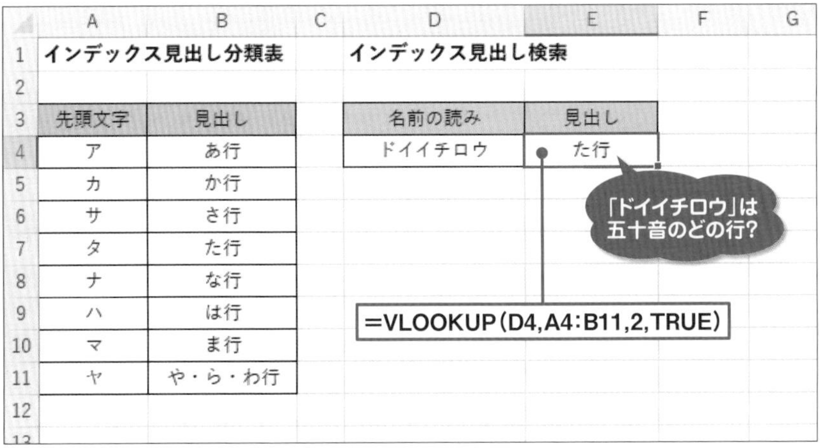

図6 「検索の型」にTRUEを指定する用法では、数値のほかに文字列も検索できる。ここでは「ア」「カ」「サ」などのカタカナ1文字を検索対象にして、「あ行」などの見出しを取り出している。例えば「ドイイチロウ」では、それ以下の最大値である「タ」が見つかり、「た行」が表示された

コピーでの変化も考慮して、対象範囲を指定する

商品名から価格を取り出すといった用途では、複数の行に同じ数式を入力したいケースも多い。しかし、VLOOKUP関数の「範囲」を「A4:B8」のような「相対参照」で指定し、その数式を下のセルにコピーすると、「A5:B9」のように行番号がずれてしまう。

コピーしても変化させないようにするには、「$A$4:$B$8」のような「絶対参照」で指定する（**図7**）。コピーするのは行方向だけなので、「A$4:B$8」のような「複合参照[注]」にしてもよい。一方、「検索値」は常に数式の左隣のセルを参照するようにしたいので、「D4」のような相対参照のままにする（**図8**）。

参照する表の範囲を固定する

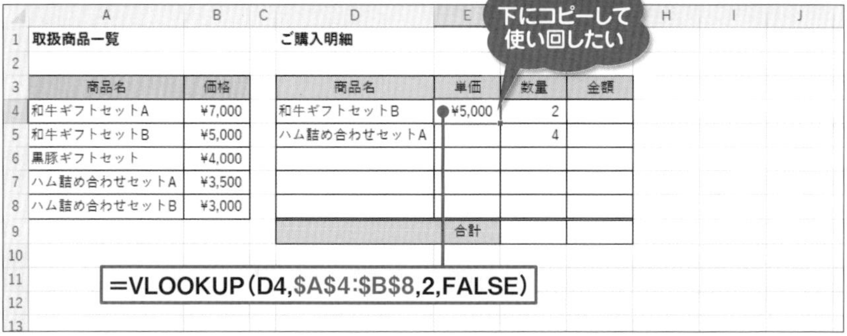

図7 ここまで紹介した例では「範囲」を相対参照しても特に問題はなかったが、入力した数式を下へコピーする場合、相対参照では参照する範囲がずれてしまう。変化させないようにするには、「$」の付いた絶対参照（または複合参照）で指定する必要がある

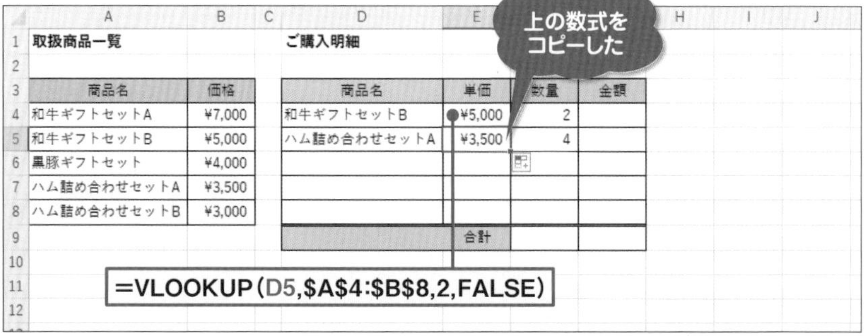

図8 E4セルに入力した数式を、E5セルにコピーした。VLOOKUP関数の引数「検索値」に指定した「D4」の部分は「D5」に変化しているが、「範囲」に指定した「$A$4:$B$8」の部分は変化していない

［注］絶対参照と相対参照を組み合わせたもの

参照する範囲に名前を付ける

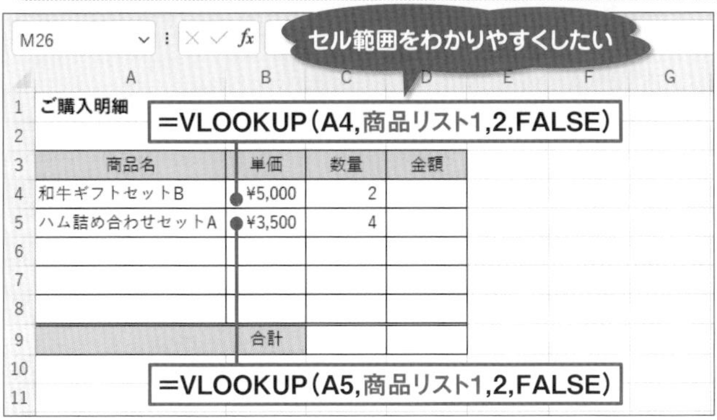

図9 取扱商品一覧(図10)とは別のシートに購入明細の表を作り、商品名から価格を取り出すVLOOKUP関数式の「範囲」を「商品リスト1」という名前で指定した。名前で指定した範囲はコピーしても変化しない。また、名前はブックごとに保存されるため、ほかのシートからでも利用しやすい

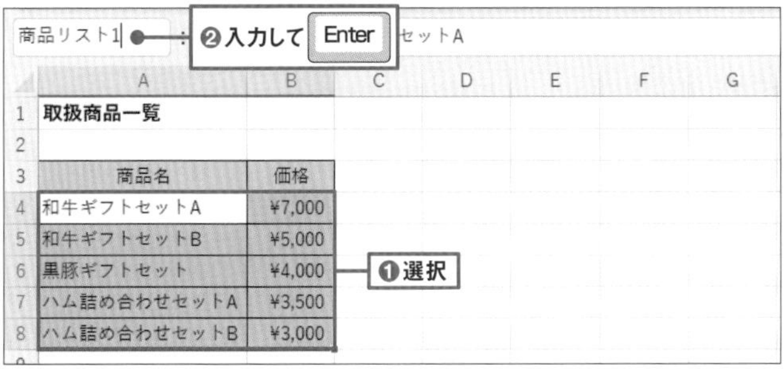

図10 VLOOKUP関数などで参照する表の範囲には、あらかじめ「名前」を設定しておくとよい。対象のセル範囲を選択(❶)。「名前ボックス」をクリックして名前を入力し、「Enter」キーを押す(❷)。ここでは「商品リスト1」という名前を付けた

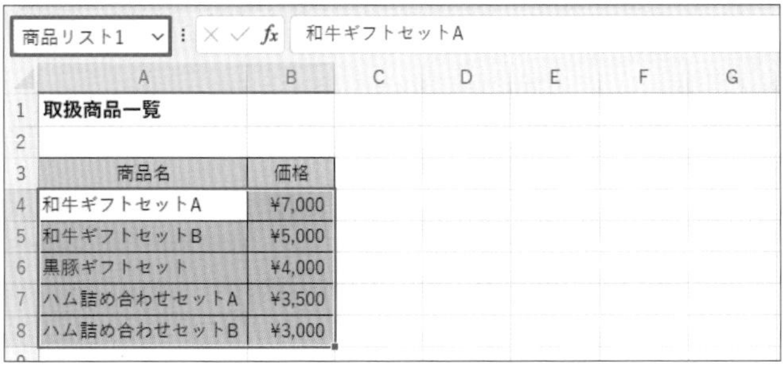

図11 名前の付いたセル範囲を選択すると、名前ボックスにその名前が表示される。名前ボックスから名前を付けたセル範囲を選択することも可能だ。右端の「▼」を押すと名前が一覧表示されるので、範囲選択したいものをクリックする

面倒なら、「範囲」に指定するセル範囲に、あらかじめ「名前」を設定しておくとよい(**図9**)。対象範囲を選択して「名前ボックス」をクリックし、適当な名前を入力して「Enter」キーを押す(**図10、図11**)。名前は、通常はブックごとに保存されるので、ほかのシートからも参照が可能だ。また、「数式」タブの「数式で使用」を使うと、入力中の数式に名前を簡単に挿入できる。

エラー値の発生に対処する

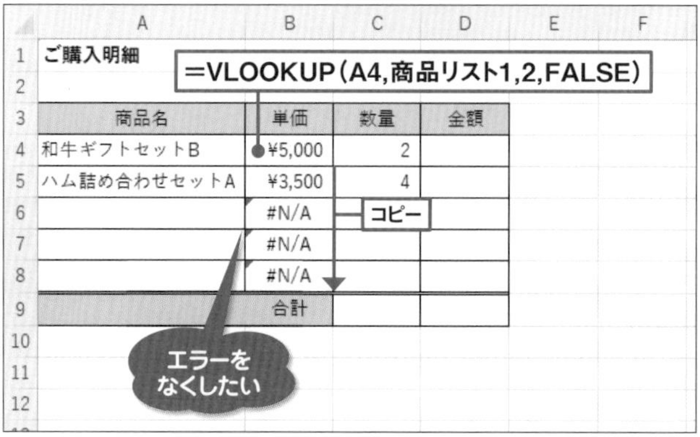

図12 このVLOOKUP関数式では、引数「検索値」として、同じ行の商品名を指定している。この数式を下へコピーすると、商品名が未入力の行では「#N/A」というエラー値が表示されてしまう。ビジネス現場では数式を事前にコピーしておくのが普通なので、対策が必要だ

IFERROR《イフエラー》 ―式がエラーなら別の値を返す

=IFERROR(値,エラーの場合の値)

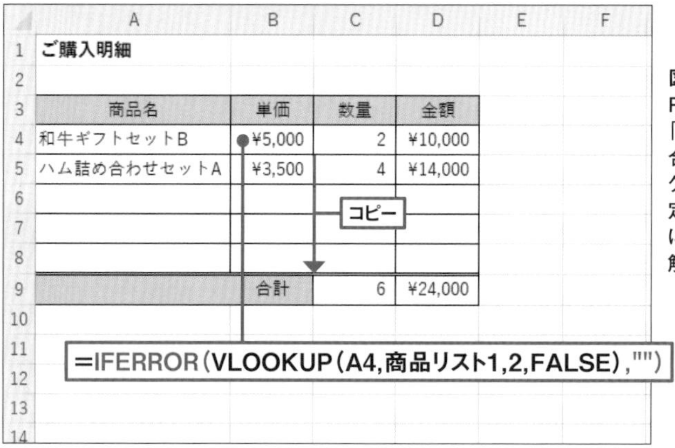

図13 IF関数やIFERROR関数を組み合わせて、「検索値」が未入力の場合は空白(半角ダブルクォーテーション2つで指定する)が表示されるようにしておくのが一般的な解決方法だ

エラー回避の関数を使って、未入力の行にも対応する

繰り返し使用する購入明細表などを作る場合、商品名などから価格を取り出すVLOOKUP関数式は、あらかじめすべての行に入力しておくのが普通だ。しかし、「検索値」が未入力の行に数式をコピーすると、「#N/A」になってしまう(**図12**)。これを回避するために、通常はIF関数やIFERROR(イフエラー)関数などを組み合わせる(**図13**)。

これまで説明してきたことを踏まえ、改めて購入明細表を完成させよう。商品名よりも入力が簡単な商品番号を「検索値」として、商品名と単価（価格）を取り出す。さらに単価と手入力した数量を掛け算して、行ごとの金額を算出。表の末尾には数量と金額の合計を求めるSUM（サム）関数式を入力した（**図14**）。

最後に、VLOOKUP関数の“仲間たち”も紹介しておこう。エクセルにはHLOOKUP（エイチルックアップ）、LOOKUP（ルックアップ）という関数もある。

ご購入明細表を完成させる

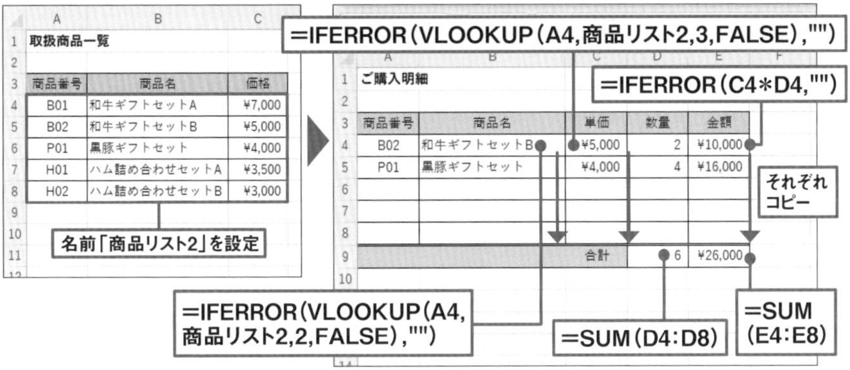

図14 商品名ではなく商品番号を入力し、対応する商品名と単価をそれぞれ取り出すように修正。金額欄には単価と数量（直接入力した）を掛け算する数式を入力するが、単価が空白のときにエラーとならないよう、ここもIFERROR関数を組み合わせた。さらに、数量と金額の合計を求めるSUM関数式も入力した

横方向ならHLOOKUP、簡潔にやるならLOOKUP

HLOOKUP関数は表を横方向に検索したいときに使う。「範囲」の左端列ではなく上端行で「検索値」を検索し、見つかった列で、「行番号」で指定した行にあるセルの値を取り出す（次ページ**図15**）。つまり、VLOOKUP関数とは検索する方向が異なるだけで、使い方はほとんど同じだ。

LOOKUP関数を使うと、VLOOKUP関数の「検索の型」にTRUEを指定したときと同じ処理を、より簡潔かつ柔軟に行える（**図16**）。「対応範囲」を省略した場合、「検査範囲」の先頭の列または行で「検査値」以下の最大値を検索し、対応する末尾の列または行の値を返す。検索する方向は「検査範囲」のサイズによって決まり、行数が列数以上なら範囲の左端列、行数が列数未満なら範囲の上端行を検索する。

一方、「検査範囲」と「対応範囲」の両方を指定する場合は、どちらも1行または1列のセル範囲にする。この用法では、「検査範囲」で「検査値」以下の最大値を検索し、該当する位置に対応する「対応範囲」のセルの値を返す(**図17**)。このとき、「検査範囲」と「対応範囲」のセルの数は同じにする必要があるが、セル範囲の向きは縦・横が異なっていても問題ない。

表を横方向に検索する

HLOOKUP《エイチルックアップ》 ―表の上端行を横方向に検索して値を取り出す

=HLOOKUP(検索値,範囲,行番号,検索の型)

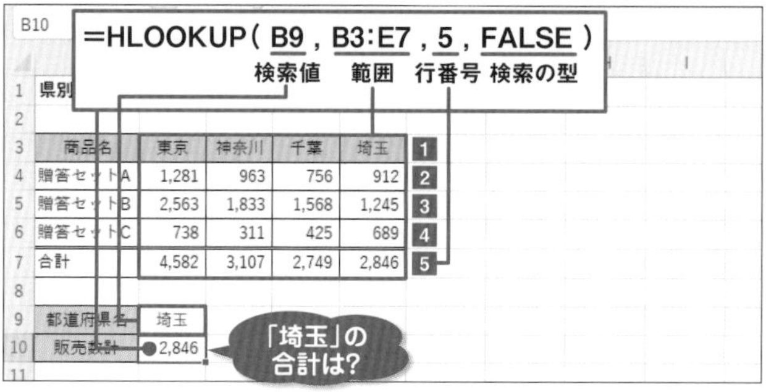

図15 表の上端行を検索し、見つかった列の対応するデータを取り出すときはHLOOKUP関数を使う。表を検索する方向が縦から横になるだけで、要領はVLOOKUP関数と同じだ

対応する範囲の値を取り出す

LOOKUP《ルックアップ》 ―検査値に対応する値を取り出す

=LOOKUP(検査値,検査範囲,対応範囲)

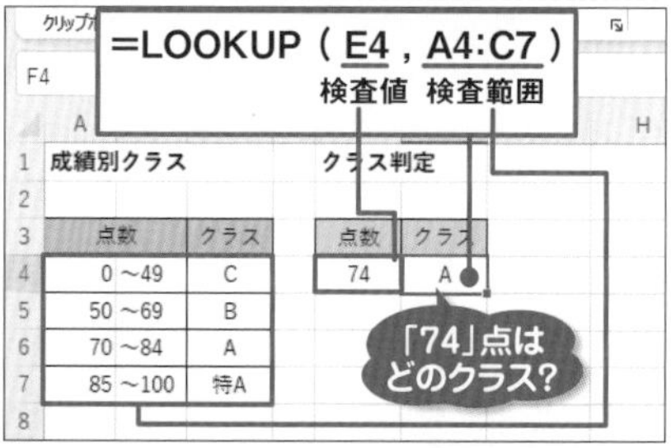

図16 VLOOKUP関数の「検索の型」にTRUEを指定する処理は、LOOKUP関数を使ってより簡潔に記述できる。「対応範囲」を省略した場合、「検査範囲」の先頭の列(行)で「検査値」以下の最大値を検索し、見つかったセルと同じ行(列)で「検査範囲」の末尾の列(行)にあるセルの値を取り出す

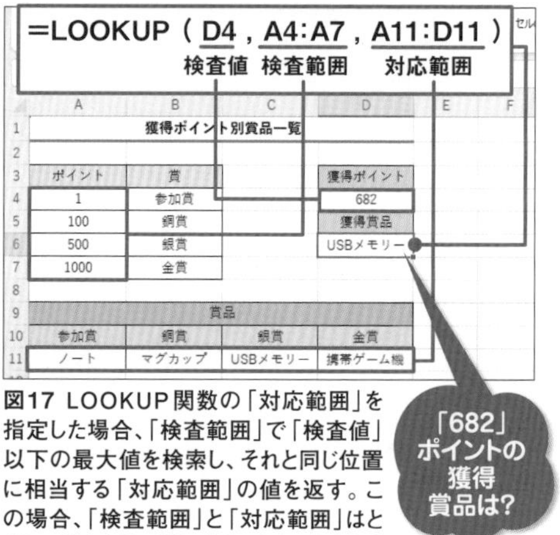

図17 LOOKUP関数の「対応範囲」を指定した場合、「検査範囲」で「検査値」以下の最大値を検索し、それと同じ位置に相当する「対応範囲」の値を返す。この場合、「検査範囲」と「対応範囲」はともに1行または1列にする。また、含まれるセルの数は同じにする必要があるが、範囲の向きは異なっていても問題ない

Column

便利な小ワザ 「=」で始まる文字列を、そのままセルに表示させるには?

表に説明書きを加えようとして「=会員特別価格」などと入力すると、「#NAME?」のようなエラー表示になることがある(**図1**)。ユーザーは説明書きのつもりでも、「=」で始まる入力をエクセルは「数式」と見なす。「=」の後ろが計算式ではない場合、エクセルは関数やセル範囲の名前として扱おうとするが、該当する関数名などが存在しないという理由でエラーを表示するのだ。実は「+」記号や「−」記号で始まる入力も「数式」と見なされるため、同様のエラーになる。このエラーを防いで、入力した文字列をそのままセルに表示させるには、セルの表示形式を「文字列」にしてから入力すればよい(**図2**)。裏ワザとして、先頭に「'」(半角シングルクォーテーション)を付けて入力する方法もある(**図3**)。すると表示形式の設定にかかわらず、「'」の後ろに入力したデータはすべて「文字列」の扱いになる。

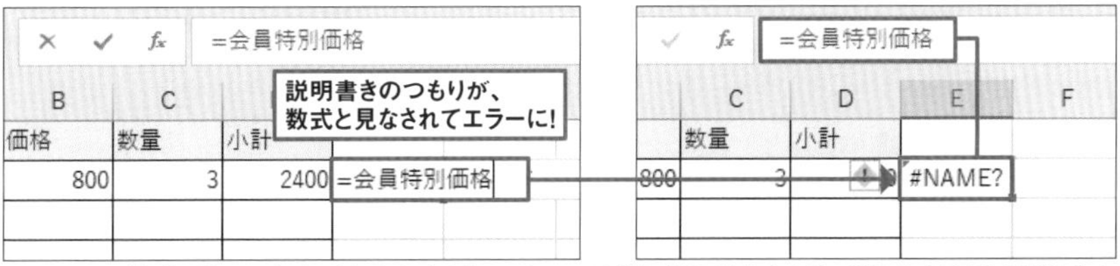

図1 セルに「=」で始まる文字列を入力すると、エクセルは「数式」と見なすため、後ろの文字列を関数やセル範囲の名前として扱おうとする。そして「名前の間違い?」という意味のエラー「#NAME?」を表示する

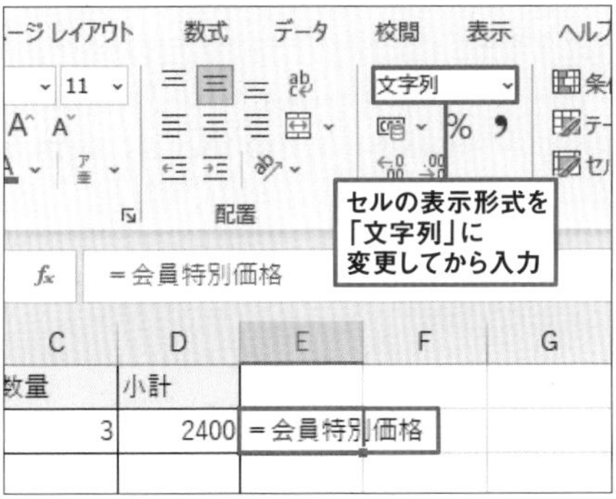

図2 セルの表示形式をあらかじめ「文字列」にしておけば、「=」で始まる文字列も数式と見なされず、そのまま文字列として表示される

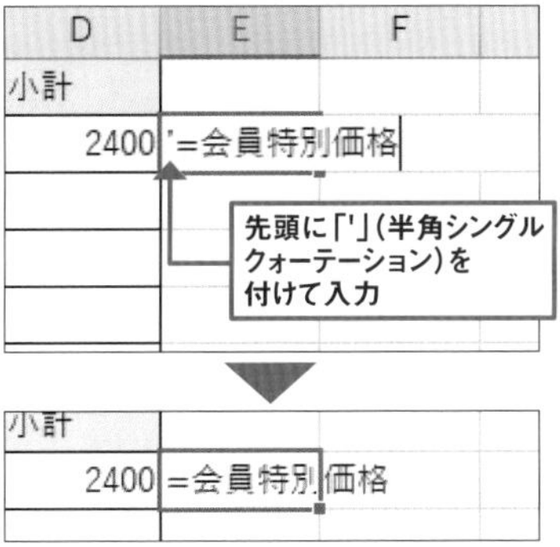

図3 「=」の前に「'」(半角シングルクォーテーション)を入力すると、以降の入力は「文字列」として扱われる

VLOOKUP 応用編

覚えておきたい 便利ワザと応用ワザ

VLOOKUP関数と一緒に覚えておきたいワザを紹介していこう。まずは「入力規則」。VLOOKUP関数の「検索値」に指定するデータの候補があらかじめ決まっている場合、それを一覧から入力できるようにして、作業の効率化を図れる（**図1**）。誤入力の心配がなくなるため、数式でエラー処理などの手間を省けるメリットもある。

「検索値」の候補をリストから選択する

具体的には、対象のE4セルを選択し、「データ」タブの「データの入力規則」をクリック（**図2**）。「設定」タブの「入力値の種類」欄で「リスト」を選択し、「元の値」欄にB4～B13セルへの参照を入力する（**図3**）。「OK」を押して設定を完了したら、E4セルをクリックしてみよう。右端に「▼」が現れ、クリックすると書名のリストが開く。そこから選んで簡単に入力できる。

一覧表から選択できるようにしたい

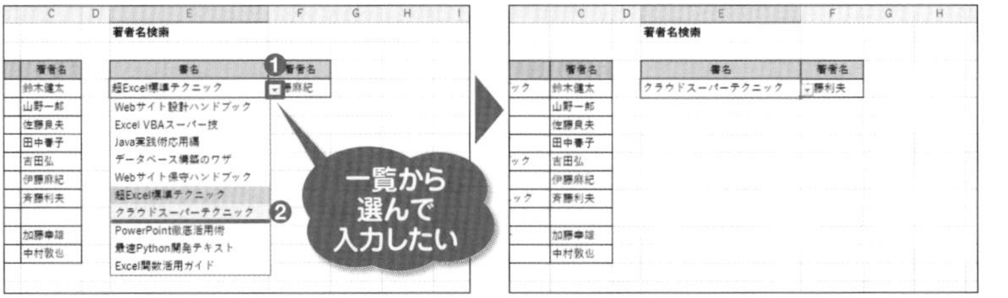
一覧から
選んで
入力したい

図1　E4セルを選択すると「▼」が現れ、それをクリックすると書名の一覧が現れる（❶）。書名を選んでE4セルに入力することが可能だ（❷）。この機能を利用すれば、入力ミスの心配がなくなり、数式でのエラー対応も不要になる

次は、未入力セルの処理だ。VLOOKUP関数で取り出したセルが未入力だと、結果は空白ではなく「0」になってしまう（次々ページ**図4**）。未入力セルが数値の「0」と見なされるためだ。この「0」を表示させない方法はいくつかあるが、IF関数や表示形式で処理する方法は、やや面倒なのでお勧めしない。

一番簡単な解決策は、VLOOKUP関数式の前後に空白文字列を連結するという方法（**図5**）。空白文字列を連結すると、未入力セルの値は数値の「0」ではなく空白文字列として処理される。連結した結果は空白だ。また、VLOOKUP関数で取り出したセルが空白以外だった場合も、空白文字列を連結するのだから、結果は連結前と変わらない。

ただし、この方法が有効なのは、対象セルのデータが文字列の場合に限る。セルの値が数値だった場合、空白文字列を連結すると文字列データに変換されてしまうので注意しよう。

「検索値」を2つに分割して、リストから選びやすくする

図1のリスト入力は便利だが、データの数が多くなると、リストのスクロールが面倒

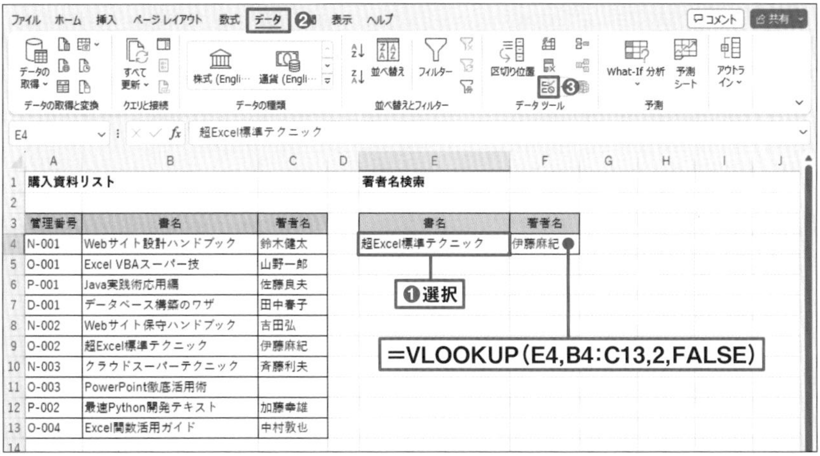

図2 E4セルに入力された書名を基に著者名を取り出すVLOOKUP関数式をF4セルに入力した。VLOOKUP関数はこのようにメニュー（入力規則）と組み合わせると使い勝手が向上する。E4セルを選択し、「データ」タブの「データの入力規則」をクリックする（❶～❸）

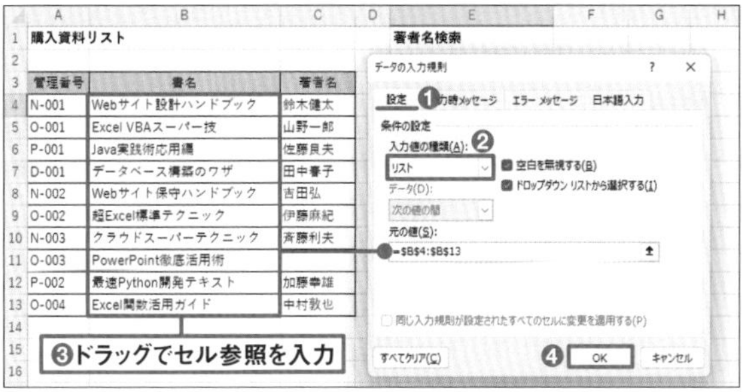

図3 「データの入力規則」画面の「設定」タブを開き、「入力値の種類」欄で「リスト」を選択（❶❷）。「元の値」欄にカーソルを置いてB4～B13セルをドラッグし、セル参照が入力されたら「OK」をクリックする（❸❹）

困った! 未入力のデータが「0」に

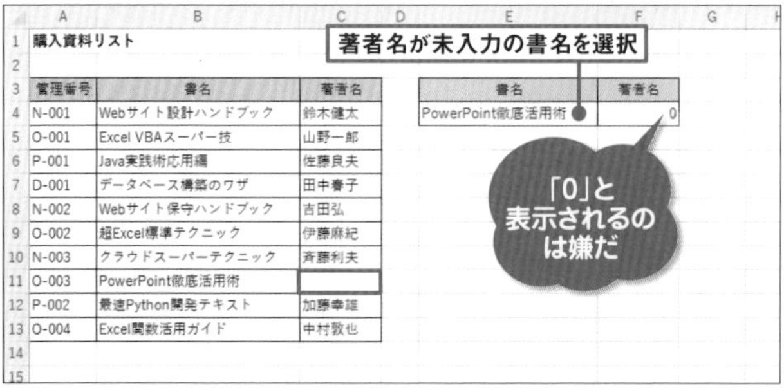

管理番号	書名	著者名
N-001	Webサイト設計ハンドブック	鈴木健太
O-001	Excel VBAスーパー技	山野一郎
P-001	Java実践術応用編	佐藤良夫
D-001	データベース構築のワザ	田中春子
N-002	Webサイト保守ハンドブック	吉田弘
O-002	超Excel標準テクニック	伊藤麻紀
N-003	クラウドスーパーテクニック	斉藤利夫
O-003	PowerPoint徹底活用術	
P-002	最速Python開発テキスト	加藤幸雄
O-004	Excel関数活用ガイド	中村敦也

書名	著者名
PowerPoint徹底活用術	0

図4 VLOOKUP関数で取り出す対象のセルが未入力の場合、標準の設定では「0」と表示されてしまう。IF関数などを組み合わせたり、表示形式の設定で0を非表示にしたりする方法もあるが、いずれもやや面倒だ

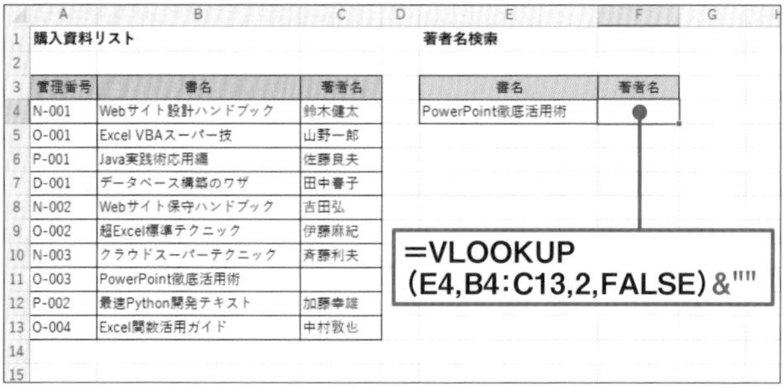

管理番号	書名	著者名
N-001	Webサイト設計ハンドブック	鈴木健太
O-001	Excel VBAスーパー技	山野一郎
P-001	Java実践術応用編	佐藤良夫
D-001	データベース構築のワザ	田中春子
N-002	Webサイト保守ハンドブック	吉田弘
O-002	超Excel標準テクニック	伊藤麻紀
N-003	クラウドスーパーテクニック	斉藤利夫
O-003	PowerPoint徹底活用術	
P-002	最速Python開発テキスト	加藤幸雄
O-004	Excel関数活用ガイド	中村敦也

書名	著者名
PowerPoint徹底活用術	

図5 取り出すデータが文字列の場合、VLOOKUP関数式の前後に「""」（半角ダブルクォーテーション2つで表した空白文字列）を連結するという簡単な方法がある。空白セルは空白文字列として処理されるため、結果は空白になる。「&」は文字列を連結する演算子だ

になる。データ数が多いときは項目を複数に分割するとよい。例えば図2の管理番号は、アルファベット1文字の分類と半角ハイフン、ゼロ付き3桁の番号で構成されている。ここでは**図6**のように、分類と番号を個別に入力するようにした。

この場合、分類をリスト化する「データの入力規則」では、「元の値」欄に「N,O,P,D」などと半角カンマで区切って選択候補を直接入力する。

ポイントは、別々になっている分類と番号から書名を抜き出すVLOOKUP関数式だ。「&」演算子を使い、分類と半角ハイフン、番号を連結した文字列を「検索値」にする。また、分類と番号の組み合わせによっては該当する書名が存在しない可能性もあるので、IFERROR関数でエラーを防いだ。

「001」といったゼロ付き番号は普通に入力しても「1」などの数値になってしまう。このため、図6のF4セルでは表示形式を「文字列」にしている。数値を文字列扱いすると計算トラブルの基になるので、F4セルの左上には緑色の警告マークが表示されている。

それが嫌なら、番号を数値データとして入力し、分類などと連結する際にゼロ付

2つの項目から検索したい

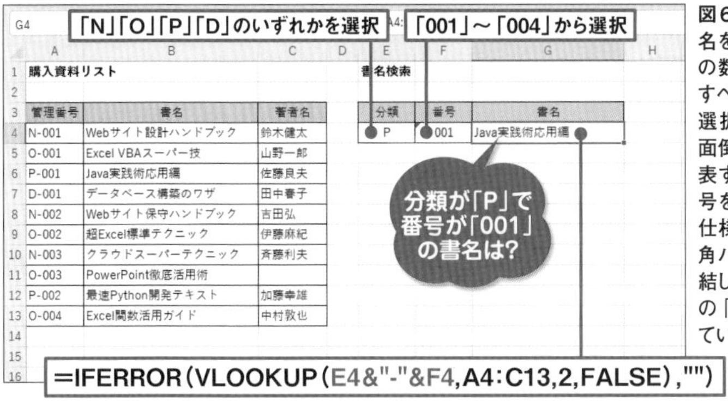

図6 管理番号から書名を取り出す例。資料の数が多い場合、そのすべてをメニューにして選択するのはかえって面倒だ。そこで、分類を表す英文字と3桁の番号をそれぞれ選択する仕様にした。それらを半角ハイフンを挟んで連結し、VLOOKUP関数の「検索値」に指定している

TEXT《テキスト》—表示形式を適用した文字列に変換する

=TEXT(値,表示形式)

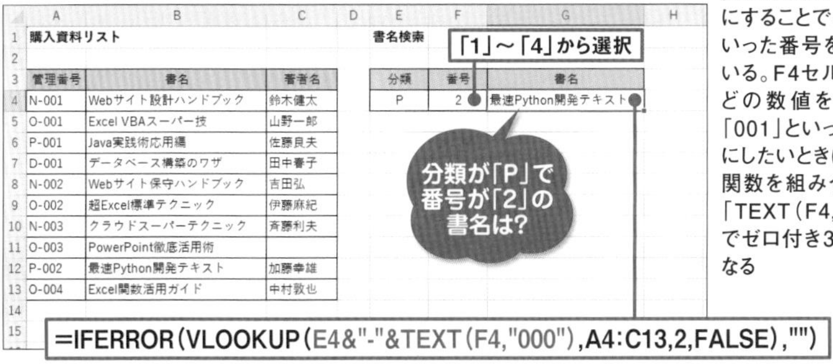

図7 図6ではF4セルの表示形式を「文字列」にすることで、「001」といった番号を表示している。F4セルに「1」などの数値を入力して「001」といった文字列にしたいときは、TEXT関数を組み合わせる。「TEXT(F4,"000")」でゼロ付き3桁番号になる

き3桁番号に変換する。TEXT(テキスト)関数を使うと、数値を特定書式の文字列に変換できる(**図7**)。ゼロ付き3桁番号なら書式として「"000"」を指定すればよい。

指定したキーワードを含む書名そのものを検索する

VLOOKUP関数の「検索値」では「ワイルドカード」も使える。空白も含めた任意の文字列を表す「*」(半角アスタリスク)や、任意の1文字を表す「?」(半角クエスチョンマーク)だ。次ページ**図8**では「*」を利用して、「VBA」を含む書名を抜き出している。この場合、書名の一部を検索して書名を返すので、「列番号」には「1」を指定した。

キーワードを別のセルに入力し、その語を含む書名を検索したい場合は、セル番

文字列を含むデータを探したい

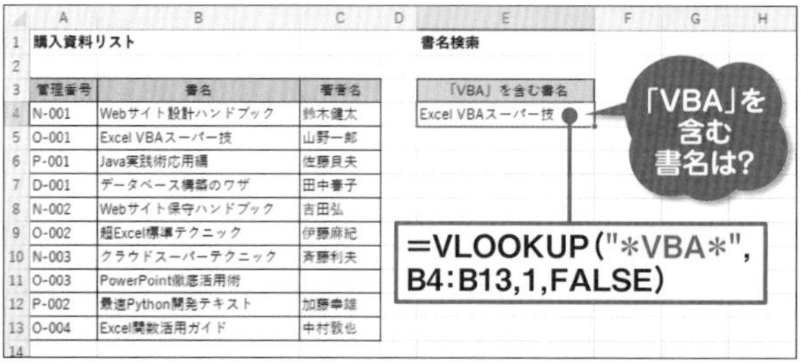

図8 VLOOKUP関数の「検索値」には、任意の文字列を表す「*」(半角アスタリスク)などのワイルドカードを指定できる。特定のキーワードの前後に「*」を付けた文字列を「検索値」に指定し、「列番号」に「1」を指定すると、そのキーワードを含む書名そのものを取り出すことができる

IF《イフ》—条件に応じて処理を切り替える

=IF(論理式,真の場合,偽の場合)

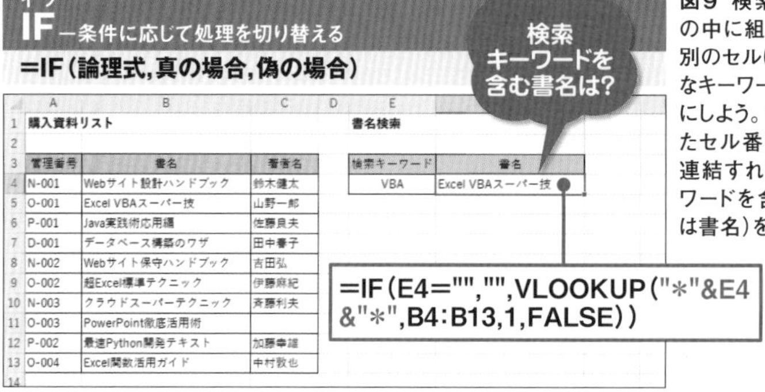

図9 検索キーワードを数式の中に組み込むのではなく、別のセルに入力して、さまざまなキーワードを指定できるようにしよう。キーワードを入力したセル番号の前後に「*」を連結すれば、入力されたキーワードを含む文字列(ここでは書名)を取り出せる

号の前後に「*」を連結して「検索値」に指定すればよい(**図9**)。ただし、キーワードが未入力の場合はすべての書名が該当してしまうので、ここではIF関数を使って、未入力の場合には空白を表示させている。

VLOOKUP関数の欠点の1つは、範囲の左端列しか検索できないことだ。解決策を**図10**、**図11**に示した。ここでは表の右端列にある著者名を基に書名を取り出した。検索に使ったのはMATCH関数。これは、「検査値」が「検査範囲」の何番目にあるかを返す。同じ位置にある書名をINDEX関数で取り出せばよい。なお、このような使い方ではMATCH関数の「照合の型」には「0」を指定する。これは完全に一致するものを探すという指定。ほかに「『検査値』以下の最大値を探す」といったこともできる。

ほかの関数を組み合わせる例も紹介しよう。例えば、購入額が最も高い書名を取り出したいときは、最大値を求めるMAX関数を組み合わせる。MAX関数で購入額の最大値を求め、それを基にMATCH関数とINDEX関数で書名を取り出す(次々ページ**図12**)。

表の右端列で検索したい

INDEX《インデックス》—位置を番号で指定して値を取り出す

=INDEX(範囲,行番号,列番号)

MATCH《マッチ》—範囲内での位置を調べる

=MATCH(検査値,検査範囲,照合の型)

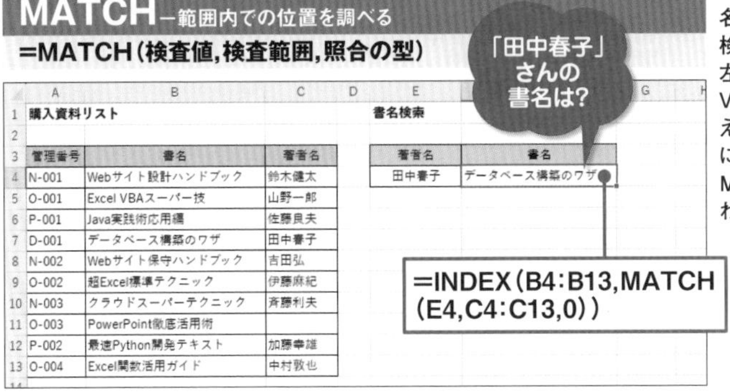

購入資料リスト

管理番号	書名	著者名
N-001	Webサイト設計ハンドブック	鈴木健太
O-001	Excel VBAスーパー技	山野一郎
P-001	Java実践術応用編	佐藤良夫
D-001	データベース構築のワザ	田中春子
N-002	Webサイト保守ハンドブック	吉田弘
O-002	超Excel標準テクニック	伊藤麻紀
N-003	クラウドスーパーテクニック	斉藤利夫
O-003	PowerPoint徹底活用術	
P-002	最速Python開発テキスト	加藤幸雄
O-004	Excel関数活用ガイド	中村敦也

書名検索

著者名	書名
田中春子	データベース構築のワザ

図10 購入資料リストの右端列にある著者名で検索し、対応する書名を取り出してみよう。検索対象の列が表の左端にないので、VLOOKUP関数は使えない。このような場合には、INDEX関数とMATCH関数を組み合わせるのが定石だ

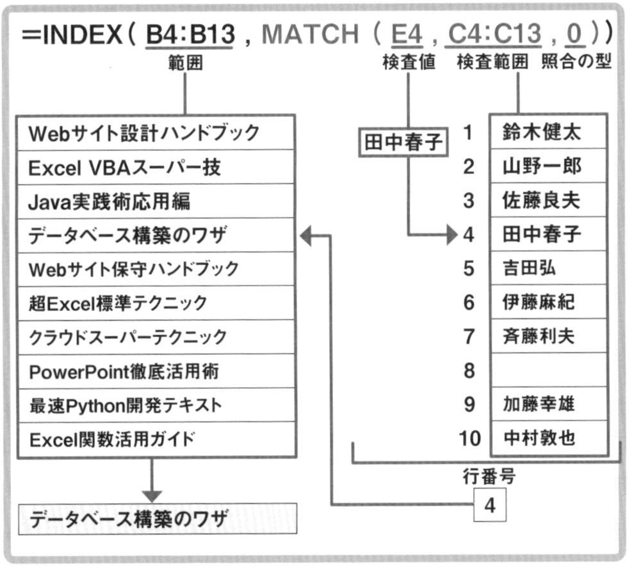

図11 MATCH関数を使い、「田中春子」が著者名の何番目にあるかを求める。結果は「4」。次にINDEX関数を使い、書名の「4」番目にある「データベース構築のワザ」を取り出す。MATCH関数で検索して「○番目」の番号を求め、INDEX関数で「○番目」を取り出すという仕組みだ

MAX関数は「最後に購入した本の名前」を取り出すときにも使える。エクセルの日付データは「シリアル値」と呼ばれる数値なので、一番新しい購入日はMAX関数で求められる。**図13**に実例を示した。この表は購入した順(購入日の昇順)で並んでいるので、LOOKUP関数を利用して、より簡潔な数式にした。

一番高価な書籍を取り出す

MAX《マックス》 ―最大値を求める

=MAX(数値1,数値2,…)

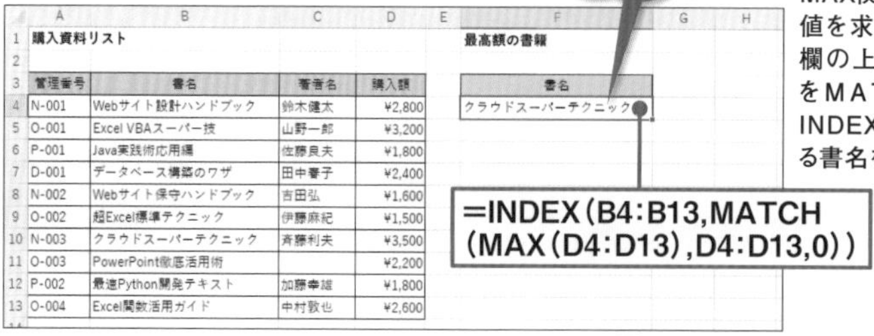

	A	B	C	D	E	F
1	購入資料リスト					最高額の書籍
2						
3	管理番号	書名	著者名	購入額		書名
4	N-001	Webサイト設計ハンドブック	鈴木健太	¥2,800		クラウドスーパーテクニック
5	O-001	Excel VBAスーパー技	山野一郎	¥3,200		
6	P-001	Java実践術応用編	佐藤良夫	¥1,800		
7	D-001	データベース構築のワザ	田中春子	¥2,400		
8	N-002	Webサイト保守ハンドブック	吉田弘	¥1,600		
9	O-002	超Excel標準テクニック	伊藤麻紀	¥1,500		
10	N-003	クラウドスーパーテクニック	斉藤利夫	¥3,500		
11	O-003	PowerPoint徹底活用術		¥2,200		
12	P-002	最速Python開発テキスト	加藤幸雄	¥1,800		
13	O-004	Excel関数活用ガイド	中村敦也	¥2,600		

図12 すべての資料の中で、購入額が最も高かった書籍の書名を表示する。まずMAX関数で、購入額の最大値を求める。それが購入額欄の上から何番目にあるかをMATCH関数で調べ、INDEX関数で同じ位置にある書名を取り出せばよい

最後に購入した書籍を取り出す

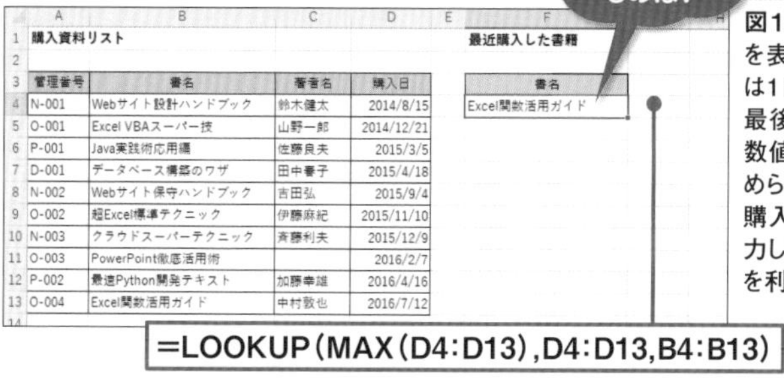

	A	B	C	D	E	F
1	購入資料リスト					最近購入した書籍
2						
3	管理番号	書名	著者名	購入日		書名
4	N-001	Webサイト設計ハンドブック	鈴木健太	2014/8/15		Excel関数活用ガイド
5	O-001	Excel VBAスーパー技	山野一郎	2014/12/21		
6	P-001	Java実践術応用編	佐藤良夫	2015/3/5		
7	D-001	データベース構築のワザ	田中春子	2015/4/18		
8	N-002	Webサイト保守ハンドブック	吉田弘	2015/9/4		
9	O-002	超Excel標準テクニック	伊藤麻紀	2015/11/10		
10	N-003	クラウドスーパーテクニック	斉藤利夫	2015/12/9		
11	O-003	PowerPoint徹底活用術		2016/2/7		
12	P-002	最速Python開発テキスト	加藤幸雄	2016/4/16		
13	O-004	Excel関数活用ガイド	中村敦也	2016/7/12		

図13 購入日が最も新しい書名を表示する。日付データの実体は1日に1ずつ増える整数であり、最後に購入した日は、最も大きい数値データとしてMAX関数で求められる。この購入資料リストは購入した順(購入日の昇順)で入力しているので、LOOKUP関数を利用することで簡潔に表せる

行と列をそれぞれ検索し、交点に当たる値を取り出す

最後に、"2次元の表引き"を行ってみよう。**図14**のように、行の見出しに商品名、列の見出しに県名が並んでいる販売数の表がある。商品名と県名を基に、販売数を表引きしてみる。ある商品名の行と、ある県名の列が交差するセルの値を取り出すわけだ。

このような場合には、行の見出し(商品名一覧)と列の見出し(県名一覧)をそれぞれMATCH関数で検索し、それぞれの位置をINDEX関数の「行番号」と「列番号」に指定するのが一般的な方法だ(**図15**)。

2次元の表引きは、VLOOKUP関数でも行える。商品名の検索をVLOOKUP関数、県名の検索をMATCH関数で行うのがポイントだ(**図16**)。MATCH関数で県名の位置を求め、それをVLOOKUP関数の「列番号」に指定する。なお、HLOOKUP関数とMATCH関数を組み合わせても、同様の処理ができる。

行と列の両方で検索したい

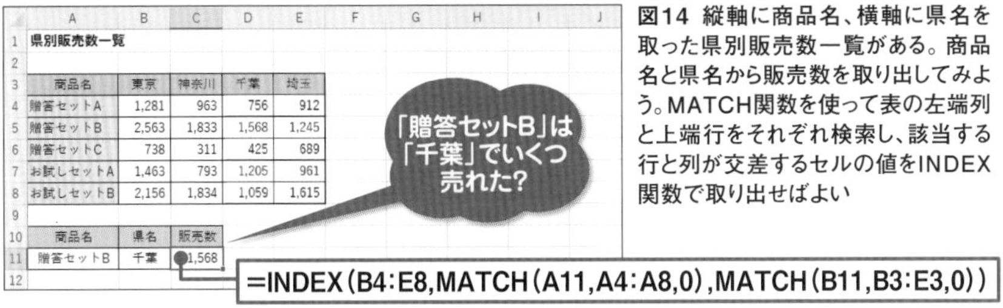

図14 縦軸に商品名、横軸に県名を取った県別販売数一覧がある。商品名と県名から販売数を取り出してみよう。MATCH関数を使って表の左端列と上端行をそれぞれ検索し、該当する行と列が交差するセルの値をINDEX関数で取り出せばよい

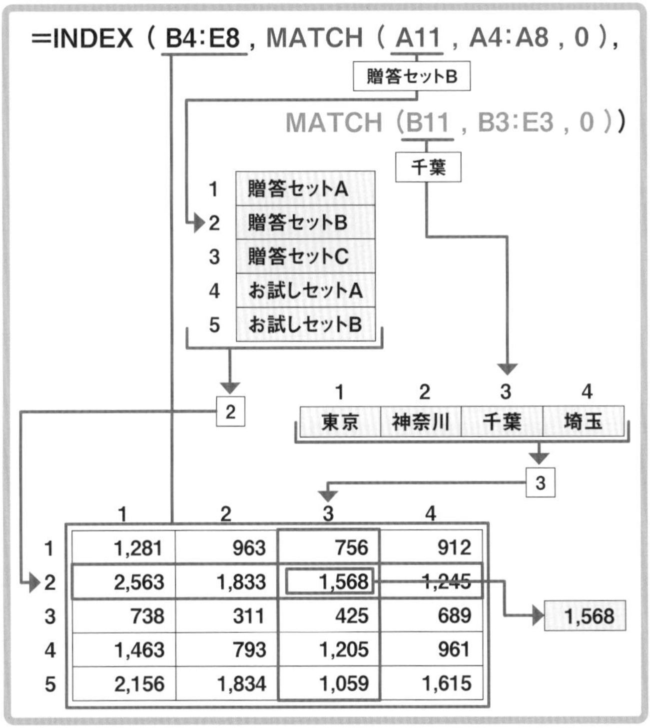

図15「贈答セットB」は商品名一覧（A4～A8セル）の「2」番目、「千葉」は県名一覧（B3～E3セル）の「3」番目にあることがMATCH関数でわかる。INDEX関数を使い、販売数一覧（B4～E8セル）の「2」行「3」列目にあるセルの値「1,568」を取り出す

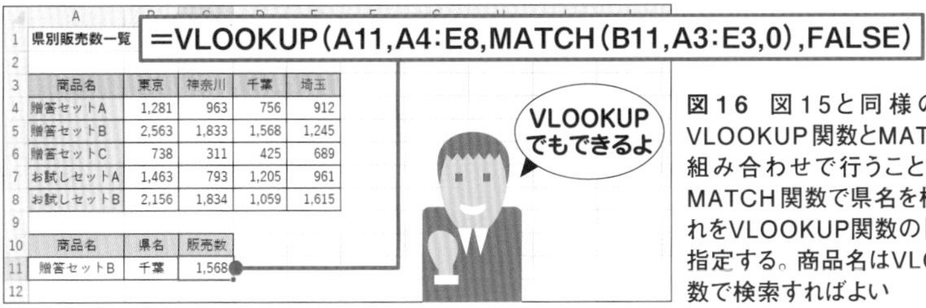

図16 図15と同様の処理を、VLOOKUP関数とMATCH関数の組み合わせで行うことも可能だ。MATCH関数で県名を検索して、それをVLOOKUP関数の「列番号」に指定する。商品名はVLOOKUP関数で検索すればよい

VLOOKUP 実践編❶ 予定の一覧をカレンダーにまとめる

実践編ではVLOOKUPなどの表引き関数を利用した、高度な応用例を紹介していこう。単純な表引きにとどまらず、アイデア次第でさまざまな応用ができることを理解できるはずだ。作例はサンプルファイルとして用意したので、細部はそちらで確認してほしい。

単発のイベントと継続するタスクを自動表示

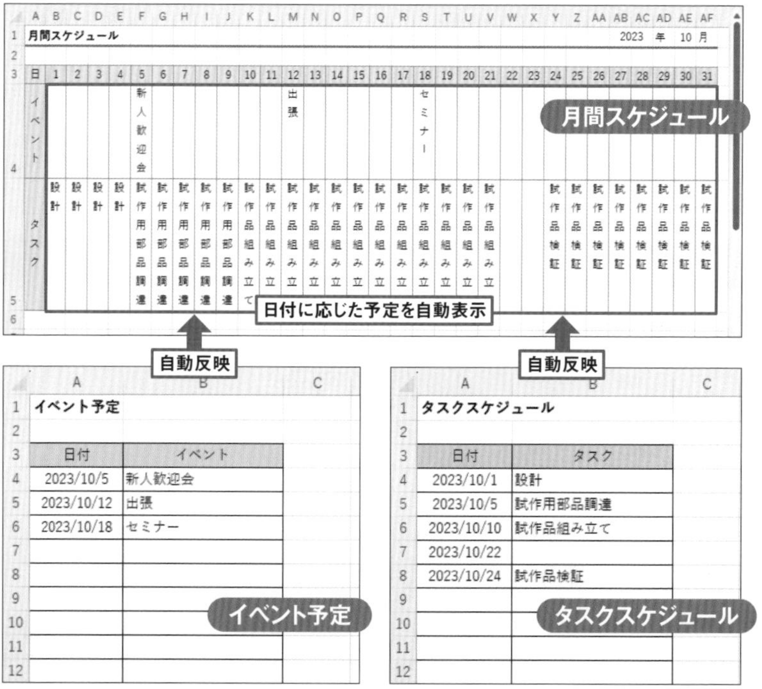

図1 シートを横方向に使って、縦書きの月間スケジュール表を作成した。別シートに入力したイベントとタスクを、この表の該当する日付のセルに自動表示させよう。ここでいうイベントはその日限りの単発の予定、タスクは次のステップまで継続するものとする

イベントとタスクをスケジュール表に自動転記

図1下のように、イベントとタスクの一覧表がある。これを1カ月分のスケジュール表(**図1上**)に自動で転記する仕組みを設けてみよう。ここでは、その日に終わる単発の予定をイベント、次のタスクが始まるまで継続する作業をタスクと呼ぶことにする。

作成する表は、図1で示した3種類だ。まずはセルの幅や高さ、罫線などの書式を設定して、スケジュール表を作成する(**図2**)。イベントとタスクは縦書きで表示するため、A4～AF5セルを選択し、「ホーム」タブの「方向」から「縦書き」を適用しておく。また、全体が横長の表になるため、「ページレイアウト」タブで「印刷の向き」を「横」に変更した。

次に、年の入力欄としてAB1～AC1セルを結合。この結合セルに「2023」、AE1セルには月の数値として「10」と入力する。なお、この作例では月の数値を「4」にすると、31日のセルが灰色となって小の月だとわかるようにした。2月なども同様で、「条件付き書式」の機能を使っている。

イベントとタスクは、それぞれ別のシートに一覧表としてまとめておく(次ページ**図3、図4**)。その際、タスクのほうは、必ず日付の古い順に上から入力しておく必要がある。一方のイベントは、どんな順番で入力してもかまわない。

イベント、タスクの両方とも、見出しを除いたデータ範囲には名前を付けておく。それぞれ「イベント」と「タスク」という名前にした。

フォーマットの作成

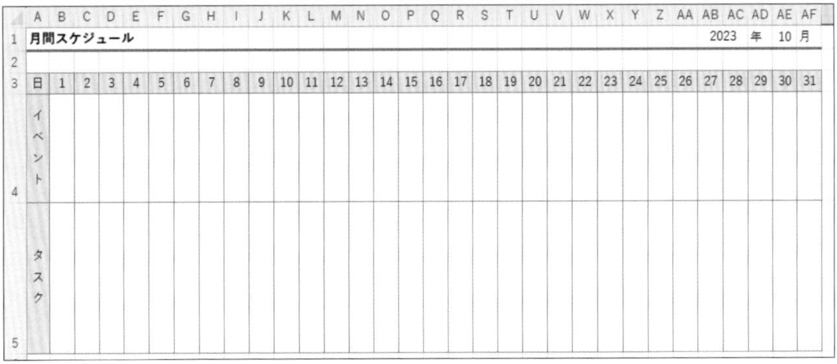

図2 月間スケジュール表を作成する。4行目と5行目の高さを広げて、文字列の方向を「縦書き」に。A～AF列は幅を狭くし、印刷の向きは「横」に変更する。年を入力するAB1～AC1セルは結合する。また、表の範囲に罫線を引き、基本的な文字を入力しておく

図3 別のシートでイベント予定の表を作成し、イベントの日付とその内容を入力しておく。見出し部分を除いたA4～ B13セルに、「イベント」という名前を設定しておく

図4 また別のシートでタスクの一覧表を作る。各タスクの開始日と内容を、日付の古い順に上から（つまり昇順に）入力しておく。インターバルが空く場合は、その開始日を入力して内容を空白にする。このA4～ B13セルには「タスク」という名前を設定しておく

完全一致で検索し、単発のイベントを表示

まずはスケジュール表の「イベント」欄に、別シートのイベントを自動転記する数式を入力しよう。最初にB4セルに数式を入力し、それをAF4セルまでコピーする（**図5**）。

ポイントはDATE関数だ。AB1セルに入力された年と、AE1セルに入力された月、さらに各列の3行目に入力された日の数値から、その列に相当する日付データを作成。年と月のセルに関しては、コピーしても変化しないように、「$」の付いた絶対参照で指定している。

この日付を、VLOOKUP関数の「検索値」に指定し、「イベント」と名前を付けたセル範囲の左端列を検索している。「検索の型」をFALSEにしているため、各列の日付に完全に一致するイベントの日付が検索される。

ここでは見つかった日付のイベントが未入力だった場合に「0」が表示されないように、応用編で紹介したテクニックも活用した。VLOOKUP関数式に空白文字列を連結しているのがそれだ。また、「検索値」の日付がイベント一覧（図3）にない場合は「#N/A」エラーになってしまうので、さらにIFERROR関数を組み合わせた。

該当する区間を検索し、継続するタスクを表示

スケジュール表の「タスク」欄にタスクを自動転記する数式も、イベントの数式とほとんど同じ（**図6**）。ここでもDATE関数を使用して年、月、日の各セルから日付デー

予定を自動表示する数式を入力

DATE《デイト》—日付データ（シリアル値）を作成する

=DATE(年,月,日)

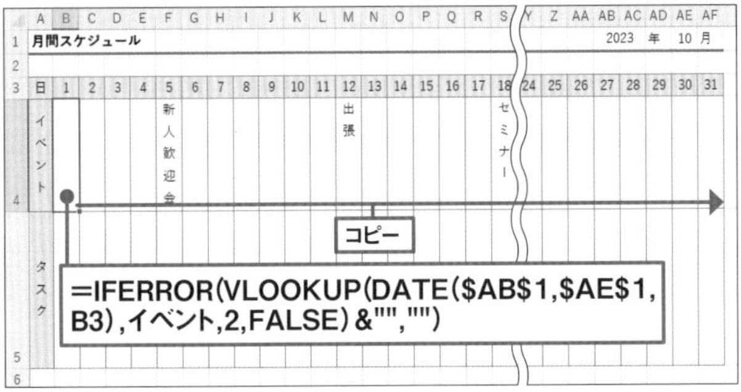

図5 1カ月間のイベントを自動表示する数式を、B4～AF4セルに入力する。AB1セルの年とAE1セルの月、各列の3行目の日を基に、DATE関数で日付データを作成。それをVLOOKUP関数の「検索値」に指定して、完全に一致する日付のイベントを取り出している

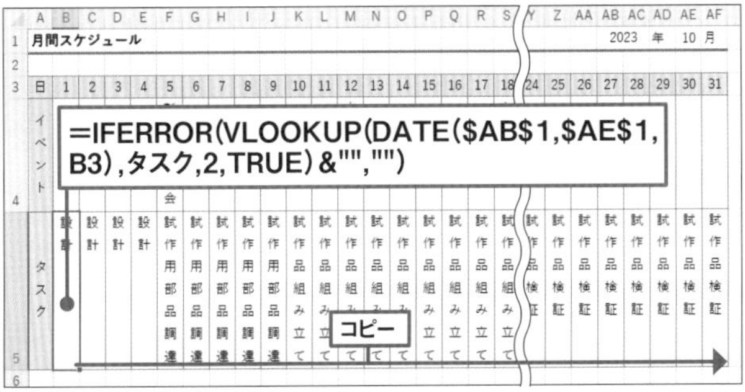

図6 次に、1カ月間のタスクを自動表示する数式を、B5～AF5セルに入力する。内容はイベントの数式とほとんど同じだが、VLOOKUP関数の引数「検索の型」にTRUEを指定する点が異なる。開始日から次のタスクの前日まで、同じタスクが連続して表示される

タを作成し、VLOOKUP関数の「検索値」に指定している。違っているのは、検索する「範囲」と「検索の型」の指定だ。

「検索の型」にTRUEを指定したので、DATE関数で求めた各列の日付以下で、最も新しい日付がセル範囲「タスク」の左端列で検索される。例えば「10月7日」を検索すると、それ以下で最も新しい「10月5日」がヒットして、「試作用部品調達」が返る。図1上を見てわかるように、スケジュール表の「10月5日」から「10月9日」の間は、すべて「試作用部品調達」になる。タスク一覧を日付の昇順で並べたのはこのためだ。考え方は、基礎編で紹介した区間によるクラス分け（70～84点は「A」など）とよく似ている。

なお、タスクが何もない期間がある場合は、タスク一覧（図4）に何もない期間の最初の日付を入力し、内容を空白のままにしておく。図6の数式もVLOOKUP関数式に空白文字列を連結しているため、次のタスクまで空白のセルが連続する。

VLOOKUP 実践編② 状況に応じて選択肢のリストを変える

3つの会場で行われるセミナーのプログラム一覧を、**図1右**のように作成した。この一覧から別のシートにいろいろな表引きを行ってみよう。**図1左上**では、会場名を選択すると、現在進行中のプログラムと講師が表示される。また、**図1左下**では会場名を選択すると、その会場のプログラムだけがリスト表示され、選択したプログラムの開始時刻と講師が表示される仕組みだ。

会場名は、応用編で紹介したリストから選べるようにする（**図2**、**図3**）。また、プログラム一覧は会場ごとに、会場名と同じ名前を付けておく（次々ページ**図4**）。

まずは図1左上の表から。B3セルには現在の時刻を求める数式を入力する。そして、その時刻にA3セルの会場で進行中のプログラムと講師をC3セルとD3セルに表示する（**図5**）。

会場を選ぶと、その会場のプログラムだけがリストに

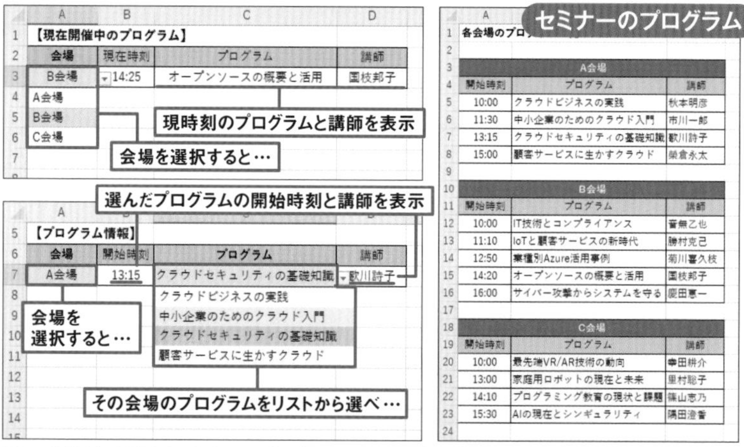

図1 会場が3カ所あるセミナーのプログラム一覧を作成し（右）、それを左側のシートへ表引きする。左上では会場を選択すると、その会場で現在進行中のプログラムと講師名を自動表示。左下では会場を選ぶと、その会場のプログラムだけがリストに現れる仕組みを設けた

「B会場」を選択すると、セル範囲「B会場」から表引き

ここで使っているINDIRECT（インダイレクト）関数は、文字列をセル参照に変換する。例えばA3セルが「B会場」だったら、図4で「B会場」と名前を付けたセル範囲の参照が返る。これをVLOOKUP関数の「範囲」に指定することで、A3セルの値に応じて検索対象の表を切り替えられる。

INDIRECT関数は、選択した会場のプログラムをリスト化する入力規則でも使用している（**図6、図7**）。選択した会場のプログラム一覧を同関数で取得し、INDEX関数でその2列目全体を取り出した。INDEX関数の「行番号」に「0」を指定すると、指定した「列番号」の列全体が返る。

リストから会場を選択する

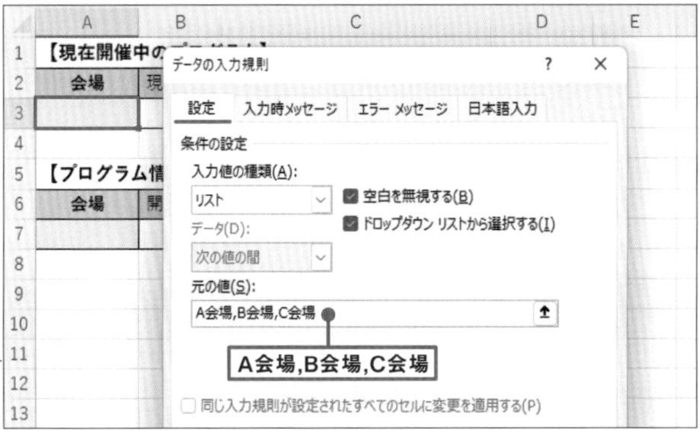

図2 まず「現在開催中のプログラム」（図1左上）で、会場をリストから選択できるようにする。211ページ図2の要領で、A3セルを選択し、「データの入力規則」画面を表示。「設定」タブの「入力値の種類」欄で「リスト」を選び、「元の値」欄に「A会場,B会場,C会場」（「,」は半角カンマ）と入力して画面下の「OK」をクリックする

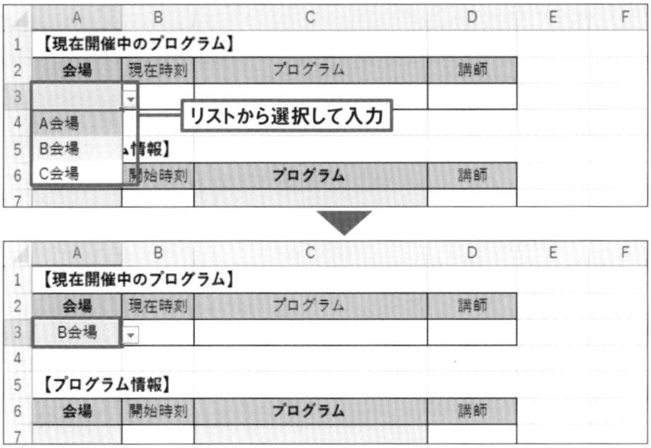

図3 以後、A3セルを選択すると「▼」が表示され、クリックすると会場を選択できる

現在進行中のプログラム名を自動表示

	A	B	C
1	各会場のプログラム一覧		
2			
3	A会場		
4	開始時刻	プログラム	講師
5	10:00	クラウドビジネスの実践	秋本明彦
6	11:30	中小企業のためのクラウド入門	市川一郎
7	13:15	クラウドセキュリティの基礎知識	歌川詩子
8	15:00	顧客サービスに生かすクラウド	榮倉永太
9			
10	B会場		
11	開始時刻	プログラム	講師
12	10:00	IT技術とコンプライアンス	音無乙也
13	11:10	IoTと顧客サービスの新時代	勝村克己
14	12:50	業種別Azure活用事例	菊川喜久枝
15	14:20	オープンソースの概要と活用	国枝邦子
16	16:00	サイバー攻撃からシステムを守る	慶田恵一
17			
18	C会場		
19	開始時刻	プログラム	講師
20	10:00	最先端VR/AR技術の動向	幸田耕介
21	13:00	家庭用ロボットの現在と未来	里村聡子
22	14:10	プログラミング教育の現状と課題	篠山志乃
23	15:30	AIの現在とシンギュラリティ	隅田澄香

名前「A会場」を設定

名前「B会場」を設定

名前「C会場」を設定

図4 別のシートで図1右の各会場のプログラム一覧を作成した3つとも項目名を除いた部分にそれぞれ「A会場」「B会場」「C会場」という名前を付けておく

NOW《ナウ》 ―現在の日時を返す

=NOW()

TODAY《トゥデイ》 ―今日の日付を返す

=TODAY()

INDIRECT《インダイレクト》 ―参照文字列からセル参照を作成する

=INDIRECT(参照文字列)

図5 B3セルには、現在の時刻を自動表示する数式を入力する(再計算のたびに自動更新)。また、C3セルには、A3セルの会場で現在進行中のプログラムを表示する。A3セルと同じ名前のセル範囲をINDIRECT関数で取得し、現在時刻を「検索値」として、その「範囲」からプログラム名を取り出すVLOOKUP関数式を入力した。講師を表示する数式も同様だ

	A	B	C	D
1	【現在開催中のプログラム】			
2	会場	現在時刻	プログラム	講師
3	B会場	14:25	オープンソースの概要と活用	国枝邦子
4				
5	【プログラム情報】			
6	会場	開始時刻	プログラム	講師
7				

=NOW()−TODAY()

=IFERROR(VLOOKUP(B3,INDIRECT(A3),2,TRUE),"時間外")

=IFERROR(VLOOKUP(B3,INDIRECT(A3),3,TRUE),"時間外")

会場に応じたプログラムをリストにする

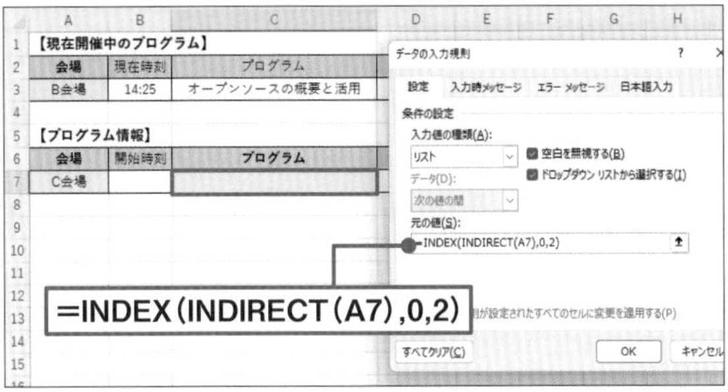

図6 図1左下の表。A7セルでも、A3セルと同様にリストから会場名を選べるように設定しておく。さらにC7セルの「データの入力規則」画面を表示して、「リスト」を設定。「元の値」欄に図の数式を半角で入力する。A7セルと同じ名前のセル範囲（図4参照）の2列目全体を取り出す数式だ

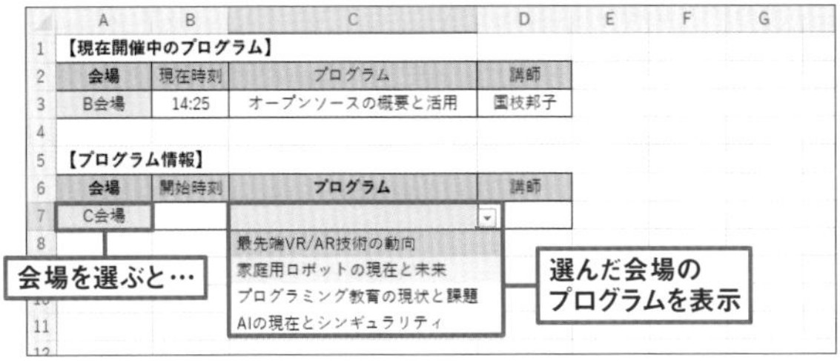

図7 例えばA7セルで「C会場」を選ぶと、C7セルのリストにはC会場のプログラムだけが表示され、そこから選択できる

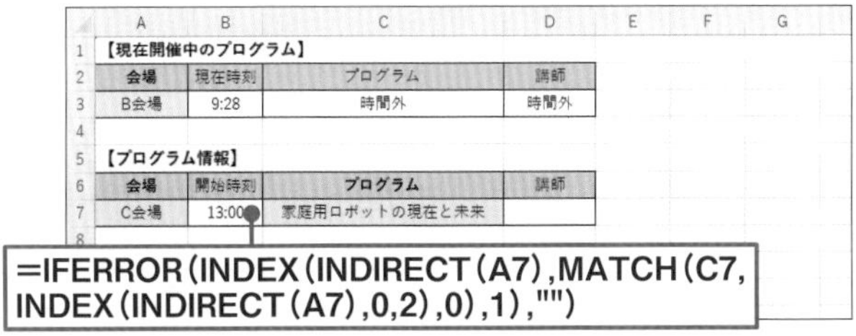

図8 選択したプログラムの開始時刻を自動表示させよう。A7セルの会場と同じ名前のセル範囲（図4参照）の2列目をINDEX関数で取得し、C7セルのプログラムの位置をMATCH関数で求める。そして、同じセル範囲の1列目（開始時刻）で、その位置に当たるセルの値を取り出している

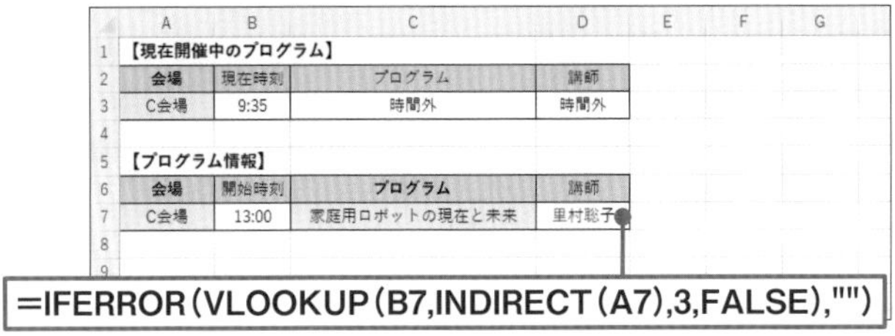

図9 選択したプログラムに対応する講師を自動表示する数式を入力する。講師はプログラム一覧の右端にあるので、B7セルの開始時刻を「検索値」としたVLOOKUP関数で表引きできる。A7セルの会場と同じ名前のセル範囲を検索して、3列目の講師を取り出せばよい

C7セルでプログラムを選択すると、その開始時刻と講師が表示される仕組みも設けよう（**図8、図9**）。開始時刻を表示する図8の数式は複雑だが、今まで解説してきた関数を組み合わせただけなので、じっくり見れば意味が理解できるはず。INDEX関数の使い方などは応用編で復習してほしい。

便利な小ワザ VLOOKUPの拡張版が登場!「XLOOKUP」の革新性

マイクロソフト365などに付属する最新版のエクセルでは、XLOOKUP（エックスルックアップ）という新しい関数を利用できる。VLOOKUP関数の拡張版ともいえる関数だ。

VLOOKUP関数が「範囲」として“表全体”を指定し、その左端列で「検索値」を探すのに対して、XLOOKUP関数では“検索する範囲”だけを「検索範囲」に指定する。そしてVLOOKUP関数が“表の何列目か”を指定して値を取り出すのに対し、XLOOKUP関数は「戻り範囲」を別途指定して、そこから値を取り出せるのが特徴だ。

これにより、VLOOKUP関数では不可能だった「右側の列を検索して左側の値を返す」ことが可能になる（**図1**）。「検索範囲」と「戻り範囲」は行方向に広がる範

XLOOKUP《エックスルックアップ》 —範囲を検索し、対応する値や範囲を取り出す

=XLOOKUP（検索値, 検索範囲, 戻り範囲, 見つからない場合, 一致モード, 検索モード）

「検索値」を「検索範囲」で探し、それに対応する位置にある「戻り範囲」内の値を返す。「検索範囲」に「検索値」がない場合は「見つからない場合」に指定した値を返す（省略可）。「一致モード」を省略すると完全一致で検索し、「検索モード」を省略すると、先頭から順番に検索する

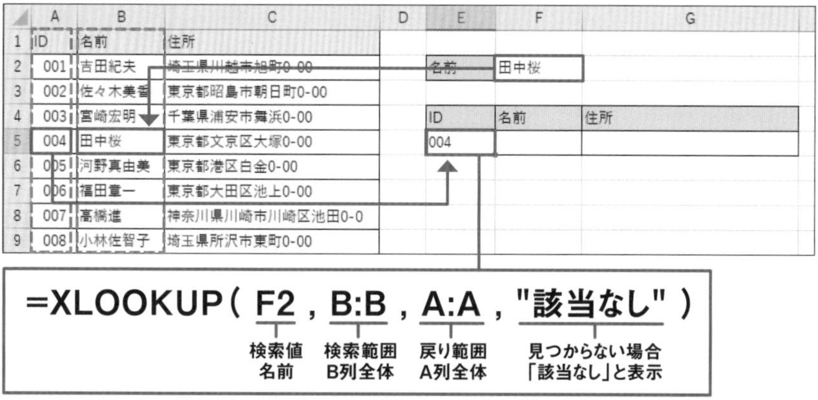

図1 XLOOKUP関数では、「検索値」を探す「検索範囲」と、値を取り出す「戻り範囲」をそれぞれ別に指定する。そのため、「検索範囲」の左側に「戻り範囲」があっても構わない。図の式では、F2セルに入力した名前を名簿の「名前」列（B列）で探し、該当する人の「ID」をA列から取り出している。VLOOKUP関数のように、検索する列が表の左端になくても対応できるので、自由度が増した

囲でもよいので、HLOOKUP（エイチルックアップ）関数のような使い方もできる。また、「見つからない場合」という引数を使うことで、「検索値」が未入力であったり、入力ミスをしたりしたときに、別の処理をすることが可能。IF関数やIFERROR関数を組み合わせてエラー対策をする必要もないわけだ。

さらに、「戻り範囲」に表全体を指定すると、「検索値」が見つかった行全体、あるいは列全体を、丸ごと取り出すことができる（**図2**）。XLOOKUP関数の式を入れるのは1つのセルだけでよい。この数式を確定すると、自動的に「戻り範囲」の分だXLOOKUP関数が自動入力され、各セルに結果を表示するのだ。

このように、エクセルが自動的に数式の入力範囲を広げる機能を「スピル」という。スピルによって自動入力された数式は、実際に入力した先頭の数式の“影”のような存在（「ゴースト」という）。そのため、個々の数式を別々に編集することはできず、先頭の数式を消せば、すべてが消える。スピルは、XLOOKUP関数に限ったものではなく、通常の数式でも使えるし、ほかにも対応する関数がある。エクセルの使い方を変えるかもしれない革新的な新機能といえる。

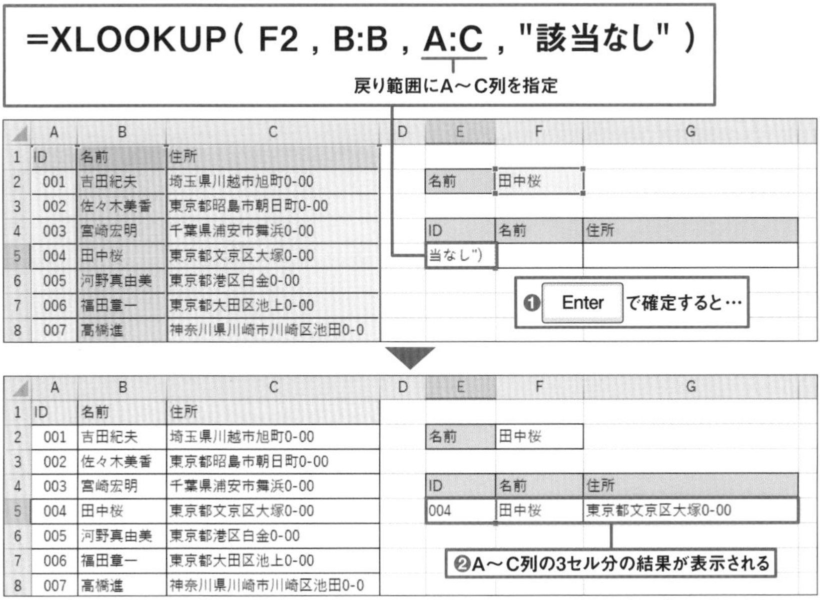

図2 XLOOKUP関数の「戻り範囲」には、複数の列も指定できる。図1と同様の式で、「戻り範囲」をA～C列全体に変えて式を確定すると、A～C列の3セル分が取り出されて表示される（❶❷）。これは「スピル」と呼ばれる機能で、ユーザーが数式を入れたのはE5セルのみなのに、F5セルとG5セルにも同じ式が自動入力されて、1列ずつずらした結果が表示される

集計

指定した条件を満たすデータだけを集計する

条件に基づいて表のデータを集計

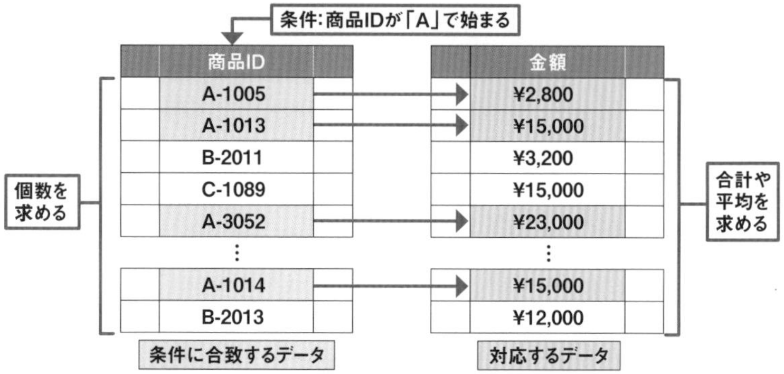

図1 販売記録の表を対象として、さまざまな条件に該当するデータを集計する関数を紹介する。例えば、「商品ID」列で、IDが「A」で始まる商品の数を調べたり、該当する商品の売上金額の合計や平均を求めたりといった集計処理が可能だ

表形式のデータを対象に、指定した条件を満たすデータの個数や、該当する数値の合計や平均などを求める関数と数式のテクニックを紹介していこう(**図1**)。解説のためのサンプルとしては、通信販売の注文受け付けと発送を記録した表を使用する。

条件指定に比較演算子やワイルドカードを利用

まず、対象のセル範囲の中で、指定した条件に該当するセルがいくつあるかを求めよう(**図2**)。このような集計には、COUNTIF(カウントイフ)関数を利用すればよい。

この関数の引数「検索条件」ではいろいろな指定方法が使えるが、最も簡単なのは、個数を求めたいデータそのものを指定する方法だ。

例えば、購入した会員の中の男性の数を求めたい場合は、引数「範囲」に「性別」列を、「検索条件」に「男」という文字列を指定すればよい(次々ページ**図3**)。

条件を満たすデータの個数を求める

	A	B	C	D	E	F	G	H	I	J	K	L
1	会員制通信販売記録											
2												
3	注文日	発送日	商品ID	単価	数量	金額	居住地	年齢	性別		販売件数	
4	2023/10/1	2023/10/5	A-1005	¥2,800	1	¥2,800	東京都板橋区	36	女		男性	
5	2023/10/1	2023/10/6	A-1013	¥15,000	1	¥15,000	静岡県沼津市	45	女		12	
6	2023/10/2	2023/10/6	B-2011	¥3,200	1	¥3,200	群馬県前橋市	28	男		40歳以上	
7	2023/10/3	2023/10/6	C-1089	¥7,500	2	¥15,000	東京都豊島区	51	男		9	
8	2023/10/3	2023/10/7	A-3052	¥23,000	1	¥23,000	埼玉県川越市	37	男		東京23区	
9	2023/10/3	2023/10/9	B-1086	¥2,200	1	¥2,200	山形県米沢市	23	男		5	
10	2023/10/5	2023/10/8	B-4031	¥6,400	1	¥6,400	広島県福山市	35	男		東京都以外	
11	2023/10/5	2023/10/8	C-1817	¥8,000	4	¥32,000	東京都世田谷区	58	男		13	
12	2023/10/6	2023/10/8	A-1014	¥5,000	1	¥5,000	千葉県船橋市	40	男			
13	2023/10/7	2023/10/11	B-2011	¥3,200	1	¥3,200	東京都三鷹市	33	女			
14	2023/10/7	2023/10/13	A-1051	¥2,000	3	¥6,000	福島県郡山市	64	男			
15	2023/10/8	2023/10/11	B-1086	¥2,200	1	¥2,200	東京都杉並区	32	女			
16	2023/10/10	2023/10/12	A-1013	¥15,000	1	¥15,000	神奈川県川崎市	26	女			
17	2023/10/11	2023/10/12	C-2004	¥6,000	2	¥12,000	福岡県糸島市	59	男			
18	2023/10/11	2023/10/16	A-1006	¥1,800	1	¥1,800	東京都昭島市	43	女			
19	2023/10/12	2023/10/15	A-1047	¥4,700	1	¥4,700	静岡県浜松市	24	男			
20	2023/10/13	2023/10/16	B-1086	¥2,200	2	¥4,400	埼玉県所沢市	31	男			
21	2023/10/13	2023/10/17	C-1019	¥8,500	1	¥8,500	東京都練馬区	40	女			
22	2023/10/15	2023/10/18	A-1014	¥5,000	3	¥15,000	北海道札幌市	55	女			
23	2023/10/15	2023/10/20	B-2013	¥12,000	1	¥12,000	神奈川県横浜市	29	男			

図2 対象のセル範囲の中で、指定した1つの条件に該当するデータの個数を求めてみよう。「男」のような特定のデータが入力されているセルや、「40以上の数値」「東京都○○区」「東京都以外」といった条件に該当するセルの数をカウントすることができる

このとき、カウントの対象となるのは「男」だけが入力されたセル、または数式の結果として「男」と表示されているセルだ。「男」の文字があっても、それ以外の文字も含む文字列のセルは、条件に該当するとは見なされない。

文字列だけでなく、数値のデータを条件に指定することもできる。特定の数値そのものが表示されているセルの個数を調べたい場合は、同様にその数値を直接指定する。

さらに、比較演算子と組み合わせて、数値の範囲を指定することも可能だ。具体的には、半角の比較演算子と数値を組み合わせ、全体を「"」(半角ダブルクォーテーション)で囲んで、文字列として指定すればよい。ここでは、「>=40」という条件を指定して、「年齢」列のセル範囲の中で40以上のセルの個数を求めている(**図4**)。

これ以外にも、IF関数などで条件判定を行うときに使用するのと同じさまざまな比較演算子を、引数「検索条件」の指定に使用できる。さらに、「?」または「*」という「ワイルドカード」を利用して、いわば文字列のパターンに該当するセルの個数を求めることも可能だ(**図5**)。

例えば、購入した会員の中で東京23区に住んでいる人の数は、0文字以上の任意の文字列にマッチする「*」を使用して、「東京都*区」と「検索条件」に指定すれば求められる(**図6**)。また、居住地が東京都以外である会員の数を求めたい場合は、比較演算子とワイルドカードを組み合わせ、「<>東京都*」と指定することもできる(**図7**)。

●特定のデータが入力されたセルの数を求める

COUNTIF《カウントイフ》 ―条件に合うセルを数える

=COUNTIF(範囲,検索条件)

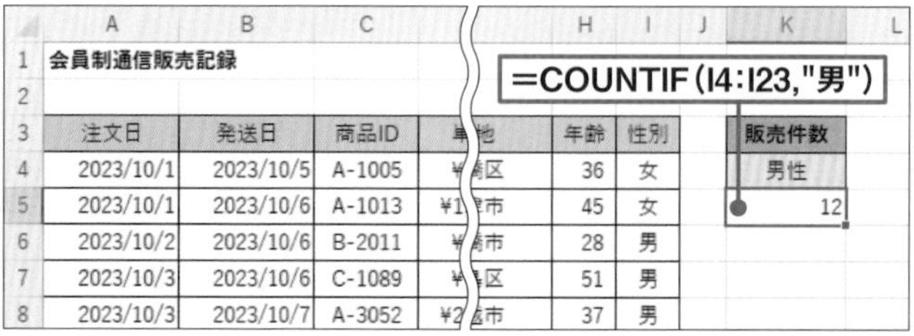

図3 1つの条件を満たすセルの個数を求めるには、COUNTIF関数を利用すればよい。引数「検索条件」に文字列を指定すると、引数「範囲」の中で、その文字列が入力されたセルの数が求められる。ここでは、「性別」列の範囲を対象に、「男」と入力されているセルの数を求めた

●特定の数値以上のセルの数を求める

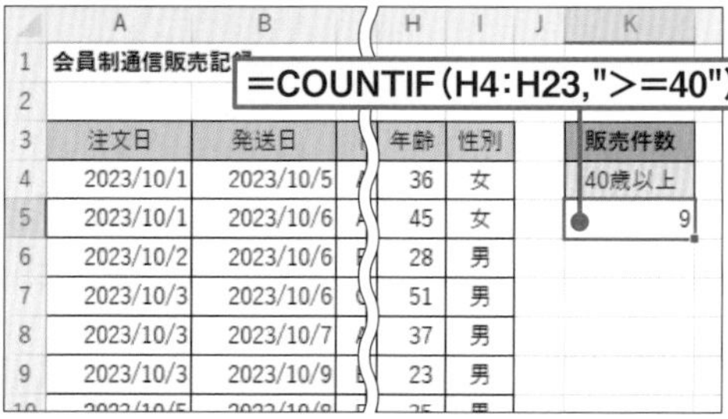

図4「検索条件」には数値も指定できるが、さらに比較演算子を組み合わせて、数値の範囲を指定することも可能だ。ここでは「>=40」という文字列の形で指定し、「年齢」列の数値が40以上であるセルの数を求めている

記号	機能
=	等しい
<>	等しくない
>	より大きい
>=	以上
<	より小さい
<=	以下
*	0文字以上の任意の文字列
?	任意の1文字

図5 COUNTIF関数の「検索条件」には、「>=」以外にも、表のような記号を組み合わせて指定することが可能だ。これらを使用する場合、組み合わせるのが数値であっても、必ず「"」で囲んだ文字列の形で指定する

なお、ここでは数式の中で条件を直接指定しているが、ほかのセルに入力された値を参照してもよい。例えば、C1セルに都道府県名だけが入力されている場合、「C1&"*"」のように文字列演算子「&」で「*」と結合することで、その都道府県に住んでいる会員の数を求めることが可能だ。

行単位で条件を判定し、特定の列のセルの値を集計

次に、条件を満たすデータの合計や平均を求めてみよう(次々ページ**図8**)。

これ以降に紹介する各関数では、検索対象または集計対象として、引数に2カ所以上のセル範囲を指定できる。このとき、各セル範囲はいずれも同じサイズ(行数×列数)である必要がある。そして、それぞれのセル範囲の中で、相対的に同じ位置にあるセルをセットとして、条件の判定や集計が行われる。多くの場合、表の中の1つの列を対象として条件を判定し、その中で条件を満たすセルと同じ行にある別

●文字列のパターンに該当するセルの数を求める

=COUNTIF(G4:G23,"東京都*区")

	A	B	C	G	H	I	J	K
1	会員制通信販売記録							
2								
3	注文日	発送日	商品	居住地	年齢	性別		販売件数
4	2023/10/1	2023/10/5	A-10 00	東京都板橋区	36	女		東京23区
5	2023/10/1	2023/10/6	A-10 00	静岡県沼津市	45	女		5
6	2023/10/2	2023/10/6	B-20 00	群馬県前橋市	28	男		
7	2023/10/3	2023/10/6	C-10 00	東京都豊島区	51	男		
8	2023/10/3	2023/10/7	A-30 00	埼玉県川越市	37	男		
9	2023/10/3	2023/10/9	B-10 00	山形県米沢市	23	男		
10	2023/10/5	2023/10/8	B-40 00	広島県福山市	35	男		
11	2023/10/5	2023/10/8	C-18 00	東京都世田谷区	58	男		
12	2023/10/6	2023/10/8	A-10 00	千葉県船橋市	40	男		
13	2023/10/7	2023/10/11	B-20 00	東京都三鷹市	33	女		

図6「検索条件」には、「*」や「?」といった「ワイルドカード」を使った文字列のパターンも指定できる。例えば、「居住地」が東京23区である会員の数を求めたい場合は、「東京都*区」のように指定すればよい

=COUNTIF(G4:G23,"<>東京都*")

	A	B	C	G	H	I	J	K
1	会員制通信販売記録							
2								
3	注文日	発送日	商	居住地	年齢	性別		販売件数
4	2023/10/1	2023/10/5	A	東京都板橋区	36	女		東京都以外
5	2023/10/1	2023/10/6	A	静岡県沼津市	45	女		13
6	2023/10/2	2023/10/6	B	群馬県前橋市	28	男		
7	2023/10/3	2023/10/6	C	東京都豊島区	51	男		
8	2023/10/3	2023/10/7	A	埼玉県川越市	37	男		
9	2023/10/3	2023/10/9	B	山形県米沢市	23	男		
10	2023/10/5	2023/10/8	B	広島県福山市	35	男		
11	2023/10/5	2023/10/8	C	東京都世田谷区	58	男		
12	2023/10/6	2023/10/8	A	千葉県船橋市	40	男		

図7 特定の文字列を含まないセルの個数を調べたい場合は、比較演算子「<>」と、ワイルドカード「*」を組み合わせる。例えば、「居住地」が東京都以外である会員の数は、「検索条件」に「<>東京都*」のように指定すれば求められる

の列のセルが集計の対象となる。

例えば、SUMIF（サムイフ）関数を使用すれば、「性別」列のセルの値が「女」である行の、「数量」列にあるセルの値の合計を求めることができる（**図9**）。なお、SUMIF関数では、引数「合計範囲」の指定は省略も可能。その場合、引数「範囲」の中で条件を満たすセルの値が合計される。

条件の指定には、比較演算子やワイルドカードが使用できる。**図10**では、「商品ID」列のセルの値が「A」で始まっている行の、「金額」列のセルの値の合計を求めた。

同様に、指定した条件を満たす行の、指定した列にあるセルの値の平均を求めたい場合は、AVERAGEIF（アベレージイフ）関数を使用すればよい。ここでは、「性別」列のセルの値が「男」である行の、「年齢」列の数値の平均を求めている（**図11**）。

条件を満たすデータを対象に計算する

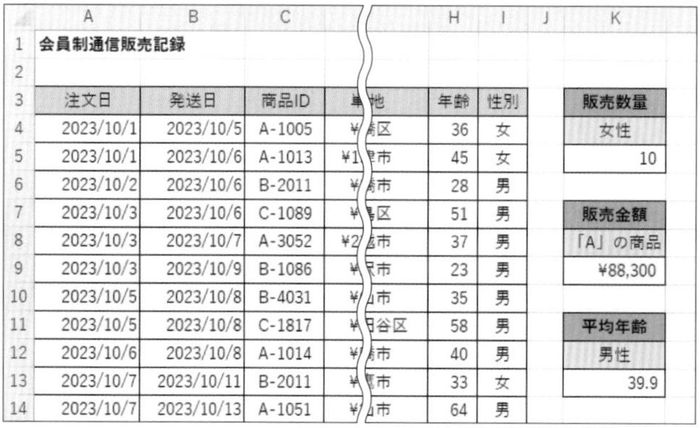

図8 セル範囲の中で、指定した条件を満たすデータだけを対象に、合計や平均といった計算を行うことも可能だ。この例のような表の場合、条件を判定する列と計算対象の列をそれぞれ指定し、条件を満たす行の数値だけを集計することもできる

●条件を満たすデータの合計を求める

SUMIF《サムイフ》―条件に合うデータの合計を求める

=SUMIF(範囲,検索条件,合計範囲)

図9 条件を満たすデータだけの合計を求めたい場合は、SUMIF関数が利用できる。ここでは、引数「範囲」に「性別」列を、引数「検索条件」に「女」という文字列を、引数「合計範囲」に「数量」列を指定した。これで、女性会員が購入した商品の数量の合計が求められる

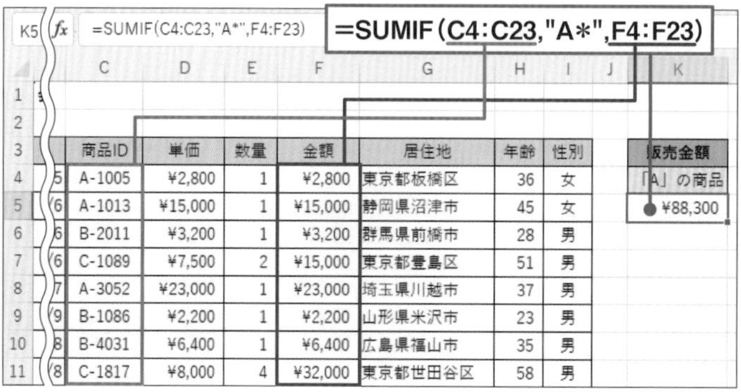

図10 SUMIF関数の「検索条件」でも、COUNTIF関数と同様の比較演算子やワイルドカードが使用可能だ。ここでは、「商品ID」列を対象に「A」で始まる文字列を検索し、該当する行の、「金額」列にあるセルの値の合計を求めている

●条件を満たすデータの平均を求める

AVERAGEIF《アベレージイフ》—条件に合うデータの平均を求める

=AVERAGEIF(範囲,条件,平均対象範囲)

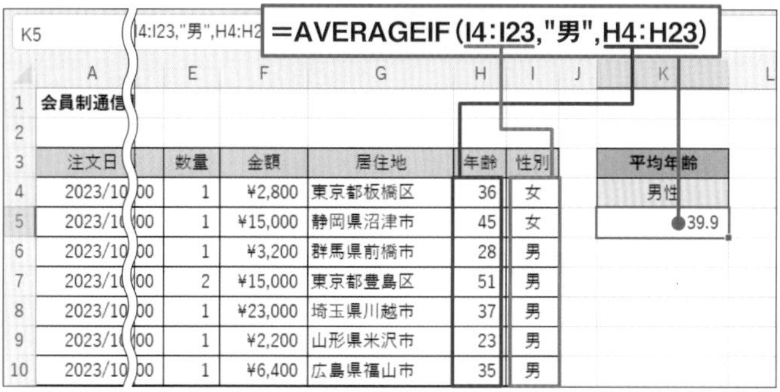

図11 条件を満たすデータだけの平均を求めたい場合は、AVERAGEIF関数を利用するとよい。ここでは、引数「範囲」に「性別」の列を、引数「条件」に「男」という文字列を、引数「平均対象範囲」に「年齢」の列を指定した。これで、男性だけの平均年齢が求められる

複数の条件を満たすデータを集計する

	A	B	C	D	E	F	G	H	I	J	K
1	会員制通信販売記録										
2											
3	注文日	発送日	商品ID	単価	数量	金額	居住地	年齢	性別		販売件数
4	2023/10/1	2023/10/5	A-1005	¥2,800	1	¥2,800	東京都板橋区	36	女		東京都在住
5	2023/10/1	2023/10/6	A-1013	¥15,000	1	¥15,000	静岡県沼津市	45	女		50歳未満
6	2023/10/2	2023/10/6	B-2011	¥3,200	1	¥3,200	群馬県前橋市	28	男		5
7	2023/10/3	2023/10/6	C-1089	¥7,500	2	¥15,000	東京都豊島区	51	男		9~12日に発送
8	2023/10/3	2023/10/7	A-3052	¥23,000	1	¥23,000	埼玉県川越市	37	男		5
9	2023/10/3	2023/10/9	B-1086	¥2,200	1	¥2,200	山形県米沢市	23	男		
10	2023/10/5	2023/10/8	B-4031	¥6,400	1	¥6,400	広島県福山市	35	男		販売金額
11	2023/10/5	2023/10/8	C-1817	¥8,000	4	¥32,000	東京都世田谷区	58	男		「B」商品
12	2023/10/6	2023/10/8	A-1014	¥5,000	1	¥5,000	千葉県船橋市	40	男		女性
13	2023/10/7	2023/10/11	B-2011	¥3,200	1	¥3,200	東京都三鷹市	33	女		¥5,400
14	2023/10/7	2023/10/13	A-1051	¥2,000	3	¥6,000	福島県郡山市	64	男		
15	2023/10/8	2023/10/11	B-1086	¥2,200	1	¥2,200	東京都杉並区	32	女		平均年齢
16	2023/10/10	2023/10/12	A-1013	¥15,000	1	¥15,000	神奈川県川崎市	26	女		東京都在住
17	2023/10/11	2023/10/12	C-2004	¥6,000	2	¥12,000	福岡県糸島市	59	男		1万円以下
18	2023/10/11	2023/10/16	A-1006	¥1,800	1	¥1,800	東京都昭島市	43	女		女性
19	2023/10/12	2023/10/15	A-1047	¥4,700	1	¥4,700	静岡県浜松市	24	男		36.8

図12 1つだけではなく複数の条件を指定し、それをすべて満たすデータだけを集計することもできる。例えば、東京都在住で50歳未満の会員の購入件数や、商品IDが「B」で始まる商品の、女性による購入金額の合計などを求めることが可能だ

2つ以上の条件に、すべて該当する行のみを集計

ここまで紹介してきた関数では、指定する条件は1つだけだったが、2つ以上の条件を指定して集計を行うこともできる(**図12**)。

COUNTIFS(カウントイフエス)関数では、対象の範囲と、その範囲に対する条件を交互に指定していき、そのすべての条件を満たす行の数を求めることができる。例えば、この販売記録の表から、東京都に居住し、年齢が50歳未満である会員の数を求めるといったことが可能だ(次ページ**図13**)。

また、検索条件には、日付や時刻を文字列形式で指定することもできる。1つの列に複数の条件を指定することもできるので、一定の期間内に発送された商品の件数も求められる(**図14**)。

●複数の条件を満たすデータの件数を求める

COUNTIFS《カウントイフエス》―複数の条件に合うデータを数える

=COUNTIFS(検索条件範囲1,検索条件1,検索条件範囲2,検索条件2,…)

図13 複数の条件をすべて満たすデータの件数を求めたい場合は、COUNTIFS関数を利用すればよい。ここでは、「居住地」列で「東京都」で始まる文字列のセルを、「年齢」列で50未満の数値のセルを検索し、その両方の条件を満たす行の数を求めている

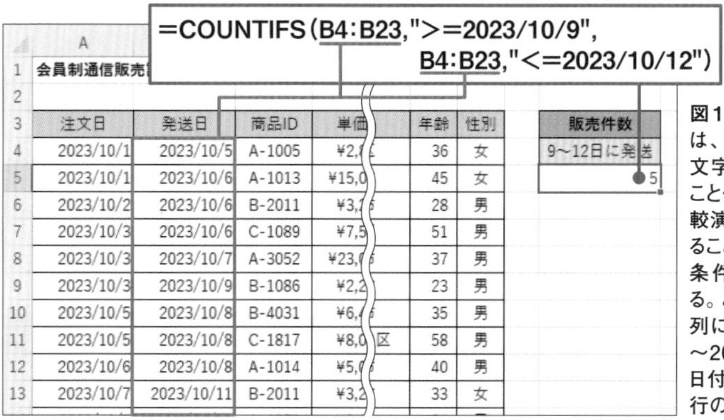

図14 「検索条件」には、日付や時刻などを文字列として指定することも可能だ。さらに比較演算子と組み合わせることで、日付の範囲を条件とすることもできる。ここでは、「発送日」列に2023年10月9日～2023年10月12日の日付が入力されている行の数を求めている

複数の条件をすべて満たす行の、特定の列にあるセルの値の合計や平均を求めるといった集計も可能だ。ここでは、SUMIFS(サムイフエス)関数を使用して、商品IDが「B」で始まり、購入者が女性である行の、「金額」列のセルの値の合計を求めている(**図15**)。なお、この関数では、合計を求めるセル範囲を指定する引数の位置が、SUMIF関数とは異なっているので注意してほしい(**図16**)。

同様に、複数の条件をすべて満たす行の、指定した列にあるセルの値の平均を求めるには、AVERAGEIFS(アベレージイフエス)関数が使用できる。ここでは、東京都に居住し、購入金額が1万円以下である女性の、年齢の平均を求めている(**図17**)。なお、この関数で平均を求めるセル範囲を指定する引数の位置も、やはりAVERAGEIF関数とは異なる。

●複数の条件を満たすデータの合計を求める

SUMIFS《サムイフエス》 ―複数の条件に合うデータの合計を求める

=SUMIFS(合計対象範囲､条件範囲1,条件1,条件範囲2,条件2,…)

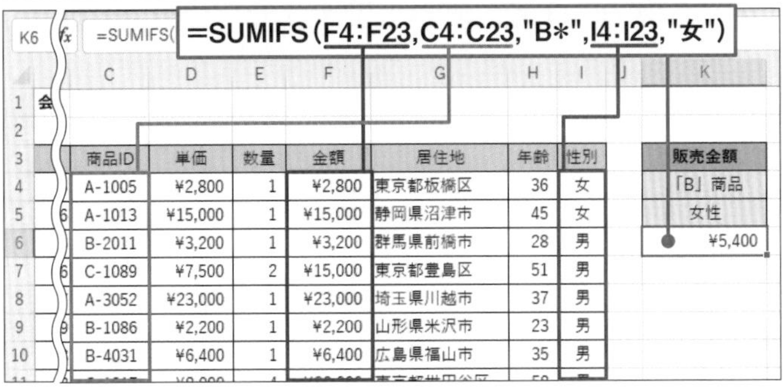

図15 対象の表の中で、複数の条件をすべて満たす行の、特定の列の数値の合計を求めたい場合には、SUMIFS関数が利用できる。ここでは、商品IDが「B」で始まり、かつ購入者が女性である行の、金額の合計を求めている

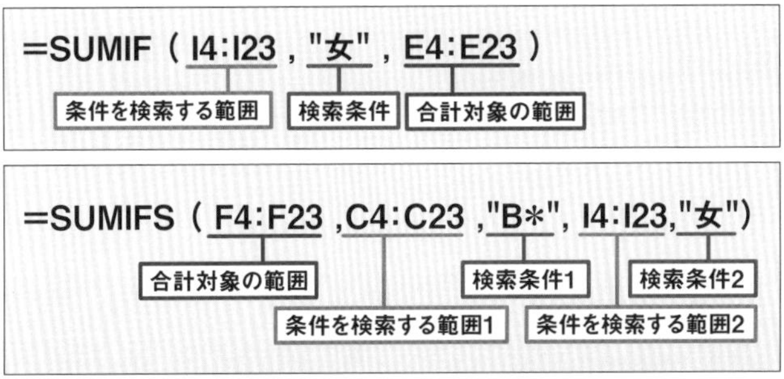

図16 SUMIF関数とSUMIFS関数はいわば兄弟のような関係だが、引数の位置が異なっているため、混乱しないように注意が必要だ。合計対象の範囲を指定する引数は、SUMIF関数では最後に指定するが、SUMIFS関数では最初に指定する

●複数の条件を満たすデータの平均を求める

AVERAGEIFS《アベレージイフエス》―複数の条件に合うデータの平均を求める

=AVERAGEIFS(平均対象範囲,条件範囲1,条件1,条件範囲2,条件2,…)

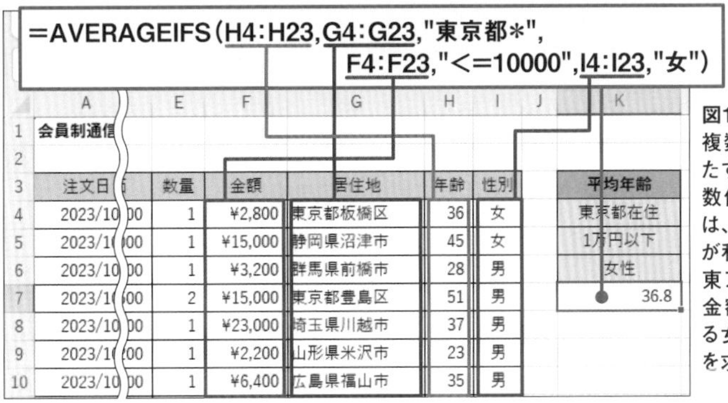

図17 対象の表の中で、複数の条件をすべて満たす行の、特定の列の数値の平均を求めるには、AVERAGEIFS関数が利用できる。ここでは、東京都に居住し、購入金額が1万円以下である女性の、年齢の平均を求めている

入力規則

「データの入力規則」で関数を使った数式を活用

設定画面の入力欄で数式と関数を活用

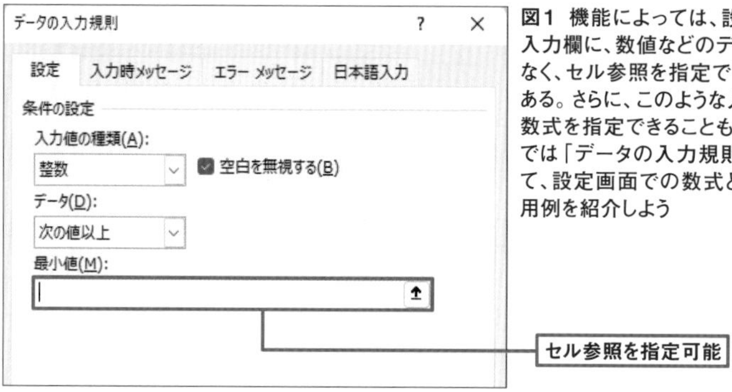

図1 機能によっては、設定画面の入力欄に、数値などのデータだけでなく、セル参照を指定できる場合がある。さらに、このような入力欄には数式を指定できることも多い。ここでは「データの入力規則」を例として、設定画面での数式と関数の活用例を紹介しよう

最小値未満の金額にはエラーメッセージを表示する

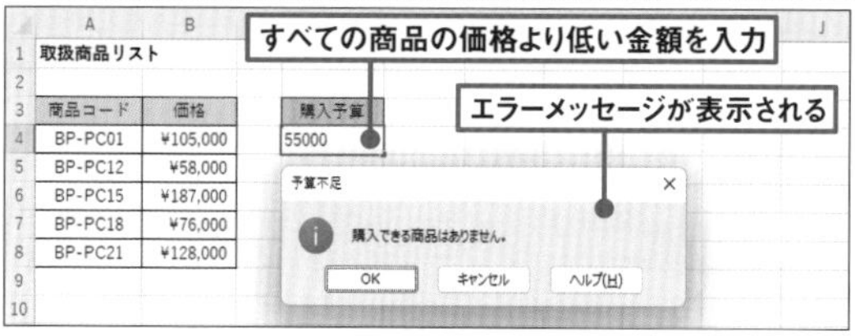

図2 取扱商品リストのどの価格よりも低い金額を「購入予算」に入力すると、エラーメッセージが表示される。これには「データの入力規則」を使用するが、リストの内容に応じて基準となる最小値が決まるようにするには、設定画面で数式と関数を利用する

エクセルの機能には、設定画面の入力欄に、セル参照を指定できるものがある(**図1**)。こうした入力欄には、セル参照だけでなく、数式を指定できる場合も多い。ここでは、「データの入力規則」の設定で数式と関数を活用するテクニックを紹介していこう。

関数を使った数式をそのまま設定画面で指定

「データの入力規則」は、対象のセルに入力されたデータが適切かどうかをチェックするための機能だ。まず、「購入予算」として、商品リストに入力されている

●指定値以上の整数だけを入力可能にする

MIN《ミン》―最小値を求める

=MIN(数値1,数値2,…)

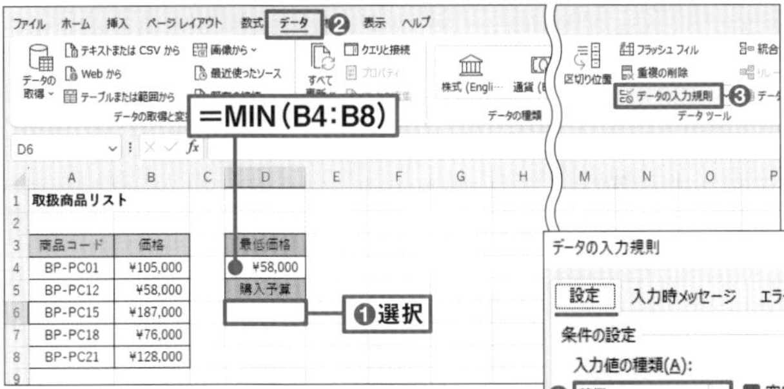

図3 この例のD4セルには、B4～B8セルの最小値を求めるMIN関数の数式が入力されている。まずは、このセルの数値以上の金額しか入力できないように設定してみよう。対象のD6セルを選択し、「データ」タブの「データの入力規則」をクリックする(❶～❸)

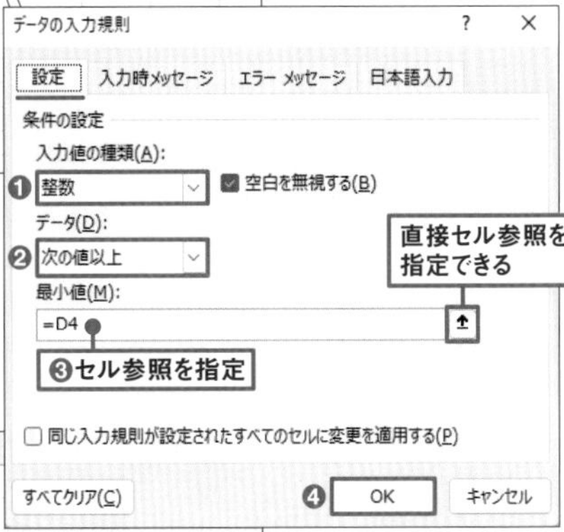

図4 「データの入力規則」画面の「設定」タブが表示される。「入力値の種類」で「整数」を、「データ」で「次の値以上」を選ぶ(❶❷)。「最小値」欄には直接数値を指定することもできるが、ここではD4セルを参照する数式を入力し、「OK」をクリックする(❸❹)

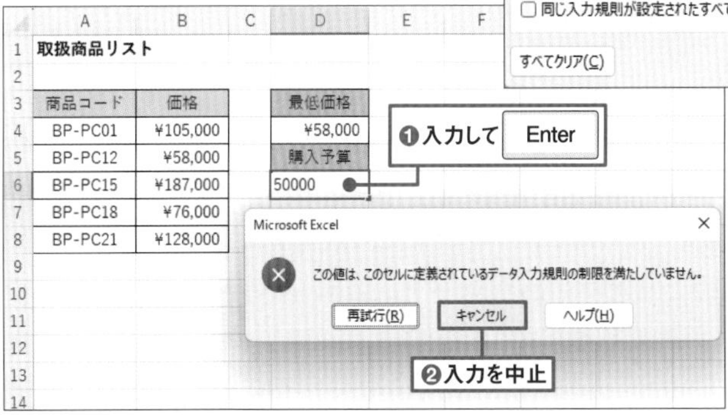

図5 データの入力規則を設定したD6セルに、D4セルの金額未満の数値を入力。「Enter」キーを押して確定しようとしたが(❶)、エラーメッセージが表示され、入力を確定できない。ここでは「キャンセル」をクリックして、入力を中止する(❷)

すべての価格よりも低い金額を入力したら、エラーメッセージが表示されるようにしよう(**図2**)。

このような場合には、商品リストの中での最低価格を、あらかじめ別のセルに、MIN関数の数式で求めておくのが一般的な解決方法だろう。そのうえで、設定対象のセルを選択し、「データ」タブの「データの入力規則」をクリック(**図3**)。表示される画面の「設定」タブで、「入力値の種類」で「整数」、「データ」で「次の値以上」を選ぶ。「最小値」欄には直接数値も入力できるが、ここでは最低価格を表示しているD4セルへの参照を指定し、「OK」をクリックする(**図4**)。

●最小値の指定に関数を利用する

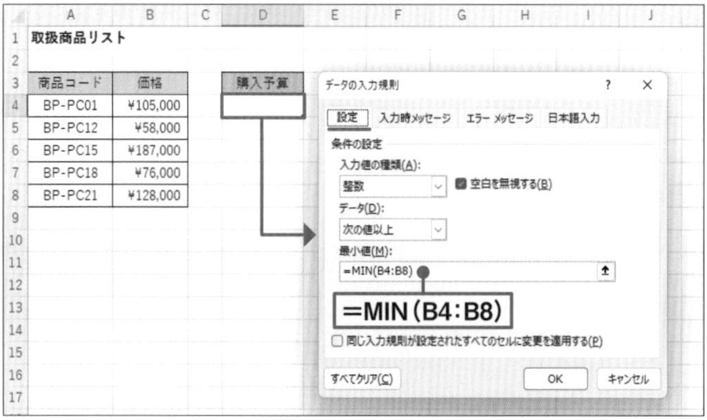

図6 あらかじめ最小値を求めたセルを用意しておかなくても、最小値を求める数式自体を、設定画面で利用することが可能だ。ここではD4セルを対象とした「データの入力規則」の設定で、「最小値」欄に直接MIN関数の数式を指定した

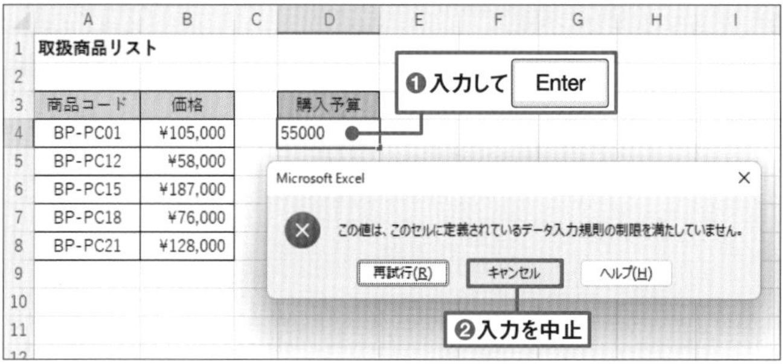

図7 データの入力規則を設定したD4セルに、B4～B8セルの最小値より少ない数値を入力し、「Enter」キーを押すと(❶)、エラーメッセージが表示される。やはり「キャンセル」をクリックして、入力を中止する(❷)

この設定を行ったD6セルに、D4セルの金額未満の数値を入力すると、エラーメッセージが表示され、入力を確定できない（前ページ**図5**）。この画面で「再試行」をクリックすると再びセルが編集状態になり、「キャンセル」をクリックすると入力が中止される。

なお、図4の「最小値」欄の右側のようなボタンが表示されている入力ボックスでは、その中にカーソルがある状態で、直接ワークシートをクリックまたはドラッグし、そのセル参照を入力することも可能だ。

別セルに最低価格を表示したくない場合は、最小値を求める図3の数式自体を「データの入力規則」の「最小値」欄に直接指定することができる（**図6**）。このセルに最低価格未満の金額を入力しようとすると、やはりエラーメッセージが表示される（**図7**）。

「データの入力規則」では、不適切なデータが入力されたときの反応も設定可能だ。設定画面の「エラーメッセージ」タブを開き、「スタイル」で「停止」以外を選ぶ

●エラーメッセージの内容を変更する

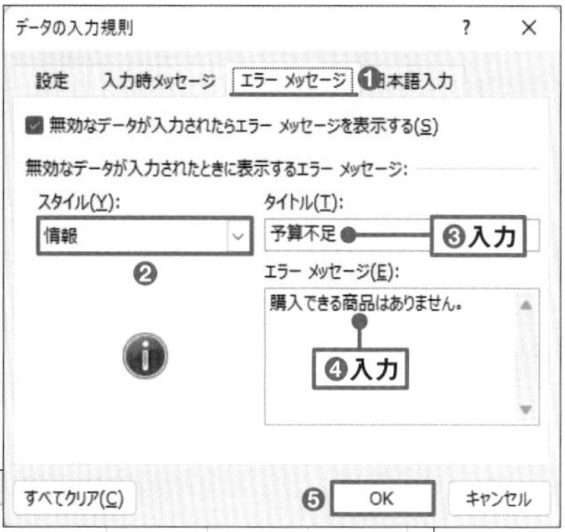

図8 不適切なデータが入力されたときのメッセージを設定したい場合は、設定画面の「エラーメッセージ」タブを開く(❶)。「スタイル」で「停止」以外を選ぶと、不適切なデータでも入力が可能になる(❷)。「タイトル」欄と「エラーメッセージ」欄に入力する(❸~❺)

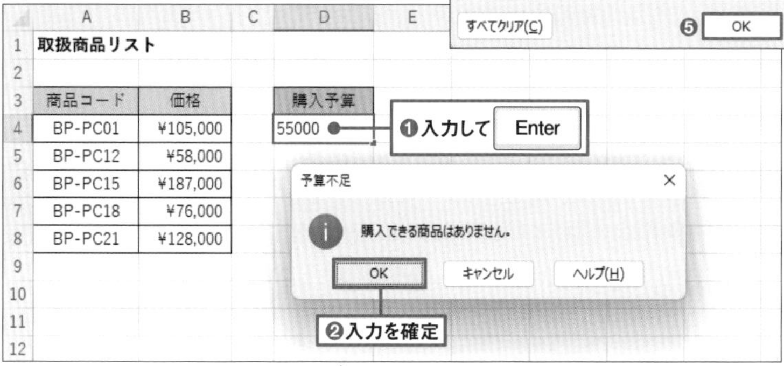

図9 B4～B8セルの最小値未満の値を入力し、「Enter」キーを押すと(❶)、設定したエラーメッセージが表示される。ただし、この画面で「OK」をクリックすると、不適切なデータでも入力することはできる(❷)。入力を中止したい場合は、「キャンセル」をクリックする

と、エラーメッセージは表示されるが、データの入力自体は可能になる。ここでは「情報」を選択し、「タイトル」欄と「エラーメッセージ」欄にもそれぞれ入力した(**図8**)。対象のセルに条件に合わないデータを入力すると、設定したエラーメッセージが表示される。この画面で「キャンセル」をクリックすると入力が中止されるが、「OK」をクリックすればそのまま入力を確定できる(**図9**)。

なお、図8の画面で「無効なデータが入力されたら…」のチェックを外すと、条件に合わないデータを入力しても、そのまま確定が可能だ。

指定の年・月の1日と末日の日付を数式で指定

入力を許可するデータの種類として、日付や時刻なども指定できる。日付の範囲の指定にも、別のセルに入力されたデータを参照することが可能だ。しかし、日付データそのものではなく、「年」と「月」がそれぞれ数値で指定されているケースもある(次ページ**図10**)。

まず、指定された「年」と「月」の「1日」以降の日付だけを入力可能に設定しよう。

指定した年・月の日付だけを入力可能にする

図10 あらかじめ別セルに、「年」と「月」を表す整数を入力しておく。イベントの一覧表の「日付」列には、その年・月の日付だけを入力する。「データの入力規則」を利用して、それ以外の日付が入力された場合は、入力を拒否するように設定しよう

●指定した年・月の1日以降を入力可能にする

図11 まず、指定した「年」と「月」の1日以降の日付のみ入力を許可する設定を行おう。対象のD4～D8セルを選択し、「データ」タブの「データの入力規則」をクリックする（❶～❸）

DATE《デイト》 —日付データ（シリアル値）を作成する

=DATE（年,月,日）

図12 「データの入力規則」画面の「設定」タブが表示される。「入力値の種類」で「日付」を、「データ」で「次の値以上」を選択（❶❷）。「開始日」欄に、DATE関数を使った数式で、「年」をA4セルの値、「月」をB4セルの値、「日」を1とする日付を指定する（❸）

対象のセル範囲を選択し、「データの入力規則」画面を表示（**図11**）。「設定」タブの「入力値の種類」で「日付」を、「データ」で「次の値以上」を選ぶ。そして、「開始日」欄に、指定した年・月の1日の日付を求めるDATE関数の数式を入力（**図12**）。この設定はセル範囲を対象に行っているため、範囲内のいずれのセルでも同じセルを参照するように、「年」のA4セルと「月」のB4セルは「$」の付いた絶対参照で指定する。エラーメッセージを指定して、設定を完了（**図13**）。これで、対象範囲の各セルには、指定の年・月より前の日付は入力できなくなる（**図14**）。

図13 さらに、エラーメッセージも設定しておこう。設定画面で「エラーメッセージ」タブを開く（❶）。今回、「スタイル」は「停止」のままとし、「タイトル」欄と「エラーメッセージ」欄にそれぞれ入力して、「OK」をクリックする（❷～❹）

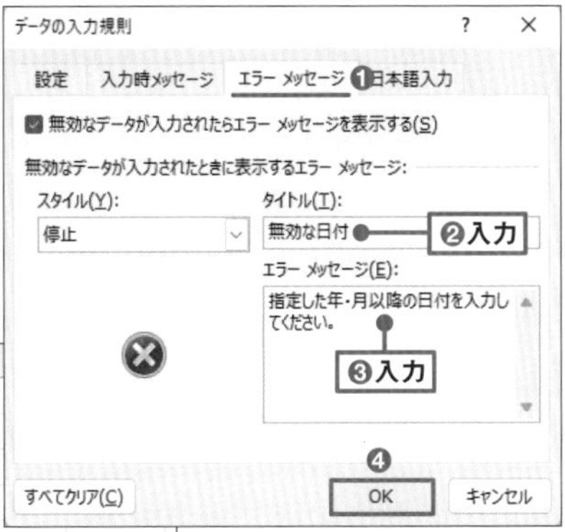

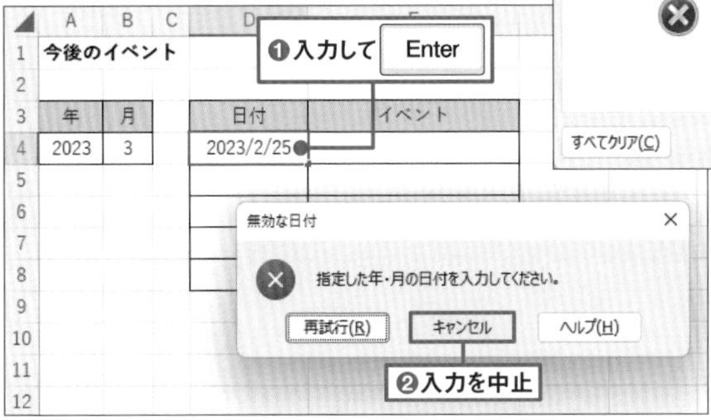

図14 データの入力規則を設定したD4～D8セルに、A4セルとB4セルに指定した年・月より前の日付を入力し、「Enter」キーを押すと（❶）、エラーメッセージが表示されてしまう。「キャンセル」をクリックして入力を中止しよう（❷）

●指定した年・月の末日までを入力可能にする

図15 指定した年・月だけを入力可能にするには、末日の日付も指定する必要がある。「データ」を「次の値の間」に変更し、「終了日」欄に、翌月の1日の前日、つまり当月の末日の日付を求める数式を指定する（❶～❸）

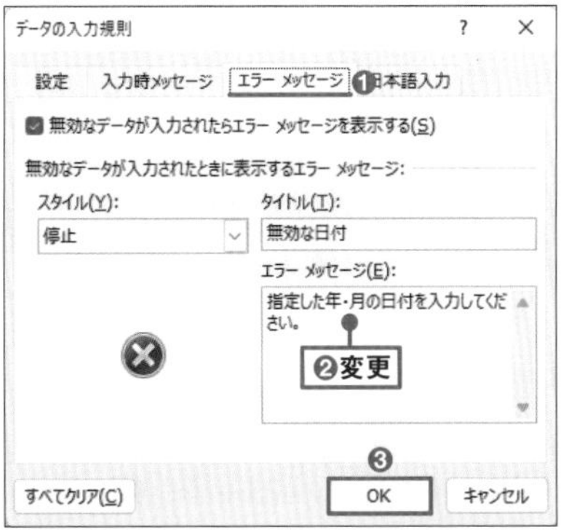

図16 さらに「エラーメッセージ」タブを開き、設定の変更に合わせてエラーメッセージの内容も変更する（❶❷）。「OK」をクリックして設定を完了すると、指定した年・月の日付だけが入力可能になる（❸）

さらに、入力可能な日付の範囲の最終日も指定しよう。設定画面の「設定」タブの「データ」を「次の値の間」に変更。「終了日」欄に、DATE関数の「月」に指定の月の翌月、「日」に0（1日の前日）を指定すれば、当月末日の日付が求められる（**図15**）。エラーメッセージを指定し、設定を完了する（**図16**）。

ほかのセルを条件として入力を制限する

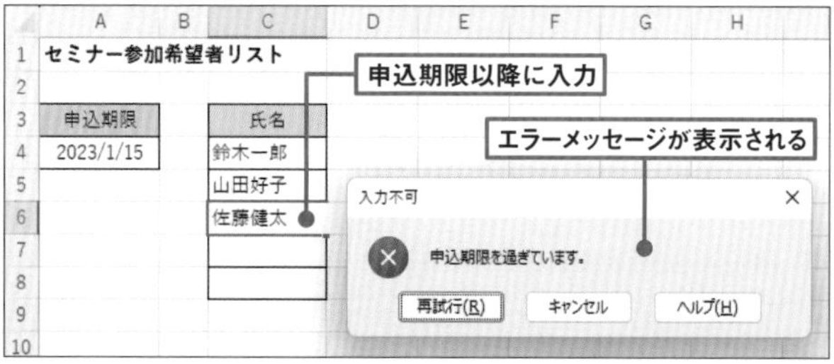

図17 対象のセル自体に入力されたデータではなく、ほかのセルのデータを条件として、入力を制限することも可能だ。ここでは、A4セルに入力された申込期限が過ぎていた場合、セミナーの参加希望者リストに氏名を入力できないようにしている

●入力条件を数式で定義する

TODAY《トゥデイ》—今日の日付を求める

=TODAY()

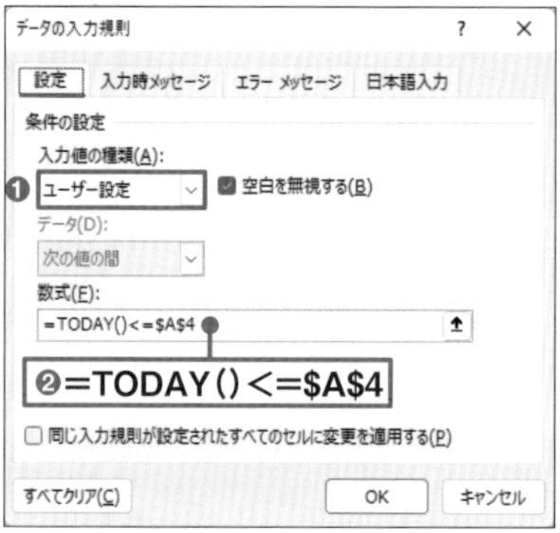

図18 図17のC4～C8セルを選択して「データの入力規則」の設定画面を表示し、「入力値の種類」で「ユーザー設定」を選択(❶)。「数式」欄に、今日の日付がA4セルの日付以前かどうかを求める数式(論理式)を入力する(❷)。この式の結果がTRUEなら入力が可能だ

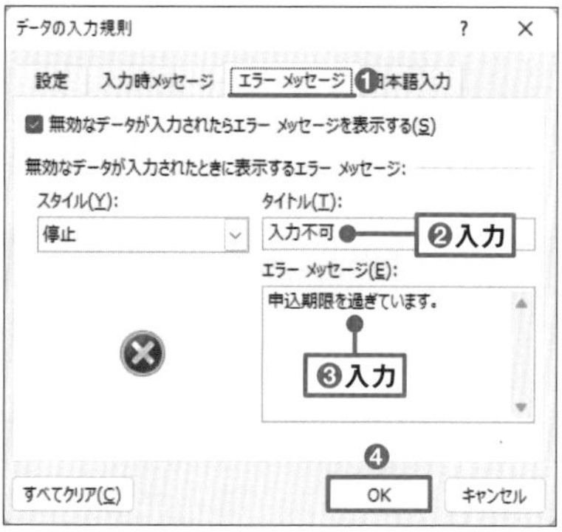

図19 今日の日付が申込期限を過ぎていた場合のエラーメッセージも設定しておこう。「エラーメッセージ」タブを開き、「タイトル」欄と「エラーメッセージ」欄にそれぞれ入力して、「OK」をクリックする(❶～❹)

入力を許可する条件を数式で定義する

対象のセルに入力されたデータ自体ではなく、ほかのセルの状態などを条件として、セルへの入力を制限することもできる。例えば、今日の日付が、別のセルの「申込期限」を過ぎていた場合、入力を拒否するといった設定だ(**図17**)。設定画面の「入力値の種類」で「ユーザー設定」を選び、条件を数式で指定する。数式の結果がTRUEだった場合のみ、セルへの入力が許可される。ここでは「数式」欄に、TODAY(トゥデイ)関数を使って今日の日付のチェックを行う数式を入力し、エラー

曜日が土・日の日付は入力できないようにする

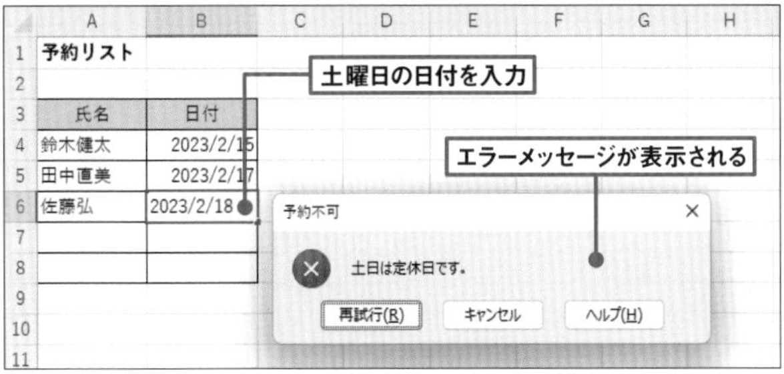

図20 土曜日と日曜日が定休日の店の予約リストに、それらの曜日の日付が入力できないように設定することもできる。入力された日付の曜日を判定するには、「データの入力規則」の「ユーザー設定」を使用する

●入力されたデータを数式で判定する

WEEKDAY《ウィークデイ》 ―日付の「曜日」を求める

=WEEKDAY(シリアル値,種類)

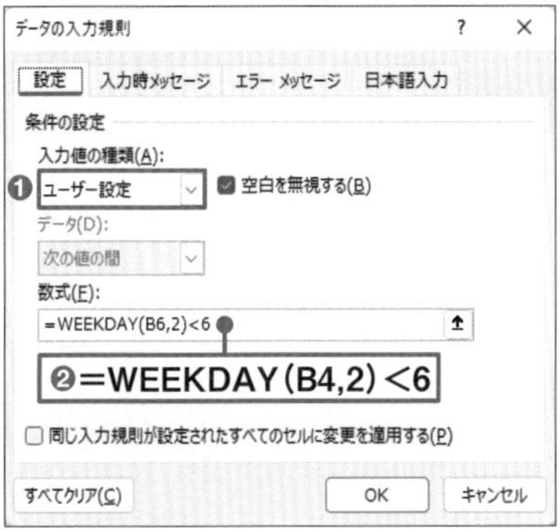

図21 図20のB4～B8セルを選択して設定画面を表示し、「入力値の種類」で「ユーザー設定」を選択(❶)。「数式」欄に、対象セルの日付が土・日かどうかを判定する数式を入力する(❷)。対象セルは、アクティブセル(ここではB4セル)を相対参照で指定する

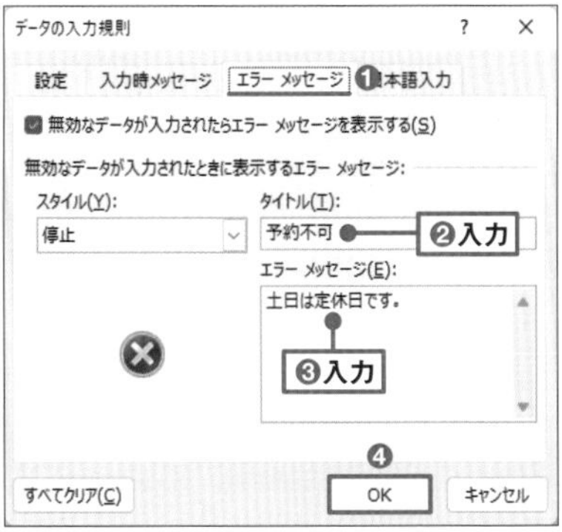

図22 入力された日付の曜日が土・日だった場合のエラーメッセージも設定しておこう。「エラーメッセージ」タブを開き、「タイトル」欄と「エラーメッセージ」欄にそれぞれ入力して、「OK」をクリックする(❶～❹)

メッセージも指定した(**図18、図19**)。

特定の曜日の日付は入力を拒否したいといったケースにも、「ユーザー設定」が利用できる(**図20**)。WEEKDAY(ウィークデイ)関数の引数「種類」に「2」を指定すると、日付が土曜日なら6、日曜日なら7という数値を返すため、「6未満」という比較式で判定が可能。また、設定対象がセル範囲の場合、「数式」にはその中のアクティブセルを相対参照で指定することで、自動的に各セルを対象とした設定に変化する(**図21**)。やはりエラーメッセージを指定して、設定を完了する(**図22**)。

Excel

Part4

文書·作図

内容が良くても、見づらい文書では
説得力がありません。それはエクセルでも同じで、
見た目はとても重要です。
このパートではエクセルの書式設定や
レイアウトなどの見栄えを整える
テクニックを学びます。

文／阿部 香織、岡野 幸治、土屋 和人、服部 雅幸、三浦 亜有子、
森本 篤徳

総論 見栄えの良い文書が5分で簡単に作れます!

内容がしっかりしていても、見た目が悪いエクセル文書は、作った時点でハンデを背負っているようなものだ。少し行間を広げれば見やすいのに……。着眼点はいいがグラフが見づらい……。いいリポートなのに色遣いが派手……。世にあふれるそうした"惜しい"エクセル文書を、見やすく、わかりやすく、美しく仕上げるのが本パートのテーマだ。

とはいえ、特別な機能を駆使するわけではない。書式設定などごく普通の機能を使いながら、わずか数分のひと手間をかけて、見栄えをしっかりと整えるワザを紹介していこう。

作表編

水泳教室のご案内

このたび日経住区では、夏季の水泳教室を開催することとなりました。お子様から大人の方まで、区内在住の方ならどなたでもご参加いただけます。
下記の詳細をご確認の上、所定の方法でお申込み下さい。折り返し参加証をお送りいたします。なおご応募多数の場合は抽選とさせて頂きますのでご了承ください。
みなさまのご参加をお待ちしております！

初級教室	初心者対象。アクアピクスで水中運動、またはクロールを習得します。
4種泳法	クロール、平泳ぎ、背泳ぎ、バタフライを習得します（25m泳げる方）。
キッズ	未就学児～小学生対象。まずは水に慣れ、クロールを目指します。

		月	火	水	木	金	土
初級教室	10:00～	アクアピクス		全館休館日		アクアピクス	
	11:15～		◎		◎		
	12:30～	◎				◎	
4種泳法	11:15～	◎				◎	
キッズ	14:00～		未就学児		未就学児		未就学児
	16:15～		低学年		低学年		
	17:30～		高学年		高学年		

▲セル結合と文字配置　P248

日経町地区少年サッカークラブ
部　員　大　募　集　！

「サッカーが好き」「上手になりたい」「I love soccer !」の小学生募集中！女の子でも大丈夫。現在は日経小学校と服部小学校の生徒を中心に活動していますが、それ以外の小学校でも大歓迎です！サッカーの技術はもちろん、心と身体を鍛えられる場となるように活動しています。SNSでも情報配信中。まずは一度気軽に体験に来てください。見学も随時お待ちしています。

【練習日時および練習場所】

・水曜	17:00～18:30	日　経　広　場
・木曜	17:30～19:00	日　経　小　校　庭
・土曜	10:00～12:00	日経公園サッカー場

●コーチ紹介：三浦進。1984年生まれ。サッカー協会Bクラス、キッズリーダー資格。指導歴15年。日経SSS、J2リーグで活躍。「僕自身小学生からサッカーを続けているおかげでチャレンジ精神が培われました。地域のみんなと楽しくサッカーができたら嬉しいです。一緒にがんばりましょう！」

▲文字配置の上級ワザ　P254

氏名	英語	数学	国語	理科	社会
青木 修	95	88	62	78	80
赤城 哲也	66	54	68	55	58
秋山 弘道	78	55	69	62	45
浅沼 稔	35	32	55	56	65
池田 文彦	78	88	45	90	84
平均	70.4	63.4	59.8	68.2	66.4

▲格子罫線を卒業しよう　P268

製品種別	数量	貸出日	週	返却予定日	貸出単価	料金
ノートPC	2	2023/8/1	2	2023/8/15	¥2,500	¥10,000
プロジェクター	1	2023/8/2	1	2023/8/9	¥1,500	¥1,500
タブレットPC	5	2023/8/4	4	2023/9/1	¥2,200	¥44,000
プリンター	1	2023/8/4	1	2023/8/11	¥1,700	¥1,700
ディスプレイ	2	2023/8/5	2	2023/8/19	¥2,000	¥8,000

▲見栄えを手早く整える「テーブル」　P274

デザイン編

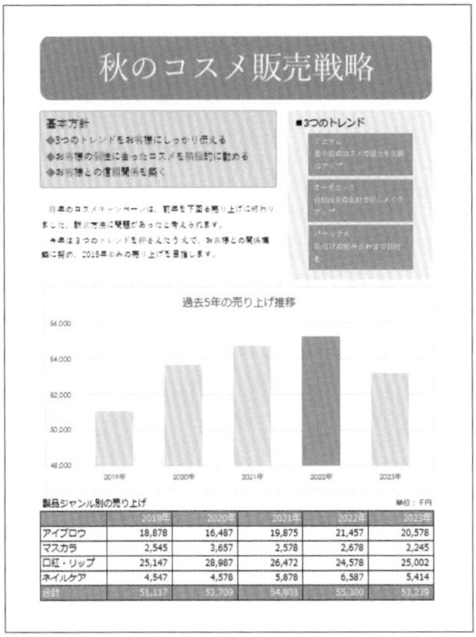

	2019年	2020年	2021年	2022年	2023年
アイブロウ	18,878	16,487	19,875	21,457	20,578
マスカラ	2,545	3,657	2,578	2,678	2,245
口紅・リップ	25,147	28,987	26,472	24,578	25,002
ネイルケア	4,547	4,578	5,878	6,587	5,414
合計	51,117	53,709	54,803	55,300	53,239

▲「テーマ」と「配色」を押さえる　P282

印刷編

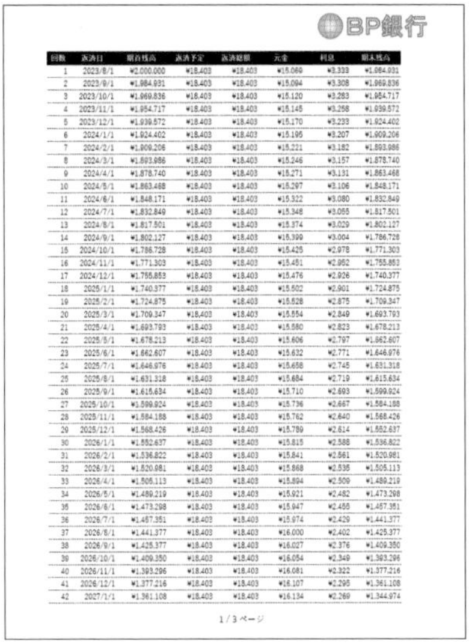

回数	返済日	期首残高	返済予定	返済総額	元金	利息	期末残高
1	2023/8/1	¥2,000,000	¥18,403	¥18,403	¥15,069	¥3,333	¥1,984,931
2	2023/9/1	¥1,984,931	¥18,403	¥18,403	¥15,094	¥3,308	¥1,969,836
3	2023/10/1	¥1,969,836	¥18,403	¥18,403	¥15,120	¥3,283	¥1,954,717
4	2023/11/1	¥1,954,717	¥18,403	¥18,403	¥15,145	¥3,258	¥1,939,572
5	2023/12/1	¥1,939,572	¥18,403	¥18,403	¥15,170	¥3,233	¥1,924,402
6	2024/1/1	¥1,924,402	¥18,403	¥18,403	¥15,196	¥3,207	¥1,909,206
7	2024/2/1	¥1,909,206	¥18,403	¥18,403	¥15,221	¥3,182	¥1,893,986
8	2024/3/1	¥1,893,986	¥18,403	¥18,403	¥15,246	¥3,157	¥1,878,740
9	2024/4/1	¥1,878,740	¥18,403	¥18,403	¥15,271	¥3,131	¥1,863,468
10	2024/5/1	¥1,863,468	¥18,403	¥18,403	¥15,297	¥3,106	¥1,848,171
11	2024/6/1	¥1,848,171	¥18,403	¥18,403	¥15,322	¥3,080	¥1,832,849
12	2024/7/1	¥1,832,849	¥18,403	¥18,403	¥15,348	¥3,055	¥1,817,501
13	2024/8/1	¥1,817,501	¥18,403	¥18,403	¥15,374	¥3,029	¥1,802,127
14	2024/9/1	¥1,802,127	¥18,403	¥18,403	¥15,399	¥3,004	¥1,786,728
15	2024/10/1	¥1,786,728	¥18,403	¥18,403	¥15,425	¥2,978	¥1,771,303
16	2024/11/1	¥1,771,303	¥18,403	¥18,403	¥15,451	¥2,952	¥1,755,853
17	2024/12/1	¥1,755,853	¥18,403	¥18,403	¥15,476	¥2,926	¥1,740,377
18	2025/1/1	¥1,740,377	¥18,403	¥18,403	¥15,502	¥2,901	¥1,724,875
19	2025/2/1	¥1,724,875	¥18,403	¥18,403	¥15,528	¥2,875	¥1,709,347
20	2025/3/1	¥1,709,347	¥18,403	¥18,403	¥15,554	¥2,849	¥1,693,793
21	2025/4/1	¥1,693,793	¥18,403	¥18,403	¥15,580	¥2,823	¥1,678,213
22	2025/5/1	¥1,678,213	¥18,403	¥18,403	¥15,606	¥2,797	¥1,662,607
23	2025/6/1	¥1,662,607	¥18,403	¥18,403	¥15,632	¥2,771	¥1,646,976
24	2025/7/1	¥1,646,976	¥18,403	¥18,403	¥15,658	¥2,745	¥1,631,318
25	2025/8/1	¥1,631,318	¥18,403	¥18,403	¥15,684	¥2,719	¥1,615,634
26	2025/9/1	¥1,615,634	¥18,403	¥18,403	¥15,710	¥2,693	¥1,599,924
27	2025/10/1	¥1,599,924	¥18,403	¥18,403	¥15,736	¥2,667	¥1,584,188
28	2025/11/1	¥1,584,188	¥18,403	¥18,403	¥15,762	¥2,640	¥1,568,426
29	2025/12/1	¥1,568,426	¥18,403	¥18,403	¥15,789	¥2,614	¥1,552,637
30	2026/1/1	¥1,552,637	¥18,403	¥18,403	¥15,815	¥2,588	¥1,536,822
31	2026/2/1	¥1,536,822	¥18,403	¥18,403	¥15,841	¥2,561	¥1,520,981
32	2026/3/1	¥1,520,981	¥18,403	¥18,403	¥15,868	¥2,535	¥1,505,113
33	2026/4/1	¥1,505,113	¥18,403	¥18,403	¥15,894	¥2,509	¥1,489,219
34	2026/5/1	¥1,489,219	¥18,403	¥18,403	¥15,921	¥2,482	¥1,473,298
35	2026/6/1	¥1,473,298	¥18,403	¥18,403	¥15,947	¥2,456	¥1,457,351
36	2026/7/1	¥1,457,351	¥18,403	¥18,403	¥15,974	¥2,429	¥1,441,377
37	2026/8/1	¥1,441,377	¥18,403	¥18,403	¥16,000	¥2,402	¥1,425,377
38	2026/9/1	¥1,425,377	¥18,403	¥18,403	¥16,027	¥2,376	¥1,409,350
39	2026/10/1	¥1,409,350	¥18,403	¥18,403	¥16,054	¥2,349	¥1,393,296
40	2026/11/1	¥1,393,296	¥18,403	¥18,403	¥16,081	¥2,322	¥1,377,216
41	2026/12/1	¥1,377,216	¥18,403	¥18,403	¥16,107	¥2,295	¥1,361,108
42	2027/1/1	¥1,361,108	¥18,403	¥18,403	¥16,134	¥2,269	¥1,344,974

1 / 3 ページ

▲複数ページ印刷のコツは余白にあり
P294

グラフ編

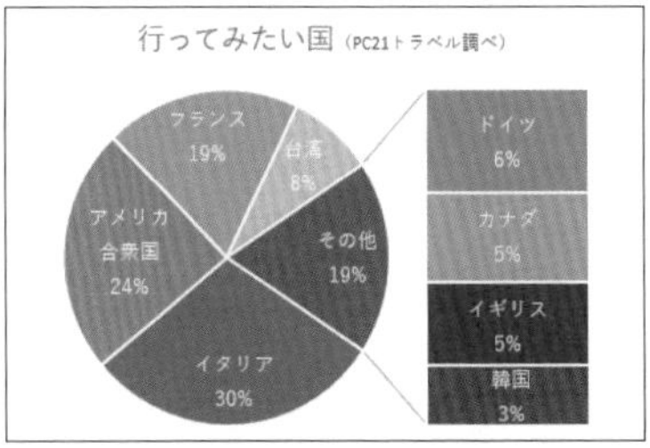

▲ダメダメ円グラフはこう直す　P300

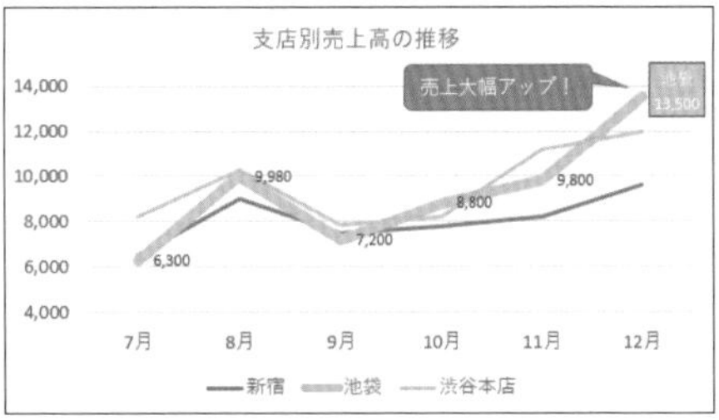

▲棒&折れ線で“伝える”コツ　P306

作図編

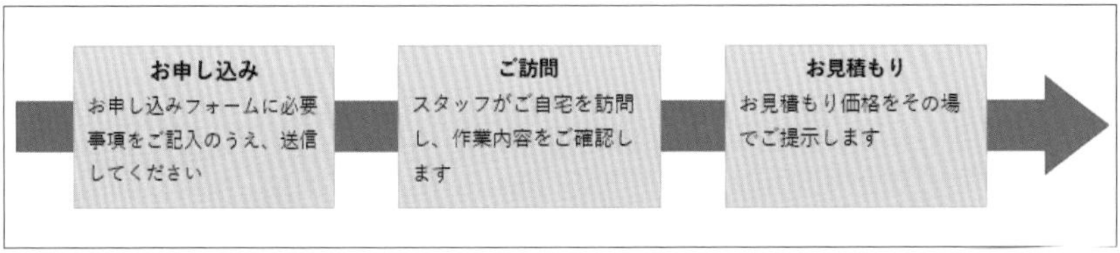

▲チャートは統一感が命　P316

作表編 セル結合と文字配置の基本をマスター

エクセルで**図1**のような文書を作るときに欠かせないのが、複数セルを1つにまとめる「セル結合」機能と、セル内での文字の位置を決める「文字配置」機能だ。これは基本中のキホンであり、ここをおろそかにするとどんなに凝った仕掛けを作っても台無し。逆に、セル結合と文字配置をうまく使うと、シンプルな文書でも見栄えがぐっと良くなって、作業の効率化にもつながる。ポイントをしっかり押さえよう。

見やすさとわかりやすさを追求する

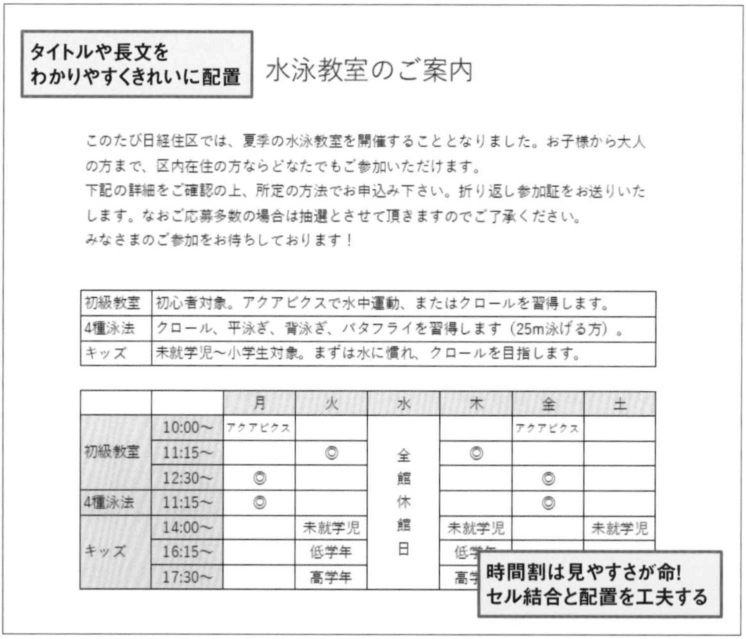
タイトルや長文を
わかりやすくきれいに配置
時間割は見やすさが命!
セル結合と配置を工夫する

水泳教室のご案内

このたび日経住区では、夏季の水泳教室を開催することとなりました。お子様から大人の方まで、区内在住の方ならどなたでもご参加いただけます。
下記の詳細をご確認の上、所定の方法でお申込み下さい。折り返し参加証をお送りいたします。なおご応募多数の場合は抽選とさせて頂きますのでご了承ください。
みなさまのご参加をお待ちしております！

初級教室	初心者対象。アクアピクスで水中運動、またはクロールを習得します。
4種泳法	クロール、平泳ぎ、背泳ぎ、バタフライを習得します（25m泳げる方）。
キッズ	未就学児～小学生対象。まずは水に慣れ、クロールを目指します。

		月	火	水	木	金	土
初級教室	10:00～	アクアピクス		全館休館日		アクアピクス	
	11:15～		◎		◎		
	12:30～	◎				◎	
4種泳法	11:15～	◎				◎	
キッズ	14:00～		未就学児		未就学児		未就学児
	16:15～		低学年		低学		
	17:30～		高学年		高学		

図1 セルの結合と文字の配置は、エクセルで文書を作るうえでは基本中のキホン機能。タイトルを中央に配置し、長い文章は折り返して適宜改行する。時間割ではセル結合や縦書き、文字の自動縮小機能などを駆使して、見やすさとわかりやすさを追求したい。ポイントを押さえていこう

セル結合のバリエーションは3種類、使い分けると効率がアップ

セル結合の機能には「セルを結合して中央揃え」「セルの結合」「横方向に結合」の3つのバリエーションが用意されている（**図2**）。うまく使い分けると作業効率がぐっとアップする。

「セルを結合して中央揃え」は、セル結合と文字の中央揃えを同時に行う機能だ。例えば文書のタイトルを左右中央に配置したいなら、文書幅の分だけセル範囲を選択して「セルを結合して中央揃え」ボタンを押せば、タイトルをぴったり中央に配置できる（**図3**）。

セル結合には3つのバリエーションがある

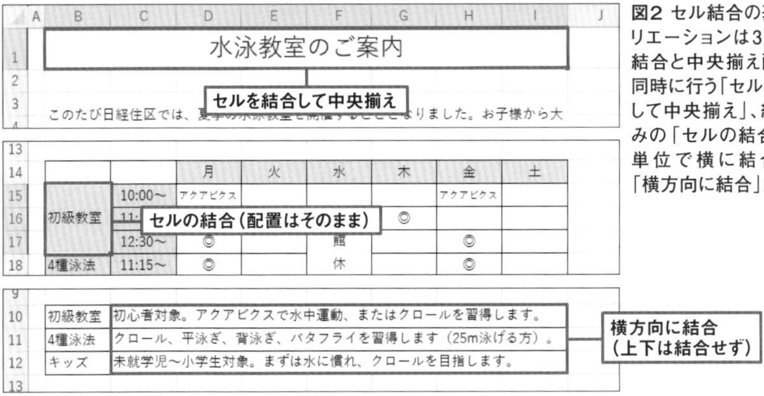

図2 セル結合の基本バリエーションは3種類。結合と中央揃え配置を同時に行う「セルを結合して中央揃え」、結合のみの「セルの結合」、行単位で横に結合する「横方向に結合」だ

●結合と同時に文字を中央に配置

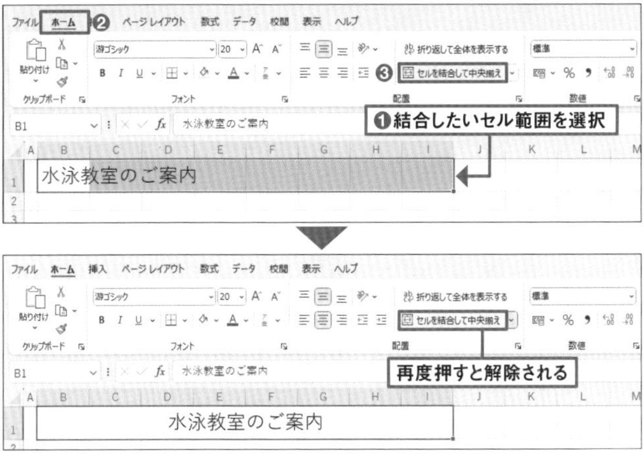

図3 結合したいセル範囲を選択して「ホーム」タブにある「セルを結合して中央揃え」ボタンを押すと（❶～❸）、セルが結合されて文字が中央に配置される。結合を解除するときは再度、「セルを結合して中央揃え」ボタンを押すか、同ボタンの「▼」メニューから「セル結合の解除」を選ぶ

●配置はそのままでセル結合

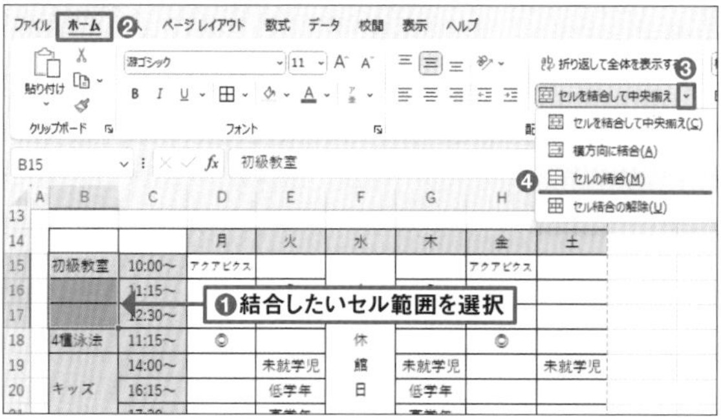

図4　セル範囲を選択して「セルを結合して中央揃え」ボタンの「▼」メニューから「セルの結合」を選ぶと（❶～❹）、文字配置（ここでは標準の左揃え）はそのままにセルが結合される

●セル範囲を行ごとに結合する

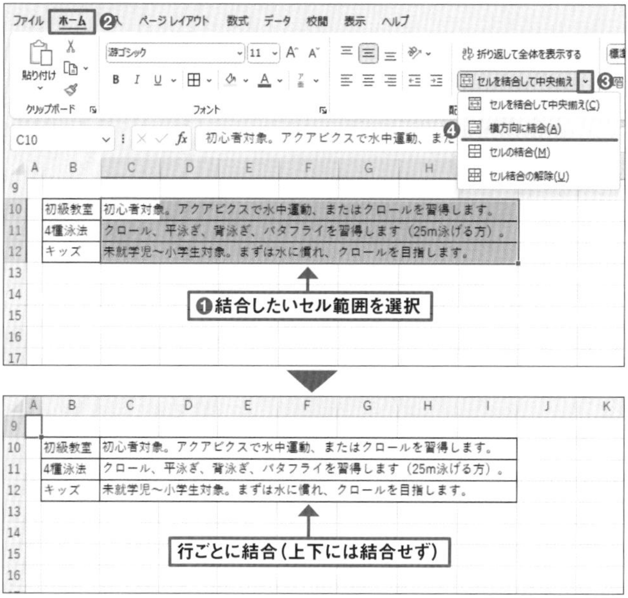

図5　セル範囲を選択して「セルを結合して中央揃え」の「▼」メニューから「横方向に結合」を選ぶと（❶～❹）、行単位で結合される。1行ずつ「セルの結合」（図4）を実行していくよりも楽だ。文字配置は変わらない

「セルを結合して中央揃え」の「▼」メニューを使うと、ほかのバリエーションを選択できる。文字の配置はそのままにセル結合だけしたいときは、メニューから「セルの結合」を選ぼう（**図4**）。

「横方向に結合」は、セルを行単位で結合する機能。複数の行・列を選択した状態で「横方向に結合」を実行すると、1行ずつ横方向だけが結合する（**図5**）。1行ずつ順に選択して結合を繰り返す手間が省けるので、ぜひ覚えておこう。

●データは結合されないので注意

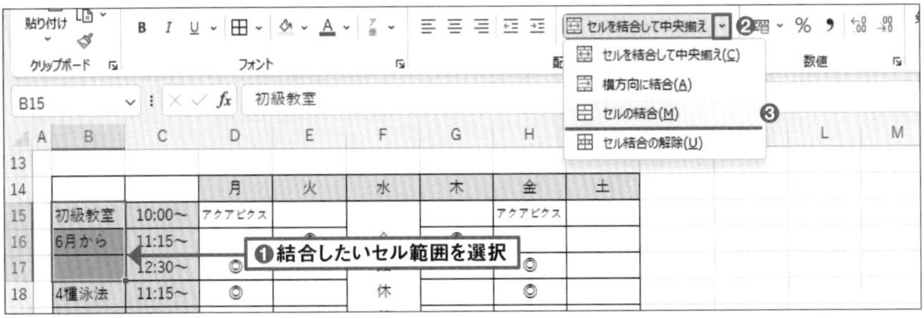

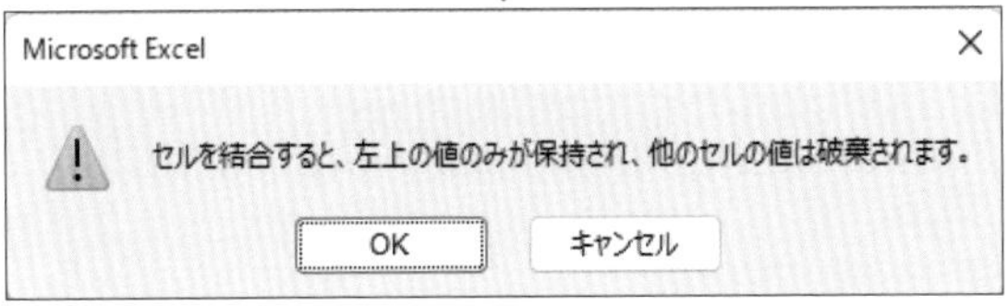

図6 複数のセルにデータが入っていると、結合時に左のエラーが出る（❶～❸）。「OK」を押して結合すると左上のセル以外のデータは消えるので注意しよう

押さえておきたい文字配置機能は4種類

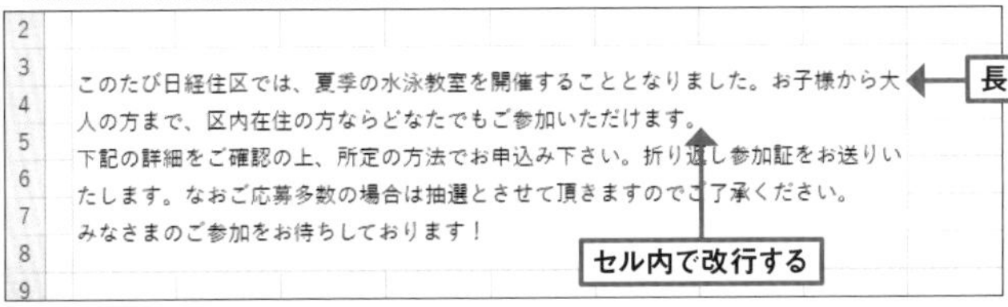

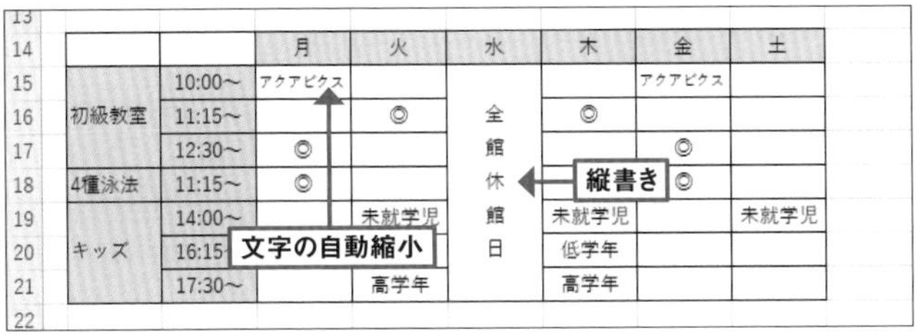

図7 文字の配置では基本の4種類を覚えておきたい。長文の配置で役立つのが文章の折り返しとセル内改行。セルからちょっとはみ出した文字をセル内に収めたいときに重宝する文字の自動縮小。そして縦書きだ

なお結合対象のセル範囲の2カ所以上にデータが入っていると、**図6**のような警告が表示される。そのままセル結合を続行すると、左上に近いセルのデータだけが残り、ほかは消えてしまうので要注意だ。

続いて文字の配置について見ていこう。押さえておきたい基本機能は4つ。長文の配置に役立つ「折り返して全体を表示する」と「セル内改行」、表の見た目を整えるときに便利な「縮小して全体を表示する」と「縦書き」だ（**図7**）。

●セル内で文章を折り返して改行する

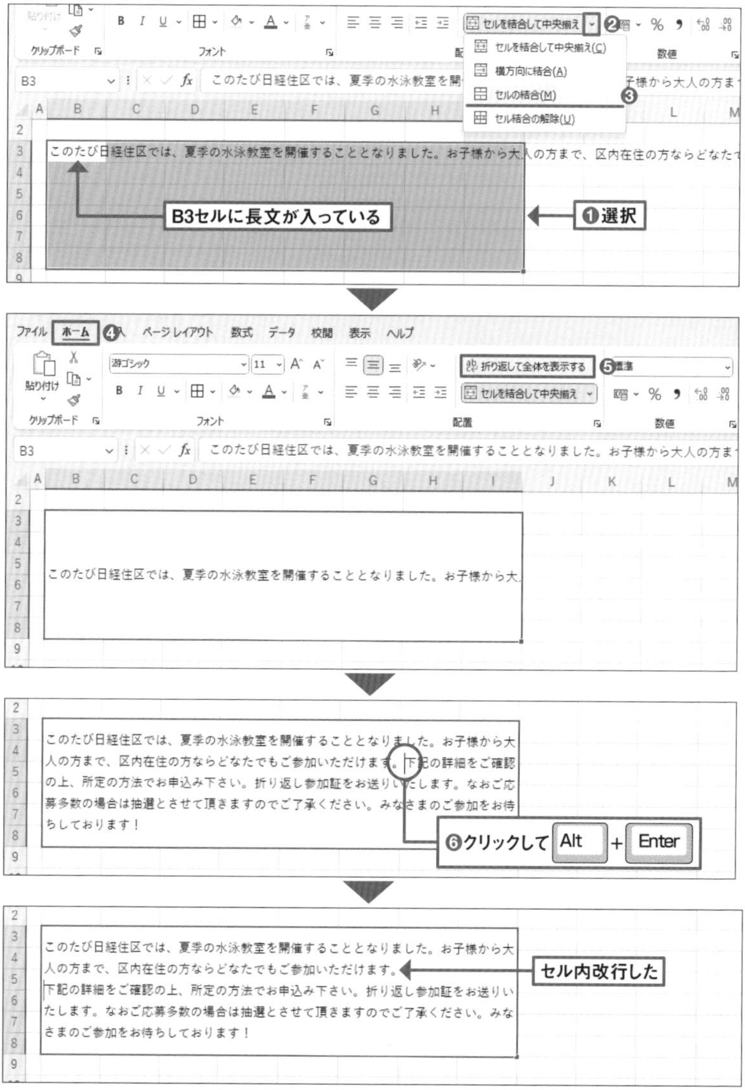

図8　図4と同様の操作でセルを結合（❶～❸）。続けて「ホーム」タブの「折り返して全体を表示する」を押すと（❹❺）、文章が折り返して表示される。好きな場所で改行したいときは、そこにカーソルを置いて「Alt」キーを押しながら「Enter」キーを押す（❻）

長文を折り返して適宜改行、はみ出し対策と縦書きも便利

長文を入力したセルを選択して「折り返して全体を表示する」ボタンを押すと、文章をセル内で折り返して表示できる（**図8**）。また、好みの位置で改行したいとき

●セル内に収まるよう文字を自動縮小する

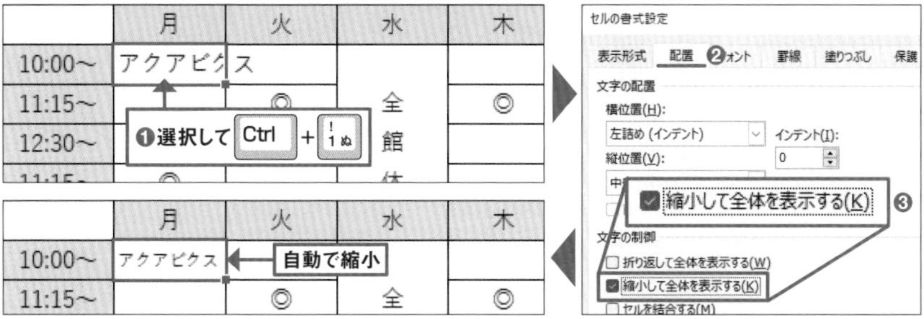

図9 セルもしくはセル範囲を選択して「Ctrl」キーを押しながら「1」キーを押すか（❶）、右クリックして「セルの書式設定」を選ぶ。開いた設定画面の「配置」タブで「縮小して全体を表示する」をチェック（❷❸）。右下の「OK」を押すと、セルに収まるように文字が縮小される。セル幅を変えると文字サイズは自動的に変わる（最大で元の大きさまで）

●縦書きはボタン1つでOK

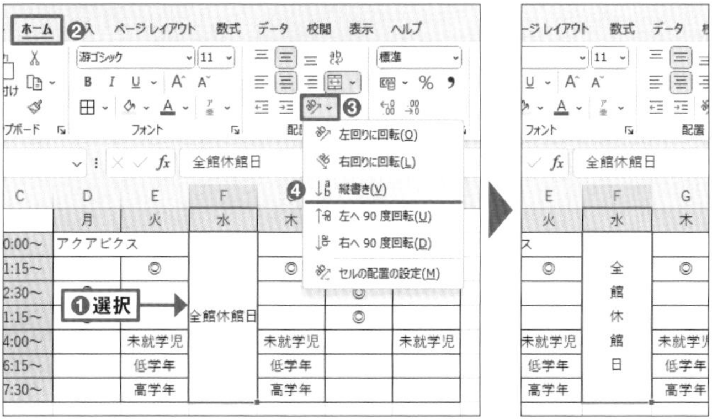

図10 セルもしくはセル範囲を選択し、「ホーム」タブの「方向」ボタンのメニューから「縦書き」を選ぶと（❶〜❹）、文字が縦書きになる。再度選ぶと横書きに戻る

は、そこにカーソルを置いて「Alt」キーを押しながら「Enter」キーを押せばよい。いわゆる「セル内改行」というテクニックだ。

一部の文字がセルから少しだけはみ出してしまうときは、文字の自動縮小機能が重宝する。「セルの書式設定」画面を開いて、「縮小して全体を表示する」をチェックしよう（**図9**）。セルの横幅いっぱいに収まるよう文字サイズが自動で縮小される。大きさはダイナミックに変化し、セル幅を狭めると文字がさらに小さくなり、広げると最大で元の大きさまで文字が大きくなる。

図10左の「全館休館日」といった文字列は縦書きにしたほうが見栄えが良い。「方向」のメニューから「縦書き」を選べば縦書きにできる。横書きに戻したければ、再度同メニューを選ぶ。「方向」では、90度回転や45度回転なども選択可能だ。

作表編 見栄えが引き締まる! 文字配置の上級ワザ

文字配置を工夫してワンランク上の文書に

日経町地区少年サッカークラブ
部　員　大　募　集　!

「サッカーが好き」「上手になりたい」「I love soccer !」の小学生募集中！女の子でも大丈夫。現在は日経小学校と服部小学校の生徒を中心に活動していますが、それ以外の小学校でも大歓迎です！サッカーの技術はもちろん、心と身体を鍛えられる場となるように活動しています。SNSでも情報配信中。まずは一度気軽に体験に来てください。見学も随時お待ちしています。

申し込み書のポイントは均等割り付けとインデント

【練習日時および練習場所】

・水曜	17:00～18:30	日　経　広　場
・木曜	17:30～19:00	日　経　小　校　庭
・土曜	10:00～12:00	日経公園サッカー場

●コーチ紹介：三浦進。1984年生まれ。サッカー協会Bクラス、キッズリーダー資格。指導歴15年。日経SSS、J2リーグで活躍。「僕自身小学生からサッカーを続けているおかげでチャレンジ精神が培われました。地域のみんなと楽しくサッカーができたら嬉しいです。一緒にがんばりましょう！」

上下の均等割り付けで行間調整もできる!

申　込　書			
フ　リ　ガ　ナ		年齢	性別
名　　　前		歳	男・女
住　　　所			
電　話　番　号			
サ ッ カ ー 経 験	無・有（　　　　）		

【お飲み物】

●ビール
生ビール中　500円
生ビールグラス　350円
瓶ビール（大）　590円

●お酒
清酒一合　400円
お銚子二合　700円

●サワー
レモンサワー　400円
グレープフルーツサワー　400円
梅サワー　430円

●ソフトドリンク
ウーロン茶　280円
コーラ　280円
オレンジジ　280円

難しそうな縦書き文書も驚くほどきれいに仕上がる

図1 セル内に文字を配置する方法にはさまざまなバリエーションがある。例えば、均等割り付けで項目の左右の端を揃えるだけでも見栄えはぐっと向上する。エクセルでは一見難しそうな縦書きの文書を美しく仕上げる方法もマスターしよう

前項では文字配置の基本機能を取り上げたが、エクセルにはもっときめ細かい文字配置機能も用意されている。例えば長文を折り返して表示する場合、各行の右端を縦一直線に揃え、さらに行間を調整するとより美しく見える。また表組みでは、項目名を「均等割り付け」にするとより整った見た目になる（**図1**）。そうしたテクニックを駆使して“ワンランク上”の文書に仕上げるコツを解説していこう（**図2**）。縦書きの文書をよりきれいに仕上げるフォントの裏ワザも紹介する。

“惜しい”文書を改善するポイント

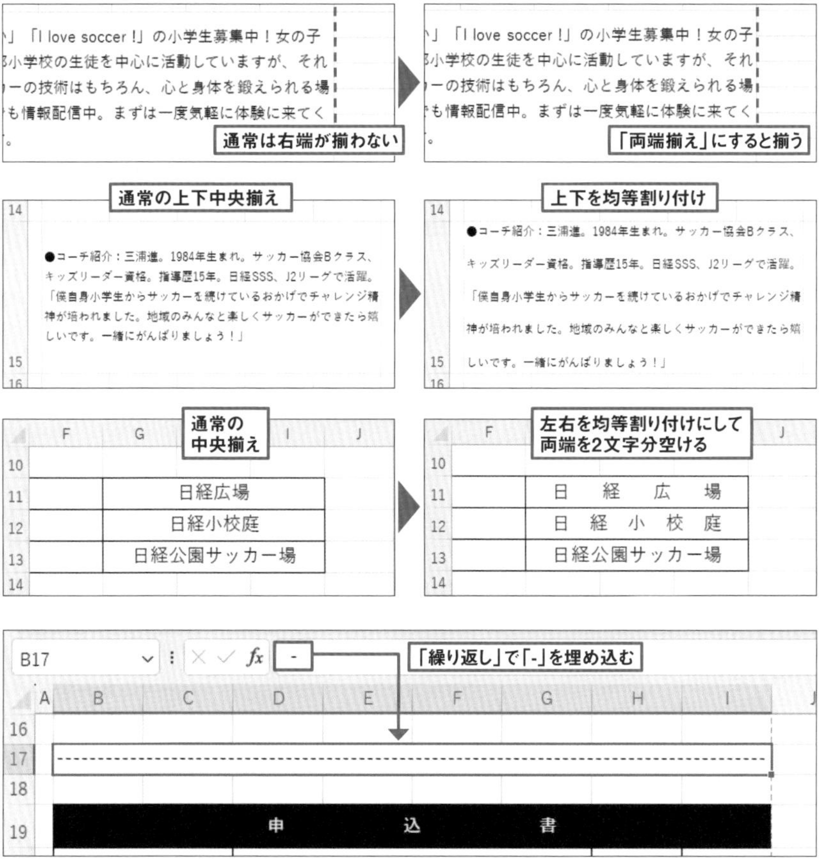

図2 長い文章を折り返すときは「両端揃え」にして、右端が縦一直線に揃うようにすると美しい。上下を「均等割り付け」にすることで行間の調整も可能。文字数が異なる複数の項目を縦に並べるときは、左右を「均等割り付け」にするとバランス良く見える。切り取り線を描くときは、「繰り返し」で「-」などの記号を埋め込むとよい

「折り返して全体を表示する」(252ページ図8参照)を使って文章をセル内で折り返すと、右端がきれいに揃わないことがある。特に文中に半角文字がある場合は要注意だ。そんなときは文字配置を両端揃えにしよう。「セルの書式設定」画面を開き、「横位置」を「両端揃え」にすれば、右端がきれいに揃うよう文字間隔を自動で微調整してくれる(**図3**)。

便利な「均等割り付け」は、行間の調整にも使える

長文を折り返して配置した場合、行間は常に一定となるが、これを変更する裏ワ

●折り返した文章の右端を揃える

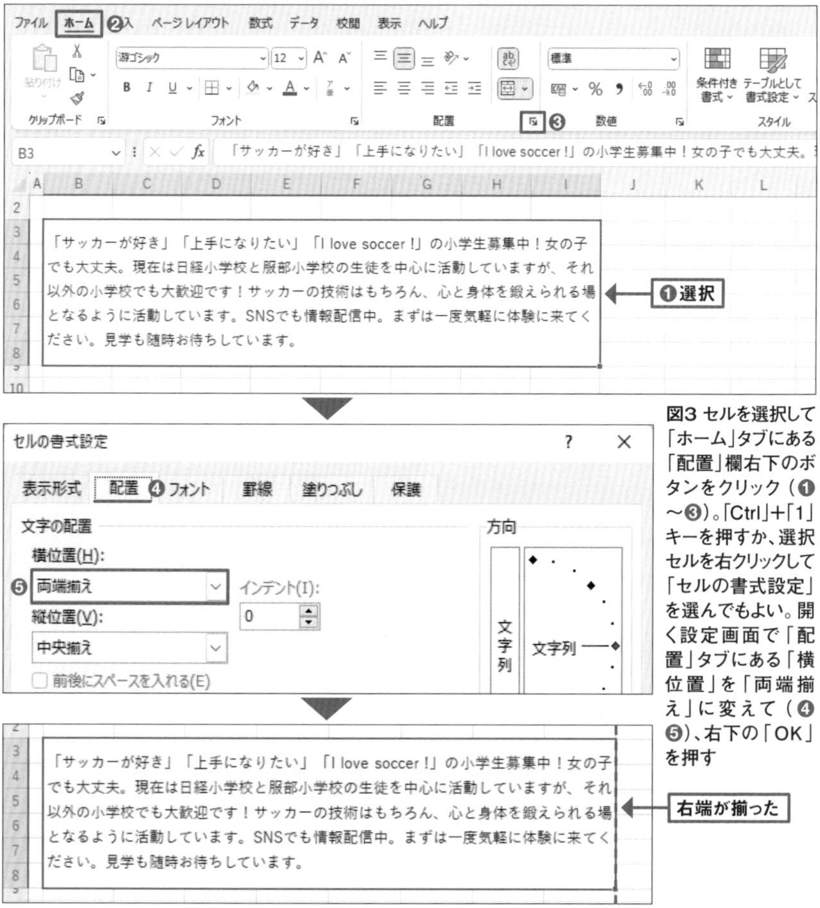

図3 セルを選択して「ホーム」タブにある「配置」欄右下のボタンをクリック（❶～❸）。「Ctrl」+「1」キーを押すか、選択セルを右クリックして「セルの書式設定」を選んでもよい。開く設定画面で「配置」タブにある「横位置」を「両端揃え」に変えて（❹❺）、右下の「OK」を押す

ザがある。「セルの書式設定」画面で「縦位置」を「均等割り付け」にすると(**図4**)、セルの高さを変えることで行間調整が可能になる(**図5**)。

「日経広場」「日経公園サッカー場」といった文字数が異なる項目を縦一列に並べるときは、左右の均等割り付けにすると美しく仕上がる。公的機関の白書などでよく見かける文字配置だ。エクセルの場合、「セルの書式設定」で「横位置」を「均等割り付け」にすると、それを実現できる(次ページ**図6**)。その際は、「インデント」も併用しよう。インデントを例えば「2」にすると、2文字分だけ左右を空けて均等割り付けにできる。

●上下の「均等割り付け」で行間を調整

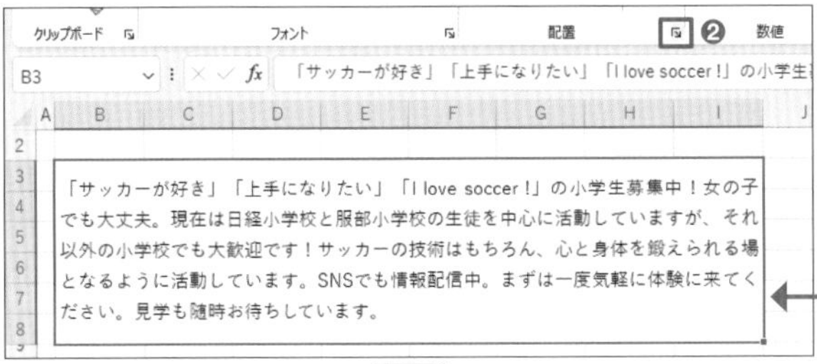

クリップボード
フォント
配置
❷
数値
B3
「サッカーが好き」「上手になりたい」「I love soccer !」の小学生
「サッカーが好き」「上手になりたい」「I love soccer !」の小学生募集中！女の子でも大丈夫。現在は日経小学校と服部小学校の生徒を中心に活動していますが、それ以外の小学校でも大歓迎です！サッカーの技術はもちろん、心と身体を鍛えられる場となるように活動しています。SNSでも情報配信中。まずは一度気軽に体験に来てください。見学も随時お待ちしています。
❶選択

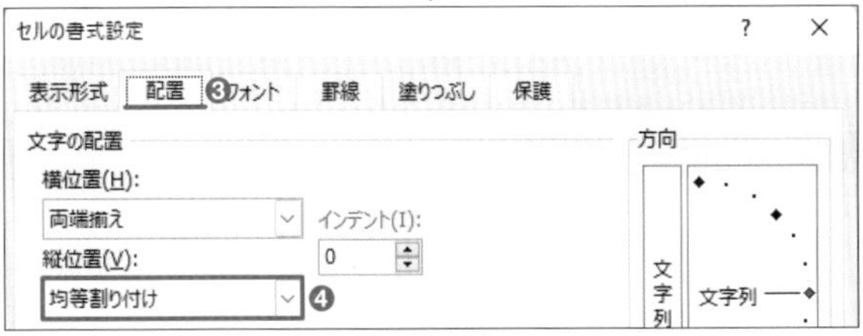

セルの書式設定
表示形式
配置
❸
フォント
罫線
塗りつぶし
保護
文字の配置
横位置(H):
両端揃え
インデント(I):
0
縦位置(V):
均等割り付け
❹
方向
文字列
文字列

図4 長い文章の行間を調整したいときは上下(縦位置)を「均等割り付け」にする。図3と同様に「セルの書式設定」画面を開き(❶❷)、「配置」タブで「縦位置」を「均等割り付け」に変えて(❸❹)、右下の「OK」を押す

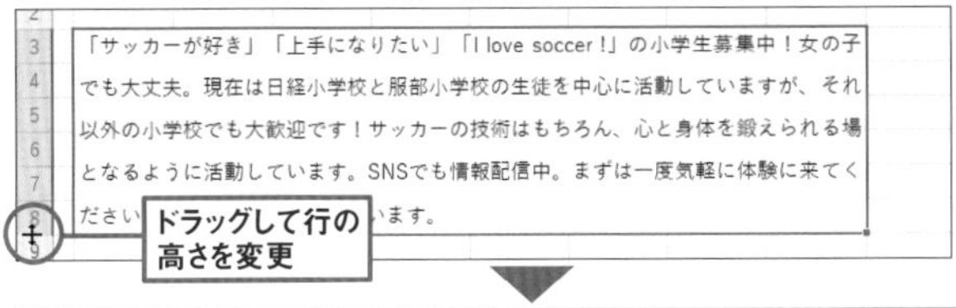

「サッカーが好き」「上手になりたい」「I love soccer !」の小学生募集中！女の子でも大丈夫。現在は日経小学校と服部小学校の生徒を中心に活動していますが、それ以外の小学校でも大歓迎です！サッカーの技術はもちろん、心と身体を鍛えられる場となるように活動しています。SNSでも情報配信中。まずは一度気軽に体験に来てください。見学も随時お待ちしています。
ドラッグして行の高さを変更

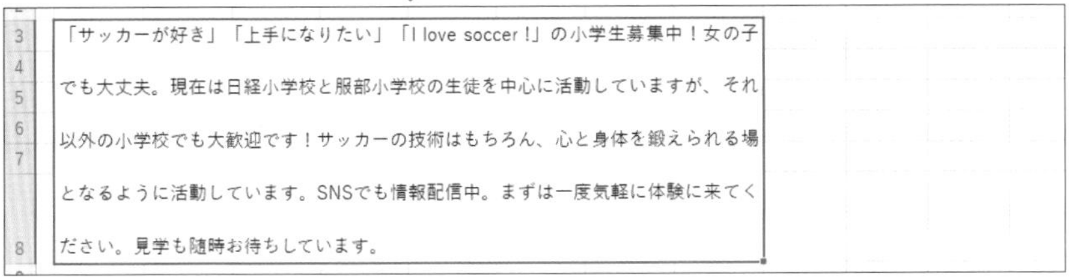

「サッカーが好き」「上手になりたい」「I love soccer !」の小学生募集中！女の子
でも大丈夫。現在は日経小学校と服部小学校の生徒を中心に活動していますが、それ
以外の小学校でも大歓迎です！サッカーの技術はもちろん、心と身体を鍛えられる場
となるように活動しています。SNSでも情報配信中。まずは一度気軽に体験に来てく
ださい。見学も随時お待ちしています。

図5 行見出しの下端をドラッグして行の高さを変更することで、行間を調整できる

●左右の「均等割り付け」はインデントとセットで

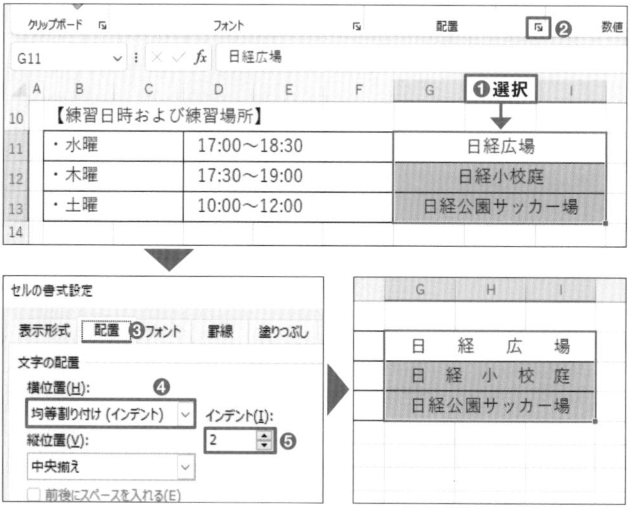

図6 セル範囲を選択して図3と同様に「セルの書式設定」画面を開く(❶❷)。「配置」タブで「横位置」を「均等割り付け(インデント)」に変え(❸❹)、「インデント」を「2」にして(❺)、右下の「OK」を押す

●「-」を繰り返して切り取り線を描く

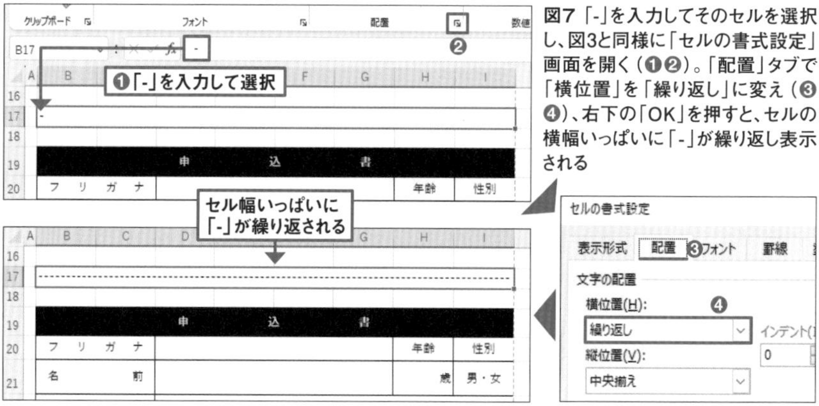

図7 「-」を入力してそのセルを選択し、図3と同様に「セルの書式設定」画面を開く(❶❷)。「配置」タブで「横位置」を「繰り返し」に変え(❸❹)、右下の「OK」を押すと、セルの横幅いっぱいに「-」が繰り返し表示される

エクセルの文字配置には「繰り返し」というユニークな機能もある。これを使うと、申し込み用紙の切り取り線などを楽に作れる。「－」や「＊」などの記号をセル内に1文字だけ入力して「セルの書式設定」画面を開き、「横位置」を「繰り返し」に変更(**図7**)。すると、セル幅いっぱいまで同じ文字が繰り返して表示される。セル幅を変えると自動的に繰り返す数が変わり、常にセル幅いっぱいに文字が表示される点が秀逸だ。直線図形で切り取り線を描くよりも簡単だし柔軟性がある。

縦書き専用フォントで縦書きを美しく

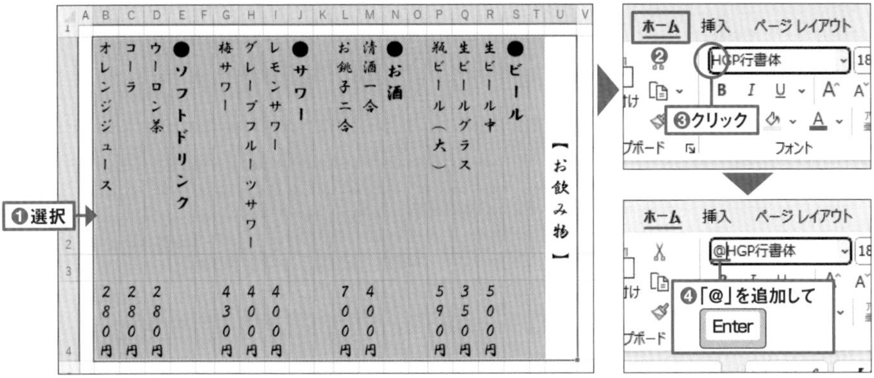

図8 253ページ図10の方法で縦書きにしたが、文字間隔が空きすぎ。セル範囲を選択して「ホーム」タブの「フォント」欄をクリックし、先頭に半角の「@」を追加して「Enter」キーを押す（❶～❹）

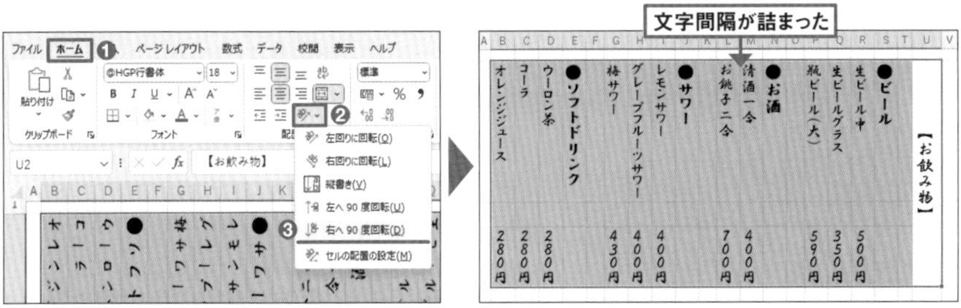

図9 文字が90度回転するので、「ホーム」タブの「方向」で「右へ90度回転」を選ぶ（❶～❸）。使用した「@HGP行書体」は縦書き専用のプロポーショナルフォントなので、文字間隔が詰まってきれいに整う

「@フォント名」で美しい縦書きプロポーショナル

最後に、縦書き文書を美しく仕上げるフォントの裏ワザを紹介しよう。セル内の文字を縦書きにするときは通常、253ページ図10の方法を使うが、文字間隔が空き気味になるのが難点。もっときれいに仕上げたいなら「縦書き専用フォント」を活用しよう。

やり方は簡単。セル範囲を選択したら、「ホーム」タブの「フォント」欄をクリックしてフォント名の先頭にカーソルを置き、半角の「@」を入力して「Enter」キーを押す（**図8**）。これで縦書き専用フォントになる。そのままだと文字が90度回転してしまうので、続けて「方向」ボタンのメニューから「右へ90度回転」を選ぼう（**図9**）。フォント名に「P」が付いたプロポーショナルフォントの場合、文字間隔が詰まってきれいに仕上がる。

作表編 数値がたくさん! ならば、見やすく美しく

書式を変えると数値は見違える!

Before 何の工夫もナシ!

商品名	原価	販売価格	原価率	販売数	売上金額
日替わり弁当	185	400	0.4625	1603	641200
唐揚げ弁当	160	450	0.355556	1538	[illegible]
ハンバーグ弁当	135	430	0.313953	1249	537070
とんかつ弁当	200	500	0.4	986	493000

図1 格子の罫線を設定した一般的な書式の表に、各商品の原価や販売価格などの数値を入力した。数値は、標準ではセル内に右揃えで配置されるため、末尾が右側の罫線にくっついて見苦しい

After 「¥」で金額だと一目瞭然! 「,」と「%」でより見やすく

商品名	原価	販売価格	原価率	販売数	売上金額
日替わり弁当	¥185	¥400	46.3%	1,603	¥641,200
唐揚げ弁当	¥160	¥450	35.6%	1,538	¥692,100
ハンバーグ弁当	¥135	¥430	31.4%	1,249	¥537,070
とんかつ弁当	¥200	¥500	40.0%	986	¥493,000

図2 表の数値部分を見やすくするため、フォントや表示形式などの書式を変更した。金額を表す数値には「¥」を付けて表示。また、桁数の多い数値は3桁ごとに「,」(半角カンマ)を入れることで、大きさを直感的に把握しやすくしている

図3 各社の従業員数と売上高、営業利益を表にまとめた。売上高と営業利益は桁が大きく、また後半はほとんど「0」なので、すべての桁を表示するのはかえってわかりにくい

いくらなんでもこれはわかりにくい **Before**

会社名	従業員数	売上高(円)	営業利益(円)
A社	978	14750000000	3870000000
B社	3812	21361000000	596200000
C社	68	2376000000	-18900000
D社	503	8248000000	796000000
E社	713	20468000000	3576000000

図4 図2と同様にフォントや表示形式などの書式を変更して、数値部分を見やすくした。さらに、売上高と営業利益については、後半の「0」を省いて百万円単位の表示にしている

After

会社名	従業員数	売上高(百万円)	営業利益(百万円)
A社	978	14,750	3,870
B社	3,812	21,361	5,962
C社	68	2,376	(189)
D社	503	8,248	796
E社	713	20,468	3,576

百万円単位ですっきり!
負の数の「)」の位置にも注目!

表の見栄えを左右する重要なポイントの1つが、数値の“見せ方”だ。数値の書式は、文字列に比べて豊富なバリエーションがあり、ツボを押さえて使いこなすことで、格段に見やすく洗練された表になる。

ここでは、さまざまな種類の数値が入力された2つの表をサンプルとして、数値書式の設定例を紹介していこう（**図1〜図4**）。

数値だけを欧文フォントに、金額には「¥」を付ける

エクセルの標準フォントは「游ゴシック」（以前は「MS Pゴシック」）であり、これは数値も文字列も同じ。しかし、游ゴシックなどは日本語向けのフォントなので、数字や英文字のデザインは比較的シンプルだ。数値を欧文フォントに変更することで、日本語部分とのメリハリが生まれ、見やすくなる。

数値は欧文フォントが見やすい

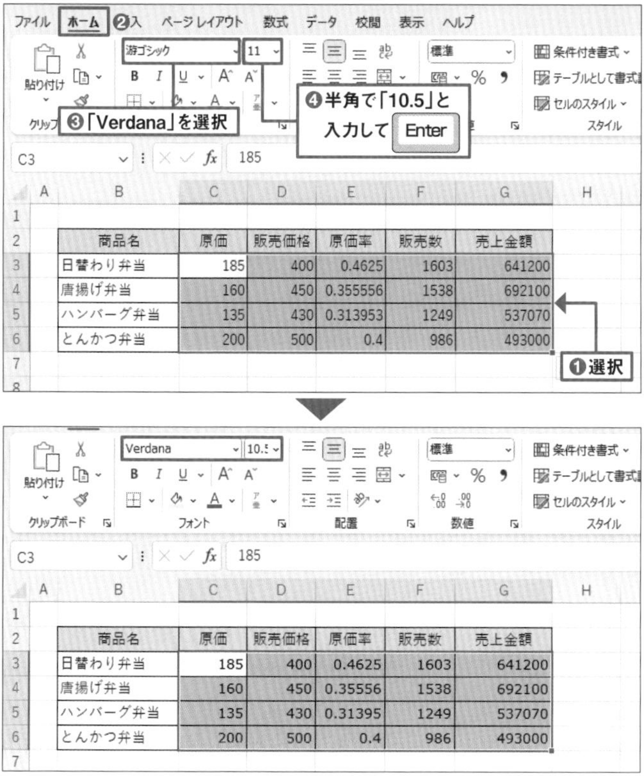

図5 図1や図3では文字列も数値も同じフォントなので、数値部分のみフォントを変えてメリハリをつけよう。図2では、「ホーム」タブの「フォント」欄で「Verdana」に変更（❶〜❸）。数字がやや大きめになるので、「フォントサイズ」を「10.5」に変えた（❹）。メニューにないサイズは手入力する

金額は「通貨」の表示形式に

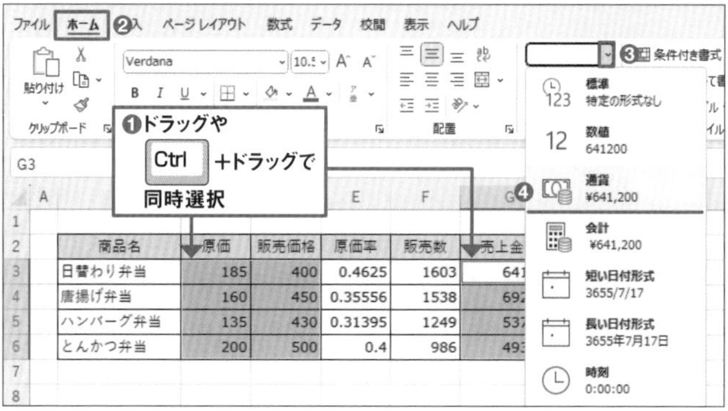

図6 金額を表す数値は、「通貨」の表示形式を設定するのが簡単でわかりやすい。対象のセル範囲を選択し、「ホーム」タブの「数値の書式」から「通貨」を選ぶ（❶～❹）

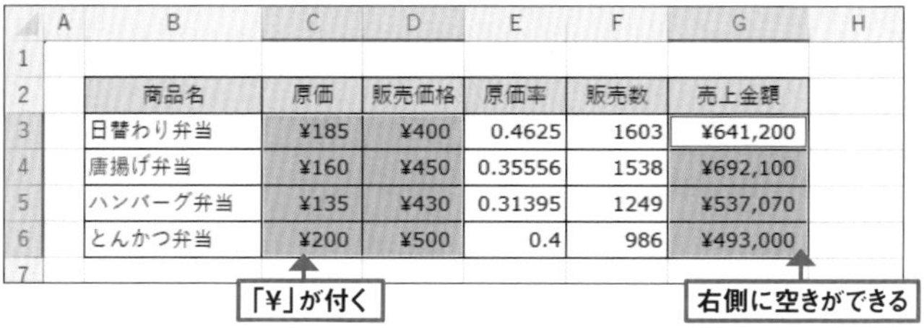

図7 「通貨」の表示形式を設定したセルでは、数値の前に通貨記号「¥」が表示され、3桁ごとに「,」が入る。また、数値の右にスペースが空いて罫線と少し離れるため、見やすくなる

ここでは、まず数値が入っているセルのフォントを「Verdana」に変更した（前ページ**図5**）。日本語に比べてやや文字が大きめになるので、併せてフォントサイズも「10.5」に変えた。

金額を表す数値は「¥」の通貨記号を付けて表示すると、ひと目で金額だとわかって親切だ。「ホーム」タブの「数値の書式」から「通貨」を選択しよう（**図6**）。これによって、3桁ごとに半角カンマが入り、数値の右側が少し空いて罫線と離れる（**図7**）。なお、この例では表に金額でない数値も含まれているので、金額にだけ通貨記号を付けたが、表内のすべての数値が金額である場合、通貨記号は付けないのがセオリーだ。付けるとうるさくなる。

3桁ごとにカンマで区切り、数値の右側を少し空ける

金額でない一般の数値に対しては、取りあえず「数値の書式」から「数値」の表示形式を適用してみよう（**図8**）。やはり右側に空きができるが、この設定方法では桁区切りの半角カンマは表示されない。「桁区切りスタイル」ボタンを使うと半角カンマを付けられるが、こちらでは右側に空きができないという問題がある（**図9**）。

数値の表示形式は落とし穴がいっぱい

図8 金額ではない一般の数値は、「数値の書式」から「数値」を選ぶのが基本（❶〜❸）。「通貨」と同様に、数値の右側に少し空きができる。ただし、桁区切りの「,」は表示されない

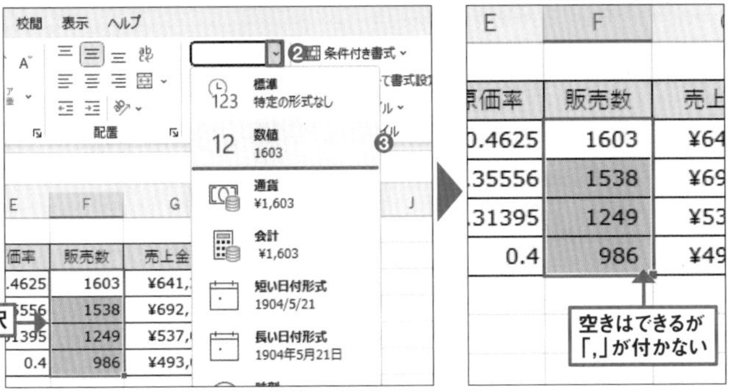

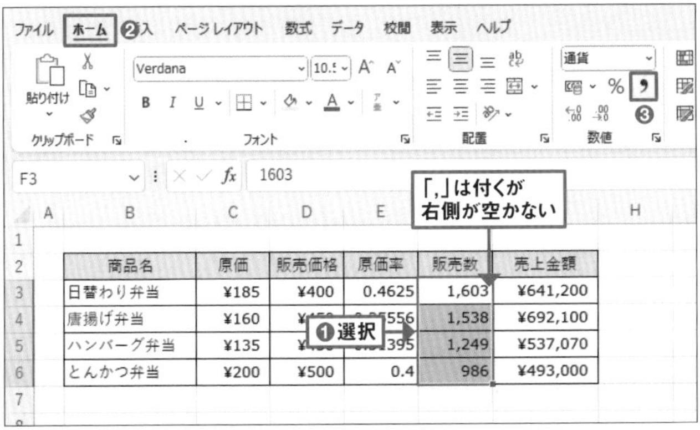

図9「ホーム」タブの「桁区切りスタイル」ボタンを押すと「,」が表示されるが、数値の右側に空きができない（❶〜❸）。この操作は、厳密には「表示形式」ではなく「スタイル」を変えるものだ

右側の空きと半角カンマを併用したいときは、図8の設定後に「セルの書式設定」画面の「表示形式」タブで「桁区切り（,）を使用する」をチェックする（次ページ**図10**、**図11**）。あるいは、セルの表示形式が「標準」の状態で「セルの書式設定」画面を開き、「分類」欄で「数値」を選んで「桁区切りを使用する」をチェックしてもよい（**図12**）。ただし、この場合は「負の数の表示形式」が図11と異なるので、必要に応じて選び直そう。

割合を表す数値は、「%」を付けてパーセント単位で表示するのが定石だ。「数値の書式」から「パーセンテージ」を選択（**図13**）。さらに、「小数点以下の表示桁数を増やす」を押して小数点以下第一位まで表示させる（**図14**）。なお、「パーセントスタイル」ボタンでもパーセント表示になるが、こちらは厳密にはセルの表示形式ではなくスタイルを変更する機能だ。

カンマ付き、空きアリの数値はこうやる

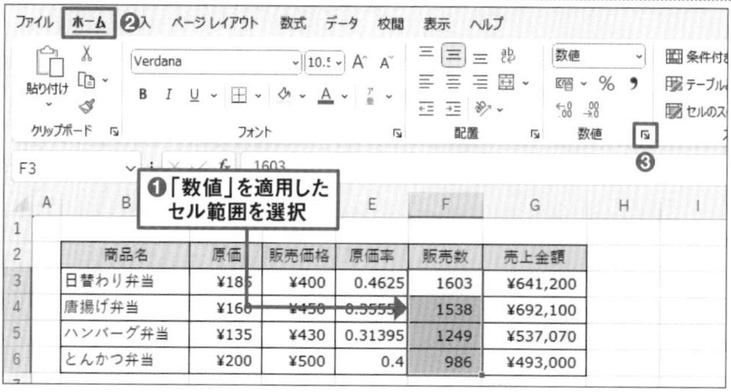

商品名	原価	販売価格	原価率	販売数	売上金額
日替わり弁当	¥185	¥400	0.4625	1603	¥641,200
唐揚げ弁当	¥160	¥450	0.35556	1538	¥692,100
ハンバーグ弁当	¥135	¥430	0.31395	1249	¥537,070
とんかつ弁当	¥200	¥500	0.4	986	¥493,000

図10 数値右側の空きと「,」の表示を同時に実現するには、「セルの書式設定」画面を使う必要がある。「数値の書式」で「数値」を適用したセル範囲を選択し、「ホーム」タブの「数値」グループにあるダイアログボックス起動ツールを押す（❶～❸）

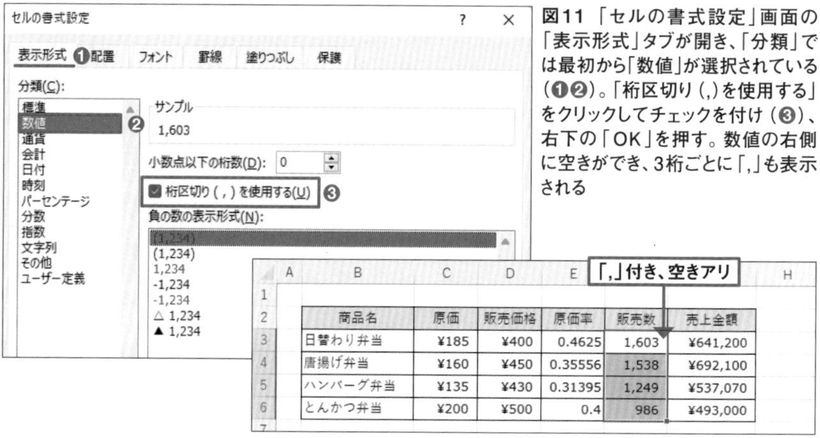

商品名	原価	販売価格	原価率	販売数	売上金額
日替わり弁当	¥185	¥400	0.4625	1,603	¥641,200
唐揚げ弁当	¥160	¥450	0.35556	1,538	¥692,100
ハンバーグ弁当	¥135	¥430	0.31395	1,249	¥537,070
とんかつ弁当	¥200	¥500	0.4	986	¥493,000

図11 「セルの書式設定」画面の「表示形式」タブが開き、「分類」では最初から「数値」が選択されている（❶❷）。「桁区切り（,）を使用する」をクリックしてチェックを付け（❸）、右下の「OK」を押す。数値の右側に空きができ、3桁ごとに「,」も表示される

●マイナス値の表示形式にも工夫しよう

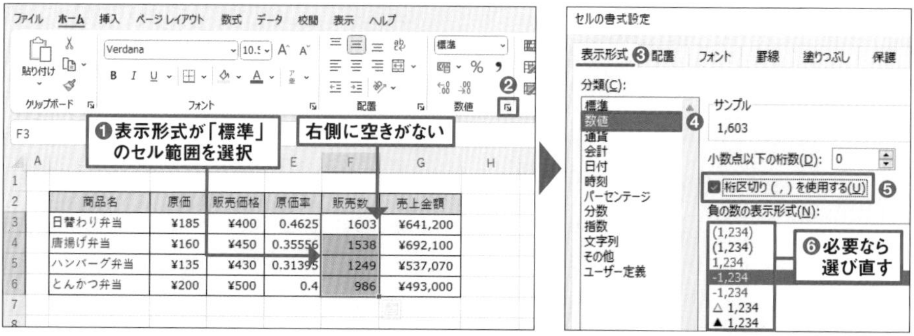

商品名	原価	販売価格	原価率	販売数	売上金額
日替わり弁当	¥185	¥400	0.4625	1603	¥641,200
唐揚げ弁当	¥160	¥450	0.35556	1538	¥692,100
ハンバーグ弁当	¥135	¥430	0.31395	1249	¥537,070
とんかつ弁当	¥200	¥500	0.4	986	¥493,000

図12 表示形式が「標準」の状態で図10の操作を行い、図11上の画面の「分類」で「数値」を選んで設定してもよい（❶～❺）。その場合は「負の数の表示形式」で異なる項目が選択されているので、必要なら選び直す（❻）

桁数が多すぎて見づらい! 見かけだけを百万円単位に

2つめの作例では、まずフォントを「Century Gothic」に変更した（次ページ**図15**）。このフォントの場合、そのままのサイズでもあまり違和感はない。そのうえで、すべての数値のセルを、桁区切りの半角カンマと右側に空きがある「数値」の表示形式にした。この表示形式では、負の数は文字色が赤になり、マイナス符号は付かずに全体が半角かっこで囲まれる。

パーセンテージとして表示する

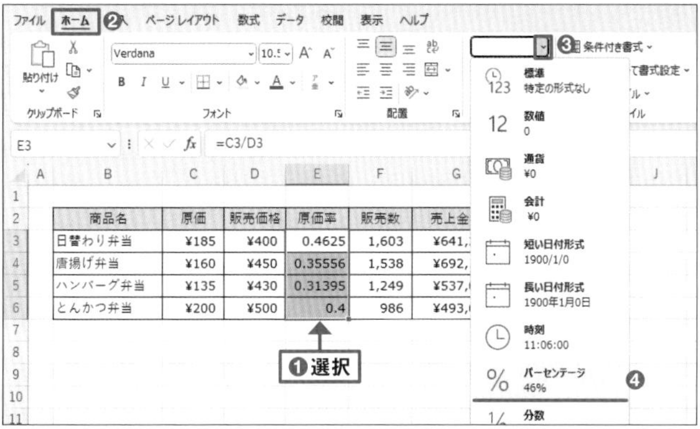

図13 原価率のセルには、その行の販売価格に対する原価の割合を求める数式を入力してある。これをパーセンテージの表示に変えてみよう。当該セル範囲を選択し、「ホーム」タブの「数値の書式」から「パーセンテージ」を選ぶ（❶～❹）

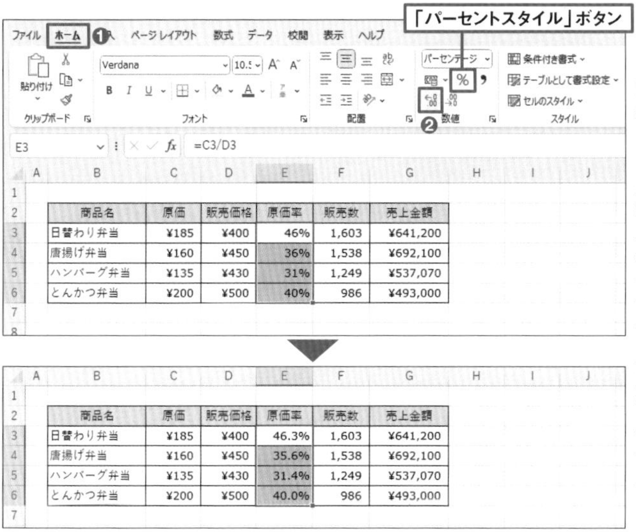

図14 原価率が百分率表示になり、後ろに「%」が付く。さらに「ホーム」タブの「小数点以下の表示桁数を増やす」を押すと、小数点以下の桁数を増やせる（❶❷）。減らすときは右隣の「小数点以下の表示桁数を減らす」を押す。なお、「ホーム」タブの「%（パーセントスタイル）」ボタンでも見た目は同じになるが、そちらでは「パーセント」のスタイルが適用される

売上高と営業利益は数字の桁数が多すぎて金額を瞬時に読み取れないので、円単位ではなく百万円単位の表示する。セルの値を変更する手もあるが、もっと簡単なのが表示形式だ。ここではセルの数値はそのままに、見た目だけを百万円単位に変更してみよう。

「セルの書式設定」画面の「表示形式」タブを開き、「分類」欄で「ユーザー定義」を選択（**図16、図17**）。すると「種類」欄に、現在の「数値」の表示形式に相当する書式文字列が表示される。その2カ所にある「0」の後にそれぞれ半角カンマを2つずつ追加すればよい。これで、選択範囲の数値の末尾6桁分が四捨五入され、見た目が百万分の1の値（つまり百万単位）になる（**図18**）。

アンダースコアを使って閉じかっこの幅だけ空ける

この場合、百万円単位であることを必ず記載しよう。図4のように、見出しにある「（円）」の部分を「（百万円）」に変更。必要なら「Alt」+「Enter」キーでセル内改行するとよい。

図17で使用している書式文字列の意味は**図19**の通りだ。その中でも覚えておきたいのが半角のアンダースコア（アンダーバー）。これは、直後にある文字（ここでは半角の閉じかっこ）と同じ幅の空白を空けることを意味する。つまり、セルの値が正の数の場合、右端に半角閉じかっこと同じ幅のスペースが空き、数値部分の右端が負の数と揃う。

金額を百万円単位で表示する

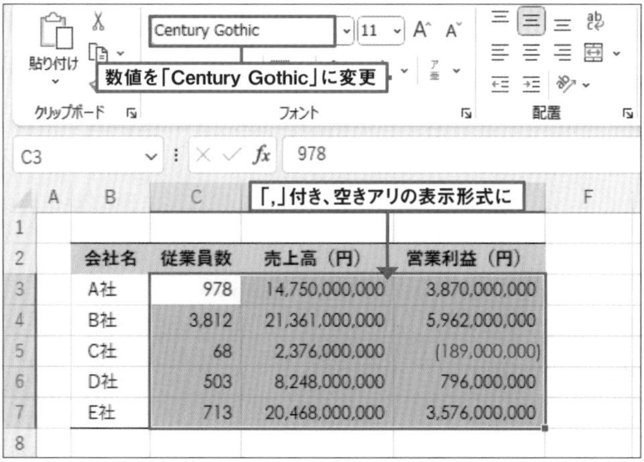

図15 冒頭図4の作例では数値のフォントを「Century Gothic」に変更（サイズは「11」のまま）。また、すべての数値を3桁ごとの半角カンマ付き、数値右側の空きアリ（図10、図11）の表示形式にした

半角セミコロンは、正の数と負の数の書式を区切る記号。実際には「正の場合;負の場合;0の場合;文字列の場合」と4パートに区切ってそれぞれの書式を指定できる。「[赤]」は文字色を赤にする指定で、ほかに「緑」「青」「黄」「紫」「水」「黒」「白」などが使える。

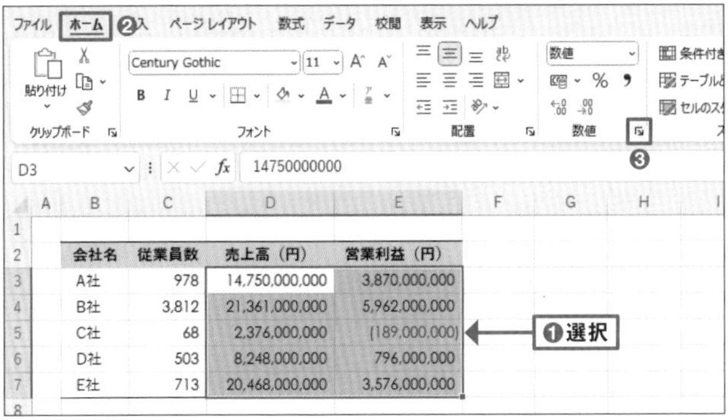

図16 売上高と営業利益のセル範囲を選択し、「ホーム」タブの「数値」グループにあるダイアログボックス起動ツールを押す（❶～❸）

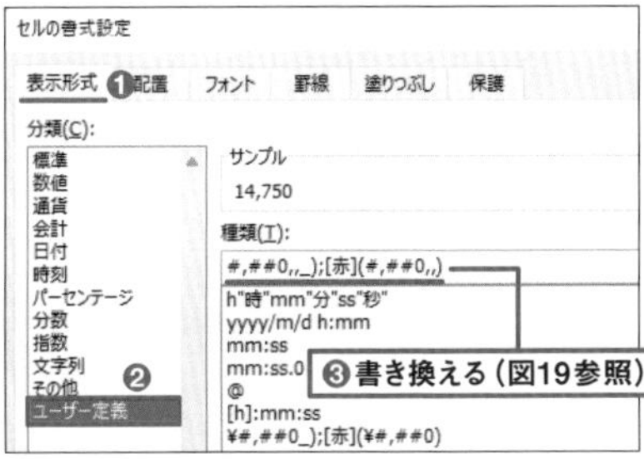

図17 「セルの書式設定」画面の「表示形式」タブが開く（❶）。「分類」欄を「数値」から「ユーザー定義」に変更（❷）。「種類」欄を図のように書き換えて（❸）、右下の「OK」を押す。最初は「#,##0_);[赤](#,##0)」なので、「0」の後にそれぞれ「,」を2つ付ければよい

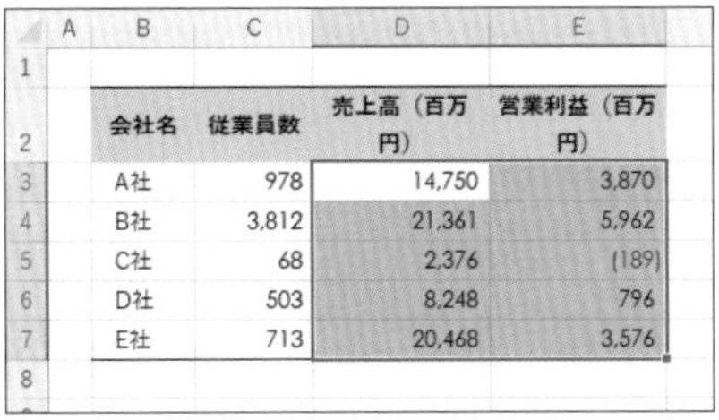

図18 売上高と営業利益が百万分の1になった。実際の値はそのままで見た目を変えただけだ。見出しの単位も「(百万円)」に変更しておこう。図4では「Alt」+「Enter」キーでセル内改行した

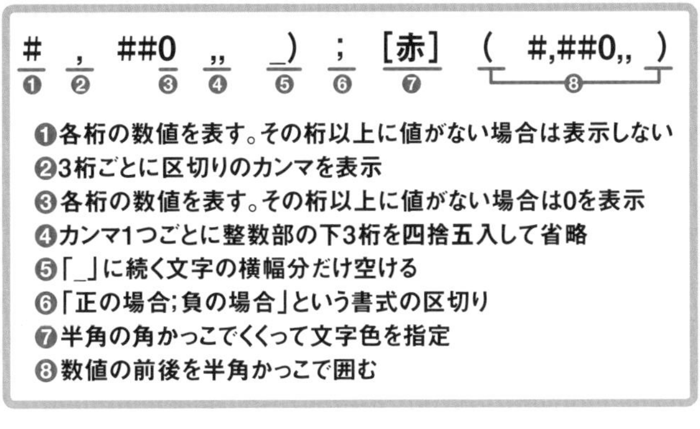

図19 「表示形式」の「ユーザー定義」では、あらかじめ機能が決められている各種の書式記号を使って、セルの表示方法を指定できる。「,」は、3桁ごとの区切りとして使用するほか、末尾に付けると1つにつき整数部の下3桁を四捨五入して省略する。2つ続けると百万分の1になるわけだ

作表編 表の見栄えは罫線が9割！「格子状」は卒業

エクセルで表を作るときは、**図1上**の作例のように罫線を格子状に引くのが一般的だろう。しかし、これでは誰が作っても同じなので、いささか面白みに欠ける。もっと見栄えの良い表に仕上げるツボを解説しよう。

シンプルな仕上がりにしたければ、横罫線だけ使うのがお勧めだ（**図1中**）。罫線の太さを使い分けると、しゃれた印象とデータの見やすさが両立する。

一方、**図1下**の作例のように背景色だけで構成する手もある。これなら、色の選び方で表の印象を変えられる。

横罫線のみか背景色の塗り分けで見やすく

Before

氏名	英語	数学	国語	理科	社会
青木 修	95	88	62	78	80
赤城 哲也	66	54	68	55	58
秋山 弘道	78	55	69	62	45
浅沼 稔	35	32	55	56	65
池田 文彦	78	88	45	90	84
平均	70.4	63.4	59.8	68.2	66.4

格子状の罫線を入れただけでメリハリがない

After

氏名	英語	数学	国語	理科	社会
青木 修	95	88	62	78	80
赤城 哲也	66	54	68	55	58
秋山 弘道	78	55	69	62	45
浅沼 稔	35	32	55	56	65
池田 文彦	78	88	45	90	84
平均	70.4	63.4	59.8	68.2	66.4

横罫線だけでシンプルに見やすく

After

氏名	英語	数学	国語	理科	社会
青木 修	95	88	62	78	80
赤城 哲也	66	54	68	55	58
秋山 弘道	78	55	69	62	45
浅沼 稔	35	32	55	56	65
池田 文彦	78	88	45	90	84
平均	70.4	63.4	59.8	68.2	66.4

背景色はプレゼン向き

図1 エクセルで表を作るとき、セルに格子状の罫線を引くことが多い（上）。もちろん、それでも悪くはないが、せっかくならワンランク上のレベルを目指したい。横罫線だけ（中）、または背景色の塗り分けだけにすると（下）、シンプルで見やすい表が出来上がる

ただし、この手法を使った場合、表が横長になると行を見間違える危険がある。対策として、まず考えられるのが罫線を引く方法。このとき罫線の色を白にすると、上品な印象を損なわない（**図2上**）。ほかのやり方もある。1行置きに行全体を塗りつぶして縞模様にする方法だ（**図2下**）。いずれにせよ、横長の表では視線を左右に動かしたときの視認性が重要になる。

最短の手順で引く方法――ショートカットで繰り返す

それでは、具体的なやり方を見ていこう。まずは横罫線だけで作表する手順だ。作業の際に、セルの境界を示す「目盛線」を非表示にし、B2セルからデータを入力すると、罫線の効果がわかりやすい（次ページ**図3**）。また、数値の列では項目名を右揃えにすると、項目名と数値の位置が揃って見やすくなる。

罫線は最短の手順で引きたい。まずは、上端行の項目名と下端行の集計欄を除いたデータ部分全体を選択し、「セルの書式設定」の「罫線」タブを開く（**図4**）。そ

●大きい表を見やすくする2つの方法

白罫線はプレゼン向き

氏名	英語	数学	国語	理科	社会	美術	音楽	技術	体育
青木 修	95	88	62	78	80	85	62	48	80
赤城 哲也	66	54	68	55	58	55	87	98	98
秋山 弘道	78	55	69	62	45	78	80	57	60
浅沼 稔	35	32	55	56	65	45	50	82	90
池田 文彦	78	88	45	90	84	68	76	92	60
平均	70.4	63.4	59.8	68.2	66.4	66.2	71.0	75.4	77.6

セルの境界に白い罫線

横長の表は1行置きの背景色に

1行置きに塗りつぶし

氏名	英語	数学	国語	理科	社会	美術	音楽	技術	体育
青木 修	95	88	62	78	80	85	62	48	80
赤城 哲也	66	54	68	55	58	55	87	98	98
秋山 弘道	78	55	69	62	45	78	80	57	60
浅沼 稔	35	32	55	56	65	45	50	82	90
池田 文彦	78	88	45	90	84	68	76	92	60
平均	70.4	63.4	59.8	68.2	66.4	66.2	71.0	75.4	77.6

図2 表が大きくなると、図1下の手法で作った表、特に横長の表は見づらくなる。そんなときは、白罫線を入れたり（上）、1行置きに背景色を塗って（下）、視認性を高めるとよい

横罫線だけで表を作成

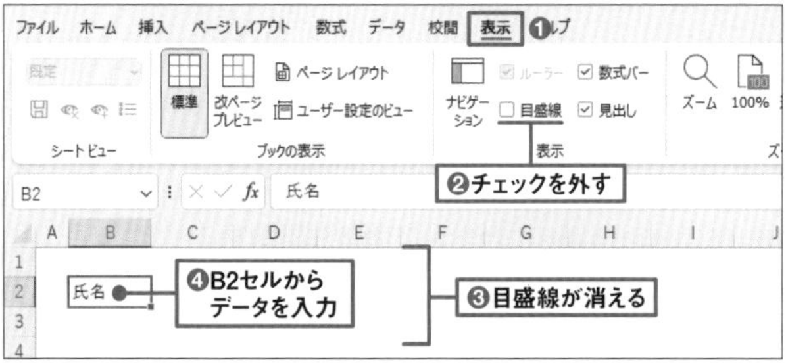

図3　横罫線だけで表を作成する場合、セルの枠を示す「目盛線」（枠線）の表示をオフにすると、罫線の効果がわかりやすい。「表示」タブで「目盛線」をオフにしよう（❶～❸）。データをB2セルから入力すると、上端や左端の罫線もわかりやすい（❹）

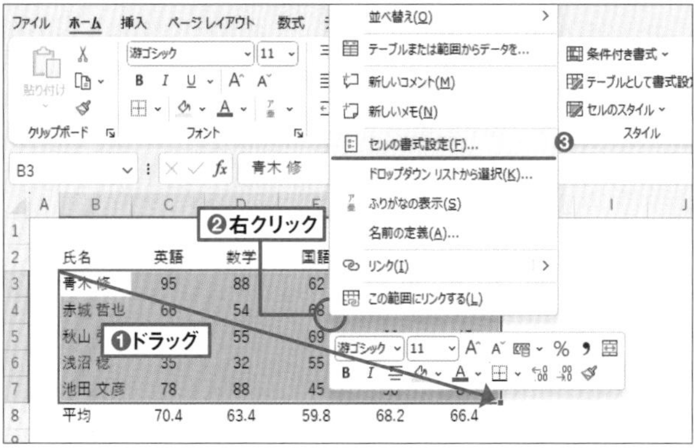

図4　表のうち、上端行と下端行を除くセル範囲を選択し、右クリックメニューを開いて「セルの書式設定」を選択する（❶～❸）。セル範囲を選択した後、「Ctrl」キーを押しながら「1」キーを押してもよい

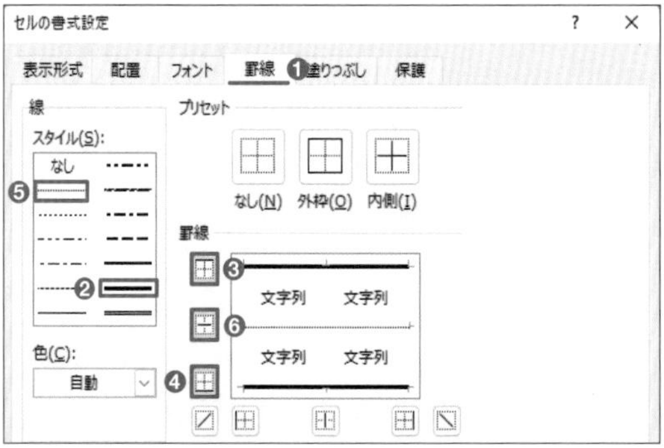

図5　開く設定画面で、「罫線」タブを開き、太い線を選んで上辺と下辺に引く（❶～❹）。次に細い線を選び、内部の横線を引き（❺❻）、右下の「OK」を押す

して、上端と下端に太い横罫線、内部に細い横罫線を引く（**図5、図6**）。次に、項目名のセル範囲を選択し、「Ctrl」キーを押しながら「Y」キーを押す。これは直前の操作を繰り返すショートカットキー。これによって上端と下端に太い罫線が引ける（**図7**）。集計欄にも「Ctrl」+「Y」キーで太い罫線を引けば完成だ（**図8**）。

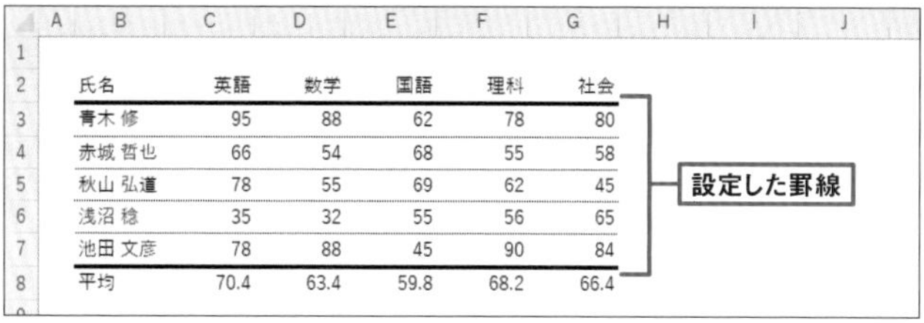

図6 図5で設定した罫線が選択した位置に引かれる

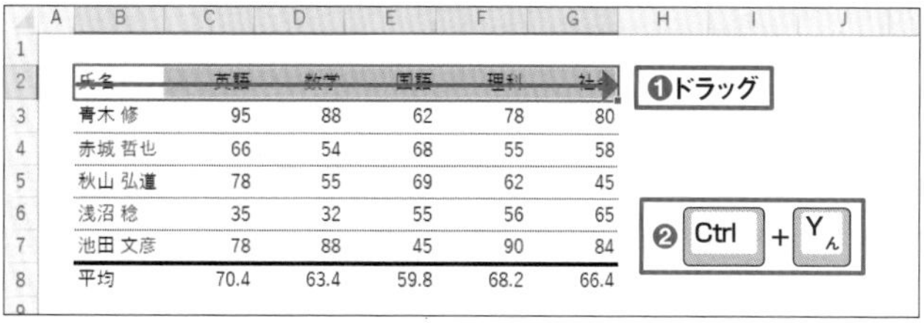

図7 項目名のセル範囲をドラッグで選択したら、「Ctrl」キーを押しながら「Y」キーを押して直前の操作を繰り返す（❶❷）。「F4」キーを押してもよい

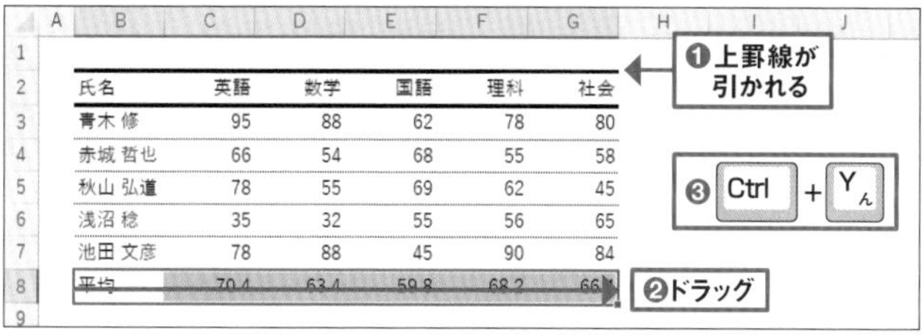

図8 項目名の上端に太い罫線が引かれる（❶）。下端の「平均」のセル範囲を選択して「Ctrl」+「Y」キーを押すと、下端にも太い罫線が引かれる（❷❸）

表を印刷するときは事前に範囲を選択

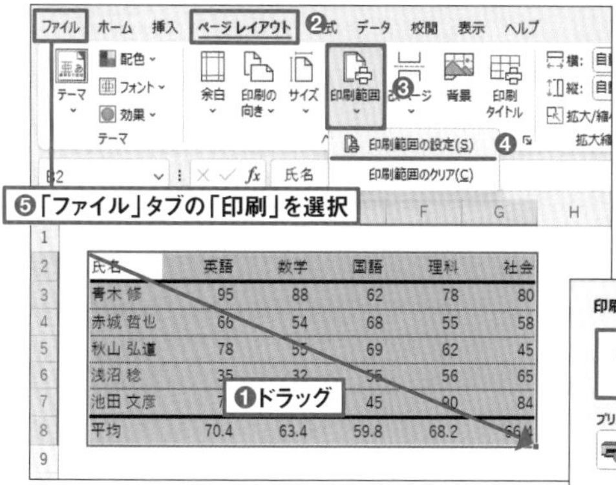

図9 B2セルから始まる表を印刷するときは、印刷範囲を設定するとよい。表全体を選択して、「ページレイアウト」タブの「印刷範囲」から「印刷範囲の設定」を選ぶ（❶～❹）。その後、「ファイル」タブで「印刷」を選んで（❺）、普通に印刷すればよい。なお、図10の方法で印刷する場合は、❶の後にすぐ❺に進む

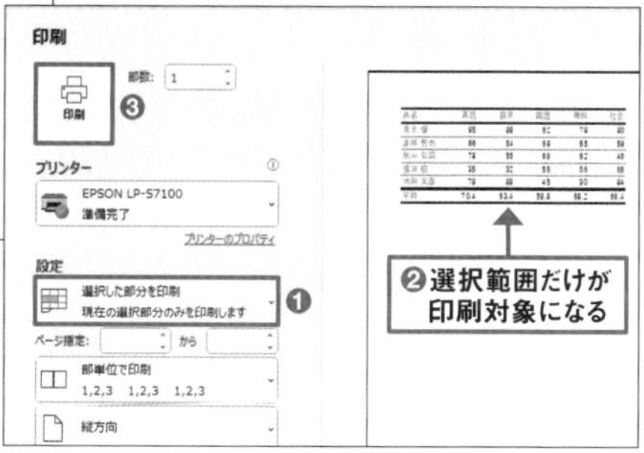

図10 印刷画面の「設定」欄で「選択した部分を印刷」を選ぶと、図9❶で選択したセル範囲だけを印刷できる（❶～❸）

セルの塗り分けと白罫線でわかりやすく

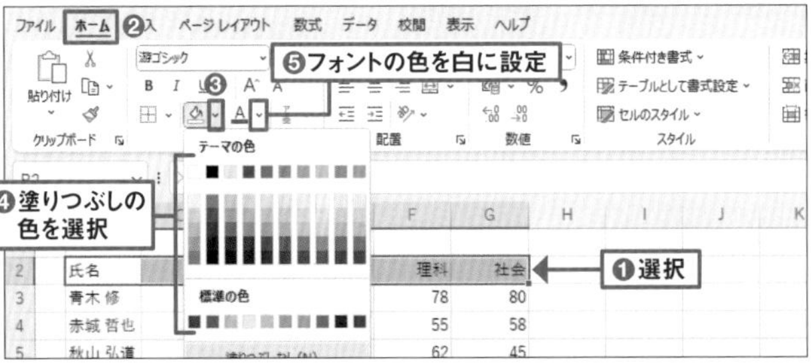

図11 まずは項目名を塗りつぶしてみよう。項目名のセル範囲を選択し、「ホーム」タブで「塗りつぶしの色」を設定する（❶～❹）。セルの色が濃いときは、フォントの色を白に変更しよう（❺）

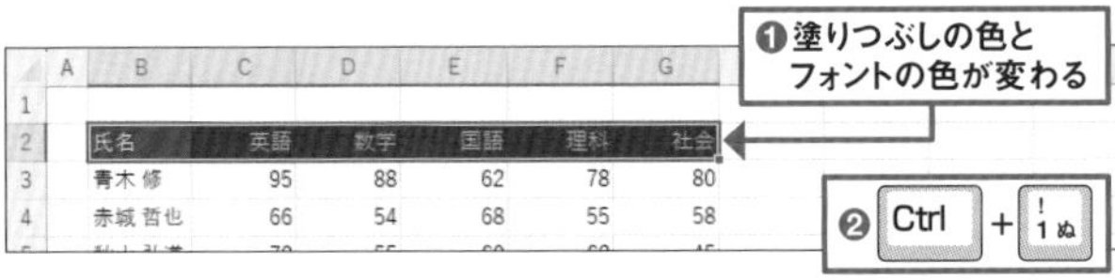

図12 色が変わったら、セル範囲が選択された状態で「Ctrl」キーを押しながら「1」キーを押して「セルの書式設定」を開く（❶❷）

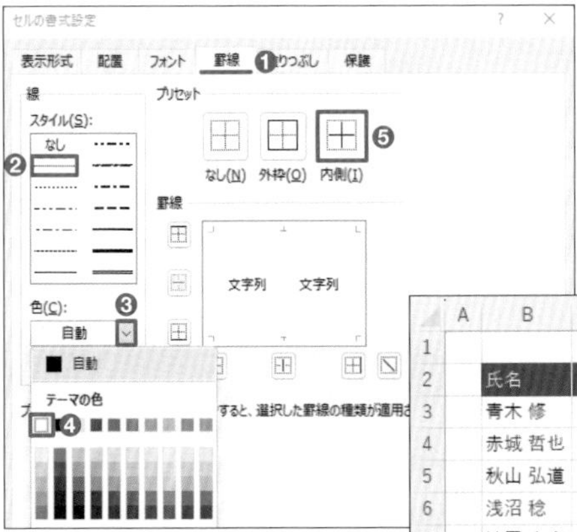

図13 「罫線」タブを開いて、線のスタイルを選ぶ（❶❷）。「色」欄のカラーパレットを開き、白を選択して「内側」をクリックし（❸～❺）、右下の「OK」を押す

図14 項目名の境に白罫線が引かれる。ほかのセル範囲も同様に操作すればよい

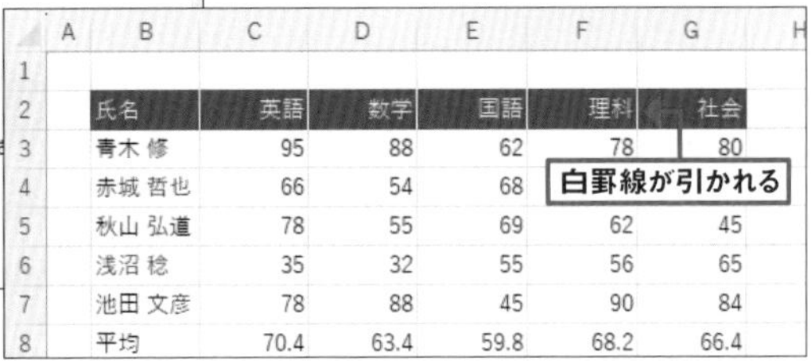

なお、B2セルから入力した表を印刷すると、上端と左端に余計な余白ができる。これを避けるには、表の範囲だけを印刷範囲に設定する（前ページ**図9**）。一度設定すれば、いつも表を用紙の左上から印刷できる。1回だけ印刷するなら、表を選択して印刷設定で「選択した部分を印刷」を選んでもよい（**図10**）。

1行置きに塗りつぶすならスマートタグを活用

次に、背景色を使うやり方について説明しよう。背景色は「ホーム」タブの「塗りつぶしの色」欄で設定する。まずは項目名のセル範囲を塗ろう（**図11**）。

1行置きに塗りつぶしたいときは

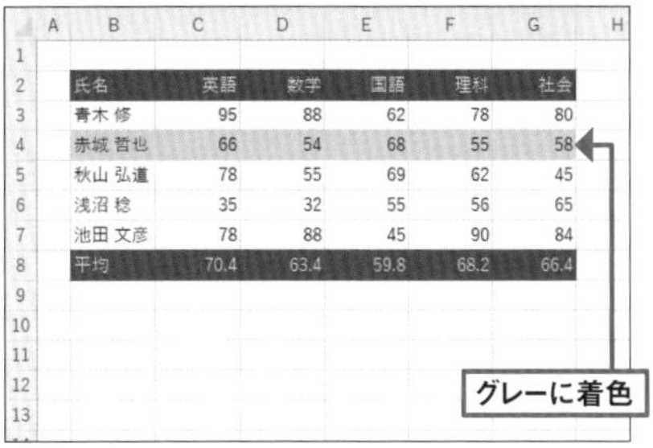

図15 まず、図11の要領で1行だけ塗りつぶしておく

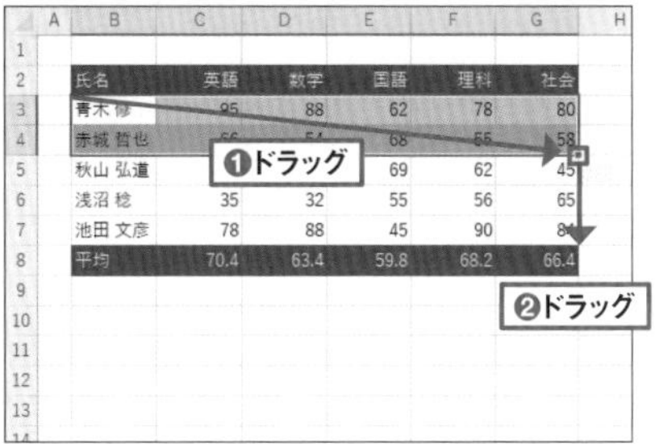

図16 次に、2行分のセル範囲を選択し、右下隅の小さな四角を下向きにドラッグする（❶❷）

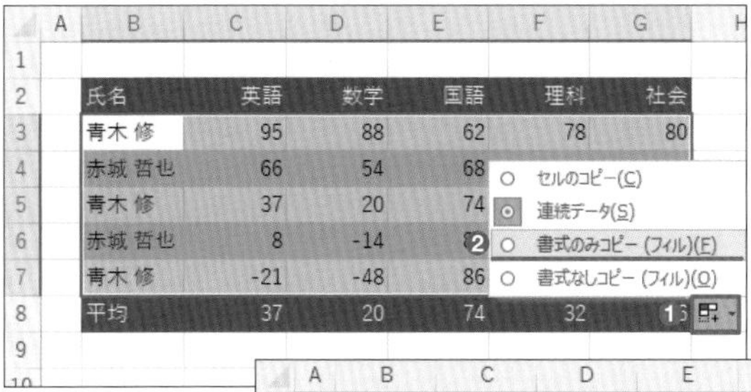

図17 データが書き換わるが心配無用。表示されたスマートタグをクリックし、「書式のみコピー（フィル）」を選択（❶❷）

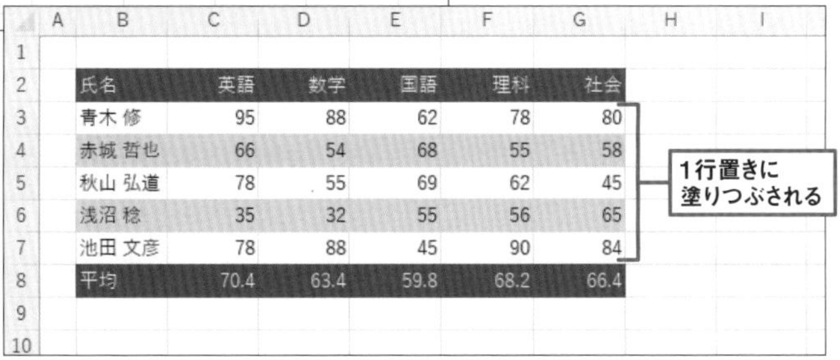

図18 データが元に戻り、セルが1行置きに塗りつぶされる

白い罫線を入れたいときは、セル範囲を選んで「セルの書式設定」の「罫線」タブを開く（**図12**）。「色」欄で白を選び、「内側」をクリックすると、選択範囲の内側の縦横に白罫線が引かれる（**図13、図14**）。

1行置きに背景色を付けるときは書式のコピーを使おう。まず1行分だけ色を付けたら、2行分をまとめて選択し、セルの右下隅を下方向にドラッグする（**図15、図16**）。するとデータが書き換わるが、ここで慌てないこと。右下にスマートタグが表示されるので、クリックして「書式のみコピー（フィル）」を選ぶ（**図17**）。するとデータが元に戻り、セルの色だけがコピーされる（**図18**）。

作表編

見栄えを手早く整えるなら「テーブル」

デザインを選ぶだけで美しく仕上がる

Before

製品種別	数量	貸出日	週	返却予定日	貸出単価	料金
ノートPC	2	2023/8/1	2	2023/8/15	¥2,500	¥10,000
プロジェクター	1	2023/8/2	1	2023/8/9	¥1,500	¥1,500
タブレットPC	5	2023/8/4	4	2023/9/1	¥2,200	¥44,000
プリンター	1	2023/8/4	1	2023/8/11	¥1,700	¥1,7
ディスプレイ	2	2023/8/5	2	2023/8/19	¥2,000	¥8

淡々としすぎ!

図1 1件1行の表形式で入力したデータ。見出し行の文字配置(横位置)を「中央揃え」にし、金額には「通貨」の表示形式を設定している。罫線や背景色などの書式は未設定だが、「テーブル」を利用すれば、簡単に表の書式を整えられる

After

製品種別	数量	貸出日	週	返却予定日	貸出単価	料金
ノートPC	2	2023/8/1	2	2023/8/15	¥2,500	¥10,000
ロジェクター	1	2023/8/2	1	2023/8/9	¥1,500	¥1,500
ブレットPC	5	2023/8/4	4	2023/9/1	¥2,200	¥44,000
リンター	1	2023/8/4	1	2023/8/11	¥1,700	¥1,
ディスプレイ	2	2023/8/5	2	2023/8/19	¥2,000	¥8,000

縞模様で見やすく!

図2 表に青系デザインの「テーブルスタイル」を適用した例。1行置きの塗りつぶしも自動的に行ってくれる。派手すぎると感じるようなら、設定変更で塗りつぶしを解除することも可能だ

After

製品種別	数量	貸出日	週	返却予定日	貸出単価	料金
ノートPC	2	2023/8/1	2	2023/8/15	¥2,500	¥10,000
ロジェクター	1	2023/8/2	1	2023/8/9	¥1,500	¥1
ブレットPC	5	2023/8/4	4	2023/9/1	¥2,200	¥44,
リンター	1	2023/8/4	1	2023/8/11	¥1,700	¥1,
ディスプレイ	2	2023/8/5	2	2023/8/19	¥2,000	¥8,000

装飾控えめが
お好みならコレ

After

製品種別	数量	貸出日	週	返却予定日	貸出単価	料金
ノートPC	2	2023/8/1	2	2023/8/15	¥2,500	¥10,000
ロジェクター	1	2023/8/2	1	2023/8/9	¥1,500	¥1,
ブレットPC	5	2023/8/4	4	2023/9/1	¥2,200	¥44,
リンター	1	2023/8/4	1	2023/8/11	¥1,700	¥1,700
ディスプレイ	2	2023/8/5	2	2023/8/19	¥2,000	¥8,000

プレゼン向きの
塗りつぶし&白罫線

図3 好みのデザインがなかった場合は、独自のテーブルスタイルを作ることもできる。上は黒の横罫線だけを引いたシンプルなテーブルスタイル。下はすべての行に塗りつぶしの色を設定し、内側に白の横罫線を引いた

図1の作例は1行目に見出しを入力し、2行目以降に1件1行の形式でデータを入力した標準的な構成の表だ。このような表は「テーブル」に変換することで、見栄えを一瞬にして整えられる（**図2**）。テーブルに変換すると並べ替えや抽出などのデータベース機能も使えるが、ここでは見栄えに焦点を当てる。オリジナルデザインのテーブルを作る方法も紹介しよう（**図3**）。

デザインを選んでテーブルに変換

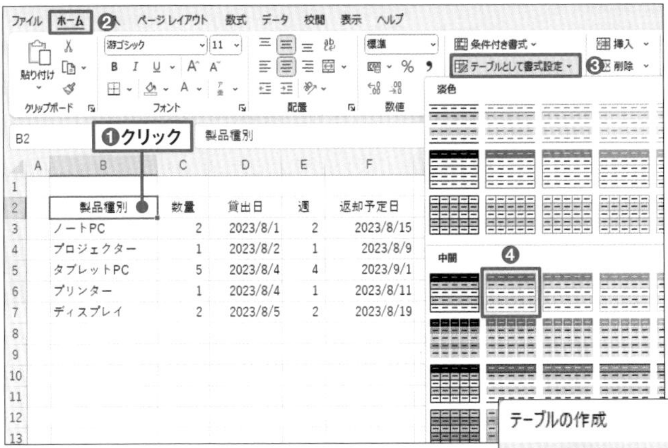

図4 表内のセルを選択して、「ホーム」タブの「テーブルとして書式設定」から、適用したいテーブルスタイルを選択する（❶〜❹）

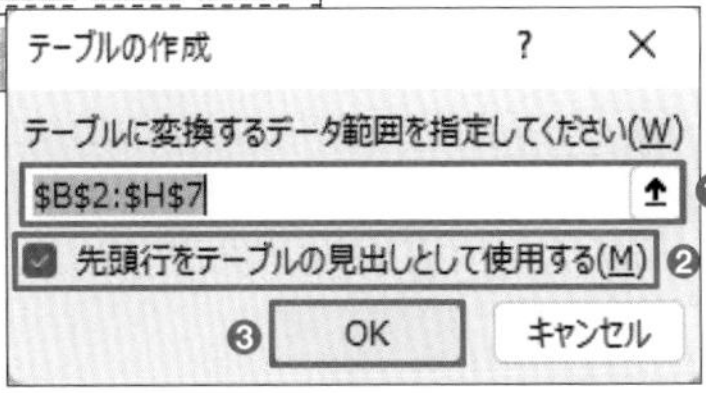

図5 「テーブルの作成」画面が開き、テーブルに変換するセル範囲が自動的に識別される（❶）。範囲が正しいことと、「先頭行をテーブルの見出しとして使用する」にチェックが付いていることを確認して「OK」を押す（❷❸）

図6 対象の表全体がテーブルに変換され、選択したテーブルスタイルが適用された。作成されたテーブルには、自動的に「テーブル1」などのテーブル名が付く。テーブル名は「テーブルデザイン」タブで確認・変更が可能（❶❷）。見出しを除いたデータ部分を指すので、VLOOKUP関数などから参照するときに便利だ

●テーブルのデザインを変更する

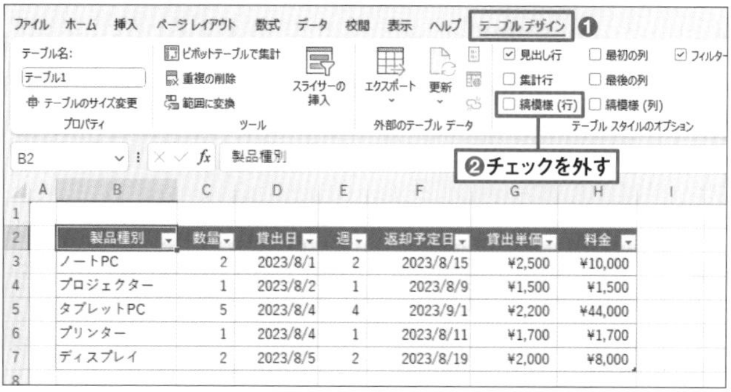

図7 1行置きの塗りつぶしの色が派手すぎと感じる場合は簡単に消せる。「テーブルデザイン」タブにある「縞模様(行)」のチェックを外せばよい(❶❷)

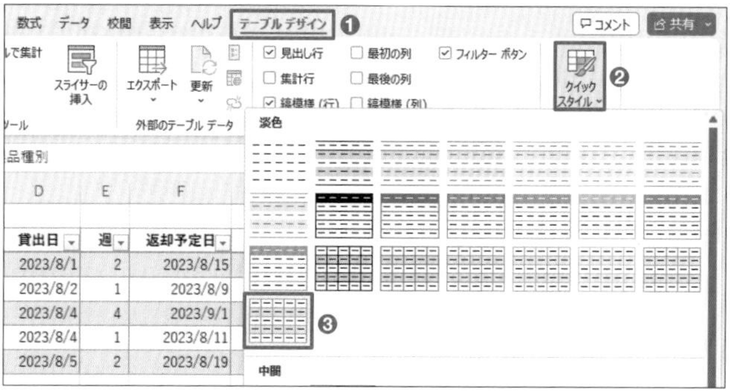

図8 テーブルスタイルは後からでも自由に変更できる。「テーブルデザイン」タブにある「テーブルスタイル」の「クイックスタイル」をクリックし、好みのものを選べばよい(❶〜❸)

豊富なテーブルスタイルから好みのデザインを選ぶだけ

表をテーブルに変換するには、内部のセルをどれか選択し、「ホーム」タブの「テーブルとして書式設定」から、好みのテーブルスタイルを選ぶ(前ページ**図4**)。その後に開く画面では、テーブルに変換するセル範囲が自動認識されている。範囲が正しいかと、「先頭行をテーブルの見出しとして使用する」がチェックされているかを確認して「OK」を押そう(**図5**)。

これで、表がテーブルに変換される(**図6**)。テーブルには自動的に「テーブル1」といった名前(テーブル名)が付き、その名前で数式から参照できる。テーブル名は「テーブルデザイン」タブで確認・変更が可能だ。

あらかじめ用意されているテーブルスタイルには、1行置きに塗りつぶすような凝ったデザインが多い。行数が少ない表では、派手すぎると感じる場合もあるだろう。「テーブルデザイン」タブの「縞模様(行)」のチェックを外せば、1行置きの塗りつぶしを解除できる(**図7**)。また、テーブルのデザイン(テーブルスタイル)は、後か

オリジナルのテーブルスタイルを定義する

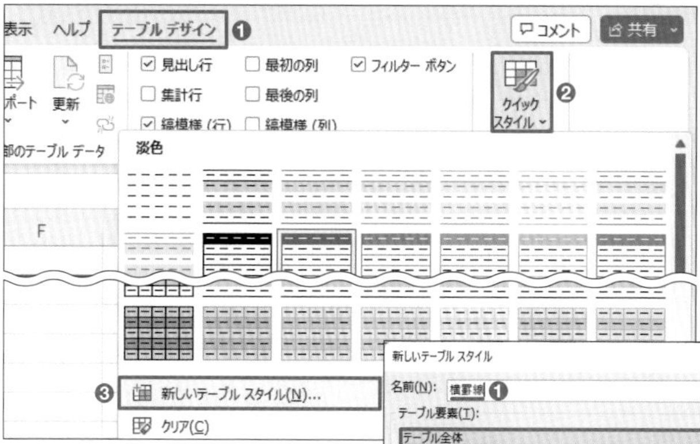

図9 オリジナルのテーブルスタイルを作ってみよう。図8の「クイックスタイル」ボタンを押して「新しいテーブルスタイル」を選ぶ（❶～❸）

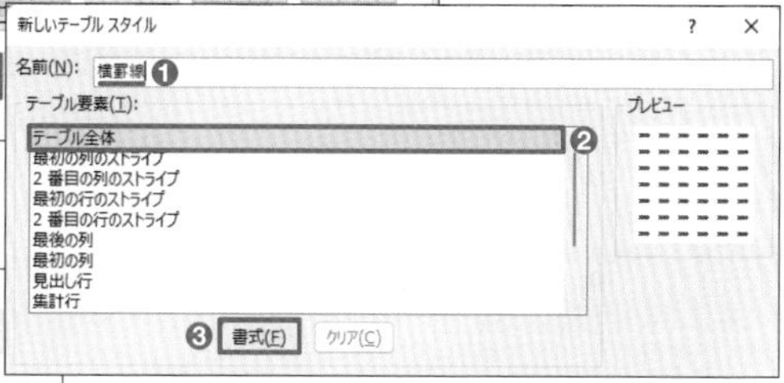

図10 「新しいテーブルスタイル」画面が開いたらテーブル名を入力し、「テーブル全体」や「見出し行」（1行目の項目名）などの要素ごとに書式を設定していく。ここでは「名前」欄に「横罫線」と入力し、「テーブル全体」を選択して「書式」を押す（❶～❸）

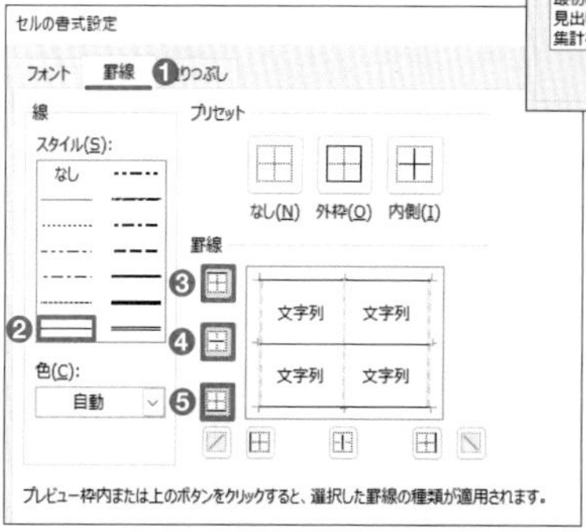

図11 「セルの書式設定」画面が開いたら、「罫線」タブでテーブル全体の上辺と下辺、および内部の横線にそれぞれ実線を設定し（❶～❺）、右下にある「OK」ボタンを押す

らでも自由に変更が可能だ（**図8**）。

なお、表のテーブルへの変換は「挿入」タブの「テーブル」ボタンでも可能。この場合は既定のテーブルスタイルが適用されるので、後から「テーブルデザイン」タブの「テーブルスタイル」（クイックスタイル）で好みのデザインに変えよう。

自分で考えたデザインを作成、後から書式の変更もできる

あらかじめ用意されているデザインが気に入らない場合は、独自のテーブルスタイルを作成することも可能だ。「テーブルデザイン」の「クイックスタイル」ボタン（図8）、または「テーブルとして書式設定」（図4）で表示されるスタイルの一覧から、「新しいテーブルスタイル」を選択する（**図9**）。

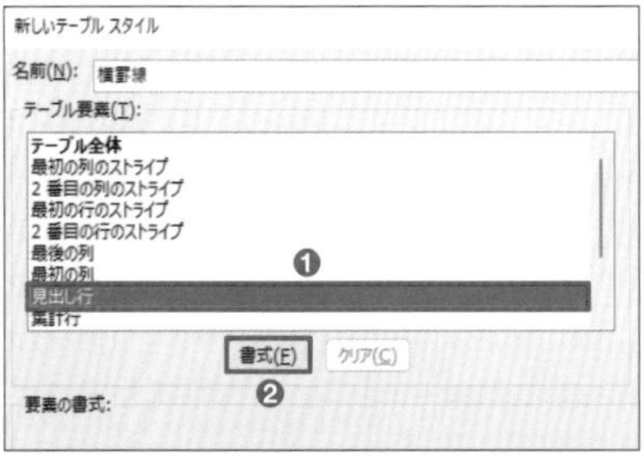

図12 元の画面に戻ったら「見出し行」を選択して「書式」をクリックする（❶❷）

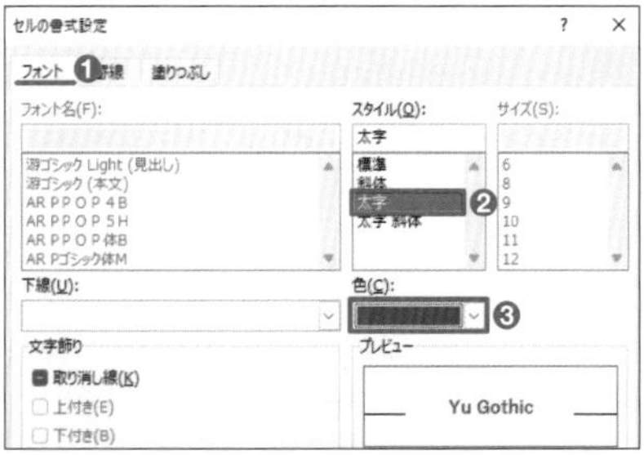

図13 「セルの書式設定」画面が開いたら、「フォント」タブで「太字」と濃い青系の文字色を選ぶ（❶〜❸）

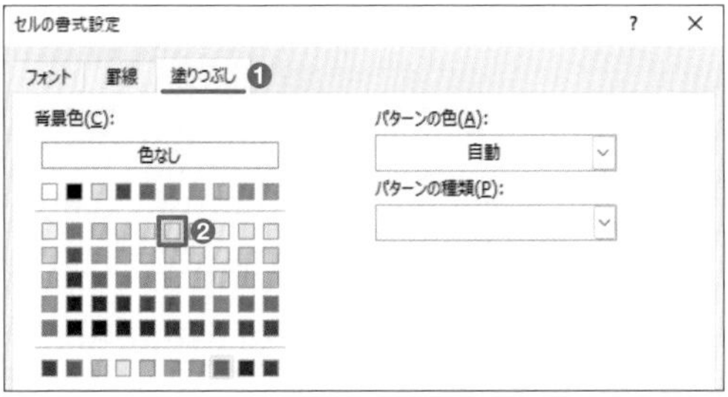

図14 続けて「塗りつぶし」タブを開き、薄いオレンジの背景色を指定（❶❷）。右下の「OK」ボタンを押して図12の画面に戻ったら右下の「OK」を押す

「新しいテーブルスタイル」画面が開いたら、スタイル名を決めて、「テーブル全体」や「見出し行」といった要素ごとに書式を設定していく。前者はテーブル全体、後者は1行目の項目名を指す。ここではまず、「テーブル全体」を選択して「書式」をクリック（前ページ**図10**）。「セルの書式設定」画面が開いたら、「罫線」タブで横方向の罫線だけを設定する（**図11**）。さらに同じ要領で「見出し行」に対して、フォントと塗りつぶしの書式を設定する（**図12〜図14**）。

作成したテーブルスタイルは、「テーブルとして書式設定」（図4）や「テーブルデザイン」タブの「クイックスタイル」（図8）の一覧に追加される（**図15**）。あらかじめ用意されているデザインと同様に、一覧から選んで適用できる。

自作したテーブルスタイルは、後から書式の変更が可能だ。テーブルスタイル一覧にある自作スタイルを右クリックして「変更」を選べばよい（**図16**）。なお、最初から用意されているテーブルスタイルの書式は変更できない。

図3下にある白罫線のテーブルスタイルも同じ要領で自作した。こちらのポイントは白罫線の引き方だ（**図17**）。「テーブル全体」の罫線を指定する際、事前に白を選んでおく。

●オリジナルのテーブルスタイルを適用する

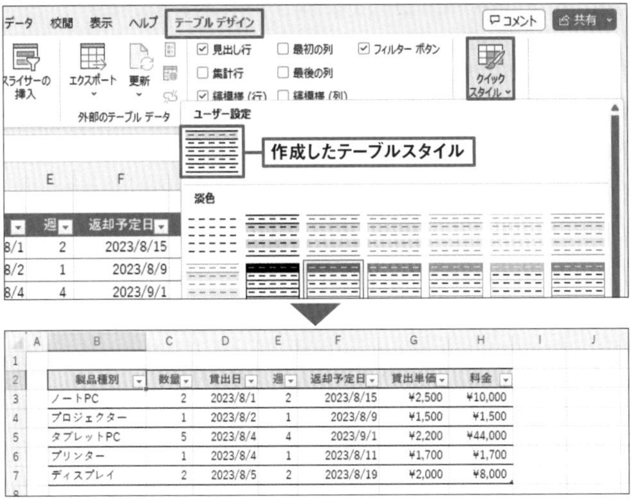

図15 作成したテーブルスタイルは、「テーブルとして書式設定」(図4)や、「テーブルデザイン」タブの「クイックスタイル」(図8)の一覧に「ユーザー設定」として表示される。そこから選択して適用しよう

●自作テーブルスタイルの書式は後から変更できる

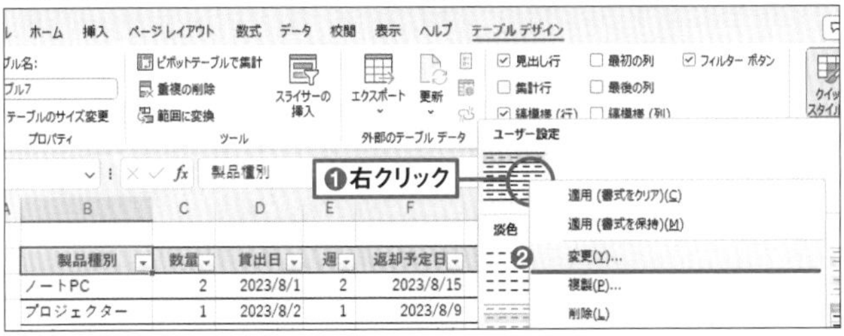

図16 作成したテーブルスタイルの書式を変更したい場合は、一覧で右クリックして「変更」を選べばよい(❶❷)。既存のテーブルスタイルは変更できないので、改良したければ「複製」を選んで複製してから修正する

●白い横罫線を引くときは事前に色を選ぶ

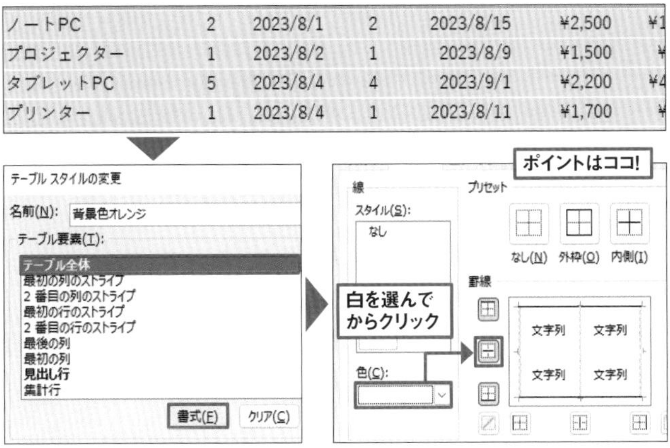

図17 図3下ではテーブル本体を薄いオレンジ色で塗りつぶして内側に白い横罫線を引くテーブルスタイル「背景色オレンジ」を作成した。「テーブル全体」の罫線を設定する際、「色」欄で白を選んでから内部横罫線のボタンを押すのがポイントだ

Column

便利な小ワザ　タイトルを立体的に見せる罫線のワザ

罫線をうまく使うと、タイトルなどを3D（立体）ボタンのように見せることもできる（**図1**）。そんな派手な装飾はやらない？ そうだとしても、前項で紹介した罫線画面（「セルの書式設定」の「罫線」タブ）をフル活用する例として、覚えておいて損はない。

仕組みは簡単だ。セルを中間の濃さの色で塗りつぶし、同系色の薄い色で左辺と上辺に太罫線を引く（**図2**、**図3**）。さらに、同系色の濃い色で下辺と右辺に太罫線を引くと（**図4**）、左上方向からの光でボタンが浮き出ているように見えるというわけだ。薄い色、中間の色、濃い色を使い分けて明暗を作るというテクニックである。

まさにコロンブスの卵だが、実際にこれをやるためには、罫線画面の使い方を十分に理解しておく必要がある。罫線画面では横線の上辺、内部、下辺、および縦線の左辺、内部、右辺ごとに、異なる色と太さを指定できる。プレビュー欄で引く場所を指定する前に、太さと色を指定するのがポイントだ。

罫線で光と影を付けるのがポイント

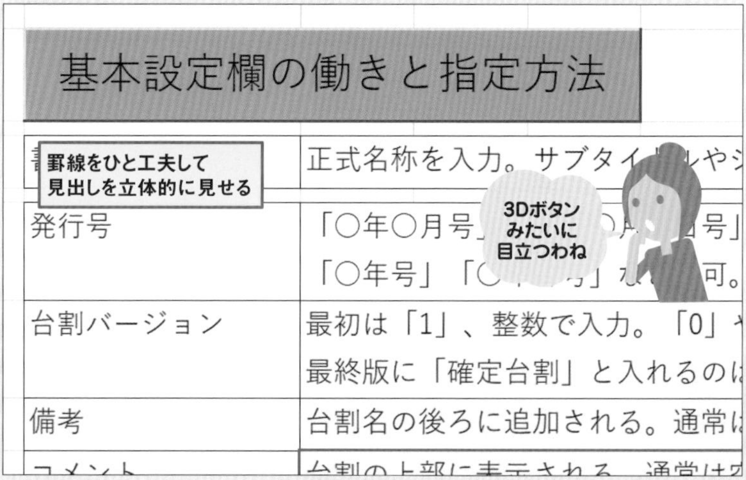

図1 青の背景のタイトルを立体的に目立たせてみた。左辺と上辺に薄い青の太罫線、下辺と右辺に濃い青の太罫線を引いただけだが、視覚効果はばっちりだ

薄い色、中間の色、濃い色を使い分ける

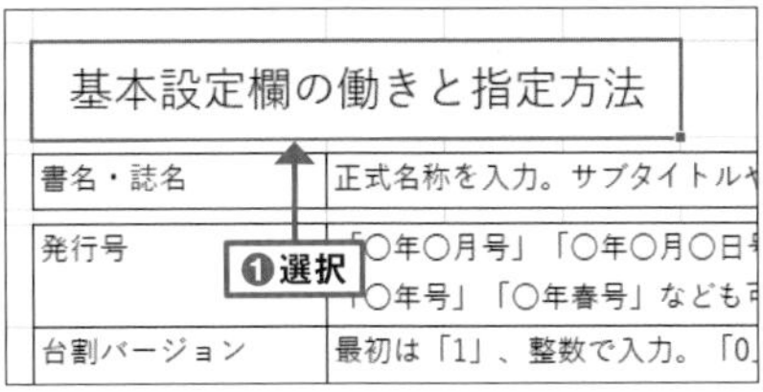

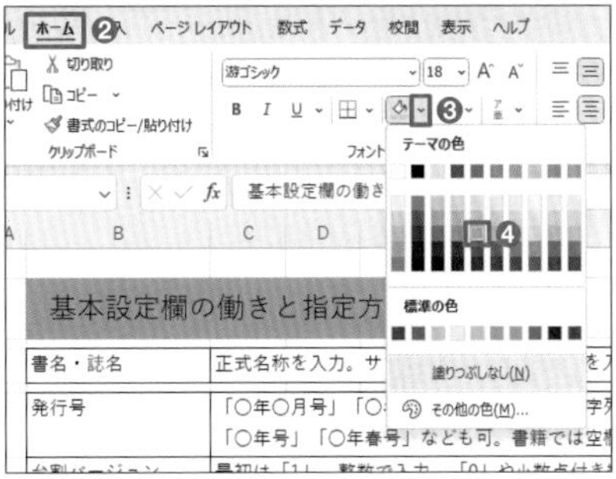

図2 上は結合セルにタイトルを入力して文字書式を整えたところ。選択して「ホーム」タブの「塗りつぶしの色」から濃さが中くらいの青色を選ぶ（❶〜❹）。極端に薄い色や濃い色は選ばないこと

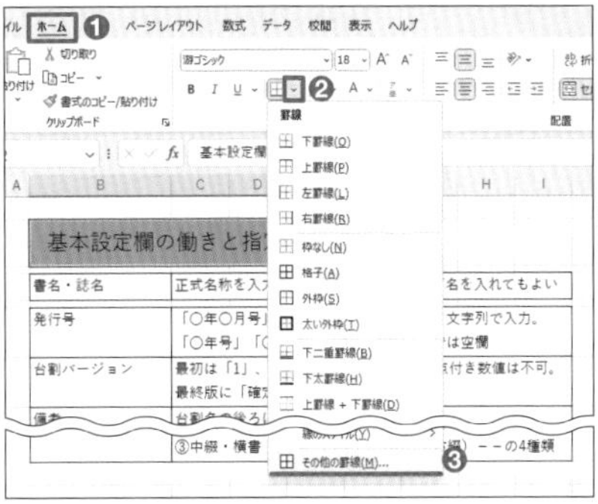

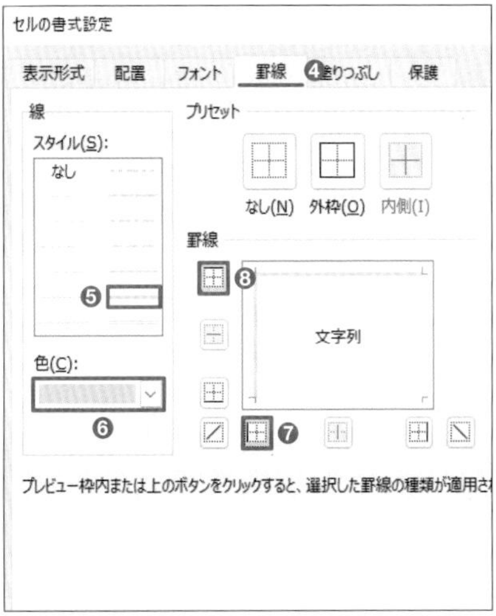

図3 続けて「罫線」ボタンの「▼」メニューから「その他の罫線」を選ぶ（❶〜❸）。「Ctrl」＋「1」キーを押して「セルの書式設定」画面を開いてもよい。「罫線」タブの「スタイル」欄で一番太い罫線を選び、「色」欄で薄い青を選択（❹〜❻）。上罫線と左罫線のボタンを押す（❼❽）

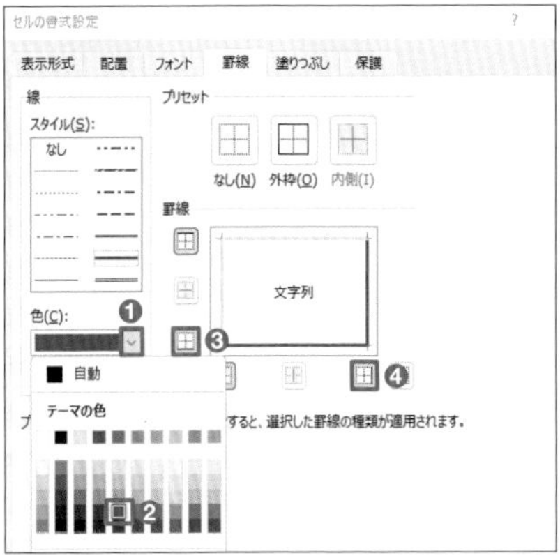

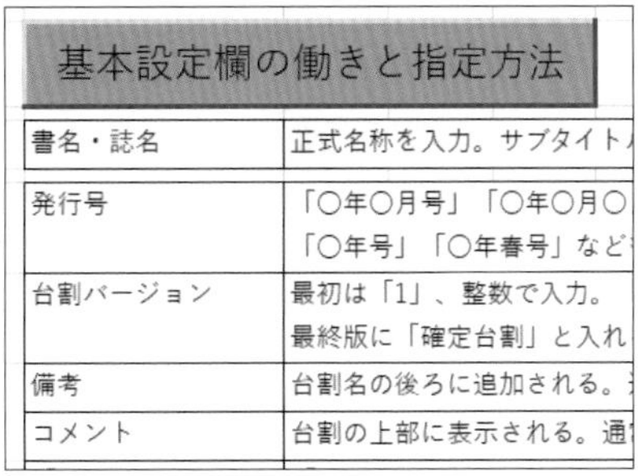

図4 さらに「色」欄で濃い青を選び、下罫線と右罫線のボタンを押す（❶〜❹）。右下の「OK」ボタンを押して設定画面を閉じると、立体的に見えるタイトルが完成する

デザイン編

「テーマ」と「配色」を押さえて大人っぽく

基調となる色を決めて色数を絞り込む

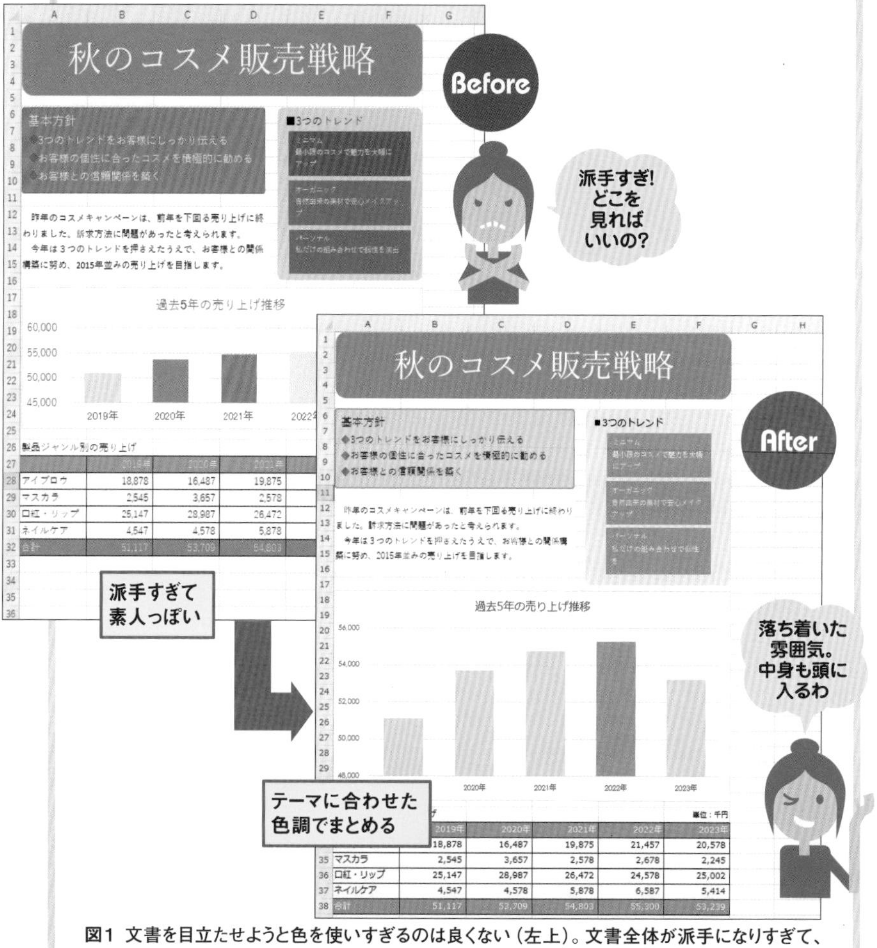
秋のコスメ販売戦略
基本方針
◆3つのトレンドをお客様にしっかり伝える
◆お客様の個性に合ったコスメを積極的に勧める
◆お客様との信頼関係を築く
■3つのトレンド
過去5年の売り上げ推移
製品ジャンル別の売り上げ
Before
派手すぎ! どこを見ればいいの?
派手すぎて素人っぽい
After
テーマに合わせた色調でまとめる
単位：千円
落ち着いた雰囲気。中身も頭に入るわ

図1 文書を目立たせようと色を使いすぎるのは良くない（左上）。文書全体が派手になりすぎて、内容が頭に入ってこない。内容や読み手の属性に合った色を基調にして色数を絞り込むと、上品で伝わりやすい文書に仕上げられる（右下）

監修：桑原 徹（Kuwa Design）

ここ一番の文書では力んで、ついつい色を使いすぎていないだろうか。派手な色遣いの文書は素人っぽく見え、言いたいことも伝わりにくい（**図1左上**）。むしろ、**図1右下**のように色数を絞り込んだほうが文書は上品に仕上がる。

どんな色に絞り込むかは、「言いたいこと」や「読み手」を考慮して決める。大人っぽい印象に仕上げたいなら青系などの寒色系、元気なイメージを強調したいならピンク系や黄系などの暖色系を選ぶとよい。そのうえで強調したいポイントをいくつか絞って、そこだけ色を変えてもよい。

カラーパレットを味方に3段階の手順で色調を変更

しかし、いきなりセンスの良い色調を実現するのは難しい。**図2**のように段階的に調整していこう。①テーマを変更し、②配色を変え、③個別に色を変更する、という段階を踏む。

最初に理解しておきたいのは、エクセルには「テーマ」が設定されていること。テーマとは、統一感のある文書を作れるように用意された「配色」「フォント」「効果」のセットのこと。テーマを切り替えると、色調やフォントが一変する。やり方は簡単で、「ページレイアウト」タブの「テーマ」で使いたいものを選ぶだけだ（次ページ**図3**）。

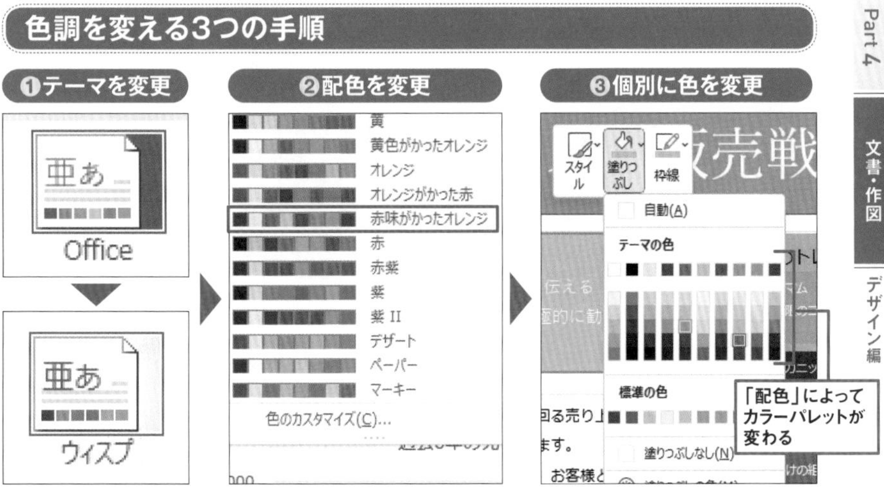

図2 色調を変更する場合、❶テーマの変更、❷配色の変更、❸個別の色の変更、という3つの手順を踏むとよい。❶の操作で満足な結果が得られればOK。さらに全体の色調を変えたいときは❷を実行。最後に、❸で個別の図形やセルの色を変更して微調整するという流れだ

まずはテーマを変える

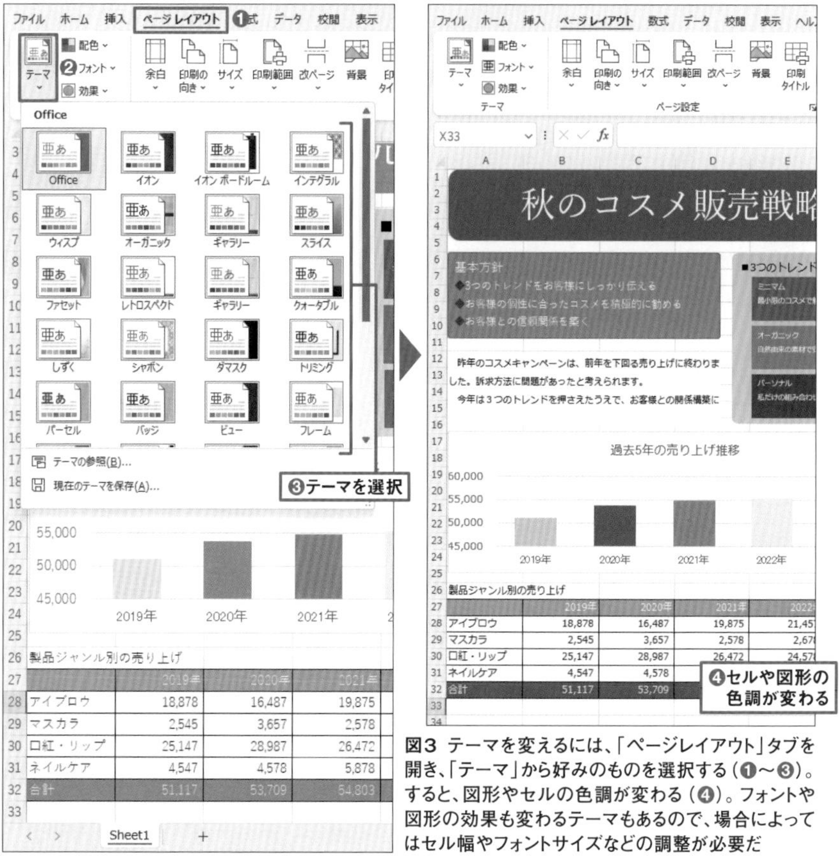

図3 テーマを変えるには、「ページレイアウト」タブを開き、「テーマ」から好みのものを選択する（❶～❸）。すると、図形やセルの色調が変わる（❹）。フォントや図形の効果も変わるテーマもあるので、場合によってはセル幅やフォントサイズなどの調整が必要だ

ただし、テーマを変えると列幅や行の高さが変わり、調整が必要になることもある。テーマの特徴を理解したら、次からはテーマを変更した後で文書作りを始めるとよい。

さらに全体の色調を変えたいときは、「配色」から選ぶ（**図4**）。「暖かみのある青」「黄色がかったオレンジ」など多くのセットが用意されている。なお、テーマや配色のバリエーションはエクセルのバージョンによって異なる。

その後で、図形やグラフの色を微調整したいときは、個別に「塗りつぶし」の色を変更していこう。図形の場合は右クリックメニューから変更するのが手っ取り早い（**図5**）。色の一覧（カラーパレット）にある「テーマの色」はテーマや配色によって切

次に配色を変更する

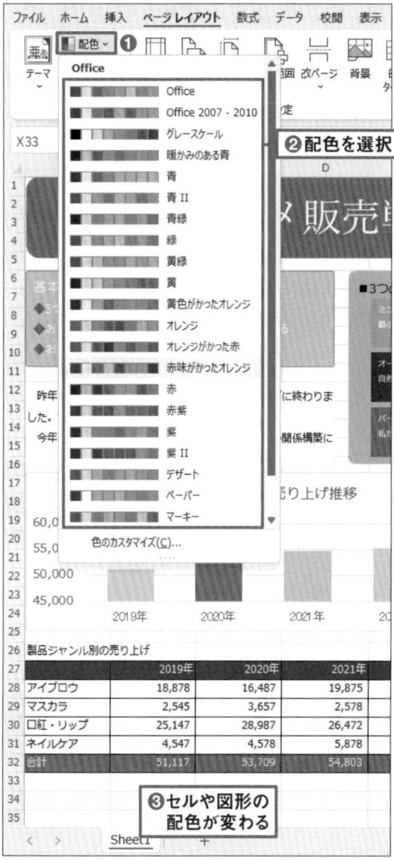

図4 さらに色調を見直したいときは、「配色」から好みのセットを選択する。マウスポインターを合わせるとプレビュー表示されるので、文書に合うものを選ぼう（❶〜❸）

図形やセルの色を個別に変更

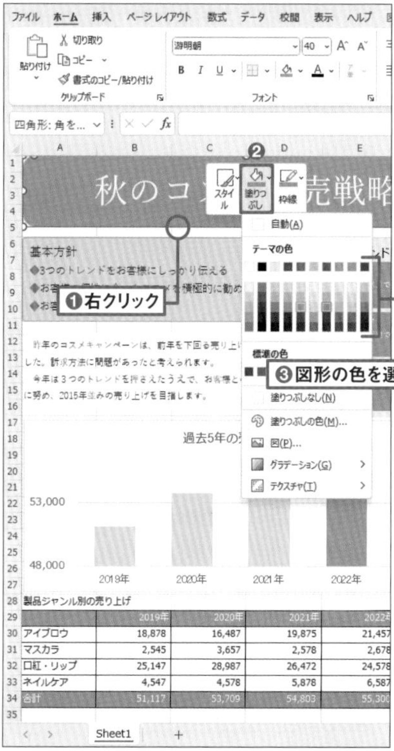

図5 図形の外枠を右クリックして「塗りつぶし」を選ぶと、色を変えられる（❶〜❸）。グラフなども同様だ

り替わる。左右には色彩が異なる色が並び、上下には濃淡が異なる色が並んでいる。統一感を出したいなら、同じ列の色だけ、もしくは同じ行の色だけを使うとよい。図5は前者で、色彩をピンク系で統一して濃淡を変えている。

デザイン編

A4文書は「グリッドレイアウト」で決めろ

センス不要！ 素人でもできるしゃれたレイアウト

2023サマーキャンプ〜成果と来年への課題〜
実施概要
日程 2023年7月22日(土)〜24日(月)
場所 千葉県佐倉市21キャンプ場
主な行事 キャンプファイヤー、海水浴、バーベキュー、きもだめし、花火
参加人数 子ども25人、大人10人
◆2023年サマーキャンプの総括
21世紀子ども会では、今年もサマーキャンプを実施しました。15年前から始まったサマーキャンプ。この夏ははじめて千葉県をキャンプ地に選び、子どもたちに楽しい経験をしてもらおうとさまざまなプログラムを実施しました。
幸い、天候にも恵まれて、すべてのプログラムを予定通り実行することができました。バーベキューでは例年以上の子どもたちの食欲で、用意した食材が足りなくなるのではないかとヒヤヒヤ。きもだめしでは、泣き出す子も出て、お化け役の大人たちはちょっとニンマリでした。
海水浴は初めての試みでした。引率者1名、子ども5人のグループを作り、原則としてグループでの行動とすることで安全性の確保を図りました。しかしながら、来年以降も実施するかは検討課題です。
Before
2023サマーキャンプ
〜成果と来年への課題〜
来年ももっと楽しくて充実したキャンプができるといいですね。
▲花火大会に向かう子どもたち
2023年サマーキャンプの総括
21世紀子ども会では、今年もサマーキャンプを実施しました。15年前から始まったサマーキャンプ。この夏ははじめて千葉県をキャンプ地に選び、子どもたちに楽しい経験をしてもらおうとさまざまなプログラムを実施しました。
幸い、天候にも恵まれて、すべてのプログラムを予定通り実行することができました。バーベキューでは例年以上の子どもたちの食欲で、用意した食材が足りなくなるのではないかとヒヤヒヤ。きもだめしでは、泣き出す子も出て、お化け役の大人たちはちょっとニンマリでした。
海水浴は初めての試みでした。引率者1名、子ども5人のグループを作り、原則としてグループでの行動とすることで安全性の確保を図りました。しかしながら、来年以降も実施するかは検討課題です。
子どもたちの自立を促すため、清掃、配膳などを子どもたちが行いました。今後のさまざまな活動に生かされることを願っています。
実施概要
日程 2023年7月22日(土)〜24日(月)
場所 千葉県佐倉市21キャンプ場
主な行事 キャンプファイヤー、海水浴、
After
ページをブロック分けしてレイアウトする
ワードを使わずにエクセル1本で作れる!

図1 エクセルでこの種のA4一枚文書を作ると、いつも似た印象のレイアウトになりがちだ。しかし、“マンネリ化”はエクセルの機能に不足があるせいではない。デザインの基本を押さえるだけで、プロのような文書を作ることも可能だ

監修:桑原 徹(Kuwa Design)

ちょっとしたA4一枚文書をワードではなくエクセルで作っている人も多いだろう。写真や表をレイアウトしやすいのが大きな理由。しかし、エクセルで作ると**図1左**のように、単調なレイアウトになりがちだ。ここでは、**図1右**のようなおしゃれな文書を作るコツを紹介しよう。実はこれは、制作デザイナーがDTPソフトで作った文書をエクセルで再現したもの。コツを覚えれば、エクセルでも“できる”のだ。

手書きでだいたいのレイアウトを決める

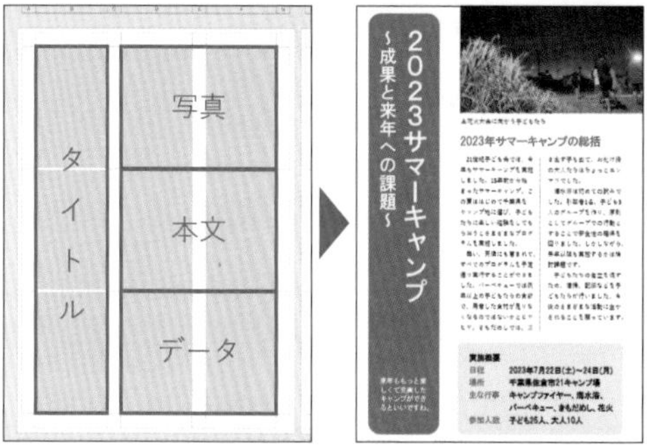

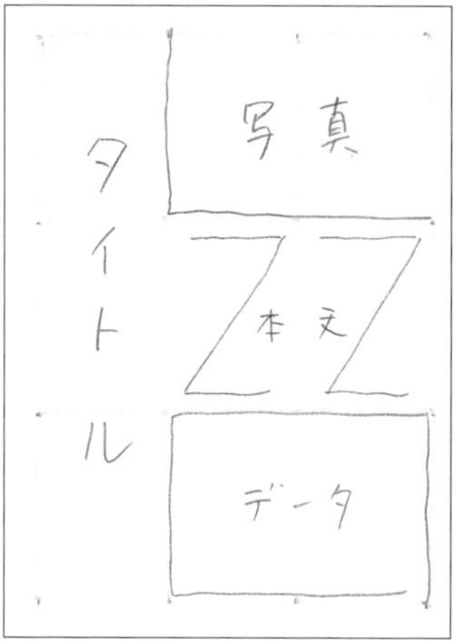

図2 グリッドレイアウトとは、用紙を格子状に区切ってブロック単位でコンテンツを配置する手法。例は縦3×横3のグリッド。いきなりエクセルに向かわないで、紙に青写真を描いてみることが肝要だ

プロの技「グリッドレイアウト」をエクセルで手軽に実現

図1右の作例は「グリッドレイアウト」という手法でデザインしている。これは、紙面をグリッド（格子）で区切り、それぞれのブロックにタイトル、本文、写真などのコンテンツを当てはめる方法だ。プロのデザイナーが用いる手法だが、むしろデザインの素人にこそ役立つ。特別なセンスがなくても、全体のバランスが整った美しい文書を作れる。

グリッドレイアウトで重要なポイントは、いきなりエクセルに向かわないこと。まずは紙にグリッドを描き、どのコンテンツをどこに配置するかスケッチしてみる（**図2**）。A4判用紙なら、縦横が3×2、3×3、4×3、4×4のグリッドが使いやすい。納得のいくレイアウトができるまで何枚かスケッチを描いてみよう。出来上がったスケッチは、エクセルで作業するときの設計図になる。設計図なしにいきなりエクセルで作るのは厳禁と心得たい。

では、エクセルでの作業に移ろう。今回の作例では、写真を用紙の端まで印刷する「裁ち落とし」という手法を使っている。そのため、上下左右の余白は「0」に設定する（次ページ**図3**）。

次に、セルの幅や高さを変更してグリッドを形成する。今回作るのは縦3×横3のブロックで構成されるグリッドだ。まずは、余白も含めた印刷イメージがわかるように、表示を「ページレイアウト」に変更する（**図4**）。

余白をゼロにして「裁ち落とし」を実現

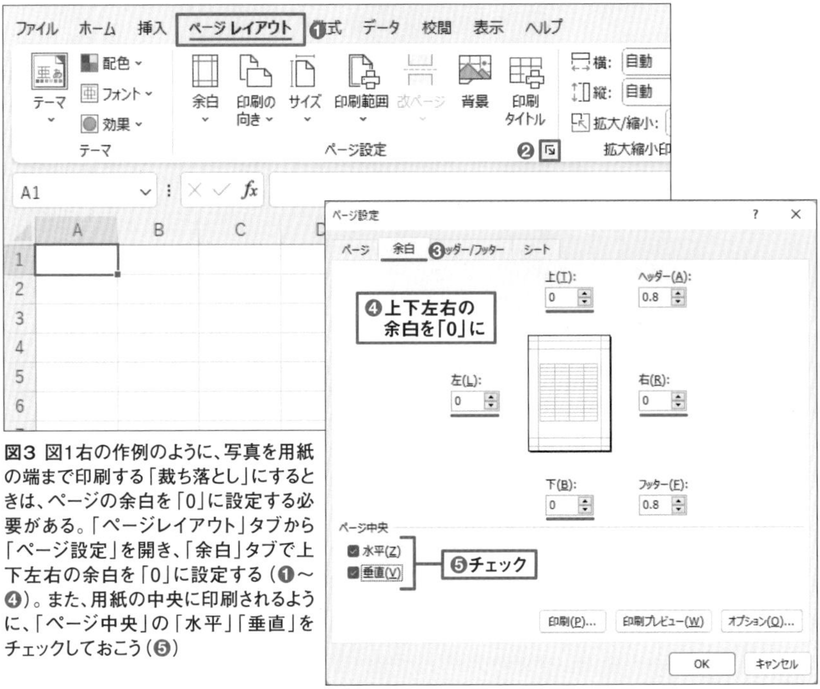

図3 図1右の作例のように、写真を用紙の端まで印刷する「裁ち落とし」にするときは、ページの余白を「0」に設定する必要がある。「ページレイアウト」タブから「ページ設定」を開き、「余白」タブで上下左右の余白を「0」に設定する（❶〜❹）。また、用紙の中央に印刷されるように、「ページ中央」の「水平」「垂直」をチェックしておこう（❺）

列幅をまとめて変更し、縦3×横3のグリッドに

続いて、列幅の調整だ。複数の列見出しを同時選択して列幅を変えると、すべて同じサイズに変更できる。今回は左右の余白およびブロック間の隙間となるA、C、E、G列を1.3センチ程度にして、ブロックに相当するB、D、F列を4.5センチ程度にした。列は余白（A列）、ブロック（B列）、隙間（C列）、ブロック（D列）、隙間（E列）、ブロック（F列）、余白（G列）という並びになる。

A列とG列は余白として取り扱い、コンテンツはそれらを除いたB〜F列内に並べる。ページ設定で余白を「0」にしたのに、あえて余白を設けるのは裁ち落としのためだ。右余白のG列には写真の右側部分だけをはみ出させ、タイトルや本文などはG列にははみ出させない。なお、印刷するときはプリンターの機能で「フチなし印刷」をオンにする。プリンターの機種によっては写真が2ページ目にはみ出すが、そのときは1ページ目だけを印刷すればよい。

セルのサイズを変えてグリッドを形成

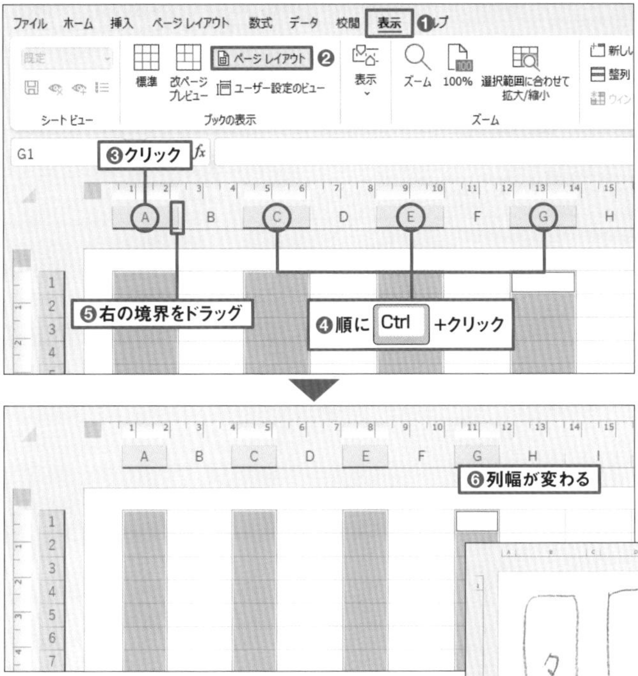

図4　セルの幅と高さを変えてグリッドを形成する。「表示」タブで「ページレイアウト」に変更（❶❷）。次に左右の余白とブロック間の隙間を作る。A、C、E、G列を同時選択し、いずれかの列見出しの右境界を左にドラッグして列幅を1.3センチ程度に狭める（❸〜❻）。同時選択しておくことで、列幅を統一できる。同様にしてB、D、F列を4.5センチ程度の幅に統一する

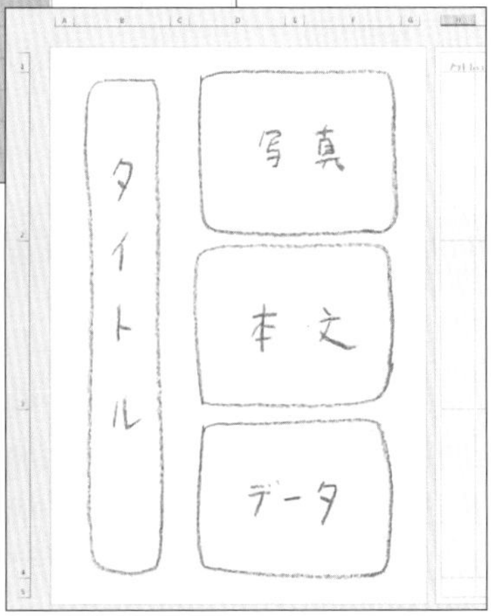

図5　1行目と5行目の高さを1.3センチ程度に変え、2、3、4行目の高さを8.68センチほどにする。図4と同様に、複数の行を同時選択して行見出しの下境界をドラッグすればよい（複数選択後、右クリックしてメニューから「行の高さ」を選び、数字を入力してもよい）。これで縦3×横3のグリッドが完成だ。横書きの場合、横方向ではブロックの間に隙間を設け、ブロックの境界を明確にするのがポイント。コンテンツをどう配置するか青写真を描こう

ブロック間の隙間がすっきりレイアウトのポイント

C列とE列はブロックとブロックの隙間だ。今回は横に3段のブロックを並べるが、それらの間には隙間を設ける。グリッドレイアウトではこの隙間があることで、ブロックの境界が明確になって文書が端正にまとまる。この隙間は本文が横書きなら横、縦書きなら縦のブロックの間に設ける。

パーツを当てはめてレイアウトを構成

図6 これが完成図だ。この作例を基にタイトル、写真、本文、データの扱いを覚えれば、アイデア次第でどんなレイアウトも実現できるようになる

図形を挿入してタイトルを入力

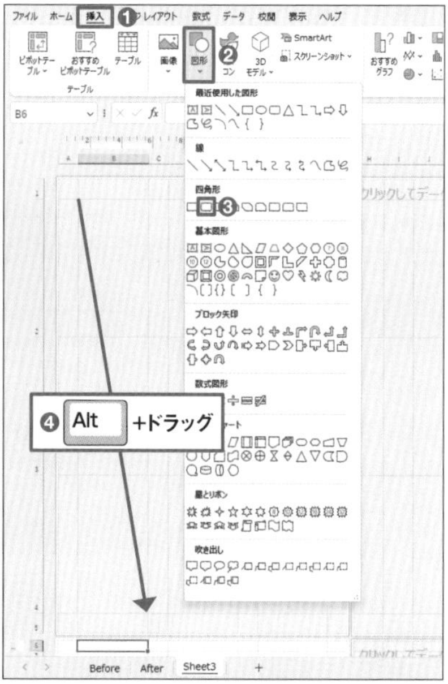

図7 まずは、タイトル用の図形を描こう。「挿入」タブの「図形」から「四角形：角を丸くする」を選択し、図形を描きたいところをドラッグする。このとき、「Alt」キーを押しながらドラッグすると、セル境界ピッタリに図形が配置されるので都合が良い（❶～❹）。左端の3ブロックぴったりに配置しよう

列幅の調節が終わったら、セルの高さを変更する。余白に相当する1行目と5行目は1.3センチほどに変え、ブロックに相当する2、3、4行目は均等に8.68センチほどにする（前ページ**図5**）。横書き文書の場合、縦方向ではブロック間に隙間を設けない。縦方向のブロックはあくまでもデザイン考案時の目安として使う。実際にコンテンツを並べる際は、上下の位置が必ずしもグリッド（ブロックの境界）に沿わなくてもよい。

図6に、改めて完成図を示した。この文書では図形内に縦書きのタイトルを入力したり、本文を段組みにしたりといったテクニックを駆使している。順に解説していく。

図形を「Alt」＋ドラッグし、グリッドぴったりに沿わせる

まずはタイトルの作成だ。ここでは角丸の四角形に縦書きでタイトルを入力する。「挿入」タブの「図形」で「四角形：角を丸くする」を選び、図形を描きたいところを

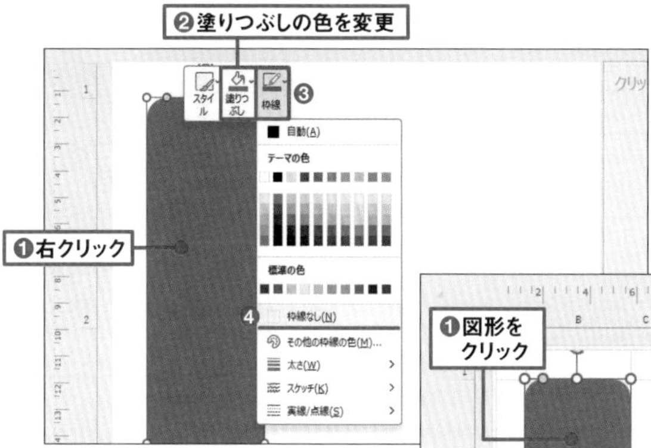

図8 図形の色は、図形を右クリックして変えられる(❶❷)。枠線は「枠線なし」にするとシンプルに仕上がる(❸❹)

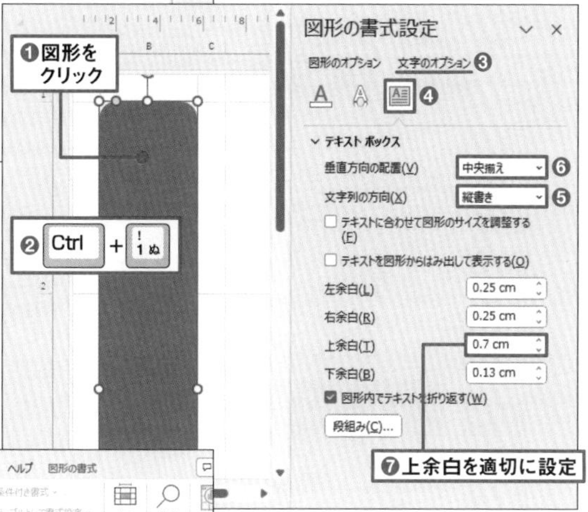

図9 図形を選択して「Ctrl」+「1」キーを押すと、画面右側に「図形の書式設定」が開く(❶❷)。「文字のオプション」で「テキストボックス」の設定を開き、「縦書き」を選択(❸〜❺)。垂直方向を「中央揃え」にすると、文字が左右の中央に配置される(❻)。続いて上側に適度な余白を設けよう(❼)

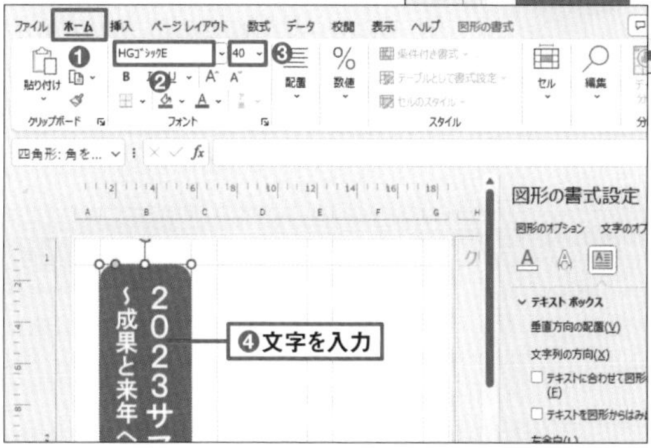

図10 外枠をクリックして図形全体が選択された状態で「ホーム」タブを開き、フォントと文字サイズを変更してタイトルを入力する(❶〜❹)。文字書式は1文字単位でも変更可能。図形内の文字列をドラッグして選択し、サイズなどを変更すればよい

「Alt」キーを押しながらドラッグする(**図7**)。すると、図形がセル境界ぴったりに配置される。グリッドレイアウトではグリッドに沿ってコンテンツを並べるのがポイントだ。

次に、図形の色と枠を変更する(**図8**)。枠線をなしにするとシンプルな印象になる。続いて「図形の書式設定」を開き、文字列の方向を「縦書き」に、垂直方向の配置を「中央揃え」に変える(**図9**)。上側に適度な余白ができるように設定しよう。

その後、「ホーム」タブでフォントと文字色、文字サイズを設定して、タイトルを入力する(**図10**)。書式は文字単位で変えられるので、サブタイトルも一緒に入力する。後でサブタイトルだけドラッグして選択し、文字サイズを変更すればよい。

写真を挿入して裁ち落としにする

図11 写真は「挿入」タブの「画像」→「このデバイス」を押して挿入する（❶～❸）。右上に配置して裁ち落としにする場合、余白として用意した右上のセル（ここではG1セル）に合わせるのがポイント（❹）。「Alt」キーを押しながら写真をドラッグしてセル境界にフィットさせる。さらに右クリックして「トリミング」を選び、必要な部分だけを切り抜くこともできる

写真説明のテキストボックスを適切に配置

図12 写真説明はテキストボックスに書き込もう。「挿入」タブで「テキスト」→「テキストボックス」→「横書きテキストボックスの描画」と選択し、ドラッグして左端をグリッドに揃える（❶～❺）。図8と同じ要領で枠線を「枠線なし」に設定する。また、図9と同じ要領で左の余白を「0」にすると、グリッドぴったりにテキストが揃う

図13 テキストボックスが大きすぎるときは、上辺もしくは下辺の中央にある白丸をドラッグして高さを調整する。テキストボックス全体を選択して「↑」「↓」キーを押すと、垂直に微調整できる（❶❷）

写真を裁ち落として配置、本文は段組みで見やすく

写真は「挿入」タブの「画像」から挿入する。そうしたら「Alt」キーを押しながらドラッグして、右上を前述した余白セルに合わせる（**図11**）。サイズは頂点をドラッグして調整する。写真の一部を切り抜きたいときは、写真を右クリックして「トリミング」を選び、周囲に現れた黒いつまみを内側にドラッグして表示範囲を狭めればよい。

次に、テキストボックスを挿入して写真の説明文を入れる。ここでは「横書きテキストボックス」を挿入した（**図12**）。必要に応じて高さを調整すればよい。写真直下に配置したいときは、外枠をクリックした後、上下矢印キーを押して移動させる（**図13**）。上下矢印を使うと、垂直方向のみ微調整できる。ドラッグ操作で動かすと、横

本文はテキストボックス内で段組みに

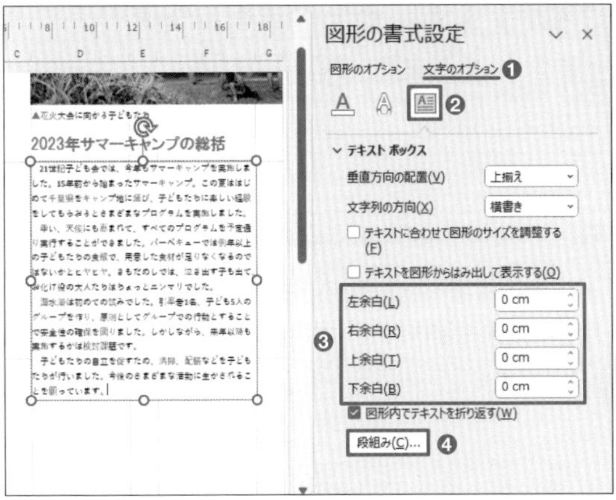

図14 本文もテキストボックスを作ってそこに入力する。ここも枠線は「枠線なし」に設定。さらに「図形の書式設定」(図9と同じ画面)では、上下左右の余白を「0」にして、文章が垂直のグリッドぴったりに添うようにした(❶～❸)。段組みにしたいときは、「段組み」をクリックし、段の数と間隔を設定する(❹～❼)[注]

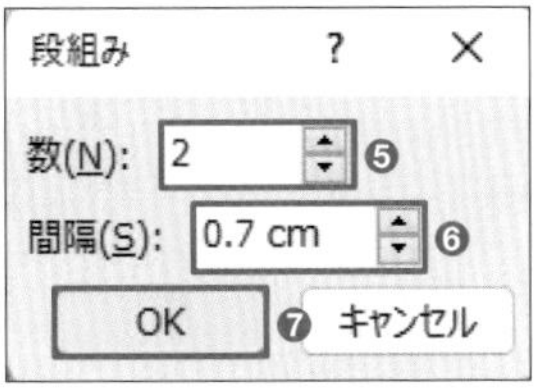

行間を空けたいときは「倍数」で調整

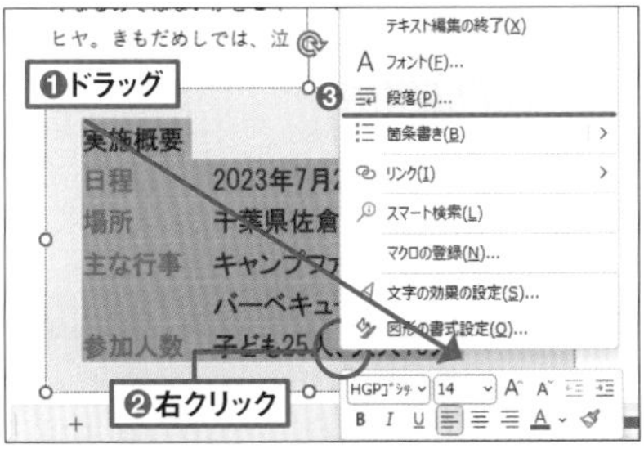

図15 テキストボックスや図形内に文字を入力した場合、行間を調整したいことがある。そのときは、該当するテキストを選択し、右クリックして「段落」を選択する(❶～❸)

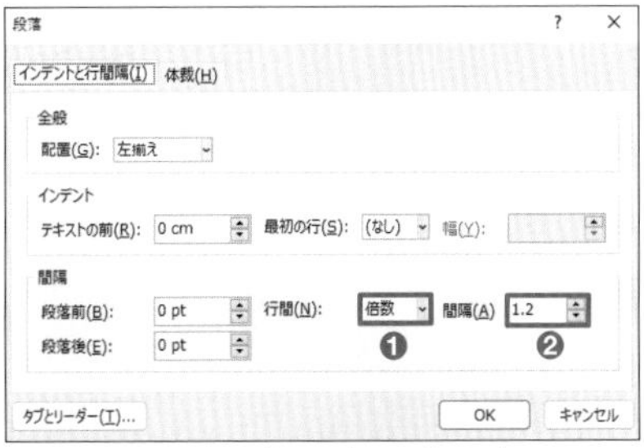

図16 初期設定では「行間」欄が「1行」になっているので、左側を「倍数」に変更し、右側に数値を入力する(❶❷)。游ゴシック、游明朝なら0.8～1.2くらいがよい

位置がセル境界から微妙にずれる危険があるので注意しよう。

本文もテキストボックスに入力するが、グリッドレイアウトではグリッドに沿って文章を流すのが基本。今回のケースでは2段組みがよい。「図形の書式設定」で「段組み」を選び、2段組みにして段と段の間隔を指定する(**図14**)。

図形やテキストボックスに箇条書きなどを入れた際、行間が広すぎ、もしくは狭すぎてバランスが悪いことがある。これも調整が可能だ。テキストボックス内のすべての文字を選択して「段落」の設定画面を開く(**図15**)。初期設定では行間は「1行」になっているが、ここを「倍数」に変更し、「0.8」や「1.2」などに変える(**図16**)。

[注]段間の区切りは「挿入」タブの「図形」の「線」で描いている

印刷編

「いいね!」と言われる印刷物は余白を活用

文書が完成したらすぐに印刷したくなるところだが、その前にひと工夫する余地がないか考えよう。特に複数ページの文書。ほかの人に配るなら、ページ番号が入っていると親切だ（**図1**）。また、取引先や顧客に渡す文書なら、全ページに会社のロゴを入れると本格的な仕上がりになる。

ひと工夫すれば“気が利く文書”に早変わり

図1 複数ページの印刷物を作るときは「2/3ページ」などとページ番号と総ページ数を入れるのがビジネス現場での気遣い。ロゴを入れたり、1行目の項目名を全ページに印刷したりする方法などもマスターしよう

大きな表では項目名(見出し)にも気を配りたい。複数ページにまたがる表をそのまま印刷すると、項目名が1ページ目にしか印刷されず、以降のページではどの列がどの項目なのかわかりづらい。全ページに項目名が印刷されるように設定しておこう。

ページ番号を余白に印刷、設定はページレイアウトで

ページ番号などは用紙の余白領域に印刷するのが定石だ。一般に、用紙の上側の余白を「ヘッダー」、下側の余白を「フッター」と呼ぶ。エクセルではそれらにさまざまな情報を印刷できる。設定方法はいくつかあるが、「ページレイアウト」表示を使うのが簡単(**図2**)。これは余白を含めた用紙イメージでシートを編集する画面だ。

用紙イメージの上と下にはそれぞれヘッダーとフッターの領域があり、クリックしてそれらの内容を編集できる。編集中はリボンに「ヘッダーとフッター」タブが現れ、ページ数やファイル名を挿入するボタンなどが並んでいる。

ページ番号を手っ取り早く入れたいなら、「フッター」ボタンのメニューから「1/?ページ」を選ぶのが簡単だ(次ページ**図3**)。これで全ページにページ番号と総ページ数を印刷できる。セルをクリックして実際の印刷イメージを確認しよう。修正

「フッター」にページ番号を印刷する

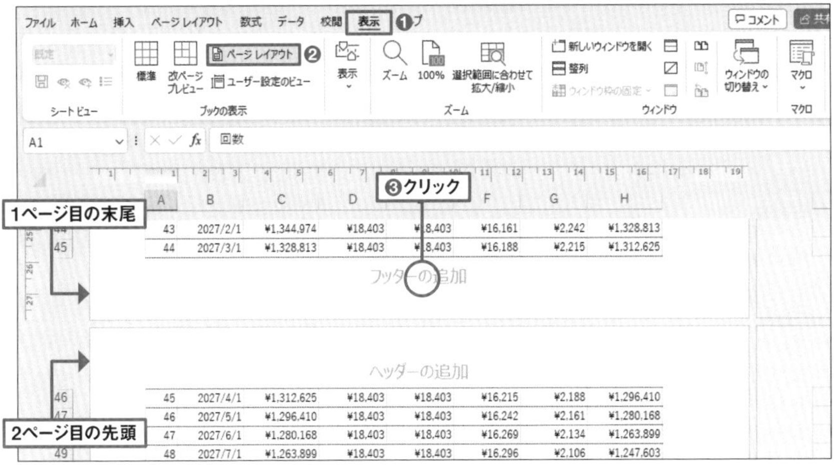

図2 「表示」タブで画面を「ページレイアウト」に切り替えると(❶❷)、ヘッダーとフッターを編集できる。フッターの中央をクリック(❸)

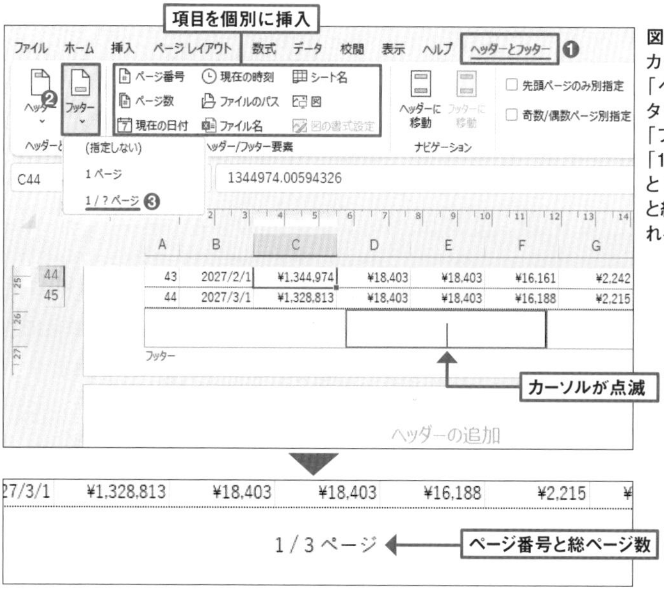

図3 フッター中央でカーソルが点滅して、「ヘッダーとフッター」タブが現れる（❶）。「フッター」ボタンから「1 / ?ページ」を選ぶと（❷❸）、ページ番号と総ページ数が表示される

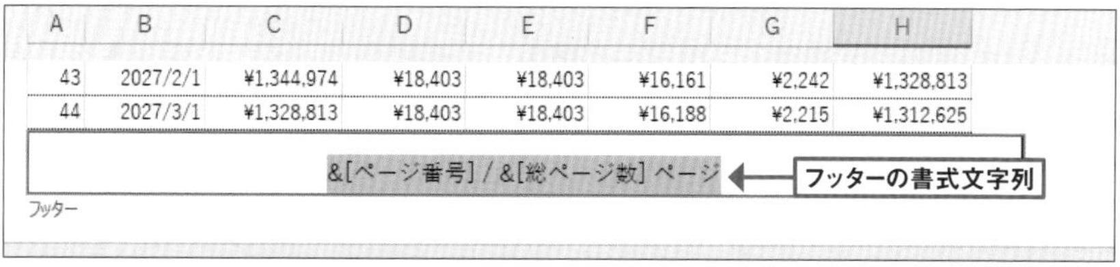

図4 再びフッター中央をクリックすると、書式文字列が表示される。「&[ページ番号]」はページ番号、「&[総ページ数]」は総ページ数を表す特殊な文字列で、図3上の画面で「ページ番号」ボタンなどを押しても入力できる。「/」や「ページ」など通常の文字列は自由に入力・編集が可能

するときは再度、フッター部分をクリックする（**図4**）。

ヘッダーの編集もフッターと同様だ。ロゴなどの画像を入れたい場合は、「ヘッダーとフッター」タブの「図」ボタンを押して画像ファイルを選択する（**図5**）。ヘッダーの高さが足りないときは、ルーラーの余白境界をドラッグして余白を調整する（**図6**）。

1行目の項目名を全ページに印刷するときは「タイトル行」という機能を使う。「ページレイアウト」タブの「印刷タイトル」ボタンをクリック（**図7**）。設定画面が開いたら、「タイトル行」欄にカーソルを置いた状態で、1行目の行見出しをクリックする。自動的にセル参照が入るので、「OK」を押す。

作業が終わったら、「表示」タブの「標準」ボタンを押して「ページレイアウト」表示を解除しよう。

ヘッダーにロゴを挿入する

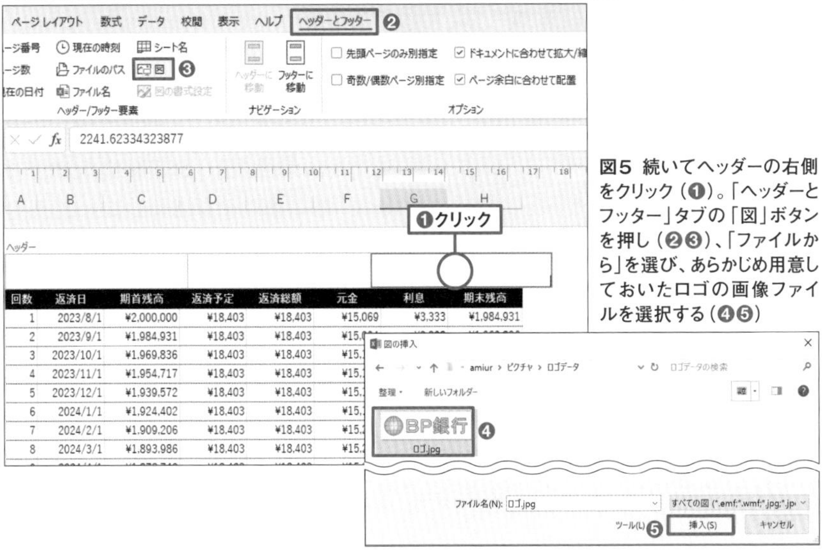

図5 続いてヘッダーの右側をクリック（❶）。「ヘッダーとフッター」タブの「図」ボタンを押し（❷❸）、「ファイルから」を選び、あらかじめ用意しておいたロゴの画像ファイルを選択する（❹❺）

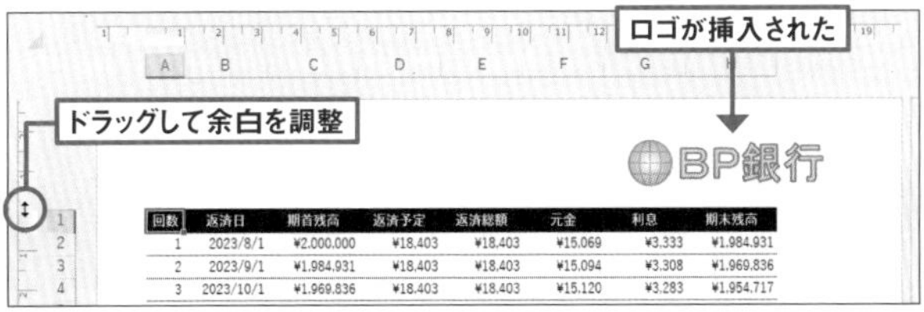

図6 ヘッダーにロゴ画像が挿入された。高さが足りないときは、ルーラー（定規）の余白境界をドラッグして余白を調整する

項目名をすべてのページに印刷する

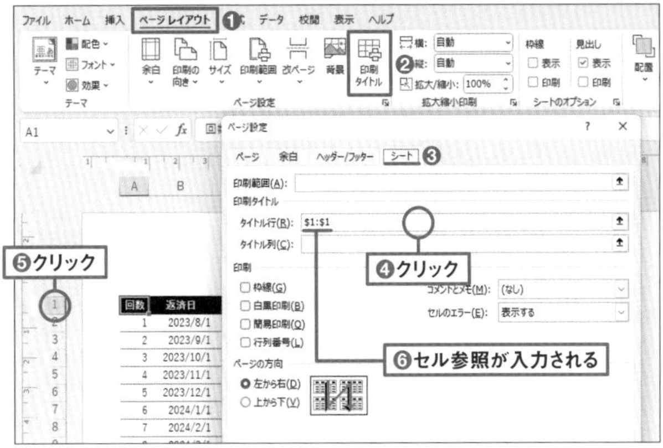

図7 図1のように1行目の項目名をすべてのページに印刷したいときは、「ページレイアウト」タブの「印刷タイトル」をクリック（❶❷）。「ページ設定」画面の「シート」タブが開くので（❸）、「タイトル行」欄をクリックし（❹）、すべてのページに印刷したい行の行見出し（ここでは「1」）を選択する（❺）。行見出しをドラッグして複数行を指定することも可能。「$1:$1」などとセル参照が入力されたら（❻）、画面下部の「OK」を押す

Column

便利な小ワザ 横長の表を2段にして印刷する裏ワザ

会社のデータベースから取り出したデータなどには、ものすごく横長の表になるものがある。そのまま印刷すると何ページにもなるし、縮小して1枚に収めようとすると文字が小さくなりすぎる。そんなときに役立つ印刷の裏ワザを紹介しよう。横長の表を途中で区切り、2段、3段と重ねて印刷するテクニックだ（**図1**）。具体的には、セル範囲を「図」としてコピペする機能を使う。

まず、1段目に印刷したいセル範囲をコピー（**図2**）。それを別の新規シートに「図」として貼り付ける（**図3**）。結果は画像と同じ扱いになるので、ドラッグ移動などは自由自在。通常のシートへの貼り付けと違って、列幅も元表の見た目通りに維持される。

文字が小さくならず、用紙も節約

顧客名	フリガナ	コード	郵便番号	住所	電話番号	携帯電話	メールアドレス1	メールアドレス2
和泉卓也	ｲｽﾞ ﾐﾀｸﾔ	51	233-0005	神奈川県横浜市港南区東X-X-X	(045)-825-0000	070-3624-XXXX	j3r290@te.example.com	fq947xx@example.com
松原昭弘	ﾏﾂﾊﾞﾗｱｷﾋﾛ	52	336-0932	埼玉県浦和市中尾X-X-X	(048)-875-0000	080-5733-XXXX	kxzzq@example.com	brz5@te.example.com
大坂穣	ｵｵｻｶｼﾞｮｳ	53	231-0853	神奈川県横浜市中区根岸X-X	(045)-672-0000	090-9335-XXXX	e8tpc@gui.example.com	xz4y8y@example.com
原義典	ﾊﾗﾖｼﾉﾘ	54	201-0003	東京都狛江市和泉本町X-X-X	(03)-9859-0000	090-6850-XXXX	zwv2727a@example.com	mi3j3j@te.example.com
向山元彦	ﾑｶｲﾔﾏﾊﾙﾋｺ	55	125-0052	東京都葛飾区柴又X-X-X	(03)-3608-0000	090-7965-XXXX	uvv4s@ha.example.com	a9fs@example.com
竹中章	ﾀｹﾅｶｱｷﾗ	56	267-0062	千葉県千葉市緑区小食町X-X-X	(043)-294-0000	090-3602-XXXX	sd77@ap.example.com	cwbb@ap.example.com

顧客名	誕生日	項目1	項目2	項目3	項目4	項目5	緊急連絡	緊急連絡電話	緊急携帯
和泉卓也	1981年7月28日	7	42	48	44	37	真鍋健二	(045)-365-0000	090-5318-XXXX
松原昭弘	1978年4月6日	37	30	46	43	1	日村聡	(0484)-73-0000	070-1657-XXXX
大坂穣	1978年8月10日	2	6	39	36	22	山野史郎	(0474)-37-0000	080-7136-XXXX
原義典	1987年10月15日	43	29	38	18	46	安西敏文	(0467)-85-0000	090-7256-XXXX
向山元彦	1964年2月21日	47	50	2	25	24	安倍司郎	(045)-321-0000	090-9851-XXXX
竹中章	1996年11月16日	36	9	50	9	35	小川茂	(047)-355-0000	060-3722-XXXX

横長の表を2段で印刷! 2段目も顧客名入り

図1 横長の表を用紙1枚に収めようとすると文字が小さくなるし、複数ページに分けるのも用紙の無駄。2段にして1枚の用紙に収める裏ワザを紹介しよう。2段目にも左端に顧客名を印刷する

次に1段目に該当する範囲のうち、顧客名を除いた列を削除する（**図4**）。すると2段目に相当する表になるので、1段目と同様にコピーして、「図」として図3右のシートに貼り付ける（**図5**）。もっと横長の表でも、同様の操作を繰り返せば3段、4段と積み重ねられる。元の表を残しておきたい場合は、別名で保存しよう。

細切れにして「図」として貼り付けていく

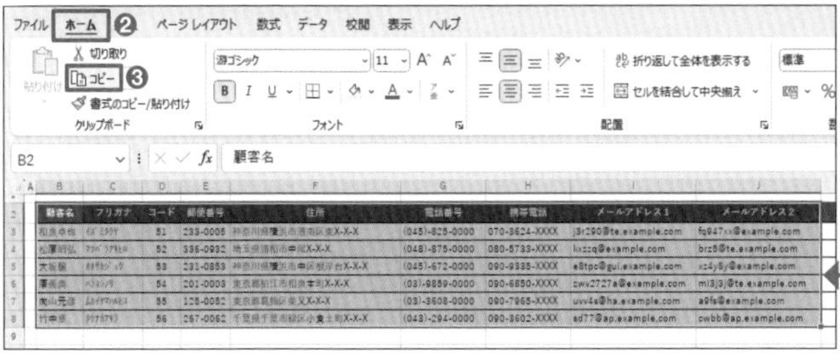

図2 1段目に印刷するセル範囲を選択し、「ホーム」タブの「コピー」ボタンをクリックする（❶～❸）

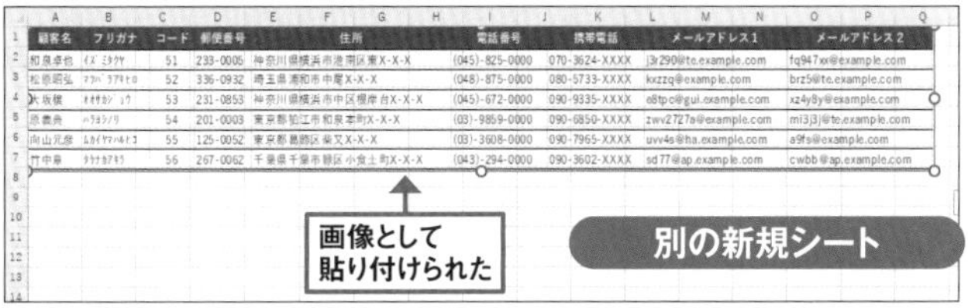

図3 別の新規シートを開き、「貼り付け」の「▼」メニューから「図」を選ぶと（❶❷）、コピー範囲が画像として貼り付けられる。内部をドラッグして移動、周囲の白丸をドラッグしてサイズ変更が可能だ

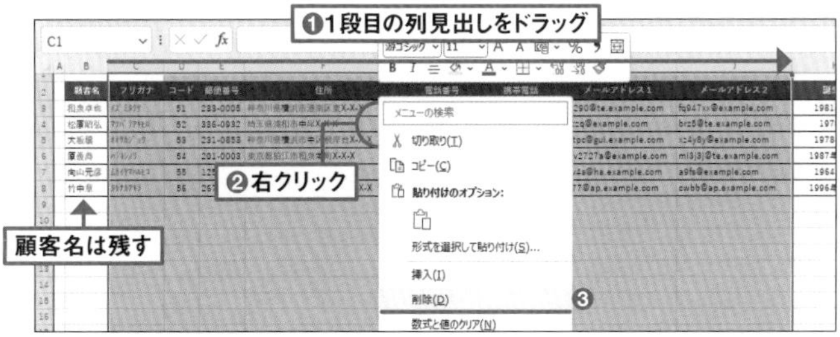

図4 元のシートに戻って、コピーした範囲のうち、顧客名を除いた列を丸ごと削除する（❶～❸）。作業途中でうっかり上書き保存しないように注意しよう

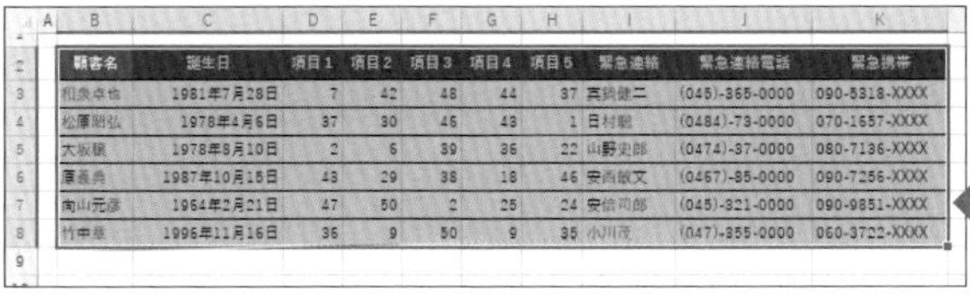

図5 図1下の2段目に相当する部分が残った。これも図3右の別シートに「図」として貼り付ける

グラフ編 “ダメダメ円グラフ”はデータラベルで一目瞭然

円グラフは構成比率を表すのに適している。エクセルでは簡単に作れるので、利用している人は多いだろう。しかし、簡単操作で作ったままの円グラフは、はっきりいってお粗末だ。**図1左上**が典型的な例。比率の概略はわかるが、何が何%だか具体的な数値がないのは不親切だ。また、どの扇形が何を指すのか、凡例と照らし合わせないとわからないのも問題。

ちょっとの手直しで圧倒的に見やすく変わる

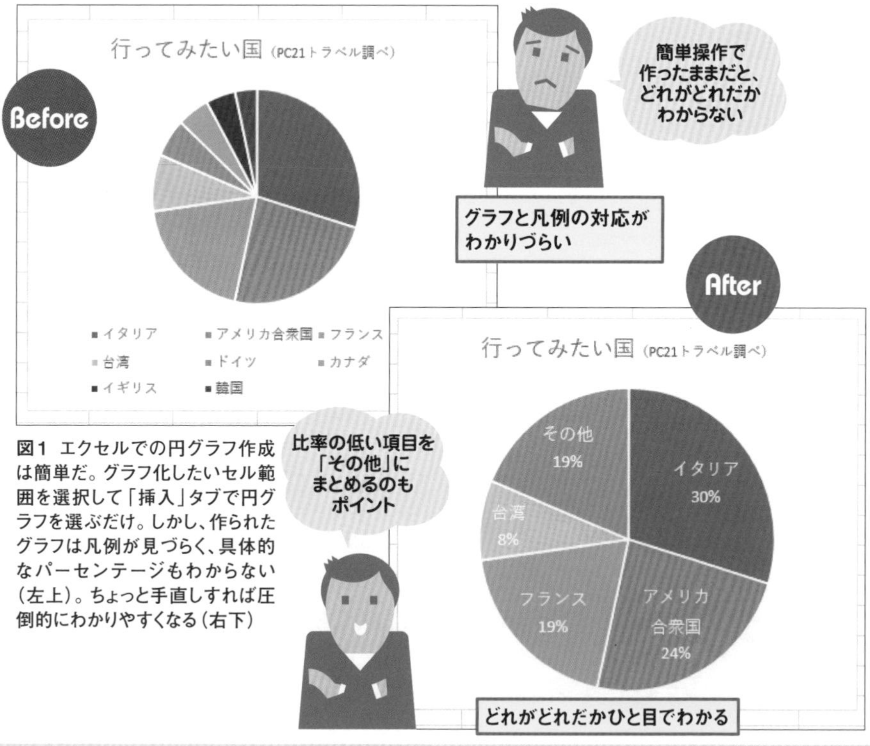

図1 エクセルでの円グラフ作成は簡単だ。グラフ化したいセル範囲を選択して「挿入」タブで円グラフを選ぶだけ。しかし、作られたグラフは凡例が見づらく、具体的なパーセンテージもわからない(左上)。ちょっと手直しすれば圧倒的にわかりやすくなる(右下)

ほんの数カ所の手直しで見違えるほどわかりやすく

これにちょっと手を加えたのが、**図1右下**だ。これなら項目名もパーセンテージも一目瞭然。下にあった凡例を省いたので、円自体を大きく表示できるメリットも生まれる。

グラフがわかりやすくなった理由はもう1つある。もうお気付きかもしれないが、比率が低い下位項目を「その他」にまとめてあるのだ。上位項目だけに注目してほしいグラフなら、データはなるべくシンプルにしたほうがわかりやすい。

一方で、下位項目にも言及したいときは、補助グラフを使う手がある。**図2**は下位項目の内訳を棒グラフで示した。こんなグラフもエクセルの標準機能で作成できる。順にやり方を見ていこう。

●下位の項目は補助グラフで表示

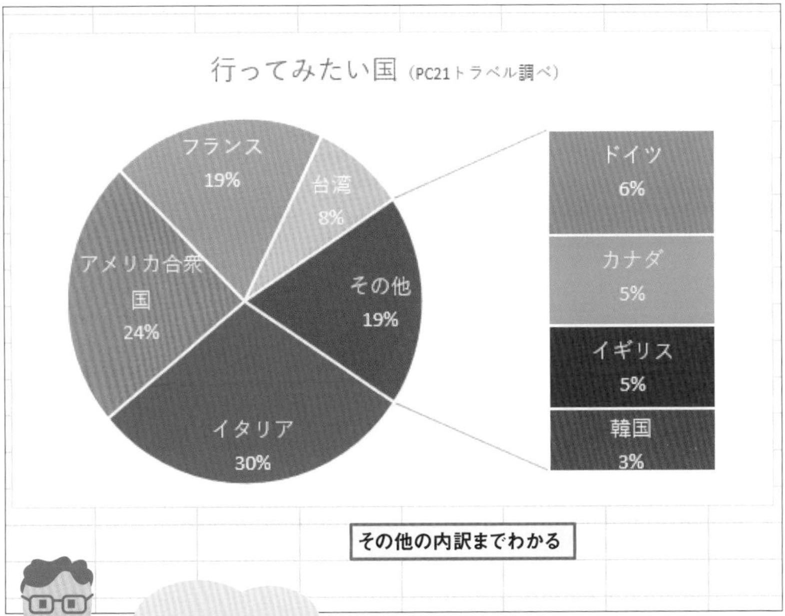

図2 パッと見て大まかな傾向がわかり、必要なら「その他」の内訳もわかる。そんなグラフが必要なら、補助グラフを活用しよう。作成直後のグラフを少し手直しするだけで、このようなグラフが完成する

ワンタッチでグラフを作成

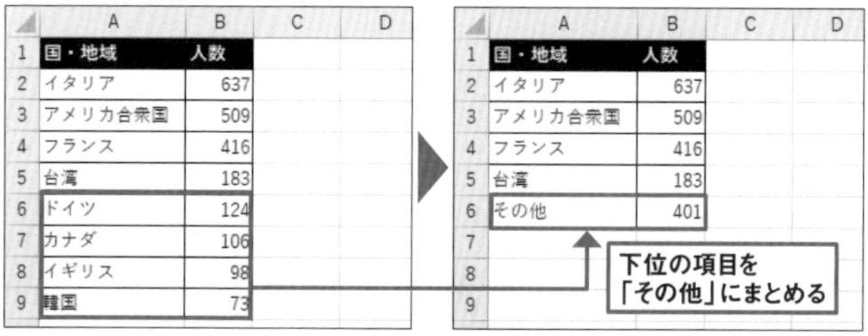

図3 図1で右下のグラフが見やすくなった理由の1つが、下位の項目を「その他」にまとめたこと。下位項目がそれほど重要でないなら、表の段階でまとめておこう

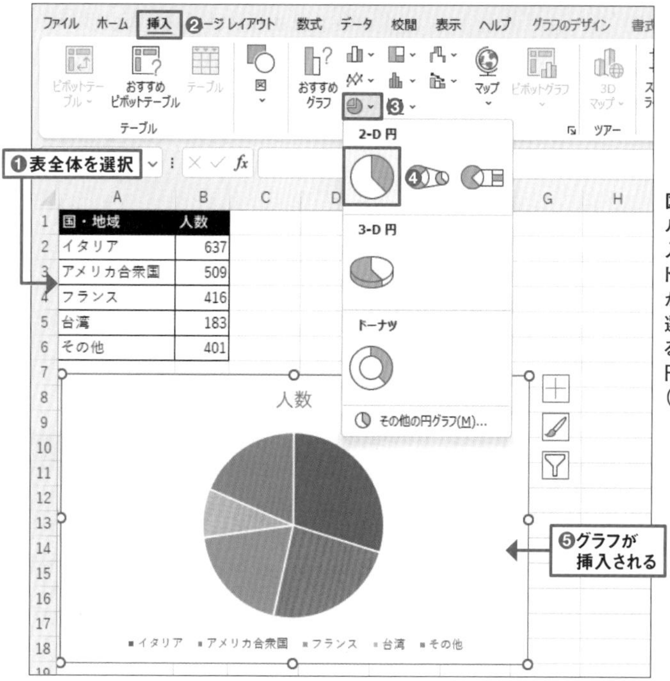

図4 グラフ化したいセル範囲を選択し、「挿入」タブの「円またはドーナツグラフの挿入」から「2-D円」の「円」を選択する（❶～❹）。すると、ワークシート内に円グラフが挿入される（❺）

下位項目を「その他」にまとめ、データラベルを追加する

まずは、図1右下の円グラフから作っていこう。すでに種明かししたように、このグラフのポイントは下位項目をまとめること。最初に表そのものを作り替えてしまおう（**図3**）。

表全体を選択して「挿入」タブで円グラフを選ぶと、円グラフが作成される（**図4**）。だが、図1左上と同じで、見やすさの点で物足りない。ここからの手直しが肝心だ。

タイトルと凡例を手早く修正

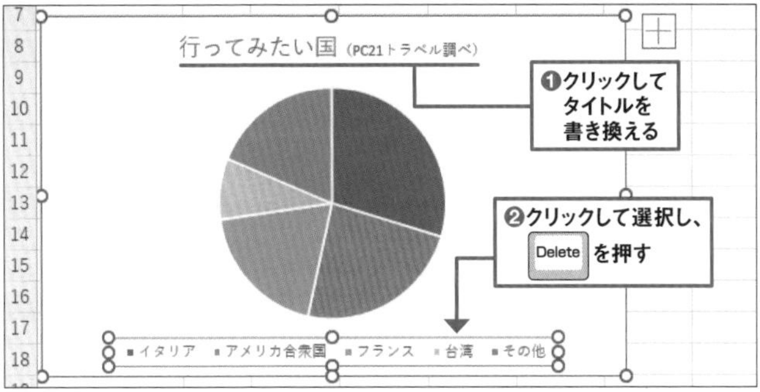

図5 グラフタイトルが適切でないときは、クリックして書き換える(❶)。フォントや文字サイズは「ホーム」タブのボタンで変えられる(1文字単位で変更可能)。次に凡例を選択し、「Delete」キーを押して消去する(❷)

項目名をわかりやすく表示

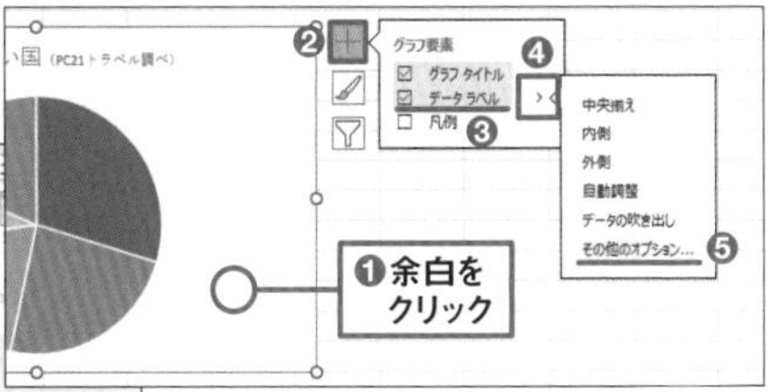

図6 余白部分をクリックしてグラフ全体を選択し、右上の「+」をクリックして「データラベル」をチェック(❶〜❸)。さらに右端のボタンからメニューを開き、「その他のオプション」を選択する(❹❺)

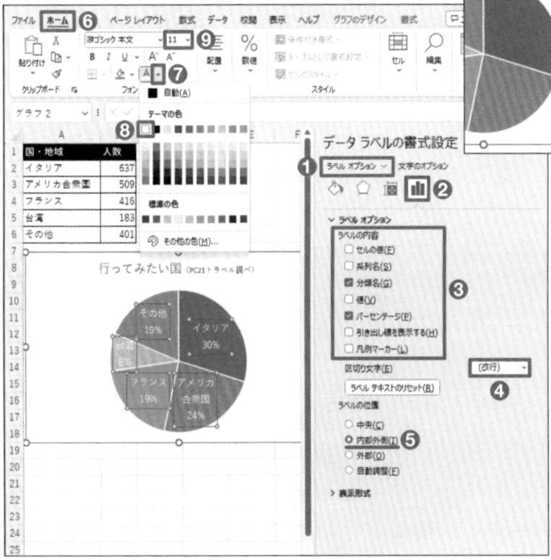

図7 「ラベルオプション」→「ラベルオプション」と選択し、表示したい項目だけにチェックを付ける(❶〜❸)。ここでは「分類名」と「パーセンテージ」をチェックした。「区切り文字」を「(改行)」に変え(❹)、ラベルの位置では「内部外側」を選択(❺)。「ホーム」タブでフォントの色とサイズを変更すれば完成だ(❻〜❾)

まずは、タイトルを適切なものに書き換えて、凡例を削除しよう(**図5**)。次に、「データラベル」を追加する。「グラフ要素」ボタンから「データラベル」→「その他のオプション」を選ぶと、「データラベルの書式設定」が開く(**図6**)。「ラベルオプション」で「分類名」と「パーセンテージ」だけをグラフの「内部外側」に表示しよう(**図7**)。「区切り文字」を「(改行)」にするときれいに仕上がる。続けて「ホーム」タブで文字の色やサイズを調整すれば完成だ。

補助棒グラフ付き円グラフを作成

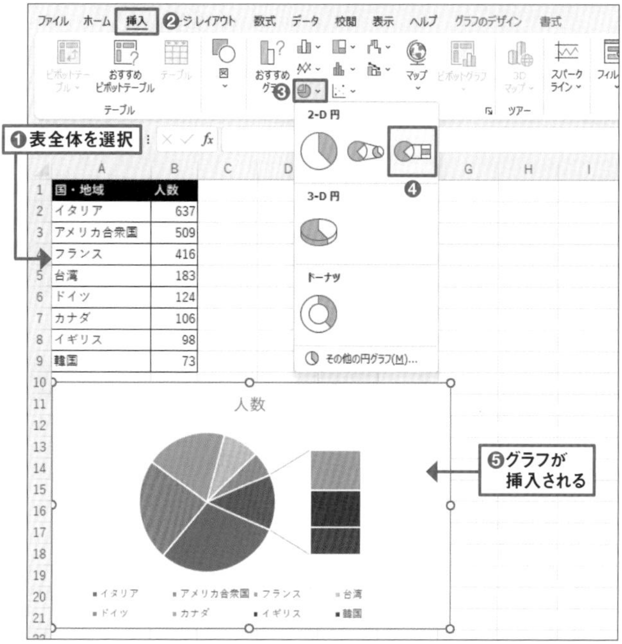

図8 円グラフに補助棒グラフを付けるには、表全体のセル範囲を選択し、「挿入」タブで「補助縦棒付き円」を選ぶ（❶〜❺）

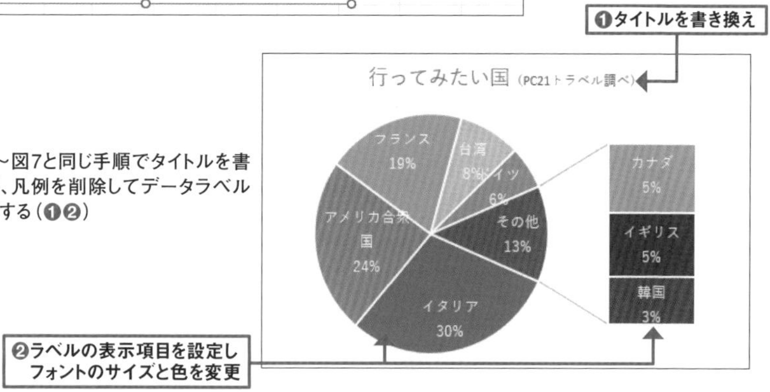

図9 図5〜図7と同じ手順でタイトルを書き換えたり、凡例を削除してデータラベルを付けたりする（❶❷）

円と補助棒の間隔やサイズ…バランスの調整がカギ

次に、補助棒グラフ付き円グラフの作り方を見ていこう。こちらも、ただ作るだけなら、「挿入」タブでグラフの種類を選ぶだけと極めて簡単だ（**図8**）。しかし、そのままではいまひとつなので、手直しを加えよう。先ほどと同様にタイトルを書き換え、凡例を削除して、データラベルを追加する（**図9**）。

グラフの間隔などを修正する

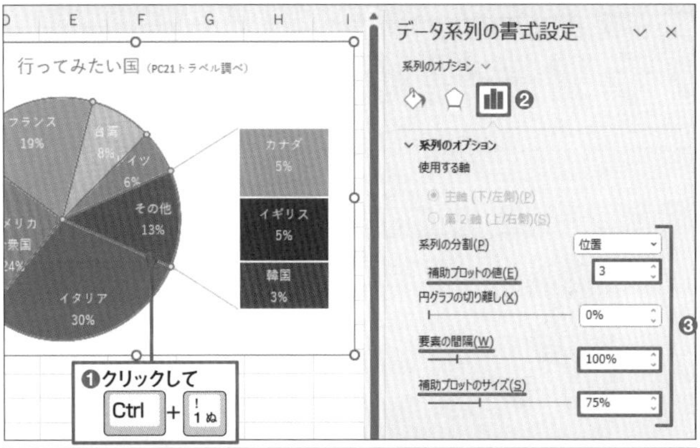

図10 円か棒をクリックして「Ctrl」+「1」キーを押し、「データ系列の書式設定」を開く(❶)。「系列のオプション」を選択し、補助棒グラフに含める項目の数や補助棒グラフの大きさなどを変更する(❷❸)

項目	内容
補助プロットの値	補助棒グラフに入れる項目の数
要素の間隔	円グラフと補助棒グラフの間隔
補助プロットのサイズ	補助棒グラフの大きさ

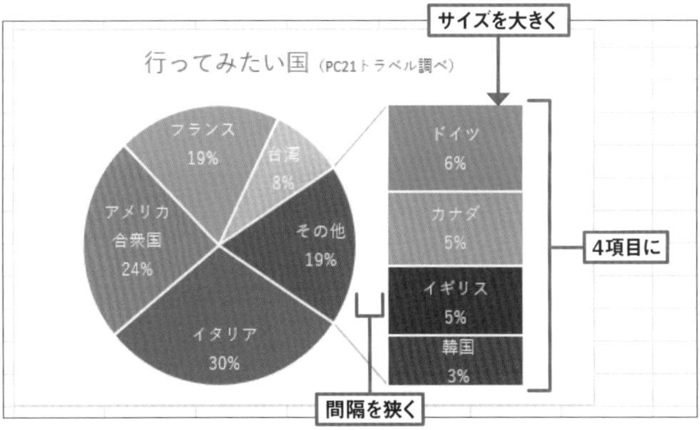

図11 ここでは補助棒グラフに含める項目を1つ増やし、補助棒グラフを大きくして、円グラフとの間隔を狭めてみた。細かい調整が利くのでいろいろ試してみよう

補助棒グラフについては、さらに細かい調整もできる。円または棒のデータラベル以外の部分をクリックし、「Ctrl」+「1」キーを押して「データ系列の書式設定」を開く(**図10**)。「補助プロットの値」を変更すると、補助棒グラフに入れる下位項目の数を増減できる。また、「要素の間隔」欄のパーセンテージを変更すると、円グラフと補助棒グラフの間隔を変えられる。そのほか、「補助プロットのサイズ」では補助棒グラフのサイズを変更可能。2つのグラフが最適なバランスとなるように調整しよう(**図11**)。

グラフ編

見違える! 棒&折れ線グラフ完璧修正術

見た目にインパクトのあるグラフを作ろう

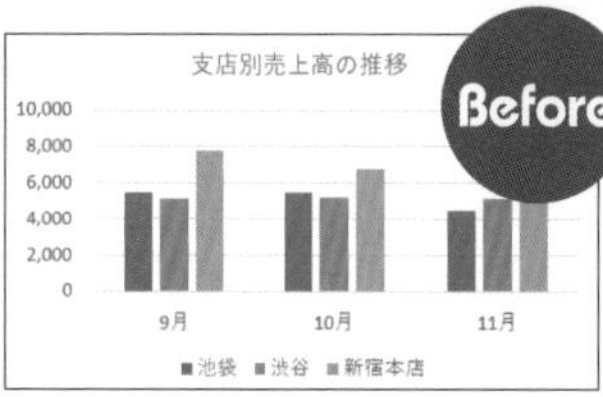

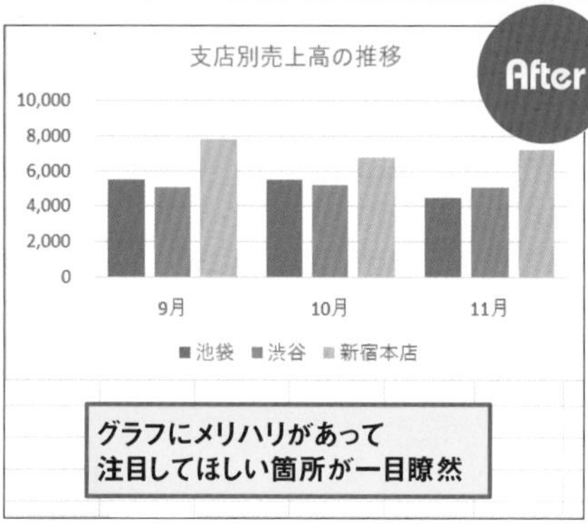

図1 上は集合縦棒グラフを作ってサイズと位置を調整し、文字サイズなどを整えた直後の状態。数値の差はわかるがメリハリがなくパンチ力に乏しい。右のように棒を太くすると安定感が出る。さらに、すべての棒グラフをモノトーンに変更し、注目してほしい棒だけ色を変えた

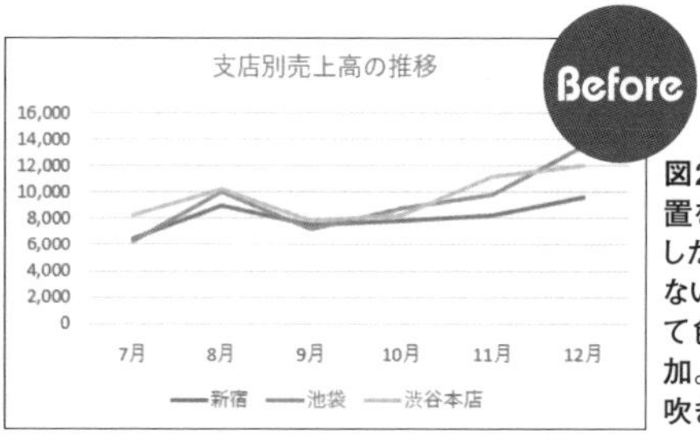

図2 左は折れ線グラフを作ってサイズと位置を調整し、図1右と同じようにモノトーンにしたところ。こちらも淡々としてパンチ力がない。下では注目してほしい折れ線を太くして色を変更し、数値のデータラベルを追加。特に右端のデータラベルを目立たせて吹き出しも描いた。さらに数値軸の最小値を4000にして、折れ線の変化を強調した

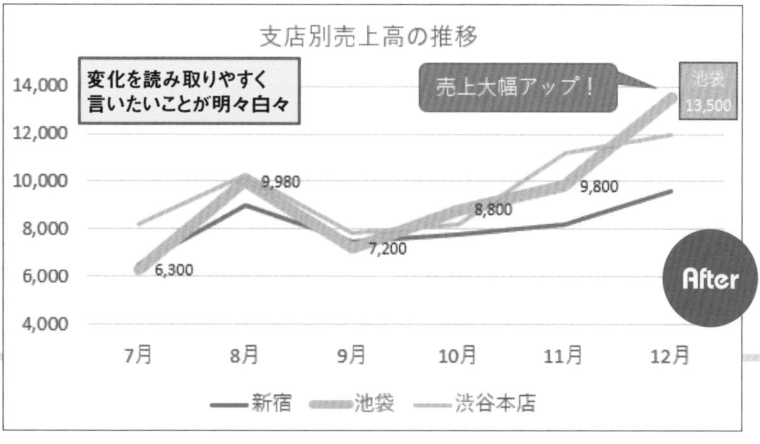

エクセルではグラフを簡単に作れる。初心者のために復習すると、グラフにしたいセル範囲を選択して「挿入」タブの「グラフ」欄でグラフの種類を選ぶだけ。操作で戸惑うところはない。

だが、簡単に作れたグラフに“説得力”があるかというと、話は別だ。「9月の新宿本店は突出して良かった」「池袋店の売り上げがぐんぐん伸びている」など、そのグラフを使って説明したい事柄をきちんと相手に伝えるためには、ひと工夫する必要がある（**図1**、**図2**）。

それに加えて見た目も肝心。「棒グラフの棒が細すぎて間隔が空き気味」「複数の折れ線が重なって見づらい」など、簡単操作で作った直後のグラフには不満な点が多々あるはずだ。人を説得したいなら、そうした不備をことごとくつぶしておいたほうがよい。

棒を太くして安定感を出す

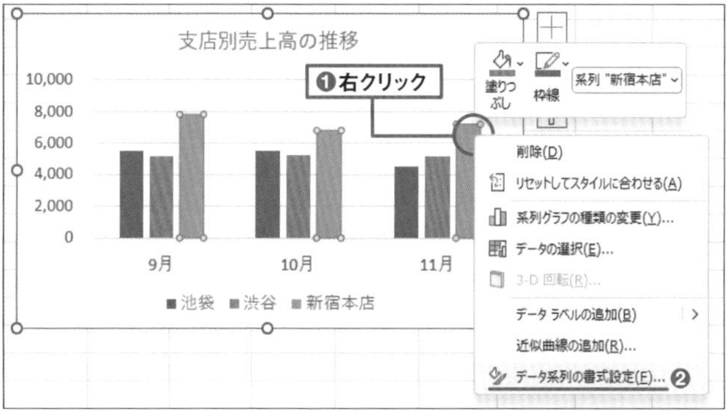

図3 いずれかの棒を右クリックして「データ系列の書式設定」を選び（❶❷）、設定パネルを開く。棒を選択して「Ctrl」+「1」キーを押してもよい

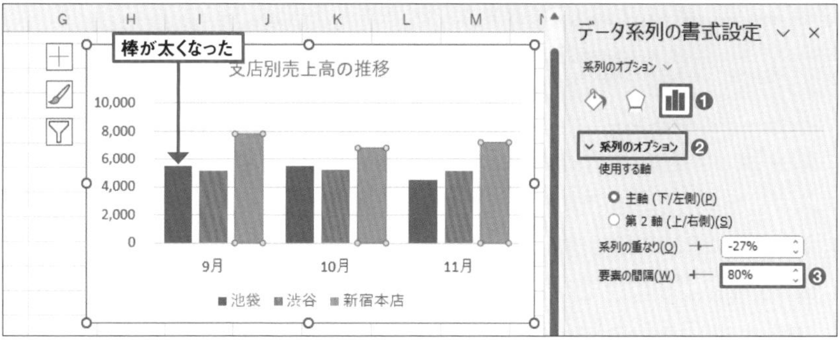

図4 設定パネルの内容は選択対象に応じて変化する。今は「データ系列の書式設定」だ。「系列のオプション」の「要素の間隔」で棒の太さを調整（❶～❸）。数値が小さいほど太くなる

注目してほしい棒を目立たせる

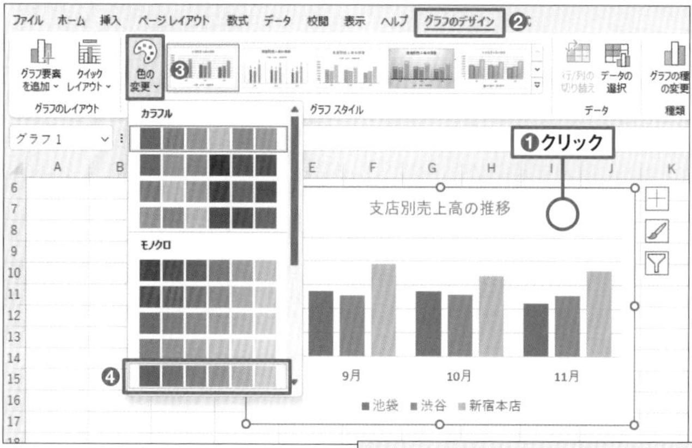

図5 グラフを選択して、「グラフのデザイン」タブにある「色の変更」を押す（❶～❸）。単色に変更したいときは「モノクロ」の一覧から選ぶが、ここでは青系統にした（❹）

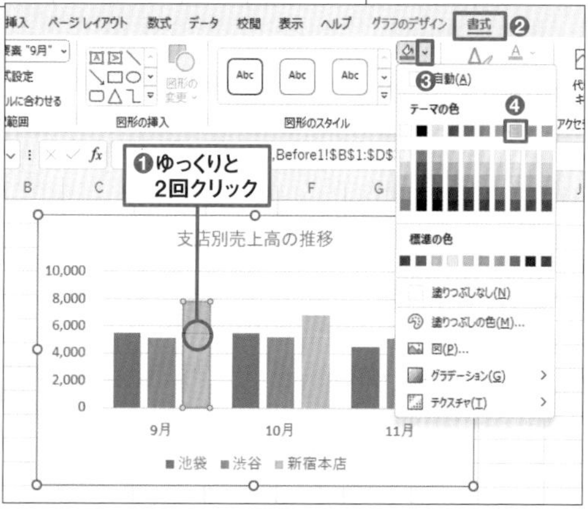

図6 目立たせたい棒をゆっくりと2回クリックすると、その棒だけを単独で選択できる（❶）。その状態で「書式」タブにある「図形の塗りつぶし」の「▼」を押して色を変更する（❷～❹）。外枠線の色を変えたいときは、すぐ下にある「図形の枠線」を使う

グラフの説得力は書式で決まる! 吹き出しも効果は大

具体的にいうと、グラフの説得力は書式設定で決まる。棒の太さ、折れ線の色、折れ線に添える数値（データラベル）、縦軸（数値軸）の目盛りなど、グラフを構成する部品（グラフ要素）の書式が肝要だ。ポイントを解説していこう。

まずは棒グラフの棒の太さ。部品の書式を変更するには、その部品を右クリックして「○○の書式設定」（棒の場合は「データ系列の書式設定」）を選ぶ（前ページ**図3**）。画面右側に設定パネルが開く。

棒の太さは「系列のオプション」にある「要素の間隔」で調整する（**図4**）。数値を小さくして間隔を狭めるほど棒は太くなる。

縦軸の目盛りを変えて変化を強調

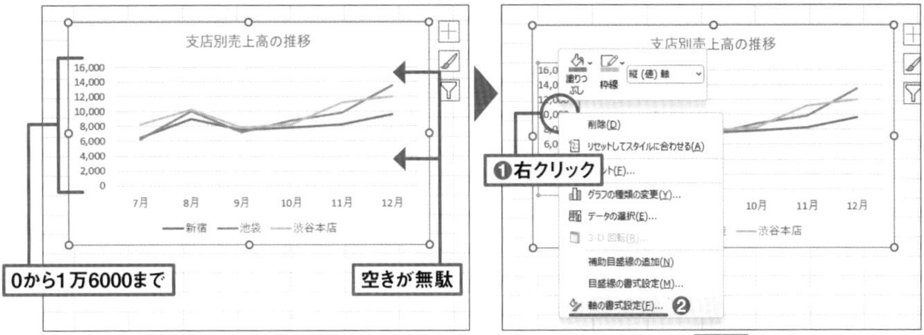

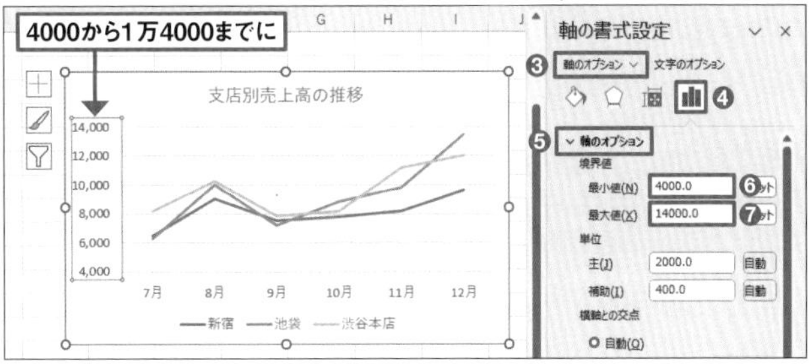

図7 縦軸（数値軸）が自動で決められたので、グラフの上と下に無駄な余白がある。数値軸もしくはその軸ラベルを右クリックして「軸の書式設定」を選択（❶❷）。設定パネルの「軸のオプション」で「最小値」を「4000」、「最大値」を「14000」にする（❸〜❼）

注目してほしい折れ線を目立たせる

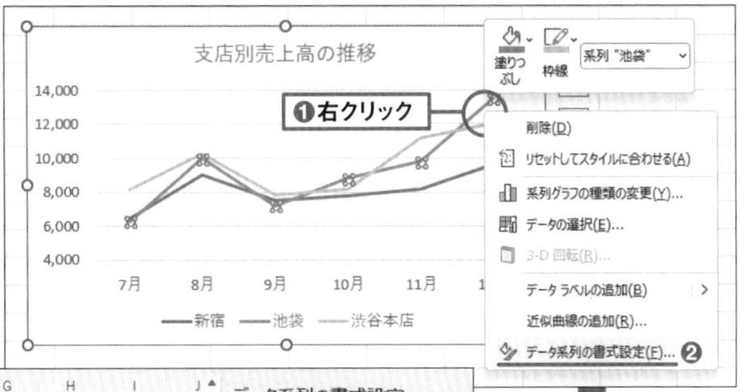

図8 注目してほしい折れ線を右クリックして「データ系列の書式設定」を選ぶ（❶❷）。設定パネルの「塗りつぶしと線」にある「線」の「色」を黄色系に変え（❸〜❺）、「幅」を「6pt」にする（❻）

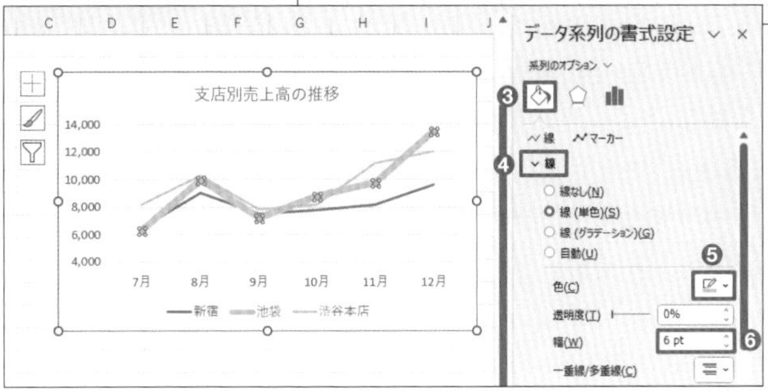

特定の折れ線にデータラベルを追加

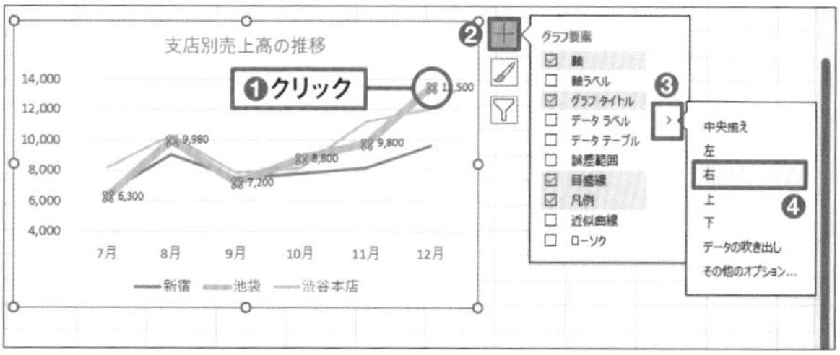

図9 データラベルを追加したい折れ線をクリックし（❶）、「グラフ要素」の「データラベル」から「右」を選ぶ（❷〜❹）。なお、グラフ全体を選択した状態だとすべての折れ線にデータラベルが付く

●特定のデータラベルを目立たせる

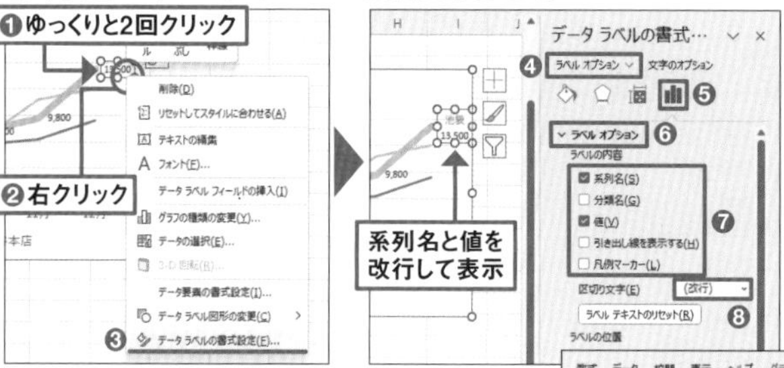

図10 右端のデータラベルをゆっくりと2回クリックして単独で選択（❶）。さらに右クリックして「データラベルの書式設定」を選ぶ（❷❸）。「ラベルオプション」で「系列名」と「値」だけにチェックを入れ、「区切り文字」で「（改行）」を選ぶ（❹〜❽）

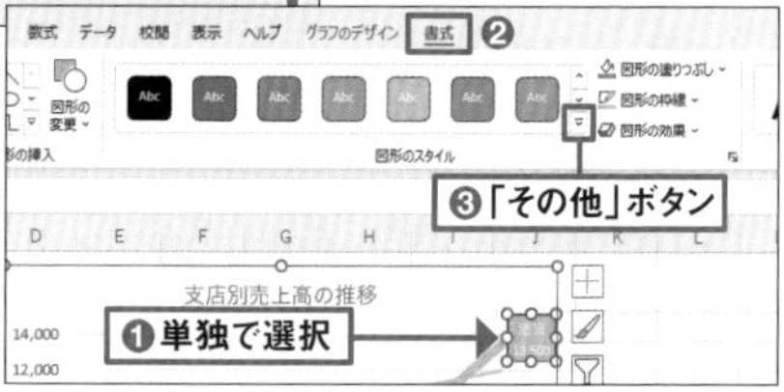

図11 色を変えたいときは、データラベルを単独選択して「書式」タブにある「図形のスタイル」から選ぶのが簡単だ（❶❷）。「その他」ボタンを押すと一覧メニューが開く（❸）。文字サイズは「ホーム」タブの「フォントサイズ」などで変更可能。位置はドラッグして変えられる

注目してほしい棒を目立たせたいときは2段階で工夫する。まず、グラフ全体をモノトーンに変え（前々ページ**図5**）、目立たせたい棒だけ色を変更する（**図6**）。

グラフの縦軸の目盛りは、エクセルが元表から自動的に判断して決めている。折れ線グラフの上と下が空きすぎるときは、自分で最大値と最小値を指定しよう。こちらは「軸の書式設定」を使う（**図7**）。最大値を小さくして最小値を大きくすると、折れ線の動きが大きくなり変化がわかりやすくなる。

特定の折れ線だけを目立たせる方法は棒グラフと同じ要領だ（**図8**）。折れ線の場合、線の幅も変更できる。

データラベルなどのグラフ要素を追加するときは、「グラフ要素」ボタンを使う（**図9**）。すべての折れ線にデータラベルを付けるとうるさくなるので、ここでは注目してほしい折れ線だけに付けた。

吹き出しはグラフを選択してから追加する

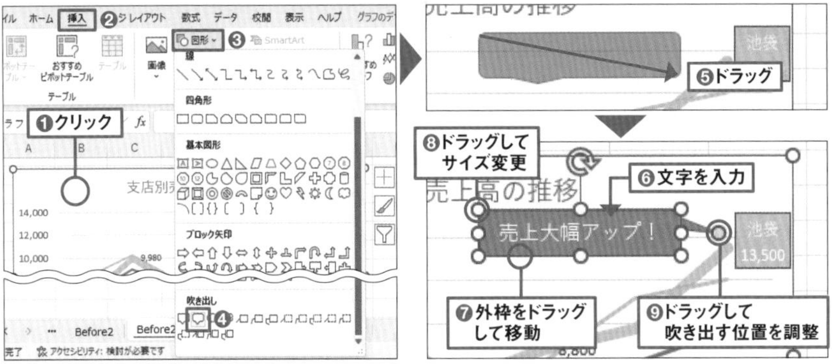

図12 グラフをクリックして選択し、「挿入」タブの「図形」から好みの吹き出しを選ぶ（❶〜❹）。グラフを選択せずに図形を描くと、グラフを動かしたとき一緒に移動しないので注意する。マウスポインターが細十字になったら、グラフ上をドラッグして図形を描き、文字を入力する（❺❻）。図形の移動は外枠をドラッグ、サイズ変更は周囲の白丸をドラッグすればよい（❼❽）。黄色い丸をドラッグして吹き出す位置を調整し（❾）、図11と同様に色などを変えた

積み上げた合計の数値を表示する

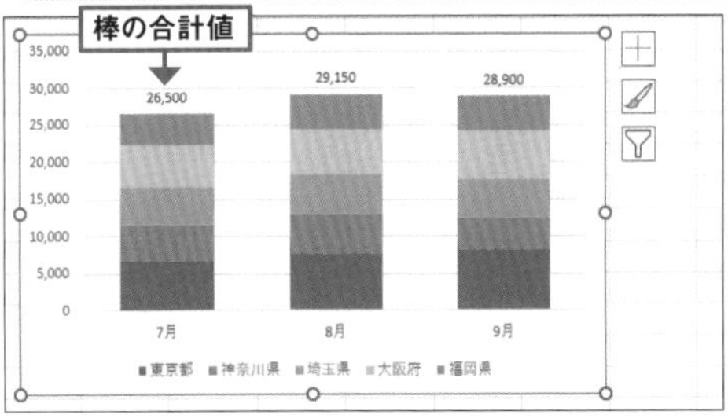

図13 積み上げ縦棒グラフの上端に合計値を添える裏ワザを紹介しよう。テキストボックスで描くよりも柔軟なやり方がある

データラベルも書式変更が可能だ。**図10**では一番右端にあるデータラベルの書式を変えて、項目名（系列名）と値を改行して表示。さらに色を変更した（**図11**）。特定の部品を目立たせたいときは、「図形のスタイル」で配色を変えるのが手っ取り早い。

説明書きを加えたいときは、吹き出しなどの図形を追加しよう（**図12**）。その場合は、必ずグラフを選択した状態で挿入する。そうすると図形がグラフと一体化し、グラフを動かすと図形も連動する。

最後に実用的なテクニックを2つ紹介しよう。まずは、積み上げ縦棒グラフの上部に、棒の合計値を表示する方法だ（**図13**）。テキストボックスよりも柔軟なやり方がある。

積み上げ合計値の裏ワザ――ラベルだけ残して棒を透明に

最初に合計も含めて積み上げ縦棒グラフを作るのがポイント（**図14**）。その後、合計の棒（データ系列）だけにデータラベルを表示して（**図15**）、棒を透明にする（**図16**）。合計の棒は見えないだけなので、そのままだと縦軸の目盛りが自動調整されない。自分で最大値を変更しよう（**図17**）。最後に凡例の「合計」を削除すれば完成だ（**図18**）。

2つめは、縦棒グラフで長い項目名が斜めになってしまう問題の解決策。項目名を縦書きにして（**図19、図20**）、適切な箇所で改行すればよい。元表の項目名でセル内改行するのがポイントだ（**図21**）。

●合計も一緒にグラフ化して透明にする

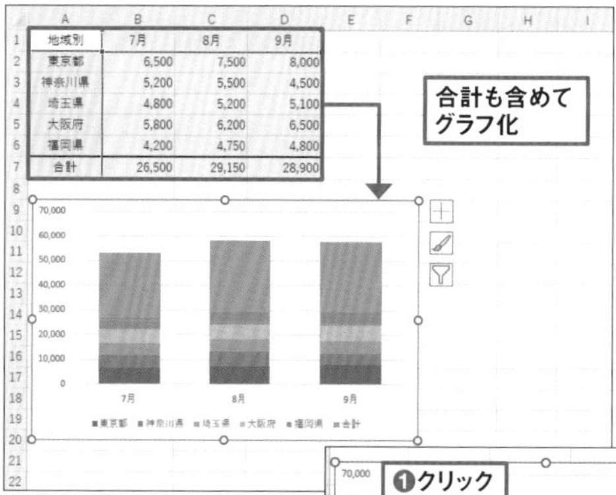

図14 合計も含めた表全体を選択し、「挿入」タブの縦棒グラフボタンから「積み上げ縦棒」グラフを作る。その後、「グラフのデザイン」タブの「行/列の切り替え」で横軸を月に変え、棒の太さなどを調整した（「データの系列の書式設定」の「要素の間隔」を80％にし、グラフタイトルを削除）

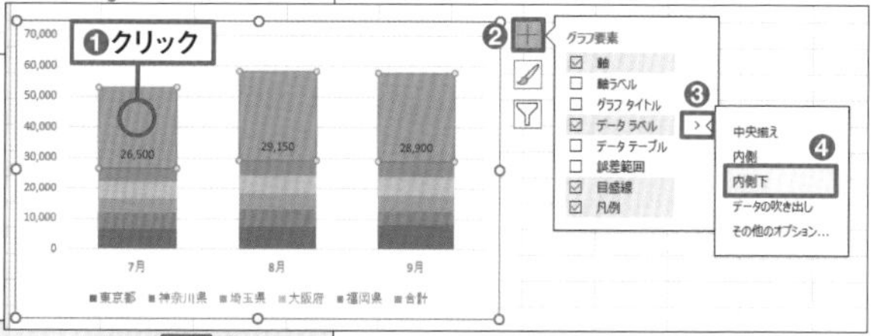

図15 合計の緑棒を選択し、図9と同じ要領で「内側下」にデータラベルを追加する（❶～❹）

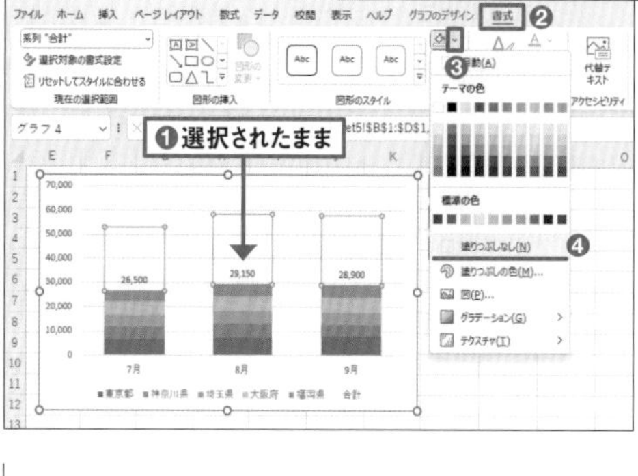

図16 合計の棒が選択された状態のまま、「書式」タブにある「図形の塗りつぶし」メニューから「塗りつぶしなし」を選ぶ（❶～❹）。棒に外枠線がある場合は、「図形の枠線」も「枠線なし」にする

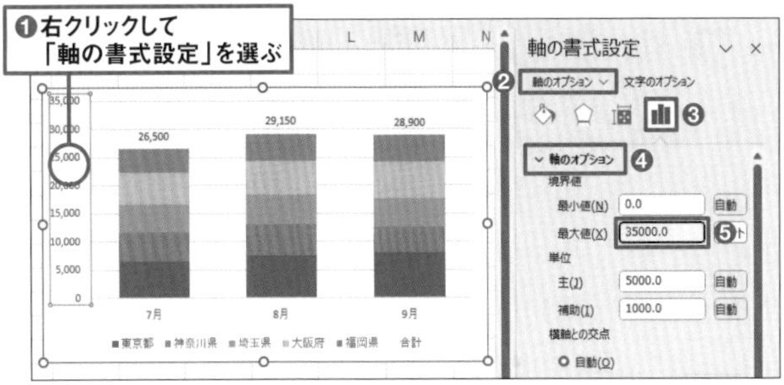

図17 そのままでは縦軸のバランスが悪いので、図7と同じ要領で縦軸の「最大値」を「35000」に変更する（❶～❺）

図18 凡例の「合計」をゆっくりと2回クリックすると単独で選択できる。「Delete」キーを押して消せば完了だ

長い項目名を縦書きで折り返す

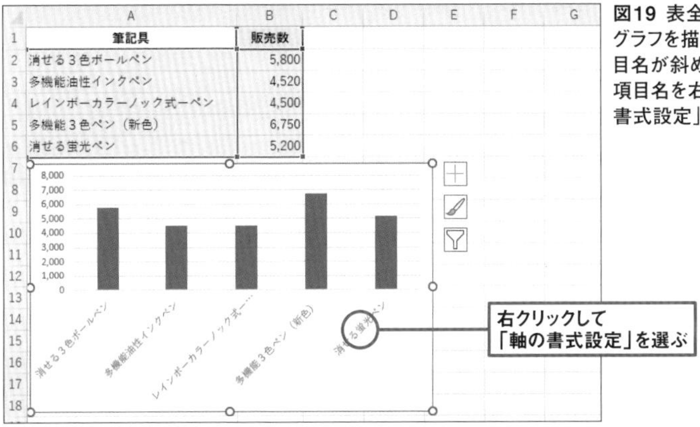

図19 表全体を選択して縦棒グラフを描いたところ。長い項目名が斜めになってしまった。項目名を右クリックして「軸の書式設定」を選ぼう

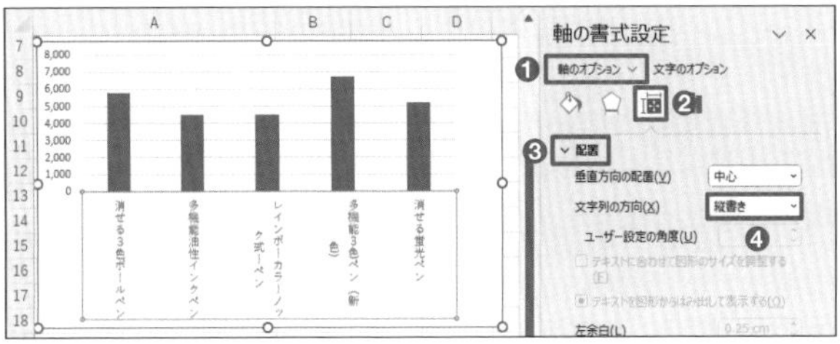

図20「軸のオプション」の「サイズとプロパティ」にある「配置」で「文字列の方向」を「縦書き」にする（❶～❹）

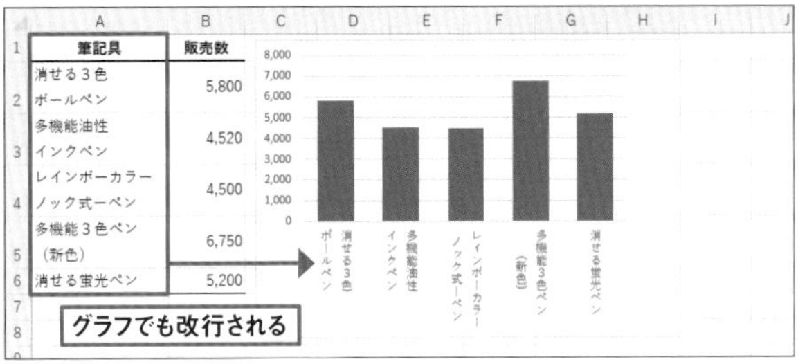

図21 改行位置のバランスが悪いときは元表を直す。「Alt」+「Enter」キーでセル内改行すると、グラフにも反映される。ここでは棒の太さも調整した

Column

便利な小ワザ ピープルグラフで美しい絵グラフを作る

エクセル標準のグラフ機能とは別に、アドイン（拡張機能）を使って美しい絵グラフを手軽に作成する方法を紹介しよう（**図1**）。今回使うのは「ピープルグラフ」というアドインだ。人や金貨袋といったアイコンや配色などのデザインがいろいろ用意されていて、シンプルな手順で多彩なビジュアルグラフを作成できる。

「ホーム」タブの右端にある「アドイン」をクリックし、「People Graph」を選ぶとワンタッチで絵グラフが挿入される（**図2**）。最初は仮のデータでグラフが作られるので、タイトルを書き換えて、グラフ化したいセル範囲を選択する（**図3**）。

必要に応じて、周囲の白丸をドラッグしてサイズを変更しよう（**図4**）。右上にある歯車アイコンを押すと、デザインやアイコンなどの書式を変更できる（**図5**）。アイコンの種類にはハートや星、時計、家、ダイヤモンドなどがある。

ただし、この機能で作成できるグラフは限定的だ。ここで紹介したように、地域と入場者数など、1つの項目と1つの数値の2列分のデータにしか対応していない。

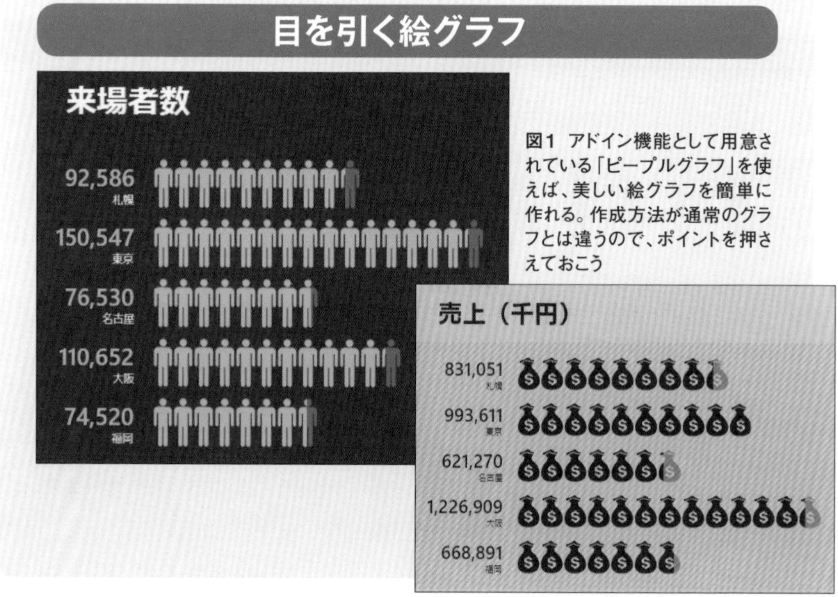

図1 アドイン機能として用意されている「ピープルグラフ」を使えば、美しい絵グラフを簡単に作れる。作成方法が通常のグラフとは違うので、ポイントを押さえておこう

ピープルグラフを作成する

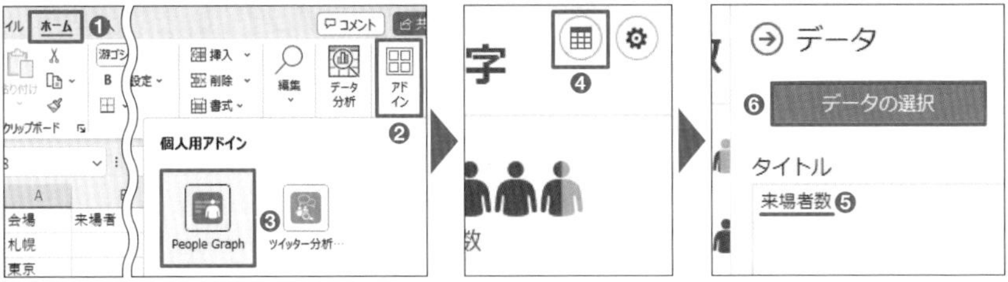

図2 「ホーム」タブの「アドイン」をクリックし、「People Graph」をクリック（❶～❸）。絵グラフが挿入されたら、余白をクリックしてアイコンを表示し、右上の表アイコンを押す（❹）。タイトルを書き換えて（❺）、「データの選択」を押す（❻）

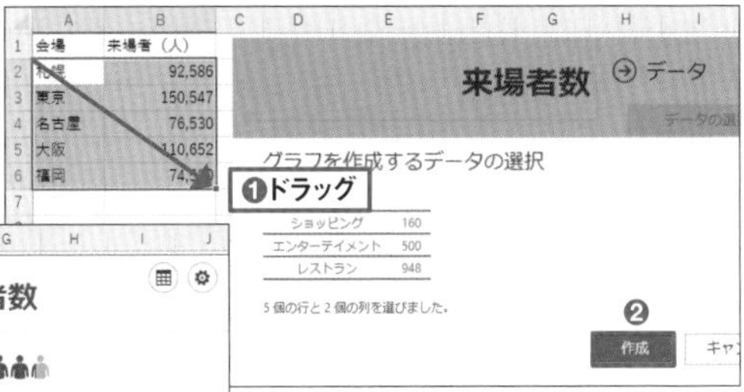

図3 グラフ化したいセル範囲をドラッグし、「作成」を押す（❶❷）

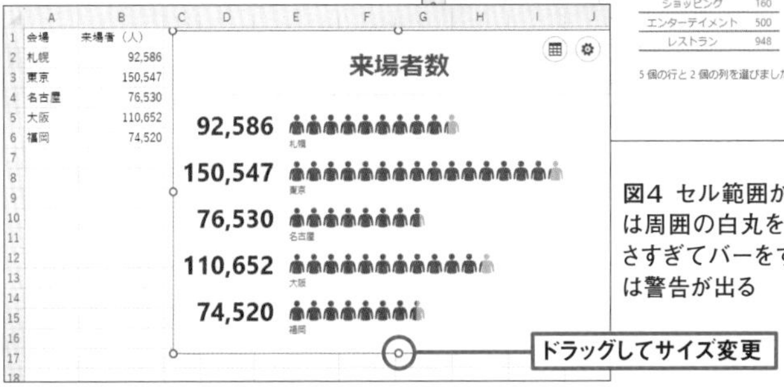

図4 セル範囲が絵グラフになった。大きさは周囲の白丸をドラッグして変更する。小さすぎてバーをすべて表示しきれないときは警告が出る

グラフの種類や図形を変更する

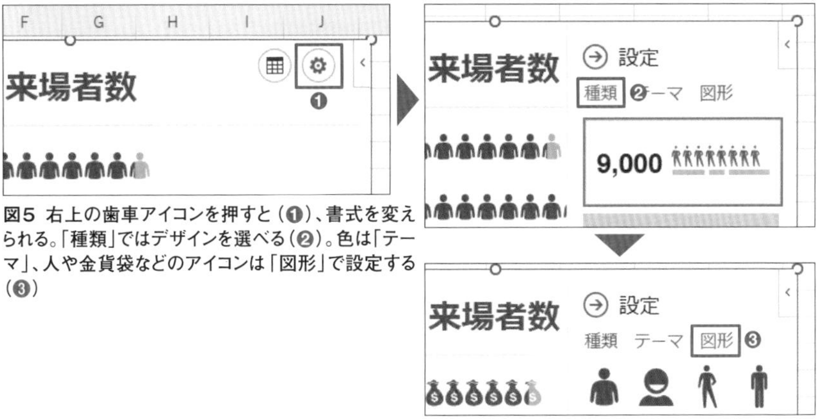

図5 右上の歯車アイコンを押すと（❶）、書式を変えられる。「種類」ではデザインを選べる（❷）。色は「テーマ」、人や金貨袋などのアイコンは「図形」で設定する（❸）

作図編

チャート作りのツボは「配置」と「統一感」

物事をわかりやすく説明したいときに役立つチャート（図解）。四角形や矢印など単純な図形を組み合わせるだけでも、見やすいチャートを作ることはできる。そのときに肝心なのが、構成部品の大きさと位置の統一感だ（**図1**）。同種の部品のサイズを統一し、位置と間隔を揃えるだけでずっときれいに見えるようになる（**図2**）。

数値指定と「配置」ボタンでサイズと位置を統一する

まずは図形の大きさを効率良く揃えよう。複数の図形をまとめて選択し、「サイズ」欄に数値を入力すれば、一気にサイズを統一できる（**図3**）。

「シンプルだけどきれいで見やすい」を目指そう

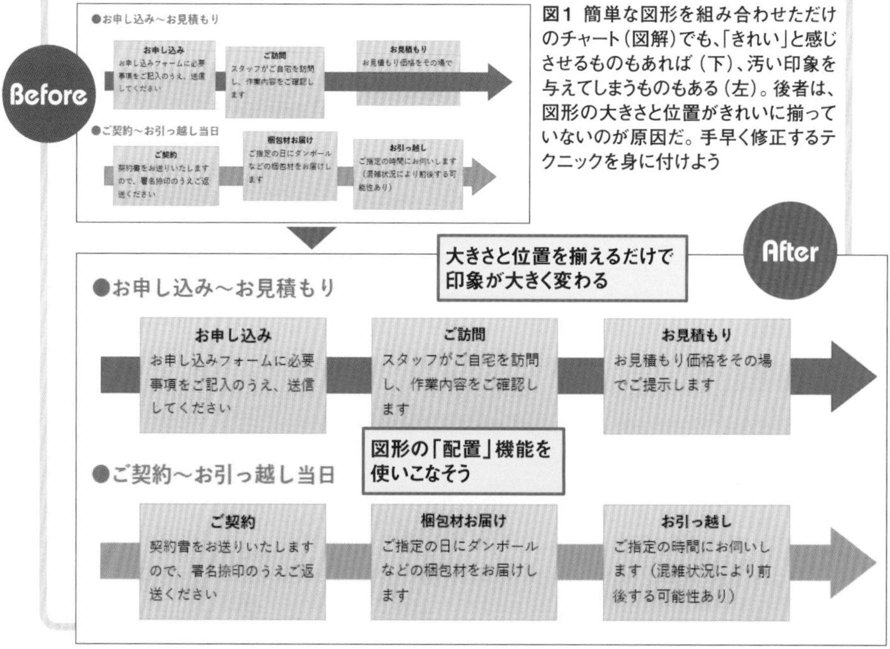
Before
●お申し込み～お見積もり
お申し込み
お申し込みフォームに必要事項をご記入のうえ、送信してください
ご訪問
スタッフがご自宅を訪問し、作業内容をご確認します
お見積もり
お見積もり価格をその場で
●ご契約～お引っ越し当日
ご契約
契約書をお送りいたしますので、署名捺印のうえご返送ください
梱包材お届け
ご指定の日にダンボールなどの梱包材をお届けします
お引っ越し
ご指定の時間にお伺いします（混雑状況により前後する可能性あり）
After
大きさと位置を揃えるだけで
印象が大きく変わる
●お申し込み～お見積もり
お申し込み
お申し込みフォームに必要事項をご記入のうえ、送信してください
ご訪問
スタッフがご自宅を訪問し、作業内容をご確認します
お見積もり
お見積もり価格をその場でご提示します
図形の「配置」機能を
使いこなそう
●ご契約～お引っ越し当日
ご契約
契約書をお送りいたしますので、署名捺印のうえご返送ください
梱包材お届け
ご指定の日にダンボールなどの梱包材をお届けします
お引っ越し
ご指定の時間にお伺いします（混雑状況により前後する可能性あり）

図1 簡単な図形を組み合わせただけのチャート（図解）でも、「きれい」と感じさせるものもあれば（下）、汚い印象を与えてしまうものもある（左）。後者は、図形の大きさと位置がきれいに揃っていないのが原因だ。手早く修正するテクニックを身に付けよう

●汚く見える4大原因をスマートに解消

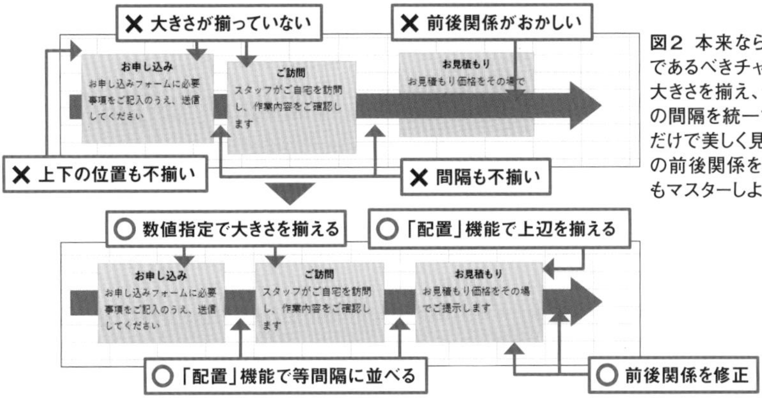

図2 本来なら同じ大きさであるべきチャート部品の大きさを揃え、部品と部品の間隔を統一すると、それだけで美しく見える。図形の前後関係を変える方法もマスターしよう

数値指定で大きさを揃える

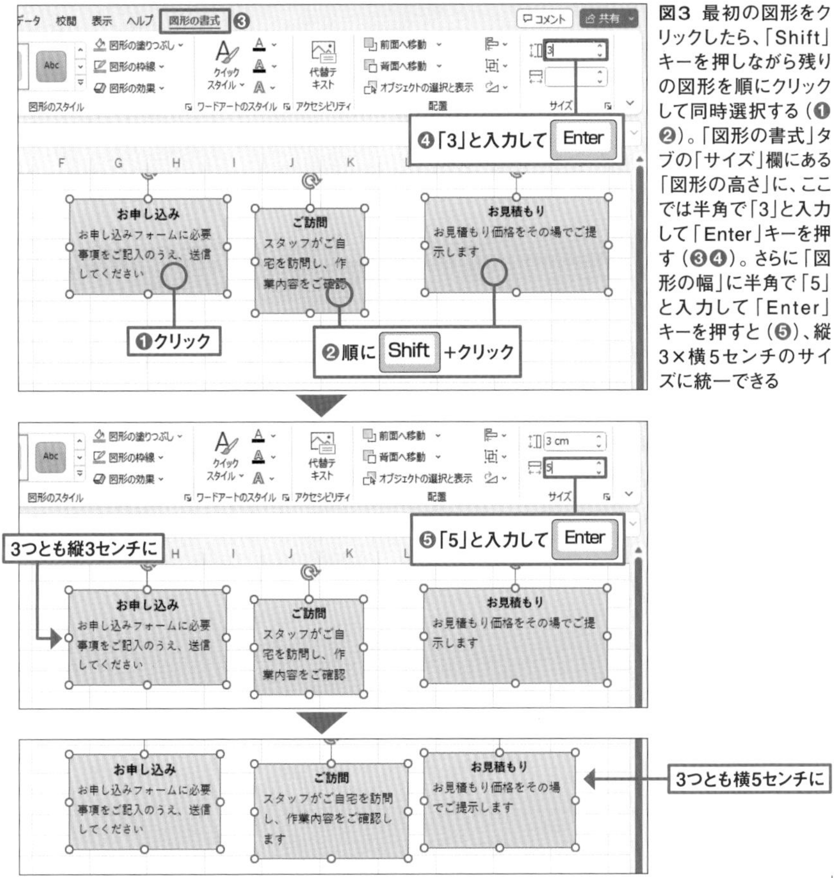

図3 最初の図形をクリックしたら、「Shift」キーを押しながら残りの図形を順にクリックして同時選択する（❶❷）。「図形の書式」タブの「サイズ」欄にある「図形の高さ」に、ここでは半角で「3」と入力して「Enter」キーを押す（❸❹）。さらに「図形の幅」に半角で「5」と入力して「Enter」キーを押すと（❺）、縦3×横5センチのサイズに統一できる

図形の位置関係を整えるときは、複数図形を同時選択して「図形の書式」タブにある「配置」ボタンを使う。例えば「上揃え」を選ぶと各図形の上辺が横一直線に並び、「左右に整列」にすると等間隔に並ぶ（**図4、図5**）。また、後から描いた図形を一番後ろ側に配置したいときは、「最背面へ移動」を選べばよい（**図6**）。

完成したチャートを使い回したいときは、「グループ化」しよう（**図7**）。全体を1つの図形として扱え、ドラッグ移動などができる。その状態で複製するのが手っ取り早い（**図8**）。

「配置」ボタンで位置を揃える

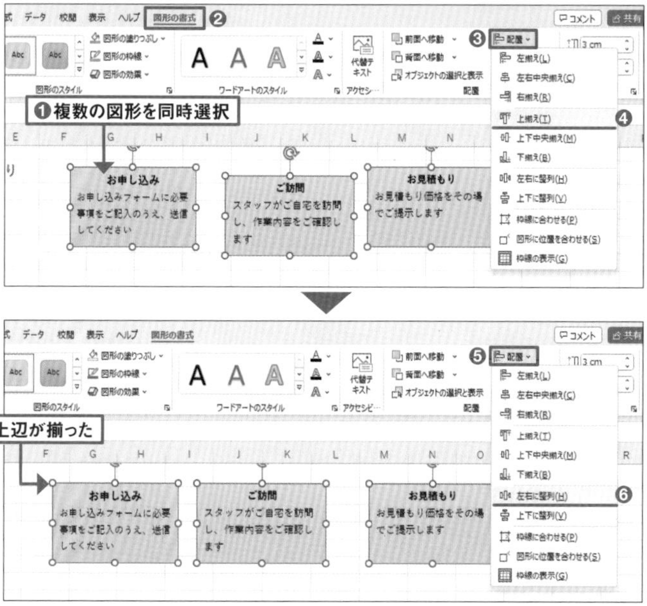

図4 複数の図形を選択した状態で、「図形の書式」タブの「配置」ボタンから「上揃え」を選ぶ（❶〜❹）。これで図形の上辺が横一直線に並ぶ。今回は3つとも同じ高さなので「上下中央揃え」を選んでもよい。続けて「配置」ボタンから「左右に整列」を選択する（❺❻）

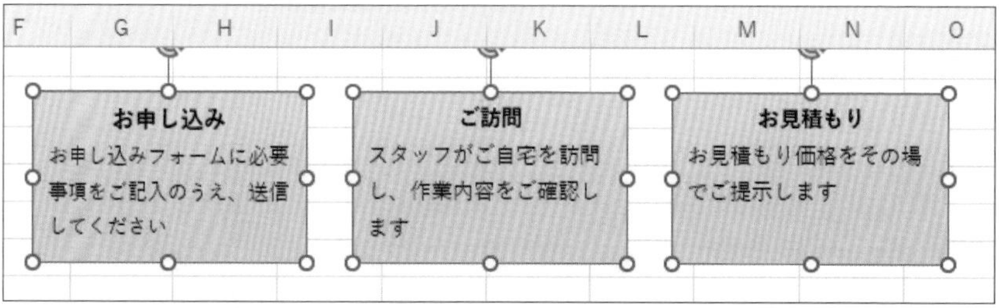

図5 3つの図形が等間隔に並んだ。間隔を調整したいときは、右端もしくは左端の図形の横位置を変えてから「左右に整列」を実行する

図形の前後関係を変える

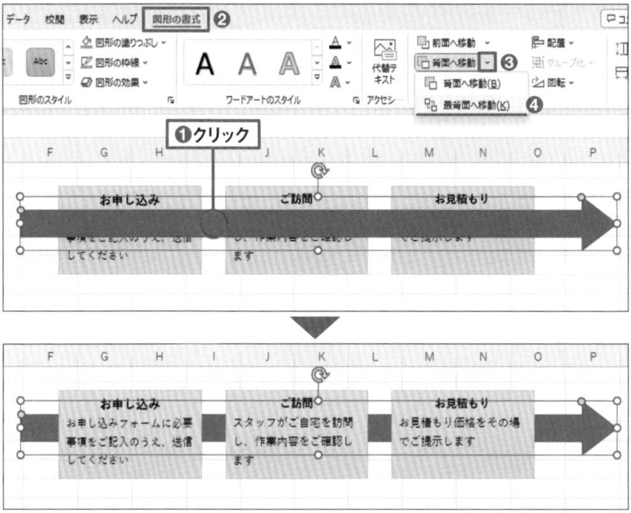

図6 後から描いた図形は一番前面に来る。背面に置きたいときは、図形を選択して「図形の書式」タブの「背面へ移動」ボタンの「▼」メニューから「最背面へ移動」を選ぶ（❶〜❹）

「グループ化」すれば複製も簡単に

図7 複数の図形を選択した状態で、「図形の書式」タブの「グループ化」ボタンから「グループ化」を選ぶ（❶〜❹）

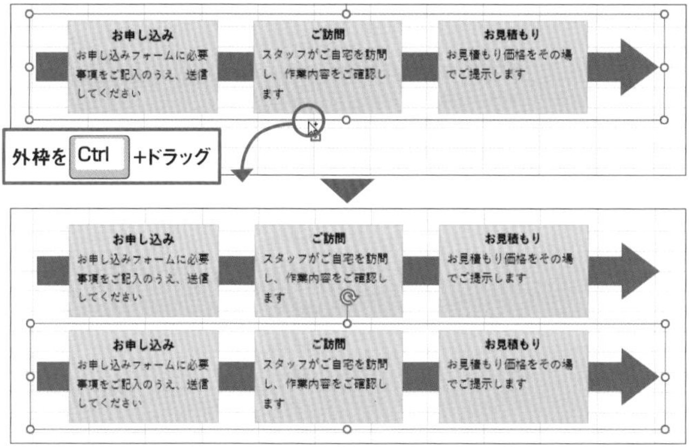

図8 グループ化した図形はあたかも1つの図形であるかのように扱える。「Ctrl」キーを押しながら外枠をドラッグすると、グループ化した図形全体を複製できる

ハイパーリンク編

ハイパーリンクを自在に設定してウェブを開く

エクセルでは、セルや図形などに、「ハイパーリンク」を設定することができる。設定されたハイパーリンクをクリックするだけで、特定のウェブページを開いたり、指定したアドレス宛てのメールを作成したり、ほかのブックの特定のワークシートを表示したりすることが可能だ（**図1**）。

URLやメアドは自動で設定、機能を切れば誤操作防止にも

ハイパーリンクを設定すると、そのセルに表示された文字列の色が青に変わり、下線が付く。この文字列にマウスポインターを合わせると人差し指を伸ばした手の形になり、クリックすると設定されたリンク先が開く。例えば、リンク先がウェブページの場合は、自動的にウェブブラウザーが起動し、そのページが表示される（**図2**）。なお、ハイパーリンクの文字色は、ブックの「テーマ」によっても異なる。

セルにウェブページのURLと見なせる文字列を入力すると、自動的にそのアドレスへのハイパーリンクが設定される（**図3**）。なお、自動設定されない場合は、「ファイル」タブから開ける「Excelのオプション」画面の「文章校正」で「オートコレクトのオプション」をクリック。表示される「オートコレクト」画面の「入力オートフォーマット」タブで、「インターネットとネットワークのアドレスをハイパーリンクに変更する」にチェックを付ければよい。逆に、誤操作の原因になるハイパーリンクを自動設定したくない場合は、このチェックを外す。

ハイパーリンク機能を活用する

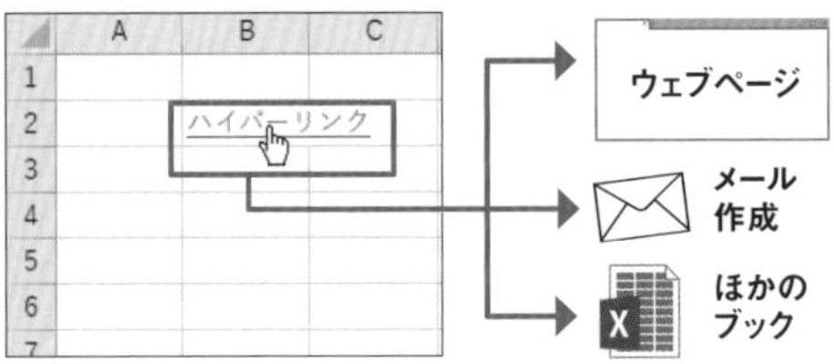

図1 エクセルでは、セルや図形などに「ハイパーリンク」を設定することが可能だ。設定されたハイパーリンクをクリックするだけで、特定のウェブページをブラウザーで開いたり、指定した宛先への新規メールを作成したり、ほかのブックの特定の位置を開いたりできる

この方法の場合、ハイパーリンクを設定したセルには、そのURLの文字列そのものが表示される。別の文字列を表示させたければ、このセルのデータを編集することも可能。その場合でも、ハイパーリンクのリンク先などの設定は維持される。

文字列にURLのリンクを指定、「ヒント」も設定できる

一方、ハイパーリンクの設定時に、表示文字列やそのほかのオプションを詳細に指定することもできる。対象のセルを選択し、「挿入」タブの「リンク」ボタンの上部をクリックする（次ページ**図4**）。表示される「ハイパーリンクの挿入」画面で、「表示文字列」欄に表示したい文字列を入力し、「アドレス」欄には目的のページのURLを貼り付ける。さらに、「ヒント設定」をクリックする（**図5**）。

セルをクリックすると特定のウェブページが開く

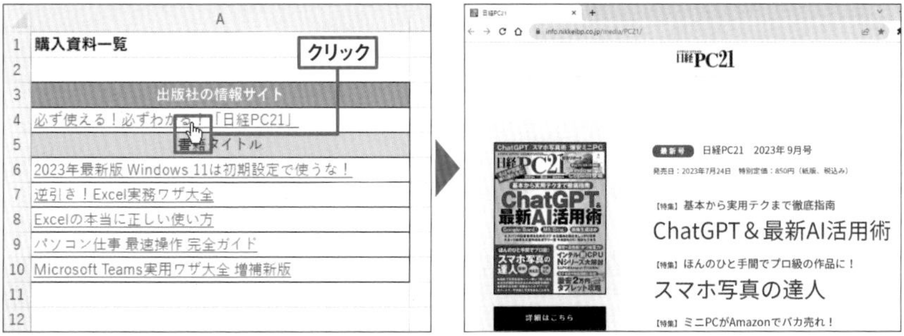

図2 購入した書籍資料の一覧表に、その出版社のサイトの関連ページや、各書籍の情報ページへのハイパーリンクを設定した。下線付きの青い文字の部分をクリックすると、そのウェブページが開かれる

●ハイパーリンクを自動設定する

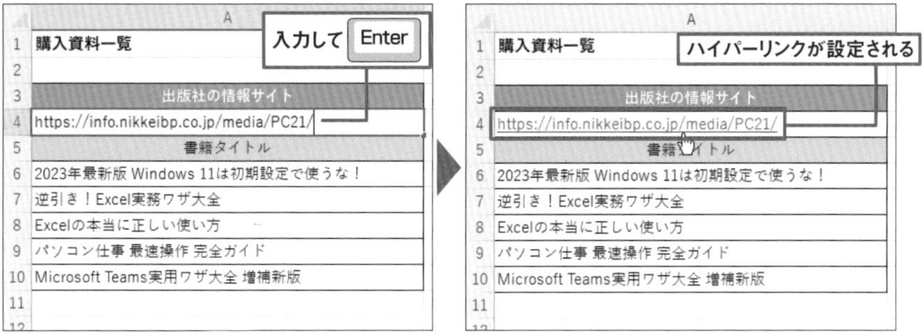

図3 ウェブページのURLと見なせる文字列をセルに入力すると、自動的にそのアドレスへのハイパーリンクが設定される。自動的に変更されない場合は、「オートコレクト」画面の「入力オートフォーマット」タブの設定でこの機能を有効にできる

●設定画面でハイパーリンクを挿入する

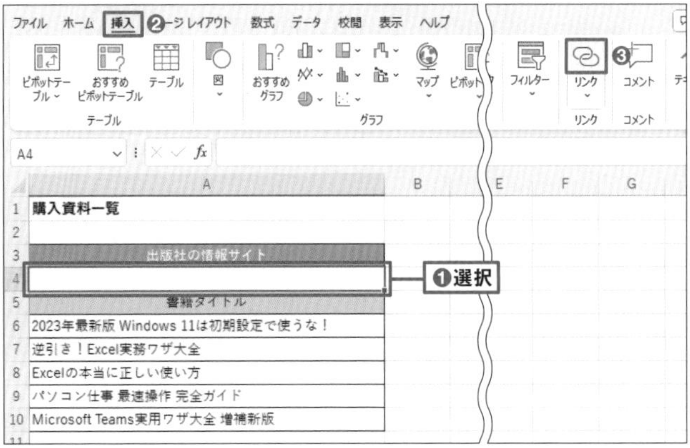

図4 アドレスそのものを表示するのではなく、別の文字列などが表示されたセルに、特定のURLへのハイパーリンクを設定することもできる。図3の入力前の状態で、対象のセルを選択し（❶）、「挿入」タブの「リンク」ボタンの上部をクリックする（❷❸）

図5 表示される「ハイパーリンクの挿入」画面で「表示文字列」欄に表示したい文字列を入力し（❶）、「アドレス」欄には開きたいページのURLを貼り付ける（❷）。さらに、「ヒント設定」をクリックする（❸）

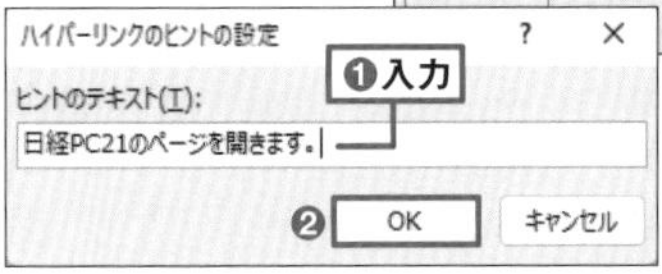

図6 表示される「ハイパーリンクのヒントの設定」画面では、ハイパーリンクにマウスポインターを合わせたときに表示される文字列を設定できる。「ヒントのテキスト」欄に入力し（❶）、「OK」をクリック（❷）。戻った図5の画面でも「OK」をクリックする

表示される「ハイパーリンクのヒントの設定」画面の「ヒントのテキスト」欄に、ヒントにしたい文字列を入力し、「OK」をクリックする（**図6**）。「ハイパーリンクの挿入」画面に戻るので、ここでも「OK」をクリックすると、対象のセルにハイパーリンクが設定される。このセルの文字列にマウスポインターを合わせると、図6で指定したヒントが表示される。そして、クリックすると、図5で設定したリンク先のウェブページが開く（**図7**）。

同様にして、出版社のサイト内にある各書籍の情報ページへのハイパーリンクも設定した（**図8**）。なお、あらかじめ文字列が入力されているセルを対象に「ハイパーリンクの挿入」を実行すると、その文字列が「表示文字列」欄の初期値になる。

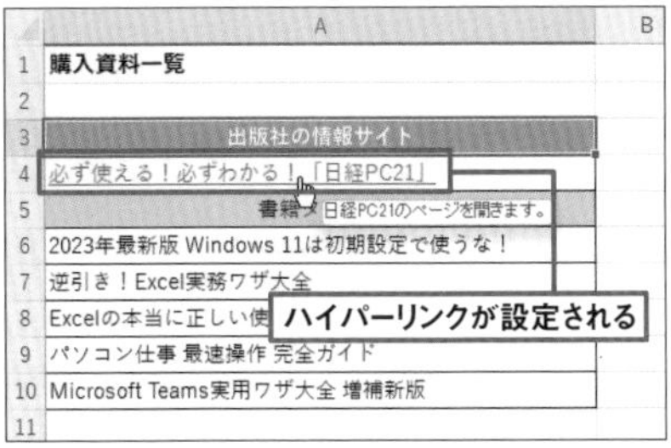

図7 選択していたセルに、図5で指定した表示文字列が下線付きの青い文字で表示されている。この文字列にマウスポインターを合わせると、図6で設定したヒントのテキストが表示される。クリックすると、設定したページがブラウザーで開かれる

図8 同様の手順で、表に入力された書籍タイトルについても、それぞれの情報ページへのハイパーリンクを設定した。なお、最初から文字列が入力されているセルに「ハイパーリンクの挿入」を実行すると、その文字列が設定画面の「表示文字列」欄の初期値になる

図形をクリックしてウェブページを開く

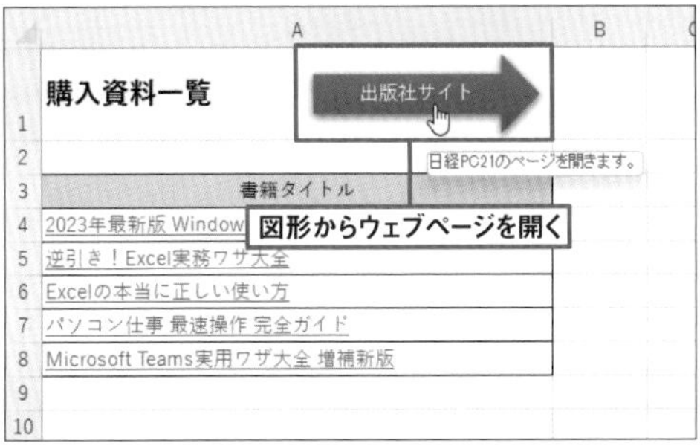

図9 ハイパーリンクは、セルだけでなく、図形やグラフなどの描画オブジェクトに設定することも可能だ。ここでは、同様の購入資料一覧のワークシート上に作成した矢印の図形に、出版社のサイトへのリンクを設定してみよう

図形やグラフ、画像…描画オブジェクトにも設定できる

ハイパーリンクは、セルだけでなく、ワークシート上に作成された図形やグラフ、画像、スマートアートといった各種の描画オブジェクトに対しても、同様の手順でハイパーリンクを設定することが可能だ。ここでは、やはり購入資料の一覧を入力したワークシート上に作成した矢印の図形に、出版社のサイトへのリンクを設定してみよう（**図9**）。

ハイパーリンクを設定したい図形をクリックして選択し、「挿入」タブの「リンク」ボタンの上部をクリック（次ページ**図10**）。表示される「ハイパーリンクの挿入」画面で、セルのときと同様にリンク先やヒントなどを設定する。セルの場合と違うのは、「表示文字列」を設定できないことだ（**図11**）。「OK」をクリックして設定を完了すれば、この図形をクリックして指定したウェブページを開けるようになる。

●図形にハイパーリンクを設定する

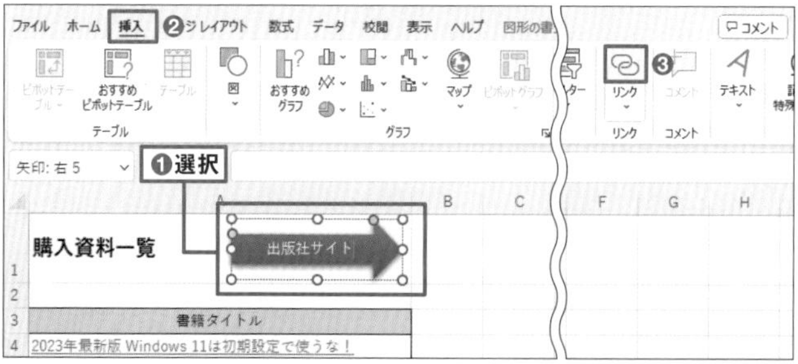

図10 ワークシート上に右向きの矢印の図形を作成し、「出版社サイト」という文字列を追加した。この図形をクリックして選択し（❶）、「挿入」タブの「リンク」ボタンの上部をクリックする（❷❸）

図11 「ハイパーリンクの挿入」画面が表示される。図形に対してもセルと同様の設定が可能だが、「表示文字列」を指定することはできない。それ以外の内容を設定し（❶❷）、「OK」をクリックすると（❸）、図形にハイパーリンクが設定される

クリックしてメールを起動、件名は自動で入力可能

ハイパーリンクのリンク先としては、ウェブページ以外に、メールアドレス、同じブック内の特定の場所、別のブック、エクセル以外のファイルなども指定することができる。ただし、リンク先によっては、クリックで直接リンク先が開くのではなく、その前にセキュリティ上の確認メッセージや、開くソフトを選択する画面が表示される場合もある。ここでは、メールアドレスと、別のブックの特定のワークシートへハイパーリンクを設定する例を紹介しよう（**図12**）。

ハイパーリンクの自動設定が有効になっている場合、メールアドレスと見なせる「@」を含む文字列をセルに入力すると、自動的にハイパーリンクが設定される（**図13**）。メールアドレスの場合、リンク先のアドレスの先頭に、自動的に「mailto:」という文字列が付加される。

このリンクをクリックすると、そのアドレス宛ての新規メールが既定のメールソフトで作成され、そのウインドウが開く。なお、ウェブメールなどを使っていてメールソフト

メールや別のブックへのリンクを設定する

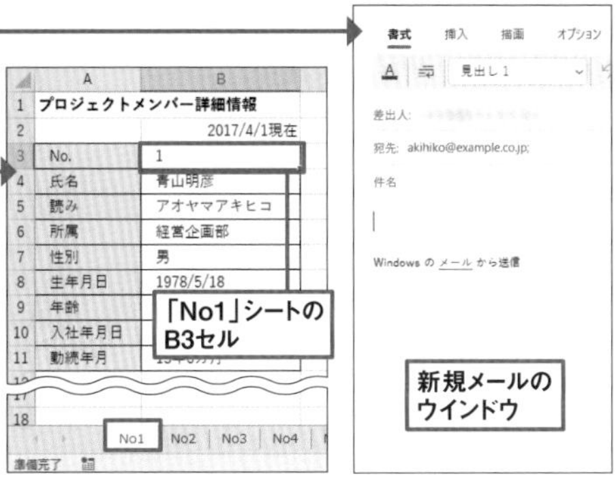

図12 メールアドレスに対するハイパーリンクでは、そのアドレスへの新規メールを作成することができる。また、ほかのエクセルブックや、エクセル以外のファイルを、ハイパーリンクのリンク先として指定することも可能だ

●メールアドレスへのリンクを自動設定する

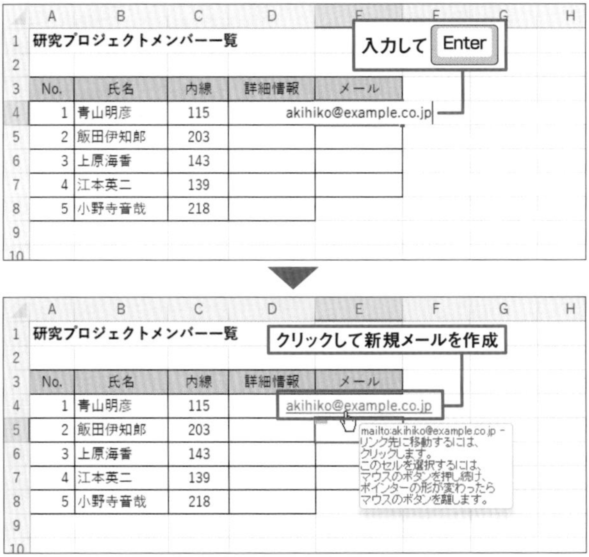

図13 ハイパーリンクの自動設定機能が有効な場合、セルにメールアドレスと見なせる文字列を入力すると、そのアドレスへのハイパーリンクが自動的に設定される。このリンクの設定では、先頭に「mailto:」と付加されており、そのアドレス宛ての新規メールを作成できるハイパーリンクとなる

は使用していない場合、意図した動作にならないことがあるので注意してほしい。

表示文字列などの詳細を指定してメールアドレスへのハイパーリンクを設定したい場合は、対象のセルを選択し、「挿入」タブの「リンク」ボタンの上部をクリックする（次ページ**図14**）。「ハイパーリンクの挿入」画面で「電子メールアドレス」を選び、「表示文字列」と「電子メールアドレス」を入力して、「OK」をクリック。これで、選択したセルに、指定したメールアドレスへのハイパーリンクが設定される（**図15**）。

●メールアドレスへのリンクを画面で設定する

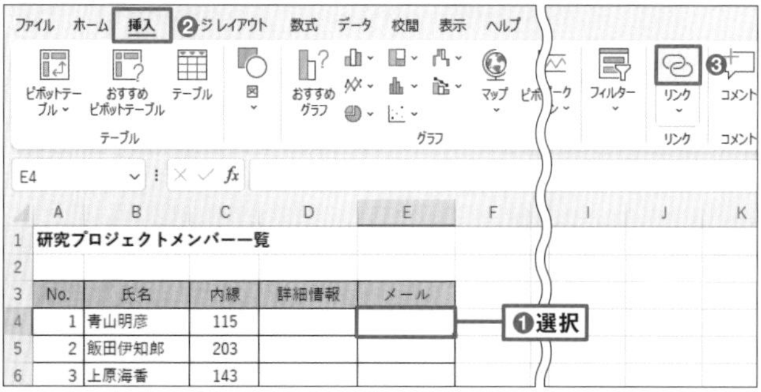

図14 メールアドレスそのものではなく、別の文字列にメール作成のハイパーリンクを設定することもできる。図13の入力前の状態で、対象のセルを選択し（❶）、「挿入」タブの「リンク」ボタンの上部をクリックする（❷❸）

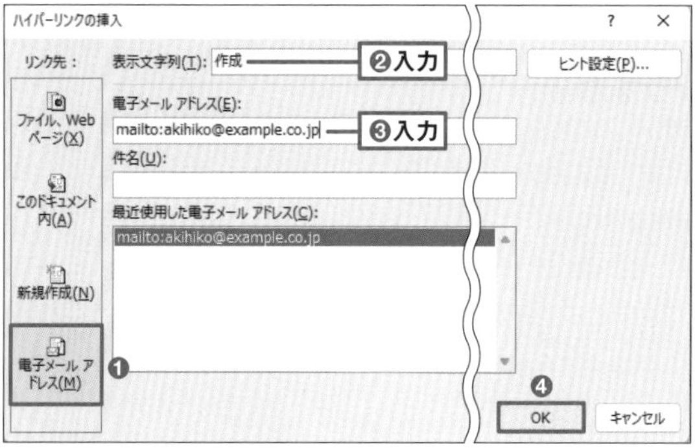

図15 表示される「ハイパーリンクの挿入」画面で、リンク先として「電子メールアドレス」を選択し（❶）、「表示文字列」と「電子メールアドレス」を入力する（❷❸）。アドレスを入力すると、自動的に「mailto:」が先頭に付加される。「OK」をクリックすると（❹）、ハイパーリンクが設定される。「最近使用した…」に設定したいメールアドレスがある場合は、クリックすると自動的に入力される

なお、設定画面で「件名」欄に任意の文字列を入力しておくと、ハイパーリンクをクリックしたときに新規作成されるメールの「件名」になる。この「件名」は、設定されたリンクの末尾に「?subject=」を付加し、続けて指定されている。「mailto:」で始まるリンクで新規メールを作成し、「?subject=」以下でその件名を指定できるのは、エクセルというよりはURL自体の仕様だ。

別のブックへのリンクを設定、特定のシートを開くことも可能

ほかのブックに対するハイパーリンクを設定することもできる。リンク先がブックの場合、ワークシートや選択セルまで指定が可能だ。

対象のセルを選択し、「挿入」タブの「リンク」ボタンの上部をクリック（**図16**）。「ハイパーリンクの挿入」画面で、「ファイル、Webページ」を選び、リンク先のブック（ファイル）を選択する。ここでは「現在のフォルダー」から選択したが、別のフォルダーへ移動したり、「最近使ったファイル」から選択したりすることも可能。「表示文字列」

●ほかのブックへのリンクを張る

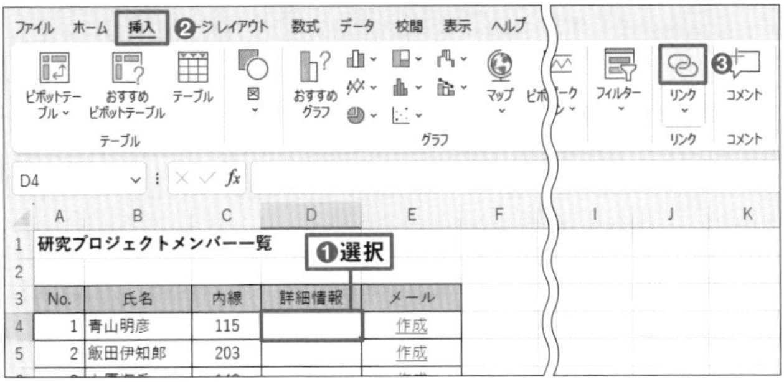

図16 次に、各メンバーの詳細情報として、別ブックの特定のワークシート上のセルへのハイパーリンクを設定してみよう。対象のセルを選択し(❶)、「挿入」タブの「リンク」ボタンの上部をクリックする(❷❸)

図17 「ハイパーリンクの挿入」画面で、リンク先として「ファイル、Webページ」を選択(❶)。「現在のフォルダー」を選んだ状態で、「表示文字列」欄に「表示」と入力する(❸)。そして「メンバー情報.xlsx」を選ぶと「アドレス」欄に表示される(❹❺)。さらに、「ブックマーク」をクリックする(❻)

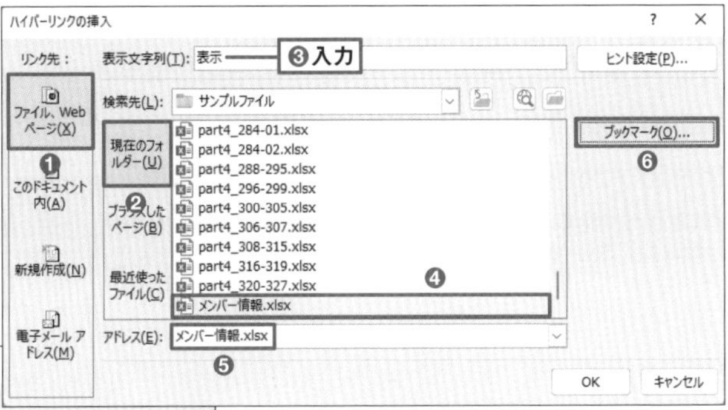

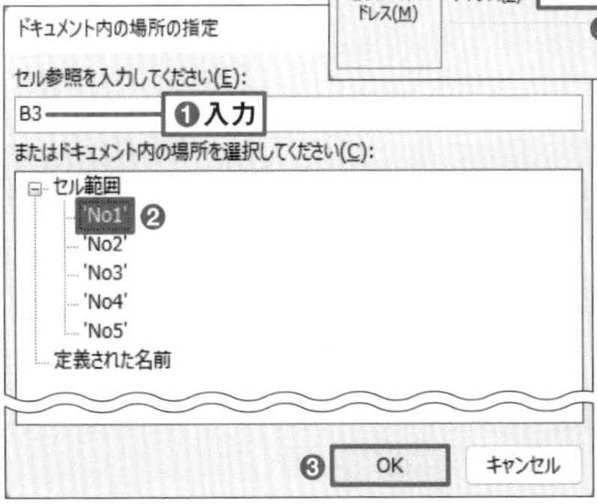

図18 表示される「ドキュメント内の場所の指定」画面では、ブック内の特定の場所を指定できる。ここでは、「No1」シートのB3セルを指定し(❶❷)、「OK」をクリック(❸)。さらに「ハイパーリンクの挿入」画面も「OK」で閉じると、ほかのブックの特定の場所へのハイパーリンクが設定される

を指定して「ブックマーク」をクリックする(**図17**)。表示される「ドキュメント内の場所の指定」画面で、目的のセル番地を入力し、シート名を選択して「OK」をクリック(**図18**)。戻る「ハイパーリンクの挿入」画面でも「OK」をクリックすると、選択セルに指定したブックの特定のセルへのハイパーリンクが設定される。

　なお、エクセル以外のソフトで作成したファイルや画像ファイルなどへも、ハイパーリンクを設定することが可能だ。それぞれ、既定でその形式のファイルを開くように設定されたソフトで開かれる。

入力規則編

不適切なデータ入力や編集を防止する

エクセルのセルには、数値や文字列など、さまざまな種類のデータを入力できる。しかし、本来は数値を入力すべきセルに間違えて文字列を入力してしまい、正しい計算結果が表示されないといったこともあり得る。

入力するデータの種類や範囲が決まっているセルに対しては、「データの入力規則」を使用して、該当するデータ以外の入力を拒否するように設定できる（**図1**）。ここでは、会員制の通信販売の記録の表に、日付や文字列、整数などの特定のデータだけを入力できるように設定していこう（**図2**）。

入力規則を設定したセルに、不適切なデータを入力し、「Enter」キーを押して確定しようとすると、エラーメッセージが表示され、入力ができない（**図3**）。

入力・編集のミスを防ぐテクニック

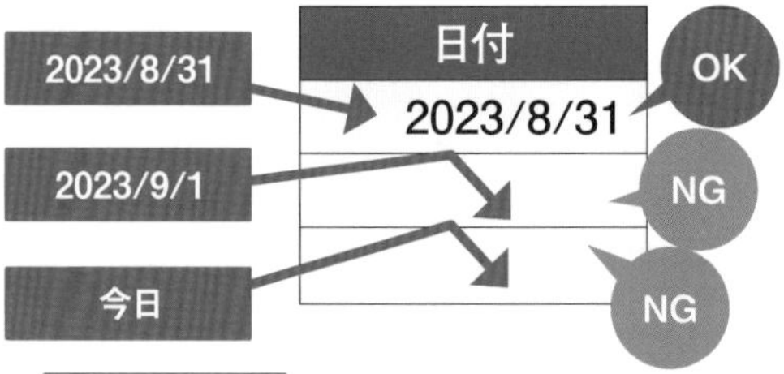

図1 入力するデータの種類や範囲があらかじめ決まっているセルには、不適切なデータの入力を拒否するように設定が可能だ。例えば、2023年8月の日付データだけを入力できるように設定すると、その範囲外の日付や文字列などの入力が拒否される

商品販売記録		2023 年		8 月分	
日付	会員ID	購入商品	単価	数量	金額
2023/8/1	jiro0175	洋菓子ギフトC	3,200	2	6,400
2023/8/3	naomi0459	洋菓子ギフトD	1,500	1	1,500
2023/8/4	kanako0231	洋菓子ギフトB	4,000	4	16,000
2023/8/4	tetsu0648	缶詰ギフトA	3,600	1	3,600
2023/8/6	keita0555	洋菓子ギフトB	4,000	2	8,000
2023/8/8	haruka0143	レトルトギフト	2,400	1	2,400
2023/8/9	yusaku0626	洋菓子ギフトA	5,000	1	5,000
2023/8/11	miyuki0113	洋菓子ギフトA	5,000	2	10,000
2023/8/13	seiji0835	缶詰ギフトB	1,800	3	5,400
2023/8/13	taka0227	洋菓子ギフトC	3,200	1	3,200

図2 表によっては、各列に入力するデータの種類がある程度決まっていることも多い。この例の場合、「日付」列には2023年8月の日付を、「会員ID」列には5〜10文字の文字列を、「数量」列には1〜5の整数を入力することが想定されている

数値や文字列の長さを監視、指定範囲内なら入力を許可

まず、通信販売の記録を入力していく表のフォーマットを作成する。各列のセルには、あらかじめ、入力するデータの種類に応じた表示形式も設定しておく（次ページ**図4**）。「単価」と「金額」の列には数式を入力するため、ユーザーが直接値を入力するのはそれ以外の列だ。この通信販売の規定では、同じ商品のまとめ買いは一度に5個までとなっているため、「数量」列には1～5の整数だけを入力できるように設定する。

E4～E13セルを選択し、「データ」タブの「データの入力規則」をクリックする（**図5**）。表示される「データの入力規則」画面の「設定」タブで、「入力値の種類」として「整数」を選択。「データ」で「次の値の間」を選び、「最小値」欄に「1」、「最大値」欄に「5」と入力して、「OK」をクリックする（**図6**）。

改めて「数量」列のセルを選択し、1～5の整数以外の数値や文字列などのデータを入力すると、エラーメッセージが表示される（**図7**）。なお、この画面で「再試行」をクリックすると、セルの編集状態に戻る。また、「キャンセル」をクリックすると、セルの値が元に戻り、編集状態も解除される。

この通信販売の会員IDは、5～10文字の範囲で、会員が任意に設定できる。そこで、この表の「会員ID」列も、5～10文字の文字列だけを入力できるように設定しよう。B4～B13セルを選択して「データの入力規則」画面の「設定」タブを表示し、「入力値の種類」で「文字列（長さ指定）」を、「データ」で「次の値の間」を選択。「最小値」欄に「5」、「最大値」欄に「10」と指定し、「OK」をクリックする（**図8**）。

「データの入力規則」を設定する

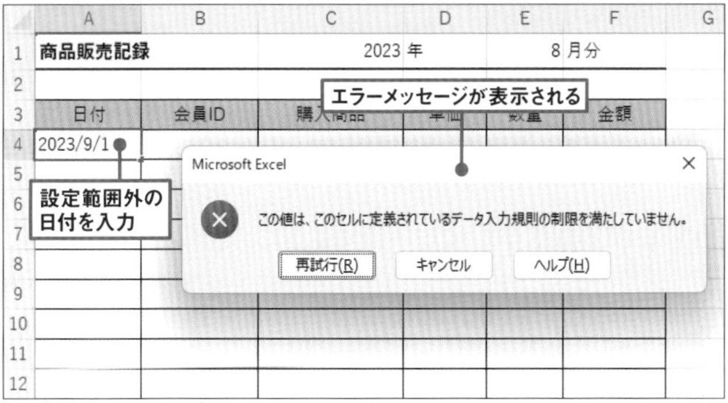

図3 「データの入力規則」を使用すると、セルに入力可能なデータの種類や範囲を設定することができる。それに該当しないデータを入力すると、エラーメッセージが表示され、入力を確定できない

●指定範囲の整数のみ入力可能にする

図4 今回作成する例は、会員制の通信販売の2023年8月分の記録だ。表のフォーマットを作成し、それぞれのデータに応じた表示形式を設定している。また、会員IDは5～10文字の文字列、同じ商品のまとめ買いは一度に5個までという規定になっている

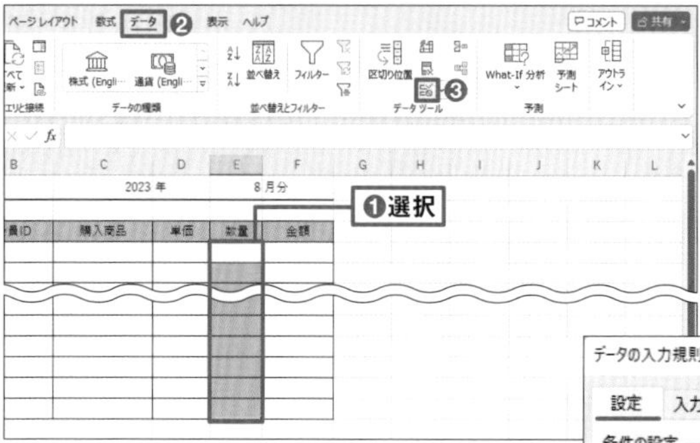

図5 まず、「数量」列のセル範囲に、1～5の整数しか入力できないように設定しよう。E4～ E13セルを選択し、「データ」タブの「データの入力規則」をクリックする（❶～❸）

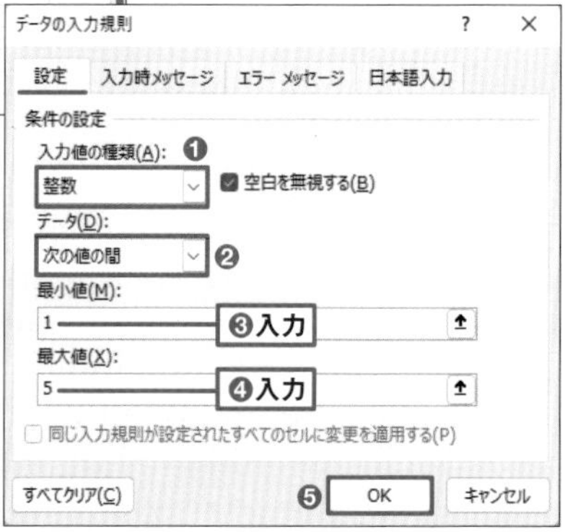

図6 表示される「データの入力規則」画面の「設定」タブで、まず「入力値の種類」で「整数」を選択する（❶）。「データ」で「次の値の間」を選び、「最小値」欄に「1」、「最大値」欄に「5」を入力（❷～❹）。「OK」をクリックして設定を完了する（❺）

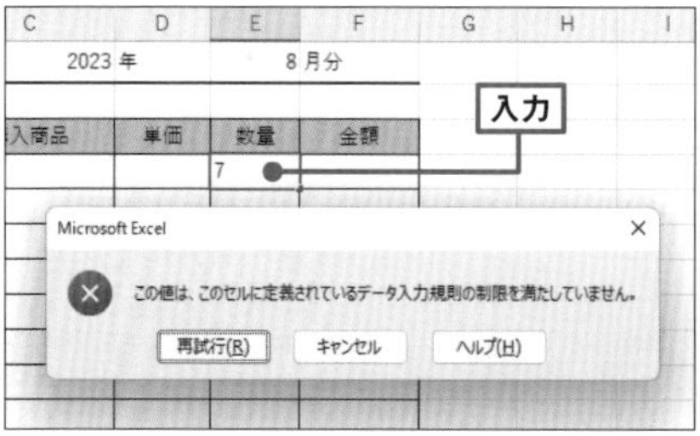

図7 「数量」列のセルに1～5の整数以外のデータを入力し、確定しようと「Enter」キーを押すと、エラーメッセージが表示されるようになる。ここで、「再試行」をクリックすると、セルの編集状態に戻る。「キャンセル」をクリックすると、入力がキャンセルされる

また、この表に入力するのは2023年8月のデータであるため、「日付」列にはこの年・月の日付しか入力できないように設定する。A4～ A13セルを選択して「データの入力規則」画面の「設定」タブを表示し、「入力値の種類」で「日付」を、「データ」で「次の値の間」を選択。そして、「開始日」に「2023/8/1」、「終了日」に「2023/8/31」

●文字列と日付の入力可能範囲を設定する

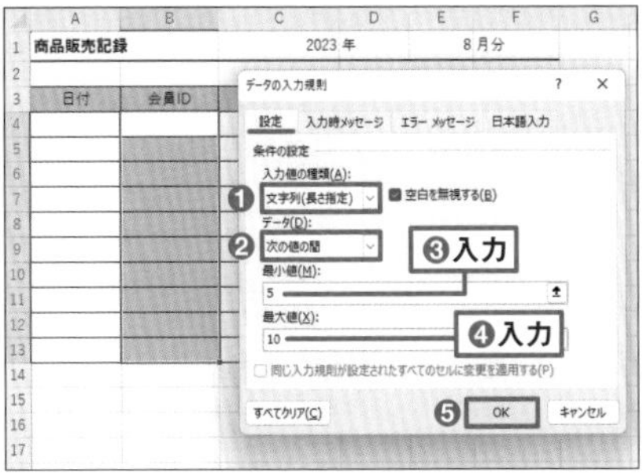

図8 次に、「会員ID」列を設定する。B4～B13セルを選択して図5の要領で「データの入力規則」画面の「設定」タブを表示し、「入力値の種類」で「文字列(長さ指定)」、「データ」で「次の値の間」を選択(❶❷)。「最小値」欄に「5」、「最大値」欄に「10」と入力し、「OK」をクリックする(❸～❺)

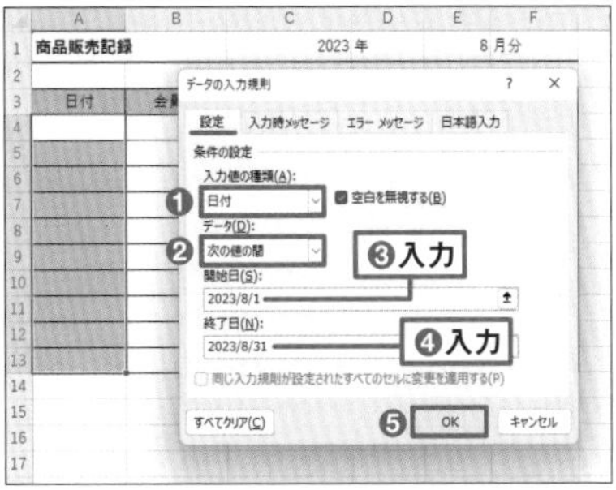

図9 同様に「日付」列も設定する。A4～A13セルを選択して「データの入力規則」画面の「設定」タブを表示し、「入力値の種類」で「日付」、「データ」で「次の値の間」を選択(❶❷)。「開始日」欄に「2023/8/1」、「終了日」欄に「2023/8/31」と入力し、「OK」をクリックする(❸～❺)

と指定し、「OK」をクリックすればよい(**図9**)。

入力候補をリストに表示し、1つを選択してセルに入力

「購入商品」列のセルでは、取り扱っている商品名を選択肢として表示し、その中から選んで入力できるように設定する(次ページ**図10**)。こうすることにより、間違った商品名を入力してしまうといったミスを防げる。選択肢として表示する商品名は、あらかじめ別のワークシートに作成した表に入力してある。この表は数式でも使用するため、別シートからでも利用しやすいように、「名前」を設定しておこう。

このワークシートのA4～A12セルを選択し、数式バーの左側にある名前ボックスをクリックして「商品名」と入力し、「Enter」キーを押す。これで、選択範囲に「商品名」という名前が設定される(**図11**)。同様にして、A4～B12セルの範囲にも、「商品リスト」という名前を付けておく(**図12**)。

販売記録の表があるワークシートに戻ったら、この表の「購入商品」列のセル範囲に、商品名の選択肢から選んで入力できるように設定する。C4～C13セルを選択し、「データ」タブの「データの入力規則」をクリック(**図13**)。表示される「データの入力規則」画面の「設定」タブで、「入力値の種類」として「リスト」を選び、「元の値」欄に「=商品名」と入力して、「OK」をクリックする(**図14**)。選択したセルの右側の「▼」をクリックするとドロップダウンリストが表示され、商品名の一覧から選択して、セルに入力することができる。

リストから選択して入力する

図10「購入商品」列の各セルには、あらかじめ用意された選択肢から選んで入力できるように設定しよう。セルを選択すると右側に「▼」が表示され、クリックするとドロップダウンリストが表示される。この中から1つを選んで、セルに入力することができる（❶❷）

●参照用の表を用意する

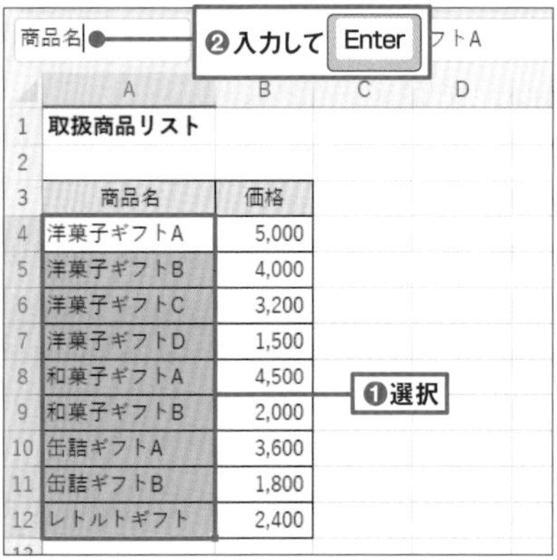

図11 商品の一覧は、別のワークシートに取扱商品リストとして入力されている。この範囲に「名前」を設定しよう。A4～A12セルを選択し、名前ボックスに「商品名」と入力して、「Enter」キーを押す（❶❷）。これで、この範囲に「商品名」という名前が設定される

図12 同様に、取扱商品リストの「商品名」列と「価格」列のデータ範囲全体を選択し、名前ボックスに「商品リスト」と入力して、「Enter」キーを押す。これで、このセル範囲に「商品リスト」という名前が付く

ワークシートを「保護」して入力セル以外を変更不可に

販売記録表の「単価」列では、選択した「購入商品」に対応する単価を、数式で自動表示させよう。また、「金額」列では、表示された「単価」と入力した「数量」の積を求める（次々ページ**図15**）。

●「データの入力規則」の「リスト」を設定する

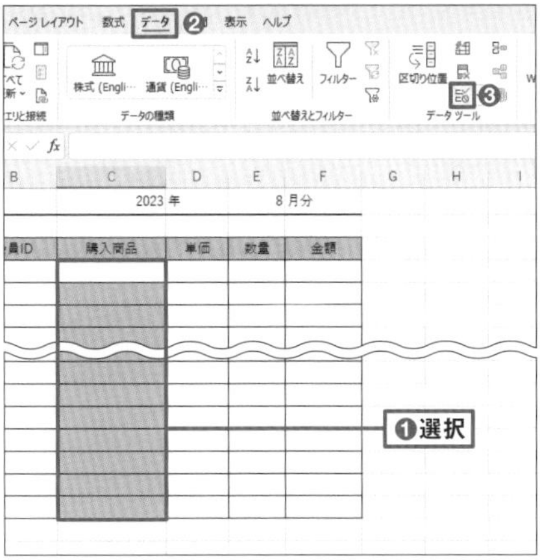

図13 「購入商品」列のセル範囲には、取扱商品リストの「商品名」列に入力した商品名の一覧から、1つを選択して入力できるようにする。C4～C13セルを選択し、「データ」タブの「データの入力規則」をクリックする（❶～❸）

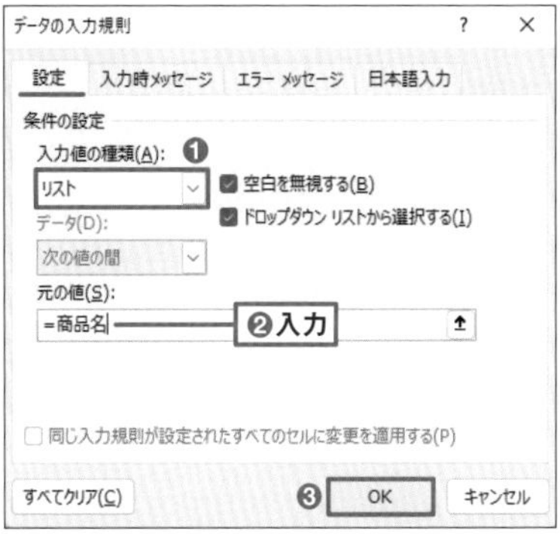

図14 表示される「データの入力規則」画面の「設定」タブで、「入力値の種類」として「リスト」を選択（❶）。「元の値」欄に「=商品名」と入力し、「OK」をクリックする（❷❸）。これで、「商品名」と名前を付けた範囲に入力された商品名の一覧から、1つを選んで入力できるようになる。なお、ここでは名前を使用したが、もちろん通常のセル参照で指定してもよい

まず、「単価」列の数式では、VLOOKUP（ブイルックアップ）関数を使用して、「商品リスト」と名前を付けた範囲から、同じ行の「購入商品」に対応する価格を取り出している。ただし、同じ行の「購入商品」が未入力の場合はエラー値になるため、IF（イフ）関数を組み合わせて、空白を表示させている（**図16**）。

「金額」列の数式でも、同様にIF関数で同じ行の「購入商品」列のセルを確認し、空白でなければ「単価」と「数量」の積を求めている（**図17**）。

最後に、見出しや数式のセルが誤って変更されないように、このワークシートを「保護」しておこう（**図18**）。ただし、データを入力するセルは変更できないと困るので、あらかじめ「ロック」を解除しておく。ドラッグや「Ctrl」+ドラッグで対象のセル範囲をすべて選択し、「ホーム」タブの「書式」から「セルのロック」を選び、ロックを「オフ」にすればよい（**図19**）。なお、これ以外のセルは、すべて初期設定の状態で、ロックが「オン」になっている。

ロックのオン／オフの設定は、ワークシートを保護したときに初めて有効になる。「ホーム」タブの「書式」をクリックし、「シートの保護」を選ぶ（**図20**）。「シートの保護」画面が表示されるので、必要に応じて、ユーザーに許可したい操作を設定。さらに、保護を勝手に解除されたくない場合は、任意のパスワードを入力して、「OK」

「単価」と「金額」を数式で求める

図15 「単価」列のセルには、同じ行の「購入商品」列に入力された商品名に対応する価格を、「商品リスト」と名前を付けた範囲から検索して取り出す。また、「金額」列のセルには、同じ行の「単価」と「数量」の積を表示する。いずれも、購入商品が未入力の場合には空白を表示させる

●商品名に対応する価格を求める

IF《イフ》 ―条件の真偽に応じて異なる値を返す

=IF(論理式,真の場合,偽の場合)

VLOOKUP《ブイルックアップ》 ―表を検索して値を取り出す

=VLOOKUP(検索値,範囲,列番号,検索方法)

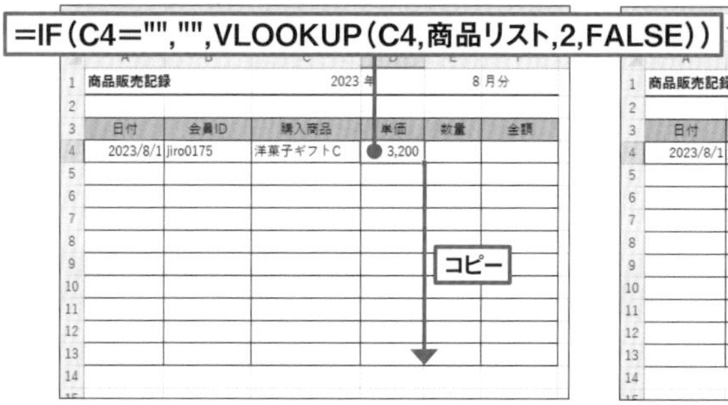

図16 同じ行の「購入商品」列のセルが空白("")の場合は空白("")を表示。そうでなければ「商品リスト」と名前を付けた範囲から、同じ行の購入商品名に対応する価格を取り出す。この数式をD4セルに入力し、D13セルまでコピーする

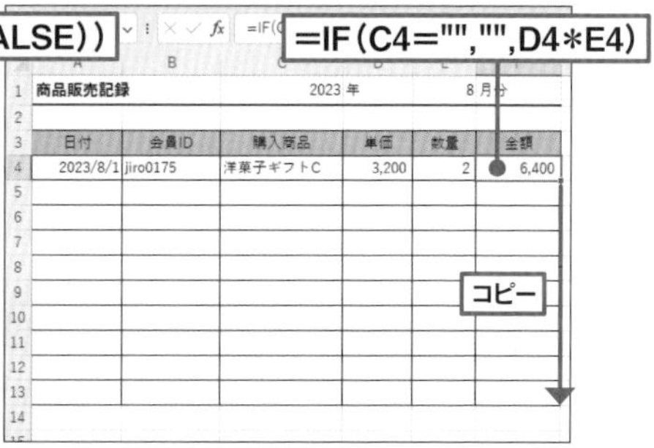

図17 同じ行の「購入商品」列のセルが空白("")の場合は空白("")を表示。そうでなければ、同じ行の「単価」列と「数量」列のセルの積を求める。この数式をF4セルに入力し、F13セルまでコピーする

をクリックする(**図21**)。パスワードを確認する画面が表示されたら、もう一度同じパスワードを入力し、「OK」をクリックすると、ワークシートが保護される(**図22**)。この状態では、あらかじめロックをオフにしたセルしか、編集することができない。

なお、保護を解除したい場合は、「ホーム」タブの「書式」から「シート保護の解除」を選択すればよい。パスワードを指定していた場合は確認の画面が表示されるので、正しいパスワードを入力し、「OK」をクリックする。

一部のセルを除いて変更不可にする

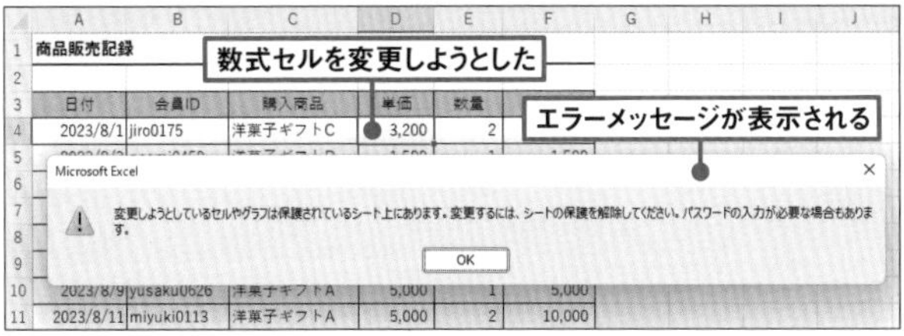

図18 通常、見出しや数式などのセルは、最初に入力しておき、作業中に変更することはない。誤入力や数式セルの変更などを防ぐため、データの入力・編集対象であるセルを除いて、ワークシート全体を変更できないように設定することも可能だ

●変更したいセルのロックをオフにする

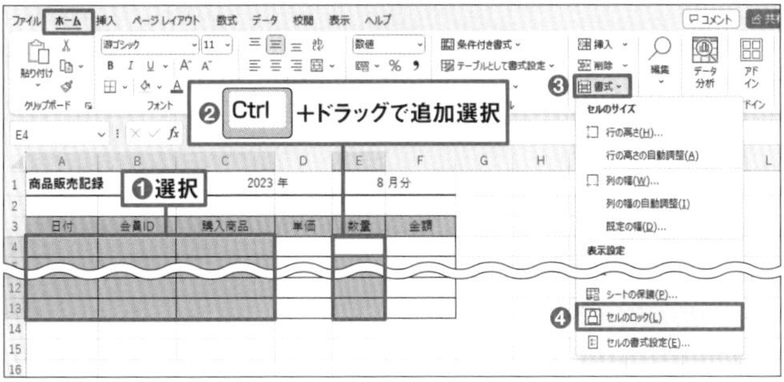

図19 もともと、すべてのセルはロックが「オン」になっている。変更したいセルは、ロックを「オフ」にする。A4～C13セルを選択後、「Ctrl」キー+ドラッグでE4～E13セルを追加選択（❶❷）。「ホーム」タブの「書式」から「セルのロック」を選べばよい（❸❹）

●ワークシートを保護する

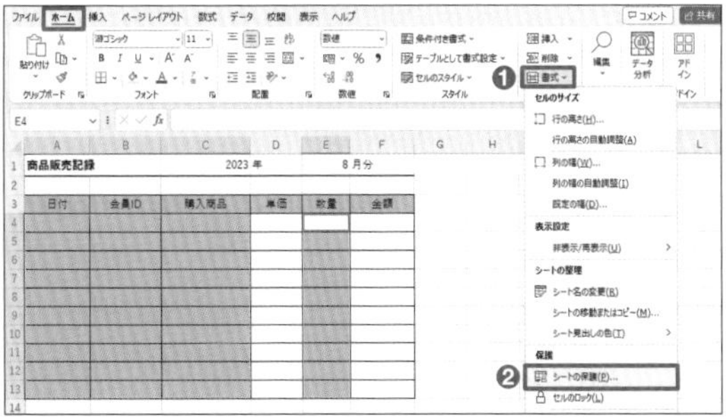

図20 セルのロックが「オン」の状態でも、通常はすべてのセルを変更できる。ワークシートを「保護」している状態のときに、ロックされたセルが変更できなくなる仕組みだ。シートを保護するには、「ホーム」タブの「書式」から「シートの保護」を選ぶ（❶❷）

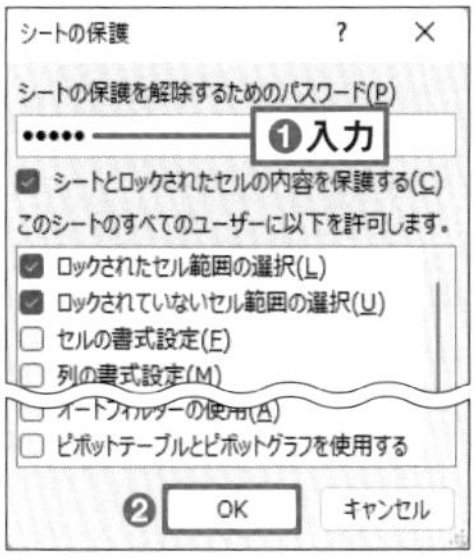

図21 表示される「シートの保護」画面では、必要に応じてユーザーに許可する操作を設定する。また、勝手に保護を解除されたくない場合は、「シートの保護を解除するためのパスワード」欄に任意のパスワード（ここでは「Excel」）を入力し、「OK」をクリックする（❶❷）

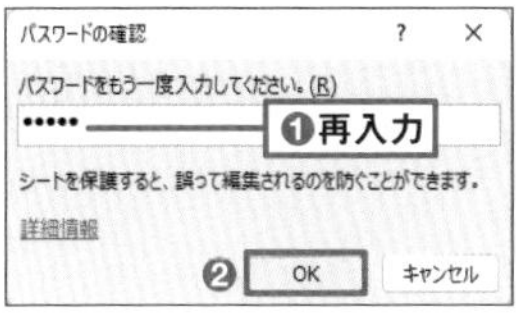

図22 パスワードの確認画面が表示されたら、同じパスワードを入力し、「OK」をクリックする（❶❷）。これでワークシートが保護され、ロックがオンの状態のセルは変更することができなくなる

Part5

プログラミング（マクロ）

プログラミングが社会生活を送るうえで
必要な教養科目になっています。
このパートではエクセルが備える
プログラミング言語であるVBAを使い、
日常業務の効率化に役立つ
プログラミングについて学びます。

文／土屋 和人、森本 篤徳

総論 マクロ（VBA）の基本 ファイル形式に要注意

まず理解しておきたいのは、関数を使った数式が主に「セル」に入力するのに対し、VBAは「Visual Basic Editor（ビジュアルベーシックエディター）」という専用の編集画面で記述することだ。Visual Basic Editorは、略して「VBE」とも呼ばれる。VBEを開くには、「開発」タブの左端にある「Visual Basic」ボタンをクリックするか、「Alt」キーを押しながら「F11」キーを押せばよい（**図1**）。

なお、「開発」タブは標準では表示されていないので、マクロ（VBA）をよく使うのなら、表示させておこう。それには、いずれかのタブを右クリックして、開くメニューで「リボンのユーザー設定」を選ぶ。すると「Excelのオプション」画面が開くので、右側の欄にあるタブの一覧で、「開発」のチェックボックスをオンにする。これで「OK」ボタンを押せば、図1上のような「開発」タブが現れる。

作成したマクロは、セルに入力したデータや数式、グラフなどと同様、すべてブック

「開発」タブから「Visual Basic Editor」を起動

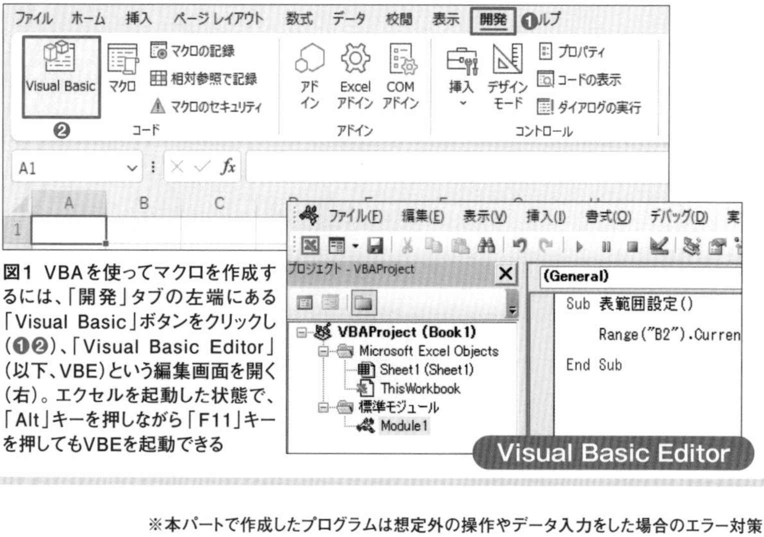

図1 VBAを使ってマクロを作成するには、「開発」タブの左端にある「Visual Basic」ボタンをクリックし（❶❷）、「Visual Basic Editor」（以下、VBE）という編集画面を開く（右）。エクセルを起動した状態で、「Alt」キーを押しながら「F11」キーを押してもVBEを起動できる

※本パートで作成したプログラムは想定外の操作やデータ入力をした場合のエラー対策はしていません。説明にある以外の使い方ではエラーを起こす可能性があります

(ファイル)内に保存される(**図2**)。このとき注意しなければならないのが、ブックの保存形式だ。マクロを含むブックを保存する際は、「名前を付けて保存」画面で、ファイルの種類に「Excelマクロ有効ブック」を選ぶ必要がある(**図3**)。エクセルのブックの通常のファイル拡張子は「xlsx」だが、「マクロ有効ブック」の拡張子は「xlsm」。この形式で保存しないと、マクロはすべて削除されてしまう。

なお、このようにマクロはブックに保存されるので、マクロを利用するためには、そのマクロを保存したブックを開く必要がある。ブックを開く際、警告が表示されるので、問題がないブックなら「コンテンツの有効化」をクリックする(**図4**)。

マクロは、拡張子「xlsm」の「マクロ有効ブック」に保存する

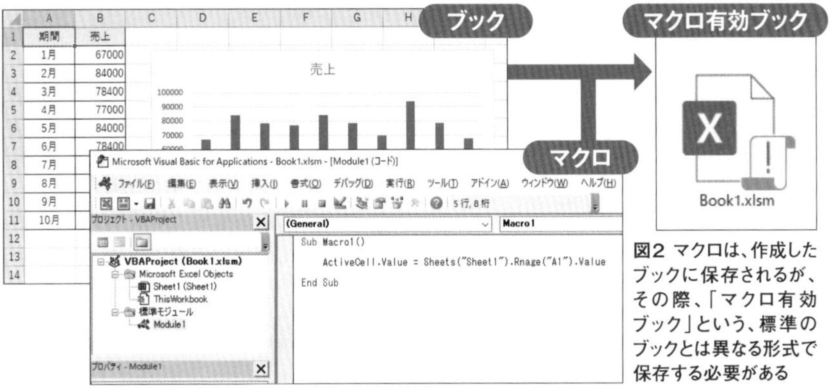

図2 マクロは、作成したブックに保存されるが、その際、「マクロ有効ブック」という、標準のブックとは異なる形式で保存する必要がある

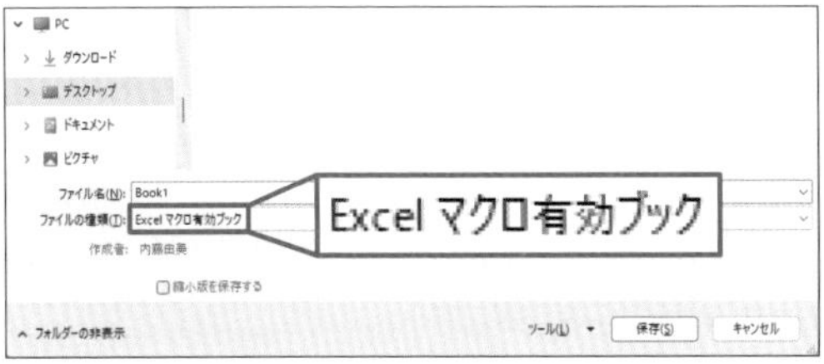

図3 マクロを含むブックを保存する際は、「名前を付けて保存」の画面で「ファイルの種類」欄を「Excel マクロ有効ブック」に変更して保存する。標準の「Excelブック」形式で保存すると、マクロはすべて削除されてしまうので注意が必要だ。通常のブックは拡張子が「xlsx」だが、マクロ有効ブックは「xlsm」になる

マクロを含むブックを開くと、警告が表示される

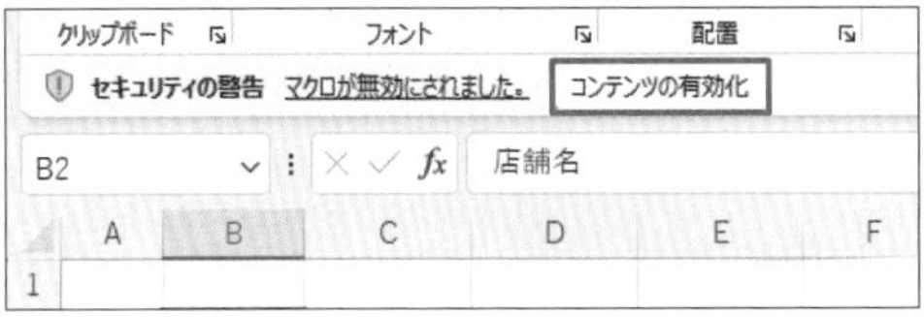

図4 マクロウイルスの被害を防ぐため、マクロを含むブックを開くと、最初に警告が表示される。問題がないとわかっているブックなら「コンテンツの有効化」を選ぶ

関数編

エクセルに自分だけの“新しい関数”を作る

VBAは、エクセルやワードなどのオフィスソフトに搭載されている「マクロ言語」としてよく知られている。「マクロ」とは、ソフト上での一連の操作を自動化する機能のこと。エクセルの機能を活用して、定型的な作業を自動化したり、特定の用途のためのアプリを作成したりもできる。

エクセルのVBAには、操作の自動化以外にも独自の利用法がある。セルに入力する数式で使う「関数」を自作できる機能だ（**図1**）。ここでは、この「ユーザー定義関数」を作成する手順を通して、VBAによる「プログラミング」の基礎知識を学んでいこう。

プログラミングで新しい関数を自作する

既存の関数

SUM、IF、SUMIF、MOD、AVERAGE、VLOOKUP、PMT、LEFT、SIN その他

新しい関数を作る

税抜き価格を求める、ヘロンの公式で計算、ひらがなカタカナ変換、素数を求める その他

図1 既存の関数だけでなく、自分でプログラミングすることで新しい関数を作ることができる。プログラミングを学びながら業務の効率化を図ろう

プログラムの作成画面を表示する

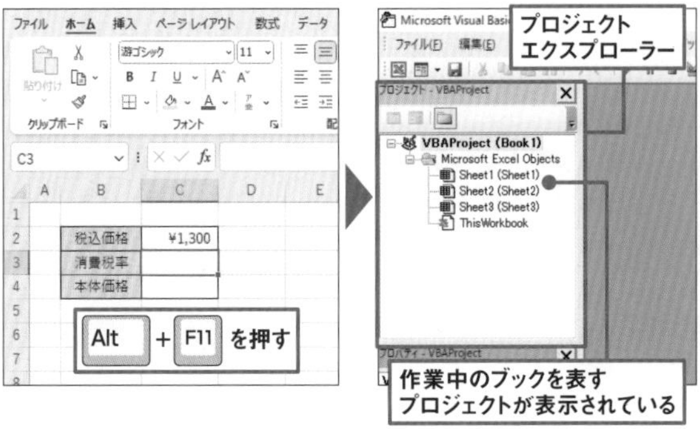

図2 VBAのプログラミングは、「Visual Basic Editor(VBE)」と呼ばれる専用の画面で行う。「Alt」キーを押しながら「F11」キーを押せばよい（左）。VBEの画面が、エクセルとは別のアプリケーションのように、独立したウインドウで表示される（右）。この画面の左上は「プロジェクトエクスプローラー」と呼ばれ、現在開いているすべてのブックを表す「プロジェクト」が表示されている

VBAのプログラムは、専用画面「VBE」で作成

総論でも述べたとおり、VBAのプログラムは、「ビジュアルベーシックエディター（以下、VBE）」と呼ばれる専用の画面を使って作成する。これは、操作を自動化するマクロでも、関数を自作するユーザー定義関数でも同じだ。

初期設定では、VBEを呼び出す機能はリボンに表示されていない。この機能は、「Excelのオプション」画面で設定すれば表示できる「開発」タブに含まれている。VBAのプログラミングを頻繁に行う場合は、あらかじめリボンにこのタブを表示させておこう（表示の方法は338ページを参照）。

ただし、VBEを表示するだけなら、「Alt」キーと「F11」キーを同時に押せばよい。ここでは、この方法でVBEを開いてみよう。あたかもエクセルとは別のソフトのように、別ウインドウでVBEが表示される。ここでは、まず画面の左上側に表示されている「プロジェクトエクスプローラー」に注目してほしい（**図2**）。

プログラムの「記述場所」を作成する

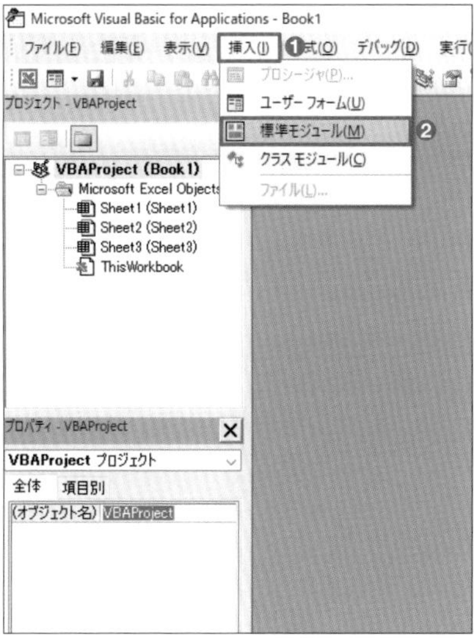

図3 「マクロ」や「ユーザー定義関数」のプログラムは、それを使用したいブックに対応するプロジェクトの中に、「標準モジュール」を挿入して記述する。対象のプロジェクトを選択している状態で、VBEの「挿入」メニューから「標準モジュール」を選ぶ（❶❷）

図4 プロジェクトエクスプローラーでは、選択したプロジェクトの中に新しい標準モジュールが追加される。同時に、画面の右側に白いウインドウ（「コードウインドウ」と呼ぶ）が表示され、文字を入力できることを示すカーソルが点滅している。ここに、VBAのプログラムを記述していく

ユーザー定義関数を作成する

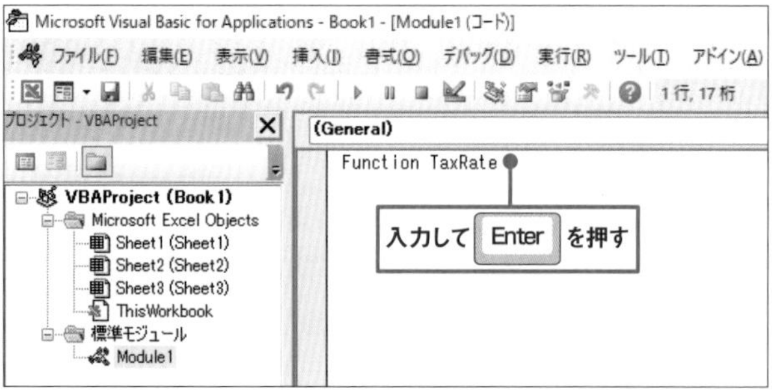

図5 ユーザー定義関数として利用するプログラムは、標準モジュールのコードウィンドウに「Function」と入力して始める。その後に半角スペースを空けて任意の関数名を指定し、「Enter」キーで改行する

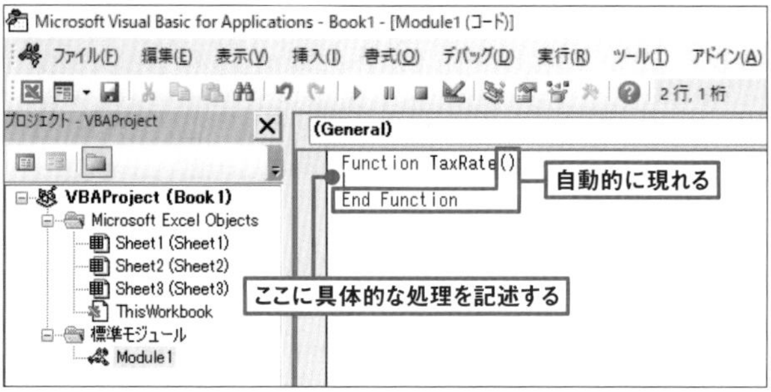

図6 入力した関数名の後に自動的に「()」が付き、その下に1行空けて「End Function」という行が追加される。この「Function ○○()」から「End Function」までが1つのユーザー定義関数のプログラムとなる。この2行の間に、具体的な処理を行うコードを入力していく

「プロジェクト」とは、実際にプログラムを記述する場所である「モジュール」をまとめる単位だ。エクセルVBAでは、通常、1つのブックが、そのまま1つのプロジェクトとして表される。

ユーザー定義関数のプログラムを記述するためのモジュールは、初期状態では、プロジェクトの中に存在しない。「挿入」メニューをクリックし、「標準モジュール」を選ぼう（前ページ**図3**）。プロジェクトに新しい標準モジュールが挿入され、その内容を表す白いウインドウが、右側の領域に広がる（**図4**）。これは「コードウィンドウ」と呼ばれ、その先頭の位置で、文字を入力できることを表すカーソルが点滅している。ここに、ユーザー定義関数のプログラムを入力していく。

なお、この例では、開いているプロジェクト（ブック）が1つだけだったため、標準モジュールはその中に作成された。複数のプロジェクトが開かれている場合は、挿入したいプロジェクト、またはその中のいずれかのアイコンをクリックしてから、標準モジュールを挿入する。

作成したVBAのプログラムは、最終的に、そのプロジェクトが表すブックの中に

保存される。VBEでの作業はいつでも保存せずに閉じることができるが、エクセルでブックを保存すれば、プログラムを含めて保存される。

ただし、VBAのプログラムを含むブックは、標準の「Excelブック」形式では保存できない。「名前を付けて保存」で、「Excelマクロ有効ブック」形式で保存する必要がある。

また、VBAを含むブックを開くと、通常、最初はVBAが無効になっている。このとき表示されるメッセージバーで、「コンテンツの有効化」などと表示されたボタンをクリックすれば、VBAの機能が有効になる。

常に同じ税率を返すシンプルな関数を作成

それでは、実際にユーザー定義関数のプログラムを作成していこう。最初は、ごくシンプルな例から始める。引数が不要で、単に円周率を返すエクセルのPI(パイ)関数のように、常に特定の税率を返す関数だ。

標準モジュールのコードウィンドウに半角文字で「Function」と入力し、半角スペースを空けて、関数名にしたい任意の名前を入力する。ここでは「TaxRate」とし、「Enter」キーを押して改行する(**図5**)。すると、関数名の後に自動的に「()」が挿入され、1行空けて「End Function」という行が自動挿入される(**図6**)。

この2つの行がプログラムの開始行と終了行であり、これらに挟まれた一連の行が、まとめて実行される1つのプログラムの単位となる。ユーザー定義関数として機能するプログラムのまとまりのことを、「Functionプロシージャ」と呼ぶ。

ちなみに、この「Function」を「Sub」に変えたものは「Subプロシージャ」と呼ばれ、こちらが一般的な「マクロ」のプログラムだ(352ページ参照)。

```
Function TaxRate()
        TaxRate = 0.1
End Function
```

- Function TaxRate() → 「TaxRate」というユーザー定義関数の記述
- TaxRate = 0.1 → 関数名に値を代入することで関数の戻り値になる
- End Function → ユーザー定義関数の記述はここまで

図7 「=」は「代入演算子」と呼ばれ、その右辺の内容を左辺に代入する操作を表す。左辺に指定するのは、後述する「変数」や「プロパティ」などだ。ここでは、税率を表す「0.1」という値を、そのままこのユーザー定義関数の関数名に代入している

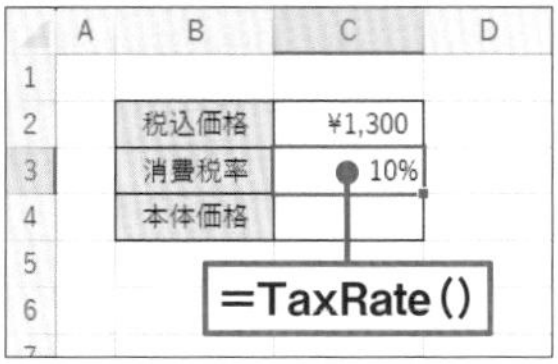

図8 エクセルの通常の画面で、セルにこのTaxRate関数の数式を入力した。この関数に引数はないが、「()」は付ける必要がある。関数名に代入した「0.1」が、戻り値としてセルに表示される。なお、ここではC3セルに「パーセンテージ」の表示形式を設定している

プログラムの実質的な処理は、この開始行と終了行の間に入力していく。VBAのプログラムは1行ずつ、上から順番に実行されていくが、ここでは単に「TaxRate=0.1」という1行を入力した。これだけでこのユーザー定義関数は完成だ（前ページ**図7**）。ここでの「=」は「等しい」という意味ではなく、右辺の内容を左辺に代入する操作を意味する。つまり、関数名である「TaxRate」に「0.1」という値を代入しているわけだ。関数名そのものに値を代入すると、その値がユーザー定義関数の戻り値になる。

なお、この行は、前後の行よりも一段階インデント（字下げ）している。これは必須ではないが、この「Function」と「End」のように、対になっている開始行と終了行に挟まれた行は、インデントして処理のブロックをわかりやすく示すのが一般的な作法だ。行をインデントするには、先頭で「Tab」キーを押せばよい。

エクセルの通常の画面に戻り、任意のセルに「=TaxRate()」という数式を入力すると、その戻り値として「0.1」が求められる。ここでは、そのセルにさらに「パーセンテージ」の表示形式を設定し、「10%」と表示させている（**図8**）。

引数を指定して処理させる

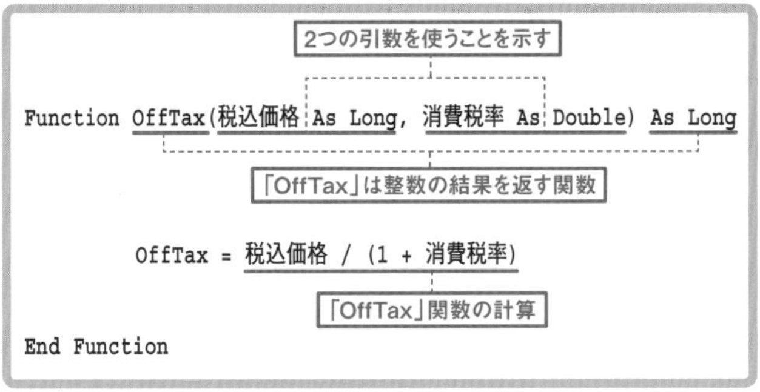

図9 関数に計算で使用するための引数を渡したい場合は、関数名の後の「()」の中に指定する。複数の引数を指定する場合は、「,」で区切る。ここでは、整数の「税込価格」と実数の「消費税率」という引数を渡し、「税込価格」を、1に「消費税率」を加えた値で割った答えを戻り値としている

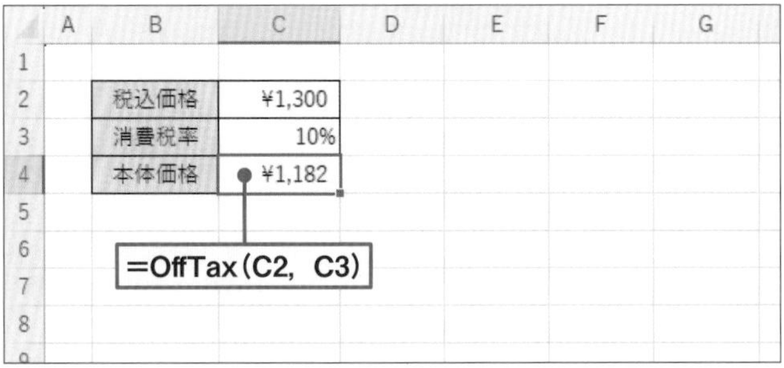

図10 作成した「OffTax」関数の数式をセルに入力し、引数「税込価格」と「消費税率」に、それぞれ数値や数式を入力したセルの参照を指定した。この関数によって、税込価格から消費税分を除いた本体価格が求められる

数式で指定した引数をプログラムで計算に使用

セルに入力した数式で引数を指定し、それをプログラムで受け取って計算に使用することも可能だ。ここでは、「税込価格」と「消費税率」を引数として受け取り、戻り値として消費税分を除いた本体価格を返すユーザー定義関数「OffTax」を作成してみよう。

ユーザー定義関数の引数は、関数名の後の「()」の中に指定する。複数の引数を指定したい場合は、各引数を「,」(半角カンマ)で区切る。この例では、OffTax関数の引数として、「税込価格」と「消費税率」を指定している。

ただし、この各引数と関数名自身の後には、「As Long」などの指定が付いている。これらは「データ型」と呼ばれ、その引数などで扱えるデータの範囲を指定するものだ。「Long」は整数(小数点以下の数値は扱えない)、「Double」は小数点以下の数値も扱える実数(倍精度浮動小数点数)で、それぞれ広い範囲をカバーしたいときに使用する。

プログラムの中では、最初に指定した引数名を、そのまま計算に使用できる。ここでは「税込価格」を、1と「消費税率」の和で割り、その値を戻り値にしている(**図9**)。

ワークシートでこの関数を使用する際、引数には、直接数値を指定できることはもちろん、ほかのセルの参照を指定することも可能。この例では、先に作成したTaxRate関数の数式が入力されているセルを「消費税率」に指定した(**図10**)。

なお、ユーザー定義関数は、「関数の挿入」画面にも「ユーザー定義」の分類で表示される。関数を選択すると、さらに「関数の引数」画面で各引数を指定して入力することが可能だ。

変数を利用して複雑な計算を行う

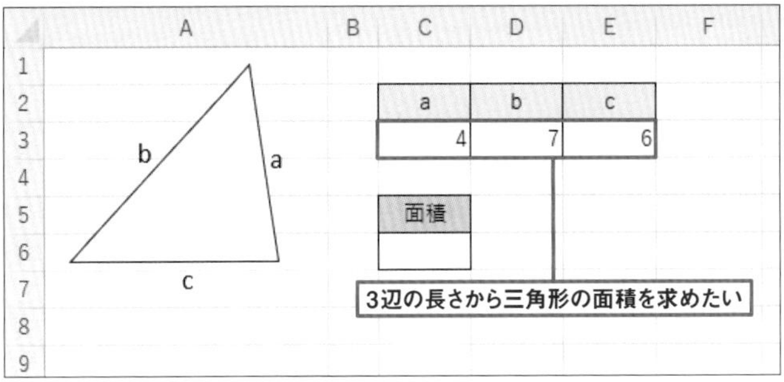

図11 三角形の面積を求める公式は「底辺×高さ÷2」だが、ここでは3辺の長さだけが判明しており、高さはわからないものとする。このような場合は、「ヘロンの公式」を使用して、三角形の面積を求めることができる

ヘロンの公式

$$s = \frac{a + b + c}{2}$$

$$面積 = \sqrt{s(s-a)(s-b)(s-c)}$$

図12 各辺の長さを「a」「b」「c」とした場合、図のような計算手順で三角形の面積を求めることができる。すなわち、3辺の和を2で割った値と、その値から各辺の長さを引いた値の積を求め、その平方根を取る計算だ

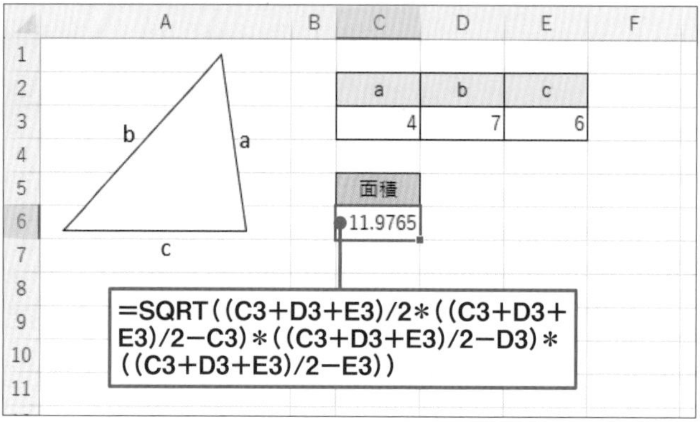

図13 この計算は、セルに数式として入力することも可能だが、やや長く複雑な式になってしまう。式を変形してもう少し簡潔な数式にする方法もあるが、ここではこの計算をユーザー定義関数で行ってみよう

計算中の一時的な結果は「変数」に保管して利用

次に、三角形の面積を求めるユーザー定義関数を作成してみよう。ただし、ここでは三角形の各辺の長さはわかっているものの、「高さ」の値が不明なため、「底辺×高さ÷2」では計算できないものとする（前ページ**図11**）。

このような条件で、三角形の面積を求めるために利用できるのが「ヘロンの公式」だ。まず、3辺の和を2で割った値を「s」として、sから各辺の長さを引いた値とsそのものを乗算し、その正の平方根を求める（**図12**）。

この計算は、「s」をすべてその都度求める形で、セルに数式として入力することもできる（**図13**）。式を変形して、もう少し簡潔な計算にすることも可能ではあるが、いずれにしてもやや複雑だ。この式を、「Heron」という名前のユーザー定義関数にしてみよう。

VBAなどのプログラムでは、後で繰り返し使用する値の一時的な保管場所として、任意の名前を付けた「変数」が利用できる。変数は、プログラムの中で直接使用することも可能だが、通常は「Dim」というキーワードを使って、事前に「宣言」を行う。その際、変数に収めるデータの内容を想定し、データ型まで指定するのが一般的だ。

「Heron」は倍精度浮動小数点数の値を返す関数

```
Function Heron(a As Double, b As Double, c As Double) As Double
        Dim s As Double
        s = (a + b + c) / 2
        Heron = Sqr(s * (s - a) * (s - b) * (s - c))

End Function
```

変数「s」は倍精度浮動小数点数の値と宣言

ヘロンの公式の計算

図14 このユーザー定義関数「Heron」は、ヘロンの公式をほぼそのままプログラムで表現したものだ。3辺の和を2で割った値を代入する「s」は「変数」と呼ばれ、いわばデータの一時的な入れ物として使われる。また、「Sqr」は平方根を求めるVBAの関数だ

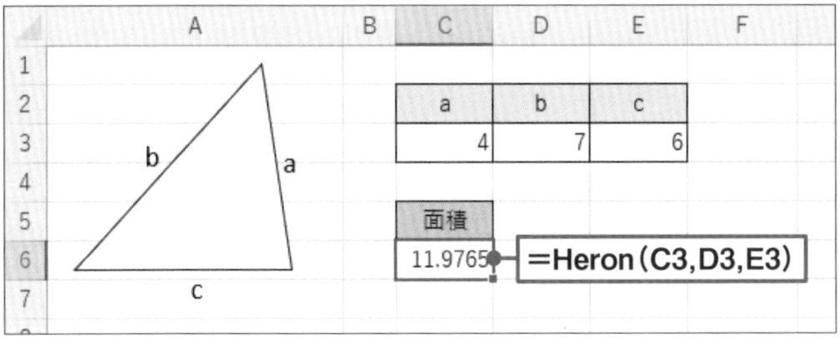

図15 作成した「Heron」関数の数式をセルに入力し、引数「a」「b」「c」に、それぞれの辺の長さが入力されたセルの参照を指定した。図13と同じ計算結果が、より簡潔な数式で求められた

ここでは、公式で使っている「s」を、そのまま変数名とした。また、平方根を求めるために、VBAのSqr関数を利用している（**図14**）。Sqr関数の機能は、ワークシート関数のSQRT（スクエア・ルート）関数と同様だ。

このHeron関数を使用すれば、3辺から三角形の面積を求める数式が、簡潔でわかりやすくなる（**図15**）。

なお、Sqr関数以外にも、VBAにはプログラムで使えるさまざまな関数が用意されている。その中には、ワークシート関数と同じ機能・名前の関数や、同じ機能でも名前が異なる関数、同じ名前でも機能が異なる関数などがある。混同しないように注意しよう。

条件の判定結果に応じて異なる処理を実行

ユーザー定義関数では、数値データの計算だけでなく、文字列データの処理や加工を行うこともできる。ここでは、ひらがなとカタカナを相互に変換できる「Kana2Mode」関数を作成しよう（次ページ**図16**）。

この関数では、引数「文字列」に指定した文字列のかな部分が、「変換後」の指定に従って、ひらがなまたはカタカナに変換される。「変換後」の指定値は、論理値

条件に応じて2通りの処理を行う

```
Function Kana2Mode(文字列 As String, 変換後 As Boolean) As String
    If 変換後 Then
        Kana2Mode = StrConv(文字列, vbHiragana)
    Else
        Kana2Mode = StrConv(文字列, vbKatakana)
    End If
End Function
```

引数「文字列」は文字列
引数「変換後」は論理値
真の場合
ひらがなに変換
偽の場合
カタカナに変換

図16 この関数は、引数「文字列」の文字列を、引数「変換後」の指定に応じて「ひらがな」または「カタカナ」に変換するものだ。「If」の後に指定した「変換後」の値がTrueの場合は「Then」の後から「Else」の前までの処理を、そうでなければ「Else」の後から「End If」の前までの処理を行う。どちらもVBAのStrConv関数を利用して、文字種を変換している

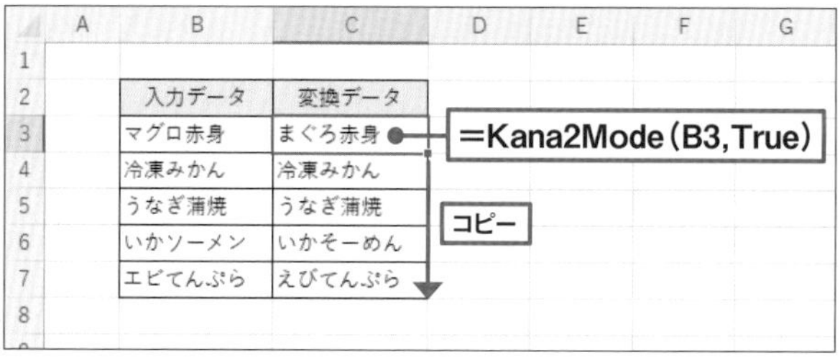

図17 「Kana2Mode」関数の数式をセルに入力し、引数「文字列」に左隣のセルの文字列を、引数「変換後」に論理値Trueを指定した。「変換後」にTrueを指定した場合、「文字列」の中のすべてのかながひらがなに変換される。なお、カタカナにしたい場合はFalseを指定する

「True」または「False」のいずれかだ。ここではTrueを指定したため、「文字列」に含まれるすべてのかながひらがな表記に変換された（**図17**）。

条件の真偽を判定して異なる処理を行いたい場合、VBAでは「If」というキーワードを使用する。その後に続けてTrueまたはFalseを返す条件式を指定すると、その値がTrueの場合、「Then」以下に記述した処理が実行される。Falseだった場合の処理も指定したい場合は、「Else」以下に記述する。各処理は、「End If」の行の前まで、それぞれ複数行で記述することが可能だ。

文字列の変換には、VBAのStrConv関数を利用している。ひらがなにするかカタカナにするかは、2番目の引数に定数で指定する。

条件がFalseだった場合に、さらに別の条件を判定させたい場合は、「ElseIf」キーワードを使って指定する。「Kana3Mode」関数では、これを利用して、ひらがな／カタカナに加えて半角カタカナへの変換もできるようにした（**図18、図19**）。こちらのプログラムでは、引数「変換後」のデータ型を論理値から整数に変更し、正の数ならひらがな、0なら全角カタカナ、負の数なら半角カタカナに変換されるようにしている。

条件に応じて3通りの処理を行う

```
Function Kana3Mode(文字列 As String, 変換後 As Integer) As String

    If 変換後 > 0 Then

        Kana3Mode = StrConv(文字列, vbHiragana)

    ElseIf 変換後 = 0 Then

        Kana3Mode = StrConv(文字列, vbKatakana + vbWide)

    Else

        Kana3Mode = StrConv(文字列, vbKatakana + vbNarrow)

    End If

End Function
```

引数「変換後」は整数
「変換後」の値によって動作を変える
値が正なら
ひらがなに変換
全角カタカナに変換
値が0なら
半角カタカナに変換
値が負なら

図18「ひらがな」または「カタカナ」だけではなく、「半角カタカナ」も選択肢に含めた関数のコード。「変換後」の値が正の数、0、負の数のいずれかに応じて、変換する文字種を決める。このような3パターン以上の条件判定を行いたい場合は、「If」と「ElseIf」を組み合わせる

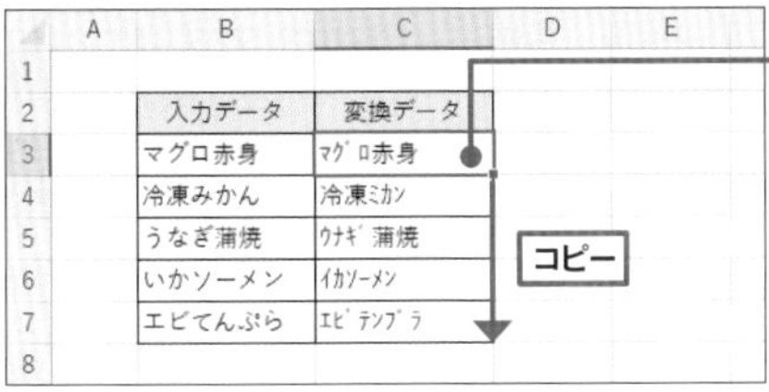

=Kana3Mode(B3,-1)

図19「Kana3Mode」関数をセルに入力し、引数「文字列」に左のセルの参照を、引数「変換後」に「−1」を指定した。ここでは「変換後」に負の数を指定したため、「文字列」の中のかながすべて半角カタカナに変換された。正の数を指定した場合はひらがな、0の場合は全角カタカナになる

変数の値を変化させながら同じ処理を繰り返す

最後に、「変数」や「条件判定」と並ぶプログラミングの基本要素である「繰り返し処理」を利用して、素数を扱う関数を作成してみよう。

まず、「IsPrime」関数は、引数に指定した数値が素数かどうかを判定し、True/Falseの論理値を返すものだ（次ページ**図20**、**図21**）。

最初に、引数「数値」が1以下でないかをチェック。「For」の後に変数を指定し、「=」に続けて初期値と終了値を「To」を挟んで指定すると、変数が初期値から終了値に1ずつ増えながら、「Next」の行の前までの処理を繰り返す。この変数のように、繰り返し処理での順番や経過を表すのに使われる変数を、「カウンター変数」と呼ぶ。

この場合の初期値は「2」で、終了値は引数「数値」の正の平方根から端数を切り捨てた整数だ。この間の整数でそれぞれ「数値」を割った余りが一度でも「0」になったら、素数ではないと判定され、関数の戻り値に「False」と代入される。さらに、「Exit Function」で、この関数の処理も終了する。

繰り返し処理を行う

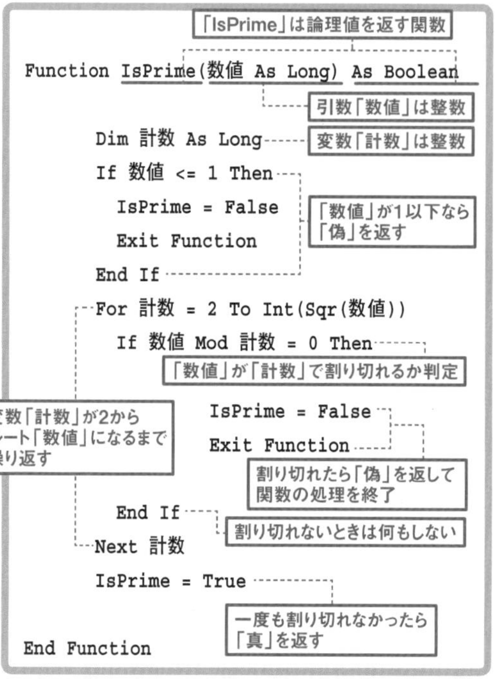

「IsPrime」は論理値を返す関数
Function IsPrime(数値 As Long) As Boolean
引数「数値」は整数
Dim 計数 As Long
変数「計数」は整数
If 数値 <= 1 Then
IsPrime = False
Exit Function
End If
「数値」が1以下なら「偽」を返す
For 計数 = 2 To Int(Sqr(数値))
If 数値 Mod 計数 = 0 Then
「数値」が「計数」で割り切れるか判定
変数「計数」が2からルート「数値」になるまで繰り返す
IsPrime = False
Exit Function
割り切れたら「偽」を返して関数の処理を終了
End If
割り切れないときは何もしない
Next 計数
IsPrime = True
一度も割り切れなかったら「真」を返す
End Function

図20 「For」の後に変数を指定し、「=」に続けて開始値と終了値を「To」を挟んで指定すると、その変数が1ずつ増加しながら、「Next」の行の前までの処理を繰り返す。ここでは、2から引数「数値」の平方根から端数を切り捨てた整数まで、「数値」がその値で割り切れるかどうかを調べる。1個でも割り切れた時点で、「素数ではない」と判定し、Falseを返す

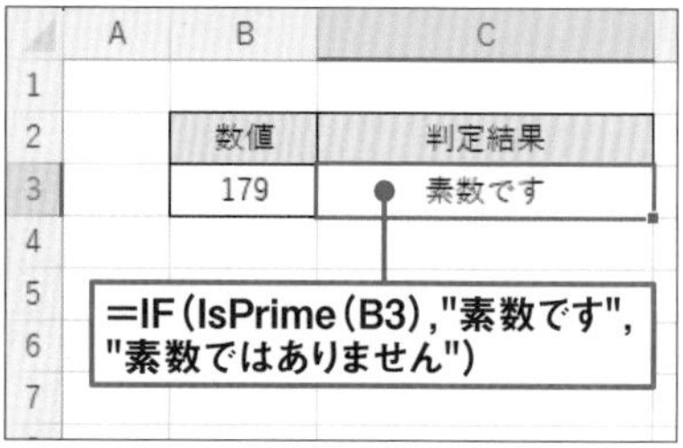

A
B
C
数値
判定結果
179
素数です
=IF(IsPrime(B3),"素数です","素数ではありません")

図21 セルに入力した数式では、IF関数と組み合わせて、B3セルの数値を「IsPrime」関数で判定した結果が「True」だった場合は「素数です」、そうでなければ「素数ではありません」と表示させている

すべての繰り返しが終わっても一度も「0」が得られなかった場合は、素数と判定できるため、戻り値として「True」が代入される。

さらに、この関数を応用して、指定した順番に登場する素数を求める「GetPrime」関数を作成しよう(**図22**)。

今回は、カウンター変数を3つ使用する。「Do」と「Loop」の行は、その間の処理を永久に繰り返すという指定だが、その1回の繰り返しごとに1ずつ増えていくのが「計数a」だ。

また、最初に変数「判定」にTrueを設定し、IsPrime関数と同様の繰り返し処理で、「計数a」が素数かどうかを判定する。「計数b」はこの繰り返しで使うカウンター変数だ。素数でなかった場合は、「判定」にFalseを設定する。

「判定」がTrueのままなら「計数a」は素数なので、「計数c」に1を加算する。「計数c」が引数「登場順」と等しければ、その時点での「計数a」の値をGetPrime関数の戻り値に設定し、「Do」～「Loop」の繰り返しを終了する。

```
Function GetPrime(登場順 As Long) As Long
        Dim 計数a As Long
        Dim 計数b As Long
        Dim 計数c As Long
        Dim 判定 As Boolean
        計数a = 1
        Do
            計数a = 計数a + 1
            判定 = True
            For 計数b = 2 To Int(Sqr(計数a))
                If 計数a Mod 計数b = 0 Then
                    判定 = False
                    Exit For
                End If
            Next 計数b
            If 判定 Then
                計数c = 計数c + 1
                If 計数c = 登場順 Then
                    GetPrime = 計数a
                    Exit Do
                End If
            End If
        Loop
End Function
```

変数「計数a」の初期値を1に

Do〜Loopで永久に繰り返す

変数「計数a」を1増やす

変数「判定」を真にしておく

For〜Nextで繰り返す

「計数a」が「計数b」で割り切れたら

変数「判定」を偽に

For〜Nextから脱出

変数「判定」が真なら

変数「計数c」を1増やす

「計数c」が引数「登場順」と値が同じなら

「計数a」の値を返す

Do〜Loopから脱出

図22 「Do」〜「Loop」は、特定の条件を満たすまで処理を永久に繰り返す操作だ。ここでは、変数「計数a」の値を1から順に増やしていき、素数かどうかをチェック。素数だった場合は、その登場順を表す「計数c」に1を加算する。引数「登場順」と計数cの値が等しくなったら、計数aの値を戻り値として返し、繰り返しを終了する

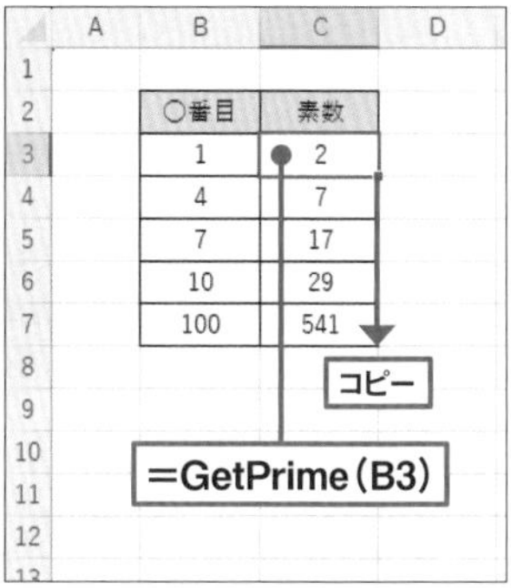

図23 「GetPrime」関数の数式で、「○番目」列で指定した数値に当たる素数を表示している。なお、引数「登場順」にあまり大きな数を指定すると、計算に時間がかかりすぎたり、フリーズしてしまったりする可能性があるので注意してほしい。0以下の指定も不可だ

なお、「Do」〜「Loop」を使う場合、必ずこのように、繰り返しを終了するための条件判定を処理の中に入れておく。または、「Do」などのすぐ後に、繰り返しを終了するための条件を指定することもできる。こうした指定を忘れた場合、プログラムが終わらなくなってしまうので注意が必要だ。

また、この関数を使うとき、引数「登場順」には**図23**の「○番目」で示した程度の小さな値から試して動作することを確認しよう。あまり大きな値を指定すると計算量が膨大になって時間がかかりすぎたり、パソコンが動かなくなったりする可能性がある。0以下の数値など、不適切な値も厳禁だ。

実践編 エクセルの操作には「オブジェクト」を使用

エクセルの「マクロ」をVBAの用語でいうと、ブックを表すプロジェクトの標準モジュールに記述された「Subプロシージャ」だ。そのプログラムの構成は、ユーザー定義関数を表すFunctionプロシージャの「Function」を「Sub」に変えたものと考えればよい。ただし、ユーザー定義関数と違って戻り値は返さず、通常は引数も指定しない。

オブジェクトを取得してメソッドを実行する

ユーザー定義関数のプログラムでは、セルの値などを直接変更する操作は、実行できないことが多い。しかし、マクロのプログラムの場合は、むしろそのような操作が中心となる。

VBAでは、セルなどの操作対象を「オブジェクト」として表す。単独のセルやセル範囲は「Range」オブジェクト、ワークシートは「Worksheet」オブジェクト、ブックは「Workbook」オブジェクトだ。また、ブックやシートのような目に見える“モノ”だけでなく、セルの塗りつぶしや罫線の設定のような“機能”を象徴的に表すオブジェクトもある。そして、これらのオブジェクトを対象として実行する「選択」や「消去」「閉じる」といった操作のことを「メソッド」と呼ぶ（**図1**）。

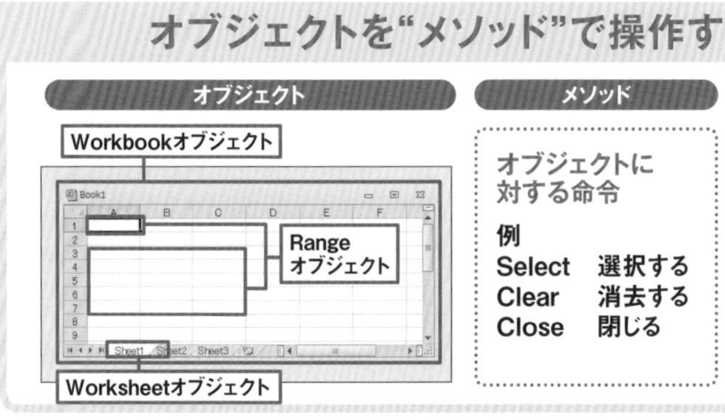

図1 エクセルのセルやセル範囲、シート、ブックなどは“オブジェクト”と呼ばれる。これらに“メソッド”と呼ぶ命令を与えると、エクセルをマクロで操作できる

まずはシンプルに、指定したセル範囲を選択するだけのマクロプログラムを作成してみよう。処理部分が実質1行だけのプログラムに、「見出し選択」という名前を付けたSubプロシージャだ（**図2**）。

「Range」の後に「()」を付け、目的のセル範囲の参照を表す文字列を指定することで、そのセル範囲を表すRangeオブジェクトが求められる。注意が必要なのは、Rangeオブジェクトとは「Range("B2:E2")」という「式」の結果として求められたものを指し、記述された「Range」自体をRangeオブジェクトと呼ぶわけではない、ということだ。

プログラム中の「Range」が何なのかについては後述するが、これ以外にもRangeオブジェクトを取得するための式はいろいろとある。例えば、「Selection」という式では、選択範囲を表すRangeオブジェクトを取得することができる。

オブジェクトを操作するメソッドは、対象のオブジェクト式の後に、「.」（半角ピリオド）を付けて指定する。セル範囲を選択する操作は、Rangeオブジェクトに対して「Select」メソッドを実行すればよい。

VBEで、標準モジュールの中に作成したSubプロシージャは、エクセルでマクロとして実行することができる。マクロの実行方法もいろいろあるが、「マクロ」画面から選択して実行するのが基本的な方法だ。

この画面は、「開発」タブを表示していない状態でも、「表示」タブの「マクロ」から表示させることができる（次ページ**図3**）。「Alt」キーと「F8」キーを同時に押してもOKだ。表示された「マクロ」画面で、実行したいマクロを選択し、「実行」をクリックする（**図4**）。これで、マクロ「見出し選択」が実行され、B2～E2セルが選択される（**図5**）。

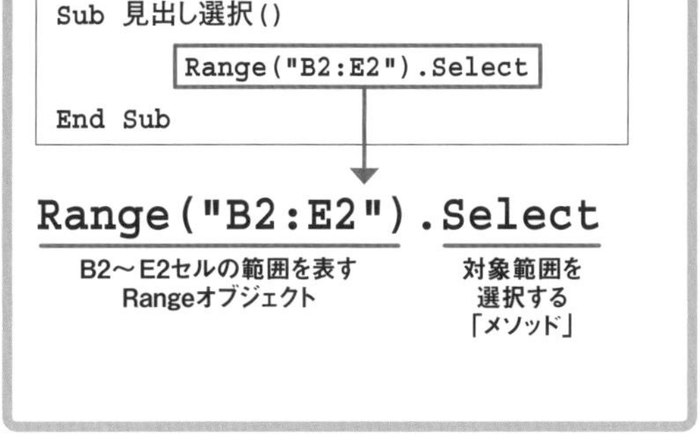

図2 B2～E2セルを選択する「見出し選択」という名前のマクロプログラムを作成した。「Range」の後に、セル参照を表す文字列を「()」に入れて指定すると、そのセル（範囲）を表す「Range」オブジェクトを取得できる。このRangeオブジェクトを対象とした「Select」というメソッド（命令）で、そのセルを選択する操作が実行できる

エクセルでマクロを実行する

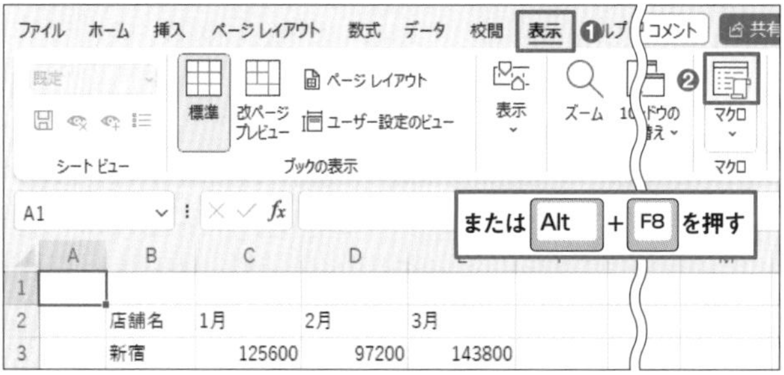

図3 マクロは、「開発」タブを表示していない状態でも実行することができる。「表示」タブの「マクロ」をクリックすればよい（❶❷）。または、「Alt」キーを押しながら「F8」キーを押すショートカットキーも使用可能だ

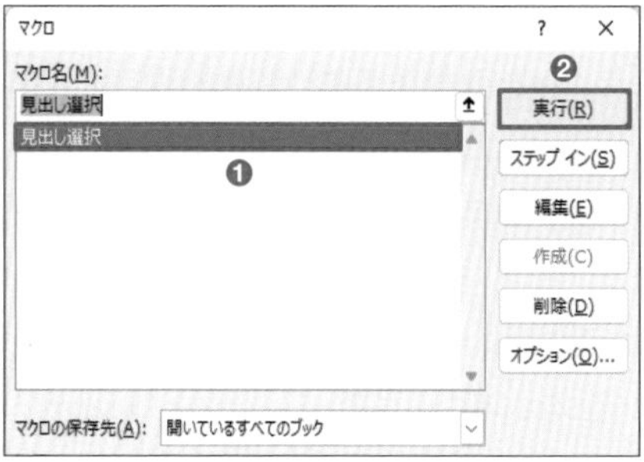

図4 「マクロ」画面が表示されたら、実行したいマクロを選択し（❶）、「実行」をクリックする（❷）。なお、この画面で、目的のマクロを選択して「編集」をクリックすると、VBEが表示され、選択したマクロを編集できる状態になる

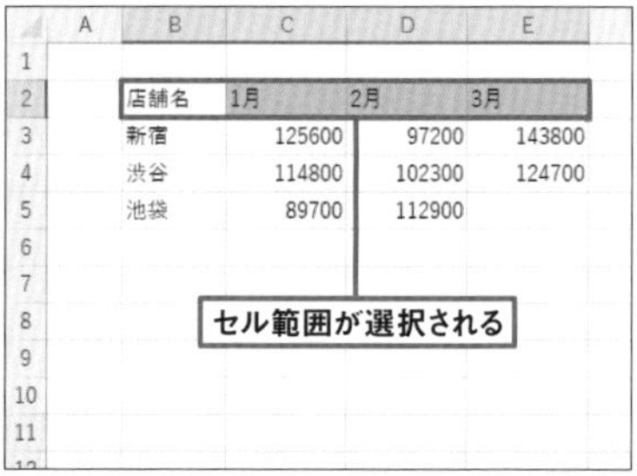

図5 マクロ「見出し選択」が実行され、B2～E2セルが選択される。同様のコードで、これ以外のセルやセル範囲を選択することも可能。「A1」などのセル番地だけでなく、セルやセル範囲に付けた「名前」で指定することもできる

オブジェクトのプロパティに値を設定する

VBAでオブジェクトを操作する方法としては、メソッドのほかに「プロパティ」を使用する方法もある。プロパティは「属性」などと訳され、オブジェクトの特定の値や設定などに名前を付けたものだ（**図6**）。プロパティを利用して、オブジェクトの現在の状態を表す値を取り出したり、その状態を変更したりできる。プロパティは、やはり対象のオブジェクト式の後に、「.」を付けて指定する。

例えば、特定のセルを表すRangeオブジェクトの「HorizontalAlignment」プロパティは、そのセルに入力されているデータの「横位置」の設定を表す。このプロパティの設定値は、「左詰め」や「中央揃え」といった各状態に対してあらかじめ割り当てられた数値だが、わかりやすい定数を使って、現在の設定を調べたり、設定を変更したりできる。

プロパティの値を変更するには、代入演算子「=」を使って、設定したい値をプロパティに代入すればよい。ここでは、「Selection」で選択範囲を表すRangeオブジェクトを取得し、そのHorizontalAlignmentプロパティに、「中央揃え」を意味する定数「xlCenter」を代入した（次ページ**図7**）。

なお、プロパティの中には、その「値」として、数値や文字列などのデータではなく、特定のオブジェクトを持つものもある。また、プロパティは基本的に対象オブジェクトとセットで使用するが、対象オブジェクトを省略できるプロパティもある。実は、Rangeオブジェクトを取得するための式で使った「Range」や「Selection」などは、対象オブジェクトを省略できるプロパティだ。そして、これらのプロパティの戻り値として取得できるのが、Rangeオブジェクトというわけだ。つまり、VBAのプログラムの多くの行は、対象オブジェクトを省略した、オブジェクトを返すプロパティから記述を開始している。

また、Rangeオブジェクトを対象とした「Interior」プロパティでは、対象のセルの塗りつぶしの設定を表す「Interior」オブジェクトを取得できる。RangeオブジェクトとRangeプロパティもそうだが、オブジェクトを返すプロパティと、そのプロパティで取得できるオブジェクトは同名の場合も多いので、混同しないように注意しよう。

Interiorオブジェクトの「ThemeColor」プロパティでは、セルの塗りつぶしの色として「テーマの色」を指定できる。また、「TintAndShade」プロパティでは、色の明るさを、-1〜1の範囲で指定できる。この値は、大きいほど明るく（白に近く）なり、小さいほど暗く（黒に近く）なる。

オブジェクトの“プロパティ”を設定する

プロパティ【オブジェクトの持つ属性のこと】

例

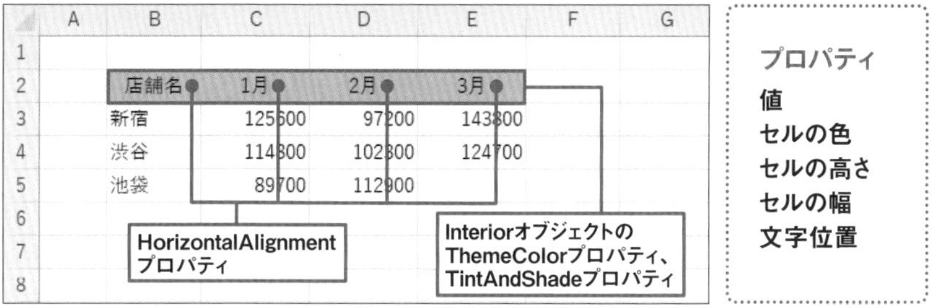

図6 オブジェクトの属性は、「プロパティ」として取得・設定できる。プロパティを変更すると、オブジェクトの実体であるセルなどの状態に反映される

```
Sub 書式適用()
    Selection.HorizontalAlignment = xlCenter
    Selection.Interior.ThemeColor = xlThemeColorAccent1
    Selection.Interior.TintAndShade = 0.6
End Sub
```

Selection.HorizontalAlignment = xlCenter

- Selection：選択範囲を表す Rangeオブジェクト
- HorizontalAlignment：セルのデータの横位置を表す「プロパティ」
- xlCenter：中央揃えを表す「定数」

図7 選択範囲を表すRangeオブジェクトに対し、「HorizontalAlignment」プロパティでセルのデータの横位置を設定し、塗りつぶしの設定を表す「Interior」オブジェクトの「ThemeColor」プロパティでテーマの色を、「TintAndShade」プロパティで明度を設定している

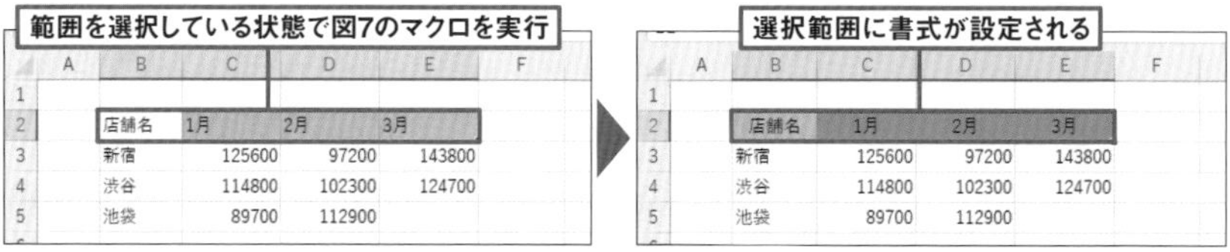

図8 表の見出しのセル範囲を選択している状態で、マクロ「書式適用」を実行した。選択範囲の文字列の横位置が中央揃えになり、セルの塗りつぶしの色として「テーマの色」の「アクセント1」の「白＋基本色60%」が設定される

セル範囲を選択してマクロ「書式適用」を実行すると、対象のセル範囲のデータの横位置が左右中央揃えになり、塗りつぶしの色が設定される（**図8**）。なお、ブックによってはテーマの設定が異なる可能性がある。

ValueプロパティとFormulaプロパティ

ここからは、セルのデータに対する基本的な処理の方法を、いろいろと紹介していこう。

特定のセルの値を調べたい場合は、目的のセルを表すRangeオブジェクトを取得し、その「Value」プロパティの値を取り出せばよい。ここでは、求めた値をVBAの「MsgBox」関数の引数に指定して、メッセージ画面に表示している（**図9**）。なお、Valueプロパティでは、数値や文字列のデータはそのまま取り出されるが、セルの内容が数式の場合、取り出されるのはその計算結果の値だ。

特定のセルにデータを入力したい場合も、Valueプロパティが利用できる。目的のセルを表すRangeオブジェクトを取得し、そのValueプロパティに対して、入力したいデータを「=」で代入すればよい。数値はそのまま、文字列は前後を「"」（半角ダブルクォーテーション）で囲んで指定する（**図10、図11**）。

セルのデータを取り出す

```
Sub データ表示()
        MsgBox Range("C3").Value
End Sub
```

メッセージを表示する関数　C3セルの値

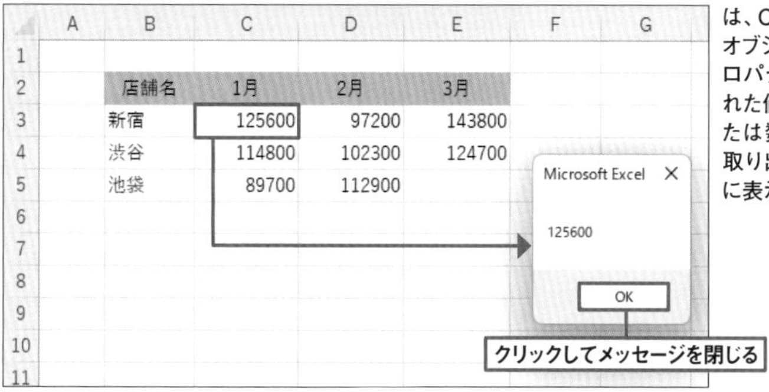

図9 「MsgBox」は、指定したメッセージを画面に表示するVBAの関数。ここでは、C3セルを表すRangeオブジェクトの「Value」プロパティで、セルに入力された値（数値や文字列、または数式の計算結果）を取り出し、メッセージ画面に表示させている

セルにデータを入力する

```
Sub 数値入力()
        Range("E5").Value = 137500
End Sub
```

E5セルの値を137500にする

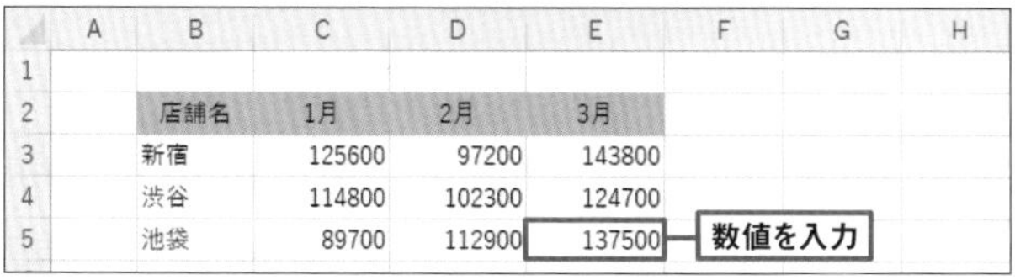

図10 特定のセルに値を入力する操作は、VBAでは、対象のRangeオブジェクトのValueプロパティに値を代入するという形で実行できる。ここでは、E5セルに「137500」という数値を入力している

```
Sub 文字列入力()
        Range("B6").Value = "合計"
End Sub
```

B6セルの値を「合計」という文字列にする

図11 同様に、対象のRangeオブジェクトのValueプロパティに値を代入する操作で、セルに文字列を入力することもできる。コードの中に直接指定できる数値データとは異なり、文字列データは前後を「"」で囲む必要がある。ここでは、B6セルに「合計」と入力した

数値や文字列などのデータだけでなく、数式を入力することもできる。やはりValueプロパティに代入してもよいが、数式を入力する操作は「Formula」プロパティを使ったほうがわかりやすいだろう。また、これまでは単一のセルだけに入力を行ってきたが、セル範囲を表すRangeオブジェクトを対象として、その各セルに一括で数式を入力することもできる。この場合、数式の中の相対参照は、左上端のセルを基準として、位置に応じて自動的に変化する（**図12**）。

なお、ここでは数式の例を紹介したが、Valueプロパティで値を入力する操作でも、セル範囲を対象として一括入力することは可能だ。

「表」の範囲を取得して罫線を設定する

次に、ここまで作成してきた表の範囲全体に、罫線を設定してみよう。表のセル範囲はB2～E6セルとわかっているが、VBAのプログラムでは、事前には対象範囲がわからない状態で、表の範囲全体に対して処理を行いたい場合も多い。

Rangeオブジェクトを対象とした「CurrentRegion」プロパティを使えば、対象のセルを含み、連続してデータが入力されている長方形の領域を、やはりRangeオブジェクトとして求めることができる。その「Borders」プロパティで、セルの四辺の罫線の書式設定を表す「Borders」オブジェクトを取得。さらにその「Weight」プロパティに、罫線の太さを表す定数を指定することで、表に罫線を設定している（**図13、図14**）。

```
Sub 数式一括入力()
        Range("C6:E6").Formula = "=SUM(C3:C5)"
End Sub
```

C6～E6セルの数式を「=SUM(C3:C5)」とする

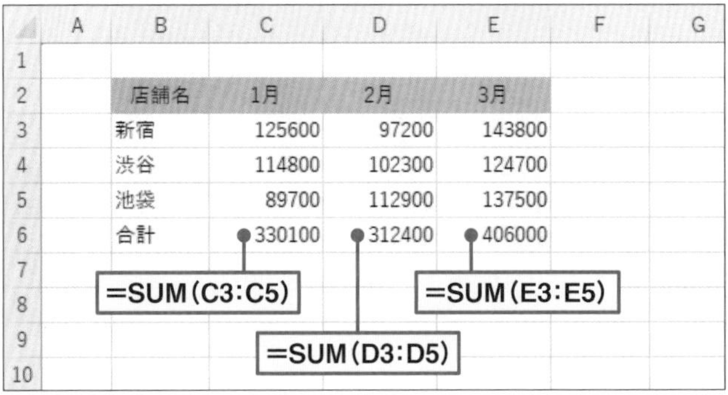

図12 数式を入力する操作もValueプロパティで行えるが、「Formula」プロパティを使ったほうが操作の意味がわかりやすいだろう。セル範囲を表すRangeオブジェクトが対象の場合、その各セルに一括で同じ数式を入力できる。数式の中の相対参照は、各セルの位置に応じて変化する

ここまで、特定のセルから値を取り出す操作と、セルに値を代入する操作を説明してきた。ここではさらに、特定のセルから値を取り出し、その値を直接別のセルに入力する操作を考えてみよう。RangeオブジェクトのValueプロパティで値を取り出し、そのまま「=」で別のRangeオブジェクトのValueプロパティに代入すればよい(次ページ**図15**)。

ただし、取り出したセルのデータが数式だった場合は、Valueプロパティによって、その結果の値に変換されてしまう。数式のままで別のセルに入力したい場合は、取り出す側のセルのプロパティを「Formula」に変更する。この場合、代入する側のプロパティはValueでもよいが、やはりFormulaにしておくのがわかりやすいだろう(**図16**)。

Formulaプロパティは数式を文字列としてそのまま取り出すので、数式中の相対参照も、そのまま別のセルに入力される。相対参照をセルの位置に応じて変化させたい場合は、「FormulaR1C1」プロパティを使用するとよい(**図17**)。このプロパティは、数式のセル参照を「R1C1」形式で表した文字列として、取得・設定できるもの。R1C1形式では、数式のセルの2つ上、1つ右のセルを「R[-2]C[1]」のような相対的な位置関係で表すので、ほかのセルにそのまま入力しても、相対参照関係が保持される。

表の範囲を自動的に取得する

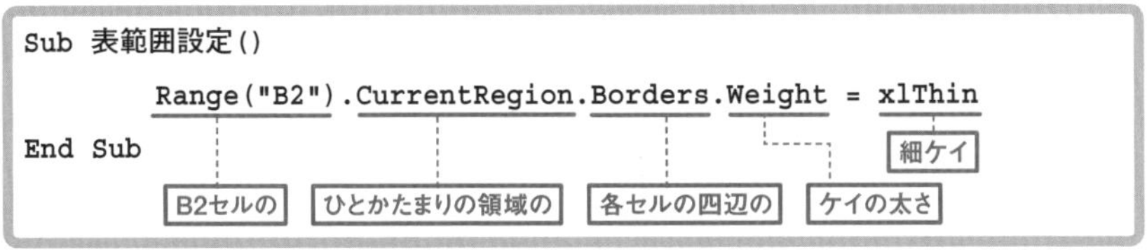

図13 Rangeオブジェクトの「CurrentRegion」プロパティでは、対象のセルを含む「ひとかたまりの領域」を表すRangeオブジェクトが取得できる。その「Borders」プロパティで四辺の罫線の書式設定を表す「Borders」オブジェクトを取得し、線の太さを表す「Weight」プロパティを設定している

図14 BordersオブジェクトのWeightプロパティに定数「xlThin」を指定したことで、対象範囲の四辺に細い実線が設定される。なお、「ひとかたまりの領域」とは、基準のセルを含み、連続してデータが入力されている長方形の領域のこと。これを利用して、簡単に表の範囲を操作できる

数式を別のセルに入力する

```
Sub 値取り出し()
        Range("G3").Value = Range("C6").Value
End Sub
```

G3セルの値　C6セルの値

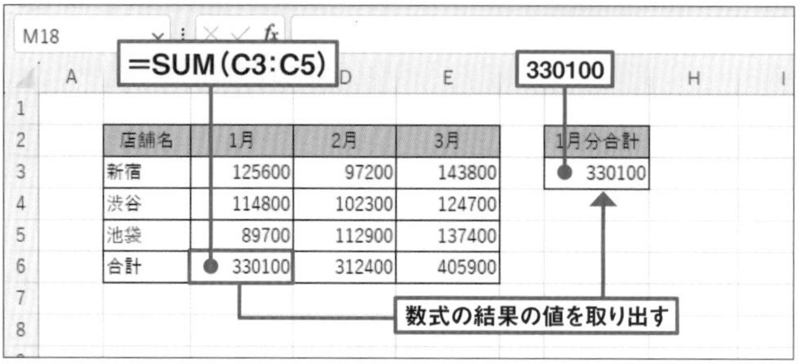

図15 特定のセルの値を別のセルに入力するには、Valueプロパティを使って値を取り出し、そのまま別のセルのValueプロパティに代入すればよい。ただし、取り出すセルのデータが数式だった場合は、その計算結果の値に変換された形で、目的のセルに入力される

```
Sub 数式取り出し1()
        Range("G6").Formula = Range("C6").Formula
End Sub
```

G6セルの数式　C6セルの数式

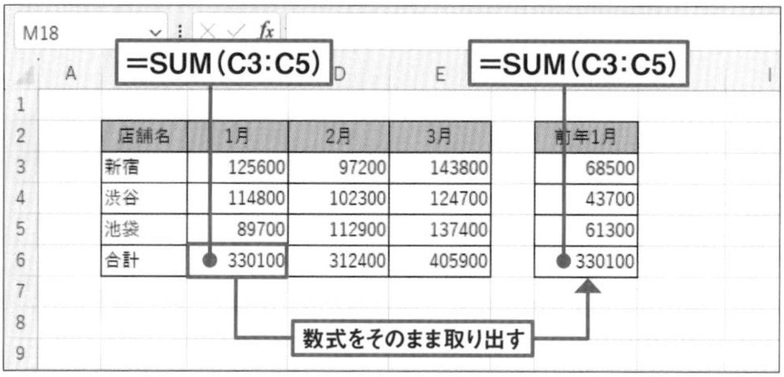

図16 セルに入力されている数式を、同じ数式のまま別のセルに入力したい場合は、Valueプロパティの代わりにFormulaプロパティを使用する。数式が文字列として取り出されるため、相対参照であっても、入力したセルの位置に応じて変化することはない

「コレクション」を利用してオブジェクトを一括処理

セル範囲に含まれる複数のセルや、1つのブックに含まれているすべてのワークシートのような同種のオブジェクトの集合を、「コレクション」と呼ぶ。コレクション自体も1つのオブジェクトであり、メソッドによる操作やプロパティの設定をまとめて行うことができる。また、名前や番号で指定して、コレクションから単体のオブジェクトを取り出すこともできる。さらに、コレクションに含まれる個々のオブジェクトに対して、繰り返し同じ操作を実行することも可能だ。

```
Sub 数式取り出し2()
    Range("G6").FormulaR1C1 = Range("C6").FormulaR1C1
End Sub
```

G6セルの参照関係を維持した数式

C6セルの参照関係を維持した数式

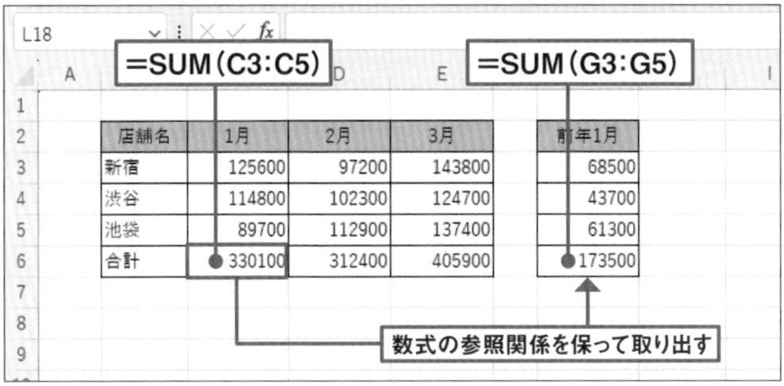

図17 元の数式の相対的な参照関係を保って別のセルに入力したい場合は、Formulaプロパティではなく「FormulaR1C1」プロパティを使用するとよい。「R1C1」形式はセルの相対的な位置関係を表す参照形式であり、文字列として取り出しても参照関係が維持される

同種のオブジェクトすべてに同じ処理を行う

```
Sub 文字列一括追加()
    Dim セル As Range
    For Each セル In Selection
        セル.Value = セル.Value & "店"
    Next セル
End Sub
```

Range型のオブジェクト変数“セル”を宣言

選択している範囲でセルごとに繰り返す

セルの文字列の後ろに「店」を付加する

図18 同じ種類のオブジェクトの集合を「コレクション」と呼ぶ。セル範囲を表すRangeオブジェクトは、1つのセルを表すRangeオブジェクトのコレクションでもある。「For Each」～「Next」を使用して、コレクションに含まれるすべてのオブジェクトに対して同じ処理を行うことができる

このような処理では、「For Each」～「Next」という命令を使用する。また、繰り返し操作する個々のオブジェクトを収めるための「オブジェクト変数」が必要となる。このオブジェクト変数も、あらかじめ「Dim」を使って宣言しておこう。この場合のデータ型には、「Range」のような対象のオブジェクト名を指定すればよい。

ここでは、Selectionプロパティで選択範囲を表すRangeコレクションを取得し、その個々のセルを表すRangeオブジェクトに対して繰り返し処理を行う。処理の内容は、Valueプロパティでセルの値を取り出し、文字列演算子「&」で「店」を結合して、同じセルの値として再入力するものだ(**図18**)。

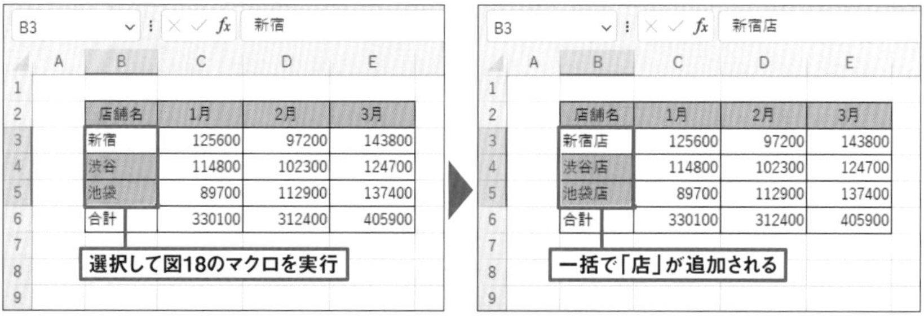

図19 「新宿」などの店舗の名前が入力されているセル範囲を選択して、マクロ「文字列一括追加」を実行した。この各セルに対して繰り返し処理が行われ、それぞれの末尾に「店」の文字が追加される

```
Sub シート名一括変更()
    Dim シート As Worksheet
    For Each シート In Worksheets
        シート.Name = Replace(シート.Name, "例", "作業")
    Next シート
End Sub
```

Worksheet型のオブジェクト変数“シート”を宣言

シート名に含まれる「例」を「作業」に置換する

すべてのワークシートで繰り返す

図20 作業中のブックに含まれるすべてのワークシートは「Worksheets」コレクションであり、その要素である個々のワークシートは「Worksheet」オブジェクトとして取得できる。このマクロでは、Worksheetsコレクションを対象とした繰り返し処理で、シート名の置換処理を行う

エクセルを表示し、町名だけが入力されたセル範囲を選択して、このマクロ「文字列一括追加」を実行すると、それぞれの末尾に「店」が追加される（**図19**）。なお、選択範囲に数式のセルが含まれていた場合、その結果の値に変換されたうえで、「店」の文字が追加される。また、セルにもともと設定されていた「ふりがな」は失われてしまうので注意が必要だ。

もう1つ、For Each～Nextを利用した繰り返し処理の例を紹介しておこう。作業中のブックに含まれるすべてのワークシートは、「Worksheets」プロパティによって、「Worksheets」コレクションとして取得することが可能。これをFor Each～Nextの対象とすることで、個々のワークシートを表す「Worksheet」オブジェクトを処理することができる。

ここでは、Worksheetオブジェクトの「Name」プロパティで、シート見出しに表示されるシート名を取得。VBAの「Replace」関数を使って、その文字列に含まれる「例」という文字を「作業」に置換する。置換後の文字列を、改めて同じWork

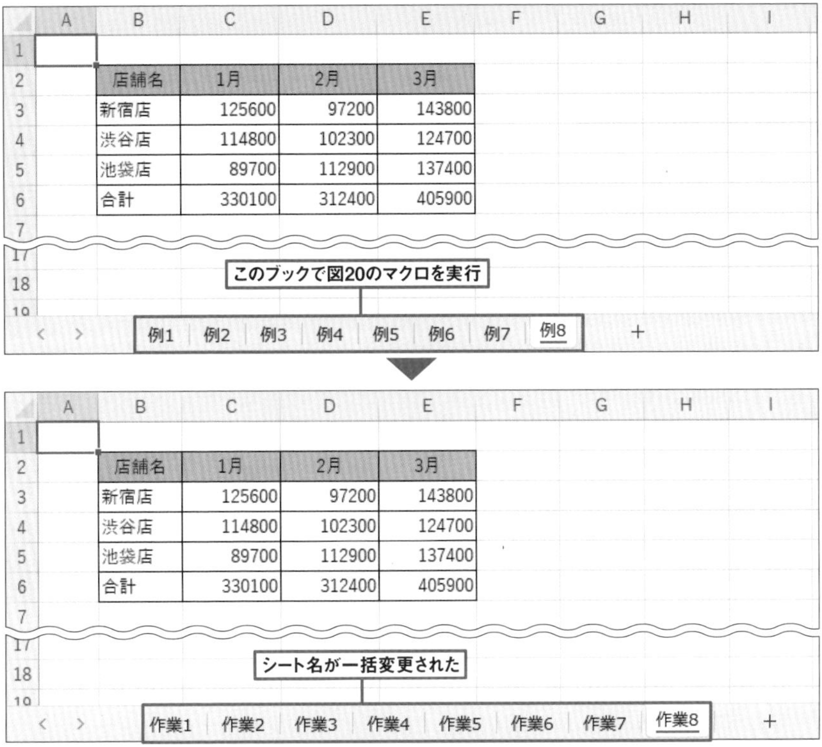

図21 処理を行いたいブックを表示している状態で、マクロ「シート名一括変更」を実行した。Worksheetオブジェクトの「Name」プロパティでシート名が取り出され、VBAの「Replace」関数によって「例」を「作業」に置換して、改めてWorksheetオブジェクトのNameプロパティに設定している

sheetオブジェクトのNameプロパティに設定することで、「例1」のようなシート名が「作業1」などに変更される（**図20**）。

エクセルの画面に戻り、このマクロ「シート名一括変更」を実行すると、作業中のブックに含まれているすべてのワークシート名の「例」が「作業」に置換される（**図21**）。「例1」が「作業1」に、「例2」が「作業2」に…という具合だ。

なお、マクロは実行後はアンドゥ（元に戻す）が効かない。ワークシート名をすべて変更した後で、「やっぱり元に戻したい」と思ったときにどうするか——。逆の処理を記述して実行すればよい。図20では「シート名を"例"から"作業"に一括変換する」と記述している。これをコピーして「シート名を"作業"から"例"に一括変換する」と書き換える。名称は「シート名一括変換2」とでもしておけばよいだろう。そしてそのマクロを実行すれば、元の「例1」「例2」…といったシート名に戻る。

作例編❶ エクセルだけで差し込み印刷を実現

ワードには、「差し込み印刷」と呼ばれる機能がある。はがきや請求書といった定型的な書類のフォーマットに、エクセルなどで入力した宛名や住所などのデータを割り当て、複数の宛先に向け、自動的に内容を切り替えながら印刷できる機能だ。

このとき、書類のフォーマット自体は、当然、ワードで作成することになる。しかし、エクセルで作成した請求書などのフォーマットがある場合や、エクセルのほうが書類を作り慣れている場合は、エクセルだけで差し込み印刷を実行できれば便利だろう（**図1**）。

請求書に別表のデータを差し込んで印刷

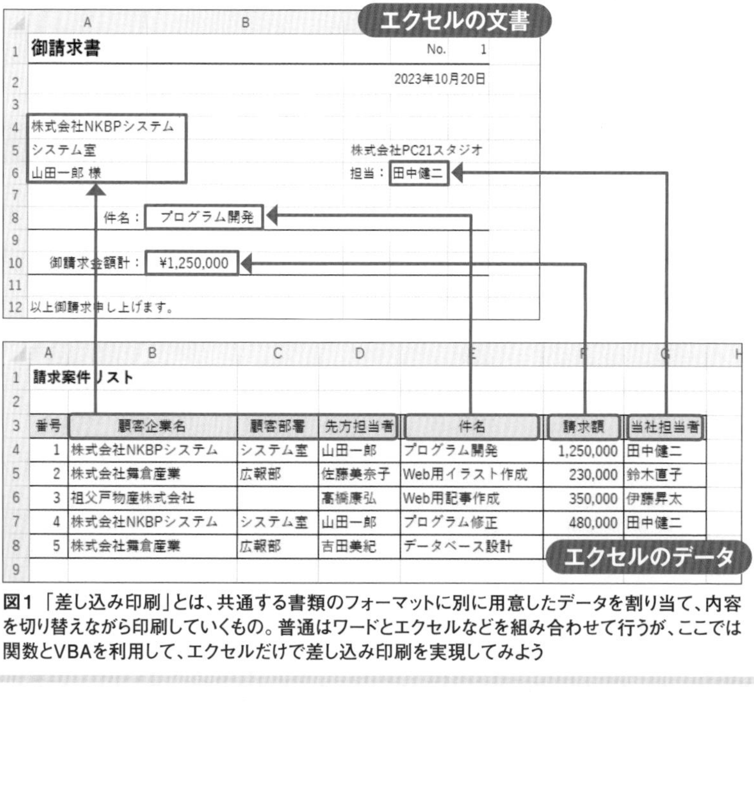

図1 「差し込み印刷」とは、共通する書類のフォーマットに別に用意したデータを割り当て、内容を切り替えながら印刷していくもの。普通はワードとエクセルなどを組み合わせて行うが、ここでは関数とVBAを利用して、エクセルだけで差し込み印刷を実現してみよう

関数を活用して書類のフォーマットを設計

VBAだけでこのような仕組みを実現することも不可能ではないが、そのためのプログラムはやや長いものになる。しかし、1つのセルに入力された番号を変更すると、宛名や住所などの情報が自動的に切り替わる仕組みは、VLOOKUP（ブイルックアップ）関数を使った数式で実現できる。これとVBAを組み合わせることで、比較的シンプルなプログラムで実用的な差し込み印刷が可能になる。

まず、差し込む側のデータをまとめた表のセル範囲には、あらかじめ「名前」を設定しておく（**図2**）。これは、別のワークシートにある請求書の数式で、参照する範囲をわかりやすく指定するためだ。

一方、「請求書」のシートでは、各案件に応じて内容を変更する部分に、VLOOKUP関数を使った数式を入力しておく。文字列を表示するセルの数式の末尾に「&""」と付けているのは、取り出す対象のセルが空白だった場合に、「0」ではなく空白を表示させるための工夫だ（**図3**）。氏名の後の「様」や金額の前の「¥」は、「表示形式」で設定した。

ワークシートの設計

	A	B	C	D	E	F	G
1	請求案件リスト						
2							
3	番号	顧客企業名	顧客部署	先方担当者	件名	請求額	当社担当者
4	1	株式会社NKBPシステム	システム室	山田一郎	プログラム開発	1,250,000	田中健二
5	2	株式会社舞倉産業	広報部	佐藤美奈子	Web用イラスト作成	230,000	鈴木直子
6	3	祖父戸物産株式会社		高橋康弘	Web用記事作成	350,000	伊藤昇太
7	4	株式会社NKBPシステム	システム室	山田一郎	プログラム修正	480,000	田中健二
8	5	株式会社舞倉産業	広報部	吉田美紀	データベース設計	1,160,000	松田彰
9							
10							

この範囲に「請求リスト」という名前を付ける

図2 請求書のフォーマットと、それに差し込む請求案件リストの表を、同一ブック内の別シートにそれぞれ作成する。請求案件リストのデータ範囲（列見出しの行は除く）には、数式で参照しやすいように、あらかじめ「請求リスト」という名前を付けておく

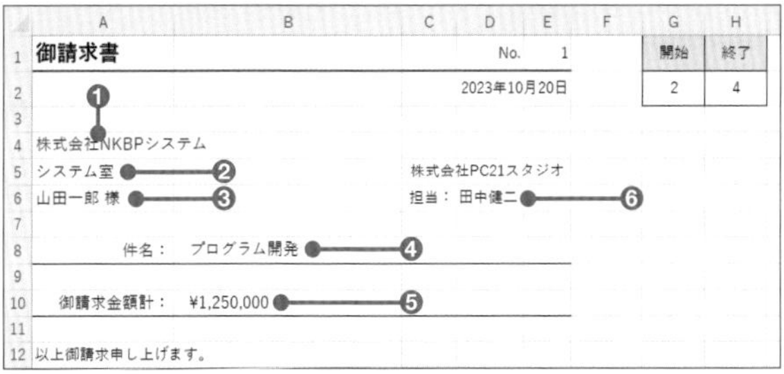

図3 請求書の案件に応じたデータ部分には、E1セルの番号に応じてデータを取り出す数式を入力しておく。基本的にはVLOOKUP関数でよいが、取り出すセルが空白の場合に備え、数値を取り出すB10セル以外は末尾に「&""」を付ける。また、余分な箇所を印刷しないように、請求書の範囲だけを「印刷範囲」に設定しておく

❶=VLOOKUP(E1,請求リスト,2,FALSE)&""

❷=VLOOKUP(E1,請求リスト,3,FALSE)&""

❸=VLOOKUP(E1,請求リスト,4,FALSE)&""

❹=VLOOKUP(E1,請求リスト,5,FALSE)&""

❺=VLOOKUP(E1,請求リスト,6,FALSE)

❻=VLOOKUP(E1,請求リスト,7,FALSE)&""

差し込み印刷の実行

```
Sub 請求書一括印刷()
    Dim 計数 As Integer
    For 計数 = Range("G2").Value To Range("H2").Value
        Range("E1").Value = 計数
        If Range("B8").Value <> "" Then ActiveSheet.PrintOut
    Next 計数
End Sub
```

整数型の変数“計数”を宣言

E1セルに変数“計数”の値を入れる

G2セルの値からH2セルの値まで繰り返す

B8セルが空欄でなければアクティブシートを印刷する

図4 E1セルの値を、G2セルの値からH2セルの値まで1ずつ増加させながら、作業中のワークシートの印刷を繰り返す。なお、「ActiveSheet.PrintOut」の後に半角スペースを空けて「Preview:=True」を付けると、実際に印刷は行わず、印刷プレビューを確認することができる

また、請求書の右側では、フォーマットに差し込む案件の開始番号をG2セルに、終了番号をH2セルに、それぞれ指定する。ただし、この部分は印刷したくないので、請求書の範囲だけを「印刷範囲」に設定しておこう。目的のセル範囲を選択し、「ページレイアウト」タブの「印刷範囲」から「印刷範囲の設定」を選べばよい。

1つのセルの値だけを変えて繰り返し印刷を実行

このフォーマットを使って差し込み印刷を行うための、具体的なマクロプログラムの解説に入ろう。

このプログラムでは、For～Nextを利用し、カウンター変数「計数」の値を、このワークシートのG2セルの値からH2セルの値まで変化させながら、繰り返し処理を行う（**図4**）。

繰り返す処理の中では、まずE1セルの値を変数「計数」の値に変更する。このワークシートのVLOOKUP関数の数式では、すべてこのセルを引数「検索値」として参照しているため、自動的に請求書全体が、その番号の案件の情報に変化する。

そして、B8セルの「件名」が空白でないことを確認し、作業中のワークシートを印刷する。「ActiveSheet」はアクティブなワークシートをWorksheetオブジェクトとして取得できるプロパティ、「PrintOut」は対象のシートを印刷するメソッドだ。

ここでは、G2セルに「2」、H2セルに「4」と入力して、マクロ「請求書一括印刷」を実行した。「No.」が「2」「3」「4」と切り替わり、それぞれの案件の内容で、請求書が印刷される（**図5**）。

なお、このプログラムでは、PrintOutメソッドの引数は指定していないが、印刷す

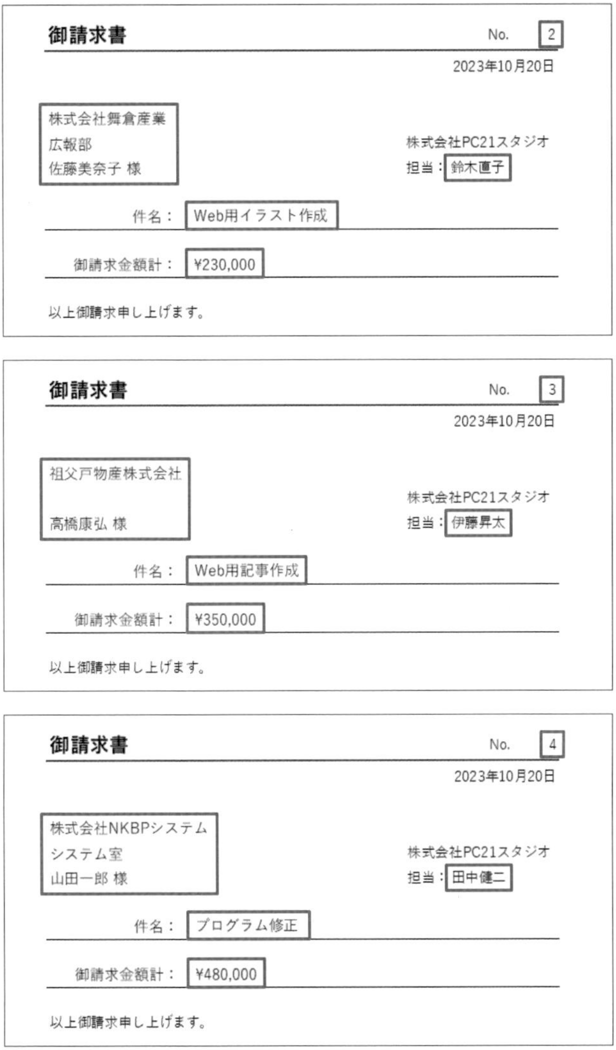
御請求書 No. 2
2023年10月20日
株式会社舞倉産業
広報部
佐藤美奈子 様
株式会社PC21スタジオ
担当：鈴木直子
件名：Web用イラスト作成
御請求金額計：¥230,000
以上御請求申し上げます。

御請求書 No. 3
2023年10月20日
祖父戸物産株式会社
高橋康弘 様
株式会社PC21スタジオ
担当：伊藤昇太
件名：Web用記事作成
御請求金額計：¥350,000
以上御請求申し上げます。

御請求書 No. 4
2023年10月20日
株式会社NKBPシステム
システム室
山田一郎 様
株式会社PC21スタジオ
担当：田中健二
件名：プログラム修正
御請求金額計：¥480,000
以上御請求申し上げます。

図5 G2セル（開始番号）に「2」、H2セル（終了番号）に「4」と入力して、マクロ「請求書一括印刷」を実行すると、E1セル（案件番号）の値が「2」「3」「4」と変化していく。VLOOKUP関数の数式によって請求書の各項目が変化し、それぞれの状態で印刷が実行される

る部数や使用するプリンターなどを、引数で指定することも可能だ。また、「Preview:=True」という引数を指定すると、実際に印刷は行われず、プレビュー画面で印刷結果を確認することができる。

ちなみに、この「Preview:=」の部分はメソッドの引数名を表しており、「True」の部分だけが実際の指定値になる。メソッドなどで引数名を使用すると、必要な引数を自由な順番で指定することが可能になる。

作例編❷ 選択した列数に表を組み替える

外部から取り込んだデータなどの場合、本来は項目ごとに複数の列で構成したいデータが、すべて1列で入力されているケースもある。ここでは、意図とは異なる列数で並んでいるデータを、その順番を保ったまま、指定した列数に並べ替えるマクロのプログラムを作成しよう（**図1**）。

対象の表を選択した列数に変更する

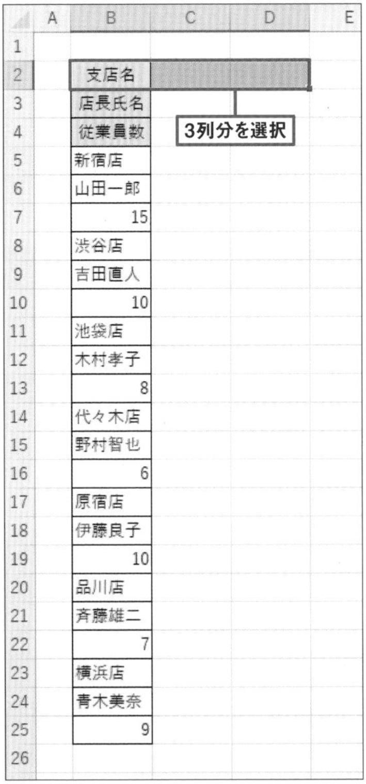

図1 1件分が3項目のデータを記録する場合、エクセルでは通常、3列×複数行の表として作成する。しかし、外部から取り込んだデータなどでは、すべてのデータが1列に並んでいることもある。このようなデータを、目的の列数に組み替えるマクロを作成しよう

2つのセル範囲間で、順番に従ってセルを移動

最初に、このプログラムの流れを説明しよう。まず、元の表のセル範囲を収めるための「元範囲」と、指定した列数に組み替えるための一時的な範囲を収める「作業範囲」という、2つのオブジェクト変数を用意する。この「元範囲」から「作業範囲」へ、先頭から順番に1つずつセルを移動していく。すべてのセルの移動が終わったら、移動した表の範囲全体を取得し直して、「元範囲」の先頭の位置に移動する（**図2**）。

このマクロを実行する際には、並べ替えたい列数と同じ数のセルを含む範囲を選択する。方向は縦でも横でも構わない。このとき、選択範囲のすべてのセルが表の範囲と重なっていなくてもよいが、アクティブセル（色が変わっていないセル）だけは必ず表のセルと重なるようにする。

アクティブセルを表すRangeオブジェクトは、VBAでは「ActiveCell」プロパティで取得することができる。さらに、その「CurrentRegion」プロパティで、アクティブセルを含む表の範囲を自動的に取得し、変数「元範囲」に設定する（次ページ**図3**）。

指定の列数に組み替える

```
Sub 列数変換()
    Dim 元範囲 As Range
    Dim 作業範囲 As Range
    Dim 順 As Integer
    Set 元範囲 = ActiveCell.CurrentRegion
    Set 作業範囲 = 元範囲.Offset( _
        ColumnOffset:=元範囲.Columns.Count). _
        Resize(RowSize:=2, ColumnSize:=Selection.Count)
    For 順 = 1 To 元範囲.Count
        元範囲(順).Cut Destination:=作業範囲(順)
    Next 順
    作業範囲.CurrentRegion.Cut Destination:=元範囲(1)
End Sub
```

- Range型の変数“元範囲”と“作業範囲”を宣言
- 整数型の変数“順”を宣言
- 図3参照
- 図4、図5参照
- 図6参照
- 図7参照
- データの数だけ繰り返し

図2 元データの表の範囲を「元範囲」として取得し、そのすぐ右側に、2行×目的の列数のセル範囲を一時的な「作業範囲」として設定。1から元範囲のセル数まで繰り返す処理で、各順番のセルを切り取り、同じ順番に当たる作業範囲のセルに貼り付けていく。すべてのセルを移動したら、作業範囲全体を、改めて元範囲の位置に移動する

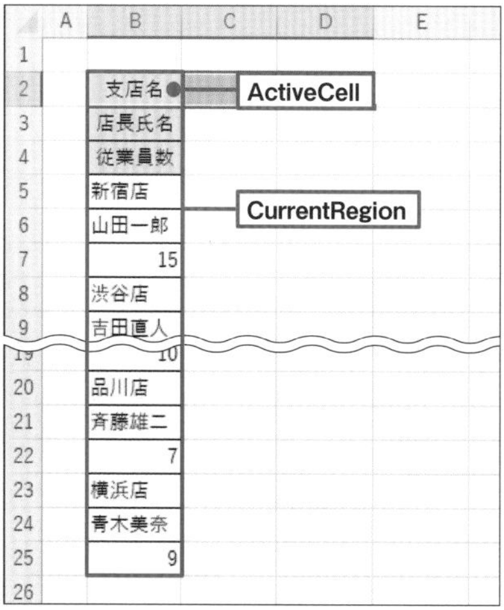

図3 まず「ActiveCell」プロパティでアクティブセル（選択範囲の中でも色が変わっていないセル）を表すRangeオブジェクトを取得。その「CurrentRegion」プロパティでこのセルを含むひとかたまりの領域を取得し、「元範囲」というオブジェクト変数に設定している

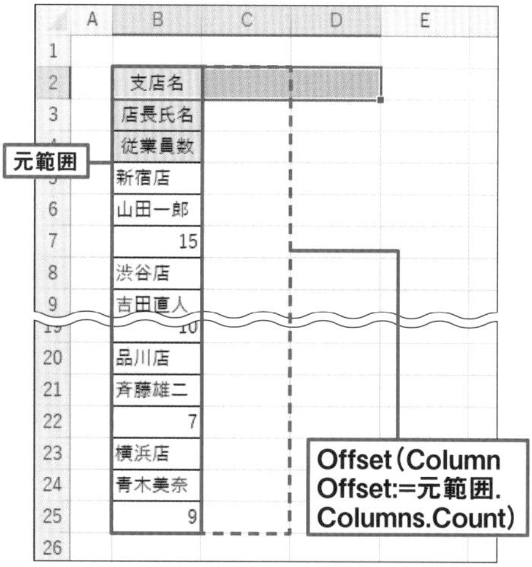

図4「元範囲」の「Columns」プロパティでセルの列単位の集合を取得し、その「Count」プロパティでその中に含まれる列の数を求める。これを「Offset」プロパティの引数「ColumnOffset」に指定して、「元範囲」からその列数だけ右側にずらした位置のセル範囲を取得する

次に、「元範囲」の「Columns」プロパティで、「元範囲」を列単位のセルの集合として取得し直し、「Count」プロパティでその列数を調べる。そして、「Offset」プロパティで、「元範囲」からその列数分だけ右にずらしたセル範囲を、Rangeオブジェクトとして取得（**図4**）。さらに、このRangeオブジェクトの「Resize」プロパティで、左上端のセルを基準に、行数を2行に、列数を選択範囲の列数と同じにする。このRangeオブジェクトを、変数「作業範囲」に設定する（**図5**）。

なお、一部の行の末尾にある「 _」（半角スペースとアンダースコア）は仮の改行の意味で、実際にはその下もつながって同じ行だと見なされる。

その後、For～Nextで、カウンター変数「順」を1から「元範囲」のセル数まで変化させながら、繰り返し処理を行っていく。「元範囲」の中で、「順」の位置に当たるセルを「Cut」メソッドで切り取り、「作業範囲」で同じ順番に当たる位置を引数「Destination」で指定して貼り付ける。「作業範囲」は2行までしか設定していないが、番号がその範囲を超えた場合も、自動的に3行目以降の位置に当たるセルが移動先となる（**図6**）。

「元範囲」のすべてのセルが「作業範囲」に移動したら、CurrentRegionプロパティで移動した表の範囲全体を取得し直し、再び元範囲の位置に戻して、マク

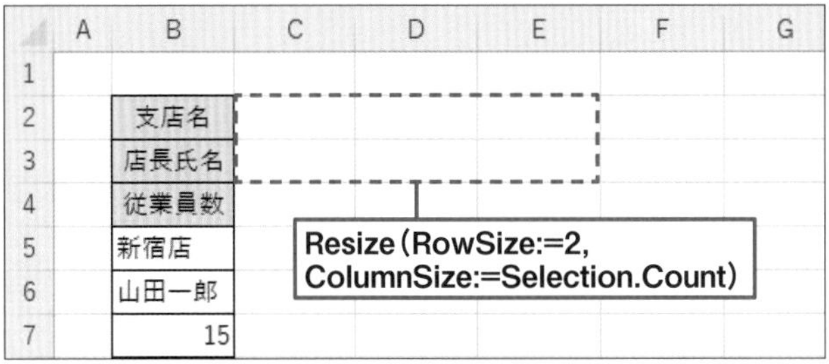

図5 元範囲をずらした位置から、さらに「Resize」プロパティで範囲の行数と列数を変更する。行数には、常に「2」を指定。列数には、選択範囲の列数（ここでは3列）を指定している。このセル範囲を表すRangeオブジェクトを、「作業範囲」というオブジェクト変数に設定した

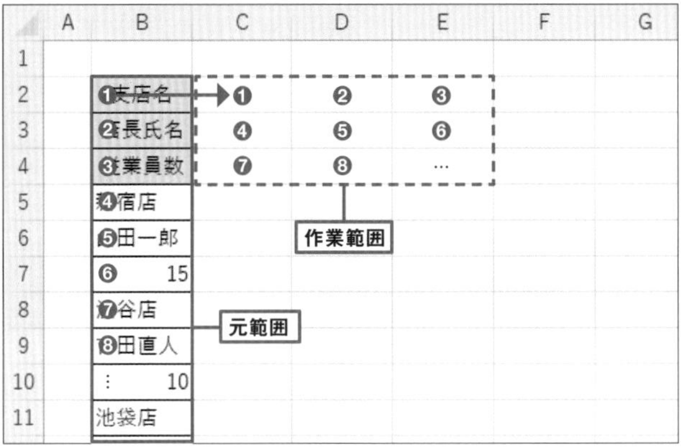

図6 For～Nextの繰り返し処理で、1から「元範囲」のセル数まで、以下の処理を繰り返す。元範囲の先頭セルから、それぞれの順番に当たるセルを切り取り、「作業範囲」で同じ順番に当たるセルに貼り付けている。作業範囲の行数は2行だけだが、データ数がそれ以上でも、自動的に3行目以降まで拡張される

図7 すべてのセルの移動が終わったら、「作業範囲」のアクティブセル領域を改めて取得し、「元範囲」の先頭（左上端）のセルを基準としたセル範囲に移動する。これで、列の組み替えの処理は完了だ

ロ終了だ（**図7**）。

なお、ここで「元範囲」の後に「（1）」と付けているのは、「元範囲」そのものではなく、その先頭セルに移動するという指定である。貼り付け先が1つのセルであれば、そのセルを左上端とするセル範囲に貼り付けられるが、貼り付け先がセル範囲の場合、移動元のセル範囲とサイズが異なるとエラーが発生するためだ。

作例編③ 各シートをそれぞれ別ブックに保存

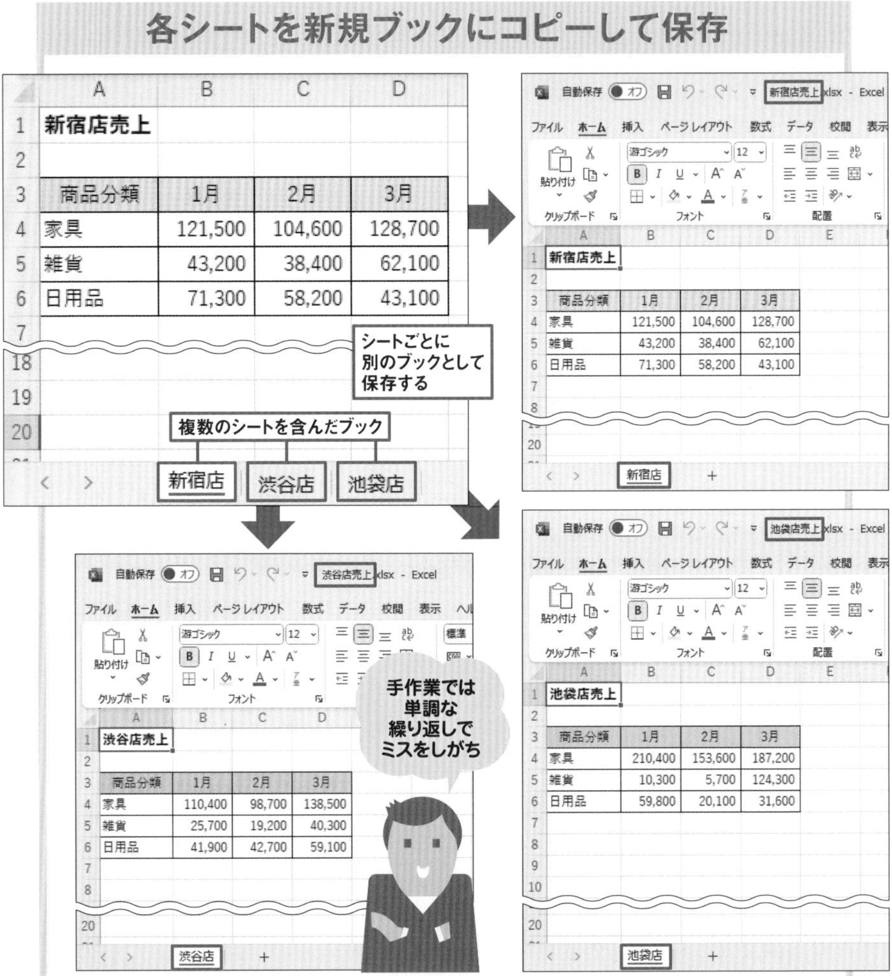

図1 同一ブック内の複数のワークシートに、それぞれ店舗ごとの売り上げを記録している。このようなワークシートを、それぞれ別のブックに分けて管理したいケースもあるだろう。シートの数が少なければ大した作業ではないが、数が多い場合は結構面倒だ

作業中のブック内にある複数のワークシートを、それぞれ別ブックとして保存し直したい（**図1**）。この例のように3つ程度なら手作業でもよいが、ワークシートの数が多い場合は、マクロのほうが簡単かつ正確だ。

Worksheetsコレクションを対象としたFor Each～Nextの繰り返し処理で、まず各Worksheetオブジェクトに「Copy」メソッドを実行する（**図2**）。このメソッドでは、コピー先の指定を省略した場合、新規ブックにコピーされる。

その新しいブックが前面に表示されているはずなので、「ActiveWorkbook」プロパティでWorkbookオブジェクトとして取得し、「SaveAs」メソッドで名前を付けて保存する。ここでは、実行中のマクロを含むブックを表す「ThisWorkbook」プロパティでWorkbookオブジェクトを取得し、「Path」プロパティでその保存フォルダーのパスを調べて、同じフォルダーに各シートのA1セルの文字列をブック名として保存している。なお、A1セルが空白の場合はエラーになるので注意してほしい。

最後に、アクティブなWorkbookオブジェクトを「Close」メソッドで閉じて、次の繰り返しに移っている。

ワークシートごとに保存

```
Sub シートごとに保存()
    Dim シート As Worksheet
    For Each シート In Worksheets
      シート.Copy
      ActiveWorkbook.SaveAs Filename:=ThisWorkbook.Path _
            & "¥" & シート.Range("A1").Value & ".xlsx"
      ActiveWorkbook.Close
    Next シート
End Sub
```

- Dim シート As Worksheet：Worksheet型の変数“シート”を宣言
- シート.Copy：ワークシートを新しいブックとしてコピーする
- ActiveWorkbook.SaveAs …：元のブックと同じフォルダーにA1セルの文字列をブック名として保存する
- ActiveWorkbook.Close：ブックを閉じる
- For Each～Next：すべてのワークシートごとに繰り返して実行

図2 作業中のブックのすべてのワークシートを表すWorksheetsコレクションを対象とした繰り返し処理で、まずワークシートを新規ブックにコピー。その新規ブックがアクティブになっている状態で、元のブックと同じフォルダーに名前を付けて保存し、ブックを閉じる

索引

機能と目的

索引

関数

索引

エクセル操作を快適にするショートカットキー

- 「Ctrl」+「C」は、「Ctrl」キーを押しながら「C」キーを押す操作を表します。
- 標準的なキーボードでのキー操作に適用されます。ノートパソコンなどのキーボードでは割り当てが異なる場合があります。

コピー・貼り付け

Ctrl + C そ　セルをコピーする

Ctrl + X さ　セルを切り取る

Ctrl + V ひ　コピーしたセルや切り取ったセルを貼り付ける

Ctrl + Alt + V ひ
「形式を選択して貼り付け」画面を表示する

削除・編集

Delete　セル内のデータを削除する

Back Space　セル内のデータを削除して、編集モードにする

Ctrl + －　セルを削除して詰める

F2　セルを編集状態にする

取り消し・再実行

Ctrl + Z っ っ　操作を取り消す

Ctrl + Y ん　操作の取り消しをキャンセル／操作を繰り返す

開く・保存

Ctrl + N み　新規ブックを開く

Ctrl + S と　ファイルを上書き保存する

セルの入力

Alt + ↓　同じ列に入力済みのデータをリストから選択

Ctrl + D し　下方向にセルをコピーする

Ctrl + R す　右方向にセルをコピーする

Ctrl + + ; れ　今日の日付を入力する

Ctrl + * : け　現在の時刻を入力する

セルの装飾・書式

Alt + Enter　セル内で改行する

Ctrl + Shift + ~ ^ へ
標準の表示形式に戻す

Ctrl + ! 1 ぬ　「セルの書式設定」画面を表示（テンキーの「1」は不可）

Ctrl + % え 5 え　取り消し線を引く、再度実行で取り消し線を取り消す

Ctrl + Shift + $ う 4 う
数値に通貨を設定する

選択セルの移動

Tab　1つ右のセルへ移動（「Shift」を同時に押すと1つ左のセルへ移動）

Enter　1つ下のセルへ移動（「Shift」を同時に押すと1つ上のセルへ移動）

Ctrl ＋ Enter　セルを移動せずに入力を確定

Ctrl ＋ Home　A1セルへ移動

Ctrl ＋ End　表の右下隅へ移動

Ctrl ＋ ↑ ↓ ← →
表内で、選択セルから矢印の方向の端まで移動する

セル範囲の選択

Shift ＋ ↑ ↓ ← →
選択範囲を広げる・狭める

Ctrl ＋ Shift ＋ ↑ ↓ ← →
表内で、選択セルから矢印方向の端まで選択

Ctrl ＋ Shift ＋ *：け　表全体を選択する

Ctrl ＋ A ち　表全体またはシート全体を選択する

検索・置換

Ctrl ＋ F は　「検索と置換」画面の検索タブを表示する

Ctrl ＋ H く　「検索と置換」画面の置換タブを表示する

シート・ブックの切り替え・挿入

Ctrl ＋ Page Up　左のシートへ移動する

Ctrl ＋ Page Down　右のシートへ移動する

Ctrl ＋ Tab　ブックを切り替える

Shift ＋ F11 ／ Alt ＋ Shift ＋ F1
新規シートを挿入する

数式の入力

F4　相対参照／絶対参照を切り替える

Alt ＋ Shift ＋ ＝ − ほ　SUM関数を入力する

図形

Shift ＋ ↑ ↓　図形のサイズを変更する

Alt ＋ ← →　図形を回転する

グラフ

F11 ／ Alt ＋ F1　選択範囲のデータで縦棒グラフを作成

マクロ

Alt ＋ F8　「マクロ」画面を表示する

Alt ＋ F11　「VBE」画面を表示する

日経PC21

1996年3月創刊の月刊パソコン誌。仕事にパソコンやITを活用するための実用情報を、わかりやすい言葉と豊富な図解・イラストで紹介している。エクセル、ワードなどのアプリケーションソフト、フリーソフト、クラウドサービスの使い方から、周辺機器、スマートフォンなどの活用方法まで、仕事に必要なパソコン情報を詳細に報じている。

ビジネスExcel完全版［増補新版］

2023年10月23日　第1版第1刷発行

編　集　日経PC21
編集協力　内藤由美
発行者　森重和春
発　行　株式会社日経BP
発　売　株式会社日経BPマーケティング
〒105-8308　東京都港区虎ノ門4-3-12

装　丁　小口翔平＋阿部早紀子（tobufune）
本文デザイン　桑原徹＋櫻井克也（Kuwa Design）
制　作　会津圭一郎（ティー・ハウス）
印刷・製本　図書印刷株式会社
ISBN978-4-296-20345-1

本書籍に関するお問い合わせ、ご連絡は下記にて承ります。
https://nkbp.jp/booksQA